Kirchen- und Theologiegeschichte in Quellen

Ein Arbeitsbuch

herausgegeben von
Volker Leppin, Harry Oelke und Adolf Martin Ritter

Band II
Mittelalter

Vandenhoeck & Ruprecht

Mittelalter

Neu bearbeitet und herausgegeben von
Adolf Martin Ritter und Volker Leppin

Vandenhoeck & Ruprecht

Bibliografische Information der Deutschen Bibliothek:

Die Deutsche Nationalbibliothek verzeichnet diese Publikation in der Deutschen Nationalbibliografie; detaillierte bibliografische Daten sind im Internet über https://dnb.de abrufbar.

9., überarbeitete Auflage 2021

© 1980, Vandenhoeck & Ruprecht GmbH & Co. KG,
Theaterstraße 13, D-37073 Göttingen

Alle Rechte vorbehalten. Das Werk und seine Teile sind urheberrechtlich geschützt. Jede Verwertung in anderen als den gesetzlich zugelassenen Fällen bedarf der vorherigen schriftlichen Einwilligung des Verlages.

Umschlaggestaltung: SchwabScantechnik, Göttingen
Druck und Bindung: Hubert & Co. BuchPartner, Göttingen

Printed in the EU

Vandenhoeck & Ruprecht Verlage
www.vandenhoeck-ruprecht-verlage.com

ISBN 978-3-525-50351-5

Zum Gedenken an

Bernhard Lohse

(24. 5. 1928 – 29. 3. 1997)

und

Heiko Augustinus Oberman

(15. 10. 1930 – 22. 4. 2001)

in aller Dankbarkeit

Vorwort

Seit längerem ist der 2001 (⁶2008) zuletzt in gründlicher Überarbeitung vorgelegte zweite Band der Reihe (KTGQ) vergriffen. Da wir uns als Mitherausgeber der Reihe in der Pflicht sehen, darauf zu achten, dass in den Bänden möglichst aktuelle Informationen geboten werden, sowohl was die Auswahl und die Editionen der Quellen wie was die zu deren Verständnis wichtigste Literatur betrifft, so war zwischen uns, den Bearbeitern des Bandes, und dem neuen Verlag Vandenhoeck & Ruprecht keinen Augenblick zweifelhaft, dass ein simpler Nachdruck nicht in Frage komme. In den zwei Jahrzehnten seit Erscheinung der Neubearbeitung hat die internationale Forschung so wichtige Fortschritte erzielt, dass es mit einer Aktualisierung der bibliographischen Angaben unmöglich getan gewesen wäre; stärkere Eingriffe in die Substanz waren unumgänglich. Wir bleiben den beiden verstorbenen Fachkollegen Bernhard Lohse und Heiko Augustinus Oberman für ihre großen Verdienste um die letzte Überarbeitung in Dankbarkeit verbunden. Die Widmung dieses Bandes soll das zu gebührendem Ausdruck bringen.

Es ist unsere Hoffnung, dass es erneut gelungen ist, ein zuverlässiges und praktisches Hilfsmittel zu erarbeiten, welches *Lust* macht, sich auf eine Beschäftigung mit der mittelalterlichen Kirchen- und Theologiegeschichte in der Vielfalt ihrer Aspekte (und ohne die hierzulande noch immer übliche »abendländische« Blickverengung) einzulassen. Gedacht war in erster Linie an eine Quellensammlung für Überblicksvorlesungen, aber auch zum Selbststudium; deshalb sind den einzelnen Texten, wie in der Reihe üblich, kurze Einführungen und Erläuterungen sowie weiterführende Literaturhinweise beigegeben worden.

Das Mittelalter zählt, wie wir wissen, i.a. nicht zu den beliebtesten Studienobjekten, nicht zuletzt bei *protestantischen* Theologiestudierenden. Wir meinen jedoch, dass auch ein über sich selbst aufgeklärter Protestantismus der Verwurzelung in der vorreformatorischen Tradition bedarf. Davon hängt nicht nur seine Dialogfähigkeit im Verhältnis zu den anderen, insbesondere den »katholischen« Kirchen (der römisch-katholischen, der orthodoxen und der anglikanischen), sondern auch um im Verhältnis zu anderen Religionen ab. Sind doch Altertum und Frühmittelalter nicht allein die »formative Periode« des Christentums und des Islam, sondern auch des »klassischen Judentums« gewesen. Endlich ist ein Studium gerade auch des Mittelalters im Sinne einer *kulturellen Kompetenz* (zur Deutung unserer europäischen Identität nämlich) im Grunde allen gebildeten Europäern unbedingt anzuempfehlen; warum nicht auch protestan-tischen Theologinnen und Theologen, aber natürlich gern auch ›Laien‹?

Unser Dank gilt zunächst den Kolleginnen und Kollegen Hans-Armin Gärtner, Walter Berschin, Herwig Görgemanns und Helga Köhler (alle Heidelberg) für philologischen Sukkurs, Martin Wernisch (Prag) für Rat zur böhmischen Kirchengeschichte, Mathea Willmann für intensive Redaktion und, gemeinsam mit Janina-Cathrin Frey und Juliane Dippon (alle Tübingen), die Erstellung der Register sowie Christoph Spill und Izaak de Hulster vom Verlag für gute Betreuung und einander für wiederum ideale Zusammenarbeit. Wir haben unsere Anteile gegengelesen, tragen aber für die verbliebenen Fehler ausschließlich selbst die Verantwortung: d.h. in den Nrr. 1-39. 58 und 66 A.M. Ritter, sonst V. Leppin.

Heidelberg – Tübingen, im Herbst 2020

Adolf Martin Ritter   Volker Leppin

P.S. Die in diesem Band benutzten *Abkürzungen*, entsprechen, sofern sie sich nicht von selbst verstehen, dem IATG³ = Siegfried Schwertner, Internationales Abkürzungsverzeichnis für Theologie und Grenzgebiete, 3. Auflage Berlin 2012.
Abgekürzt zitiert werden außerdem folgende darin nicht berücksichtigte Werke, auf die mehrfach hingwiesen wird, nämlich

GdC I, 2	C. Andresen / A.M. Ritter, Geschichte des Christentums I/2. Frühmittelalter – Hochmittelalter (ThW 6, 2), Stuttgart 1995
GdCG	B. Moeller, Geschichte des Christentums in Grundzügen (UTB 905), Göttingen ¹⁰2011
Hauschild/Drecoll I	Wolf-Dieter Hauschild / Volker Drecoll, Alte Kirche und Mittelalter, Gütersloh (1995) ⁵2016
Ritter, Lehrentwicklungen	C. Andresen u.a. (Hg.), Dogmen- und Theologiegeschichte, Bd. I: Die Lehrentwicklung im Rahmen der Katholizität, Göttingen ²1999; Neuausgabe, bearb. v. A.M. Ritter (unter dem neuen Titel »Die Lehrentwicklungen bis zum Ende des Spätmittelalters«), ebenda 2011 (darin ders., Vorwort u. Teil I. II, XIII–XXXVIII, 1–288)
Wieczorek/Weinfurter, Die Päpste	A. Wieczorek / S. Weinfurter (Hg.), Die Päpste und die Einheit der Lateinischen Welt. Antike – Mittelalter – Renaissance (Katalog zur Ausstellung [21.5.-31.10. 2017 rem Mannheim])

Inhaltsverzeichnis

1. Die ›Zweigewalten‹theorie Papst Gelasius' I. nach seinem Brief an Kaiser Anastasios I. v. J. 494 (ep. 12,2) und ihre Vorbereitung ... 1
2. Die Taufe des Frankenkönigs Chlodwig nach dem Bericht Gregors von Tours (Hist. L. II 30f.) ... 2
3. Boethius als Philosoph und Glaubensdenker ... 4
   a) Das Bild der Philosophie (Cons.Phil. 1,1-6) ... 5
   b) Hymnus (Cons.Phil. 3, m. 9) ... 5
4. Cassiodor als Vermittler antiker Elementarbildung an das Mittelalter (Inst. I 30,1-2) ... 6
5. Benedikt von Nursia ... 8
   a) Aus dem Prolog der ›Benedikts‹regel ... 8
   b) Der Gehorsam (c. 5) ... 9
   c) Die Demut (c. 7) ... 9
   d) Privateigentum (c. 33.34) ... 10
   e) Ora et labora (c. 48) ... 10
6. Die Sichtung des augustinischen Erbes: der ›semipelagianische‹ Streit auf der 2. Synode von Orange (529) ... 11
   a) Wider eine Aufweichung der Erb- oder Ursündenlehre ... 11
   b) Wider eine Aufweichung der Gnadenlehre ... 12
   c) Aus dem Schlusswort (conclusio) des Caesarius von Arles ... 12
7. Dionysius Pseudo-Areopagita ... 13
   a) Der Aufbau des Universums und der Verkehr zwischen Himmel und Erde (Coel. Hier. IV 1-3) ... 13
   b) Die Hierarchie der Engel im Universum der Seienden (Coel. Hier. VI) ... 15
   c) Einswerdung mit dem Unnennbaren (aus: Myst.Theol. 1.5) ... 15
8. Die »Zwei Gewalten« in byzantinischer Sicht (Justinian I, Novelle 6 [535], Proömium) ... 17
9. Die irische Mönchskirche der Frühzeit ... 18
   a) Aus dem »Bekenntnis« des Patricius (Patrick) ... 19
   b) Columba d.Ä., der Missionar der Pikten, begründet die Kloster-Paruchia Iona (nach Beda Venerabilis, KG III 4) ... 20
   c) Das Kircheninnere des Doppelklosters von Kildare (nach der Vita s. Brigidae des Cogitosus) ... 21
   d) Aus der »Klosterregel« Columbans d.J. ... 22
10. Der Mönchspapst Gregor der Große (590-604) ... 24
    a) Gregor und der mehrfache Schriftsinn (aus: Hiobkommentar [»Moralia«], Widmungsbrief an Leander) ... 25
    b) Voraussetzung für das Hirtenamt (nach der »Pastoralregel«) ... 25
    c) Gregor als Seelsorger (aus dem Brief an die Kammerfrau der Kaiserin, Gregoria: Reg. VII, 22) ... 26
    d) Gregor und der Judenschutz (Reg. IX, 195) ... 26
11. Gregor I. und die Mission unter den Angelsachsen ... 28
    a) Aus dem Bericht des Beda Venerabilis (KG I 23-25) ... 28
    b) Aus Gregors Glückwunsch an Bischof Augustin (Reg. XI, 36) ... 29
    c) Aus dem Brief Gregors an König Ethelbert (Reg. XI, 37) ... 30
12. Aus dem Koran ... 31
    a) Das wichtigste Gebet des Islam (Sure 1 = »Die Eröffnung« [al-fātiḥa]) ... 31

b) Monotheismus (Sure 2 [=»Die Kuh« (al-baqarā)], 255)..................................31
c) Das Jüngste Gericht (Sure 99-101)...32
d) Juden – Christen – Muslime (Sure 5 [»Der Tisch« (al-mā'ida)], 5.46-48).......32
e) Jesus im Koran (Sure 3 [=»Das Haus 'Imran« (Āl 'Imrān)], 59; Sure 4
[=»Die Frauen« (an-nisā')], 157f.; 171-173) 33
13. Bonifatius als Germanenmissionar und Kirchenreformer 34
a) Papst Gregor II. betraut Bonifatius mit der Heidenmission
(Ep. 12 [15.5.719])...34
b) Der Bischofseid des Bonifatius (ep. 16 [30.11.722]) 35
c) Bonifatius fällt (724) die Donareiche bei Geismar in Hessen
(nach Vita Bonif.auct.Willib., c. 6)..35
d) Der Hausmeier Karlmann beginnt auf Drängen des Bonifatius
die Kirchenreform (Aus: Akten d. Conc.German. 742/743).........................36
e) Abschiedsbrief des Bonifatius an den fränkischen Hof (ep. 93 [752])........37
f) Das Martyrium des Bonifatius (nach Vit.Bonif.auct.Willib., c. 8)..............38
14. Die »Pippinische Schenkung« (754/756).. 40
a) Die »Pippinische Schenkung« nach dem »Papstbuch« (Liber
Pontificalis), XCIV. Stephanus II., c. XXVI.XLVI..41
b) Die Bestätigung durch Karl d.Gr. (ebd., XCVII. Hadrianus) 41
**15. Nestorianisches Christentum in China (nach der Stele von Xi'anfu
aus dem Jahre 781).. 42**
**16. Johannes von Damaskus und der Streit um die Bilderverehrung
(726–843)... 45**
a) Die erste Phase des Bilderstreits bis zur Synode zu Hiereia (754)............46
b) Johannes von Damaskus und sein Beitrag zur Theologie der Ikone 48
c) Aus dem Dekret (ὅρος) des VII. Ökumenischen Konzils zu Nizäa 787 49
d) Die Reaktion in den Libri Carolini und der Beschlussfassung der fränkischen
Generalsynode von Frankfurt (794)...51
**17. Karl der Große (768–814) und die Gewinnung der Sachsen für
das Frankenreich 54**
a) Aus dem sog. Kapitulare von Paderborn..54
b) Karls Sachsenkriege nach Einhards Vita Karoli Magni 55
c) Das »Blutgericht zu Verden« in der Sicht der fränkischen Reichsannalen....56
18. Das christliche Kaisertum Karls des Großen 57
a) Die Kaiserkrönung (Weihnachten 800) nach dem Bericht der
»Reichsannalen« und Einhards »Leben Karls des Großen«...........................58
b) Karl und die Kirchenreform (nach den Capitula de examinandis ecclesiasticis
[Okt. 802 ?], in Auswahl) 58
**19. Benedikt von Aniane und der Kampf um die eine Klosterregel und
die eine mönchische Lebensweise im Frankenreich 60**
20. Stimmen aus dem christianisierten Sachsen 63
a) Der »Heliand« als Missionspredigt...63
b) Gottschalk über sein Leben im Licht des Gleichnisses vom verlorenen
Sohn...64
21. Die »Konstantinische Schenkung«... 66
22. Paschasius Radbertus und Ratramnus über das Abendmahl 68
a) Aus Radbertus, »Über Leib und Blut des Herrn« (831/33).......................69
b) Aus Ratramnus, »Über Leib und Blut des Herrn« (844)............................70
23. Der Prädestinationsstreit um Gottschalk 71

Verzeichnis der Texte IX

a) Aus Gottschalks »längerem Bekenntnis« (confessio prolixior), verf. (wohl) nach der Synode von Quierzy (849) 71
b) Die Antwort der Synode von Quierzy (Mai 853) 71
c) Die Antwort der Synode von Valence (8.1. 855) 72
24. Die pseudoisidorischen Dekretalen **73**
25. Papst Nikolaus I. und Patriarch Photios im Streit über den Primat in der Gesamtkirche **75**
a) Aus dem Schreiben Nikolaus' I. an Kaiser Michael III. (865) 75
b) Aus dem Antwortschreiben des Papstes an die Bulgaren (866) 75
c) Patriarch Photios über den Primat Roms 76
d) Photios über das Verhältnis von Kaiser und Patriarch in Byzanz 76
26. Das Reformmönchtum von Cluny nach seiner Stiftungsurkunde **79**
27. Ottonisches Kaisertum **83**
a) Der Ablauf der deutschen Königsweihe nach dem »Mainzer *Ordo*« (um 960) 83
b) Die Reichskrone und ihre »Theologie« 85
28. Die Slawenmission und die »Taufe Russlands« **88**
a) Aus der Lebensbeschreibung Konstantin-Kyrills (*Vita Constantini*) 88
b) Die Taufe der Rus' nach dem Bericht der »Laurentiuschronik« 89
29. Die Skandinavienmission bis zur Einführung des Christentums in ganz Island **91**
30. Petrus Damiani und die Grundlagen der abendländischen Kirchenreform **94**
a) P. Damianis Zwei-Schwerter-Theorie 94
b) P. Damianis Sakramentslehre 94
c) Die Unterscheidung von »Person« und »Amt« 96
31. Die Kirchenspaltung zwischen Rom und Byzanz (1054) **97**
a) Auszug aus der römischen Bannbulle gegen Michael Kerullarios und die Seinen 98
b) Aus dem Synodaledikt der Patriarchalsynode von Konstantinopel (24. Juli 1054) 98
32. Der sog. »Investiturstreit«: Voraussetzungen, Verläufe, Hauptergebnisse **100**
I. Zu den Voraussetzungen des Streites: 100
a) Aus dem Papstwahldekret Nikolaus' II. (1059) 100
b) Aus dem *Dictatus Papae* (Anfang März 1075) 101
II. Stationen des Streites 102
c) Aus dem Absetzungsschreiben Heinrichs IV. an Gregor VII. (Worms, 24. Jan. 1076) 102
d) Aus dem Exkommunikations- und Absetzungsdekret Gregors (Römische Fastensynode, 14. Febr. 1076) 102
III. Das »Wormser Konkordat« (23. Sept. 1122) als *ein* Ergebnis 103
e) Aus der Urkunde Heinrichs V. (*Pactum Heinricianum*) 103
f) Aus der Urkunde Calixts II. (*Pactum Calixtinum*) 103
33. Der Weg der mittelalterlichen Theologie im Übergang zu den scholastischen Systemen **105**
a) Der Abendmahlsstreit des 11. Jh. und seine Folgen 105
b) Anselm von Canterbury 108
c) Pierre Abaelard 113
d) Bernhard von Clairvaux 118

e) Hugo von St.Victor 121
f) Petrus Lombardus 123
34. Die Anfänge der Kreuzzugsbewegung in abendländischer Sicht 129
a) Päpstliches Rundschreiben zur Planung eines Kreuzzuges
(1. März 1074) 130
b) Der erste Kreuzzug (1096-1099) 131
c) Der Kreuzzug 1145-1149 (1154) 132
d) Der Kreuzzug von 1189-1192 135
e) Der Kreuzzug von 1202-1204 137
f) Der »Kinderkreuzzug« von 1212 138
35. Die Reformorden des 11. und 12. Jahrhunderts am Beispiel der Kartäuser und Zisterzienser 140
a) Die Kartäuser 141
b) Die Zisterzienser 142
36. Das *Decretum Gratiani* und die Anfänge der Kanonistik 145
37. Das Papsttum Innocenz' III. 147
a) Zum Verhältnis zwischen geistlicher und weltlicher Gewalt: Aus dem Brief *Sicut universitatis* an Konsul Acerbus von Florenz (30.Okt.1198) 147
b) Der Papst als Schiedsrichter bei der deutschen Königswahl?: Aus dem Dekret *Venerabilem* (An den Herzog von Zähringen [1202]) 147
c) Der Vorrang des römischen Stuhls: Aus dem Brief *Apostolicae Sedis primatus* an den Patriarchen von Konstantinopel (12.11.1199) 149
38. Die apokalyptische Geschichtstheologie Joachims von Fiore 150
39. Die Anfänge kirchenkritischer Armutsbewegungen am Beispiel der Katharer und Waldenser 152
a) Das Katharerkonzil von St-Félix-Lauragais 153
b) Das Consolamentum nach dem lateinischen katharischen Ritual 154
c) Innocenz' III. Aufruf zum innerabendländischen Albigenserkreuzzug
(1208) 156
d) Aus dem Glaubensbekenntnis des Valdes (1180) 156
e) Waldensisches Selbstverständnis nach dem *Liber Antiheresis* des Durandus von Huesca (um 1190) 158
40. Das 4. Laterankonzil (1215): Die Grundlegung der hoch- und spätmittelalterlichen Kirchenverfassung 162
a) const. 1: Eucharistie, Taufe und Buße 163
b) const. 3: Bestimmungen über die Häretiker und die bischöfliche
Inquisition 163
c) const. 21: Die Pflicht zur jährlichen Beichte und zur Kommunion zu
Ostern 164
d) const. 51: Das Verbot heimlicher Eheschließungen 165
41. Dominikus (ca. 1170-1221): Missionarische Aufgabe und Leben in Armut 166
a) Die Bestätigung der Missionspredigt gegen die Katharer durch Papst Innocenz III. (17. November 1206) 166
b) Die Bestätigung der klösterlichen Gemeinschaft in Toulouse 1215 167
42. Franz von Assisi (1181/82-1226) und die Frühzeit des Franziskanerordens 167
a) Aus der Franziskanerregel von 1223 168
b) Aus dem Testament von 1226 169
c) Der Bericht des Elias von Cortona über die Stigmatisierung 171

Verzeichnis der Texte   XIII

d) Die Jugend der Klara von Assisi (Thomas von Celano, *Vita Clarae* 3f) 171
43. Eine Adelige unter dem Einfluss der Armutsfrömmigkeit: Der Bericht Konrads von Marburg über die Bekehrung der Elisabeth von Thüringen 172
44. Normierung der Heiligenverehrung 174
a) Viertes Lateranum: Regelungen zum Umgang mit Reliquien (DH 818) 174
b) Die *Legenda aurea*: kritische Reflexionen zur Legende des Laurentius 174
45. Friedrich II. (1194–1250) 176
a) Vereinbarung Friedrichs mit den geistlichen Fürsten über deren Vorrechte (26. April 1220) 177
b) Waffenstillstand von Jaffa zwischen Friedrich II. und Sultan Al-Kamil (11. Februar 1229) 177
c) Begründung der weltlichen Herrschaft (Liber Augustalis, Prooemium) 178
d) Gesetz gegen die Patarener und andere Ketzer aus dem *Liber Augustalis* (1231) 179
46. Bonaventura († 1274): Pilgerbuch der Seele zu Gott (1259) 181
47. Thomas von Aquin († 1274): Die Summe der Theologie (1267–1273, unvollendet) 183
a) Über die Theologie als Wissenschaft (STh I q. 1 a. 1-2) 184
b) Über die Rechtfertigung des Sünders (STh I-II q. 113 a. 4) 186
c) Über die Eucharistie (STh III q. 75 a. 4) 187
48. Auseinandersetzung um Aristoteles 188
a) Gregor IX., *Ab Aegyptiis argentea* (7. Juli 1228) 188
b) Die Verurteilung des Aristotelismus vom 7. März 1277 189
49. Scholastische Neuansätze nach der Verurteilung des konsequenten Aristotelismus 190
a) Johannes Duns Scotus (ca. 1265/6–1308): Der Primat des Willens vor dem Verstand hinsichtlich der Glückseligkeit (Ordinatio IV d. 49 p. 1 q. 4) 191
b) Wilhelm von Ockham (ca. 1285–1347) 192
50. Augustinrenaissance 195
a) Sünden- und Gnadenlehre auf den Bahnen Augustins bei Gregor von Rimini (ca. 1300–1358): Sentenzenkommentar (1342) l. 2 d. 26-28 q.1 195
b) Gnade ohne vorausgehendes Verdienst: Thomas Bradwardine, *De causa Dei contra Pelagium l. 1 c. 35* 197
51. Bonifaz VIII. (1294–1303): der Gipfel der päpstlichen Ansprüche in der Bulle *Unam Sanctam* 198
52. Auseinandersetzungen um das Erbe des Franziskus: Praktischer und theoretischer Armutsstreit der Franziskaner 200
a) Der Bund des Heiligen Franz mit der Herrin Armut 201
b) Bernard Gui, *Practica inquisitionis haereticae pravitatis*: Fragen an die südfranzösischen Beginen 202
c) Verurteilung der Spiritualen durch Papst Johannes XXII. (Bulle *Cum inter nonnullos*, 13.11.1323) 203
d) Was bedeuten »Gebrauch« und »Verfügungsgewalt«? (*Opus Nonaginta dierum, c. 2*) 204
53. Streit um die Rolle des Papstes 205
a) Ein Verfechter des absoluten Machtanspruchs des Papstes: Aegidius Romanus, *De ecclesiastica potestate*, 1. Buch 2. Kapitel 206
b) Dante Alighieri, *Monarchia*, Buch III, Kapitel 13 und 15: Die kaiserliche Macht kommt direkt von Gott 207

c) Wilhelm von Ockham, Über die Machtfülle des Papstes (Breviloquium II, 1; 3) 209
d) Marsilius von Padua (1280/90-1342/3): »Verteidiger des Friedens« (Defensor pacis, 1324) 211
e) Die Entstehung der Legende von der Päpstin Johanna: Martin von Troppau († 1278), Chronik 213
f) Lorenzo Valla: Das Programm zum Nachweis der Fälschung der Konstantinischen Schenkung (De falso credita et ementita Constantini donatione, Vorwort) 213

54. Zunehmende Autonomie des Kaisertums gegenüber dem Papsttum .. 214
a) Der Kurverein zu Rhense (16. Juli 1338) 215
b) Die Goldene Bulle von 1356 (Das Nürnberger Gesetzbuch, 10. Januar 1356) 216

55. Mystische Theologinnen als Herausforderung für die Kirche 217
a) Mechthild von Magdeburg (ca. 1207-ca. 1282), Das fließende Licht der Gottheit I, 22 217
b) Marguerite Porète, Der Spiegel der einfachen Seelen 219
c) Die Verurteilung der rheinischen Beginen in Vienne (Bulle Ad nostrum qui, 6. Mai 1312) 221
d) Berichte über mystische Erfahrungen von Dominikanerinnen 222
e) Juliana von Norwich: Jesus, die Mutter (Revelations of Divine Love. Long version. Kap. 60) 222

56. Die oberrheinische Mystik 224
a) Meister Eckhart (ca. 1260-ca. 1328) 224
b) Heinrich Seuse (ca. 1295/7-1366): Vita c. 34 231
c) Johannes Tauler (ca. 1300-1361): Predigt zum Fronleichnamstag 232
d) Theologia Deutsch: Der alte und der neue Mensch (Kapitel 15f) 234

57. Die Bibel im Mittelalter 236
a) Lokales Verbot der Bibel: Innocenz III. an den Bischof von Metz, 12.7.1199 236
b) Die Postilla litteralis des Nikolaus von Lyra (ca.1270-ca.1349): Betonung des buchstäblichen Schriftsinns im 14. Jahrhundert 237
c) Plädoyer für Lektüre der Bibel durch Laien: Zerbold von Zutphen, De libris teutonicalibus 238

58. Gregor Palamas (1296-1359) 240
a) Die übergeistige Schau Gottes (nach Triade II, 3,48) 240
b) Die Vernunftwesen und ihre Annäherung an Gott (aus den »150 Kapiteln« [zw. 1347 u. 1351]) 241
c) »Bekenntnis des orthodoxen Glaubens, dargelegt von dem heiligen Metropoliten von Thessaloniki, Herrn Gregor Palamas« (1351) 242

59. Der italienische Humanismus 244
a) Francesco Petrarca (1304-1374) 245
b) Marsilio Ficino: »Über die christliche Religion« (1474) 246
c) Pico della Mirandola: »Über die Würde des Menschen« 248

60. Das große westliche Schisma (1378-1415) 249
a) Mahnungen Katharinas von Siena an Gregor XI., Juni / Juli 1376 250
b) Die Absetzung der Päpste Benedikt XIII. und Gregor XII. auf dem Konzil zu Pisa 1409 251

61. Anfänge und Ausgrenzung von Wyclifismus und Hussitismus 252

Verzeichnis der Texte XV

a) John Wyclif: der Entwurf einer Ekklesiologie und eines Reformprogramms
für die Kirche 253
b) Jan Hus (ca. 1371–1415): Kirchenreform in Böhmen 254
c) Die Liste der verurteilten Irrtümer John Wyclifs auf dem Konzil von Konstanz
(4. Mai 1415) 255
d) Die vier Prager Artikel von 1420 256
62. Aufstieg und Niedergang des Konziliarismus 258
a) **Ein Konzil nördlich der Alpen: die Beschreibung in der Richenthal-Chronik** 259
b) Reformforderungen: Pierre d'Ailly, *De reformatione* 2 260
c) Notstandskonziliarismus auf dem Konstanzer Konzil (Dekret *Haec sancta*, 6.
April 1415) 262
d) Prinzipieller Konziliarismus: die Autorität eines allgemeinen Konzils auf dem
Konzil von Basel (16. Mai 1439) 263
e) Schlussstrich unter den Konziliarismus: Das V. Lateranum: die Bulle *Pastor
aeternus gregem?* 263
**63. Die Gravamina der deutschen Nation: Frankfurter *Avisamenta*
von 1456 .... 265**
**64. Johannes Gerson (1363–1429): Frömmigkeitstheologie und
Kirchenreform 266**
a) Wider die Neugier der Studierenden (1402) 267
b) Vom Wortsinn der Heiligen Schrift (1413/4) 267
65. Die Devotio moderna 269
a) Thomas von Kempen, Dialogus noviciorum l. 2: Denkwürdige Aussprüche des
Magisters Gerhardus (Groote) 270
b) Zerbold von Zutphen, De spritualibus ascensionibus 271
c) Thomas von Kempen, »Die Nachfolge Christi« 272
66. Die Union von Florenz (1439) und ihre Folgen 274
a) Aus dem Unionsdekret »Die Himmel freuen sich« (Laetentur caeli) 275
b) Die Ablösung der Russischen Kirche vom Konstantinopeler Patriarchat
(1439/48) 276
67. Sakramentenfrömmigkeit im späten Mittelalter 277
a) Festlegung der Lehre und der Zahl der Sakramente auf dem Konzil von
Ferrara-Florenz (Bulle *Exsultate Deo*, 22. November 1439) 278
b) Die Einsetzung des Fronleichnamsfestes durch Urban IV. 1264 (Bulle
Transiturus) 280
c) Eine deutschsprachige Erklärung der Messe 280
d) Anleitungen zur Beichte 282
68. Formierung des Ablasses 282
a) Der Jubiläumsablass vom 22. Februar 1300 283
b) Clemens VI., Unigenitus filius 284
c) Sixtus IV., Bulle *Salvator noster,* 3. August 1476 284
d) Johann von Paltz (ca. 1445–1511): Wesen und Wirken des Ablasses
(*Coelifodina* [Die himmlische Fundgrube], 1500/1) 285
e) Die Ablassverheißungen Jerusalems nach dem Bericht Pfalzgraf
Ottheinrichs 286
69. Texte zur Mariologie 288
a) Ein spätmittelalterliches Loblied auf Maria 288
b) Die *Interrogatio Anselmi* 289
c) Dekret des Baseler Konzils über die Sündlosigkeit Marias (17.9.1439) 290

d) Die Konstitution Sixtus' IV. (1471-1484) *Grave nimis* – über die unbefleckte Empfängnis Marias (4.9.1483) 290

e) Ein wundertätiges Marienbild: Das Wunderbuch unserer lieben Frau im thüringischen Elende 291

70. Umgang mit dem Todesgeschick im späten Mittelalter 292

a) Die Topographie des Jenseits nach Innocenz IV. (1243-1254) in seinem Schreiben an den Legaten des Apostolischen Stuhls bei den Griechen, 6. März 1254 292

b) Beschreibung eines Geißlerzuges 293

c) Sterbetraktat Geilers von Kaysersberg (1482) 294

71. Abwehr anderer Religionen: Antijudaismus und Türkenangst 296

a) IV. Lateranum const. 68: Bestimmungen über die Abgrenzung der Christen gegenüber Juden und Sarazenen 297

b) Dekret des Baseler Konzils über die Judenbelehrung 297

c) Nikolaus von Kues, *Cribratio al-Korani* I,12 298

d) Peter Nigri, Stella Meschiah (1477) 299

e) Bericht vom Sternberger »Hostienfrevel« 300

72. Anfänge des Hexenwahns 302

a) Aus Johann Hartliebs »Buch aller verbotenen Kunst« (1456) 302

b) Heinrich Institoris' »Hexenhammer« 303

73. Nikolaus von Kues (1401-1464) 305

a) *De docta ignorantia* I c. 4 305

b) Über die Einheit der Religion in der Vielfalt der Riten 306

74. Mahnung und Kritik an der Christenheit 307

a) Apokalyptik im Renaissance-Florenz: Savonarolas Bußpredigt vom 1. November 1494 307

b) Spott in humanistischen Kreisen: Sebastian Brant, das Narrenschiff 308

75. Frömmigkeitstheologie im späten 15. Jahrhundert 310

a) Johann Pupper von Goch (1415-1475): Verdienst allein durch Gottes freie Annahme 311

b) Gabriel Biel, Die sakramentale Wirkung der Eucharistie (*Canonis Missae Expositio* [1488] Lect. 47T) 312

c) Johannes von Paltz, Die rechte Meditation (*Coelifodina*) 312

Bibelstellenregister 316

Personenregister 321

Begriffsregister 328

Sachregister 336

Register der übersetzten Quellen 344

1. Die ›Zweigewalten‹theorie Papst Gelasius' I. nach seinem Brief an Kaiser Anastasios I. v. J. 494 (ep. 12,2) und ihre Vorbereitung

Während der sog. »mono«- bzw. »miaphysitischen Streitigkeiten« im Anschluss an das Konzil von Chalkedon 451 (s. KTGQ I, Nr. 97a.b.) hatte die römische Kirche den Ratgeber des Kaisers, den konstantinopolitanischen Patriarchen Akakios, gebannt und die Kirchengemeinschaft mit dem Osten abgebrochen (»Akakianisches Schisma«). In diesem Zusammenhang schreibt Gelasius I. (492–496) jene berühmten Sätze, die, vor allem dank der Aufnahme in Kirchenrechtsbücher wie die pseudo-isidorischen Dekretalen (s.u. Nr. 24) und das *Decretum Gratiani* (s.u. Nr. 36) zu den im abendländischen Mittelalter meistzitierten Texten gehören:

(2) [...] Zwei (Gewalten oder Weisen, Kräfte) sind es ja überhaupt, erhabener Kaiser, durch die diese Welt an oberster Stelle (oder: grundsätzlich, prinzipiell) regiert wird *(duo sunt quippe, imperator auguste, quibus principaliter mundus hic regitur)*: die geheiligte Autorität der Bischöfe *(auctoritas[1] sacrata pontificum)* und die herrscherliche Gewalt *(regalis potestas)*. Unter diesen kommt den Priestern *(sacerdotes)* ein um so größeres Gewicht *(pondus)* zu, als sie auch für die Herrscher *(reges)* der Menschen persönlich im göttlichen Gericht Rechenschaft ablegen müssen. Du weißt nämlich, gnädigster Sohn *(fili clementissime)*, dass du zwar das Menschengeschlecht an Würde *(dignitas)* übertriffst; vor denen aber, denen die göttlichen Dinge anvertraut sind, beugst du ergeben den Nacken und erwartest von ihnen, was zu deinem Heile dient. Und du erkennst, dass du beim Empfang der himmlischen Geheimnisse *(sacramenta)* und bei ihrer geziemenden Spendung, der religiösen Ordnung entsprechend, dich eher unterwerfen als gebieten musst; daher hängst du, wessen du dir auch bewusst bist, in diesen Dingen vom Urteil jener ab und darfst sie nicht unter deinen Willen beugen wollen. Wenn sich nämlich in Fragen der öffentlichen Ordnung auch die Vorsteher der Religion selbst, in Anerkennung der durch Anordnung von oben (sc. von Gott) dir übertragenen Herrschaft *(imperium)*, deinen Gesetzen fügen, um den Anschein zu vermeiden, als widersetzten sie sich in weltlichen Angelegenheiten einer ausgeschlossenen [...] Entscheidung[2], dann frage ich dich: wie sehr muss man denen Gehorsam zu leisten verlangen, die zur Austeilung der ehrwürdigen Geheimnisse *(mysteria)* bestellt sind? Wie es daher für die Bischöfe ein nicht geringes Risiko bedeutet, etwas von dem verschwiegen zu haben, was der Verehrung der Gottheit angemessen ist, so sind diejenigen (was ferne sei!) in nicht unerheblicher Gefahr, die zu gehorchen verachten, obwohl sie dazu verpflichtet wären. Und wenn es sich schon allgemein gehört, dass sich die Herzen der Gläubigen vor allen Priestern, die das Göttliche recht verwalten, beugen, wieviel mehr ist dann dem Vorsteher jenes Stuhles Zustimmung entgegenzubringen, der nach dem Willen der erhabenen (höchsten) Gottheit *(divinitas summa)* sämtliche Priester (an Würde) überragt und den in der Folgezeit die allgemeine Kirche ununterbrochen in frommer Ergebung verehrt hat? [...][3]

Quelle: E. Schwartz, Publizistische Sammlungen zum Acacianischen Schisma, München 1934 (ABAW.PH NF 10), 20; RPR(J) I, 632; DH 347; B. Neil / P. Allen, The Letters of Gelasius I. (492–496), Turnhout 2014, 73-80. – *Literatur:* U. Duchrow, Christenheit und Weltverantwortung, Stuttgart (1970) ²1983, 328-332; W. Ullmann, Gelasius I. (492–496). Das Papsttum an der Wende der Spätantike zum Mittelalter, Stuttgart 1981; G. Dagron, Empereur et prêtre: Étude sur le »césaropapisme« byzantin, Paris 1996, bes. Kap. 9; M. Meier, Anastasios I. Die Entstehung des Byzantinischen Reiches, Stuttgart 2009, 103-117; H. Leppin, Politik und Pastoral – Politische Ordnungsvorstellungen im frühen Christentum, in: F.W. Graf / K. Wiegandt (Hg.), Die Anfänge des Christentums, Frankfurt 2009, 308-338; Neil / Allen (wie o.), 32-42; Hauschild / Drecoll I, 604f.

[1] *Bei a. handelt es sich, wie vor allem K.-H. Lütcke,* »Auctoritas« *bei Augustin, 1968, nachgewiesen hat, um einen typisch römischen Begriff, dessen nächste Entsprechung das griech.* πειθώ *(»Überredung«) darstellt. In der Rhetorik bezeichnete a. ursprünglich das Prinzip der Plausibilität durch Überzeugung, im Unterschied zum rationalen Beweisverfahren der Deduktion. Politisch war die a. im römischen Senat institutionalisiert, während die Magistrate (Konsuln, Volkstribunen etc.) im Besitz der exekutiven Gewalt* (potestas) *waren. Unser Brief überträgt dies Gegenüber von* a. *und* potestas *auf das Verhältnis zwischen der geistlichen Gewalt der Kirche und der weltlichen Gewalt des Kaisers.*

[2] *E. Schwartz nimmt hier eine Lücke an, die er folgendermaßen ergänzt:* [ne vel in rebus mundanis exclusae] parere vel a deo tibi permissae [videantur obviare sententiae]; *der Halbsatz lautete dann:* »als gehorchten sie einer ausgeschlossenen oder widersetzten sich einer von Gott Dir erlaubten Entscheidung«.

[3] *Vgl. damit die ›Zwei-Gewalten‹-Lehre im Proömium von Novelle 6 Kaiser Justinians I. (535), u. Text Nr. 8.*

2. Die Taufe des Frankenkönigs Chlodwig nach dem Bericht Gregors von Tours (Hist. L. II 30f.)

Seit seinem Regierungsantritt (481/482) hatte sich Chlodwig (Chlodovech), zunächst nur einer von mehreren fränkischen Kleinkönigen, – noch als Heide – um ein gutes Verhältnis zu den katholischen Bischöfen Galliens bemüht, wohl aus der Erwägung heraus, dass seine Herrschaft nur im Bündnis mit der katholischen Kirche als nahezu einziger halbwegs intakt gebliebener Institution aus römischer Zeit gesichert sei. Gleichzeitig widersetzte er sich dem Drängen des Gotenkönigs Theoderich, der ihn in das Bündnis germanisch-»arianischer« Staaten hineinziehen wollte und ihm darum die Annahme des »arianischen« Bekenntnisses nahelegte, fast noch entschiedener als den Bekehrungsversuchen seiner katholischen Frau Chrodichild. Wohl am Weihnachtstag des Jahres 498 oder 499 – das Jahr ist allerdings nach wie vor umstritten –, kam es zum Übertritt Chlodwigs zum Katholizismus und zu seiner Taufe, deren überragende politische Bedeutung bereits von Zeitgenossen erkannt wurde. Wie es dazu kam, schildert – in deutlicher Nachbildung der »Bekehrung« Konstantins nach Euseb (s. KTGQ I, Nr. 50b) – folgender Text aus der »Frankengeschichte« (*Historiarum libri decem*) des Bischofs Gregor von Tours (gest. 593/594):

(30) Die Königin aber machte ihm unablässig Vorhaltungen (*non cessabat praedicare*), dass er den wahren Gott erkenne und den Götzen (*idola*) die Achtung versage. Doch auf keine Weise konnte er dazu bewogen werden, dem Glauben zu schenken, bis er schließlich einmal in einen Krieg gegen die Alemannen[1] verwickelt wurde: nun zwang ihn die Not zu bekennen, was sein Wille zuvor verweigert hatte. Es begab sich, dass der Zusammenstoß beider Heere in einem furchtbaren Blutbad endete und das Heer Chlodwigs kurz vor der völligen Vernichtung stand. Angesichts dessen erhob er seine Augen zum Himmel, in seinem Herzen von Ge-

wissensbissen gequält und sein Angesicht voller Tränen, und sprach: »Jesus Christus, Chlothilde (Chrodichilde) erklärt (*praedicat*), du seiest Sohn des lebendigen Gottes (*filius Dei vivi*), der da Hilfe gewähren soll den Mühseligen (*laborantibus*) und Sieg verleihen denen, die auf dich hoffen; dich flehe ich an, inständig und ergeben (*devotus efflagito*), um deinen ruhmreichen Beistand: gewährst du mir den Sieg über diese meine Feinde und erfahre ich jene Macht (*virtus*), welche das deinem Namen geweihte Volk an dir erprobt zu haben behauptet, so werde ich an dich glauben und mich in deinem Namen taufen lassen. Habe ich doch meine Götter angerufen, mache aber die Erfahrung, dass sie weit davon entfernt sind, mir zu helfen (*elongati sunt ab auxilio meo*); daher meine ich, sie verfügten über keinerlei Macht, sie, die ihren Dienern ihre Hilfe vorenthalten. Dich nun rufe ich an, dir möchte ich Glauben schenken; nur errette mich aus der Hand meiner Feinde«. Auf diese Worte hin machten die Alemannen kehrt und begannen zu fliehen. Als sie gewahr wurden, dass ihr König tot sei, unterwarfen sie sich Chlodwig mit den Worten: »Lass, bitte, nicht noch mehr Volks verlorengehen; wir sind bereits dein«. Da untersagte er den (weiteren) Kampf, ermahnte das Volk und kehrte im Frieden heim; der Königin erzählte er, wie er durch Anrufung des Namens Christi den Sieg erlangte [geschehen im fünfzehnten Jahr seiner Herrschaft[2]].

(31) Darauf hieß die Königin, heimlich den Bischof der Stadt Reims, den heiligen Remigius (*Remedius*), herbeizurufen, und beschwor ihn, dem König das »Wort des Heils« (Act 13,26) ins Herz zu senken. Bei einem Treffen im Geheimen[3] begann ihm der Bischof (*sacerdos*) nahezubringen, dass er an den wahren Gott, den Schöpfer des Himmels und der Erde, glaube und den Götzen absage, die weder ihm noch anderen zu nützen vermögen. Jener aber wandte ein: »Gern würde ich, heiligster Vater, dich erhören; doch eines steht (dem) entgegen (*restat*): die Menge (*populus*), die mir Gefolgschaft leistet, duldet es nicht, dass ich ihre Götter verlasse; doch ich will gehen und mich mit ihnen besprechen gemäß deinem Wort«. Als er darauf mit den Seinen zusammentraf, rief alles Volk, noch bevor er zu reden begann – die Macht Gottes kam dem nämlich zuvor – , zur selben Zeit aus: »Die sterblichen Götter, gütiger König, tun wir ab und sind bereit, dem unsterblichen Gott, den Remigius verkündet, Gefolgschaft zu leisten«. Man meldete dies dem obersten Priester (*antestes*), worauf dieser voll Freude das (Tauf-)Bad vorbereiten ließ. Mit bestickten Decken wurden Straßen(fronten) behängt, mit weißen Vorhängen die Kirchen geziert; die Taufkapelle (*baptistirium*) wurde hergerichtet, Balsam versprengt, es schimmerten die duftenden Kerzen, und das gesamte Innere des Baptisteriums war von himmlischem Wohlgeruch erfüllt; solche Gnade verlieh Gott denen, die zugegen waren, dass sie sich in die Wohlgerüche des Paradieses versetzt fühlten. Der König also begehrte zunächst, vom Bischof getauft zu werden. (Darauf) begab er sich, ein zweiter Konstantin (*novos Constantinus*), zum Taufbecken (*lavacrum*), sich reinzuwaschen vom alten Aussatz (*leprae veteris morbus*) und von den schmutzigen Flecken, die er seit alters an sich getragen, im *frischen Wasser zu befreien [...] Es war aber der heilige Bischof Remigius [...] durch* Heiligkeit dermaßen ausgezeichnet, dass er sich den Wundertaten Silvesters[4] vergleichen konnte [...] Also bekannte der König den allmächtigen Gott als dreieinigen (*omnipotentem Deum in Trinitate confessus*), ließ sich taufen im Namen des Vaters, des Sohnes und des Hl. Geistes und wurde benetzt (*delebutus*) mit heiligem Chrisam(-Öl) unter dem Zeichen des Kreuzes Christi (*cum signaculo crucis Christi*). Von seinem Heer aber wurden mehr als 3000 getauft[5] [...]

Quelle: Gregorii ep. Turon., Historiarum libri decem, II 30f., auf Grund d. Übers. W. Giesebrechts, neubearb. v. R. Buchner, 2 Bde, Darmstadt ⁵1977 (Freiherr-Vom-Stein-Gedächtnisausgabe, Bd. II), 116-118. – Literatur: R. Weiss, Chlodwigs Taufe: Reims 508, Bern 1971; J.M. Wallace-Hadrill, The Frankish Church, London 1983; M. Rouche (Hg.), Clovis. Histoire et mémoire, 2 Bde. Paris 1997; E. Ewig, Die Merowinger und das Frankenreich, Stuttgart ⁶2012, 18-31; M. Meier / S. Patzold (Hg.), Chlodwigs Welt. Organisation von Herrschaft um 500 (Roma Aeterna 3), Stuttgart 2014; Hauschild / Drecoll I, 550-553.

¹ *Gleichzeitig mit den Franken in Gallien eingedrungen, waren die Alemannen (neben den Westgoten) Rivalen der Franken bei der Eroberung des Restreiches der Römer (unter Syagrius). Alemannisches Siedlungsgebiet war zur fraglichen Zeit ein teilweise schmaler linksrheinischer Streifen von Worms bis Augst (bei Basel), der allerdings auch das Elsaß und zeitweise zumindest Räume westlich des Rheins bis nach Langres und Besançon einschloß. Die Ostgrenze wurde vermutlich durch den Lech gebildet, während die Nordgrenze gegenüber den Franken etwa zwischen Worms und Mainz verlief.*

² *Wahrscheinlich späterer Zusatz (möglicherweise Gregors selbst). Das ergäbe als Datum der siegreich beendeten Alemannenschlacht das Jahr 496/97; richtiger aber ist wohl 497 oder 498 (so die o.a. Textausgabe z.St.).*

³ *Vorausgesetzt, dass der Text mit* [Quem] [...] *arcessitum zu halten und nicht in* arcessitus *zu korrigieren ist. In letzterem Falle wäre zu übersetzen: »Als er erschienen, begann ihm der Priester (= Bischof) im geheimen [...]«.*

⁴ *Gregor spielt hier ersichtlich auf die Konstantin-Silvesterlegende an, wie sie dann auch in der frühmittelalterlichen Fälschung des* Constitutum Constantini *(s.u. Nr. 17) Aufnahme fand. Wie einst Konstantin nach der Silvesterlegende, wegen der Tötung von Christen mit Aussatz geschlagen, in der Taufe durch Papst Silvester I. (314–335) davon befreit wurde, so ist überhaupt der gesamte Bericht über die Taufe Chlodwigs von der Idee der* imitatio Constantini *durch den Merowingerkönig geleitet und also mit aus der Silvesterlegende entlehnten Zügen ausgeschmückt; vgl. zu dieser W. Levinson, Konstantinische Schenkung und Silvester-Legende, Vatikanstadt 1924 (StT 38), 159-247; W.Pohlkamp, Kaiser Konstantin, der heidnische und der christliche Kult in den Actus Silvestri, FMSt 18 (1984) 357-400.*

⁵ *Auch das wohl ein Einfluß der Silvesterlegende; die Zahl (»mehr als 3000«) wird – hier wie dort – auf Act 2,41 (die Pfingstgeschichte!) zurückgehen. Auf eine andere Deutungsmöglichkeit weist mich Kollege Herwig Wolfram – Wien hin; danach könnte besagte Zahl auch zum Ausdruck haben bringen sollen: »der ganze Stamm« folgte der Entscheidung des Königs (Vgl. H. Wolfram, Die Goten, ⁴2001, 106f. u. 409f., basierend auf: Ders., Gotische Studien II [MIÖG 83, 1975], 313, Anm. 103 und diese ergänzend).*

3. Boethius als Philosoph und Glaubensdenker

Um 480 aus hochadeligem römischem Geschlecht (dem der *Anicii*) geboren, 524 wegen angeblich verschwörerischer Verbindung zu Ostrom hingerichtet, hat Boethius mit seiner Übersetzung und Kommentierung zweier Aristotelesschriften (*De categoriis; De interpretatione*) sowie der »Einleitung« (*Isagoge*) in dies sog. »kleine Organon« des Aristoteles durch den Neuplatoniker Porphyrios eine der wichtigsten Grundlagen der Kultur des Mittelalters gelegt. Im Bestreben, die griechische Bildung im vollen Umfang der lateinischen Welt zu erschließen, fasste er zwecks Beförderung der vier »mathematischen« Fächer (des *Quadrivium*) unter den »freien Künsten« (*artes liberales*) griechische Kommentare zusammen und bereicherte die Rhetorik durch Kommentare zu Cicero. Als Glaubensdenker hat er fünf kleine theologische Schriften verfasst und darin »einflussreiche Überlegungen zu Trinitätslehre und Christologie angestellt« (Hauschild / Drecoll I, 420). Hervorzuheben ist etwa die theologische Definition der Person als »ununterscheidbares (nicht aufteilbares) Wesen einer vernunftbegabten Natur« (*naturae rationabilis individua substantia*), die im Mittelalter auch zum festen Bestandteil gelehrten Rechts geworden ist (s. Schneider in: Böhm u.a. [Hg.],

Boethius). Sein im Kerker verfasstes Zwiegespräch mit der Philosophie als Trösterin (*De consolatione philosophiae*) ist eines der im Mittelalter meistgelesenen, -glossierten und -kommentierten Bücher gewesen (Text a). Nach dem formalen Vorbild des Menippos von Gadara sind darin insgesamt 39 Gedichte in verschiedenem Versmaß in die Prosa eingefügt, welche die Funktion haben, den Text zu gliedern und den Gang der Argumentation zu vertiefen. Die Prosastücke sind als Dialoge verfasst, nach einer weit in die Antike (Plato!) zurückreichenden Tradition.

a) Das Bild der Philosophie (Cons.Phil. 1,1-6)

(1) Während ich solches schweigend bei mir selbst erwog und meine tränenreiche Klage mit Hilfe des Griffels (*stilus*) aufzeichnete, schien es mir, als ob zu meinen Häupten eine Frau von überaus ehrwürdigem Aussehen getreten sei, mit feurigem, über das gewöhnliche Vermögen der Menschen hinaus durchdringendem Blick, von lebhafter Farbe und unerschöpfter Jugendkraft, obgleich sie so bejahrt war, dass sie keinesfalls für eine Zeitgenossin gehalten werden konnte; ihre Größe ließ sich nicht eindeutig bestimmen. Denn bald nahm sie sich zum gewöhnlichen Maß der Menschen zurück, (2) bald schien sie mit ihrem Scheitel an den Himmel zu stoßen. Als sie ihr Haupt noch höher erhob, drang sie in den Himmel selbst ein und entzog sich so dem Blick der ihr nachschauenden Menschen. (3) Ihr Gewand war von feinstem Gespinst, sorgsam und kunstvoll aus unzerstörbarem Stoff verfertigt; wie ich später erfuhr – sie selber war's, die es mir verriet –, hatte sie es mit eigener Hand gewebt. Sein Äußeres (*species*) hatte, wie es bei vom Rauch gedunkelten Bildern zu gehen pflegt, ein Schatten von vernachlässigtem Alter überzogen. (4) An seinem unteren Rand war ein griechisches Π (Pi), auf dem oberen ein Θ (Theta) eingewebt zu lesen.[1] Und zwischen beiden Buchstaben sah man nach Art von Treppen einige Stufen eingewebt, auf denen der Aufstieg vom unteren zum oberen Buchstaben (*elementum*) möglich war. (5) Dies Gewand aber hatten die Hände gewalttätiger Menschen zerrissen,[2] und ein jeder hatte die Fetzen, die seiner Fassungskraft entsprachen (*particulas quas quisque potuit*), entführt. (6) Ihre Rechte endlich trug Bücher, ihre Linke dagegen ein Szepter.

b) Hymnus (Cons.Phil. 3, m. 9)

»Das neunte Gedicht des 3. Buches ist ein Hymnus, der nach dem Textumfang in der Mitte des Werkes steht und auch als dessen gedankliche Mitte anzusehen ist. Seine zentrale Stellung wird auch dadurch unterstrichen, dass die in verschiedenen Metren im Werk angeordneten Gedichte symmetrisch um ihn gruppiert sind. Neben dem von der Philosophia in der vorangehenden Prosa als Vorlage erwähnten *Timaios* des Platon sind aristotelische und neuplatonische Gedankenmotive fassbar. Mit und unter ihnen erscheint in den Anfangsversen des Hymnus auch die christliche Auffassung von der Güte des Schöpfergottes [...]« (H.A. Gärtner).[3]

> Du, der das Weltall in ewiger Satzung beherrschest, des Himmels
> und der Erden Schöpfer, der du von Ewigkeit wandeln
> hießest die Zeit und in Ruh selbst, gibst, dass sich alles bewege,
> den nicht äußere Gründe getrieben, aus flutendem Stoffe
> auszuformen das Werk, sondern eingeborene Form des
> höchsten Guten, das frei von Mißgunst: du leitest alles
> ab vom Vorbild droben, im Geist das herrliche Weltall
> tragend, selber am schönsten, es formend in ähnlichem Abbild,
> und befiehlst dem Vollkommnen vollendete Teile zu bilden.

Du erbändigst durch Zahlen den Urstoff, dass sich die Kälte
schickt in die Flamme, das Trockne dem Flüssigen, dass nicht das Feuer
zu rein entfliege oder die Massen die Erde versenken.
Du bist's, der füget als Mitte die alles bewegende Seele
dreigeteilter Natur und sie löset in einträcht'ge Glieder;
da sie zerteilt die Bewegung in doppeltem Kreise geballt hat,
läuft sie ins Selbst sich zu kehrn und umkreiset die Tiefe des Geistes,
dreht auch herum zugleich nach ähnlichem Bilde den Himmel.
Du führst geringere Seelen und Wesen hervor durch gleichen
Grund und die flüchtigen fügend an leichte Gefährte, verteilst du
diese der Erde, jene dem Himmel; nach gütiger Satzung,
dir zugewendet, lässt du sie heimkehren, geleitet durchs Feuer.
Gib dem Geiste, o Vater, den erhabenen Sitz zu erklimmen;
gib die Quelle des Guten zu schaun; wenn das Licht so gefunden,
gib, dass von Angesicht auf dich das Auge des Geistes sich hefte!
Schlage entzwei Gewicht und Nebel der irdischen Schwere!
Strahle in deinem dir eigenen Glanze; denn du bist das Heitre,
Du bist ruhige Rast allen Frommen, dich sehen ist Endziel,
Anfang, Beweger du, Führer und Pfad und Ende im gleichen!

Quellen: Anicii Manlii Severini Boethii Philosophiae Consolatio iteratis curis ed. L. Bieler, Turnhout 1984 (CChr.SL 94); *Übersetzung*: Trost der Philosophie. Übers. u. hg. v. K. Büchner, Stuttgart 1971 u.ö. (Reclam UB 3154; zit. nach H.A. Gärtner [s.u.], 539-541). – *Literatur:* H. Chadwick, Boethius. The consolations of Music, Logic, Theology and Philosophy, Oxford (1981) ND 1992; Boethius. Hg.v. M. Fuhrmann / J. Gruber, Darmstadt 1984 (WdF 483); H.A. Gärtner (Hg.), Kaiserzeit II. Von Tertullian bis Boethius, in: M. von Albrecht (Hg.), Die römische Literatur in Text und Darstellung, Bd. 5, Stuttgart 1988 (Reclam UB 8070 [7]); G.J.P. O'Daly, The poetry of B., London 1991; J. Marenbon (Hg.), The Cambridge Companion to Boethius, Cambridge 2009; T. Böhm u.a. (Hg.), Boethius as a Paradigm of Late Ancient Thought, Berlin 2014.

[1] *»Die griechischen Buchstaben Π und Θ werden als Anfangsbuchstaben der praktischen und theoretischen Philosophie erklärt. Dabei umgreift das Bild des B. auch den Aufstieg zur Theoria, zur geistigen Schau« (H.A. Gärtner, a.a.O., 536).*
[2] *»Den Grund für das zerrissene Gewand gibt die* Philosophia *später (1, pr. 3) selbst an: Philosophen nach Platon und Aristoteles, Epikureer, Stoiker und andere, hätten sich Fetzen vom Gewand der* Philosophia *gerissen und gemeint, damit die ganze Philosophie zu haben« (H.A. Gärtner a.a.O.).*
[3] *H.A. Gärtner, a.a.O., 538.*

4. Cassiodor als Vermittler antiker Elementarbildung an das Mittelalter (Inst. I 30,1-2)

Auch Cassiodor (ca. 485–ca.580) hat sich um die Vermittlung der antiken Bildung an das abendländische Mittelalter unschätzbare Verdienste erworben, nicht zuletzt dadurch, dass er von den Mönchen des von ihm im Jahre 555 gegründeten Klosters Vivarium (im heutigen Kalabrien) das Abschreiben von Büchern verlangte, eine später von den Benediktinern übernommene Übung, durch die er in erheblichem Maße zum Retter antiker Literatur wurde. Dazu hat er vor allem durch seine als *Institutiones* betitelte Einführung in das theologische und profane Studium und ein Handbuch »Über die Orthographie« Bedeutung erlangt. Wie

Boethius als der letzte lateinischsprachige Repräsentant des *philosophischen* Bildungsideals der Antike gelten kann, so Cassiodor als der letzte Vertreter des konkurrierenden *rhetorischen* Ideals.

(1) Ich bekenne jedoch ganz offen, was ich mir wünsche (*fateor votum meum*): Unter den Aufgaben, die sich bei euch mit körperlicher Arbeit[1] erfüllen lassen, gefallen mir die Bemühungen der Kopisten (*antiquarii*), wenn sie denn zuverlässig (*veraciter*) abschreiben, aus gutem Grunde besonders. Denn sie schulen ihren Geist, so dass es ihrem Heile dient, indem sie immer wieder die heiligen Schriften lesen (*relegendo scripturas divinas*), und säen mit ihrem Abschreiben die Gebote des Herrn weit und breit aus. Selig zu preisen ist ihr Bestreben, löblich ihre Beflissenheit, mit (schreibender) Hand den Menschen zu predigen, mit den Fingern die Worte zu erschließen, das Heil den Sterblichen schweigend darzureichen und wider die verbotenen Schliche des Satans mit Schreibrohr und Tinte (*calamo atramentoque*) anzukämpfen. So viele Wunden empfängt nämlich der Satan, wieviele Herrenworte der Kopist abschreibt. So sitzt er denn an einem einzigen Platz und durchzieht doch durch die Ausbreitung seines Werkes etliche Provinzen; an heiligen Stätten wird verlesen, was seine Mühe hervorgebracht; die Laien (*populi*)[2] hören es und bekehren sich daher von ihrem verkehrten Wollen (*a prava voluntate convertant*) und dienen Gott mit reinem Herzen; er (der Kopist) wirkt, obwohl nicht anwesend, durch sein Werk [...] Vieles ließe sich jedenfalls zugunsten einer so ausgezeichneten Kunst (*ars*) anführen; doch genügt es, diejenigen als Bücherabschreiber (*librarii*) zu bezeichnen, die sich für die Waage (*libra*) der Gerechtigkeit des Herrn in Dienst nehmen lassen. (2) Allein, damit die Abschreiber nicht durch Verwechslung der Buchstaben einem so guten Werk falsche Wörter untermengen oder ein ungebildeter Korrektor Fehler nicht zu verbessern versteht, soll man die alten Orthographen[3] [...] lesen. Diese Schriften habe ich, sovieler ich (habhaft werden) konnte, in emsiger Wissbegierde gesammelt. Und damit niemand durch eine in erwähnten Handschriften etwa noch verbliebene Unklarheit in Verwirrung gerate, weil in ihnen durch die Verwechslung der alten Deklinationen großenteils Durcheinander herrscht, darum habe ich mir viel Mühe damit gemacht und Eifer darauf verwendet, dass in einem gesondert zusammengestellten Sammelwerk unter dem Titel »Über die Rechtschreibung« exzerpierte Regeln zu euch gelangten und nach Beseitigung der Unklarheit sich der Geist freier auf den Weg der Korrektur begebe [...] Vielleicht könnt ihr auch noch andere (Autoren) finden, durch die sich eure Kenntnis noch verbessern lässt. Wenn ihr jedoch die schon erwähnten immer von neuem mit unermüdlichem Eifer lest, werden sie euch der Finsternis der Unwissenheit entreißen; folglich wird, was bis dahin unbekannt war, fortan als größtenteils gesicherte Erkenntnis gelten können.

Quelle: Cassiodori Senatoris Institutiones. Ed. R.A.B. Mynors, Oxford (1937) ²1961. – *Literatur:* R. Schlieben, Christliche Theologie und Philologie in der Spätantike, Berlin 1974 (AKG 46); F. Brunhölzl, Geschichte der lateinischen Literatur des Mittelalters, I: Von Cassiodor bis zum Ausklang der karolingischen Erneuerung, München 1975; S. Krautschick, Cassiodor und die Politik seiner Zeit, Bonn 1983; H.A. Gärtner (Hg.), Kaiserzeit II. Von Tertullian bis Boethius, in: M. von Albrecht (Hg.), Die römische Literatur in Text und Darstellung, Bd. 5, Stuttgart 1988 (Reclam UB 8070 [7]) 554ff.; W. Bürsgens, Einleitung in: ders., Cassiodor. *Institutiones divinarum et saecularium litterarum* (FC 39/1), Freiburg 2003, 9-88; C. Kakridi, Cassiodors *Variae*. Literatur und Politik im ostgotischen Italien, München 2005.

¹ Zum mönchischen Gebot der Handarbeit s.u. Nr. 5e.
² D.h. griech. λαοί; davon unser deutsches Laie(n).
³ D.h. Verfasser von Schriften über die Rechtschreibung. Genannt werden von Cassiodor im folgenden Velius Longus (2. Jh.n.Chr.), Curtius Valerianus, Papirianus, Adamantius Martyrius über V und B (Anf. 6 Jh.), derselbe über die ersten, mittleren und letzten Silben und ebenfalls über die drei Arten der Stellung des Buchstabens B im Wort, Eutyches über den Hauchlaut (aspiratio) und Focas bzw. Phocas (3./4. Jh.) über den Unterschied des genus.

5. Benedikt von Nursia

Sämtliche Informationen über das Leben Benedikts von Nursia (ca. 480/490-ca. 550/560) gehen auf Papst Gregor d. Gr. (s.u., Nr. 10) zurück. Dieser hat ihm in Buch zwei seiner »Dialoge über Leben und Wunder der italischen Väter« (*Dialogi de vita et miraculis patrum Italicorum*) ein nachhaltig wirksames Denkmal gesetzt; die Historizität des dort Berichteten ist freilich im Einzelnen »schwer oder gar nicht überprüfbar« (Hauschild / Drecoll I, 474). Legt man jedoch Gregors Bericht zugrunde, so gründete B., um 480 in Umbrien (Mittelitalien) geboren, kurz vor dem für Italien verheerenden Krieg zwischen Byzantinern und Ostgoten (vgl. KTGQ I, Nr. 98, Einl.), eine Eremitensiedlung in Subiaco, bevor er diese nach Intrigen verließ und mit einigen Mönchen weiter südwärts (ca. 150 km südlich von Rom) auf dem Monte Cassino in Kampanien ein Großkloster errichtete (Dass dies exakt i.J. 529, einem Sammeljahr historischer Begebenheiten geschehen wäre, ist ganz unsicher, genauso wie das Todesjahr B.s). Auf Gregor geht auch die Verbindung jener Regel mit B. zurück, die später zum Grundbuch und Grundgesetz mittelalterlich-klösterlichen Zusammenlebens im Abendland werden und dafür sorgen sollte, dass Benedikt fortan als »Vater des abendländischen Mönchtums« galt. In drei Fassungen erhalten, benutzt sie in der allgemein rezipierten Gestalt anfangs in großem Umfang wörtlich die sog. »Magisterregel« (*regula Magistri*), einen wohl auf einen unbekannten Klosterabt zwischen 510 und 530 zurückgehenden Text, dessen Verfasser sich selbst als »Lehrer« bezeichnete. Wie dieser lässt die Benediktsregel den Einfluss weiterer westlicher und östlicher Quellen erkennen, verarbeitet aber wohl auch eigene Erfahrungen desjenigen Mönchtums, das hier zur Sprache kommt (Texte a,b,c,d,e). Dass die Regel im Frankenreich besonders geschätzt wurde, hängt mit der neuen Romorientierung zusammen (s.u. Nr. 11, Einleitung), die auch »eine besondere Bedeutung dieses mit Rom verbundenen Textes nahelegte« (Hauschild / Drecoll I, 476). Die im Auftrag Karls d. Gr. angefertigte Normhandschrift ist im ehemaligen Kloster St. Gallen erhalten (Codex 914) und wird in dessen Bibliothek öffentlich ausgestellt.

a) Aus dem Prolog der ›Benedikts‹regel

(1) Höre, mein Sohn, auf die Gebote des Meisters (*Obsculta, o fili, praecepta magistri*), neige das Ohr deines Herzens, nimm die Mahnung des gütigen Vaters willig an und erfülle sie wirksam, (2) auf dass du durch die Mühe des Gehorsams zu dem zurückkehrest, von dem du in der Lässigkeit des Ungehorsams (*per oboedientiae laborem - per inoboedientiae desidiam*) gewichen bist. (3) An dich wendet sich jetzt also mein Wort, du magst sein, wer du willst, sofern du nur den Regungen des Eigenwillens (*propriis voluntatibus*) entsagst, dich dem Kriegsdienst für den wahren König, den Herren Christus, weihst (*domino Christo vero regi militaturus*) und die unüberwindlichen herrlichen Waffen des Gehorsams ergreifst. (4) Vor allem: ehe du etwas Gutes zu tun beginnst, bestürme ihn in anhaltendem Gebet (vgl. I Thess 5,17), er möge es vollenden, (5) auf dass der, der uns bereits jetzt zu seinen

Söhnen zu zählen geruht, sich nicht einst über unsere bösen Taten betrüben muss [...] (21) Wir wollen also unsere Lenden umgürtet sein lassen (vgl. Lk 12,35), mit Glauben und auch Treue im Tun des Guten (*fide vel observantia bonorum actuum*) und unter der Führung des Evangeliums seine Wege gehen, damit wir ihn zu sehen erlangen (*ut mereamur eum* [...9] *videre*), der uns in sein Reich berief. (22) Sofern wir aber in seines Reiches Zelt (*tabernaculum*) wohnen wollen (vgl. Ps 15,1; Mt 17,4), kommen wir nie zum Ziel, es sei denn, wir eilten mit guten Taten dorthin [...] (40) Wir müssen also unsere Herzen und Leiber zum Kampf rüsten, um des heiligen Gehorsams gegen die Gebote (*praecepta*) willen. (41) Für alles, was uns von Natur aus kaum möglich ist, wollen wir vom Herrn den Beistand seiner Gnade (*gratiae suae* [...] *adiutorium*) erbitten [...] (45) Es gilt für uns also, eine Schule für den Herrendienst (*dominici scola servitii*) zu gründen. (46) Bei dieser Einrichtung ist es unsere Absicht, nichts Hartes, nichts Schweres (*nihil asperum, nihil grave*) anzuordnen (vgl. Mt 11,30). (47) Sollte es jedoch ein wenig strenger zugehen, weil es Vernunft und Billigkeit so verlangen (*dictante aequitatis ratione*), damit Fehler gebessert und die Liebe bewahrt werden, (48) so verlasse nicht gleich, von Angst verwirrt, den Weg des Heils; er muss nun einmal anfänglich schmal sein (*non est nisi angusto initio incipienda*: vgl. Mt 7,13f.). (49) Wer aber fortschreitet im klösterlichen Wandel (*conversatio*) und im Glauben, dem weitet sich das Herz, und er geht in unsagbarer Wonne der Liebe eilends den Weg der Gebote Gottes. (50) Wir wollen uns also seiner Unterweisung (*magisterium*) niemals entziehen, sondern an seiner Lehre bis zum Tod im Kloster festhalten. So wollen wir an dem Leiden Christi in Geduld teilhaben (vgl. II Kor 1,7; Phil 3,10), auf dass wir auch Miterben seines Reiches zu sein erlangen (*regno eius mereamur esse consortes*).

b) Der Gehorsam (c. 5)

Der erste Schritt zur Demut ist Gehorsam ohne Zögern (*Primus humilitatis gradus est oboedientia sine mora*). Er kommt denen zu, denen die Liebe zu Christus über alles geht (*qui nihil sibi a Christo carius aliquid existimant*). Wegen des heiligen Dienstes (*servitium sanctum*), den sie gelobt, oder wegen der Furcht vor der Hölle oder wegen der Herrlichkeit des ewigen Lebens darf es für sie kein Zögern geben, sobald der Obere (*maior*) etwas befohlen hat: sie führen es umgehend aus, als käme der Befehl von Gott (*ac si divinitus imperetur*) [...]

c) Die Demut (c. 7)

(Voraus geht das Zitat von Lk 18,14 und Ps 131,1.2) Brüder, wenn wir den Gipfel äußerster Demut (*summae humilitatis* [...] *culmen*) erreichen und rasch zu jener Erhöhung im Himmel gelangen wollen, zu der man durch Demut in diesem Leben aufsteigt, dann müssen wir durch Taten, die uns nach oben führen, jene Leiter (*scala*) errichten, welche Jakob im Traume erschien (Gen 28,12). Auf ihr sah er Engel herab- und hinaufsteigen. Dieses Herab- und Hinaufsteigen haben wir ohne Zweifel nicht anders zu verstehen als so, dass man durch Selbsterhöhung (*exaltatio*) herab- und durch Selbsterniedrigung (*humilitas*) hinaufsteigt (vgl. Lk 18,14). Die so aufgerichtete Leiter ist unser weltliches Leben (*nostra* [...] *vita in saeculo*); der Herr richtet sie zum Himmel auf, wenn unser Herz demütig geworden ist (*humiliato corde*). Als Holme (*latera*) dieser Leiter bezeichnen wir unseren Leib und unsere Seele; in diese Holme hat Gottes Anruf (*evocatio divina*) verschiedene Sprossen der Demut und Zucht eingefügt, dass wir darauf emporsteigen möchten [...].[1]

d) Privateigentum (c. 33.34)

(33) Vor allem dies Übel muss mit der Wurzel (*radicitus*) ausgerottet werden aus dem Kloster. Keiner darf sich erlauben, ohne Geheiß des Abtes (*sine iussione abbatis*) etwas zu spenden oder zu empfangen oder als Eigentum zu besitzen (*habere proprium*), rein gar nichts: weder eine Handschrift (*codex*), noch eine Schreibtafel, noch einen Griffel (*graffium*), ganz und gar nichts; können doch die Mönche nicht einmal über ihren eigenen Leib und ihren Willen frei verfügen. Wohl aber sollen sie alles, was sie brauchen, vom Vater des Klosters erwarten [...] (34) Man halte es, wie geschrieben steht: »Einem jeden werde zugeteilt nach Bedarf« (vgl. Act 4,35). Damit wollen wir jedoch nicht sagen, es dürfe ein Ansehen der Person geben – das sei ferne! – ; vielmehr achte man auf die schwachen Kräfte der Einzelnen. Wer weniger braucht, der danke Gott und betrübe sich nicht; wem dagegen mehr vonnöten ist, der demütige sich seiner Schwäche wegen und überhebe sich nicht, weil andere liebevoll Rücksicht nehmen [...]

e) Ora et labora (c. 48)

Müßiggang ist ein Feind der Seele (*Otiositas inimica est animae*); deshalb müssen sich die Brüder zu bestimmten Zeiten mit Handarbeit (*labor manuum*) und wiederum zu festgesetzten Stunden mit heiliger Lesung (*lectio divina*) beschäftigen. Wir halten es daher für richtig, beides durch folgende Bestimmung zeitlich zu regeln: Von Ostern an bis zu den Kalenden des Oktober (1. Okt.) verrichten sie in der Frühe von der Beendigung der ersten bis ungefähr zur vierten Stunde die notwendigen Arbeiten. Von der vierten bis zu der Stunde, in der sie die Sext (das Mittagsgebet) halten, sollen sie der Lesung obliegen. Erheben sie sich aber nach der sechsten Stunde vom Tisch, so sollen sie auf ihren Betten in völligem Schweigen ausruhen oder, falls einer lesen möchte, so für sich allein lesen, dass er keinen anderen stört. Die Non werde etwas früher gehalten, während der achten Stunde, und (dann) verrichten sie wiederum, was an Arbeit anliegt, bis zur Vesper. Verlangen es die örtlichen Umstände (*necessitas loci*) oder die Armut (des Klosters), dass sie mit eigener Hand die Feldfrüchte einbringen, so sollen sie sich deshalb nicht betrüben; sind sie doch erst dann wahrhaft Mönche (*monachi*), wenn sie von ihrer Hände Arbeit leben, so wie unsere (monastischen) Väter und die Apostel (vgl. I Kor 4,12; Act 18,3); doch soll der Kleinmütigen (*pusillanimes*) wegen alles mit Maßen geschehen [...]

Quellen: Die Benediktsregel, lat./dt. Hg. im Auftrag der Salzburger Äbtekonferenz, Beuron 1992. – *Literatur:* B. Jaspert, Die Regula Benedicti – Regula Magistri-Kontroverse, Hildesheim (1975) 2. erw. Aufl. 1977 (RBS.S 3); K. Zelzer, Zur Stellung des textus receptus und des interpolierten Textes in der Textgeschichte der Regula S. Benedicti, in: RBen 88 (1978) 205-246; A. de Vogüé, Die Regula Benedicti, Hildesheim 1983 (RBS.S 16); H. Holze, Erfahrung und Theologie im frühen Mönchtum. Untersuchungen zu einer Theologie des monastischen Lebens bei den ägyptischen Mönchsvätern, Johannes Cassinan und Benedikt von Nursia (FKDG 48), Göttingen 1992; F. Clark, The »Gregorian« Dialogues and the Origins of Benedictine Monasticism, Leiden u.a. 2003 (mit heftig umstrittenen Thesen); J. Fried, Der Schleier der Erinnerung. Grundzüge einer historischen Memorik, München 2004, 344-356 (dass dieser »Vater der Mönche« »allein der Glaubens-, nicht der sinnlichen Welt angehört« habe [a.a.O., 156], wird ein wenig überzogen sein, wie u.a. der folgende Beitrag nahelegt); T. Licht, Die ältesten Zeugnisse zu Benedikt und dem benediktinischen Mönchtum, in: Erbe und Auftrag 89 (2013) 434-441; Hauschild / Drecoll I, 470-476.

1 *Die Regula zählt im Folgenden als die zwölf Stufen der Demut auf: 1. Die Gottesfurcht (timor dei) stets vor Augen haben; 2. keine Freude am Eigenwillen (propria voluntas) haben; 3. Unterwerfung unter den Oberen im vollen Gehorsam (omni oboedientia); 4. gehorsames Ausharren auch bei erlittenem Unrecht; 5. demütiges Bekenntnis aller bösen Gedanken vor dem Abt; 6. Zufriedenheit selbst mit dem Geringsten und Allerletzten, das einem zugeteilt oder aufgetragen wird; 7. Selbsterniedrigung mit der Tat, nicht nur mit dem Wort; 8. Orientierung ausschließlich an den Mahnungen der Regel und am Beispiel der Väter; 9. Reden ist Silber, Schweigen Gold; 10. Zurückhaltung (auch) beim Lachen; 11. sich stets mit wenigen, überlegten Worten begnügen; 12. auch die Körperhaltung zum Ausdruck der Demut werden lassen.*

6. Die Sichtung des augustinischen Erbes: der ›semipelagianische‹ Streit auf der 2. Synode von Orange (529)

Trotz der offiziellen Verurteilung des Pelagianismus (vgl. KTGQ I, Nr. 91) auf den Synoden von Karthago (418) und Ephesus (431) brachen noch zu Lebzeiten Augustins (429) neue Streitigkeiten über dessen Gnaden- und Prädestinationslehre aus (vgl. ebenda Nr. 90o-q). Mindestens ein weiteres Jahr über blieb es bei Anfragen an die augustinische Position. Von diesen Debatten als den »semipelagianischen Streitigkeiten« zu sprechen, wie es sich seit dem 17. Jh. (im Streit um Arminianismus und Jansenismus [vgl. KTGQ IV, Nr. 2 und 7]) einbürgerte, ist deshalb problematisch, weil es verdunkelt, dass es nicht nur Anhänger des Pelagius und Gegner Augustins waren, die jetzt zu Anfragen an Augustin das Wort ergriffen. Vielmehr waren diesmal vor allem die Klöster Nordafrikas und, weniger eindeutig, Südgalliens in Mitleidenschaft gezogen, in denen man zwar überwiegend der augustinischen Lehre von der Erbsünde (Text a) und der »zuvorkommenden Gnade« (Text b) (*gratia praeveniens*) beipflichtete, aber darauf Wert legte, dass die Initiative im Glaubensakt (*initium fidei*) beim Menschen liege und seine willentliche Glaubensbereitschaft (*credulitatis affectus*) unverzichtbar sei, weil nur so dem göttlichen Heilsuniversalismus (vgl. I Tim 2,4) – und dem mönchischen Vollkommenheitsstreben! – Genüge getan werde (Kontrahenten: Johannes Cassian [gest. ca. 430], Vincenz v. Lerinum [gest. vor 450], Faustus v. Riez [gest. ca. 500]) einerseits, Prosper Tiro v. Aquitanien [gest. nach 455] und Bischof Fulgentius v. Ruspe [gest. 533] andererseits). Erzbischof Caesarius v. Arles (502–542), der sich in dieser Sache eher aus kirchenpolitischen Gründen engagierte, betrieb mit Erfolg die Verurteilung des sog. ›Semipelagianismus‹ (im Sinne der Kritik des Fulgentius an der zwischen Pelagianismus und Manichäismus [Augustin!] vermittelnden Gnadenlehre des Faustus von Riez) auf dem 2. Konzil v. Arausio (Orange). Ab dem 9. Jh. in Vergessenheit geraten, sind die Entscheidungen dieses Konzils erstmals im 13. Jh. wiederentdeckt und dann vor allem durch die Diskussionen in Trient (vgl. KTGQ III, Nr. 60c) in Erinnerung gerufen worden.

a) Wider eine Aufweichung der Erb- oder Ursündenlehre

Can. 1. Wenn einer sagt, der Mensch sei durch das Ärgernis der Übertretung (*offensa praevaricationis*) Adams nicht gänzlich, d.h. dem Leib und der Seele nach, »zum Schlechteren gewandelt worden«,[1] sondern glaubt, nur der Leib sei der Verderbnis unterworfen, während die Freiheit der Seele unversehrt blieb, der stellt sich – vom Irrtum des Pelagius getäuscht – gegen die Schrift [...] (Zitat: Ez 18,20; Röm 6,16; vgl. II Petr 2,19).

Can. 2. Wer behauptet, die Übertretung Adams habe nur ihm, nicht aber auch seiner Nachkommenschaft geschadet, oder beteuert, es sei jedenfalls nur der Tod des Leibes, welcher die Strafe für die Sünde ist, nicht aber auch die Sünde, welche der

Tod der Seele ist, durch *einen* Menschen auf das ganze Menschengeschlecht übergegangen, der wird Gott ins Unrecht setzen; widerspricht er doch dem Apostel [...] (vgl. Röm 5,12).[2]

b) Wider eine Aufweichung der Gnadenlehre

Can. 3. Wer da sagt, die Gnade Gottes könne auf menschliches Flehen hin (*invocatione humana*) verliehen werden, nicht aber sei es der Gnade selbst zuzuschreiben, *dass* sie von uns angefleht wird, der widerspricht dem Propheten Jesaja bzw. dem Apostel (Paulus) [...] (Zitat: Röm 10,20; vgl. Jes 65,1).

Can. 4. Wer darauf besteht (*contendit*), Gott warte unsere(n) Willen(sregung) ab, um uns von der Sünde zu reinigen, nicht aber bekennt, es sei der Eingießung (*infusio*) und Wirkung des Heiligen Geistes in uns zu verdanken, dass wir auch gereinigt werden *wollen*, der widersteht dem Heiligen Geist selbst, welcher durch Salomo spricht [...] (Prov 8,35 [LXX]), wie auch dem Apostel [...] (Phil 2,13).

Can. 5. Wer da sagt, wie das Wachstum (*augmentum*), so seien auch der Anfang des Glaubens (*initium fidei*) und selbst die willentliche Glaubensbereitschaft (*credulitatis affectus*) – durch die wir an den glauben, welcher den Sünder rechtfertigt, und zur (Wieder-)Geburt der Heiligen Taufe gelangen – nicht durch ein Gnadengeschenk, d.h. durch die Einhauchung des Heiligen Geistes, welche unseren Willen vom Unglauben zum Glauben, von der Gottlosigkeit zur Frömmigkeit lenkt, sondern von Natur aus in uns (*naturaliter nobis inesse*), der erweist sich als Widersacher der apostolischen Lehren (*apostolica dogmata*); erklärt doch der selige Paulus [...] (vgl. Phil 1,6.29; Eph 2,8). Denn wer sagt, der Glaube, mit dem wir an Gott glauben, sei (uns) natürlich(erweise eigen), der erklärt auch alle nicht zur Kirche Christi Gehörigen gewissermaßen zu Gläubigen.

Can. 6. Wer sagt, sofern wir – ohne die Gnade Gottes – glauben, wollen, uns sehnen [...], werde uns von Gott Barmherzigkeit zuteil, aber nicht bekennt, es geschehe durch Eingießung und Einhauchung des Heiligen Geistes in uns, *dass* wir glauben, wollen, bzw. all das zu tun vermögen, wie es sich gehört; wer ferner die Gnadenhilfe von der Verdemütigung oder dem menschlichen Gehorsam abhängig macht (*aut humilitati, aut oboedientiae humanae subiungit gratiae adiutorium*), nicht aber zustimmt, es sei ein Geschenk der Gnade selbst, dass wir gehorsam und demütig sind, der widersetzt sich den Aussagen des Apostels [...] (I Kor 4,7; 15,10).

c) Aus dem Schlusswort (*conclusio*) des Caesarius von Arles

(Die Willensfreiheit [*liberum arbitrium*] des Menschen ist durch die Sünde Adams dermaßen eingeschränkt, dass es der zuvorkommenden Gnade der göttlichen Barmherzigkeit in jedem Fall bedarf. Auch nach der Ankunft Christi liegt die Gnade nicht im freien Ermessen des Heilsbedürftigen [Phil 1,29; 1,6; Eph 2,8; I Kor 7,25; I Tim 1,13; I Kor 4,7; Jak 1,17; Joh 3,27])

[...]. Gemäß dem katholischen Glauben ist auch dies unsere Überzeugung, dass alle Getauften kraft der empfangenen Taufgnade mit Christi Hilfe und Mitwirkung (*Christo auxiliante et cooperante*) erfüllen können und müssen, was zum Seelenheil notwendig ist, wenn sie sich nur getreulich haben abmühen wollen (*si fideliter laborare voluerint*). Dass aber einige durch göttliche Macht zum Bösen vorherbestimmt seien, das glauben wir nicht nur nicht; sondern, falls es Menschen geben sollte, die derart Übles annehmen wollen, so schließen wir sie voller Abscheu aus der Kirchengemeinschaft aus (*cum omni detestatione illis anathema dicimus*). Auch

Orange (529)

bekennen und glauben wir zu unserem Heil, dass in einem jeden guten Werk nicht wir den Anfang machen und nachher durch die Barmherzigkeit Gottes unterstützt werden; vielmehr ist er es, der uns, ohne dass irgendwelche Verdienste[3] (*bona merita*) vorausgegangen wären, zuvor den Glauben und die Liebe zu sich einhaucht, damit wir gläubig die Geheimnisse (*sacramenta*) der Taufe erstreben und nach der Taufe mit seinem Beistand das erfüllen können, was ihm gefällt. Darum muss man auf das bestimmteste glauben, jener so bewunderungswürdige Glaube des Schächers, den der Herr in die Heimat des Paradieses zurückrief (Lk 23,43), als auch der des Hauptmanns Cornelius, zu dem ein Engel des Herrn geschickt ward (Act 10,3), sowie jener des Zachäus, der den Herrn selbst (in sein Haus) aufnehmen durfte (Lk 19,6), sei nicht eine Gabe der Natur, sondern der Freigebigkeit der göttlichen Gnade gewesen.

Quellen: DH 370-397. – *Literatur:* E. Mühlenberg in: HDThG I, 464-476; Hauschild / Drecoll I, 404-406. 415-417 (Lit.); V. Hušek in: HDG III, 5a (1. Teil), 622-643.

1   Augustin, De nupt. et concup. *II 34, 57 (CSEL 42,315).*
2   Augustin, C. duas ep. Pelag. *IV 4,4-7 (CSEL 60, 524-528).*
3   meritum *heißt ja nicht nur »Verdienst«, sondern auch »Schuld«, »Verfehlung«; insofern ist die Rede von* bona merita *(im Unterschied zum deutschen »gute Verdienste«) sinnvoll.*

7. Dionysius Pseudo-Areopagita

Unter dem Namen des von Paulus bekehrten »Dionys vom Areopag« (Act 17,34) ist seit dem 2. Jahrzehnt des 6. Jh. ein Schriftencorpus bekannt, dessen Verfasser zwar tatsächlich »Dionysios« geheißen haben *kann*; der an einer einzigen Stelle im Textcorpus (Ep. 7,3; 170,4 Ritter) auftauchende Name könnte, muss aber nicht eine ausdrückliche „Selbstzuweisung" des unbekannten Autors sein. Fest steht dagegen, dass er durch Einfügung »zeitgeschichtlichen« Details den Eindruck erweckt (und wohl auch zu erwecken suchte), als sei er ein Zeitgenosse der Apostel. Erstaunlich schnell setzte sich dann dessen Identifizierung mit dem ›bekannten‹ Areopagiten durch und blieb bis zur Renaissance im Wesentlichen unangefochten. Sie verschaffte dem ›areopagitischen‹ Schrifttum ein quasi-apostolisches Ansehen, besonders im Abendland und im christlichen Orient. Zumal am Vorabend der Reformation, im Umkreis von Renaissance und Humanismus, ist es dermaßen ins Zentrum der Aufmerksamkeit gerückt, dass man damals Griechisch lernte, nicht um das Neue Testament, sondern »Dionys« im Urtext zu verstehen! Es ist in unserer Zeit vor allem die »apophatische«, d.h. die bis ins Extrem getriebene »negative Theologie«, die an »Dionys« fasziniert, während die Jahrhunderte zuvor sich in erster Linie für seine Lehren über den Aufbau des Alls und den Verkehr zwischen oben und unten (Text a) sowie seine Lehre von den Engelshierarchien interessierten (Text b).

a) Der Aufbau des Universums und der Verkehr zwischen Himmel und Erde (Coel. Hier. IV 1-3)

Nach der Definition und Funktionsbeschreibung von Hierarchie i.a. fällt nun der Blick auf den speziellen Gegenstand des Werks: die Hierarchie der Engel, deren Erkenntnis durch die allegorische Auslegung ihrer Bezeugungen in der Heiligen Schrift gewonnen werden soll.

(1) Zu allererst ist jene Wahrheit auszusprechen, dass aus Güte der Urgrund aller Vergöttlichung, der selbst alles Sein übertrifft (ἡ ὑπερούσιος θεαρχία), das Sein all dessen, was ist, Wirklichkeit werden ließ und es ins Dasein brachte. Das nämlich

kennzeichnet die Allursache und alles übersteigende Güte, dass sie alles, was ist, zur Gemeinschaft mit sich ruft, so, wie es einem jeden Seienden von seiner eigenen Fassungskraft (ἀναλογία) her zugemessen ist. Alles Seiende hat dementsprechend Anteil an der Vorsehung (πρόνοια), wie sie aus der überwesentlichen, allursächlichen Gottheit hervorquillt. Es existierte nämlich gar nicht, wenn es nicht am Sein und Urgrund aller Dinge teilhätte. Alles Unbelebte hat durch sein schieres Sein an ihm Anteil (ist doch die überwesentliche Gottheit gleichbedeutend mit dem Sein aller Dinge); alle Lebewesen dagegen haben teil an ihrer lebenspendenden Kraft, die selbst alles Leben übertrifft, alle Verstandes- und Vernunftwesen endlich haben teil an ihrer Weisheit, welche Verstand und Vernunft gänzlich übersteigt, in sich selbst vollendet ist und aller Vollkommenheit vorausgeht (τῆς αὐτῆς ὑπὲρ πάντα καὶ λόγον καὶ νοῦν αὐτοτελοῦς καὶ προτελείου σοφίας). Es liegt aber auf der Hand, dass ihre (sc. der göttlichen Providenz) (unmittelbare) Umgebung diejenigen Wesen bilden, die in vielfacher Weise an ihr teilhaben. (2) Daraus folgt, dass die heiligen Stände (διακοσμήσεις) der himmlischen Wesen in einem höheren Grad an den Gaben des Urgrunds Anteil bekommen haben (τῆς θεαρχικῆς μεταδόσεως ἐν μετουσίᾳ γεγόνασιν) als diejenigen, die bloß *sind* (= die leblosen Wesen), (mehr auch) als die vernunftlosen *und* die nach Menschenart mit Verstand begabten Wesen [...] Sie (die heiligen Stände der himmlischen Wesen) sind es infolgedessen, die vorrangig und vielfältig mit ihm (dem Göttlichen) Gemeinschaft haben und (so auch) vorrangig und vielfältig den Blick auf die Verborgenheit des göttlichen Urgrundes freigeben (ἐκφαντορικαὶ τῆς θεαρχικῆς κρυφιότητος). Darum sind sie auch vor allem (anderen) der Bezeichnung als Engel gewürdigt, weil das vom göttlichen Urgrund ausgehende Licht sie zuerst erleuchtet und durch sie hindurch die unsere Fassungskraft übersteigenden Offenbarungen übermittelt werden [...] (3) Sollte aber einer behaupten, einigen unter den Heiligen seien Gottesoffenbarungen auch ohne weiteres und unmittelbar zuteil geworden, so soll er auch das aus den hochheiligen Worten (der Schrift) zur Kenntnis nehmen: was Gottes verborgenes Wesen selbst und an sich sei, »hat niemand gesehen« (Joh 1,18; vgl. I Tim 6,16; I Joh 4,12), noch kann er es sehen; wohl aber sind Gotteserscheinungen den Heiligen (ὅσιοι) widerfahren im Rahmen der gottgemäßen Offenbarungen mittels gewisser heiliger, den Schauenden fassbarer (»analoger«) Gesichte [...] Oder ist es etwa nicht so, dass die biblische Überlieferung zwar besagt, die heilige Gesetzgebung sei unmittelbar von Gott Mose übergeben worden, um uns wahrhaft darin einzuweihen, dass sie die Abbildung (Skizze) einer göttlichen und heiligen (Gesetzgebung) sei (vgl. Ex 25,40), dass uns andererseits aber die Gotteskunde (θεολογία)[1] unmissverständlich darüber belehrt, sie sei durch Vermittlung von Engeln (vgl. Gal 3,19) zu uns gelangt? Die von Gott gesetzte Ordnung (θεονομικὴ τάξις) schreibt ja vor, dass (nur) durch Vermittlung der Ersten die Zweiten zum Göttlichen emporgeführt werden.[2] Dies Gesetz ist übrigens nicht nur bei (einander) über- und untergeordneten Vernunftwesen (Intelligenzen [νόες]), sondern auch unter gleichrangigen vom Ursprung aller Ordnung (ταξιαρχία), der alles Sein überragt, festgelegt worden: dass im Bereich jeder Hierarchie[3] erste, mittlere und letzte Ränge und Kräfte existieren und den niederen die Gott näheren (»göttlicheren«) als Mystagogen und Führer zur Annäherung an Gott, zur Erleuchtung (durch ihn) und zur Gemeinschaft (mit ihm) dienten.

b) Die Hierarchie der Engel im Universum der Seienden (Coel. Hier. VI)

(1) Wie zahlreich und wie geartet die Gliederungen der überhimmlischen Wesen sind und wie sich die ihrem Bereich zugeordneten Hierarchien verwirklichen, weiß nach meiner Überzeugung zuverlässig allein der Urgrund aller Weihen, dem sie auch ihre Vergöttlichung verdanken (θεωτικὴ αὐτῶν τελεταρχία); überdies dürften auch sie selbst ihre eigenen Kräfte und Erleuchtungen und ihre heilige, weltüberlegene gute Ordnung kennen. Uns ist es nämlich unmöglich, um die Geheimnisse der überhimmlischen Geister (νόες) und ihre jeweilige hochheilige Vollendung zu wissen, es sei denn, einer sagte uns einmal, was uns Gott (»das Vergöttlichungsprinzip«) durch sie – als die, die das ihnen Eigene gut kennen – an Einführung in (seine) Geheimnisse hat zuteil werden lassen. Dementsprechend werden wir nichts aus eigenem Antrieb (αὐτοκινήτως) sagen. Sondern was immer die geheiligten Gotteskünder an Engelsvisionen schauten und worin sie uns einweihten, (nur) das werden wir darlegen, so gut wir es vermögen. (2) Sämtliche dem Himmel zugeordneten Seienden hat die Gotteskunde (sc. die Hl. Schrift) mit neun (ihr Wesen) offenbarenden Bezeichnungen versehen; diese nun unterteilt unser göttlicher Mystagoge (»Weihespender«)[4] in drei Dreiergruppen (τριαδικαὶ διακοσμήσεις). Die erste ist, wie er meint, die (Gruppe) derer, die Gott immer und in nächster Nähe umgeben und mit ihm, wie uns überliefert ist, vor den andern ohne Vermittlung geeint worden sind. Die allerheiligsten »Throne« (Kol 1,16) nämlich und die vieläugigen und vielflügeligen Abteilungen, auf hebräisch Cherubim und Seraphim geheißen, umstehen, so sagt er, Gott unmittelbar im Kreis, in einer alle anderen überragenden Nähe, wie es die Offenbarung der geheiligten (Schrift-)Worte überliefere. Diese triadische Gliederung also, als eine einzige und in sich gleichrangige, hat unser berühmter Lehrer (καθηγεμών) als seinsmäßig höchste Hierarchie bezeichnet; keine andere sei gottförmiger und den zuerst wirksam werdenden göttlichen Lichtstrahlen unmittelbarer ausgesetzt. Die zweite, sagt er, sei die von Mächten, Herrschaften und Kräften (vgl. Eph 1,21) gemeinsam gebildete und die dritte die der Engel, Erzengel und Gewalten (ἀρχαί), als Schlussformation der himmlischen Hierarchien (ἐπ' ἐσχάτων τῶν οὐρανίων ἱεραρχιῶν).

c) Einswerdung mit dem Unnennbaren (aus: Myst.Theol. 1.5)

(1,1) »Dreieinigkeit, erhaben über alles Sein, alles Göttliche und alles Gute, die du über die Gottesweisheit (θεοσοφία) der Christen wachst, geleite uns zum Gipfel der geheimnisvollen (Schrift-)Worte empor, hoch über alles Nichtwissen wie über alles Lichte hinaus. Dort liegen ja der Gotteskunde (θεολογία) Mysterien in überlichtem Dunkel geheimnisvoll verhüllten Schweigens verborgen: einfach, absolut und unwandelbar. Inmitten undurchdringlichen Dunkels übertreffen sie (noch) an Glanz, was (bereits) größere Leuchtkraft besitzt als alles Übrige; inmitten des gänzlich Unbegreifbaren und Unsichtbaren machen sie die (dafür) blinden Geister jenes Glanzes übervoll, der an Schönheit alles in den Schatten stellt«. Dies mein Gebet. Du aber, lieber Timotheus, lass nicht ab, dich den geheimnisvollen Betrachtungen hinzugeben. Den Sinneswahrnehmungen gib (auf diese Weise) ebenso den Abschied wie den Regungen deines Verstandes; was die Sinne empfinden, dem (entsage) ebenso wie dem, was das Denken erfaßt, dem Nichtseienden ebenso wie dem Seienden. Statt dessen spanne dich auf nicht-erkenntnismäßigem Wege, soweit es irgend möglich ist, zur Einung mit demjenigen hinauf, der alles Sein und Erkennen übersteigt. Denn nur, wenn du dich bedingungslos und uneingeschränkt

deiner selbst wie aller Dinge entäußerst, wirst du in Reinheit zum überseienden Strahl des göttlichen Dunkels emporgetragen, alles loslassend und von allem losgelöst. (1,2) Achte indes darauf, dass kein Uneingeweihter davon zu hören bekomme. Ich spreche von solchen, die der Dingwelt verhaftet sind und in deren Vorstellungskraft über das Seiende hinaus nichts existiert – in einer Weise (freilich), die das Sein übersteigt. Sie wähnen vielmehr, mithilfe ihrer eigenen Erkenntniskraft sich dessen geistig bemächtigen zu können, der »das Dunkel zu seiner Hülle« gemacht hat (Ps 18 [17],12) [...] (1,3) [...] Denn nicht ohne Grund wird der hl. Mose geheißen,[5] sich zunächst selbst zu reinigen und danach sich von denen zu scheiden, die nicht derart (gereinigt) sind. Nachdem er aber völlig gereinigt ist, hört er die vielstimmigen Posaunen (vgl. Ex 19,16.19; 20,18) und schaut eine Lichterfülle, aufblitzend in reinen, weithin leuchtenden Strahlen. Alsdann sondert er sich von der Menge ab und gelangt in Begleitung der auserwählten Priester zum Gipfel der göttlichen Aufstiege (vgl. Ex 19,20). Allein, nicht einmal dort trifft er auf Gott selbst, schaut auch nicht ihn selbst – ist er doch unsichtbar – , wohl aber den Ort, da er weilt (Ex 20,21; 24,9-11) [...] Danach löst sich (Mose) auch vom Bereich dessen, was sichtbar ist und zu sehen vermag, und taucht in das Dunkel des Nichtwissens[6] ein, in das wahrhaft mystische (Dunkel), indem er sich allem gegenüber verschließt, was die Erkenntnis zu erfassen imstande ist. Er ist darin eingehüllt in das vollkommen Unfassbare und Unsichtbare, dem ganz und gar zueigen, der alles übersteigt. Und doch ist er niemandem zueigen, weder sich selbst, noch einem anderen. Sondern dadurch, dass jede Erkenntnistätigkeit aufhört, ist er in einem höheren Sinne mit dem vereint, der völlig unerkennbar ist, und indem er nichts (mehr) erkennt, erkennt er in einer Weise, die die Vernunft übersteigt.
(Kap. 2 führt aus, wie man sich einen solle mit dem, der alles verursacht und alles transzendiert, und ihn preisen, Kap. 3, welches die bejahenden Gottesprädikationen sind und welches die verneinenden, während Kap. 4 darlegt, dass der höchste Grund alles sinnlich Wahrnehmbaren selbst nicht zum Bereich des sinnlich Wahrnehmbaren gehöre. Das abschließende 5.Kap. geht einen Schritt weiter und stellt das Entsprechende für den intelligiblen (nur geistig erfassbaren) Bereich fest).
(5) Noch höher aufsteigend (als das sinnlich Wahrnehmbare) sagen wir von ihr (der Allursache) aus, dass sie weder Seele ist noch Geist; ihr ist auch weder Einbildungskraft, Meinung, Vernunft oder Denken zuzuschreiben, noch ist sie mit Vernunft und Denken gleichzusetzen, noch wird sie ausgesagt, noch gedacht. Sie ist weder Zahl noch Ordnung, weder Größe noch Kleinheit, weder Gleichheit noch Ungleichheit, weder Ähnlichkeit noch Unähnlichkeit. Sie hat weder einen festen Stand, noch bewegt sie sich, noch rastet sie. Ihr ist auch weder Kraft zuzuschreiben, noch ist sie mit Kraft identisch, noch mit Licht. Sie ist weder lebendig noch mit Leben identisch. Auch ist sie nicht Sein, nicht Ewigkeit, nicht Zeit. Sie kann aber auch nicht gedanklich erfasst, noch gewusst werden. Auch ist sie weder mit Wahrheit, noch mit Herrschaft oder Weisheit gleichzusetzen. Sie ist weder Eines noch Einheit, weder Gottheit noch Güte. Sie ist auch nicht Geist (πνεῦμα) in dem Sinne, wie wir diesen Ausdruck verstehen, noch mit Sohnschaft oder Vaterschaft gleichzusetzen oder mit irgend etwas anderem, von dem wir oder irgendein anderes Wesen Kenntnis besäßen. Sie gehört weder dem Bereich des Nichtseienden noch dem des Seienden an. Auch erkennen sie die Dinge nicht so, wie sie (tatsächlich) ist, noch erkennt *sie* die Dinge in ihrem tatsächlichen (d.h. begrenzten bzw. zusammengesetzten) Sein. Sie entzieht sich jeder (Wesens-)Bestimmung, Benennung und Erkenntnis. Sie ist weder mit Finsternis noch mit Licht, weder mit Irrtum noch mit Wahrheit gleichzusetzen. Man kann ihr überhaupt weder etwas zu- noch ab-

sprechen. Wenn wir vielmehr bezüglich dessen, was ihr nachgeordnet ist, bejahende oder verneinende Aussagen machen, dann ist es nicht etwa sie selbst, die wir bejahen oder verneinen. Denn sie, die allvollendende, einzige Ursache aller Dinge, ist ebenso jeder Bejahung überlegen, wie keine Verneinung an sie heranreicht, sie, die jeder Begrenzung schlechthin enthoben ist und alles übersteigt.

Quellen: *Corpus Dionysiacum* II: Pseudo-Dionysius Areopagita. *De coelesti hierarchia - De ecclesiastica hierarchia - De mystica theologia - Epistulae*, hg. v. G. Heil /A.M. Ritter, 1991 (PTS 36); 2. überarb. Aufl. 2012 (PTS 67). – Literatur: Pseudo-Dionysius Areopagita. Über die himmlische Hierarchie - Über die kirchliche Hierarchie, eingel., übers. u. m. Anm. vers. v. G. Heil, Stuttgart (1986 [BGL 22]) ND 2020; A. Louth, Denys the Areopagite, London 1989; P. Rorem, Pseudo-Dionysius, New York u.a. 1993; Pseudo-Dionysius Areopagita. Über die Mystische Theologie und Briefe, eingel., übers. u. m. Anm. vers. v. A.M. Ritter, Stuttgart (1994 [BGL 40]) 2. überarb. Aufl. 2020 (BGL studium 5), jeweils mit weiterer Literatur; B.R. Suchla, Dionysius Areopagita. Leben – Werk – Wirkung, Freiburg 2008; A. Golitzin, Mystagogy. A Monastic Reading of Dionysius Areopagita, Collegeville 2013; A.M. Ritter, Dionys vom Areopag. Beiträge zu Werk und Wirkung eines philosophierenden Christen der Spätantike (Tria Corda 10), Tübingen 2018 (Lit.).

[1] Grundbedeutung dieses bei unserem Autor sehr häufig begegnenden Begriffs ist nicht, wie in der Neuzeit, »(verantwortliche) Rede von Gott«, sondern »Gottes Wort« selbst.

[2] Zur Bedeutung dieses Vermittlungsprinzips für den Autor selbst wie für seine Wirkungsgeschichte (vgl. u.a. die Bulle Unam Sanctam Papst Bonifaz' VIII.[s.u. Nr. 52]) ist auf die kommentierte Übersetzungsausgabe der »Mystischen Theologie« und der Briefe zu verweisen.

[3] »Hierarchie« ist eine begriffliche Neubildung (ein »Neologismus«) des Autors, und zwar diejenige mit der größten Nachwirkung. »H.« muss mit »Gewalt über die geheiligten Dinge« wiedergegeben werden; es schwingt jedoch wohl auch die Bedeutung »Heiligungsprinzip« (= Ursprung der Heiligung) mit.

[4] So führt »Dionys« seinen mysteriösen Lehrer ein, von dem er auch an verschiedenen Stellen seiner Schrift »Über die göttlichen Namen« (= die Gottesprädikationen) spricht. Der Gedanke der Triadeneinteilung korrespondiert jedoch ganz den Prinzipien des Philosophen Proklos, bes. in seiner Theologie Platons (so mit Recht G. Heil in seiner kommentierten Übersetzungsausgabe z. St.).

[5] Vgl. zum Folgenden vor allem Gregor von Nyssa, De vita Moysis II 152-170; zum »Erkennen durch Nichterkennen« s. auch Plotin, Enn. V 5, 7.

[6] Zur bedeutenden Wirkungsgeschichte im abendländischen Mittelalter sei einzig auf die einflussreiche mystische Schrift »Wolke des Nichtwissens« hingewiesen; vgl. dazu Ph. Hodgson, The Cloud of the unknowing and the Book of privy counseling, London ²1958.

8. Die »Zwei Gewalten« in byzantinischer Sicht (Justinian I, Novelle 6 [535], Proömium)

Dieser Text ist deshalb so interessant und wichtig, weil er zeigen dürfte, wie sich die, rund 40 Jahre zuvor von Papst Gelasius I. in seinem Brief an Kaiser Anastasios I. (ep. 12, 2) entwickelte (s.o. Nr. 1), sog. Zwei-Gewalten-Lehre – prinzipiell – mit östlichen Anschauungen scheinbar mühelos in Übereinstimmung bringen ließ.[1] Der Vergleich der beiden Texte lehrt, dass Kaiser Justinian I. (527–565), der klassische Vertreter des Byzantinismus, diese ihm offensichtlich bekannte Lehre aufgreift, weniges tilgt, anderes unterschiedlich gewichtet; allein, neben den – gewiss nicht geringfügigen – Akzentverschiebungen liegt aller Ton, genauso wie bei Gelasius, auf dem gemeinsamen göttlichen Ursprung und dem gemeinsamen, auf das öffentliche Wohl ausgerichteten Ziel beider Gewalten auf Erden. Es heißt dort:

Die beiden größten Gottesgeschenke unter den Menschen, durch die Güte von oben verliehen, sind gewiss das Priestertum und die (kaiserliche) Regierung *(Maxima quidem in hominibus sunt dona dei a superna collata clementia sacerdotium et imperium)*; jenes sorgt für die göttlichen Dinge, diese hingegen steht an der Spitze (in der Besorgung) der menschlichen Angelegenheiten und widmet ihnen ihre Aufmerksamkeit. Aus ein und demselben Prinzip *(principium* [ἀρχή]) hervorgehend, dienen (beide) zur Zierde des Menschenlebens. Darum sei der kaiserliche Eifer auf nichts so sehr gerichtet wie auf die Ehrenstellung *(honestas)* der Bischöfe, und das umso mehr, als diese unaufhörlich auch für sie (die Kaiser) persönlich Gott anflehen *(cum utique et pro illis ipsis semper deo supplicent)*. Wenn nämlich das eine (sc. das Priestertum) in jeder Hinsicht untadelig dasteht und teilhat an dem Freimut *(fiducia* [παρρησία]) gegen Gott, das andere (sc. das Kaisertum) das ihm überantwortete Gemeinwesen in rechter und gehöriger Weise mit allem Nötigen versieht *(recte et competenter exornet)*, dann wird eine so recht schöne Harmonie *(consonantia* [συμφωνία] *quaedam bona)* walten, welche dem Menschengeschlecht all das zukommen lässt, was zu seinem Nutzen dient [...]

Quelle: *Corpus Iuris Civilis, vol.* III, *recogn.* R. Schoell, [...] *absolv.* Gu. Kroll, Berlin 1895, 35f. –
Literatur: K.L. Noethlichs, Art. Iustinianus (Kaiser), in: RAC Lfg. 149/150, 1999, 668-763 (mit weit. Lit.); K.-H. Uthemann, Kaiser Justinian als Kirchenpolitiker und Theologe, Aug. 39 (1999) 5–83; M. Meier, Das andere Zeitalter Justinians. Kontingenzerfahrung und Kontingenzbewältigung im 6. Jahrhundert n.Chr. (Hyp. 147), Göttingen 2003; H. Leppin, Justinian. Das christliche Experiment, Stuttgart 2011; A.M. Ritter, Konstantin – Theodosius – Justinian. Anmerkungen zum Bild dreier spätantiker Kaiser in der Darstellung Herrmann Doerries', in: U. Heil / J. Ulrich (Hg.), Kirche und Kaiser in Antike und Spätantike (AKG 136 = FS f. H.C. Brennecke), Berlin 2017, 204-224, bes. 220ff.

[1] *Allein deshalb dürfte es einigermaßen problematisch sein,* »*westliches*« *und* »*östliches*« *Denken weiterhin dermaßen einander zu kontrastieren (abendländische* »*Theokratie*« *versus byzantinischen* »*Caesaropapismus*«*), wie es lange Zeit üblich war.*

9. Die irische Mönchskirche der Frühzeit

Als nach 400 die römische Reichsregierung in einem eindeutigen Akt der Resignation das gesamte Militär aus Britannien zurückzog und somit die Insel sich selbst überließ, wanderte wohl auch ein Teil der dortigen Christen in die Bretagne aus. Die auf den Inseln zurückbleibenden Christen aber haben Mission betrieben und namentlich unter Iren (Skoten) offenbar auch Erfolge erzielt. Die irische Kirche des 6. und 7. Jh. ist ausgesprochenermaßen eine Mönchskirche gewesen. Und zwar ist es das vorbenediktinische Mönchtum, welches Patrick (gest. 17.3.461, vielleicht aber auch erst 492, als Bischof von Armagh) womöglich in Gallien (Auxerre?) kennengelernt hatte und das sich in Irland bis ins 12. Jh. hinein hielt. Die Einflusssphären der Klöster deckten sich mit den Grenzen der Stämme. Die Jurisdiktion lag in den Händen der Äbte, die auch als Seelsorger das innere Leben des frühen irischen Christentums wesentlich formten, nicht zuletzt durch die Einführung der Privatbeichte und Beichtbuße mitsamt der Staffelung der Bußtarife (einer wohl aus dem östlichen Mönchtum übernommenen Praxis) (Text d). Die größte Leistung des frühen irischen Mönchtums lag jedoch – außer auf wissenschaftlichem und künstlerischem (Buchmalerei!) – auf missionarischem Gebiet, auch das eine Auswirkung des mönchischen Charakters der frühen irischen Kirche (freiwillige Heimatlosigkeit um Christi willen [*Peregrinatio propter Christum*]).

a) Aus dem »Bekenntnis« des Patricius (Patrick)

(1) Ich, Patricius, ein ganz und gar bäuerischer, sündiger Mensch und der geringste unter allen Gläubigen und der verächtlichste bei sehr vielen (*Ego Patricius peccator rusticissimus et minimus omnium fidelium et contemptibilissimus apud plurimos*), hatte den Diakon Calpornius zum Vater, einen Sohn des Presbyters Potitus, der in dem Dorfe *Bannavem Taburniae*[1] lebte. Er besaß nämlich in der Nähe ein (kleines) Landgut; dort geriet ich in Gefangenschaft. Ich war damals fast 16 Jahre alt. Denn den wahren Gott kannte ich nicht, und ich wurde nach Irland in die Gefangenschaft geführt zusammen mit vielen tausend Menschen – wie wir's nicht anders verdienten (*secundum merita nostra*); denn wir waren von Gott gewichen (vgl. Jes 59,13) und hatten seine Gebote nicht gehalten (vgl. Gen 26,5), sind unseren Priestern ungehorsam gewesen (*non oboedientes fuimus*[2]), die uns an unser Heil erinnerten; und der Herr überzog uns mit dem Zorn seines Unwillens und zerstreute uns unter zahlreiche Völker (vgl. Jes 42,25),»bis zum äußersten Ende der Erde« (Act 13,47), wo mein unbedeutendes Ich (*parvitas mea*) ersichtlich (noch) jetzt unter Fremdstämmigen lebt. (2) Und hier »öffnete« der Herr »den Sinn« (Lk 24,45) meines ungläubigen Wesens (*incredulitatis meae*), auf dass ich, wiewohl spät,[3] meiner Verfehlungen gedächte und mich aus ganzem Herzen zum Herrn, meinem Gott, bekehrte (vgl. Joel 2,12f.), welcher meine »Niedrigkeit angesehen« (Lk 1,48; I Sam 1,11), sich meiner Jugend und meiner Unwissenheit erbarmt und mich behütet hat, noch bevor ich ihn kannte, zu Verstand kam und zwischen Gut und Böse unterschied; er hat mich geschützt und getröstet wie ein Vater seinen Sohn.

(9) Ich dachte deshalb schon lange daran zu schreiben, zögerte jedoch bis jetzt; ich fürchtete nämlich,»ins (Gerede)« der Menschen »zu kommen« (vgl. Sir 28,27f.), weil ich nicht studiert habe (*didici*) wie die übrigen [...] Vielmehr ist unsere »Art zu reden und uns auszudrücken« (Joh 8,43) in eine fremde Sprache übersetzt, wie man leicht aus dem Geschmack (*saliva*) des von uns Geschriebenen bemerken kann [...]

(16) Nachdem es mich [...] nach Irland verschlagen hatte – täglich hütete ich demnach (sc. als Sklave) die Schafe, und oft am Tage betete ich – , nahte (mir) mehr und mehr die Liebe Gottes, und Gottesfurcht und Glauben nahmen zu und der Geist ward angeregt, am Tage bis zu hundert Malen und in der Nacht fast ebenso häufig zu beten [...] (17) Und dort hörte ich nachts eine Stimme, die mir sagte: »Gut ist's, dass du fastest; bald wirst du in dein Vaterland ziehen« [...] (23) So war ich nach einigen Jahren wieder in Britannien mit meinen Eltern (bzw. mit den Meinen [*parentibus meis*]) zusammen, die mich als ihren Sohn (bzw. den Ihren) aufnahmen und mich aufrichtig (*ex fide*) beschworen, nach all den Drangsalen, die ich erduldet, nun nicht wieder von ihnen zu weichen. »Ich sah jedoch« dort »in einem Nachtgesicht« (Dan 7,11.13) einen Mann wie aus Irland kommen, namens Victoricus, mit unzähligen Briefen beladen; er gab mir einen von ihnen, und ich las den Anfang des Briefes, welcher lautete: »Stimme der Iren« (*Vox Hiberionacum*), [...] und im selben Augenblick glaubte ich die Stimmen derer zu hören, die beim Wald Voclut wohnen, nahe beim Westmeer gelegen. Die schrien wie »aus einem Munde« (Dan 3,51):»Wir beschwören dich, [heiliger] Knecht (*puer*), komm und sei noch ferner (*adhuc*) unter uns«. Es ging mir dermaßen »durch's Herz« (Act 2,37 [!]), dass ich nicht weiter zu lesen vermochte und darum erwachte. Dank sei Gott, dass es ihnen der Herr nach so vielen Jahren gewährt hat, entsprechend ihrem Schreien [...]

(34) [...] Siehe, wir sind Zeugen, dass das Evangelium verkündet ist bis dorthin, wo kein Mensch mehr ist [...] (41) Wie kam es jedoch dazu, dass (gerade) in Irland – (unter denen), die niemals eine Gotteserkenntnis besaßen, außer dass sie bis heute stets Götzen und Unreines verehrten – nun ein Volk des Herrn entstanden ist (vgl. Lk 1,17) und (sie) Söhne Gottes heißen, dass man Söhne und Töchter irischer Könige als Mönche und Jungfrauen Christi erblickt? (43) Selbst wenn ich darum vorhätte, sie zu lassen und nach Britannien zu ziehen – und sehr gern war ich dazu »bereit« (Ps 118, 60 [Vulgata]), weil doch mein Vaterland und die Meinen dort sind – ; doch nicht nur das, auch bis nach Gallien[4] wollte ich, die Brüder zu besuchen und das Angesicht der Heiligen meines Herrn zu sehen: Gott weiß, dass ich das sehr wünschte; doch ich bin »vom Geist gebunden« (Act 20,22) [...] (58) Darum widerfahre es mir nicht von meinem Gott, dass ich je sein »Volk« preisgebe, das er sich an den Enden der Erde »erworben« (vgl. Jes 43, 21). Ich bitte Gott, er verleihe mir Ausdauer (*perseverantia*) und würdige mich, ihm ein treuer Zeuge zu sein bis zu meinem Hinübergang (*transitus*), um meines Gottes willen. (62) Die aber an Gott glauben und ihn fürchten, bitte ich: wem immer es beliebte, diese Schrift anzuschauen oder in sich aufzunehmen, die *Patricius*, ein freilich leider sündiger, ungebildeter Mensch, in Irland verfaßt hat, dass niemand sage, mein unwissendes Ich (*mea ignorantia*) habe irgend etwas Geringfügiges bewirkt oder bewiesen nach Gottes Wohlgefallen; ihr sollt vielmehr urteilen und glauben, wie es der lauteren Wahrheit entspricht: es war (alles) »Gottes Gabe« (Joh 4,10). Und dies ist mein Bekenntnis, bevor ich sterbe (*Et haec est confessio*[5] *mea antequam moriar*).

b) Columba d.Ä., der Missionar der Pikten, begründet die Kloster-Paruchia Iona (nach Beda Venerabilis, KG III 4)

(Vorausgeht in Kap. 3,3 der Bericht über den northumbrischen König Oswald [634–642], auf dessen Bitte um Missionare für sein Volk hin Aidan von Iona mit einer Gruppe irischer Mönche sich auf der Insel Lindisfarne niederließ, wo sie ein Kloster gründeten, das zugleich Bischofssitz für Northumbria wurde. »Bischof Aidan selbst«, heißt es abschließend, »war Mönch, war er doch von der Insel entsandt, die Iona genannt wird. Ihr Kloster hatte geraume Zeit unter fast allen Klöstern der Nordiren [*septentrionales Scotti*] und sämtlichen Klöstern der Pikten den Vorrang inne und [Anspruch auf] den Vorsitz in der Leitung ihrer Gemeinschaften [*regendisque eorum populis praeerat*]. Die Insel [Iona] gehört zwar rechtlich zu Britannien und ist von ihm durch keine [allzu] große Meerenge [*fretum*] geschieden, wurde aber dank einer Schenkung der Pikten, die diese britische Gegend [*plagae*] bewohnen, seit langem den irischen Mönchen überlassen, weil sie [die Pikten] unter ihrer Predigt den Glauben an Christus annahmen«).

(4) Im 565. Jahr nach der Fleischwerdung des Herrn nämlich, als Justin II.[6] die Herrschaft im römischen Reich, als Nachfolger Justinians, übernommen hatte, kam aus Irland (*Hibernia*) ein Presbyter und Abt, in mönchischer Haltung und Lebensführung ausgezeichnet, mit Namen Columba[7] nach Britannien, um dort das Wort Gottes im nördlichen Piktengebiet zu verkünden. Es sind das die Gegenden, die durch steile und furchterregende Bergzüge von ihren (der Pikten) südlichen Regionen abgetrennt sind. Die Südpikten nämlich, die diesseits (also südlich) dieser Berge siedeln, hatten ihren eigenen Angaben zufolge längst vorher den götzendienerischen Irrtum aufgegeben und den Glauben an die Wahrheit angenommen, nachdem ihnen Bischof Ninian, ein überaus verehrungswürdiger, heiligmäßiger Mann aus dem Volke der Briten (*Brettones*), welcher in Rom im Glauben und in den Geheimnissen der Wahrheit unterwiesen worden war, so wie es den Regeln

entspricht, das Wort verkündigt hatte. Sein Bischofssitz, berühmt wegen des Namens und der Kirche des hl. Bischofs Martin, wo auch sein (Ninians) Leichnam zusammen mit mehreren Heiligen seine Ruhestätte gefunden hat, ist jetzt im Besitz des Angelnvolkes. Dieser Ort, zum Gebiet der Bernicier[8] gehörig, wird allgemein Whithorn (*Ad Candidam Casam*[9]) genannt, weil er (Ninian) dort nach einem für Briten ungewohnten Brauch eine Kirche aus Stein errichtet hatte. Columba kam nach Britannien, als Brude (*Bridius*), Sohn des Maelchon[10], über die Pikten regierte, ein überaus mächtiger König; es war das neunte Jahr seiner Herrschaft. (Columba) bekehrte jenes Volk durch Wort und Beispiel zum Glauben an Christus. Daher erhielt er auch die oben erwähnte Insel (Iona) von ihnen zum Besitz, dass er auf ihr ein Kloster gründete. Sie ist nämlich nicht groß: ungefähr fünf Hufen[11] nach Rechnung der Angeln. Sie ist im Besitz seiner Nachfolger bis zum heutigen Tage. Er ist dort auch beigesetzt worden, als er im Alter von 77 Jahren (verstarb), ungefähr 32 Jahre nach seiner Ankunft zur (Missions-)Predigt in Britannien. Bevor er nach Britannien kam, errichtete er ein berühmtes Kloster in Irland, das nach der Menge der Eichen in irischer Sprache Dearmach (Derry), d.h. Eichenfeld, heißt. Aus beiden Klöstern (Derry und Iona) sind seither durch seine Jünger (*discipuli*) zahlreiche Klöster in Britannien und Irland gegründet worden; unter ihnen allen hatte dasselbe Inselkloster (Iona), in dem sein Leichnam ruht, die Vorrangstellung (*principatus*) inne.

Diese Insel pflegt stets den Abt-Presbyter (*abbas presbyter*) zum Herrscher zu haben, dessen Weisungsmacht (*ius*) sowohl die gesamte Gegend (*provincia*) als auch – in durchaus ungewohnter Ordnung – selbst die Bischöfe zu folgen verpflichtet sind;[12] man folgt damit dem Beispiel jenes ersten Lehrers, welcher nicht als Bischof, sondern als Priester und Mönch hervortrat. Über sein Leben und seine Lehren (*verba*) sollen seine Schüler zahlreiche Schriften aufbewahren. Doch was es auch immer mit ihm auf sich hatte:[13] wir halten das über ihn für verbürgt, dass er Nachfolger hinterließ, die sich durch große Enthaltsamkeit, durch Liebe zu Gott und durch der Regel entsprechende Unterweisung (*regularis institutio*) auszeichneten. Was den Termin des höchsten Festes (sc. Ostern) betrifft, so folgten sie allerdings zweifelhaften Zyklen (*circuli*), weil ihnen, die lange am Ende der Welt (*iuxta orbem*) lebten, niemand die Synodalbeschlüsse zur Feier des Osterfestes (*synodalia paschalis obseruantiae decreta*) ausgehändigt hatte; nur was aus den prophetischen, evangelischen und apostolischen Schriften an Werken der Frömmigkeit und der Keuschheit zu lernen war, beachteten sie mit großer Gewissenhaftigkeit. Diese Osterobservanz blieb bei ihnen einige Zeit in Geltung, genau 150 Jahre, bis zum Jahre 715 nach der Fleischwerdung des Herrn [...]

c) Das Kircheninnere des Doppelklosters von Kildare (nach der Vita s. Brigidae des Cogitosus)

(788D) [...] Es sei jedoch auch des Wunders (*miraculum*) bei der Wiederherstellung der Kirche gedacht, in welcher die ruhmreichen Leiber beider, Bischof Conleds[14] und der hl. Jungfrau Birgit[15], in ihren Sarkophagen (789A), zur Rechten und zur Linken des geschmückten Altares, ruhen. Diese sind reich geziert mit Gold, Silber, Juwelen und Edelsteinen. Darüber hängen Kronen von Gold und Silber. Entsprechend einer wachsenden Zahl von Gläubigen beiderlei Geschlechts ist die Kirche über geräumiger Grundfläche errichtet und reicht in schwindelnde Höhen; sie ist mit Tafelmalereien ausgeschmückt (*decorata pictis tabulatis*) und weist im Inneren drei große Beträume (*oratoria*) auf, die durch Bretterwände abgeteilt sind, aber alle unter einem einzigen Dach liegen. Die eine Wand, mit gemalten Bildern geschmückt und von Linnentüchern bedeckt, durchzieht den östlichen Teil der Kirche von einer Seite bis zur andern. An ihren beiden Enden hat sie zwei Eingangstüren. Durch die Türe zur Rechten betritt (789B) der Bischof (*summus pontifex*) mit seiner Klosterschola (*regularis scola*) und denen, die zur Feier der hl. Mysterien bestimmt sind [...], das Heiligtum (und begibt sich) zum Altar. Durch die andere Tür, am linken Ende der Querwand, betritt die Äbtissin mit ihren Nonnen (Jungfrauen [*puellae*]) und frommen Witwen (den Altarraum), um das Mahl (*convivium*) des Leibes und Blutes Jesu Christi zu genießen. Eine weitere Wand, welche den Estrich des Hauses (*domus pavimentum*) in zwei gleiche Hälften teilt, erstreckt sich von der Westseite[16] bis zur Querwand. Die Kirche hat viele Fenster. Durch ein Tor mit Verzierungen, zur rechten Seite, wird sie von Priestern und frommen Laien (*populus fidelis*) männlichen Geschlechtes betreten; durch ein anderes Tor, zur Linken, treten für gewöhnlich die Jungfrauen und die Versammlung der gläubigen Frauen ein (789C). So kann in ein und derselben geräumigen Basilika (*in una basilica maxima*) eine große Volksmenge, durch Trennwände nach Stand, Grad und Geschlecht voneinander geschieden, doch einig im Geist, den allmächtigen Herrn anbeten.[17]

d) Aus der »Klosterregel« Columbans d.J.[18]

Klosterregel der gemeinschaftlich lebenden Brüder (Incipit ipsa regula[19]coenobialis fratrum). (I) Die heiligen Väter, geliebte Brüder, haben festgelegt, dass wir vor Tisch oder, bevor wir zu Bett gehen, oder zu sonst einer geeigneten Zeit ein Sündenbekenntnis ablegen sollen; denn Beichte und Buße befreien vom Tod (*confessio et paenitentia de morte liberant*). Darum sollen selbst geringfügige Sünden beim Bekenntnis nicht vernachlässigt werden; steht doch geschrieben: wer das Geringe vernachlässigt, kommt allmählich auf abschüssige Bahn (Sir 19,1). Demnach wird bestimmt: Wer bei Tisch nicht die Segnung (*benedictio*) abwartet und mit Amen antwortet, werde mit sechs Schlägen gezüchtigt. Ebenso: wer beim Essen spricht, außer wenn ein anderer Bruder etwas braucht, werde mit sechs Schlägen gezüchtigt. Wer nicht das Kreuzeszeichen über dem Löffel macht, mit dem er isst, und wer beim Sprechen lärmt, d.h. lauter (spricht) als gewöhnlich, werde mit sechs Schlägen gezüchtigt.
(II) Wer über dem Licht kein Kreuzeszeichen macht,[20] d.h. wenn ein jüngerer Bruder das Licht anzündet und es einem Älteren nicht zum Bekreuzigen reicht, (der bekomme) sechs Schläge. Wenn jemand irgend etwas zu seinem Eigentum erklärt, sechs Schläge. Wenn jemand mit dem Messerchen ein Loch in den Tisch bohrt, dann werde er mit zehn Schlägen bestraft. Wenn einer der Brüder, der mit dem Kochen und Auftragen der Speisen betraut ist, nur ein wenig verschüttet hat, dann soll er nach dem Chorgebet in der Kirche durch Gebet (büßen), indem die Brüder für ihn beten. Wer beim Gottesdienst (*synaxis*), d.h. bei der Psalmodie (*cursus*), die Selbstverdemütigung (*humiliatio*[21]) vergessen hat, (gemeint ist:) die Erniedrigung in der Kirche am Ende jedes Psalms, der soll in gleicher Weise büßen. Ebenso soll, wer Krumen fallen ließ, durch Gebet in der Kirche gezüchtigt werden; doch wird ihm nur dann eine so geringe Buße auferlegt, wenn er bloß ein wenig fallen ließ.
(III) Hat aber jemand aus Nachlässigkeit, Vergesslichkeit oder mangelnder Sorgfalt ungewöhnlich viel an Flüssigem oder Festem (Trockenem) verkommen lassen, dann bedarf es langer Buße zur Vergebung (*longa venia* [...] *paeniteat*): zur zwölften Stunde, wenn man die zwölf Psalmen singt, muss er in der Kirche ausgestreckt

(prostratus) daliegen und darf kein Glied regen. Hat er sehr viel (multum) verkommen lassen, so soll er sich auf jeden Fall ausrechnen, wieviele Maß Bier oder Maßeinheiten einer anderen Sache er durch Nachlässigkeit hat verkommen lassen, und wissen, dass er ebenso viele Tage die ihm rechtens zustehende Ration verwirkt hat, so dass er Wasser statt Bier trinken muss. Wird etwas auf dem Tisch verschüttet und rinnt zu Boden, so genügt es nach unserer Anordnung, von seinem Platz aus um Verzeihung zu bitten [...]²²

Quellen: L. Bieler (Hg.), *Libri Epistolarum Sancti Patricii Episcopi*, I. II (Text u. Kommentar), Dublin 1952; Bede's Ecclesiastical History of the English People, ed. B. Colgrave / R.A.B. Mynors, Oxford (1969) ²1991; Cogitosus, *S. Brigidae vita virginis a Cogitoso adornata*, PL 72, 775-790; *S. Columbani opera*, hg. v. G.S.M. Walker, Dublin 1957 (SLH 2). – *Literatur*: H. Chadwick, The Age of Saints in Early Celtic Church, Oxford 1961; L. Bieler (Hg.), The Irish Penitentials, Dublin 1963; R.P.C. Hanson, St. Patrick, Oxford 1968; W. Nyssen / F.-P. Sonntag, Der Gott der wandernden Völker, Leipzig 1969; H. Löwe (Hg.), Die Iren und Europa im frühen Mittelalter, 2 Bde., Stuttgart 1982 (darin bes. W. Berschin, Ich Patricius [...]. Die Autobiographie des Apostels der Iren: I, 9-25); Irland und Europa. Ireland and Europe, hg. v. P.N. Chatháin / M. Richter, Stuttgart 1984; T. M. Charles-Edwards, Early Christian Ireland, Cambridge 2000; D. Walz / J. Kaffanke (Hg.), Irische Mönche in Süddeutschland, Heidelberg 2009.

¹ Zu den verschiedenen Versuchen einer Identifizierung dieser Örtlichkeit s. L. Bieler, The Life and Legend of St. Patrick, Dublin 1949, 51-53. 133f.

² Coniugatio periphrastica *(zusammengesetzte Form an Stelle des konjugierten Verbs)*; zum Sinn s. etwa Mt 19,21f. *(erat enim habens multas possessiones)* – ein gutes Beispiel für Patricks Bibellatein *(W. Berschin)*.

³ Vgl. Augustin, Conf. 10, 27, 38: sero te amavi.

⁴ Vgl. dazu das im »Book of Armagh«, dem ältesten Geschichtsbuch der Iren, überlieferte Diktum Patricks: »Die Furcht Gottes hatte ich zum Führer auf meinem Wege durch Gallien und Italien und auch auf den Inseln des Tyrrhenischen (?) Meeres« *(in insolis, quae sunt in mari terreno [in: L. Bieler (Hg.), The Patrician Texts in the Book of Armagh, Dublin 1979 (SLH 10), 124]).*

⁵ Wie bei Augustin bedeutet confessio in diesem Text dreierlei: »Sündenbekenntnis« (confessio peccati), »Rühmung der Gnade Gottes« (confessio laudis) und »Glaubensbekenntnis« (confessio fidei), womit zugleich der Inhalt des Textes knapp umschrieben ist *(W. Berschin)*. Zur dritten Bedeutung von confessio s. vor allem die eindrucksvolle Credoparaphrase in den Anfangsparagraphen oder -kapiteln 3-5.

⁶ Neffe und Nachfolger Justinians I., der von 565 bis 578 regierte.

⁷ »Taube«, in der irischen Form Colum Cille (»Taube der Kirche«), eigentlich Crimthann (geb. ca. 520/522, gest. 9.6.597), einer der größten Heiligen Irlands und Britanniens.

⁸ Frühmittelalterlich-angelsächsisches Königreich, im südöstlichen Küstenbereich Schottlands gelegen.

⁹ Eine (Beda entgangene) Anspielung auf das »Weiße Kloster« in Oberägypten (Thebais), welches vor allem durch das Wirken des Schenute v. Atripe (Abt von ca. 385-465) Berühmtheit erlangte, und damit eine der vielen Spuren östlicher Beeinflussung des irischen Mönchtums!

¹⁰ Ca. 557-586 (?).

¹¹ Hiden (lat. familiae): Bezeichnung einer bäuerlichen Hofstatt mit dazugehörigem Kulturland, welches im Einfamilienbetrieb zu bewirtschaften war.

¹² Diese Eigenart der irischen Mönchskirche (dem Abt unterstellte Mönchsbischöfe oder aber die Vereinigung von Klosterleitung und Weihegewalt in der Person des Abtes), sollte zu einem der Hauptkonfliktpunkte für die irische Mission auf dem Kontinent werden.

¹³ Der Hauptgrund, weshalb der angelsächsische Berichterstatter deutlich auf Distanz geht,

wird gleich nachgeliefert: es ist die Differenz zwischen irischer und römischer Osterobservanz.

14 Conláed, erster Bischof des von Brigida-Birgit gegründeten Klosters Kildare (Cell Tara).

15 Geb. ca. 455 bei Dundalk, gest. ca. 525. In Kildare wurde 655 Cogitosus mit der Abfassung ihrer Vita beauftragt. Das Nonnenkloster bestand bis zu seiner Aufhebung 1540; das mit ihm verbundene Mönchskloster, später an die Augustinerchorherren gelangt, soll ebenfalls unter Heinrich VIII. aufgehoben worden sein.

16 Irrigerweise heißt es im Mignetext: a parte orientali.

17. Die Existenz von Doppelklöstern ist für das frühe irische Mönchtum ebenso charakteristisch wie die Nutzung der Klosterkirche zugleich als Gotteshaus für das umliegende Land; endlich erinnert die Trennwand zwischen Chor und Kirchenschiff an die Ikonostase der Ostkirche, eines der vielen Zeichen für die starke Beeinflussung des irischen Mönchtums durch den kirchlichen Osten.

18 Von Columban d.J., geb. ca. 543 in der Provinz Leinster im Südosten Irlands und gest. am 23.11.615 in Bobbio, ist u.a. auch eine »Mönchsregel« (regula monachorum) erhalten, mit Bestimmungen über die Grundlagen des geistlichen und asketischen Lebens der Mönche.

19 Vorausgeht ein kurzes Inhaltsverzeichnis der insgesamt 15 capitula der »Klosterregel«.

20 Obwohl das deutsche »Segnen« vom lat. signare (= bekreuzigen) abgeleitet sein wird (?), empfiehlt es sich wohl, die Unterscheidungen des lat. Originals (benedictio, signatio) möglichst nachzuvollziehen.

21 Gemeint ist, wie das Folgende zeigt, die Prostration, d.h. die zur Selbstverdemütigung dienende Übung, sich mit ausgebreiteten Armen auf dem Boden auszustrecken, mit dem Gesicht nach unten.

22 Ähnlich wie in den Bußbüchern, die – als ein weiteres Charakteristikum des irischen Mönchtums – jetzt entstanden und für jedes Vergehen eine entsprechende Buße angaben, wird in der »Klosterregel« Columbans die Buße »nicht mehr zuerst als versittlichend, bessernd oder heilend verstanden; sie ist vielmehr zunächst Strafe; wer Böses getan hat, muss nach entsprechendem ›Tarif‹ büßen. Das aber heißt: Buße hat ›primär vindikativen Charakter‹, demgegenüber ›die Heilung und Besserung des Sünders sekundärer Zweck‹ ist« (A. Angenendt, a.a.O., § 34, unter Berufung auf B. Poschmann).

10. Der Mönchspapst Gregor der Große (590–604)

Gregor I., um 540 geb., entstammte einem reichen röm. Senatorengeschlecht und wuchs in einer Familientradition von Staatsdienst und monastischer Frömmigkeit auf. In einer äußerst prekären Situation gelangte er an die Spitze der römischen Kirche. Rom, einst die »goldene Stadt« des Augustus, war nachgerade zum Elendsquartier herabgesunken. Sich selbst verstand der neue Papst als »Kassenwart« der Armen und nutzte entsprechend das weitverstreute päpstliche »Patrimonium«, den größten »Privatbesitz« Italiens, dessen Verwaltung er neu ordnete, als »Armengut«. Der von ihm (aus einer Formulierung Augustins) geschaffene Titel »Knecht der Knechte Gottes« (servus servorum Dei) – bis heute Bestandteil der päpstlichen Titulatur – bedeutete ihm, diesem ersten ausgesprochenen »Mönchspapst«, »nicht vorstehen, sondern nützen« (non praeesse, sed prodesse) (Text b). Erwähnenswert ist noch, dass Gregor wichtige und während des ganzen abendländischen Mittelalters »korrigierend« nachwirkende Akzente im christlich-jüdischen Verhältnis zu setzen vermochte (Text d). Kirchenpolitisch wies er den Weg aus der »byzantinischen Gefangenschaft«, als die besonders das Kaisertum Justinians I. (vgl. o., Nr. 8) erlebt wurde, und brachte den Anspruch der römischen Kirche als caput omnium ecclesiarum („Haupt aller Kirchen") unmissverständlich zum Ausdruck, wenngleich de facto sein Einfluss, über die Grenzen Italiens hinaus, eher gering blieb. Gregor wird (seit Bonifaz VIII.; s.u. Nr. 51) unter die großen Kirchenlehrer des Abendlandes gezählt, als vierter nach Ambrosius, Hieronymus und Augustin (vgl. KTGQ I, Nr. 82.85f.90). Dem Mittelalter galt er einfachhin als »Musterpapst« (H. Fuhrmann). Mit seinen Schriften schuf er »Grundbücher« des mittelalterlichen Kirchenlebens (bes. der Exegese, der Moral- und Pastoraltheologie) (Text a). Von ihm wurde, wie erwähnt, auch Benedikt v. Nursia (s.o. Nr. 5) zum schlechthin vorbildlichen Klosterabt erhoben. Was endlich Liturgie und Frömmigkeit betraf, so galt dem frühen Mittelalter vollends als mustergültig, was immer es für »gregorianisch« hielt. So personalisierte sich in ihm gleichsam der Übergang von der Antike zum Mittelalter.

a) Gregor und der mehrfache Schriftsinn (aus: Hiobkommentar [»Moralia«], Widmungsbrief an Leander[1])

(3) Man muss (im Voraus) wissen, dass wir bestimmte Textpassagen (*quaedam*) in historisch(-buchstäblich)er Auslegung (*historica expositione*) rasch durchgehen; andere untersuchen wir gründlicher mittels allegorischer Auslegung im Hinblick auf ihre vorausweisende Bedeutung (*per allegoriam quaedam typica investigatione perscrutamur*), wieder andere erörtern wir, indem wir uns ausschließlich mit deren allegorisch zu erhebender ethischer Relevanz gründlicher befassen (*quaedam per sola allegoricae moralitatis instrumenta discutimus*); einige (Bibelstellen) schließlich erforschen wir mit großer Sorgfalt, indem wir das gesamte (Instrumentar) gleichzeitig verwenden und also einen dreifachen (Schriftsinn) zu ermitteln versuchen (*per cuncta simul sollicitius exquirentes tripliciter indagamus*). Denn wir legen als erstes den Grund (*fundamenta*), und das ist der historische Sinn (*historia*); darauf errichten wir das Gebäude unseres Geistes (*fabrica mentis*) zu einer Glaubensburg, (und zwar) dadurch, dass wir (in den Texten) bezeichnet finden, was über sie hinausweist (*per significationem typicam*); zuletzt schmücken wir das Gebäude gleichsam noch mit einer Farbschicht, indem wir das Gewinnende (den Charme) moralischer Nutzanwendung hinzufügen (*per gratiam moralitatis*).[2] Sind denn die Worte der Wahrheit für etwas anderes zu halten als Nahrung zur inneren Stärkung (*reficiendae mentis alimenta*)? Doch gewiss nicht! Indem wir sie auf mannigfaltige Weise und mit wechselnden Methoden erörtern, bieten wir dem Mund ein Gericht dar, um dem Überdruß des Lesers, den wir gleichsam als unseren Tischgenossen eingeladen haben, entgegenzuwirken. Betrachtet er die ihm angebotene Vielfalt, so kann er verzehren, was sich seinem Blick als das Geschmackvollere (*elegantius*) darbietet. Gelegentlich aber verzichten wir bei Stellen, deren geschichtlicher Inhalt offen zutage liegt (*aperta historiae uerba*), auf jede Erläuterung, um desto schneller zu den dunklen Stellen (*ad obscura*) zu gelangen; in anderen Fällen gibt der Wortlaut keinen Sinn (*aliquando autem intelligi iuxta litteram nequeunt*); denn oberflächlich betrachtet dienen solche Stellen nur der Irreführung, nicht der Unterweisung des Lesers (*nequaquam instructionem legentibus, sed errorem gignunt*) [...]

b) Voraussetzung für das Hirtenamt (nach der »Pastoralregel«[3])

(1,10) *Wie der beschaffen sein muss, der das Hirtenamt (regimen) anstrebt:* Dieser muss sich in allem zum Vorbild hinentwickeln, dem man nachleben kann: als einer, der, allen fleischlichen Leidenschaften abgestorben, ein Leben (nach der Weisung) des Geistes führt, alles Glück d(ies)er Welt hintanstellt, keine Widerwärtigkeit scheut und nur nach inneren (Werten) verlangt (*sola interna desiderat*). Mit seinem Trachten in bestem Einklang, sind ihm Körper und Geist zu Diensten, sofern jener nicht zu schwächlich und dieser nicht zu schandbar ist (*nec omnino per imbecilitaten corpus, nec ualde per contumeliam repugnat spiritus*). Er läßt sich nicht verleiten, Fremdes (Gut) zu begehren, sondern teilt das Eigene reichlich aus. Vor

Mitleid (*per pietatis viscera*) läßt er sich eilends zum Verzeihen bewegen, aber nie dazu verleiten, durch unziemliche Nachsicht (*plus quam deceat ignoscens*) die Burg der Geradheit (Billigkeit) zu verlassen. Er begehrt nichts Unerlaubtes, beklagt aber das von anderen Begangene, als wär's seine eigene Schuld. Er leidet von Herzen mit fremder Unzulänglichkeit (*infirmitas*) und freut sich am Wohlergehen des Nächsten, als wär's sein eigenes Glück. In allem, was er tut, empfiehlt er sich anderen dermaßen als Vorbild, dass er vor niemandem zu erröten braucht, selbst nicht im Hinblick auf seine Vergangenheit. Er bemüht sich, so zu leben, dass er auch die vor Durst schmachtenden Herzen seiner Nächsten mit den Strömen seiner Belehrung zu netzen vermag [...]

(Das Kapitel schließt damit, dass erneut die Notwendigkeit täglicher Selbstbesinnung und Selbstprüfung nach dem Vorbild Davids (vgl. Ps [29] 30,7f.; [118] 119,6f.) eingeschärft wird).

c) Gregor als Seelsorger (aus dem Brief an die Kammerfrau der Kaiserin, Gregoria: Reg. VII, 22)

Den ersehnten Brief Euer Liebden (*dulcedo vestra*) habe ich empfangen, in dem Ihr Euch angelegentlich der Menge Eurer Sünden anklagtet. Ich weiß indes, dass Ihr den allmächtigen Gott glühend liebt, und ich vertraue auf seine Barmherzigkeit, dass aus dem Munde der (ewigen) Wahrheit über Euch das gleiche Urteil ergeht wie einst über eine gewisse heilige Frau: »Ihr sind viele Sünden vergeben; denn sie hat viel geliebt« (Lk 7,47) [...] Wenn aber Deine Liebe in ihrem Brief noch beifügt, sie lasse mir keine Ruhe (vgl. Lk 11,8), bevor ich nicht schreibe, mir sei die Vergebung Deiner Sünden geoffenbart worden, dann hast Du etwas Schwieriges und Unnützes verlangt: schwierig, weil ich nicht wert bin, dass mir eine Offenbarung zuteil werden müsste; unnütz, weil Du im Blick auf Deine Sünden nicht sicher werden *darfst*, es sei denn, es bliebe Dir am letzten Tage Deines Lebens nur noch verschwindend wenig Gelegenheit, Dir ihretwegen (reuig) an die Brust zu schlagen. Bis dieser Tag anbricht, musst Du (Dir selbst gegenüber) immer misstrauisch sein, (musst) zittern und Dich vor Verfehlungen (*culpae*) scheuen und sie Tag um Tag beweinen. Gewiss war der Apostel Paulus bereits in den dritten Himmel aufgestiegen und »ins Paradies entrückt, vernahm unaussprechliche Worte, die ein Mensch nicht aussprechen darf« (II Kor 12,4); dennoch sagte er noch immer voller Zagen: »Ich züchtige meinen Leib und mache ihn mir gefügig, damit ich nicht etwa, nachdem ich andern gepredigt, selbst verworfen werde« (I Kor 9,27). Der bereits in den Himmel Entrückte fürchtet sich noch immer; und (dann) sollte der sorglos sein, der noch auf Erden wandelt? Bedenke, meine sehr geliebte Tochter, dass die Sicherheit (*securitas*) die Mutter der Nachlässigkeit zu sein pflegt. Du darfst also in diesem Leben keine Hoffnung (*spes*) haben, die Dich nachlässig werden läßt. Steht doch geschrieben: »Selig der Mann, der allezeit in der Furcht (Gottes) bleibt« (Prov 28,14); und wiederum: »Dienet dem Herren in Furcht und frohlockt ihm mit Zittern« (Ps 2,11). Es *muss* also Euer Herz für die kurze Zeit dieses Lebens in Ängsten sein, auf dass es danach ohne Ende frohlocke, weil es sich ohne Ende der Sicherheit (*securitas*) erfreuen darf [...]

d) Gregor und der Judenschutz (Reg. IX, 195)

Gregor an Ianuarius, den Bischof von Calaris (Cagliari/Sardinien). Es kamen Juden aus Eurer Stadt hierher und beklagten sich bei uns, (ein gewisser) Petrus, der nach

Gottes Willen den jüdischen Wahnglauben (*superstitio*) mit der christlichen Gottesverehrung vertauschte, habe am Tag nach seiner Taufe, also am Ostersonntag, eine Rotte zügelloser Elemente um sich geschart und mit diesen die jüdische Synagoge in Cagliari unter Erregung schweren Ärgernisses, aber ohne Deinen Willen, in seine Gewalt gebracht und dort ein Bild der Mutter unseres Gottes und Herrn und ein verehrungswürdiges Kreuz samt dem weißen Gewand aufgestellt, mit dem er bekleidet worden war, als er aus dem Taufbad (*fons*) emporstieg. In dieser Angelegenheit sind auch schriftliche Eingaben seitens unserer Söhne, des ruhmreichen Heermeisters (*magister militum*) Eupaterius und des erlauchten Präfekten Spesindeo, und anderer Vornehmer aus Eurer Stadt bei uns eingegangen, die das bestätigen. Sie fügten auch hinzu, es sei dem zuvor erwähnten Petrus von Euch untersagt worden, sich das herauszunehmen. Sobald wir davon erfuhren, hießen wir es uneingeschränkt gut, weil Ihr nichts geschehen lassen wolltet, was begründeter Kritik ausgesetzt ist, so, wie es einem guten Bischof (*sacerdos*) geziemt. Da Ihr aber durch Nichtbeteiligung an dieser Schurkerei Euer Missfallen daran zu erkennen gabt, fordern wir Euch – in (voller) Würdigung Eurer Willensanspannung und noch mehr Eures Urteils in dieser Sache – hiermit auf, Bild und Kreuz mit aller schuldigen Ehrfurcht von dort zu entfernen und den gewaltsam angerichteten Schaden wiedergutzumachen (*quod violenter ablatum est reformare*); denn dieselbe Gesetzesbestimmung (*legalis definitio*), die den Juden die Errichtung neuer Synagogen untersagt, gestattet ihnen den unbehelligten Besitz der bisherigen.[4] Damit also der oben erwähnte Petrus und die anderen, die ihm bei seinem zügellosen und ruchlosen Unterfangen Beihilfe geleistet und Beifall gespendet haben, sich nicht darauf herausreden, aus Glaubenseifer so gehandelt zu haben, um die Juden dadurch gleichsam zur Bekehrung zu nötigen, so sind sie daran zu erinnern und muss ihnen eingeschärft werden, dass es ihnen (den Juden) gegenüber Mäßigung (*temperantia*) zu üben gilt, auf dass man ihren (Bekehrungs-)Willen wecke und sie nicht wider ihren Willen [ihrem alten Glauben] entfremde (*ut trahatur ab eis velle, non ut ducantur invite*). Steht doch geschrieben:»Freiwillig will ich Dir Opfer darbringen« (Ps [53] 54,8), und: »Mit freiem Willen (*ex voluntate mea*) will ich ihn lobpreisen« (Ps [27] 28,7). Möge also Eure Heiligkeit im Verein mit Euren Söhnen, denen die Sache genauso missfällt wie Euch, durch ein bischöfliches Mahnwort auf gutes Einvernehmen (*gratia*) unter den Bewohnern Eurer Stadt hinwirken, wie es Euch ja geziemt; denn gerade in der gegenwärtigen Lage, wo man sich vor dem Feind fürchten muss,[5] darf es unter dem Volk keine Zwietracht geben [...]

Quellen: Sancti Gregorii Magni Moralium Libri sive Expositio in Librum B. Iob, hg. v. M. Adriaen, Turnhout 1979 (CChr.SL 143.143A); *Liber regulae pastoralis*, in: MPL 77; *Registrum epistolarum*, MGH.Ep.Greg. 1.2. – *Literatur*: E. Caspar, Geschichte des Papsttums, II, Tübingen 1933, 306-514; R.A. Markus, From Augustine to Gregory the Great, London 1983; G.R. Evans, The Thought of Gregory the Great, Cambridge 1986; M. Fiedrowicz, Das Kirchenverständnis G. d. Gr., Freiburg 1995 (RQ Suppl.); K. Greschat, Die Moralia in Iob Gregors des Großen. Ein christologisch-ekklesiologischer Kommentar (STAC 31), Tübingen 2005; B. Müller, Führung im Denken und Handeln Gregors des Großen, Tübingen 2009 (STAC 57).

---

1   Leander, Erzbischof von Sevilla, Bruder und Vorgänger des noch berühmteren Isidor; mit Leander verband Gregor seit ihrer gemeinsamen Zeit in diplomatischer Mission in Konstantinopel eine enge Freundschaft.

² Gregor unterscheidet also zunächst zwischen »historischer« und »allegorischer« Bedeutung, um dann bei der Allegorie noch einmal zwischen »typischem« und »moralischem« Sinn zu unterscheiden.
³ Im Mittelalter bedeutete der Liber regulae pastoralis für den Weltklerus, was die Benediktregel für die Mönche war (B. Altaner).
⁴ Zum Judenschutz im spätantiken römischen Kaiserrecht s. KTGQ I, Nr. 86b-e.
⁵ Eine Warnung vor dem Langobardenkönig Agilulf, der sofort nach Ablauf des Waffenstillstandes von neuem den Kampf beginnen werde (vgl. zu diesem Reg. IV, 2; V, 34.36; VI, 63 u.ö.).

11. Gregor I. und die Mission unter den Angelsachsen

Der Abkehr von Byzanz aus begreiflicher Enttäuschung über mangelnde Unterstützung im Widerstand gegen die heidnischen Langobarden entsprach eine verstärkte Zuwendung zu den Völkern des Westens. Es war das ein Vorgang von enormen Folgen. Führte doch die von Gregor 596/597 in Gang gesetzte Mission unter den Angelsachsen dazu, dass sich bereits um 700 »das ganz auf Petrus, den Schlüsselträger des Himmels, hin orientierte Christentum in England zu solcher Kraft entwickelt« hatte, »dass angelsächsische Missionare auf das Festland kommen konnten und das fränkische Reich weitgehend auf die römisch-päpstliche Autorität und die römisch-christlichen Normen ausrichteten« (Weinfurter, 163). Das Missionskonzept Gregors hatte allerdings, wie Text c) belegt, auch eine dunkle Seite: in seiner Korrespondenz finden sich »auch die ersten Empfehlungen eines Papstes zu einer gewaltsamen Bekehrung in der Geschichte des Christentums« (Weinfurter, 162) (Text a).

a) Aus dem Bericht des Beda Venerabilis (KG I 23-25)

(23) [...] Auf göttliche Eingebung (instinctus) sandte er (Gregor) im 14. Regierungsjahr dieses Kaisers (Maurikios/Mauritius[1]) und ungefähr im 150. Jahr (seit) der Ankunft der Angeln in Britannien den Gottesknecht Augustinus und mehrere andere gottesfürchtige Mönche mit ihm aus, dass sie dem Stamm der Angeln das Wort Gottes predigten. Als sie in Befolgung der päpstlichen Anweisungen das erwähnte Werk bereits aufgenommen und ein Stückchen Wegs zurückgelegt hatten, wurden sie von feiger Furcht gepackt; sie dachten daran, lieber nach Hause zurückzukehren, als zu dem barbarischen, wilden und ungläubigen Stamm weiterzuziehen, dessen Sprache sie nicht einmal beherrschten, und kamen zu der einhelligen Entscheidung, dass dies mehr Sicherheit biete. Unverzüglich schickten sie Augustinus, den er (Gregor) für sie zum Bischof zu weihen gedachte, falls sie von den Angeln aufgenommen würden, nach Hause; er sollte vom seligen Gregor in demütigem Flehen erreichen, dass sie eine so gefährliche, mühevolle und ungewisse Pilgerreise (peregrinatio[2]) nicht fortzusetzen brauchten. Er (Gregor) schickte ihnen einen ermunternden Brief und redete ihnen zu, im Vertrauen auf die Hilfe Gottes mit dem Werk der Verkündigung fortzufahren [...] (24) Dann schickte der ehrwürdige Papst (pontifex) auch an Etherius, den Erzbischof von Arles, (einen Brief mit der Bitte,) Augustinus auf seinem Wege nach Britannien freundlich aufzunehmen [...] (25) So gestärkt durch Ermutigung des seligen Vaters Gregor, kehrte Augustinus mitsamt den Dienern (famuli) Christi, die ihn begleiteten, zum Verkündigungswerk (opus Verbi) zurück und gelangte nach Britannien. König in Kent (Cantia) war zu dieser Zeit Ethelbert (Aedilberct), ein sehr mächtiger (Herrscher), der die Grenzen seiner Herrschaft bis an die Ufer des gewaltigen

Humberflusses, welcher die südlichen und die nördlichen Völkerschaften der Angeln voneinander schied, ausgeweitet hatte. Gegenüber der Ostküste von Kent liegt die durchaus nicht kleine Insel Thanet (*Tanatos*) [...] Dort landete der Diener des Herrn, Augustinus, samt seinen Gefährten [...] Tage später kam dann der König auf die Insel, schlug seinen Sitz unter freiem Himmel auf und befahl Augustin, sich mit seinen Gefährten dort zu einer Unterredung (*colloquium*) einzufinden. Einem alten Aberglauben folgend, hütete er sich nämlich, sie in einer Behausung zu empfangen, damit sie ihn nicht, falls sie über Zauberkraft (*malefica ars*) verfügten, beim Eintritt überlisteten und (so) in ihre Gewalt brächten. Sie aber kamen – nicht mit dämonischer, sondern mit göttlicher Kraft ausgestattet –, führten als Feldzeichen ein Silberkreuz und ein Tafelbild (ihres) Herren (und) Erlösers mit sich (*crucem pro vexillo ferentes argenteam, et imaginem Domini Saluatoris in tabula depictam*), sangen Litaneien (*laetaniae*) und flehten den Herrn um das ewige Heil ihrer selbst wie derjenigen an, um deretwillen und zu denen sie gekommen waren. Sobald sie auf Geheiß des Königs Platz genommen und ihm zusammen mit all seinen anwesenden Gefährten (*comites*) das Wort des Lebens verkündigt hatten, gab er ihnen zur Antwort: »Schön sind gewiss die Worte und Versprechungen, die Ihr vorbringt; weil sie jedoch neu sind und ungewiss (*incerta*), vermag ich ihnen nicht zuzustimmen und all das preiszugeben, dem ich mit dem ganzen Stamm der Angeln so lange gedient habe. Weil Ihr jedoch als Fremdlinge aus weiter Ferne hierher gekommen seid und, wie ich bemerkt zu haben meine, auch uns das mitzuteilen begehrt, was Ihr für wahr und das Beste haltet, so wollen wir Euch denn nicht im Wege stehen, vielmehr darauf bedacht sein, Euch als Gäste freundlich aufzunehmen und Euch das zum Lebensunterhalt Notwendige zur Verfügung zu stellen; auch hindern wir Euch nicht daran, durch Predigt für den Glauben an Eure Religion (*fidei vestrae religionis*) zu gewinnen, wen immer Ihr könnt«. Darauf schenkte er ihnen eine Bleibe (*mansio*) in Canterbury (*in civitate Doruvernensi*), der Hauptstadt (*metropolis*) seines gesamten Reiches [...]

b) Aus Gregors Glückwunsch an Bischof Augustin (Reg. XI, 36)

»Ehre sei Gott in der Höhe und auf Erden Friede den Menschen guten Willens« (Lk 2,14 [Vulgata]), weil das Getreidekörnlein auf die Erde gefallen und abgestorben ist (vgl. Joh 12,24), um nicht allein im Himmel zu herrschen. Durch seinen Tod leben wir, durch seine Schwachheit werden wir gestärkt, durch sein Leiden werden wir dem Leiden entrissen. Aus Liebe zu ihm suchen wir in Britannien Brüder, die wir nicht kennen, und finden durch seine Gnade die, die wir suchten, ohne sie zu kennen. Wer könnte angemessen schildern, welch große Freude hier in den Herzen aller Gläubigen aufkam, weil der Stamm der Angeln durch die Wirkung der Gnade des allmächtigen Gottes und durch Deine brüderliche Anstrengung (*operante omnipotentis Dei gratia et tua fraternitate laborante*) die Finsternis des Irrtums ablegte und vom Licht des hl. Glaubens umflossen wurde [...] Wessen Werk ist dies, wenn nicht dessen, der da sprach: »Mein Vater wirkt bis zu diesem Augenblick, und ich wirke auch« (Joh 5,17), um zu zeigen, dass die Welt (*mundus*) nicht durch Menschenweisheit sich bekehre, sondern durch seine Kraft (*virtus*), erwählte er (einst) ungebildete Verkündiger und sandte sie in die Welt. Dasselbe tut er auch jetzt, weil er unter dem Stamm der Angeln Gewaltiges durch schwache Kräfte (*per infirmos*) zu bewirken beabsichtigte. Indessen ist, mein sehr geliebter Bruder, bei diesem Himmelsgeschenk (*donum caeleste*) neben aller großen Freude im höchsten Maße Furcht angezeigt (*debeat formidari*). Ich weiß nämlich, dass der allmächtige Gott bei jenem Stamm, den er zu erwählen gedachte, durch Deine Liebe große Wunderzeichen schauen läßt (*magna miracula ostendit*). Darum ist es erforderlich, dass Du Dich über diese Himmelsgabe voll Furcht freust und ihretwegen, obzwar freudig, in äußerste Furcht gerätst (*timendo gaudeas et gaudendo pertimescas*) [...]

c) Aus dem Brief Gregors an König Ethelbert (Reg. XI, 37)

Darum lässt der allmächtige Gott ausnahmslos Rechtschaffene (*bonos quosque*) zur Herrschaft über die Völker gelangen, damit durch sie allen ihren Untertanen die Gaben seiner Güte (*pietas*) zufließen. Wie wir sehen, ist dies dem Stamm der Angeln widerfahren, an dessen Spitze Eure Herrlichkeit (*gloria*) zu dem Zweck gelangte, auf dass durch die Euch verliehenen Gaben auch den Euch untergebenen Stammesangehörigen himmlische Wohltaten dargereicht würden. Bewahre deshalb, ruhmreicher Sohn, die von Gott verliehene Gabe mit sorgsamem Herzen. Beeile Dich, den christlichen Glauben unter den Dir unterworfenen Völkerschaften auszubreiten. Vermehre den Eifer Deiner Rechtschaffenheit (*zelum rectitudinis tuae*), indem Du sie zur Bekehrung anhältst; verfolge den Götzenkult (*idolorum cultus*), zerstöre die Heidentempel (*fanorum aedificia*) und wirke durch Mahnen, Abschrecken, Schmeicheln, Strafen und durch Dein Beispiel in guten Werken auf einen sittenreinen Lebenswandel Deiner Untertanen hin. Dann wird Dir der im Himmel ein Vergelter sein, dessen Namen und Erkenntnis Du auf Erden ausbreitest. Er selbst, dessen Ehre Ihr unter den Heiden (*gentes*) sucht und wahrt, wird auch Euren ruhmreichen Namen selbst unter den Nachkommen noch ruhmvoller machen. So hat auch vor Zeiten der über die Maßen gottesfürchtige Kaiser (*piissimus imperator*) Konstantin den römischen Staat dem Kult der falschen Götter abspenstig gemacht und ihn wie sich selbst dem allmächtigen Gott (und) Herrn Jesus Christus unterworfen und sich mitsamt den ihm untergebenen Völkerschaften aus ganzem Herzen zu ihm bekehrt. Dem ist es zu verdanken, dass sein Ruhm den der früheren Kaiser übertrifft und sein Ansehen umso viel strahlender ist als das seiner Vorgänger, als er sie auch an guten Werken übertrifft. Möge sich deshalb jetzt Eure Herrlichkeit beeilen, die Erkenntnis des *einen* Gottes, des Vaters, des Sohnes und des Heiligen Geistes, Königen und Völkerschaften, die Euch ergeben sind, nahezubringen, damit auch Ihr die früheren Könige Eures Volkes an Ansehen und Verdiensten übertrefft [...].[3]

Quellen: Venerabilis Bedae historia ecclesiastica gentis Anglorum, übers. v. G. Spitzbart, Bd. 1, Darmstadt 1982 (TzF 34); vgl. im Übrigen die Quellenangaben zu Nr. 10. – *Literatur*: G. Jenal, Gregor d.Gr. und die Angelsachsenmission, in: SSAM 32 (1986) 793-849; M. Wallace-Hadrill, Ecclesiastical History of the English People, Oxford 1988; A.M. Ritter, Das Mittelalter als Zeitalter der Missionsgeschichte, in: ZMR 79 (1995) 97-110, bes. 100-103 (wieder abgedr. in: ders. [Hg.], Vom Glauben der Christen und seiner Bewährung in Denken und Handeln [GA z. Kirchengesch.], Mandelbachtal-Cambridge 2003, 163-175; S. Weinfurter in: Wieczorek / Weinfurter, Die Päpste, 162f.

[1] *Byzantinischer Kaiser von 582–602.*
[2] *Peregrinatio propter Christum, ein Grundmotiv der iroschottischen Mission (s.o. Nr. 9).*
[3] *Zum Fortgang des Christentums unter den Angelsachsen s. vor allem die »Kirchengeschichte des Angelnvolkes« aus der Feder des Beda Venerabilis (bes. KG II 13; III 25 [interessant u.a. wegen der möglichen Rückschlüsse auf die (germanische) Herkunftsreligion der Bekehrten*

*und die Eigenart mittelalterlicher Mission im Unterschied zur altkirchlichen überhaupt; vgl. dazu o.a. Aufsatz]). Was die Gewaltanwendung in der Mission anlangt, so geht Gr. im Schreiben an den Bischof von Sardinien (Nr. IX 204 vom Juli 599) noch weiter: Verehrer der Götzen (*idolorum cultores*) seien mit strengem Eifer zu verfolgen, heißt es dort. Weigerten sie sich, den Christenglauben anzunehmen, so müssten die Sklaven unter ihnen mit Schlägen und Martern (*verberibus cruciatibusque*) gezüchtigt werden, Freie aber sollten »durch strengste Kerkerhaft zur Vernunft gebracht werden, damit die, die sich weigern, die Worte der Erlösung anzunehmen, welche sie aus den Todesgefahren zu retten vermöchten, durch körperliche Qual (*cruciatus corporis*) dem erwünschten gesunden Glauben zugeführt werden« (MGH. Epistolae 2, S. 192 = RPR I, 2016, Nr. 2848; zit. bei Weinfurter in: Wieczorek / Weinfurter, Die Päpste, 162).*

12. Aus dem Koran

Dass sich der Schwerpunkt politischen Geschehens auf den Trümmern Westroms zwischen dem 5. und 8. Jh. aus dem Mittelmeerraum auf das Gebiet des heutigen (Nord-)Westeuropa verlagerte, wird nicht zuletzt dem Islam (= »Hingabe«, »Ergebung [an den Willen Gottes]«) zuzuschreiben sein, der letzten *großen* Religionsstiftung nach dem Christentum. Der erste, der die im Korán (= »Rezitation«, bestehend aus 114 Suren [= »Perikopen«], angeordnet nach abnehmender Länge) niedergelegte Offenbarung empfing, ist Mohammed (Muhámmad = »der hoch zu Preisende«), ca. 570 in Mekka geboren. Seit ca. 610 weiß sich dieser, als »Gesandter Gottes« (rasûl alläh) und (abschließendes) »Siegel der Propheten« (ḥátam annabíyin [vgl. Sure 33, 40]), zur Verkündigung des Islam als Krönung des Monotheismus berufen (Text b). Das Jahr seiner (unfreiwilligen) »Übersiedelung« (Hidjra/Hedschra) nach Medina (622), von wo aus M. nach langen kriegerischen Auseinandersetzungen 630 das alte arabische Kultzentrum Mekka zu erobern und zum religiösen Mittelpunkt des Islam zu erheben vermochte, gilt unter Muslimen als Beginn der eigenen Zeitrechnung. Zusammengetragen und zu einem »Buch« (kitāb) vereinigt wurden die Mohammed zuteilgewordenen Offenbarungen » – darin sind sich die muslimischen Korangelehrten einig – [...] erst nach Mohammeds Tod (632 n.Chr.)«.[1] Bis zum Tode Mohammeds (632) konnte sich der Islam zunächst auf der arabischen Halbinsel siegreich behaupten und danach in raschem Siegeszug eine Mittelmeerprovinz nach der anderen unterwerfen. Sein Aufstieg und seine Expansion schnitten die »Barbaren« des Westens für mehrere Jahrhunderte weitgehend, wenn auch nicht völlig, von den Zentren mediterraner Zivilisation, vor allem vom oströmischen Reich, ab.

a) Das wichtigste Gebet des Islam (Sure 1 = »Die Eröffnung« [*al-fātiḥa*]):

1 Im Namen Gottes, des barmherzigen Erbarmers. 2 Lobpreis sei Gott, dem Herren der Weltbewohner, 3 dem barmherzigen Erbarmer, 4 dem Herrscher am Tage des Gerichts! 5 Dir dienen wir, dich rufen wir um Hilfe an. 6 Leite uns den rechten Weg, 7 den Weg derer, denen du gnädig bist, nicht derer, denen gezürnt wird, noch derer, welche irregehn!

b) Monotheismus (Sure 2 [= »Die Kuh« (*al-baqarā*)], 255)

Gott: kein Gott ist außer ihm, dem Lebendigen und Beständigen. Ihn fasst nicht Schlummer und nicht Schlaf. Ihm gehört, was in den Himmeln und auf Erden ist. Wer kann bei ihm Fürsprecher sein, es sei denn, dass *er* es erlaubt! Er weiß, was vor und hinter ihnen ist. Doch sie erfassen nichts von seinem Wissen, es sei denn, was *er* will. Sein Thron umgreift die Himmel und die Erde, sie zu bewahren ist ihm keine Last. Er ist der Erhabene, Gewaltige!

c) Das Jüngste Gericht (Sure 99-101)

(99 [= »Das Beben« (*az-zalzala*)]) *Im Namen Gottes, des barmherzigen Erbarmers*
1 Wenn die Erde geschüttelt wird in ihrem Beben, 2 und die Erde ihre Lasten muss von sich geben, 3 und der Mensch sagt: »Was musste sie erleben?« 4 An jenem Tage wird sie Kunde über sich abgeben, 5 da dein Herr ihr diese eingegeben. 6 An jenem Tage werden die Menschen getrennt hervorkommen, damit sie ihre Taten zu sehen bekommen. 7 Wer Gutes tat, vom Gewichte eines Stäubchens, wird es sehen. 8 Und wer Böses tat, vom Gewichte eines Stäubchens, wird es sehen.
(100 [= »Die Laufenden« (*al-'ādiyāt*)]) *Im Namen Gottes, des barmherzigen Erbarmers* 1 Bei den Laufenden,² wennn sie schnauben! 2 Bei den Angreifenden im Morgengrauen, 4 die damit Staub aufwirbeln, 5 dann vordringen in die Feindeshaufen! 6 Siehe, der Menschen ist seinem Herrn nicht dankbar 7 denn dafür zeugt er ja selbst. 8 Siehe, der Liebe zum Besitz ist er, fürwahr, stark zugeneigt. 9 Hat er denn kein Wissen? Wenn verstreut wird, was in den Gräbern war, 10 und gesammelt wird, was in den Herzen war: 11 Siehe, an jenem Tag ist sich ihr Herr über sie klar!
(101 [»Das Pochen« (*al-qāri'a*)]) *Im Namen Gottes, des barmherzigen Erbarmers*
1 Das Pochen. 2 Was ist ›das Pochen‹? 3 Und was lässt dich wissen, was ›das Pochen‹ ist? 4 Am Tage, da die Menschen zerstreuten Motten gleichen 5 und die Berge zerzauster Wolle: 6 Wessen Waagschalen sich dann senken, 7 der wird zufriedenes Leben haben; 8 und wessen Waagschalen sich dann heben, 9 dessen Mutter wird der Abgrund sein.³ 10 Und was lässt dich wissen, was das ist? 11 Glühendes Feuer.

d) Juden – Christen – Muslime (Sure 5 [»Der Tisch« (*al-mā'ida*)], 5.46-48)

5 Heute sind euch erlaubt die guten Dinge, und die Speisen derer, denen das Buch gegeben ward, sind euch erlaubt. Und die keuschen Frauen von den Gläubigen und von denen, denen das Buch schon vor euch gegeben wurde, wenn ihr ihnen ihren Lohn gebt als keusche Männer, die nicht Unzucht treiben und sich Geliebte halten. Wer den Glauben leugnet,⁴ dessen Werk ist schon verloren, er gehört im Jenseits zu den Verlierern.
46 In ihren (sc. der Gottesmänner der Kinder Israels) Spuren ließen wir Jesus folgen, Marias Sohn; er bestätigte, was ihm vorlag vom Gesetz.⁵ Ihm gaben wir das Evangelium. Darin ist Rechtleitung und Licht, und es bestätigt, was ihm vorlag vom Gesetz,⁶ und ist Rechtleitung und Mahnung für die Gottesfürchtigen.
47 Die Leute des Evangeliums sollen nach dem richten, was Gott in ihm herabgesandt hat. Wer nicht nach dem richtet, was Gott herabgesandt hat, das sind die Verruchten.
48 Und auf *dich* sandten wir das Buch mit der Wahrheit; es bestätigt, was von dem Buch schon vorher da war, und gibt darüber Gewissheit. So richte zwischen ihnen nach dem, was Gott herabgesandt hat, und folge ihren Neigungen nicht, wenn es von dem abweicht, was von der Wahrheit zu dir kam! Für einen jeden von euch haben wir Bahn und Weg gemacht. Hätte Gott gewollt, er hätte euch zu einer einzigen Gemeinde gemacht – doch wollte er euch mit dem prüfen, was er euch gab. Wetteifert darum um das Gute! Euer aller Rückkehr ist zu Gott, er wird euch dann kundtun, worin ihr immer wieder uneins wart.

e) Jesus im Koran (Sure 3 [=»Das Haus 'Imran« (Āl 'Imrān)], 59; Sure 4 [=»Die Frauen« (an-nisā')], 157f.; 171-173)

(3, 59) Siehe, vor Gott gleicht Jesus Adam. Aus Staub erschuf er ihn, dann sagte er zu ihm:»Sei!« Und dann war er.[7]
(4, 157f.) (Zusammenhang: Gott hat den Juden zur Strafe für ihren Unglauben das Herz versiegelt, weil sie ungläubig waren und gegen Maria eine gewaltige Verleumdung vorbrachten[8])
157 und (weil sie) sprachen:»Wir haben Christus Jesus, den Sohn Marias den Gesandten Gottes, getötet«. Aber sie haben ihn nicht getötet und haben ihn auch nicht gekreuzigt. Sondern es kam ihnen nur so vor. Siehe, jene, die darüber uneins sind, sind wahrlich über ihn in Zweifel. Kein Wissen haben sie darüber, nur der Vermutung folgen sie. Sie haben ihn nicht getötet, mit Gewissheit nicht,
158 vielmehr hat Gott ihn zu sich erhoben. Gott ist mächtig, weise.
(4, 171-173) 171 Ihr Buchbesitzer![9] Geht nicht zu weit in eurer Religion, und sagt nur die Wahrheit über Gott! Siehe, Christus Jesus, Marias Sohn, ist der Gesandte Gottes und sein Wort, das er an Maria richtete, und ist Geist von ihm. So glaubt an Gott und seine Gesandten und sagt nicht »Drei!« Hört auf damit, es wäre für euch besser. Denn siehe, Gott ist *ein* Gott; fern sei es, dass er einen Sohn habe. Sein ist, was in den Himmeln und auf Erden ist. Gott genügt als Anwalt.
172 Christus wird es nie verschmähen, ein Knecht Gottes zu sein, und auch die Engel, die ihm nahestehen, nicht. Wer es jedoch verschmäht, ihm zu dienen, und sich erhaben dünkt, die wird er allesamt zu sich versammeln.
173 Doch denen, welche glauben und gute Werke tun, wird er ihren Lohn in vollem Maße geben und ihn noch mehr Huld gewähren. Die aber, welche es verschmähen und sich erhaben dünken, wird er mit schmerzhafter Pein bestrafen, die werden gegen Gott weder Freund noch Helfer finden.

Quelle: Der Koran. Aus dem Arabischen neu übertragen und erläutert von H. Bobzin unter Mitarbeit von K. Bobzin, München ²2017; vgl. Der Koran. Übersetzung von R. Paret, Stuttgart ⁶1989. – *Literatur:* A. Falaturi / U. Tworuschka, Der Islam im Unterricht, Braunschweig ²1996; H. Bobzin, Der Koran. Eine Einführung, München ⁹2015; A. Neuwirth, Der Koran als Text der Spätantike. Ein europäischer Zugang, Berlin ⁴2017; A. Başol / Ö. Özsoy (Hg.), Geschichtsschreibung zum Frühislam. Quellenkritik und Rekonstruktion der Anfänge, Berlin 2014.

---

1 *So H. Bobzin im Nachwort zu seiner Koranübersetzung, 599.*
2 *Von Pferden ist hier die Rede.*
3 *»Abgrund« steht hier für Hölle.*
4 *Wörtlich: »wer den Glauben nicht glaubt« (R. Paret). – Nach allgemeiner Auffassung ist Sure 5,5 einer der letzten Koranverse, geoffenbart kurz vor Mohammeds Tod; er spricht sich trotz aller Auseinandersetzungen mit Juden und Christen für die Koexistenz mit allen Buchbesitzern aus. »Diese Tatsachen, die von einem freundschaftlichen Verhältnis und gegenseitiger Achtung zeugen, sind ein Beweis dafür, dass nicht Glaubensfragen, sondern stets andere – gesellschaftliche, wirtschaftliche, machtpolitische – Gründe Anlass für Zwist untereinander gewesen sind« (A. Falaturi / U. Tworuschka (s.o.), 29.*
5 *»Oder: was vor ihm da war, nämlich die Thorah (?)« (R. Paret).*
6 *Vgl. vorige Anm.*

⁷ »*Das* tertium comparationis *ist die Neuschöpfung (ohne den üblichen Vorgang der Zeugung)*« *(R. Paret); vgl. auch die folgende Anmerkung*

⁸ »*Mit der* ›*Verleumdung*‹ *ist wohl die Behauptung gemeint, dass Maria ein uneheliches Verhältnis gehabt habe, und dass daraus das Jesuskind hervorgegangen sei*« *(R. Paret). Zur Jungfrauengeburt s. auch Sure 19,16-33.*

⁹ *Gemeint wie immer Juden, Christen, Muslime. Zur Ablehnung der* »*Gottessohnschaft*« *Jesu s. auch etwa Sure 112 (in kalligraphischer Schrift z.B. in der Kuppel der Mannheimer Moschee, der bis vor kurzem größten in Deutschland, angebracht):*»*Im Namen Gottes, des barmherzigen Erbarmers. 1 Sprich:* ›*er ist Gott, der Eine, 2 Gott, der Beständige, 3 er zeugte nicht und wurde nicht gezeugt, 4 und keiner ist ihm ebenbürtig*‹*!*«

13. Bonifatius als Germanenmissionar und Kirchenreformer

Um 675 in Wessex geboren, gab Winfried (Wynfreth/Wynfrith) Bonifatius 716 eine aussichtsreiche klösterlich-kirchliche Wirksamkeit auf, um »für Christus« in die Fremde zu gehen (*peregrinatio propter Christum*). Mit dem blühenden angelsächsischen Kirchenwesen im Rücken, zu dem die Verbindungen niemals abrissen, ließ sich B. durch Fehlschläge in seinem Missionseifer nicht abschrecken. 718 ging er nach Rom, um sich dort die kirchliche Ermächtigung zur Mission im gesamten rechtsrheinischen Germanenland zu holen (Text a). Aus dem Missionar wurde immer mehr der Organisator (Reformator) der vielfach aus den Fugen geratenen fränkischen Landeskirche, der zudem die Voraussetzung dafür schuf, dass das fränkische Reich immer mehr auf die römisch-päpstliche Autorität und die römisch-christlichen Normen ausgerichtet wurde (vgl. Hauschild / Drecoll I, 562) (Text d). Der Ausgang des Lebens des zuletzt als Erzbischof von Mainz (und damit als Primas der Kirche im Frankenreich) (Text b) wirkenden Bonifatius nahm den Jugendplan (Mission unter den stammverwandten Festlandsachsen) wieder auf. Als sich herausstellte, dass ihm die begonnene Reform der fränkischen Landeskirche *völlig* durchzuführen nicht möglich sei (Text e), brach er, um der Mission den Weg zu den Sachsen zu bahnen, nach Friesland auf und wurde am 5.6.754 bei Dokkum (westlich von Groningen) mit seinen Begleitern von heidnischen Friesen erschlagen (Text f).

a) Papst Gregor II. betraut Bonifatius mit der Heidenmission (Ep. 12 [15.5.719])

Gregor, Knecht der Knechte Gottes¹, an den gottesfürchtigen Presbyter Bonifatius [...] Du hast in besonnener Voraussicht im Hinblick auf die fromme Regung (*affectus*) des genannten Vorhabens beim apostolischen Stuhl Rat geholt, um – als Glied unter Gliedern (vgl. I Kor 12,27) des eigenen Körpers Haupt befragend – den Herzensimpuls (*motus mentis*) zu überprüfen und, indem Du Dich demütig seinem Urteil unterwirfst und seiner Leitung auf dem rechten Pfad zu folgen eilst, in der Vollkraft einer festgefügten Gemeinschaft auftreten zu können. Darum weisen wir im Namen der unteilbaren Dreifaltigkeit, kraft der unerschütterlichen Autorität des seligen Apostelfürsten Petrus, dessen Lehramt (*doctrinae magisteria*) wir nach Gottes Willen ausüben und dessen heiligen Sitz (*locus sacrae sedis*) wir innehaben, Deine fromme Bescheidenheit an und gebieten: Du sollst unter dem Wort der göttlichen Gnade (*in verbo gratiae Dei*) – jenem heilsamen Feuer, das der Herr auf Erden zu bringen kam (Lk 12,49) und von dem Du erleuchtet zu sein scheinst – bei allen im Irrtum des Unglaubens befangenen Völkern, zu denen Du unter Gottes Geleit zu gelangen vermagst, den Dienst am Reiche Gottes (*ministerium regni Dei*) dadurch einrichten, dass Du den Namen unseres Herrn Christus bekanntmachst und von der Wahrheit überzeugst; und Du sollst im »Geist der Kraft, der Liebe und der Besonnenheit« (II Tim 1,7) die beiden Testamente ungelehrten Gemütern reichlich und in angemessener Weise (*consona ratione*) verkündigen (lassen). Was endlich die Tauſordnung (*disciplina sacramenti*) anlangt, die Du bei der Aufnahme (Initiation) derer, die unter Gottes Führung gläubig werden wollen, einzuhalten bemüht sein sollst, so wünschen wir, Du möchtest die Amtsvorschriften unseres Apostolischen Stuhles beachten, die Dir zu Deiner Unterweisung bereits ausgehändigt worden sind. Falls Du aber bemerkst, dass Dir für die übernommene Tätigkeit etwas fehle, so wirst Du uns nach Möglichkeit davon in Kenntnis zu setzen besorgt sein. Lebe wohl [...]

b) Der Bischofseid des Bonifatius (ep. 16 [30.11.722])

Im Namen des Herrn, (unseres) Gottes, und unseres Heilandes Jesu Christi; im 6. Jahr der Regierung des von Gott gekrönten Herrn und großen Kaisers Leo,[2] in dessen 6. Konsulatsjahr und im 4. Jahr der Mitregentschaft seines Sohnes, des großen Kaisers Konstantin,[3] im 6. Steuerjahr (*indictio*).[4] Ich, Bonifatius, von Gottes Gnaden Bischof (*gratia Dei episcopus*), verspreche Euch, dem seligen Apostelfürsten Petrus, und Deinem Stellvertreter (*vicarius*), dem seligen Papst Gregor, und dessen Nachfolgern um des Vaters, des Sohnes und des Hl. Geistes, der unteilbaren Dreifaltigkeit und dieses Deines hochheiligen Leibes[5] willen, meine uneingeschränkte und reine Treue (*omnem fidem et puritatem*) dem heiligen katholischen Glauben zu erweisen und mit Gottes Hilfe in der Einheit desselben Glaubens zu verharren, auf der – ohne Zweifel (und) erwiesenermaßen – alles Heil der Christen beruht (*in qua omnis christianorum salus esse sine dubio conprobatur*[6]). Ferner gelobe ich, auf keinen Fall zuzustimmen, falls einer (etwas) gegen die Einheit der gemeinsamen und allgemeinen (*universalis*) Kirche redet, sondern, wie ich geschworen, meine unbedingte Treue und meinen Beistand Dir und dem Nutzen Deiner Kirche, dem vom Herrn die Binde- und Lösegewalt (*potestas ligandi solvendique*) verliehen wurde (Mt 16,19), und Deinem zuvor erwähnten Stellvertreter samt dessen Nachfolgern in allem zu erweisen. Sollte mir zur Kenntnis gelangen, dass Vorsteher (von Kirchen) gegen die alten Anordnungen der heiligen Väter leben, so will ich mit diesen keinerlei Gemeinschaft oder Beziehung unterhalten; wenn ich es vielmehr verhindern kann, dann werde ich es verhindern, andernfalls aber sofort getreulich meinem apostolischen Herrn Bericht erstatten. Falls ich aber, was ferne sei, gegen den Wortlaut (*series*) dieses meines Versprechens irgendetwas auf irgendwelche Weise zu tun versuche, sei es absichtlich oder weil sich eine Gelegenheit dazu bietet, so will ich im ewigen Gericht als schuldig erfunden werden und der Strafe des Ananias und der Sapphira (vgl. Act 5,1-11) unterliegen, die Euch (Petrus!) ebenfalls bezüglich ihres Eigentums zu überlisten oder falsch auszusagen sich herausnahmen. Diese Eidesformel (*indiculum sacramenti*) habe ich, Bonifatius, der geringe Bischof, eigenhändig unterschrieben und auf Deinem geheiligten Leib niedergelegt, und ich habe vor Gott als Zeugen und Richter den oben im Wortlaut mitgeteilten Eid geleistet, den ich auch zu halten verspreche.

c) Bonifatius fällt (724) die Donareiche bei Geismar in Hessen (nach *Vita Bonif.auct.Willib.*, c. 6)

[...] Damals[7] endlich empfingen viele Chatten (*Hessi*), nachdem sie den katholischen Glauben angenommen hatten und durch die siebenfältige Gnade des Geistes (vgl. Jes 11,2; EG 126,4 [»Du bist der Gaben siebenfalt/der Finger an Gotts rechter

Hand ...«]) gestärkt worden waren, die Handauflegung (*manus inpositio*); andere jedoch, deren Geist noch nicht erstarkte, weigerten sich, die Zeugnisse des unverfälschten Glaubens unversehrt in Empfang zu nehmen; einige opferten insgeheim Bäumen und Quellen, andere taten das ganz offen [...]; (wieder) andere, die bereits gesunderen Sinnes waren und aller heidnischen Gottlosigkeit (*gentilitatis profanatio*) abgesagt hatten, taten dergleichen nichts. Mit deren Rat und Hilfe unternahm er (Bonifatius) es nun, eine riesige Eiche, die mit ihrem alten Heidennamen Jupitereiche hieß, in einem Ort mit Namen Geismar (Gaesmere), im Beisein der (ihn begleitenden) Diener Gottes zu fällen. Als er den Baum, gestärkt durch ein festes Herz, zu fällen begonnen hatte, war freilich eine große Menge von Heiden zur Stelle, die ihn als Feind ihrer Götter in ihrem Inneren lebhaft verwünschten; doch als er den Baum nur wenig behauen hatte, stürzte die gewaltige Eichenmasse, von oben her durch göttliche Windeinwirkung geschüttelt, mit gebrochener Krone zu Boden und zerbarst, wie auf einen hilfreichen Wink von oben (*quasi superni nutus solatio*) sofort in vier Teile, und vier ungeheuer große Klötze (*trunci*) von gleicher Länge kamen zum Vorschein, ohne dass die anwesenden Brüder irgendwie Hand angelegt hätten. Als das die zuvor fluchenden Heiden sahen, kehrten sie um, ließen von ihrem früheren Lästern, priesen Gott und glaubten an ihn. Daraufhin erbaute der (bischöfliche) Vorsteher (*antistes*), (ein Mann) von ausnehmender Heiligkeit, nach vorheriger Beratung mit den Brüdern aus dem Baummaterial ein hölzernes Bethaus (*oratorium*) und weihte es zu Ehren des hl. Apostels Petrus[8] [...]

d) Der Hausmeier Karlmann beginnt auf Drängen des Bonifatius die Kirchenreform (Aus: Akten d. *Conc.German.* 742/743)

Im Namen unseres Herrn Jesu Christi. Ich, Karlmann, Herzog und Fürst (*dux et princeps*) der Franken, habe im Jahre 742 nach der Fleischwerdung Christi am 21. April, unter Beratung der Diener Gottes und meiner Großen und von der Furcht Christi (vgl. Act 9,31; Röm 3,18; II Kor 7,1; Eph 5,21) getrieben, die Bischöfe in meinem Reich mitsamt ihren Presbytern zu einem Konzil und einer Synode einberufen. Es sind dies der Erzbischof Bonifatius und (die Bischöfe) Burghard, Reginfred, Winta, Willibald, Dadanus und Edda mit ihren Presbytern. Sie sollten mich beraten, wie das Gesetz Gottes und der kirchliche Brauch (*aecclesiastica relegio*) wieder in Kraft gesetzt würden (*recuperetur*), nachdem sie unter den früheren Fürsten in Auflösung begriffen [...] waren, und wie das Christenvolk (*populus Christianus*) sein Seelenheil finde, statt, von falschen Priestern (*sacerdotes*) verführt, zugrunde zu gehen.
(I a) Auf den Rat der Priester und meiner Großen (*optimates*) hin haben wir Stadt für Stadt (*per civitates*) Bischöfe eingesetzt (*ordinavimus*) und über sie als Erzbischof Bonifatius, den Gesandten (*missus*) des hl. Petrus, bestellt. (b) Wir haben beschlossen, jährlich eine Synode einzuberufen, damit in unserer Gegenwart (*nobis presentibus*) die kanonischen (=Synodal-)Beschlüsse (*canonum decreta*) und die kirchlichen Rechtssatzungen (iura) wieder in Kraft gesetzt würden und der christliche Kult (*religio Christiana*) eine Besserung erführe. (c) Wir haben ferner entwendetes Kirchengut wieder erstattet und zurückgegeben. (d) Falschen Presbytern und ehebrecherischen oder unzüchtigen Diakonen und Klerikern haben wir ihre kirchlichen Pfründen (*pecuniae aecclesiarum*) entzogen, sie degradiert und Buße zu tun genötigt. (II a) Allen Dienern Gottes haben wir es gänzlich untersagt,

Waffen zu tragen oder zu kämpfen [...] (b) Aber auch das Jagen und das Herumstreifen in Wäldern mit Hunden haben wir allen Dienern Gottes untersagt, ebenso das Halten von Habichten und Falken. (III) Wir haben auch gemäß den Canones (der hl. Apostel[9]) angeordnet, dass jeder Presbyter innerhalb eines Sprengels (*in parrochia*[10] *habitans*) dem Bischof, in dessen Parochie er ansässig ist, botmäßig sein soll. Und in jeder großen Fastenzeit (*semper in quadragesima*) soll er dem Bischof Rechenschaft ablegen über seine Amtsführung [...] Und wann immer der Bischof nach kanonischem Recht seinen Sprengel bereist, um die Bevölkerung zu firmen (*populos ad confirmandos*), soll der Presbyter stets bereit sein, den Bischof aufzunehmen, wobei alles Volk zusammenlegt und Hilfe leistet, das gefirmt werden soll. Und am Gründonnerstag (wörtl.: »wenn das Herrenmahl gefeiert wird« [*in cena Domini*]) soll er stets neues Salböl (*crisma*) beim Bischof besorgen, so dass dieser zum Zeugen seiner keuschen Lebensführung, seines Glaubens und seiner Lehre wird. (IV) Wir haben bestimmt, wir lassen gemäß kanonischer Vorsichtsmaßregel (*secundum canonicam cautellam*) keine fremden Bischöfe oder Presbyter, woher sie auch immer gekommen sein mögen, zum Kirchendienst zu, bevor eine Synode das gebilligt hat. (V) Wir haben beschlossen, jeder Bischof habe, entsprechend den *Canones*, in seinem Sprengel mit Unterstützung des Grafen als des Beschützers (*defensor*) der Kirche dafür zu sorgen, dass das Volk Gottes keinen heidnischen Unfug treibe (*paganias non faciat*), sondern jeglichen Unflat des Heidentums voll Verachtung ablege, ob es sich um Totenopfer, Weissagerei (*sortilegi vel divini*), Amulette, (Deutung aus) Vorzeichen, Zauberei (*incantationes*) oder Tieropfer handelt, von törrichten Menschen nach heidnischem Brauch in unmitelbarer Nachbarschaft der Kirchen (*iuxta aecclesias*) unter (missbräuchlicher) Berufung auf Märtyrer und Bekenner[11] dargebracht, womit sie (nur) den Zorn Gottes und seiner Heiligen herausfordern; auch sollen sie (Bischof und Graf) jene gotteslästerlichen Feuer, die man Niedfyr (»Notfeuer«) nennt, wie überhaupt heidnische Bräuche jeglicher Art, gewissenhaft unterbinden. (VI) Ebenso haben wir festgelegt, nach dieser Synode haben [...] ein jeder Diener Gottes und jede Magd Christi, die sich der Unzucht schuldig machten, in Kerkerhaft bei Wasser und Brot Buße zu tun [...] (VII a) Wir haben überdies bestimmt, Presbyter und Diakone sollen keine kurzen Mäntel (*saga*) wie Laien, sondern Mäntel mit Kapuzen (*casulae*) tragen, wie es Dienern Gottes geziemt; auch soll keiner eine Frau in seinem Haus wohnen lassen. (b) (Endlich) sollen Mönche und im Kloster lebende Mägde Gottes gemäß der Regel des hl. Benedikt ihr eigenes Leben [...][12] auszurichten trachten.

e) Abschiedsbrief des Bonifatius an den fränkischen Hof (ep. 93 [752])

Bonifatius, Knecht der Knechte Gottes, durch Christi Gnade Bischof, seinem teuersten Mitpriester (*consacerdos*), dem Presbyter Fulrad,[13] ewigen Gruß der Liebe in Christus. Für die geistliche Freundschaft Deiner brüderlichen Liebe, die Du mir in meinen Nöten schon oft um Gottes Willen (im Hinblick auf Gott [*pro Dei intuitu*]) erwiesen hast, kann ich geziemenden Dank, so wie Du ihn verdient hast, nicht abstatten; doch ich flehe den allmächtigen Gott an, er möge Dir in hoher Himmelshöhe den Lohn der Vergeltung (*mercedis premia*) in der Freude der Engel auf ewig zukommen lassen. Nun aber bitte ich Dich in Christi Namen, Du mögest, was Du gut begonnen, auch mit einem guten Ende bei Gott abschließen: Grüße in meinem Namen (*meo verbo*) unseren glorreichen und liebenswerten König Pippin und sage ihm grossen Dank für alle Werke der Güte, die er mir getan; berichte ihm auch, was mir und meinen Freunden als wahrscheinlich erscheint. Es hat nämlich den Anschein, als müsse ich dieses zeitliche Leben und den Lauf meiner Tage, meiner Hinfälligkeit wegen, bald beenden. Darum bitte ich die Hoheit unseres Königs, im Namen Christi, des Sohnes Gottes, er möge noch bei meinen Lebzeiten anzuzeigen und Weisung zu erteilen geruhen, was er meinen Schülern später zukommen zu lassen gedenkt. Handelt es sich doch fast ausschließlich um Heimatlose (*peregrini*): die einen sind Presbyter, an vielen Orten zum Dienst der Kirche und der Leute bestimmt; andere leben in unseren Klöstern (*cellulae*) als Mönche und sind für Kinder bestellt, die Lesen und Schreiben lernen sollen (*et ad infantes legentes litteras ordinati*[14]); wieder andere sind betagt und haben lange Zeit mit mir gelebt, mit mir gearbeitet und mir geholfen. Um sie alle bin ich besorgt (*sollicitus*), sie könnten nach meinem Ableben verlorengehen. Möchten sie doch von Eurer Nachsicht Rat (*mercedis vestrae consilium*) und von Eurer Hoheit Schutz erfahren, damit sie sich nicht verstreuen wie Schafe, die keinen Hirten haben (vgl. Mt 9,36; Mk 6,34), und nicht die Völker an der Heidengrenze des Gesetzes Christi verlustig gehen. Darum flehe ich die Milde Eurer Hoheit in Christi Namen inständig an, Ihr wollet meinen Sohn, den Chorbischof[15] Lullus, so es Gottes Wille ist und Eurer Hoheit gefällt, in diesen Dienst an den Völkern und Kirchen einsetzen und ihn zum Prediger und Lehrer für Presbyter und Laien (*populi*) bestellen. Ich hoffe, die Presbyter werden an ihm, so Gott will, einen Meister (*magister*), die Mönche einen regeltreuen Lehrer (*regularis doctor*) und die christlichen Laien einen getreuen Prediger und Hirten haben. Meine Bitte ist deshalb so dringlich, weil meine Presbyter an der Grenze zu den Heiden ein erbärmliches Leben (*paupercula vita*) fristen. Sie können sich zwar Brot zum Essen verschaffen; aber Kleidung finden sie dort nicht; sie können in solchen Gegenden im Dienst des Volkes nur durchhalten und ausharren, wenn ihnen von anderswoher Hilfe und Rat zuteil wird – so wie ich sie unterstützt habe. Und wenn die Liebe zu Christus (*pietas Christi*) Euch dies eingibt und Ihr, was ich erbitte, billigt und ausführen wollt, so lasst es durch diese meine gegenwärtigen Boten oder durch ein Schreiben Eurer Güte mir mitteilen und anzeigen, damit ich umso freudiger als Euer Schuldner (*in mercede vestra*) lebe und sterbe.[16]

f) Das Martyrium des Bonifatius (nach *Vit.Bonif.auct.Willib.*, c. 8)

Das Kapitel schildert, »wie er (Bonifatius) bis an sein Lebensende eifrig predigte und welches sein Ende war, als er aus dieser Welt schied« (so die Überschrift). Ausgangspunkt des Berichts sind das *Concilium Germanicum* (743 od. 742), die austrische Synode zu Les Estinnes, dazu die beiden Synoden von 745 und 747, auf die im Briefcorpus des Bonifatius Bezug genommen wird. Erwähnt werden ferner der Herrschaftsantritt Pippins d. Kleinen oder Jüngeren (ab 747) im fränkischen Gesamtreich und der Entschluß des achtzigjährigen Bonifatius zu seiner letzten Missionsfahrt ins Friesenland.

[...] Nachdem also, wie von uns dargelegt, Friesland (*Fresia*) das Glaubenslicht durchstrahlte und das selige Ende unseres Heiligen nahte, schlug er alsbald am Ufer des Bordneflusses,[17] welcher die aneinander grenzenden, in ihrer Landessprache Ostor- und Westeraeche genannten Gebiete scheidet, nur von der Schar seiner Dienstmannen (*clientes*) begleitet, seine Zelte auf. Weil er aber das schon weit und breit verstreute Volk im voraus von dem festlichen Tag in Kenntnis gesetzt hatte, an dem den Neugetauften (*neobiti et nuper baptizati*) vom Bischof Handauflegung und Firmung (*confirmatio*) erteilt werden sollten, kehrten alle nach Hause zurück, um an ihrem Firmungstag allesamt wieder zu erscheinen, wie es der Wille des hl. Bischofs eben bestimmt hatte. Als indes der vorbestimmte Tag graute und mit der aufgehenden Sonne der Morgenglanz des Tageslichts (*aurora lucis*) hervorbrach, nahten an Stelle der (erwarteten) Freunde Feinde und statt der Neulinge im Glauben (*novicii fidei cultores*) Schergen neuer Art (*novi* [...] *lictores*), und eine ungeheure Menge von Feinden mit blinkenden Waffen, mit Speeren und Langschilden ausgerüstet, drang ins Lager. Sofort stürzten sich ihnen die Knechte (der Begleitmannschaft [*pueri*]) aus den Zelten entgegen, zückten Waffe gegen Waffe und versuchten, die (bald zum Märtyrertod bestimmten) Heiligen gegen das gefühllose Heer der rasenden Menge zu schützen. Da trat der Mann Gottes (*vir Dei* [vgl. Dtn 33,1; Jos 14,6; I Chr 23,14; II Chr 30,16; Esr 3,2; Ps 90 (89 LXX),1 u.ö.]), sobald er das Andringen des tobenden Haufens bemerkt hatte, mit den Klerikern seiner Umgebung aus dem Zelt hervor, die heiligen Reliquien, die er stets mit sich zu führen pflegte, in Händen. Stracks fährt er die Mannschaft an und untersagt ihr, zu den Waffen zu greifen: »Lasst ab, Mannen (pueri), vom Streit und macht dem Kampf ein Ende; lehrt uns doch das Zeugnis der Schrift in Wahrheit, nicht Böses mit Bösem, sondern Gutes mit Gutem zu vergelten (vgl. I Thess 5,15). Der langersehnte Tag ist da, und die willkommene Zeit unserer Auflösung (*spontaneum resolutionis nostrae tempus*) naht. Seid also stark im Herrn und duldet willig, was er gnädig zulässt. Hofft auf ihn, und er wird Eure Seelen freimachen«. Die ihn nahe umgebenden Presbyter und Diakone sowie die Diener Gottes in niedrigerem Stand ermahnte er, indem er sie in ihrer Muttersprache (*patria* [...] *voce*) folgendermaßen anredete: »Männer und Brüder, seid tapferen Mutes und fürchtet Euch nicht vor denen, die den Leib töten, da sie ja die Seele, die ohne Ende bleibt, nicht zu töten vermögen (vgl. Mt 10,28; Lk 12,4; Tob 5,13); freut Euch vielmehr im Herrn (Phil 4,4) und senkt Eurer Hoffnung Anker in Gott. Er wird Euch alsbald (*extimplo*) den Lohn ewiger Wiedervergeltung geben und einen Sitz im Himmelssaal als Mitbürger der oberen Engel anweisen [...].« Während er mit solcher Ermunterung und Belehrung seine Schüler leutselig anspornte, die Krone des Martyriums zu erringen, stürzte das wütende Getümmel (*tumultus*) der Heiden alsbald mit Schwertern und voller Waffenrüstung über sie her und machte die Leiber der Heiligen in heilbringendem Gemetzel (*felici* [...] *cede*) nieder [...]

Quellen: Briefe des Bonifatius, Willibalds Leben des Bonifatius nebst einigen zeitgenössischen Dokumenten. Unter Benützung der Übers. v. M. Tangl u. Ph.H. Külb, neubearb. v. R. Rau (Freiherr-Vom-Stein-Gedächtnisausgabe IV b), Darmstadt ²1988, 512/514. – *Literatur*: Th. Schieffer, Winfried-Bonifatius und die christliche Grundlegung Europas, (Freiburg 1954 =) Darmstadt 1972 (mit bibliograph. Nachwort); F. Prinz, Frühes Mönchtum im Frankenreich, München ²1988; L.E. von Padberg, Bonifatius – Missionar und Reformer, München 2003; F.J. Felten u.a. (Hg.), Bonifatius – Leben und Nachwirken, Mainz 2007; Hauschild / Dercoll I, 562-566.

1   *S.o. Einleitung zu Nr. 10.*
2   *Leo III. (717 - 741), der Begründer der nach ihm benannten »isaurischen« (= syrischen) Dynastie auf dem byzantinischen Kaiserthron.*
3   *Konstantin V. (741 - 776), der u.a. die bilderfeindliche Synode von Hiereia (754) einberief (s.u. Nr. 16) und deshalb von seinen Gegnern alsbald den wenig schmeichelhaften Beinnamen »Kopronymos« (= »Sch...name«) beigelegt bekam.*
4   *Sc. innerhalb eines 15jährigen Zyklus, der selbst nicht weiter gezählt wird. Beginn des Steuerjahres nach der Indictio Graeca, die auch (bis 1087) an der päpstlichen Kurie galt, jeweils der*

1. September.

⁵ *Der Eid gilt also als im Angesicht der Petrusmemoria mit den Gebeinen des Apostelfürsten in S. Pietro in Vaticano (dem heutigen Petersdom) abgelegt.*

⁶ *Vgl. den Anfang des sog. »athanasianischen« Glaubensbekenntnisses (Symbolum Quicumque): »Wer immer gerettet sein will, muss vor allen Dingen den katholischen Glauben festhalten [...]« (Quicumque vult salvus esse, ante omnia opus est, ut teneat catholicam fidem [...] [DH 75-76]).*

⁷ *Kontext von Kap. 6: Anfänge der Mission unter Friesen, Sachsen und Hessen; Romreise und Bevollmächtigung des Bonifatius durch den Papst; Rückkehr ins Frankenreich und ehrenvolle Aufnahme am fränkischen Hof; Erteilung eines Schutzbriefes für die Fortsetzung der Hessenmission.*

⁸ *Es handelt sich um die Peterskirche von Fritzlar, unweit des Bischofssitzes Büraburg; bereits 732 wurde der Holz- durch einen Steinbau ersetzt.*

⁹ *Wohl späterer Zusatz (s. App. der o.a. Ausgabe).*

¹⁰ *Das Lehnwort aus dem Griechischen (παροικία) liegt dem dt. »Pfarrei« zugrunde; es bezeichnete ursprünglich die Gemeinde derer, die in der »Welt« »Fremdlinge und Beisassen« sind (Eph 2,19 u.ö.). Im Frühmittelalter überlagerten sich die Begriffe Parochia und dioecesis; die etymologische Wurzel der »Fremdlingschaft« scheint völlig aus dem Bewußtsein geschwunden zu sein.*

¹¹ *Märtyrer = »Blutzeugen«, Bekenner = überzeugungstreue Christen, die wohl ihren Glauben bekannt haben, aber mit dem Leben davongekommen sind.*

¹² *Der lat. Text ist hier wohl verderbt; wahrscheinlich ist er im Sinne der Bestimmung von Les Estinnes zu verstehen: Abbates et monachi receperunt sancti patris Benedicti regulam ad restaurandam normam regularis vitae (»Äbte und Mönche haben die Regel des heiligen Vaters Benedikt angenommen, um die Norm für das von einer Regel bestimmte [= Kloster-]Leben wiederaufzurichten« [s. die o.a. Ausgabe, 382]).*

¹³ *F. Abt von St. Denis, Erzkaplan Pippins und Karls d.Gr. Der Brief ist das Begleitschreiben einer nicht erhaltenen Eingabe an Pippin.*

¹⁴ *Ein Korrektor änderte in legendas.*

¹⁵ *Ein ursprünglich ostkirchliches Amt; der Begriff (»Landbischof«) bezeichnete den Vor-steher einer kirchlichen Ortsgemeinde außerhalb einer Stadt, der seine Gemeinde selbständig leitete und verwaltete. In der Westkirche sind die ostkirchlichen Konzilsbestimmungen über Stellung und Aufgaben der Chorbischöfe durch große Kirchenrechtssammlungen seit dem 6. Jh. in lat. Übersetzung überliefert worden. De facto sind aber die ersten westkirchlichen Chorbischöfe aus dem friesischen und Mainzer Umkreis der Angelsachsenmissionare Willibrord und Bonifatius nachweisbar.*

¹⁶ *Nach einer zumindest möglichen Deutung hat Pippin die Bitte erfüllt, wie der erhaltene Dankbrief des Bonifatius (ep. 107) belegt; anders Tangl (s. die o.a. Ausgabe, 336, Anm. 1).*

¹⁷ *Heute Born.*

14. Die »Pippinische Schenkung« (754/756)

Zwei Faktoren: einmal die Eroberungspolitik des Langobardenkönigs Aistulf (749-756), der 751 das zu Ostrom gehörige Exarchat von Ravenna eingenommen hatte und 753 Rom bedrohte, und zum anderen die anhaltende Unfähigkeit des byzantinischen Kaisertums, wirksamen Schutz zu gewähren, führten unter dem seit 752 amtierenden Papst Stephan II. zu einer langfristigen Umorientierung der päpstlichen Politik von den Byzantinern zu den Franken. Eine Konsequenz dieser Umorientierung war u.a., dass seit 781, zur Zeit des Pontifikats

Hadrians I. (772-795), auf päpstlichen Briefen und Urkunden nicht mehr nach byzantinischen Kaisern, sondern nach Päpsten und deren Pontifikatsjahren datiert wurde. Knapp vier Jahrzehnte zuvor, am Epiphaniastag 754, erschien Papst Stephan II. in der königlichen Pfalz Ponthion in der Champagne und schloss tags darauf mit dem Karolinger Pippin (III., d.J. [741(751)-768]) eine »Schwurfreundschaft«, deren Einzelheiten auf dem Reichstag zu Quierzy bei Laon (April 754) festgelegt wurden (Text a). In der Königsabtei St. Denis salbte der Papst den König und seine Söhne (Karlmann und Karl), deren nunmehr dynastischer Erbanspruch kirchlich sanktioniert wurde (Text b). Kurz darauf begann eine fränkische Offensive gegen Aistulf, der sich aber erst 756 der fränkischen Oberhoheit unterwarf und als Preis die eroberten Territorien in Mittelitalien, soweit sie zuvor byzantinischer Besitz waren, zurückgeben musste. Pippin übergab sie seinerseits dem *vicarius Petri* (bzw. Petrus selbst), so dass das Jahr 756 zum »Geburtsjahr« des Kirchenstaates um Rom und Ravenna wurde.

a) Die »Pippinische Schenkung« nach dem »Papstbuch« (Liber Pontificalis), XCIV. Stephanus II., c. XXVI.XLVI:

(XXVI) Am 6. Januar (754), dem hochheiligen Fest der Epiphanie (*apparitio*) unseres Herrn, Gottes und Heilandes Jesu Christi, begab sich der vorgenannte segenspendende Mann (*almificus vir* [sc. Papst Stephan]), mit lauter Stimme den allmächtigen Gott unablässig ehrend und preisend, samt all den Seinen und gleichzeitig der vorgenannte König unter (dem Gesang von) Hymnen und geistlichen Liedern (vgl. Eph 5,19; Kol 3,16) zum vorgenannten Palast (sc. von Ponthion). Nachdem sie sich dort in der Kapelle (*oratorium*) zugleich niedergelassen hatten, flehte alsbald der seligste Papst (*beatissimus papa*) den vorgenannten (aller)christlich(st)en König unter Tränen an, er möge durch ein Friedensbündnis (*per pacis foedera*) die Angelegenheiten des seligen Petrus und des Gemeinwesens der Römer (*rei publicae Romanorum*) in Ordnung bringen. Darauf stellte dieser den seligen Papst augenblicklich zufrieden, indem er gelobte, alle seine Gebote und Ermahnungen mit allem Nachdruck (*totis nisibus*) zu befolgen und wunschgemäß das Exarchat Ravenna sowie die Gerechtsame (Vorrechte) und Städte der (römischen) Republik unter allen Umständen zurückzuerstatten.
(XLVI) Als nun der gütige Frankenkönig Pippin die Stadt Pavia belagerte und einschloß, bat der grausame Langobardenkönig Aistulf um Gnade und gelobte, die im Friedensvertrag (*in pacti foedere*) genannten Städte unter allen Umständen herauszugeben, was er vorher verweigert hatte. Er bekräftigte den früheren Vertrag, den die Parteien (*partes*) in der vergangenen 8. Indiktion (754) geschlossen hatten, und gab die genannten Städte heraus und räumte außerdem noch die Burg Comacchio (*Comaclium* oder *Comachium* o.a.).[1] Über diese gesamte Rückgabe von Städten stellte Pippin zugunsten des seligen Petrus und der hl. römischen Kirche bzw. aller künftigen (päpstlichen) Inhaber des Apostolischen Stuhles eine Schenkungsurkunde (*donationem in scriptis*) zu dauerndem Besitz (*in perpetuum [...] possidendas*) aus, die sich bis zum heutigen Tage im Archiv unserer hl. Kirche befindet.[2]

b) Die Bestätigung durch Karl d.Gr. (ebd., XCVII. Hadrianus)

(XLI) Am vierten Wochentag (*feria*) zog der vorgenannte Papst (*pontifex*, sc. Hadrian I.) zusammen mit seinen Richtern, geistlichen wie weltlichen (*tam cleri quamque militiae*), zur Kirche des seligen Apostels Petrus, um mit demselben König (sc. Karl) zu einer Unterredung zusammenzutreffen. Beharrlich beschwor und mahnte er ihn und suchte ihm väterlich zuzureden, dass er ja jenes Versprechen in allem erfülle, welches sein Vater Pippin geheiligten Angedenkens, einstmals König, wie auch er selber, der ganz vortreffliche Karl, zusammen mit seinem Bruder Karlmann und allen fränkischen Richtern dem seligen Petrus und dessen Stellvertreter geheiligten Angedenkens, dem Herrn Papst Stephanus II., gegeben hatten, als dieser sich im Frankenreich aufhielt. Danach sollten verschiedene Städte und Gebiete der Provinz Italien dem seligen Petrus und allen seinen Stellvertretern (*vicarii*) zu ewigem Besitz zugeschrieben und übergeben werden.

(XLII) Und nachdem er sich das Versprechen, das an einem Ort im Frankenreich namens Quierzy (*Carisiacus*) gegeben worden war, erneut hatte verlesen lassen, hießen er und seine Richter dessen gesamten Inhalt gut. Und aus freien Stücken ließ der vorgenannte, ganz vortreffliche und wahrhaft christliche Frankenkönig Karl, gütig und willig, ein weiteres Schenkungsversprechen nach dem Vorbild des ersten durch seinen frommen und klugen Kaplan (*capellanus*) und Notar Etherius aufsetzen. Darin überließ er diese Städte und Ländereien dem seligen Petrus und versprach, sie dem vorgenannten Papst zu übergeben, unter Bezeichnung des Grenzverlaufs, wie er aus dieser Schenkung(surkunde) ersichtlich ist [...] ³

Quellen: Vita Stephani II (752–757) und Vita Hadriani (772–795), in: Liber Pontificalis. Texte, Introduction et Commentaire, hg. v. L. Duchesne, I, Paris 1955. – *Literatur*: E. Caspar, Pippin und die römische Kirche, Berlin (1914), ND 1973; ders., Das Papsttum unter fränkischer Herrschaft, hg. v. U. Gmelin, Darmstadt 1956; F. Kern, Gottesgnadentum und Widerstandsrecht im früheren Mittelalter, (Leipzig 1914), Münster-Köln ²1954 (ND 1980); R. Schieffer, Die Karolinger, Stuttgart ²1997 (UB 411), 50-69; A.T. Hack, Zur Herkunft der karolingischen Königssalbung, ZKG 110 (1999) 170-190; M. Becher / J. Jarnut (Hg.), Der Dynastiewechsel von 751. Vorgeschichte, Legitimationsstrategien und Erinnerung, Münster 2004.

¹ *Zwischen Ravenna und dem Po gelegen.*
² *Im folgenden Kapitel (47) werden besagte Städte im Einzelnen aufgelistet: Ravenna, Rimini, Pesaro, Conca, Fano, Cesina, Sinigaglia, Jesi, Forumpopuli, Forli mitsamt der Burg Sussobium, Montefeletri, Acerreagio, Montelucati, Serra, das Kastell S. Marini, Bobbio, Urbino, Callis, Luciolis, Gubbio und Comiaclo, außerdem die Stadt Narni, die früher von dem Herzog von Spoleto erobert worden war, nun aber wieder in den Besitz von Rom gelangte. Auf dieser »Schenkung« beruhte der Kirchenstaat!*
³ *Es werden sodann im Einzelnen aufgezählt: Luna mit der Insel Korsika, Besitzungen in den Gebieten von Firis (in Suriano), von Mons Bardo (Berceto), Parma, Reggio, Mantua und Mons Silex (»Basaltberg«), außerdem das ganze Exarchat Ravenna in seinem alten Umfang, die Provinzen Venetien und Istrien, endlich die Herzogtümer (=Dukate) Spoleto und Benevent.*

15. Nestorianisches Christentum in China (nach der Stele von Xi'anfu aus dem Jahre 781)

Die ostsyrische Kirche auf persischem Boden (Nestorianer; vgl. KTGQ I, Nr. 92) war, obwohl dort der Zoroastrismus offizielle Staatsreligion war, die »eifrigste Missionskirche, die die Welt je gesehen« (J. Stewart). Besonders lebhaft war die meist von Kaufleuten, aber auch von berufsmäßigen Sendboten getragene Nestorianermission in Zentralasien und China. Die chinesische Bezeichnung für das von ihnen vertretene Christentum war: die »Lichtvolle Religion« (Jingjiao)! Kostbarstes Zeugnis für die Anfänge der Chinamission unter der Tang-Dynastie (618-907) ist die 1625 von Chinamissionaren des Jesuitenordens entdeckte, mit einer in reinstem klassischem Chinesisch abgefaßten Inschrift (die auch kurze syrische Textstücke

Nestorianshes Christentum

enthielt) bedeckte Marmorstele von Xi'anfu, errichtet nach ihren eigenen Angaben am 4. Februar 781 vom christlichen »Landesbischof« von China. Die Inschrift berichtet von dem Priester Aleben (A-lo-pen) aus Da Qin (guo [Ta-Ch'in], wohl Syrien bzw. dem Mittleren Osten), der 635 in China die erste Nestorianergemeinde gründete. Die Stele mit Inschrift wurde als Zeichen des Dankes für die Gunst des Kaiserhofes und für den den Nestorianern gewährten Schutz vor allem gegenüber taoistischen und buddhistischen Angriffen errichtet. Die Inschrift umfasst annähernd zweitausend chinesische Schriftzeichen (und, wie gesagt, verschiedene syrische Textstücke). Sie besteht inhaltlich aus einem Abriss der christlichen Lehre[1], aus einer Darstellung der Geschichte der Nestorianermission in China seit der Ankunft Alebens sowie einer Schlußdoxologie und einem Namensverzeichnis von 70 Mitgliedern des nestorianischen Klerus in China. Über die Anfänge des Christentums in China (635–649) heißt es dort:

[...] Als der Erhabene Ahn und von Kultur durchdrungene Kaiser (Taizong wen huangedi) in Glanz und Pracht das Mandat des Himmels erhielt und sich [als] Strahlend-erleuchtender den Menschen näherte, gab es im Lande Da Qin einen Mann von hervorragender Tugend namens Aleben (Reuben/Abraham[2]). Sich an einem Ort »hoch wie die weißen Wolken« (d.h. in Verborgenheit[3]) aufhaltend, entschied er sich [wegen des De Kaiser Taizongs diese Verborgenheit zu verlassen] und sich mit den wahren Schriften zu beladen. Von weither sehnsuchtsvoll [nach China ausblickend] eilte er unter Berücksichtigung der Jahreszeiten [d.h. der klimatischen und Wegeverhältnisse] durch Gefahren und Schwernisse [hierher]. Im neunten Jahr der Regierungsperiode Zhenguan (627–650; d.h. im Jahre 635) gelangte er in (der ersten Reichshauptstadt) Chang'an an. Der Kaiser entsandte seinen hochstehenden Minister, den Herrn Fang Xuanling (578–648), um ihn an der Spitze einer Ehrengarde in der westlichen Vorstadt zu empfangen (wie hohe Gesandtschaften). [Danach] wurde der Gast im Inneren Palast (d.h. mit höchsten Ehren) willkommengeheißen.
Nachdem die Schriften in der kaiserlichen Bibliothek übersetzt worden waren, erkundigte sich [der Kaiser] in seinen »Verbotenen Gemächern« nach dem Dao[4] [in diesen Schriften]. Als er zutiefst ihre Richtigkeit und Wahrheit erfahren hatte, erteilte er Sonderbefehle für ihre Propagierung und Aufnahme. Im Herbst, im 7. Monat des 12. Jahres der Regierungsperiode Zhenguan (im Jahre 638) wurde folgendes Edikt erlassen: »Das Dao beinhaltet keine jemals unveränderliche (absolute) Bezeichnung,[5] der Heilige (Weise) hat keine jemals unveränderliche Verkörperung. Als Reaktion auf die verschiedenen Erfordernisse und Umstände wurden (die verschiedensten) Lehren aufgestellt,[6] um allen Lebewesen umfassende Hilfe zu geben. Der hochtugendhafte Aleben aus Da Qin brachte Schriften und Bildnisse von weither, um sie in unserer Hauptstadt darzulegen. Nachdem wir ihre Lehre und Aussage eingehend geprüft haben, finden wir sie wunderbar, spirituell und [im Einklang mit dem] Nicht-Agieren (wu wei).[7] Betrachten wir ihre essentielle Grundlehre, so hat sie die Besorgnis allen Lebens[8] zu ihrem Prinzip erhoben; ihre Worte sind ohne weitschweifige (verwirrende) Erklärungen und ihre Logik ist [so zwingend, wie im Buche *Zhuangi*, wo es heißt: Die Fischreuse exisiert wegen des Fisches. Doch sobald du den Fisch gefangen hast,] vergiss die Reuse.[9] Da [diese Lehre] den Lebewesen hilft und den Menschen von Nutzen ist, ist es angemessen, sie im Reiche zu verbreiten«.[10]
Die damit befassten Beamten ließen sodann im Yi'ning-Bezirk der Hauptstadt das Daqin (Nestorianer)-Kloster erbauen. An neu rekrutierten Mönchen (du seng)[11] gab es 21. Als das *De* der *Verehrten Zhou*-Dynastie vergangen war, stieg [Laozi] mit

seinem schwarzen Gefährt (einem Karren, gezogen von einem schwarzen Wasserbüffel) nach Westen hinauf.¹² Doch als die *Gewaltige Tang*-Dynastie [das Madat des Himmels übernahm] und das *Dao* [wieder] erstrahlte, wurde ein glückverheißender Wind gegen Osten entfacht [...] Durfte somit, aufgrund kaiserlichen Erlasses, in der Hauptstadt ein syrisches Kloster mit 21 Insassen errichtet werden, so berichtet die Inschrift weiter von den Fortschritten, die das Christentum dank der Güte der nachfolgenden Kaiser in China machen konnte.

Quellen: P.Y. Saeki, The Nestorian Documents and Relics in China, Tokyo (1937) ²1951; *Übersetzung:* L. Wagner (Sinolog. Seminar Heidelberg; ihm sind auch die Mehrzahl der Anmerkungen, darunter sämtliche philologischen Erklärungen, zu verdanken). – *Literatur:* A.C. Moule, Christians in China before the Year 1550, London u.a. 1930; Ders., Nestorians in China, London 1940; P. Kawerau, Das Monument von Schianfu, in: Sichtbare Kirche (FS f. H. Laag), hg. v. U. Fabricius / R. Volp, Gütersloh 1973 (SIKKG 3), 39–43; W. Baum/D.W. Winkler, Die Apostolische Kirche des Ostens. Geschichte der sogenannten Nestorianer, Klagenfurt 2000, bes. 47-51; L. Xu, Die nestorianische Stele in Xi'an. Begegnung von Christentum und chinesischer Kultur, Bonn 2004; R. Malek (Hg.), Jingjiao. The Church of the East in China and Central Asia, Sankt Augustin 2006 (darin bes. der Beitrag von J. Tubach, Deuteronomistic Theology in the Text of the Stele of Xi'an [175–180]).

1   Der erste, dogmatische Teil lässt noch kaum »synkretistische« Spuren und auch nichts spezifisch »Nestorianisches« erkennen. Wohl aber enthält er interessante Mitteilungen über den Umfang des NT (»27 Bücher«!) und das monastische Leben unter den Nestorianern (Benutzung des Holz-Semantrons; Andacht in Gebetsrichtung nach Osten; Verzicht auf den Besitz von Sklavinnen und Sklaven; Gebetsgottesdienst alle sieben Stunden und Sakramentsgottesdienst alle sieben Tage).
2   Die Vermutung, dass Aleben mit Reuben gleichzusetzen sei, findet sich in The Cambridge History of China (3. Sai and T'ang China 589–906), Cambridge ²1989, P. I, S. 235. P.Y. Saeki, The Nestorian Documents and Relics in China, Tokyo (1937) ²1951 hingegen versucht zu belegen, dass Aleben eine lautliche Wiedergabe des Namens Abraham darstelle.
3   Die chinesischen Zeichen stehen in erster Linie bildhaft für einen Menschen, der eine Position einnimmt, die einsam hoch ist, wie ferne Wolken – wie Wolken überhaupt die Potenz zum Glück verheißenden Omen besitzen (vgl. z.B. W. Eberhard, Lexikon chinesischer Symbole, München [1983] ³1990, 306). Der Rückzug in die Verborgenheit geschieht üblicherweise aus ethischen Motiven, wobei praktisch nie an den Rückzug in die Wildnis, die Bergeinsamkeit etc. gedacht ist. Vielmehr geht es darum, dass man sich im alltäglichen Leben für den Hof unerkennbar macht und sich dem Hofdienst zu entziehen sucht, sofern es mit der ethisch-charismatischen Kraft (De) des Kaisers nicht zum Besten bestellt ist. Ist das Gegenteil der Fall und der Herrscher von vorbildlichem, gutem Charisma (De) durchdrungen, macht die Zurückgezogenheit keinen Sinn mehr, sondern werden sich im Gegenteil alle vorzüglichen Männer geradezu zum Hofdienst, in die Nähe eines solchen Herrschers, drängen. Ähnlich scheint das De des Herrschers Taizong Aleben gezwungen zu haben, aus seiner Verborgenheit fernab vom chinesischen Hof hervorzukommen und die Nähe des Kaisers zu suchen (als ein Laozi redivivus gleichsam!).
4   Hier wohl: Urkraft, Daseinsgrund.
5   Gemeint: das Dao, das wir als solches aufzufassen vermögen, ist nicht das absolute Dao.
6   Vgl. dazu das Anfangskapitel des Shangjun shu (»Die Schrift des Herrn von Shangyang«; engl. Übers. v. L. Duyvendak, The Book of Lord Shang, London 1928, 171-173), wo es u.a. heißt: »[...] There is more than one way to govern the world and there is no necessity to imitate antiquity, in order to take appropriate measures for the state [...]«.
7   Von Saeki mit »silent operation« übersetzt. Wu wei stellt eine der wichtigsten Maximen für den Kaiser dar: Wenn davon auszugehen ist, dass zwischen den »Drei Mächten« (sancai, d.i. Himmel, Erde und Mensch) ein geheimnisvolles, delikates Gleichgewicht herrscht, dessen Erhaltung immer oberstes Ziel sein muss und das keineswegs gestört werden darf, dann könnte jede

willkürliche und voreilige Aktion, jedes aktive Eingreifen, dieses Gleichgewicht stören. Die Herstellung dieser unabdingbaren Harmonie muss vielmehr oberstes Ziel sein (diese Maxime war noch in großen Schriftzeichen über dem Thron der letzten chinesischen Kaiserin-Witwe, Zixi, angebracht, auf dem sie sich photographieren zu lassen liebte); hier soll es wohl bedeuten, dass der Nestorianerglaube sich harmonisch in den religiösen und sozial-weltanschaulichen Kontext einfügt.

8   *D.h. um das Leben in seiner gesamten Vielfalt und Ausprägung.*

9   *Vgl. B. Watson, The Complete Works of Chuang Tzu, New York-London 1968 (Records of Civilization LXXX. Columbia College Program of Translations from Oriental Classics), 302.*

10   *Zu diesem kaiserlichen Reskript bemerkt P.Y. Saeki in seinem o. zitierten Werk: Es zeige, dass die nestorianische Kirche in China von Anbeginn an unter dem besonderen Schutz des Kaisers stand, was gewiss nicht verwerflich war. Der Verfasser der Inschrift »vergaß jedoch zu bemerken, dass eine solche Gunst oftmals dahin tendiert, die wesentlichen Punkte der sog. katholischen Lehre des Christentums abzufeilen«. Saeki legt besonders den Finger auf den Anfang des Reskripts, der eine typisch daoistische (taoistische) Doktrin enthalte, eine Doktrin, zu der sich die nestorianische Kirche in China uneingeschränkt bekannte (a.a.O., 50)! Welch Wunder, wenn nach vielen Jahrhunderten die Nestorianer von den lokalen Kulten und Religionen, nicht zuletzt vom Daoismus (Taoismus), absorbiert wurden.*

11   *Das Verb du bedeutet in buddhistischem Kontext (und so wohl auch hier), Menschen dazu zu bewegen, ihre Familien zu verlassen und Mönche bzw. Nonnen zu werden.*

12   *Die Auffassung, dass Laozi (Laotse) – vorzugsweise auf einem schwarzen Wasserbüffel reitend – nach Westen gewandert sei, gehört zum Standardglauben der Laozi-Folklore; vgl. auch W. Eberhard, Lexikon chinesischer Symbole [wie o., Anm. 3], 174.*

16. Johannes von Damaskus und der Streit um die Bilderverehrung (726–843)

Als im frühen 8. Jh. im byzantinischen Reich ein offener Streit darüber ausbrach, ob die religiöse Verehrung christlicher Kultbilder zulässig sei oder nicht, waren beide Seiten, Gegner wie Befürworter, der Überzeugung, ›die Tradition‹ zu vertreten. Nachweisbar ist der Gebrauch von Bildern im Christentum (in Gestalt von Symbolen, bildlicher Darstellung von biblischen Geschichten [wie in den Katakombenmalereien] und Motiven [etwa auf Sarkophagen]) allerdings nicht vor Mitte bis Ende des 3. Jh. Einer literarischen Polemik, besonders gegen Christusdarstellungen, begegnet man im 4. Jh. (bei Euseb von Caesarea und Ephiphanius [s. Thümmel, Die Frühgeschichte, Nr. 13-16. 32-38]). Gleichzeitig ist ein Aufschwung der Märtyrer- und Heiligenverehrung zu beobachten, der sich am Ende auch in der bildlichen Darstellung von Heiligen und deren Verehrung vor ihren Bildern niederschlug. Wenn can. 82 des *Quinisextum* von 692 (s. KTGQ I, Nr. 99d) die Darstellung Christi als Lamm statt mit den menschlichen Zügen dessen, der die Sünden der Welt trägt, untersagte, dann setzte das die allgemeine Zulässigkeit von Bildern in Kirchen voraus; über ihren Kult, die Verehrung, war allerdings (noch) nichts gesagt. Kurz danach beginnt jedoch ein Streit, der für mehr als ein Jahrhundert im byzantinischen Reich geführt wurde und – nach einem Wiederaufleben unter Kaiser Leon V. (813–820; Konzil von Konstantinopel 815) sowie der endgültigen Wiederherstellung der Bilderverehrung (843) – zur Zeit des Patriarchen Photios (s.u. Nr. 25) noch immer kanonische Bestimmungen zur Bilderfrage erforderlich machte. Dabei gewann das Problem einer prinzipiellen Darstellbarkeit der Person Christi im Bild erst im Verlauf der Auseinandersetzungen eine eigenständige Bedeutung, sodass sich der Bilderstreit am Ende in der Tat als Fortsetzung des christologischen Streites (s. KTGQ I, Nr. 92-95.97-99) darstellte. Auf den eingebürgerten Begriff des »Ikonoklasmus« sei besser verzichtet, weil sich jetzt – anders als (hauptsächlich unter calvinistischem Einfluss) im Westeuropa des 16. Jh.s und während der (zweiten Phase der) Französischen Revolution (vgl. KTGQ III, Nr. 26c; 28a;

58a1) – eine gar flächendeckend vorgenommene Bilder*zerstörung* (das bedeutet ja I.) eben nicht nachweisen lässt. Stattdessen scheint klar zu sein, dass sich die bilderfeindliche Politik der Kaiser sowohl in der ersten (726–787) wie der zweiten Phase des Bilderstreites (815– 843) keiner massenhaften Oppositionsbewegung gegenübersah. Entsprechend fehlt es an eindeutigen Belegen dafür, dass es jetzt etwa zu einer systematischen Verfolgung von Bilderverehrern gekommen wäre. Es blieb wohl bei Einzelfällen, in denen so gut wie immer auch andere Aspekte eine Rolle gespielt haben könnten. Dass an der bilderfeindlichen Synode von Hiereia (Text a) und der bilderfreundlichen Synode von Nizäa (Text c) weithin dieselben Bischöfe beteiligt waren, haben schon westliche Zeitgenossen mit Verwunderung registriert (Text d). Als Erklärung wird es kaum ausreichen, auf den für Byzanz angeblich typischen »Caesaropapismus« zu verweisen!

a) Die erste Phase des Bilderstreits bis zur Synode zu Hiereia (754)

Bilderkritische Tendenzen in Teilen des östlichen Episkopates sind aus drei Briefen des Konstantinopeler Patriarchen Germanos (715–730) an Bischöfe seines Jurisdiktionsbereiches zu erschließen, in denen er auf die Kritik mit einer Verteidigung der Bilder und ihrer Verehrung reagiert.[1] Zu datieren sind diese Briefe nach allgemeiner Auffassung auf die Zeit um 726. Im selben Jahr soll Kaiser Leon III. (717–741), Begründer der ›syrischen‹ Dynastie, begonnen haben, sich gegen die christlichen Bilder und ihren Kult zu wenden. Ein Gesetz, das allgemein deren Beseitigung oder gar Zerstörung, angeordnet hätte, lässt sich allerdings nicht nachweisen.[2] Erst sein Sohn und Nachfolger Konstantin V. (741–775) hat sich offenbar zu einem gezielten öffentlichen Vorgehen gegen die Bilderverehrung veranlasst gesehen, und zwar durch eine verheerende Pest, die 746 ausbrach und bis 749/50 die Hauptstadt und weite Teile des Reiches im Griff hielt.[3] Ähnlich wird bei Leo III. ein großes Seebeben mit Vulkanausbrüchen auf den Kykladeninseln Thera (Santorin) und Therasia als auslösendes Moment genannt.[4] Beide Male wurden solch folgenreichen Ereignisse als Ausdruck göttlichen Zorns gedeutet, und als Ursache glaubte man den vermeintlich götzendienerischen Bilderkult ausmachen zu können. Entsprechend handelten die Kaiser. Da Konstantin in seinem Bemühen um äußere Festigung seines Reiches durch fast ununterbrochene Feldzüge gegen Araber (742–752) und Bulgaren (759–775) ungewöhnlich erfolgreich war – und lange regierte, verwundert es nicht, dass er sich nicht nur im Heer, sondern ganz allgemein, nicht zuletzt im Klerus, großen Ansehens erfreute. So konnte er es auch wagen, die Maßnahmen seines Vaters gegen den Bilderkult zu verschärfen. Nachdem auf seine Veranlassung hin reichsweit öffentliche Versammlungen abgehalten worden waren, die über bilderfeindliche Thesen diskutierten und zu denen nicht zuletzt er selbst umfangreiche »Erkundungen« (Πεύσεις) beigesteuert hatte,[5] ließ er die darin umrissene Position durch eine Reichssynode sanktionieren. Sie tagte vom 10.2. bis 8.8.754 im Kaiserpalast zu Hiereia, am Konstantinopel gegenüberliegenden (Ost-)Ufer des Bosporos. Versammelt waren dort allerdings ausschließlich Bischöfe aus einem einzigen von fünf Patriarchaten, dem von Konstantinopel, was diese indes nicht daran hinderte, sich den (bis dahin sechs) anerkannten »ökumenischen Synoden« als siebente anzuschließen.[6] Von ihren Beschlüssen ist einzig die Glaubensdefinition (ὅρος) erhalten, so, wie sie der Öffentlichkeit auf einer feierlichen Schlusssitzung am 27.8.754 in der Blachernenkirche zu Konstantinopel vorgestellt worden war.[7]

Aus der »Glaubensdefinition der heiligen, großen und ökumenischen siebten Synode (ὅρος τῆς ἁγίας μεγάλης καὶ οἰκουμενικῆς ἑβδόμης συνόδου)« (606 Lamberz):[8]
(Nach gründlicher Erwägung und unter Eingebung des Hl. Geistes hat die Synode erkannt und herausgefunden, dass die gesetzlose Kunst der Maler auf eine blasphemische Untergrabung des christologischen Dogmas hinausläuft [644,30-34 Lamberz], weil sie einerseits, im Einklang mit Nestorios, den Sohn und Logos Gottes in eine Zweiheit aufteilt [648,11f. L.], andererseits mit Areios, Dioskoros, Eutyches und Severos eine Vermischung der Naturen lehrt [650,4f. L.]. Begründung: Weil »Christus« Gott und Mensch bedeutet, darum wird, wer eine Christusikone malt, sie auch so benennt und verehrt, zwangsläufig sich erkühnen, das

nicht Umschreib- und damit auch nicht Darstellbare [ἀπερίγραφον] der Gottheit mit der Darstellung des geschaffenen Fleisches zu vermischen, und sich damit einer doppelten Blasphemie schuldig machen [656, 24–658, 2 L.]. Wer dagegen bei der unseligen Verteidigung seine Zuflucht sucht, nur das Fleisch darzustellen, »das wir [zu Jesu Lebzeiten] sahen und berührten« [vgl. I Joh 1,1 ; Lk 24,39], fällt einer Erfindung des nestorianischen Wahnsinns anheim [662,7-11 L.]. Das Fleisch Christi ist immer auch Fleisch des Gott-Logos und als Ganzes von der göttlichen Natur aufgenommen und vollkommen vergöttlicht, so dass es nicht abgeteilt und mit einer eigenen Hypostase versehen werden kann [664, 4–14 L.]. Fazit:)

Wenn also die Gottheit (im Inkarnierten) in der Passion ungetrennt von diesen (sc. Leib und Seele des Menschen) blieb, wie können dann die Unverständigen [...] das Fleisch, das mit der Gottheit verbunden und vergöttlicht wurde (τῇ θεότητι συμπλακεῖσαν καὶ θεωθεῖσαν) abtrennen und von daher versuchen, ein Bild wie von einem bloßen Menschen (ὡς ψιλοῦ ἀνθρώπου) zu malen? [...] Dadurch zeigen sie, dass sie eine vierte Person (πρόσωπον) der Trinität hinzufügen; außerdem stellen sie auch noch die vergöttlichte leibliche Hülle als nicht vergöttlicht dar (τὸ θεωθὲν πρόσλημμα ἱστοροῦντες ἀθέωτον). Herauskommt für diejenigen, die das Christusbild malen zu können glauben: sie lassen es zu (διδόναι), dass entweder das Göttliche darstellbar (περιγραπτόν) und mit dem Fleisch vermischt (συγχυθέν) ist, oder der Leib Christi ist nicht vergöttlicht und getrennt (bzw. für sich genommen), und dem Fleisch kommt eine Person mit eigener Hypostase (πρόσωπον ἰδιοϋπόστατον) zu [...] Wir wollen gleichermaßen nichts zu tun haben (ἀπέστω ἡμῶν ἐξ ἴσου) sowohl mit der Trennung (διαίρεσις) des Nestorios als auch der Vermischung (σύγχυσις) des Areios, Dioskur, Eutyches und Severos, dem entgegengesetzten und hinsichtlich der Gottlosigkeit ebenbürtigen Übel (666,7–22 L.).

(Umgekehrt) »sollen sich freuen und frohlocken« (Ps. 66[67],5) und freimütig reden, die das wahre Bild Christi (τὴν ἀληθῆ τοῦ Χριστοῦ εἰκόνα) mit vollkommen lauterer Seele bereiten, begehren und verehren (ποιοῦντες, ποθοῦντες, σεβόμενοι) und zum Heil ihrer Seele und ihres Leibes darbringen. Dieses hinterließ (παρέδωκε) der (Erz-) Zelebrant (ἱεροτελεστής[9]) und Gott selbst, welcher von uns ganz und gar unseren Teig (φύραμα[10]) angenommen hatte, zur Zeit seines freiwilligen Leidens seinen Mysten (Eingeweihten) zum Bild (τύπος[11]) und zur allerdeutlichsten Erinnerung. Denn als er im Begriffe stand, sich freiwillig seinem vielgepriesenen und lebenspendenden Tod auszuliefern, nahm er das Brot [...] und den Kelch [...] und sprach: das ist [... (mein Leib und mein Blut)] (vgl. Mt 26,26–28 par.), weil kein anderes Bild (εἰκών) oder Abbild (τύπος) unter dem Himmel von ihm erwählt war, das seine Fleischwerdung hätte abbilden können [...] Denn so wie das, was er von uns annahm, allein Materie (ὕλη) von in jeder Hinsicht vollkommener menschlicher Substanz (οὐσία) ist, [...] ordnete er auch an, dass auch als Bild eine besondere Materie, nämlich die Substanz (οὐσία) des Brotes, dargebracht werde, welche nicht die Gestalt eines Menschen wiedergibt, damit nicht unter der Hand eine Götzenverehrung (εἰδωλολατρεία) eingeführt werde (παρεισαχθῇ). Wie also der natürliche Leib Christi heilig ist, da er vergöttlicht ward, so ist offensichtlich auch der eingesetzte (θέσει [im Unterschied zu κατὰ φύσιν]), d.h. sein Bild (εἰκών), heilig, da es durch eine Art Heiligung aus Gnade vergöttlicht ist (ὡς διά τινος ἁγιασμοῦ χάριτι θεουμένη) [...] (670,12 – 672, 13 L.).

b) Johannes von Damaskus und sein Beitrag zur Theologie der Ikone

Der Horos von Hiereia schloss (782,2-8 Lamberz) mit der Verfluchung des Konstantinopeler Patiarchen Germanos aus der Anfangsphase des Bilderstreits, eines nicht weiter bekannten Georgios (wohl mit dem Erzbischof von Zypern zu identifizieren) und schließlich des Johannes von Damaskus, hier - abschätzig - »Mansur«[12] genannt. In seinem Fall wird das ἀνάθεμα sogar dreimal wiederholt, was zeigt, als wie gefährlich sein Votum zur anstehenden Streitfrage galt. - Es wird freilich der wirkungsgeschichtlichen Bedeutung des Mannes ganz und gar nicht gerecht, wenn er in dieser Quellensammlung auf seinen Beitrag zur ostkirchlichen Bilderlehre reduziert erscheint. Um 675 geboren und zur Zeit der Synode von Hiereia bereits als verstorben geltend, war er in Wirklichkeit ein ebenso fruchtbarer wie vielseitiger Schriftsteller. Das gilt sowohl was die literarische Form wie was den Inhalt seiner Schriftstellerei betrifft; darunter sein theologisch-philosophisches Hauptwerk »Quelle der Erkenntnis« (Πηγὴ γνώσεως), dessen dritter Teil, betitelt »Genaue Darlegung des rechten Glaubens« (meist als *De fide orthodoxa* [*f. o.*] zitiert) zugleich als erste normative Zusammenfassung byzantinisch-orthodoxer Theologie überhaupt wahrgenommen wurde und wirkte. Zurecht hat man ihn als »bedeutendste(n) Kompilator und Systematiker der ausgehenden Väterzeit« bezeichnet (Hofmann, Zentrale Aspekte, 321). Allerdings sind sich die Forscher auch darüber weitgehend einig, dass man - von seiner großartigen Hymnendichtung abgesehen - wohl als eigenständigstes Werk, für das es auch keine literarischen Vorbilder gab, seine »Drei Reden gegen die Verächter der heiligen Bilder« anzusehen hat, einen bedeutenden Traktat, den der Autor noch zweimal überarbeitete. Zu datieren sind zumindest die ersten beiden Reden wahrscheinlich, als Reaktion auf die kaiserlichen »Erkundungen« (Πεύσεις), auf die Zeit kurz vor dem Konzil von Hiereia (s.o.). Er konnte sich darin ungezwungener äußern, weil er - als Untertan des Kalifen zunächst in seiner Heimatstadt Damaskus, später in Jerusalem als Mönch lebend - dem Zugriff kaiserlicher Schergen entzogen war.

Aus der ersten Bilderrede (Imag. I,4 [= III,6]:)

[...] Ich verehre nicht das Geschöpf anstelle des Schöpfers (Οὐ προσκυνῶ τῇ κτίσει παρὰ τὸν κτίσαντα) (vgl. Röm 1,25), sondern ich verehre den Schöpfer, weil er um meinetwillen Geschöpf wurde (κτισθέντα) [...], um meine Natur zu verherrlichen und sie zur Genossin der göttlichen Natur zu machen (vgl. II Petr 1,4). Zugleich verehre ich mit dem König und Gott (συμπροσκυνῶ) den Purpurmantel (ἀλουργίς) des Leibes (Christi) - nicht als ein (ablegbares) Gewand oder als eine vierte Person (das sei ferne!), sondern als gottgleich geheißen (ὁμόθεον χρηματίσασαν) und (das) geworden, was ihn gesalbt hat, ohne sich zu verändern. Denn [...] wie das (göttliche) Wort Fleisch geworden ist (Joh 1,14), indem es unwandelbar blieb, was es war, so ist auch das Fleisch Wort geworden, ohne preiszugeben, was es ist, sondern mit dem Wort hypostatisch geeint (ταυτιζομένη [...] καθ᾽ ὑπόστασιν). Darum wage ich, die unsichtbare Gottheit abzubilden - nicht als unsichtbar, sondern als sichtbar geworden um unsretwillen durch Teilhabe an (unserem) Fleisch und Blut [...] Wenn es nämlich bereits unmöglich ist, eine Seele abzubilden, um wieviel mehr Gott, welcher auch der Seele ihre Immaterialität verlieh (77,54-78, 88 Kotter).

(I,9.14 [zum Verhältnis εἰκών – προσκύνησις]:) (9) [...] Ein Bild nun ist (definierbar als) Abbild, welches das Urbild wiedergibt (ὁμοίωμα χαρακτηρίζον τὸ πρωτότυπον), mit einem gewissen Unterschied zu diesem allerdings; das Abbild gleicht nämlich dem Urbild nicht in allen Stücken. Lebendiges, natürliches und unveränderliches Bild des unsichtbaren Gottes ist der Sohn (vgl. Kol 1,15), weil er den Vater ganz in sich trägt, in jeder Hinsicht mit ihm identisch ist (κατὰ πάντα ἔχων τὴν πρὸς αὐτὸν ταυτότητα) und sich einzig in der Frage der Verursachung unterscheidet. Ist doch der Vater seiner Natur nach (selbst)ursächlich (αἴτιον),

der Sohn hingegen verursacht [...] (83,3-84, 11 K.). (14) Die (fußfällige) Verehrung (προσκύνησις) ist ein Symbol von Unterordnung und Ehrerbietung (ὑποπτώσεως καὶ τιμῆς [...] σύμβολον) [...] (und das in vielfältigster Weise und Relation [87,1-3 K.]).
(I,16 [Darstellbarkeit des wesenhaft Gestaltlosen?]). Vor alters wurde Gott, der Körper- und Gestaltlose, auf keinerlei Art bildlich dargestellt (εἰκονίζετο); nun aber Gott im Fleische erschien und unter den Menschen weilte (vgl. Bar 3,38), bilde ich ab, was an Gott sichtbar ist (εἰκονίζω θεοῦ τὸ ὁρώμενον). Ich erweise nicht der Materie, sondern dem Schöpfer der Materie die (schuldige) Ehre, der um meinetwillen Materie geworden ist und es auf sich nahm, in Materie Wohnung zu nehmen, auch für mich mittels Materie das Heil wirkte; und ich werde nicht aufhören, der Materie Ehre zu erweisen (καὶ σέβων οὐ παύσομαι τὴν ὕλην), durch die mein Heil gewirkt wurde. Ich verehre sie allerdings nicht als Gott – das sei ferne! Denn wie könnte (etwas) Gott sein, was dem Nichtseienden (die Möglichkeit) verdankt, dass es ward (τὸ ἐξ οὐκ ὄντων τὴν γένεσιν ἐσχηκός)? Wenngleich der Leib Gottes Gott ist, (weil) um der hypostatischen Einung willen unwandelbar zu dem geworden, was ihn gesalbt hat,[13] so ist er dennoch geblieben, was er war: mit einer verständigen und vernünftigen Seele beseeltes Fleisch, welches (einmal zu sein) begann und nicht ungeschaffen ist (ἠργμένη, οὐκ ἄκτιστος). Die übrige Materie, durch die mein Heil Wirklichkeit geworden ist (γέγονεν), betrachte ich als angefüllt mit göttlicher Wirkkraft und Gnade [...] (Beispiele: das selige Kreuzesholz, die Schädelstätte, das heilige Grab etc. [89,1–90, 2 K.]).

(I,17 [Das Bild als Biblia pauperum*])* [...] (erstrangiger Wahrnehmungssinn ist das *Sehen* [πρώτη γὰρ αἰσθήσεων ὅρασις], und das Bild ein Erinnerungsmal [ὑπόμνημα]) Was ferner für die mit den Buchstaben Vertrauten (τοῖς γράμματα μεμυημένοις) das Buch, das ist für die Analphabeten das Bild (93,5f. K.).

(I,21 [Christusikone – Heiligenikonen]) [...] Ich verehre das Bild Christi als das des fleischgewordenen Gottes, das der Allherrin, der Gottesgebärerin (θεοτόκος), als Mutter des Gottessohnes, das der Heiligen als der Freunde Gottes, die der Sünde bis aufs Blut widerstanden und Christus nachahmten [...] Deren Großtaten (ἀριστεῖαι) und Leiden bestimme ich als Lese(stoff [ἀναγράπτους καθίστημι]), da ich durch sie geheiligt und zu eifriger Nachahmung ertüchtigt (wörtl. eingefettet) zu werden meine (ὡς [...] ἀλειφόμενος). [...] »Die dem Bild erwiesene Ehre geht nämlich auf das Urbild über«, sagt der Hl. Basileios[14] [...] (108,31-43 K.).

c) Aus dem Dekret (ὅρος) des VII. Ökumenischen Konzils zu Nizäa 787

Verfolgungen von Bilderfreunden (Ikonodulen oder -philen) gab es nach Abschluss der Synode von Hiereia zunächst nicht; erst nach 761/62 setzten sie verschärft ein, trafen nun allerdings auf nennenswerten Widerstand in Teilen des Mönchtums, der in Einzelfällen mit äußerster Brutalität bestraft werden konnte; bedeutendster Märtyrer war Abt Stephanos »der Jüngere« (zu seinem Martyrium – Todestag der 28. Nov. 764 – s. Rochow, 237-240). Mit dem Tod Konstantins V. (775) flaute die Verfolgung ab, wohl auch wegen der unsicheren Situation infolge der lange Zeit ungeklärten Machtfrage (s. dazu im Einzelnen Brubaker / Haldon, 248-260). Unter der Witwe des ältesten Sohnes und Nachfolgers, Leons IV. (gest. 780), Irene, anfangs als Regentin, später als Kaiserin an der Seite ihres Sohnes Konstantins V. (780-797; I. selbst regierte noch bis 802) wurde die Bilderverehrung nicht nur wieder erlaubt, sondern, da ja die Beschlüsse des Reichskonzils von 754 durch ein gleichrangiges Organ aufgehoben werden mussten, durch einen neuen Konzilsbeschluss zum Dogma erhoben. Welche Faktoren für diesen Kurswechsel maßgebend waren, ist kaum eindeutig zu klären.[15] Sollte auch das ›Dogma‹ von der Abhängigkeit der öffentlichen Wohlfahrt von der Übereinstimmung in der Gesinnung, im rechten Glauben (*religio* als Voraussetzung der *salus publica*) mitgespielt haben, so wäre dessen Fragilität schnell genug erkennbar geworden. Denn erlaubten die erfolgreichen Bemühungen Konstantins V. um äußere Festigung seines Reiches (s.o.) die Deutung, damit erfahre seine bilderfeindliche Politik ihren verdienten himmlischen Lohn, so wäre »nach derselben Logik die Wiederherstellung des Bilderkults in Nizäa II rasch diskreditiert worden durch die desaströsen Niederlagen gegenüber den Bulgaren in den frühen 810er Jahren, welche zur Restauration des Ikonoklasmus durch Kaiser Leon V. in 815 führten«.[16] Das Konzil versammelte sich, nach einem gescheiterten ersten Versuch im August 786, in nahezu gleichgroßer Besetzung wie in Hiereia, im September 787 in Nizäa und tagte dort in sieben Sessionen bis gegen Ende Oktober;[17] zu Beginn der 7. wurde, nachdem in der 6. der Horos von Hiereia in Gänze verlesen und widerlegt worden war, ein neuer Horos verlesen und beschlossen. Nach einer Einleitung, in der die Synode die theologischen Grundlagen klärt und sich über den Anlass äußert, benennt sie zunächst die dogmatische Tradition, der sie zu folgen gedenkt, und teilt danach ihren eigenen Beschluss mit:

Sämtliche kirchlichen Überlieferungen, seien sie uns in literarischer oder nichtliterarischer Form verkündet, halten wir ohne Neuerung fest. Eine unter diesen ist auch die Abbildung mittels bildlicher (ikonischer) Vergegenwärtigung (ἡ τῆς εἰκονικῆς ἀναζωγραφήσεως ἐκτύπωσις); stimmt sie doch mit dem überein, was die evangelische Botschaft erzählerisch übermittelt (τῇ ἱστορίᾳ τοῦ εὐαγγελικοῦ κηρύγματος συνάδουσα), mit dem Ziel, die wahrhaftige und nicht eingebildete Menschwerdung des Gott-Logos zu beglaubigen (πρὸς πίστωσιν τῆς ἀληθινῆς καὶ οὐ κατὰ φαντασίαν τοῦ θεοῦ λόγου ἐνανθρωπήσεως), und erbringt uns einen ähnlichen Nutzen; denn was sich gegenseitig erhellt, das hat unzweifelhaft auch spiegelbildliche Bedeutung für einander (τὰ γὰρ ἀλλήλων δηλωτικὰ ἀναμφιβόλως καὶ τὰς ἀλλήλων ἔχουσιν ἐμφάσεις). [...] Wir bestimmen (also) mit aller Genauigkeit und Umsicht, dass die verehrungswürdigen und heiligen Bilder auf dieselbe Art und Weise wie das ehrwürdige und lebenspendende Kreuz in den heiligen Kirchen Gottes, auf den heiligen Geräten und Gewändern, auf Wänden und Tafeln, in Häusern und an Wegen angebracht werden sollen, seien sie nun mit Farben, aus Mosaik(steinen [ψηφίς]) oder sonst einem geeigneten Material hergestellt; (gemeint ist) das Bild unseres Herrn und Gottes und Erlösers Jesus Christus, unserer unbefleckten Gebieterin (δέσποινα), der heiligen Gottesmutter (θεοτόκος), (ferner) der ehrwürdigen Engel und aller Heiligen und Seligen (ὅσιοι). Je mehr sie nämlich ohne Unterlass auf einer bildlichen Darstellung angeschaut werden, desto mehr werden auch die, die sich in sie versenken, zum Gedächtnis der Urbilder (Prototypen) und zur Sehnsucht nach ihnen erweckt wie auch dazu (angespornt), ihnen Gruß (ἀσπασμός) und achtungsvolle Verehrung (τιμητικὴ προσκύνησις) zu entbieten, nicht jedoch die unserem Glauben entsprechende wahrhafte Anbetung (ἀληθινὴ λατρεία), die allein der göttlichen Natur (θεία φύσις) gebührt; (es soll) vielmehr so (geschehen), wie man der Darstellung des ehrwürdigen und lebenspendenden Kreuzes und den heiligen Evangelien und den übrigen heiligen geweihten Gegenständen (ἀναθήματα) Weihrauch und Lichter (Kerzen) zu ihrer Verehrung darbringt, wie es auch bei den Alten frommer Brauch gewesen ist.»Denn die Verehrung des Abbildes (εἰκών) geht auf das Urbild (πρωτότυπον) über«;[18] und wer das (Ab-)Bild verehrt, der verehrt in ihm die (Wirklichkeit oder) Person (ὑπόστασις) des Dargestellten.

d) Die Reaktion in den *Libri Carolini* und der Beschlussfassung der fränkischen Generalsynode von Frankfurt (794)

Die Stellung des Westens, der traditionell sowohl gegen Bilder*verehrung* wie gegen Bilder*zerstörung* (wegen des pädagogischen Wertes der Bilder für des Lesens Unkundige) eingestellt war, schwankte zwischen (gedämpfter) Zustimmung zu den Beschlüssen von Nizäa (787) und entschiedener Ablehnung. Während die Vertreter des Papstes die nizänischen Konzilsdekrete unterschrieben hatten, wurde im Frankenreich (wohl von Theodulf von Orléans) eine monumentale Widerlegung (in Gestalt des *Opus contra synodum* [der *Libri Carolini*]) erarbeitet. Wahrscheinlich im Sommer 393 fertiggestellt, wurde sie vor Karl dem Großen laut verlesen und von diesem ausdrücklich gebilligt. Als sich jedoch herausstellte, dass Papst Hadrian I. an der Anerkennung des Horos von 787 festhielt, befasste sich die fränkische Reichssynode von Frankfurt 794, entgegen Karls ursprünglichen Absichten, nur noch am Rand mit der Bilderfrage; das *Opus* wurde nicht verbreitet, sondern landete in den Archiven, ohne im Mittelalter je zu kirchenpolitischer Wirkung zu gelangen.

(*Libr.Carol., Praef.*) [...] Vor einigen Jahren (sc. 754) hat in Bithynien eine gewisse Synode von so acht- und unterschiedsloser Frechheit (*tam incaute tamque indiscretae procacitatis*) stattgefunden, dass man die Bilder, die von den Alten zum Schmuck der Kirchen und zur Erinnerung an Geschehnisse angebracht waren, achtlos verwarf und abschaffte und dass man mit allen Bildern verfuhr, wie Gott es für die Götzen befohlen hat; denn man wusste nicht, dass »Bild« (*imago*) die Gattung (*genus*), »Götzenbild« (*idolum*) aber die Art (*species*) ist und man wohl die Art auf die Gattung, nicht aber die Gattung auf die Art zurückführen kann [...] Ein Bild bezieht sich immer auf etwas anderes, ein Götzenbild auf sich selbst [...] Außerdem wurde vor etwa drei Jahren (787) eine weitere Synode in jener Gegend von den Nachfolgern derer, die die frühere Synode abgehalten hatten, und sogar von vielen, die bei der früheren zugegen gewesen sein sollen (!), veranstaltet. Diese Synode unterschied sich von der ersten zwar in ihrem Beschluss, aber nicht im Irrtum; die Sache war verschieden, die Schande die gleiche; zeitlich fand sie später statt, im Verbrechen stand sie nicht nach. Obwohl auf verschiedenen Wegen, scheinen sie doch in den Sumpf des gleichen Abgrundes zu fließen, da sie offenbar der gleichen Quelle der Prahlerei und eitlen Ruhmsucht entspringen. Diese Synode verwarf und verfluchte nämlich die erste samt ihren Urhebern und zwingt, die Bilder anzubeten (*adorare*), die jene nicht einmal anzuschauen (*cernere*) erlaubt hatte [...] Sie verwickeln sich bei den Worten »haben« und »anbeten« in nicht geringere Ungereimtheiten als jene bei »Bild« und »Götze«; denn jene hielten Bild und Götze für dasselbe, diese »haben« und »anbeten« [...].

(*Libr.Carol.*, II, 21) [...] Gott allein ist also zu verehren, er allein anzubeten, er allein zu verherrlichen (*Solus* [...] *colendus, solus adorandus, solus glorificandus*) – von welchem es beim Propheten heißt: »Allein *sein* Name ist erhaben« (Ps 148,13; vgl. I Kor 16,3). Auch seinen Heiligen gebührt Ehrerbietung (*veneratio*), welche nach dem (endgültigen) Sieg über den Satan (*triumphato diabolo*) mit ihm zusammen herrschen, weil sie entweder tapfer dafür gekämpft haben, dass bis zu unseren Zeiten der Stand der Kirche unversehrt bewahrt bleibe, oder aber weil sie, wie die Erfahrung lehrt, derselben Kirche durch beständige Fürbitte und (Gebets)Mittlerschaft (*assiduis suffragiis et intercessionibus*) Beistand leisten. Ihren Bildern gegenüber aber ist jeglicher Kult und jegliche Anbetung ihrer selbst ausgeschlossen (*omni sui cultura et adoratione seclusa*); ob sie in den Kirchen (*basilicae*) um der Erinnerung an vergangene Geschehnisse willen und zur Zierde zu finden sind oder nicht, das wird dem katholischen Glauben keinen Nachteil (*preiudicium*) bringen, da sie ersichtlich nicht das Geringste beitragen zum Vollzug der Mysterien unseres

Heils (*ad peragenda nostra salutis mysteria nullum penitus officium habere noscantur*).

(*Conc.aev.Karol.,* 165) Es ist im Plenum zur Sprache gebracht worden das Problem (*questio*) der jüngsten Synode, welche die Griechen in Sachen Bilderverehrung (*de adorandis imaginibus*) zu Konstantinopel (sic!) abgehalten haben; man hat dort schriftlich festgelegt (*scriptum habebatur*), dass man über diejenigen, die den Heiligenbildern nicht dieselbe Unterwürfigkeit (*servitio* [sic!]) oder Anbetung (*adoratio*) wie der heiligen (göttlichen) Dreifaltigkeit (*deifica trinitas*) erweisen sollten, den Bann (*anathema*) verhängt habe; unsere oben (genannten) allerheiligsten Väter[19] haben (dagegen) die Anbetung (*adoratio*) und unterwürfige Ehrerbietung (*servitus*) kategorisch abgelehnt und einmütig verurteilt (oder: diejenigen verurteilt, die [dem Griechendogma entsprechend (verkehrt)] denken [*atque consentientes condemnaverunt*]).

Quellen: H.-G. Thümmel, Die Frühgeschichte der ostkirchlichen Bilderlehre (TU 129), Berlin 1992, 269-390; DH 600f (nizän. Horos); *Concilium universale Nicaenum secundum*, ed. E. Lamberz (ACO² III. 1-3), Berlin 2008-16; The Acts of the Second Council of Nicea (787). Transl. with an introd. and notes by R. Price (TTh 68), Liverpool 2018 (Pb. 2020); MGH.L III Conc. II/I (*Concilia aevi Karolini* [Frankfurter *Capitulare*]); MGH.L III, Conc. II Suppl. 1(*Opus caroli regis contra synodum [Libri Carolini]*). – *Literatur*: H.G. Thümmel, Bilderlehre und Bilderstreit (ÖC 40), Würzburg 1991; ders., Die Frühgeschichte der ostkirchlichen Bilderlehre (TU 129), Berlin 1992, 15-268; ders., Die Konzilien zur Bilderfrage im 8. und 9. Jahrhundert. Das 7. Ökumenische Konzil in Nikaia 787, Paderborn u.a. 2005; H. Belting, Bild und Kult: eine Geschichte des Bildes vor dem Zeitalter der Kunst, München (1990) ³1993; I. Rochow, Kaiser Konstantin V. (741–775). Materialien zu seinem Leben und Nachleben (BBS 1), Frankfurt / M. 1994; R. Schieffer, Die Karolinger Stuttgart ²1997 (UB 411),, 70-111. 236-238 (mit weit. Lit.); R. Berndt (Hg.), Das Frankfurter Konzil von 794, 2 Bde, Mainz 1997; L. Brubaker/J.F. Haldon, Byzantium in the iconoclast period ca. 680–850: a history, Cambridge 2011; T. Krannich u.a. (Hg.), Die ikonoklastische Synode von Hiereia 754 (STAC 15), Tübingen 2002; E. Lamberz, *Concilium* (wie o.), Einleitung (ACO² III. 1, VII-LXX); Th. Bremer, »Verehrt wird er in seinem Bilde ...«. Quellenbuch ... (Sophia 37), Trier 2014; R. Price (wie o.), General Introd. (1-76); H. Ohme, Kap. III: Auf dem Weg zur Theologie der Ikone: Der byzantinische Bilderstreit (noch unveröffentlichtes Manuskript).

---

[1] *Sie wurden als grundlegende Traditionszeugnisse in Nizäa 787 verlesen und sind in dessen Akten erhalten (s. ACO² III. 2,442-478[789]); Brubaker/Haldon, Byzantium, 94–105.*

[2] *Vgl. Brubaker/Haldon, Byzantium,79-89.119-127. Dort ist im Anschluss (126-135) auch alles Nötige zum Problem der Ikone am Chalke-Tor des Kaiserpalastes zu erfahren, die Leon III. nach einer späteren Überlieferung (aus bilderfreundlicher [ikonophiler] Quelle hat abnehmen und durch eine Kreuzesdarstellung hat ersetzen lassen. Unzweifelhaft aber muss unter dem Regime Leos III. etwas geschehen sein, was den Westen beunruhigte und zu einer synodalen Stellungnahme veranlasste. Was allerdings im Liber Pontificalis (LP I,416) als Beschluss der römischen Synode von 731 überliefert ist, muss »wohl nicht als historisches Dokument, sondern als spätere Einfügung betrachtet werden« (Bremer, Quellenbuch [wie o.], 123).*

[3] *Vgl. W. Brandes, Die Pest in Byzanz nach dem Tode Justinians (565) bis 1453, in: M. Meier (Hg.), Pest. Die Geschichte eines Menschheitstraumas, Stuttgart 201-224. 418-428.*

[4] *Vgl.Brubaker / Haldon, Byzantium, 117f.*

[5] *Sie sind nur fragmentarisch, in den beiden ersten von drei »Gegenreden gegen Kaiser Konstantin Kopronymos [zu deutsch: Sch(...)name]« (Antirrhetici tres adversus Constantinum Copronymum) des Patriarchen Nikophoros aus dem 9. Jh. überliefert, der die Argumente des Kai-*

sers zitiert, um sie anschließend zu widerlegen. Immerhin lassen die Zitate die Position Konstantins deutlichwerden. Zum Text s. PG 100, 205-533 (hier: 216-340); H. Hennephof, Textus byzantinos ad iconomachiam pertinentes in usum academicum ed., Leiden 1969, Nr. 141-168. 170; Übersetzung: Rochow, 177-188 (in Auswahl z.B. Bremer, 145-149).

6   Entsprechend erfolgte die Kritik durch das Konzil von 787 (ACO² III. 3, 606,25-608, 11).

7   ACO² III. 3, 606-793; der Text des ὅρος von Hiereia wurde in Nizäa Stück für Stück zitiert und sogleich (nach einer vorbereiteten Vorlage) widerlegt.

8   Berücksichtigt werden nur die ausführliche christologische Argumentation gegen die Bilderfreunde, das Herzstück des Horos (652, 8-14; 654, 13-15; 656, 24-658, 2; 662, 7-11; 664, 4-14; 666, 7-22, Lamberz), und ihr positives Pendant, die Darstellung der Eucharistie als einzig wahres und verehrungswürdiges Bild Christi (670, 12-672, 13, Lamberz).

9   Der Begriff geht wohl auf das Corpus Areopagiticum zurück (s. das griechische Wortregister der kritischen Textausgabe, PTS 67, 286 Heil / Ritter), wie sich auch das Vorkommen bei Johannes Damaszenus (f. o. 17 [PTS 12, 48,67-69 Kotter) auf eine ›Dionys‹-Stelle (CH 6, 2: PTS 67, 26, 11-13 Heil) bezieht (so zurecht der Kommentar bei Krannich / Schubert / Sode, 81).

10   Dieser Begriff, »der in der Septuaginta für das Speiseopfer (Num 15,20f.) verwendet wird und mit dem ungesäuerten Brotteig des Passamahles verbunden erscheint [...], wird im Neuen Testament – analog zu Christus als dem neuen Passalamm – auf die Gemeinde übertragen (I Kor 5,6-8). Die Wahl des Begriffes anstelle des geläufigeren σάρξ deutet auf die Ausführungen zum Abendmahl voraus« (Krannich/Schubert/Sode, ebenda).

11   Wie bereits in den Πεύσεις Konstantins V. wird im Horos von Hiereia, so zeigt es die Fortsetzung, zwischen εἰκών und τύπος im Grunde nicht unterschieden, anders als beim Damaszener (s. b), für den der Unterschied wichtig ist und daher auch »den Begriff τύπος nicht mehr auf die eucharistischen Elemente angewendet wissen« will (Ohme); für ihn sind diese keine Bilder, sondern »der vergöttlichte Leib des Herrn selbst« (Joh.Damasc., f.o. 86 [195,115f. K.])

12   Nach dem arabischen Beinamen der Familie des Johannes, womit er als Mann aus dem ›feindlichen Ausland‹ stigmatisiert wäre.

13   Vgl. die Beschlüsse des Konzils von Konstantinopel 553 (KTGQ I, Nr. 98c); dazu Ritter, Die christlichen Lehrentwicklungen, 274-288, bes.281-284.

14   Basilius Caes., De Spir. S. XVIII 45 (PG 32,149C). Die »später zum locus classicus der byzantinischen Bildertheologie« werdende Formulierung des Basieios bezieht sich ursprünglich auf den üblich gewordenen Umgang mit dem Kaiserbild, »in dem die Person durch das Bild vertreten ist, ja mit ihm eins wird. Erstmals durch Johannes von Damaskus [...] wurde dies Paradigma dann auf die Bilderverehrung angewendet« (Ohme).

15   Vgl. Brubaker/Haldon, 260-276, bes. 266. Für sie ging es der – geschickt taktierenden – Kaiserin vor allem um die Wiedergewinnung der kirchlichen Einheit mit den übrigen Patriarchaten, nicht zuletzt Rom, und zugleich um eine Verbesserung der politischen Beziehungen mit den Franken.

16   Price, Introduction, 17.

17   Zum Inhalt der Beratungen s. die große dreibändige Textausgabe von Lamberz und die Kurzübersicht von Brubaker / Haldon, 272-276.

18   Basilius Caes., De Spir. S. XVIII 45 (PG 32,149C).

19   Es kann sich hierbei nur um die in der Einleitung des Capitulare Francofurtense genannte Gesamtheit des mit päpstlich-»apostolischer« Billigung und auf königliches Geheiß versammelten fränkischen Episkopates (zuzüglich der beiden bischöflichen Legaten aus Rom) handeln, darunter wohl jene 13 fränkischen Bischöfe, die als offizielle Teilnehmer an der ikonophilen oder -doulen Lateransynode von 769 aufgelistet sind (s. MGH.L.III, conc. II/1, 75). Dann aber kann sich die Synode von 794 ›nur‹ gegen eine Gleichsetzung von adoratio und servitium (servitus) [= λατρεία und προσκύνησις?], aber für eine Verehrung der heiligen Bilder »mit großer Eherbietung durch die Gesamtheit der Christen« (magno honoris affectu ab omnibus Christianis ipsas sacras venerari imagines), zum Besten vor allem der illiteraten Laien, ausgesprochen haben (s. ebenda, 77).

17. Karl der Große (768-814) und die Gewinnung der Sachsen für das Frankenreich

Die Sachsenkriege Karls d.Gr., über die einst (in den 30er Jahren des vorigen Jahrhunderts) hierzulande ein äußerst heftiger, weltanschaulich bestimmter Streit entbrannte und die damals auf das Bild von der Germanenmission insgesamt abfärbten, sollten zunächst Grenzübergriffe rächen und galten dann der Gewinnung des letzten noch abseits stehenden ›deutschen‹ Stammes, eben des der Sachsen, für das Frankenreich (Text b). Es scheint sich für beide Seiten von selbst verstanden zu haben, dass Sieg und Niederlage auch religiöse Bedeutung haben würden. Daher wurde die »Irminsul«, welche Weltensäule und Zeichen sächsischer Stammesherrschaft zugleich war, sofort beim ersten Feldzug zerstört (772). Deshalb auch besiegelten, obwohl das zunächst gar nicht gefordert war, 776 und 777 zahlreiche Sachsen ihre Unterwerfung ›freiwillig‹ mit der Taufe. Die Erinnerung daran, dass in Wirklichkeit bei der Sachsenbekehrung ein gerüttelt Maß an Gewalt im Spiele war, zittert noch Generationen später nach. Am bekanntesten aber ist die Kritik eines Zeitgenossen, Alkuins (ca. 730-804), geworden, zuletzt Leiter der Hofschule Karls und sein einflussreichster Berater in Kirchenfragen (Text c).[1]

a) Aus dem sog. Kapitulare von Paderborn[2]

1. Zuerst ist, was die Hauptartikel (bzw. die Kapitalverbrechen[3]) anlangt (*de maioribus capitulis*), von allen beschlossen worden, dass die Kirchen Christi, die eben gerade (*quo modo*) in Sachsen errichtet werden und Gott geweiht sind, keine geringere, sondern eine erheblich höhere Wertschätzung erfahren sollen, als sie (zuvor) die eitlen Götzen(heiligtümer [*vana* [...] *idolorum*]) besaßen.
2. Wer immer in einer Kirche Zuflucht sucht, den soll niemand gewaltsam aus der Kirche zu vertreiben wagen; er soll vielmehr so lange unbehelligt bleiben, bis er vor ein Gericht (*placitum*) gestellt wird; und zur Ehre Gottes und mit Rücksicht auf die Heiligen (= himmlischen Patrone) dieser Kirche soll ihm das Leben geschenkt werden und (die Unversehrtheit an) alle(n) Gliedmaßen. Er sühne jedoch seine Schuld (*emendat* [...] *causam*), soweit er kann und ihm gerichtlich auferlegt worden ist; und so werde er vor den Herrn König gebracht, und der schicke ihn, wohin es seiner Gnaden gefällt.
3. Wer sich gewaltsam Zugang zu einer Kirche verschafft und dort etwas mit Gewalt an sich nimmt oder stiehlt oder (gar) die Kirche selbst in Brand setzt, der sterbe des Todes.
4. Wer das heilige vierzigtägige Fasten (*quadragesimale ieiunium*) aus Verachtung des Christentums nicht einhält und Fleisch isst, der soll des Todes sterben, es sei denn [...], die Not habe ihn dazu gebracht [...]
5. Wer einen Bischof, Priester oder Diakon tötet, soll ebenfalls die Todesstrafe erleiden.
6. Wer, vom Teufel verführt, sich nach heidnischer Weise einbildet, ein Mann oder eine Frau sei eine Hexe (*striga*) und fresse Menschen, und wer sie deshalb verbrennt oder ihr Fleisch andern zu essen gibt oder aber selbst isst, über den werde zur Strafe das Todesurteil verhängt.
7. Wer den Leib eines verstorbenen Menschen nach heidnischem Brauch durch Feuer verzehren läßt [...] , der verfalle der Todesstrafe.

8. Wer fortan im Sachsenstamm insgeheim ungetauft (bleibt) und sich (so) unter ihnen (seinen Stammesgenossen) zu verstecken wünscht, wer zur Taufe zu kommen verachtet und Heide bleiben möchte, der soll des Todes sterben.
9. Wer dem Teufel ein Menschenopfer darbringt [...] , der soll des Todes sterben.
10. Wer gemeinsam mit Heiden einen Anschlag (*consilium*) gegen Christen plant oder bei jenen als Feind der Christen ausharren will,[4] der soll des Todes sterben [...]
14. Wer aber angesichts solcher todwürdiger, heimlich begangener Verbrechen aus eigenem Antrieb zu einem Priester seine Zuflucht nimmt, (bei diesem) beichtet und Buße tun will (*confessione data ageri penitentiam voluerit*), dem soll auf das Zeugnis des Priesters hin das Leben geschenkt werden (*de morte excusetur*).
15. Bezüglich der weniger wichtigen Artikel (*De minoribus capitulis*[5]) stimmten alle darin überein, dass einer jeden Kirche die ihr zugehörigen Gaubewohner (*pagenses*) einen Hof (*curte*) und zwei Hufen Landes zur Verfügung stellen und je 120 Menschen, Adelige, Freie genau so wie Liten (Halbfreie), dieser Kirche einen Knecht und eine Magd beisteuern.
16. Auch das wurde dank Christi Gnade (*Christo propitio*) beschlossen, dass von allem, was an den Fiskus (das Königsgut) zu entrichten ist [...], ein Zehntel (*decima pars*) Kirchen und Priestern erstattet werde.
17. Gleicherweise bestimmen wir gemäß Gottes Gebot (*mandatum*), dass alle den Zehnten ihres Boden- und ihres Arbeitsertrages (*decimam partem substantiae et laboris*) ihren Kirchen und Priestern zukommen lassen, Adelige so gut wie Freie und Halbfreie; je nach dem, was Gott einem jeden Christen verliehen hat, sollen sie Gott einen Teil zurückerstatten (*partem deo reddant*).

Im Übrigen wird angeordnet, dass man an Sonntagen (*dominici dies*) und hohen Kirchenfesten keine öffentlichen Zusammenkünfte und Rechtstage (*placita publica*) abhält, sondern nur Gott und der Kirchgemeinde dient (18); dass Kinder innerhalb ihres ersten Lebensjahres getauft werden, andernfalls (unterschiedlich) hohe Geldstrafen an den Fiskus (!) zu entrichten sind (19); auch Verstöße gegen die kirchlichen Eheverbote werden mit (unterschiedlich) hohen Geldstrafen belegt (20); dieselben Strafen drohen jenen, die andernorts als in den Kirchen einen Eid leisten (21); ohne Androhung von Sanktionen wird ferner z.B. angeordnet, dass die Christen ihre Toten ausschließlich auf kirchlichen Friedhöfen (*cimiteria ecclesiae*) bestatten (22), dass heidnische Seher und Wahrsager (*divini et sortilegi*) den Priestern der Kirche ausgeliefert werden (23) etc. Die letzte Bestimmung besagt, dass bei den Sachsen allgemeine Stammesversammlungen (*conventus publici*) nur auf das Aufgebot des »Königsboten« (*missus noster*) hin und entsprechend königlichem Befehl abgehalten werden dürfen, während die Grafen (*comites*) im Rahmen ihrer jeweiligen Zuständigkeit (ihres *ministerium*) Recht sprechen und Versammlungen abhalten sollen, unter den wachsamen Augen des Klerus (34).

b) Karls Sachsenkriege nach Einhards *Vita Karoli Magni*

(7) Nach Beendigung dieses Krieges (sc. des Langobardenkrieges [773/74]) wurde der Krieg gegen die Sachsen, der nur unterbrochen schien, wieder aufgenommen. Es war der langwierigste, grausamste und anstrengendste, den das Frankenvolk je geführt hat (*Quo nullum neque prolixius neque atrocius Francorumque populo laboriosius susceptum est*) [...] Der Krieg wurde also begonnen und von beiden Seiten mit großer Erbitterung, jedoch mehr zum Nachteil der Sachsen als der Franken, dreiunddreißig Jahre lang ohne Unterbrechung fortgeführt. Er hätte ja früher beendet werden können, hätte das die Treulosigkeit (*perfidia*) der Sachsen

zugelassen. Schwer zu sagen, wie oft sie überwunden waren und sich demütig flehend dem König unterwarfen, (seine) Anweisungen zu befolgen versprachen, die ihnen abverlangten Geiseln ohne Zaudern stellten und die zu ihnen gesandten Legaten aufnahmen; sie waren einige Male dermaßen zahm und mürbe gemacht, dass sie sogar dem Dämonenkult zu entsagen und sich der christlichen Religion zu unterwerfen gelobten. Doch wie sie einerserseits mehr als einmal bereit waren, dementsprechend zu handeln, so waren sie andererseits stets bei der Hand, das genaue Gegenteil zu tun [...] Seit Beginn des Krieges mit ihnen ist (jedenfalls) kaum ein Jahr verflossen, in dem sich bei ihnen nicht ein solcher Wandel vollzogen hätte. Den König aber in seiner Hochherzigkeit und Unwandelbarkeit des Sinnes, im Unglück wie im Glück, vermochten sie durch keinen Wankelmut zu bezwingen und von dem, was er sich einmal vorgenommen, abzubringen. Nie ließ er ihnen nämlich treuloses Verhalten (*huiuscemodi aliquid perpetrantes*) ungestraft hingehen; vielmehr zog er entweder in eigener Person gegen sie zu Felde, oder er sandte seine Grafen mit Heeresmacht gegen sie aus, um ihre Hinterhältigkeit zu rächen und ihnen eine gerechte Strafe abzuverlangen, bis er am Ende, nachdem alle, die ihm Widerstand geleistet hatten, besiegt worden und in seine Gewalt gelangt waren, zehntausend Mann mit Frauen und Kindern von ihren Wohnsitzen an beiden Ufern der Elbe deportierte und sie da und dort in Gallien und Germanien in vielerlei Abteilungen ansiedelte.[6]

c) Das »Blutgericht zu Verden« in der Sicht der fränkischen Reichsannalen

(Zum Jahre 782 heißt es dort:) Damals zog König Karl (*domnus Carolus rex*) bei Köln über den Rhein und hielt zu Lippspringe einen Hoftag (*synodus*) ab; dorthin zogen alle Sachsen mit Ausnahme des Rebellen (Eidbrüchigen) Widukind (*Widochindus*) [...] Nachdem der Rechtstag (*placitum*) hier beendet war, kehrte König Karl ins Frankenreich (*Francia*) zurück. Sobald er jedoch den Heimweg angetreten hatte, erhoben sich sogleich wieder die Sachsen in gewohnter Weise, auf Betreiben Widukinds (*suadente Widochindo*). (Noch) in Unkenntnis dessen schickte König Karl seine Sendboten (*missi*) Adalgis, Gailo und Worad aus, um das Heer der Franken und Sachsen gegen ein paar eidbrüchig gewordene Slaven in Bewegung zu setzen. Unterwegs jedoch hörten die genannten Sendboten vom Aufstand der Sachsen und warfen sich, sobald sie sich mit der oben genannten (Heer)schar (*scara*) vereinigt hatten, auf die Sachsen und handelten fortan ohne Auftrag König Karls. Sie begannen den Krieg mit den Sachsen; und in tapferem Kampf, in dem zahlreiche Sachsen das Leben ließen, blieben die Franken Sieger.[7]
Als das König Karl zu Ohren kam, machte er sich mitsamt den Franken, die er eilig zusammenzuscharen vermochte, dorthin auf den Weg und gelangte bis zu der Stelle, da die Aller in die Weser mündet. Wiederum versammelten sich damals alle Sachsen, unterwarfen sich der Gewalt des obengenannten Königs (*domnus rex*) und lieferten all die Übeltäter, die diese Rebellion hauptsächlich zuwege gebracht hatten (*ipsud rebellium maxime terminaverunt*), zur Bestrafung mit dem Tode aus, 4500 (an der Zahl);[8] und es geschah (an ihnen) also, mit Ausnahme Widukinds, der ins Gebiet der Nordmannen (*partibus Nordmanniae*) entwich. Als das alles vorbei war,[9] kehrte der zuvor genannte König ins Frankenreich zurück. Und er feierte Weihnachten auf dem Hofgut Diedenhofen (*Teodone-villa*) und Ostern ebenfalls.

Quellen: *Capitulatio de partibus Saxoniae*, in: *Leges Saxonum* und *Lex Thuringorum*, hg. v. Cl. v. Schwerin, Hannover 1918 (MGH.F 4), 37ff.; *Einhardi Vita Karoli Magni*, in: Quellen zur Karolingischen Reichsgeschichte, 1.T., [...] neubearb. v. R. Rau, Darmstadt 1974 (ND 1993); *Annales regni Francorum*, in: ebd. – Literatur: W. Braunfels (Hg.), Karl der Große Lebenswerk und Nachleben, 5 Bde., Düsseldorf 1965–1968; E. Schubert, Die *Capitulatio de partibus Saxoniae*, in: Geschichte in der Region (FS f. H. Schmidt), hg. v. D. Brosius u.a., Hannover 1993 (VHKNS SB), 3-28; E.L. v. Padberg, Mission und Christianisierung: Formen und Folgern bei Angelsachsen und Franken im 7. und 8. Jh., Stuttgart 1995; A. Angenendt, Das Frühmittelalter, Stuttgart (1990) ²1995, §§ 50-60.

1 Vgl. z.B. seinen Brief an einen Höfling in der Königspfalz (MGH Epistolae 4, 1895, 161 Nr. 111), in dem er schonungslos feststellt: Wenn das »sanfte Joch« Christi und seine »leichte Last« (Mt 11,29f.) mit ebensolcher Beharrlichkeit dem starrsinnigen Volk der Sachsen gepredigt würden, wie man ihnen den Zehnten abverlange und harte Strafen selbst für geringste Delikte auferlege, dann würden sie schwerlich vor dem Empfang des Taufsakraments zurückschrecken. Dieselbe Botschaft, nur etwas verschlüsselter, enthält auch ein Brief an den König selbst aus dem Jahr 799 (ebd. 189 Nr. 174; vgl. auch ebd. 31 Nr. 6; 154 Nr. 107).

2 Eher stammt dies Gesetz, wie E. Schubert (a.a.O., 9f.) gezeigt haben dürfte, vom Hoftag (Heerlager) zu Lippspringe, von dem in den fränkischen Reichsannalen z. J. 782 (s.u. Text c) die Rede ist.

3 S. u. Anm. 5.

4 Eine deutliche Anspielung auf den zu den (heidnischen) Dänen geflüchteten Widukind.

5 Das schlägt zurück auf das de maioribus capitulis von cap. 1 und ergibt zusammen mit diesem eine Zweigliederung der Capitulatio: Zunächst werden Verbrechen genannt, die sämtlich der Todesstrafe unterliegen, während von dieser in den c. 15ff. nirgends mehr die Rede ist.

6 Z.B. ist damals (794) Sachsenhausen, heute Stadtteil von Frankfurt a. Main, besiedelt worden.

7 Ganz anders schildern die sog. Einhardsannalen die Schlacht am Süntel (nördl. von Hildesheim) als vernichtende Niederlage des Legatenheeres, als Folge der Uneinigkeit und Nachlässigkeit der militärischen Führer (vgl. Quellen zur karolingischen Reichsgeschichte, 1. Teil, neubearb. v. R. Rau, Darmstadt 1955, 42-44).

8 Die Zahl könnte, wie meist alle Angaben, »übertrieben« sein (Th. Schieffer); doch gering war sie sicher nicht, wie die außerordentliche Wirkung auf das Volk verrät.

9 Fest steht danach, dass es sich, in Karls Augen jedenfalls, bei dem »Blutgericht von Verden« um ein Strafurteil für einen Aufstand, nicht um ein Martyrium heidnischer Glaubenszeugen handelte; allenfalls von einer »innerkirchlichen Apostatenexekution« (H.-D. Kahl) wäre hier zu reden (nach der mit der Taufe besiegelten Unterwerfung zahlreicher Sachsen i.J. 776/77).

18. Das christliche Kaisertum Karls des Großen

Dass Karl ein persönlich frommer Mann war, ist wohl ebenso wenig zu bezweifeln wie, dass er seine Herrscheraufgabe als ein christliches Amt verstand. Das schloss allerdings eine gewisse Distanz gegenüber Klerus und Papsttum nicht aus, wie zumindest nach seinem Biographen, dem Höfling Einhard, nicht zuletzt bei seiner Kaiserkrönung erkennbar wurde (Text a). Sein Anspruch, »Verteidiger und Lenker« (*defensor ac rector*) der Kirche zu sein, konkretisierte sich u.a. in einer Reihe von Kirchenschenkungen und -gesetzen (z.B. betreffs des Kirchenzehnten [auch als Entschädigung für frühere Säkularisationen von Kirchenbesitz gedacht], das Vaterunserläutens, der Verbreitung einer elementaren Kirchenlehre unter allen Getauften); ferner in wichtigen Kirchenordnungsmaßnahmen (wie der Einrichtung von Generalkonzilien). Möglicherweise dachte Karl auch daran, den Papst sozusagen als fränkischen Reichsbischof in Anspruch zu nehmen. U.a. deutet der Ausbau seiner Winterresidenz

Aachen darauf hin. Sie sollte nämlich dem byzantinischen Kaiserpalast in nichts nachstehen und sah auch ein Domizil für den Papst vor! Wie Karl kulturell hochinteressiert war und von Anfang an eine ausgesprochen aktive Kulturpolitik betrieb (»Karolingische Renaissance«), so war auch ein Herzstück seiner Kirchenreform die Hebung der Klerikerbildung (Text b). Sie wird bereits im ersten *Capitulare* aus dem Jahr 769 oder 770 thematisiert.[1]

a) Die Kaiserkrönung (Weihnachten 800) nach dem Bericht der »Reichsannalen« und Einhards »Leben Karls des Großen«

(Annales Reg. Franc. [z. J. 801]:) Als sich der König am allerheiligsten Fest der Geburt des Herrn vom Gebet im Vorraum zum Märtyrergrab des seligen Apostels Petrus *(ante confessionem beati Petri apostoli)* zur Messe erhob, setzte ihm Papst Leo (III.) eine Krone aufs Haupt, und das ganze Volk der Römer akklamierte dem (mit dem Zuruf): »dem Kaiser Karl *(Carolo augusto)*, dem von Gott gekrönten großen und friedenbringenden Imperator der Römer Leben und Sieg!« Und nachdem die *Laudes*[2] angestimmt worden waren (oder: nach d[ies]en lobenden Zurufen), wurde er vom Papst *(apostolicus)* nach Art der antiken Kaiser durch Kniefall geehrt *(adoratus)* und, nachdem sich der *Patricius*-Titel erledigt hatte,[3] (fortan) als Kaiser und Augustus bezeichnet *(ablato patricii nomine imperator et augustus est appellatus)*.

(Vita Karoli Magni 28[4] *)* [...] Es war das jene Zeit, in der er den Kaiser- und Augustustitel *(imperatoris et augusti nomen)* entgegennahm. Das ging ihm zunächst dermaßen gegen den Strich, dass er beteuerte, er würde an jenem Tag, obwohl es ein hohes Fest war, die Kirche nicht betreten haben, hätte er des Papstes Absicht *(consilium)* vorherwissen können. Den Unwillen der (ost-)römischen Kaiser, die ihm die Annahme des Kaisertitels verübelten, trug er (dagegen) mit großer Gelassenheit *(patientia)*. Und in der Hochherzigkeit, mit der er ihnen ohne Zweifel weit überlegen war, überwand er ihren Trotz, indem er häufig durch Gesandtschaften mit ihnen verkehrte und sie in Briefen als Brüder anredete.[5]

b) Karl und die Kirchenreform (nach den *Capitula de examinandis ecclesiasticis* [Okt. 802 ?], in Auswahl)

Verordnungen Karls betreffs der Bischöfe, Äbte und Priester (presbiteri) im gesamten Reich:
1. Zunächst (gilt es festzustellen), wie ein jeder Kleriker *(aecclesiasticus)*, sei er Bischof, Abt oder Priester, auch jeder Kanoniker[6] oder Mönch, auf sein Amt vorbereitet sei *(qualiter [...] suum habeant officium praeparatum)*, was nachlässig betrieben werde und was der Verbesserung bedürfe, damit derjenige, der um seine Pflicht wohl weiß, sich fortan unserer Gunsterweise erfreut und ermuntert fühlt, nach weiterer Besserung zu streben; wer dagegen als nachlässig und träge erfunden wird, soll mit wohlverdienter Strafe belegt werden, bis er sich entsprechend bessert *(condigna satisfactione usque ad emendationem congruam constringatur)*.
2. Wieweit Priester die Psalmodie beherrschen *(psalmos habeant)*, und wieweit sie (vor anderen?) die Kraft haben *(praevaleant)*, ihr Leben bei Tag und bei Nacht römischem Brauch entsprechend zu führen.
3. Wie sie ihre Katechumenen im christlichen Glauben zu unterweisen pflegen und es außerdem verstehen, besondere Messen z.B. für Tote oder auch für Lebende in sinnvoller Weise abzuwandeln, je nach Geschlecht oder danach, ob es sich um Einzelne oder eine Mehrzahl (von Personen) handelt.

4. Ähnlich (ist zu untersuchen, was sie) in der Unterweisung der Laien (*in doctrina populorum*), bei der Predigt, aber auch bei der (Abnahme der) Beichte von Sünden (leisten), wie sie (die Laien) zu handeln lehren, wie sie ihnen eine Buße für ihre Sünden aufzuerlegen wissen und Vorsorge treffen (im Blick auf künftige Sünde).
5. Wichtiger als alles andere aber ist es, sich über ihren Lebenswandel und ihre Keuschheit (zu unterrichten), ob sie (ihren) Christen ein Vorbild und Beispiel bieten.
6. (Auch soll man nachforschen), ob sie den Bischöfen gehorsam sind und untereinander sittsam, friedlich und liebevoll leben.

Für das übrige Volk:
7. Sie sollen wissen, dass ihre Bischöfe ihnen in frommem Eifer demütig vorstehen müssen und keinesfalls ihre Macht tyrannisch gegen sie wenden dürfen [...]
8. Es ist geboten, jeden einzelnen (Kleriker) in seinem Glauben vollständig (*pleniter*) zu prüfen, (um festzustellen), wie sie selbst glauben und andere zu glauben lehren.
10. Ob sie die *canones*, den *Liber pastoralis*[7] und sicherlich auch die Homilien entsprechend den einzelnen Festtagen zur Unterweisung des Volkes (*necnon et homilias ad eruditionem populi diebus singulis festivitatum congruentiam [sic]*) beherrschen.
12. Kein Laie (*nullus ex laicis*) darf einen Priester oder Diakon oder (einen sonstigen) Kleriker in seinen Diensten halten oder an seinen Eigenkirchen (*ad ecclesias suas*)[8] einsetzen ohne Zulassung oder Prüfung durch seinen Bischof, auf dass er gewiss sei, ob (der Betreffende) auch mit Recht Kleriker oder Priester genannt werde und ohne Fehl sei.
13. Allen Christen insgesamt befehlen wir, das (apostolische) Symbol und das Gebet des Herrn zu lernen.
14. Niemand darf ein Kind oder einen Heiden (*alium ex paganis*) aus der Taufe (*de fonte sacro*) heben, bevor er nicht seinem Priester das Symbol und das Herrengebet aufsagen kann.
17. Endlich ist es Mönchen insgesamt durch Gottes Wort vorgeschrieben und (ebenso) Geheiß und Befehl unseres (königlichen?) Herrn und aller seiner Großen (*optimates*), dass sich kein Mönch mehr mit weltlichen Angelegenheiten beschäftige, als es auf dem Konzil von Chalkedon beschlossen worden ist[9] [...]

Quellen: Annales regni Franc. und *Einhardi Vita Karoli M.* (s.o., Nr. 17: Quellen zur Karolingischen Reichsgeschichte, 1.T., [...] neubearb. v. R. Rau, Darmstadt 1974 (ND 1993)); *Capitula de examin. ecclesiast.*, in: MGH Cap. 1, Nr. 18, 109-111. – *Literatur:* s.o. zu Nr. 17; dazu: W. Braunfels (Hg.), Karl der Große. Lebenswerk und Nachleben, 5 Bde. Düsseldorf 1965–1968; P. Classen, Karl d. Gr., das Papsttum und Byzanz, hg. v. H. Fuhrmann / C. Märti, Sigmaringen (1985) ²1988; H.Chr. Picker, PASTOR DOCTUS: Klerikerbild und karolingische Reformen bei Hrabanus Maurus (VIEG 186), 2001 bes. Kap. 2 (Lit.); J. Fried, Karl der Große. Gewalt und Glaube. Eine Biographie, München ⁴2014; P. v. d. Brink / F. Pohle (Hg.), Karl der Große / Charlemagne, 3 Bde. Dresden 2014; S. Patzold, Ich und Karl der Große. Das Leben des Höflings Einhard, Stuttgart ²2014.

1 *Vgl. MGH Cap. 1, Nr. 19.*
2 *In Gebetsform gewandelte Huldigungen; seit der Kaiserkrönung Karls d. Gr. erstmals bezeugt, wurden sie fester Bestandteil der abendländischen Krönungsliturgien.*
3 *Der Titel war zuletzt von den Vertretern des byzantinischen Kaisers in Italien, dem Exarchen von Ravenna und dem Dux von Rom, geführt und von Papst Stephan II. seit seiner Reise*

ins Frankenreich (754) König Pippin und dessen Söhnen verliehen worden, als Ausdruck der von diesen übernommenen Schutzverpflichtung gegenüber »den Römern« und der römischen Kirche. Nun ging er im nomen imperatoris auf.

⁴ *Zusammenhang: Karls letzte Romreise, die diesmal nicht zuletzt »in der überaus großen Zerrüttung« begründet lag, in die die dortige Kirche verfallen war.*

⁵   *Zu allen mit der Kaiserkrönung Karls verbundenen Fragen, auch ob sie im Konsens erfolgte oder nicht, s. jetzt vor allem das entsprechende Kapitel in J. Frieds Monographie (484-495).*

⁶   *S.u. Nr. 19, Vorspann, und Nr. 30, Anm. 3 (»Kanoniker« = »Regularkleriker«).*

⁷   *S.o. Nr. 10b.*

⁸   *S.u. Nr. 26, Anm. 1.*

⁹   *In can. 4 dieses Konzils (vgl. KTGQ I, Nr. 95), dessen wesentliche Bestimmungen im Folgenden zitiert werden; darin wird die strikte Unterstellung der Klöster unter die Oberaufsicht des zuständigen Bischofs gefordert und vor allem auf die Sesshaftigkeit der Mönche (sozusagen ihre* stabilitas loci*) gedrungen.*

19. Benedikt von Aniane und der Kampf um die *eine* Klosterregel und die *eine* mönchische Lebensweise im Frankenreich

Seit im Januar 814 Karls Sohn Ludwig der Fromme (778–840) die Herrschaft über das fränkische Reich innehatte, machten sich zumindest Akzentverschiebungen in der kaiserlichen Kirchen- und Kulturpolitik bemerkbar. Unter dem Einfluss des ersten Beraters Ludwigs, Benedikts von Aniane (eigentlich Witiza, lat. *Euticius* [ca. 750–821]), fand eine Konzentration auf die Binnenstrukturen in Mönchtum und Kirche statt, während die *Kultur*politik an Gewicht verlor. In diesem Sinne befasste sich eine erste Aachener Synode (August 816) mit dem Leben der »Kanoniker« und bestimmte, dass diese nichtmönchischen Kleriker unter Kontrolle der Bischöfe oder ihrer Vertreter ein »gemeinschaftliches Leben« (*vita communis*) zu führen hätten.[1] Nicht minder einschneidend waren die das Mönchtum betreffenden Reformmaßnahmen: die Erhebung der Benediktsregel, bislang eher in die allgemeine monastische Tradition eingebettet, zur alleinigen Norm des abendländischen Mönchtums, ergänzt um Einzelbestimmungen, die gewährleisten sollten, dass dieser einen Regel auch einheitliche »Ausführungsbestimmungen«, ein einheitliches »Brauchtum« (*una consuetudo*), entspräche(n). Um diesen Reformmaßnahmen Nachdruck zu verleihen, gründete Benedikt, der 782–787 bereits auf Familienbesitz am Bach Aniane (ca. 35 km nordwestlich von Montpellier entfernt) das gleichnamige Kloster errichtet hatte, 817 in Kornelimünster bei Aachen sozusagen ein »Reichsmusterkloster« (namens Inda). Durch dies alles ist er zum eigentlichen Begründer des Benediktiner*tums*, des Benediktiner*ordens*, geworden und trägt den ihm schon von Zeitgenossen verliehenen Ehrennamen, Benedictus II., wohl zurecht. Mit der Durchsetzung der Benediktsregel als einzig geltender monastischer Norm (*una regula*) im Frankenreich hat er nachhaltigen Erfolg gehabt (bis ins 13. Jh. hinein), mit dem Versuch, auch ein einheitliches monastisches Brauchtum, das auf dieser Basis aufbaute, allen fränkischen Benediktinerklöstern in allen seinen Einzelbestimmungen aufzuprägen, jedoch nicht. Die Intention, die hinter allem steckte, also das Programm, das Mönchtum aus den Bindungen wieder herauszulösen, in die es durch Karl d.Gr. gestellt war (Mönchtum als *Kultur*faktor), zu verhindern, dass die Klöster fremden Zwecken unterstellt würden, hat Cluny (s.u. Nr. 26) hundert Jahre danach wieder aufgenommen.

Aus der »Regel des heiligen Benedikt, Abtes von Aniane, oder Kapitelsammlung« (Regula sancti Benedicti Abbatis Anianensis sive collectio capitularis [818/9?])[2]

I. Die Äbte (*abbates*) sollen sogleich nach der Rückkehr in ihre Klöster die Regel (sc. Benedikts) vollständig verlesen, Wort für Wort auslegen und sie, sobald sie sie

verstehen, unter dem Beistand des Herrn gemeinsam mit ihren Mönchen nachhaltig zu erfüllen trachten (*regulam per singula verba discutientes pleniter legant et intellegentes domino opitulante efficaciter cum monachis suis implere studeant*).
II. Alle Mönche, die dazu in der Lage sind, sollen die Regel auswendiglernen (*memoriter* [...] *discant*).
III. Sie sollen das Stunden-(oder Chor-)gebet (*officium*) halten, so, wie es die Regel des Hl. Benedikt vorschreibt.
IV. Sie sollen in der Küche (*coquina*), in der (Stampf-)Mühle und den übrigen Werkstätten (*in ceteris artium officinis*) mit ihren eigenen Händen arbeiten und ihre Kleider zur passenden Zeit waschen.
XIV. Beim Mittwochs- und Freitagsfasten sollen sie vor der Non[3] oder, falls es notwendig ist und der Prior so entscheidet, nach der Non leichte Arbeit verrichten.
XV. Während der *Quadragesima*[4] sollen sie außer den aus der Bibliothek auf Verfügung des Priors in Empfang genommenen Büchern keine weiteren erhalten, es sei denn, der Prior ordnete an, sie ihnen auszuhändigen.
XVI. Man soll ihnen Kleider geben, die nicht sonderlich billig, nicht sonderlich kostbar sind (*nec multum vilia nec multum pretiosa*), sondern etwas dazwischen (*mediocra*).
XVII. In der großen Fastenzeit (*Quadragesima*) sollen sie, wie auch zu anderer Zeit, einander die Füße waschen und dabei Antiphonen (Wechselgesänge) anstimmen, die zu diesem Dienst (*officium*) passen. An Gründonnerstag (*In Caena* [...] *Domini*) soll der Abt, wenn er dazu in der Lage ist, die Füße der Brüder waschen (vgl. Joh 13, 1–15), sie küssen (vgl. Röm 16,16; I Kor 16,20; II Kor 13,12; I Thess 5,26; I Petr 5,14) und ihnen den Kelch reichen.
XX. Sie sollen sich nicht dauernd in großen Landgütern herumtreiben (*villas frequenter* [...] *non circumeant*), außer, die Not verlangt es, auch soll man ihre Mönche solche (Betriebe) nicht beaufsichtigen lassen. Wenn sie sich aus zwingenden Gründen dorthin begeben, dann sollen sie schleunig wieder ins Kloster zurückkehren, sobald das dringende Geschäft erledigt ist.
XXI. [...] (Der Abt) begnüge sich mit dem Maß an Speise und Trank, das die übrigen Brüder empfangen. Möchte er aber mit Rücksicht auf einen Gast dem für seine Brüder und sich selbst gewohnten Maß etwas hinzufügen, so steht ihm das frei.
XXIV. (Bereits) in der Vorfastenzeit (*in Septuagesima*) wird das Halleluja (*Alleluia*) ausgelassen.
XXVI. Niemand soll zum Vorsteher von Mönchen bestellt werden, der nicht selber Mönch ist (*Ut monachis nisi monachus non constituatur praepositus*)[5].
XXVIII. Einem Novizen soll kein bequemer Eintritt ins Kloster gewährt werden (*novitio non facilis monasterii tribuatur ingressus*); in der Gästezelle soll er zur Erprobung (*probationis causa*) einige Tage lang die Gäste bedienen; sein Eigentum, sofern er darüber verfügt, soll er seinen Eltern übergeben; ist sein Probejahr abgelaufen, soll er tun, was die Regel vorschreibt. Er selbst aber soll nicht die Tonsur erhalten (*nec tondeatur*), noch seine frühere Kleidung wechseln, bevor er nicht Gehorsam gelobt (*priusquam obedientiam promittat*).
XXXIII. Man soll keinen Laien (*plebeius*) oder Weltpriester (*clericus saecularis*) im Kloster wohnen lassen (*nullus* [...] *ad habitandum recipiatur*), außer er will Mönch werden.
XXXVI. Es soll im Kloster keine Schule gehalten werden außer für die Oblaten[6] (*Ut scola in monasterio non habeatur nisi eorum qui oblati sunt*).
XXXVII. An besonderen Feiertagen[7] [...] soll ein volles Offizium (*plenum officium*) gefeiert und zweimal gespeist werden (*bis reficiatur*).

XL. Von allem, was an Almosen gegeben wird, ob für die Kirche oder die Brüder bestimmt, soll (jeweils) ein Zehntel (*decimae*) an die Armen gehen.
XLI. Über die Benutzung des Bades entscheide der Prior.
XLII. Während der Osteroktav (*in Octabas Paschae*)[8] soll man sich rasieren.
XLIV. In der Pfingstwoche soll man weder die Knie beugen noch fasten, es sei denn, es wären Fasttage festgesetzt.
XLV. Laien (*laici*) soll man nicht ins Refektorium führen, um sie dort mit Speise und Trank zu bewirten.
XLVIII. Einen Knaben sollen Vater oder Mutter zur Zeit des Offertoriums[9] (*tempore oblationis*) zum Altar bringen (*offerant altari*) und für ihn, in Gegenwart von Laien als Zeugen, ein (Aufnahme-)Gesuch vorbringen (*petitionem* [...] *faciant*), welches er dann, wenn er zu Verstand gekommen (mündig geworden) ist (*tempore intelligibili*), zu bestätigen hat (*confirmet*)[10].
LXXII. Niemand soll um einer Gefälligkeit willen (*pro munere*) im Kloster aufgenommen werden, außer es empfehlen ihn guter Wille und (persönliche) Verdienste (*nisi quem bona voluntas et merita commendent*).

Quelle: K. Hallinger (Hg.), Initia Consuetudinis Benedictinae (CCMon I), Siegburg 1963, 501-536. – *Literatur:* J. Semmler, Zur Überlieferung der monastischen Gesetzgebung Ludwigs des Frommen, DA 16 (1960) 309-388; ders., Benedictus II: una regula – una consuetudo, in: Benedictine Culture 750-1050, ed. by W. Lourdaux / D. Verhelst (ML.St 11), Leuven 1983, 1-49; P. Engelbert, Benedikt von Aniane und die karolingische Reichsidee, StAns 103 (1990) 67-103; H.-C. Picker PASTOR DOCTUS: Klerikerbild und karolingische Reformen bei Hrabanus Maurus (VIEG 186), 2001 bes. Kap. 2 , 53-76.

[1] *Vgl. Conc. Aquisgranense a. 816, Prolog, in: MGH.Conc 2,1, Nr. 39A.*

[2] *Dieser Text stellt wohl jenes Dokument dar, das auf der fränkischen Reichsversammlung von Aachen zur Jahreswende 818/819 zusammengestellt worden ist; darin wurden die Beschlüsse von Aachen 816 und 817, welche die ersteren ergänzten und z.T. modifizierten, in normativer Form zusammengefasst.*

[3] *Der neunten Tagesstunde, also nachmittags um drei Uhr.*

[4] *Dem vierzigtägigen Fasten vor Ostern.*

[5] *Darin klingt wohl die Forderung freier Abtwahl an, wie sie schon zur Zeit Karls d.Gr. etwa Theodemar namens des Klosters von Montecassino in einem Brief an den Kaiser erhoben hatte (vgl. K. Hallinger [ed.], Initia [wie o.], 174) und dann wieder die cluniazensische Reformbewegung in den Mittelpunkt stellte.*

[6] *Knaben, die dem Kloster als künftige Mönche übergeben worden sind, falls sie sich bei Erlangung ihrer Mündigkeit zu diesem »Opfer« bekennen.*

[7] *Aufgezählt werden: Weihnachten, das Fest der Beschneidung Jesu (Octavae [vgl. Lk 2,21]), Epiphanias, Ostern, Himmelfahrt, Pfingsten, die Heiligenfeste (Stephanus [26.12.], Joannes Evangelista [27.12.], Unschuldige Kinder [Natale Infantium: 28.12.], Reinigung [jetzt = Darstellung des Herrn: 2.2.] und Himmelfahrt Mariens [15.8.]), die »Feste der seligen Apostel«, ferner dasjenige Johannes des Täufers (wohl das Fest seiner Geburt [24.6.]), St. Laurentius'(10.8.) und St. Martins (11.11.) oder die Todes-(= Geburtstage [natalia]) all jener Heiligen, deren Andenken in irgendeiner Pfarrei besonders in Ehren steht.*

[8] *Ostern bis Weißen Sonntag.*

[9] *Des Opfergangs der Gemeinde, mit dem der Lesegottesdienst endet und der Sakramentsteil der Messe beginnt.*

[10] *Wie Gottschalks Schicksal zeigt (s.u. Nr. 21b u. 23), war das schon zu jener Zeit heftig umstritten. Hrabanus Maurus z.B., ein Kritiker Benedikts von Aniane und ein wütender Gegner Gottschalks, seines einstigen Mönchs in Fulda, vertrat die Ansicht, ein einmal geleistetes Gelübde (Benedikt spricht mit Bedacht von einer stellvertretenden petitio!) sei unumstößlich gültig (vgl. seine Schrift Liber de oblatione puerorum (PL 107, 419-439).*

20. Stimmen aus dem christianisierten Sachsen

Sowenig das »Blutgericht zu Verden« (s.o. Nr. 18c) das Bild von der Sachsenmission insgesamt bestimmen sollte, so wenig unterliegt es dem geringsten Zweifel, dass bei der Missionspredigt unter den Sachsen die »eiserne Zunge«[1] kräftig mitgeredet hat. Dass sie jedoch nicht allein das Wort führte, dafür sind der »Heliand« auf der einen und Gottschalks Dichtungen auf der anderen Seite wohl die beredtsten Zeugnisse.

a) Der »Heliand« als Missionspredigt

Heliand (»Heiland«) ist die durch den Entdecker und Ersteditor, J.A. Schmeller (1830), (glücklich) geprägte Bezeichnung für eines der bedeutendsten Denkmäler und zugleich das älteste umfangreiche Textzeugnis der deutschen Literaturgeschichte überhaupt. Wohl um 840 von einem gelehrten Mönch sächsischer Herkunft (nur wenige Jahrzehnte nach der »Sachsenbekehrung«) – wahrscheinlich im Kloster Fulda – verfasst, beschreibt diese Dichtung in ca. 6000 Stabreimen das Leben Jesu, und zwar auf der Grundlage des ins Lateinische (und inzwischen – wohl in Fulda selbst – auch ins Althochdeutsche) übersetzten »Diatessaron«, der vielbenutzten »Evangelienharmonie« des Syrers Tatian (2. H. 2. Jh.). Kirchen- und missionsgeschichtlich am interessantesten ist der Heliand als Zeugnis einer Inkulturation (»Indigenisierung«) des Evangeliums (nicht einer »Germanisierung« im Sinne einer Überfremdung), als eine Übersetzungsleistung hohen Ranges, wie durch folgende Beispiele kurz illustriert sei:

(Hatten diejenigen, an die sich der Dichter wendet, bislang an ein *Schicksal* (»Wurd«) geglaubt, welches – ebenso übermächtig wie unpersönlich – das menschliche Leben beherrsche, so ist jetzt zu hören, dass dort oben ein majestätischer und doch väterlicher Wille walte, der Macht habe auch über das Geschick [4116 u.ö.]. Oder: glaubte man in heroischer Gottlosigkeit einzig an die eigene »Kraft und Stärke«, so verurteilt das der Dichter als eitles Prahlen und dreiste Vermessenheit [(5041]; wie ihm überhaupt der freche Hochmut als Grundwiderspruch gegen das Christentum erscheint, so dass er, ohne alle Beschönigung, von menschlicher Sünde und Erlösungsbedürftigkeit reden kann, wie beispielsweise in der Nacherzählung der Verleugnung des Petrus nach Mt 26,29ff. Nachdem die bittere Reue des »aller Degen Besten«, Petrus, eindrucksvoll geschildert ist, fährt der Dichter fort [5011-5039]):

[...]/ »Wehe, waltender Gott«, sprach er,
»dass ich so vergangen mich hab, / dass mir vergällt nun ist
immer mein Dasein, / wenn ich in Ewigkeit muss
meines Herrn Hulden / und des Himmelreichs
dauernd darben, / dann kann ich keinen Dank dafür wissen,
lieber König, / dass ich dieses Licht erblickt.
Nicht bin ich dessen würdig, / mein waltender Gebieter,
dass ich unter deine Jünger / jemals wieder gehe,
so sündig unter meine Gesellen. / Ich selber will sie
meiden in meinem Gemüt, / da ich solche Mein-(= Frevel-)worte sprach«.
So klagte da bekümmert / der Krieger bester.
Es härmte ihn so hart, / dass er seinen Herrn da,
den lieben, verleugnet. / Doch nicht dürfen der Leute Kinder
sich wundern fürwahr. / Sondern so wollte es Gott,
dass dem so lieben Manne / Leid widerführe,
dass so höhnisch der Held / den Herren sein

auf der Dienstmagd Wort, / der Degen wackerster,
verleugnete, den ihm so lieben. / Es war um der Leute willen geschehen,
den Volkssöhnen zum Frommen. / Er wollte ihn zum Fürsten machen,
zum Hehrsten über die Heimat, / der heilige König.
Er ließ ihn erkennen, / wie wenig Kraft doch hat
der Menschen Gemüt / ohne die Macht Gottes.
Er ließ ihn sündigen, / damit er selber leichter
den Leuten glaube, / wie lieb es ist
gar manchem Manne, / der eine Meintat verübt,
dass man ihm erlasse / die leidige Schuld,
Sünde und Vergeltung, / wie ihm selber vergab
des Himmelreichs Herrscher / die harmvolle Tat.

b) Gottschalk über sein Leben im Licht des Gleichnisses vom verlorenen Sohn

Wie selbständig und intensiv einer der sozusagen ›eben erst bekehrten‹ Sachsen das Christentum aufnehmen *konnte*, lehrt das Beispiel Gottschalks. Als sächsischer Grafensohn in seiner Kindheit dem Kloster Fulda als Oblate *(puer oblatus*, d.h. als zum Mönchsstand bestimmter Knabe) übergeben, wehrte er sich als Heranwachsender mit aller Leidenschaft gegen die Knechtschaft des »Dienstes für Gott« (servitium Dei), und eine Synode (von Mainz 829) stimmte ihm zunächst zu; sein Abt – es war kein Geringerer als Hrabanus Maurus, der spätere Bischof von Mainz (und somit Primas von »Deutschland«) – appellierte jedoch an Kaiser und Reichskonzil. Ob er damit durchdrang – oder ob Gottschalk selbst unsicher wurde: jedenfalls *blieb* er Mönch, wenn auch für den Rest seines Lebens vorwiegend im westfränkischen Bereich, und fand dort im Kirchenväterstudium, vor allem im Werk Augustins, auch die Deutung seines Schicksals. Unter seinem erhaltenen Schrifttum befindet sich neben anderen Dichtungen, fast durchweg Werken von erstaunlicher sprachlicher wie gedanklicher Kraft, ein 72-strophiger Hymnus,[2] in dem sich ihm das eigene Leben am Gleichnis vom verlorenen Sohn (Lk 15,11–32) darstellt (Str. 29-47), mit der Erweckung des Lazarus (Joh 10,40-11, 44) aber noch eindringlicher gesagt werden kann, wessen er selbst zutiefst bedarf (48–60). Daraus seien hier wenige Strophen (4-6. 48-52. 63) mitgeteilt.
(Vorausgeht als Proömium eine Anrufung Gott Vaters [1], Sohnes [2] und Hl. Geistes [3], er, der dreieinige Gott, möge selbst den Beter zu wahrer Reue und Buße erwecken. Darauf heißt es:)

Novi namque me peccasse contra te gravissime
Sicut die, ita nocte, corde, ore, opere;
Laboravi semper valde te, deus, offendere.

Laboravi, inquam, valde plura mala facere,
Quam sint homines in orbe, quam astra in aethere,
Vel quam pisces intra mare, arena in litore.

Volo unde nunc lugere, sed non possum, domine;
Sine te quivi peccare, sed nequeo plangere,
Sine te sum lapsus male, sed non possum surgere.

[...]

O Iesu, quatriduanus, bone pastor, Lazarus
Mortis in sepulcro situs iamque nimis fetidus,

Heliand und Gottschalk 65

Monumento quamvis pressus, iamiam scatens vermibus,

Ecce iacet interemptus multis pro criminibus
Quae gessit econtra stultus, segnis, hebetissimus,
Privatus velut ambobus cum sensu luminibus.

Freme, freme, bone Iesu, ac turbare spiritu,
Lacrimare pio fletu servi pro interitu,
Propria qui semet manu interemit iamdiu.

Clama, clama, Iesu Christe, voce magna, domine:
›Prodi foras, tumulate, veni foras, Lazare,
Exi. Exi ac procede iam mortis de carcere!‹

Si clamaveris me, Christe, redemptor piissime,
Exibo letus repente ac procedam propere,
Quin vita servum vocante fugiet mors rapide.

[...]

Da timere, da amare, da frequenter colere
Patrem, prolem, sanctum atque da flatum diligere
Toto corde, tota mente toto necnon pectore.

[...]

(Ich bin mir nämlich dessen bewusst, gegen dich aufs schwerste gesündigt zu haben, am Tage genau so wie in der Nacht, mit Herzen, Mund und Händen; stets habe ich mich gemüht, dich, Gott, nach Kräften zu kränken. – Ich habe mich, wie ich gestehe, sehr bemüht, mehr Übeltaten zu begehen, als es Menschen auf Erden, als es Sterne am Himmel, als es Fische im Meer und Sand an dessen Küste gibt. – Daher bin ich nun willens zu trauern, doch ich vermag es nicht, Herr; ohne dich kann ich wohl sündigen, doch mir [reuevoll] an die Brust zu schlagen, dazu bin ich außerstande; ohne dich bin ich zwar tief gefallen, kann mich aber [ohne deine Hilfe] nicht wieder erheben. [...] O Jesus, guter Hirte, den vierten Tag schon liegt Lazarus im Grab des Todes[3] und riecht bereits allzu stark; im Grabe gar sehr eingezwängt, wimmelt er schon von Würmern. – Sieh, da liegt er, hingerafft um seiner zahlreichen Verbrechen willen,[4] die er widersätzlicherweise beging, töricht, träge und vollkommen stumpf, als wäre er zugleich mit seinem Bewusstsein auch beider Augen beraubt worden. – Murre laut auf, murre, gütiger Jesus, und empöre dich in deinem Geist, lass die Tränen rinnen in zärtlicher Rührung[5] ob des Untergangs de(ine)s Knechtes, der schon längst mit eigener Hand seinem Leben ein Ende gemacht hat.[6] – Rufe [mich], rufe, Jesus Christus, mit lauter Stimme, Herr: ›Komm heraus, der du im Grabe liegst, komm heraus, Lazarus; heraus, komm heraus und tritt sogleich hervor aus dem Todeskerker!‹ – Wenn mich dein Ruf erreicht hat, Christus, du allergütigster Erlöser, dann werde ich, augenblicklich, fröhlich herauskommen und schleunig hervortreten; ja, sogar der Tod wird, da das Leben nach dem Knechte ruft, eilends die Flucht ergreifen. [...] Verleih mir, dass ich [dich] fürchte und liebe, verleih mir, dass ich ohne Unterlass verehre den Vater, den Sohn und den Hl. Hauch (vgl. Joh 3,8) und [sie] liebe aus ganzem Herzen und Gemüt, aber auch aus tiefster Seele [...]).

Quellen: Heliand und Genesis, hg. v. O. Behagel, bearb. v. B. Taeger, Tübingen ⁹1984 (Althochdt. Textbiblioth. 4); MGH.PL VI/1, 1951, 86-106 (Nachträge zu Gottschalk, hg. v. N. Fickermann [hier: 89-97]); *Übersetzung:* Heliand und die Bruchstücke der Genesis. Aus dem Altsächsischen übersetzt v. F. Genzmer; Anmerkungen u. Nachwort v. B. Sowinski (rub 3324 [3]), Stuttgart 1989, 158f. – *Literatur:* H. Doerries, Die geistigen Voraussetzungen und Folgen der Karolingischen Reichsteilung 843 (1943); wieder abgedr. in: Derselbe, Wort und Stunde, II, Göttingen 1969, 210-294; K. Vielhaber, Gottschalk der Sachse (BHF 5), Bonn 1956; P. Wapnewski, Deutsche Literatur des Mittelalters, Göttingen (1960) ⁵1990 (KVR); H.-D. Kahl, Die ersten Jahrhunderte des missionsgeschichtlichen Mittelalters, in: K. Schäferdiek (Hg.), Kirchengeschichte als Missionsgeschichte, II/1, München 1978, 11-76; P. von Moos, Gottschalks Gedicht *O mi custos* – eine *confessio,* I. II, FMSt 4 (1970) 201-230; 5 (1971) 317-358; F. Rädle, Gottschalk der Sachse, in: VerLex III, 189-199; M.-L. Weber, Die Gedichte des Gottschalk von Orbais (Lat. Sprache u. Lit. des MA 27), Frankfurt / M. etc. 1992, 160-175. 289-297; L. Sturlese, Die deutsche Philosophie im Mittelalter. Von Bonifatius bis zu Albert d.Gr. (748-1280), München 1993, 31-36; A. Angenendt, Das Frühmittelalter, Stuttgart (1990) ²1995, § 75; ders., Geschichte der Religiosität im Mittelalter, Darmstadt 1997 (vgl. Personen- u. Sachregister s.vv.).

[1]   *So der Bericht über eine Reliquientranslation nach Sachsen, die* Translatio S. Liborii *(c. 4: MGH SS 4, 151), welche – mit einem sehr anschaulichen Bild – von Karl sagt:* ferrea quodammodo lingua praedicavit *(»er predigte gewissermaßen mit eiserner Zunge«)!*
[2]   *Nach den drei Anfangsworten (*Initium*) gewöhnlich als* O mi custos *zitiert; es folgt am Ende noch eine Doxologie (= Str. 73), die jedoch nicht mitzuzählen ist.*
[3]   *Die allegorische Ausdeutung der Perikope von der Auferweckung des Lazarus ist sichtlich von derjenigen Augustins beeinflusst: vgl. dessen* Tract. Ev. Io. *24 (CChr.L 36, 431).*
[4]   *Vergebung wird hier als Totenauferweckung verstanden, folglich auch der Tod als Ausdruck der Gottferne und Sündenverfallenheit – wie in der Geschichte vom »verlorenen Sohn« (vgl. Lk 15,24); und das, obwohl Lazarus doch zu den Freunden Jesu zählte (Joh 11,3.11).*
[5]   *Auch hier bleibt der Dichter ganz nahe am Bibeltext der Vulgata: vgl. Joh 11,33.35.38 (*fremuit spiritu et turbavit se ipsum [...] et lacrimatus est Iesus [...] Iesus ergo rursum fremens in semetipsum venit ad monumentum [...]*).*
[6]   *Lazarus (als Repräsentant des in Sünden Erstorbenen) – ein zweiter Judas (vgl. Mt 27,5).*

21. Die »Konstantinische Schenkung«

»Weh Konstantin (Ahi, Constantin), wie großes Unheil zeugte deine Bekehrung nicht, wohl aber jene Schenkung, die du dem reichen Papst gemacht« (*Inferno* XIX, 115-117). Mit diesen Versen aus dem 19. Gesang seiner »Göttlichen Komödie« bezog sich der Dichter Dante Alighieri (1256-1321) auf jene berühmte Fälschung, der zufolge Kaiser Konstantin I. (vgl. KTGQ I, Nr. 50-52. 54f. 57) beim Aufbruch nach Byzanz (330) die Kirche St. Peter, die Stadt Rom, Italien und überhaupt den Westteil des *Imperium Romanum* Papst Silvester und dessen Nachfolgern überlassen hätte. Gleichzeitig hätte er ihm die Stellung eines mit dem Kaiser (Ost-)Roms ranggleichen Souveräns mit der Befugnis zum Tragen kaiserlicher Insignien eingeräumt. Trotz größten Forschungsaufwandes sind Entstehungszeit und -ort des *Constitutum Constantini* noch immer nicht mit letzter Sicherheit ermittelt. Die weitaus größte Wahrscheinlichkeit besitzt jedoch gegenwärtig die Annahme, das *Constitutum* sei kein Produkt der römischen Kurie, sondern fränkischen Ursprungs und stehe im thematischen Zusammenhang mit den »pseudo-isidorischen« Fälschungen (s.u. Nr. 24). Ähnlich diesen als

Konstantinische Schenkung

Reaktion auf die übergriffige Kirchenpolitik Ludwigs des Frommen im letzten Jahrzehnt seiner Herrschaft (ab 830) zu verstehen, gehe es auf Kreise zurück, die bestrebt waren, der kaiserlichen Autorität eine (möglichst überlegene) kirchliche entgegenzustellen. Energisch und ausführlich ist es erst seit der Jahrtausendwende zur Begründung des päpstlichen Primats und der Theorie von der »Übertragung der kaiserlichen Gewalt« (*translatio imperii*) eingesetzt worden, bis man es im Humanismus (N. Cusanus, L. Valla, U. v. Hutten) als Fälschung entlarvte. –Aufgezogen als Schreiben des Kaisers an Papst Silvester (314–335) bietet der erste Teil (die *confessio*) außer einem Glaubensbekenntnis Konstantins (§ 10) besonders die Motive der – wohl Ende des 5. Jh. entstandenen – Silvesterlegende mit der Erzählung einer angeblichen Aussatzerkrankung Konstantins, seiner wunderbaren Heilung, Bekehrung und Taufe durch Papst Silvester. Aus Dankbarkeit hierfür macht Konstantin nach dem zweiten Teil des *Constitutum* (der eigentlichen »Schenkung« [*Donatio*]) Silvester und seinen Nachfolgern höchst bedeutsame Zugeständnisse:

(11) Als mir der selige Silvester durch seine Predigt zu dieser (rechten Gottes-) Erkenntnis verholfen hatte und ich erfuhr, dass ich durch Wohltaten des seligen Petrus selbst meine Gesundheit vollständig wiedererlangt hatte, hielten wir es gemeinsam mit allen unseren Satrapen und dem gesamten Senat, auch den Optimaten und dem ganzen römischen Volk, das unserer ruhmreichen Herrschaft unterworfen ist, für nützlich, dass, wie er (Petrus) auf Erden offensichtlich als Stellvertreter des Sohnes Gottes eingesetzt ist, so auch die Päpste (*pontifices*), welche Stellvertreter des Apostelfürsten sind, ihre Herrschermacht von uns und unserem Reich in einem größeren Umfang erhalten, als unserer Hoheit (*serenitas*) irdische kaiserliche Gnaden (*mansuetudo*), die wir uns den Apostelfürsten selbst und seine Stellvertreter als zuverlässige Fürsprecher (*patroni*) bei Gott erküren, (ihnen) offenbar bereits zugestanden haben. Und wie uns denn die kaiserliche Gewalt auf Erden übereignet ist, so haben wir beschlossen, seine hochheilige römische Kirche zu achten und zu ehren (*veneranter honorare*); und mehr als unser Reich und unser irdischer Thron soll der hochheilige Stuhl des seligen Petrus glorreich erhöht werden, indem wir ihm die Macht, ruhmvolle Würde, Gewalt und Ehre verleihen, wie sie dem Kaiser gebührt (*tribuentes ei potestatem et gloriae dignitatem atque vigorem et honorificentiam imperialem*). (12) Wir beschließen und verordnen ferner, dass er die Oberherrschaft haben soll sowohl über die vier (sc. kirchlichen) Hauptsitze (*praecipuae sedes*) Antiochien, Alexandrien, Konstantinopel und Jerusalem[1] als auch über alle Kirchen Gottes auf dem gesamten Erdkreis; und der Papst, der jeweils der hochheiligen römischen Kirche vorsteht, soll erhabener sein und den Vorrang besitzen unter allen Priestern auf der ganzen Welt. Nach seinem Gutdünken (*iudicium*) soll alles geregelt werden, was für den Gottesdienst oder die Festigkeit des christlichen Glaubens vorzusehen ist [...] (Hinweis auf die Petrus-Paulus-Tradition Roms). (14) [...] (Zum Dank für unsere Taufe und Heilung des Leibes) überlassen wir den heiligen Aposteln selbst, meinen Herren, den seligsten Petrus und Paulus, und durch sie auch unserem seligen Vater Silvester, dem obersten Bischof (*pontifex*) und allgemeinen (*universalis*) Papst der Stadt Rom und allen ihm nachfolgenden Päpsten, die bis ans Ende der Welt auf dem Stuhle des seligen Petrus sitzen werden, und übertragen ihnen von heute an unseren kaiserlichen Lateranpalast, der alle Paläste des ganzen Erdkreises übertrifft und überragt, sodann das Diadem, d.h. die Krone unseres Hauptes, und zugleich die Mitra (*frygium*), aber auch den Schulterumhang (*superhumerale*), d.h. das Pallium (*lorum*), welches den kaiserlichen Hals umhüllt, ferner auch den Purpurmantel (*clamis*) und die rote Tunika und alle kaiserlichen Gewänder sowie die Würde von Rittern im kaiserlichen Hofdienst; schließlich verleihen wir auch (das Recht zur Benut-

zung) kaiserlicher Szepter, Lanzen, Siegel, Banner und der mannigfachen kaiserlichen Abzeichen sowie zu Aufzügen und jeglicher Prachtentfaltung, wie sie unserer kaiserlichen Hoheit und Macht gebührt. (16) [...] die Zügel seines Pferdes haltend, haben wir ihm aus Ehrfurcht vor dem seligen Petrus den Stratordienst (*stratoris officium*) geleistet[2] [...]
(17) Damit nun die päpstliche Würde (*apex*) nicht geringgeschätzt, sondern noch mehr als die Erhabenheit irdischer Herrschaft mit Ruhm und Macht geziert werde, haben wir sowohl unsern vorgenannten Palast als auch (das Gebiet) der Stadt Rom und alle Provinzen, Orte und Städte Italiens und des Abendlandes (*occidentales regiones*) dem vorgenannten allerseligsten *Pontifex*, unserem Vater Silvester, dem universellen Papst, übergeben und sowohl seiner Gewalt und Botmäßigkeit als auch der seiner Nachfolger im Papsttum überlassen [...]
(18) Deshalb hielten wir es (auch) für richtig, unsere Reichsregierung und Reichsgewalt (*nostrum imperium et regni potestas*) in den Osten zu verlegen und zu überführen und in der Provinz Byzanz am geeignetsten Ort unserem Namen eine Hauptstadt zu bauen und dort unsere Regierung (*imperium*) einzurichten; denn wo die priesterliche Obergewalt (*principatus*) und das Haupt der christlichen Religion vom himmlischen Kaiser eingesetzt worden ist, da darf billigerweise der irdische Kaiser keine Gewalt haben. (20) Die Niederschrift dieses unseres kaiserlichen Erlasses haben wir mit eigener Hand unterzeichnet und über dem ehrwürdigen Leichnam des seligen Petrus, des Apostelfürsten, niedergelegt [...]

Quelle: H. Fuhrmann, Das *Constitutum Constantini* (MGH.F 10), Hannover u.a. 1968. – *Literatur*: E. Ewig, Das Bild Constantins des Großen in den ersten Jahrhunderten des abendländischen Mittelalters, HJb 75 (1956) 1-46; H. Fuhrmann, *Constitutum Constantini*, in: TRE 8, 1981, 196-202; J. Fried, ›Donation of Constantine‹ and ›Constitutum Constantini‹. The Misinterpretation of a Fiction and its Original Meaning, Berlin 2007; J. Miethke, Die »Konstantinische Schenkung« in der mittelalterlichen Diskussion, in: A. Goltz / H. Schlange-Schöningen (Hg.), Konstantin der Große. Das Bild des Kaisers im Wandel der Zeiten, Darmstadt 2008, 35-108.

[1] Man beachte die Konstantinopel, »can. 3«, und Chalkedon, »can. 28« (vgl. KTGQ I, Nr. 81d, und u. Nr. 25, Anm. 11), widersprechende Reihenfolge der Hauptthronoi der Reichskirche!
[2] Den Erweis des Marschall- und Stratordienstes, d.h. das Steigbügelhalten und Führen des Pferdes am Zügel, verlangte erstmals Papst Stephan II. von König Pippin (754). Das Problem war, dass die Kurie, weil dieser Stratordienst einer Vasallenpflicht gegenüber dem Lehnsherren entsprach, daraus die Lehnsabhängigkeit des Kaisers vom Papst (Kaiseramt = päpstl. Lehen [beneficium]!) ableitete! Erst seit Friedrich I. sich (1155) zur Leistung dieses Dienstes nur bereitfand, nachdem Papst Hadrian IV. von dieser Auffassung abgerückt zu sein schien, handelte es sich in der Folgezeit beim Stratordienst um eine bloße Ehrenbezeugung bzw. Demutsübung (jedenfalls war das die Interpretation der kaiserlichen Seite!) – ein herausragendes Beispiel für die Macht der Rituale!

22. Paschasius Radbertus und Ratramnus über das Abendmahl

Zeugnis einer erstaunlichen Blüte der Theologie, besonders im westfränkischen Reich, unter Karl II. (dem »Kahlen« [843-877]), ist u.a. eine Diskussion zwischen zwei Mönchen des Klosters Corbie (nordöstl. von Amiens), zumeist als »1. Abendmahlsstreit« bezeichnet,[1] obwohl

1. Abendmahlsstreit

es sich nicht eigentlich um einen Streit handelte, jedenfalls nicht um einen öffentlich ausgetragenen. Den Anfang machte Radbertus (mit dem Beinamen Paschasius), Leiter der Klosterschule von Corbie und später Abt dortselbst (gest. um 859), mit einer (später überarbeiteten) Thesenreihe über die Eucharistie, die weite Verbreitung fand und überhaupt die erste substantielle Behandlung des Themas seit Ausgang der Antike darstellte. Es meldete sich allerdings auch sofort Widerspruch; der entschiedenste kam jedoch erst mehr als ein Jahrzehnt später, und zwar aus dem eigenen Kloster, von Ratramnus (Text b). Von dessen Leben ist fast nichts bekannt; und seine Erwiderung auf Radbertus (Text a) ist nur in einer einzigen Handschrift überliefert (R. starb nach 868).

a) Aus Radbertus, »Über Leib und Blut des Herrn« (831/33)

(Cap. I: Dass die [sakramentale] Gemeinschaft mit Christus [= Brot und Wein der Eucharistie] sein wahrhafter Leib und sein wahrhaftes Blut seien, ist nicht zu bezweifeln [*Christi communionem verum corpus eius et sanguinem esse non dubitandum*] [...]
Cap. II: Dass über dies Mysterium Christi jeder Gläubige Bescheid wissen muss [...]
Cap. III: Was Sakramente seien und warum sie so heißen [...])
Cap. IV: *Ob dies geheimnisvolle Kelchsakrament figürlich oder wirklich (sub figura an veritate) sich vollzieht.* Dass durch die sakramentale Weihung (*consecratione mysterii*) in Wirklichkeit Leib und Blut entsteht (*in veritate corpus et sanguis fiat*), bezweifelt niemand, der den Worten Gottes glaubt [...] (vgl. Joh 6,52.56f.59) [...] Weil es aber gotteslästerlich, Christus mit den Zähnen zu zerreißen, darum wollte ›der Herr‹, dass im Mysterium (*in misterio*) dies Brot und dieser Wein wahrhaft als sein Fleisch und Blut durch die Weihung des Hl. Geistes machtvoll erschaffen (*potentialiter creari*) und durch solch schöpferischen Akt (*creando*) täglich »für das Leben der Welt« (Joh 6,51) mystisch geopfert würden, damit, wie aus der Jungfrau (Maria) durch den Geist wahres Fleisch ohne Beischlaf (*sine coitu*) erschaffen wird, so auch durch denselben (Geist) aus der Substanz von Brot und Wein derselbe Leib und dasselbe Blut Christi (sc. wie das des »historischen« Jesus) mystisch geweiht werde [...]
Cap. VIII [...] Lerne deshalb, o Mensch, anderes zu kosten, als mit dem fleischlichen Mund zu schmecken ist, anderes zu sehen, als sich diesen fleischlichen Augen dartut. Lerne, dass Gott als Geist nicht an einen Ort gebunden, sondern allerorten (*inlocaliter ubique*) ist [...] Bedenke also, ob es irgendetwas im Bereich der Körperwelt gibt, das erhabener wäre, als wenn sich die Substanz von Brot und Wein im Inneren wirksam in Fleisch und Blut Christi verwandelt (*efficaciter interius commutatur*) [...]
Cap. XII [...] Wir müssen wahrhaft glauben und zweifelsfrei wissen, dass innerhalb der katholischen Kirche, wo immer dies Mysterium im katholischen Glauben gefeiert wird, von einem (sittlich) guten Priester nicht mehr und von einem (sittlich) schlechten (= unwürdigen) Priester nicht weniger und nichts anderes empfangen wird als Leib und Blut Christi, sofern es katholisch geweiht ist. Denn nicht durch das Verdienst des Weihenden, sondern durch das Wort des Schöpfers und durch die Kraft des Hl. Geistes geschieht es, dass Fleisch und Blut Christi nicht anders, als es der Hl. Geist erschuf, wahrhaft geglaubt und in geistlicher Erkenntnis verkostet wird (*vera fide creatur et spiritali intelligentia degustetur*) [...]
Cap. XIII [...] Was ganz und gar nicht Aussehen oder Geschmack von Fleisch besitzt, das kann dennoch die Kraft des Glaubens (*virtus tamen fidei*) und einer Einsicht, die nicht an Christus zweifelt, ganz so (*totum illud*) schmecken und kosten, (obzwar) geistlich (*spiritaliter*). Darum muste auch dies Mysterium das rechte Maß

einhalten, so, dass einerseits, was unbedingt geheimzuhalten war, vor den Ungläubigen (Vertrauensunwürdigen) verborgen bliebe *(archana secretorum celarentur infidis)* und kraft der Tugend des Glaubens das Verdienst gemehrt *(meritum cresceret de virtute fidei)* und andererseits den wahrhaft Glaubenden im Inneren nichts von der verheißenen Wirklichkeit fehlen würde [...]

b) Aus Ratramnus, »Über Leib und Blut des Herrn« (844)

Cap. V: Eure Hoheit[2] fragt, ob es mysterienhaft *(in mysterio)* oder aber in Wirklichkeit geschieht, wenn in der Kirche Leib und Blut Christi mit dem Mund der Gläubigen aufgenommen werden, d.h. ob es etwas in sich schließt, was sich nur den Augen des Glaubens eröffnet, oder ob, ohne jede Verhüllung durch ein Mysterium *(velatione mysterii)*, der äußere, körperliche Anblick dasselbe zu sehen bekommt wie der innere, geistige Blick [...] (Überdies will Hoheit wissen), ob es derselbe Leib ist, der von Maria geboren wurde, der litt, gestorben und begraben ist und nach seiner Auferstehung und Himmelfahrt zur Rechten des Vaters sitzt.

Cap. X: [...] es ist klar, dass jenes Brot und jener Wein bildlich *(figurate)* Christi Leib und Blut sind. Denn sichtbarlich *(secundum quod videtur)* ist weder in jenem Brot die Fleischesgestalt *(species carnis)* zu erkennen noch in jenem Wein die Feuchte des Blutes aufzuweisen, während man gleichwohl nach der mystischen Weihung nicht länger von Brot und Wein, sondern von Christi Leib und Blut spricht.

Cap. LVII: Wie sorgsam und bedacht ist hier (bei Ambrosius) unterschieden. Vom Fleisch Christi, das gekreuzigt und begraben wurde, d.h. nach dem Christus gekreuzigt und begraben worden ist, sagt er (Ambrosius): Es ist daher das wirkliche Fleisch Christi *(vera [...] caro Christi)*. Von dem aber, was im Sakrament verzehrt wird, sagt er: Es ist also wahrhaft das Sakrament jenes Fleisches *(vere [...] carnis illius sacramentum)*. So unterscheidet er das Sakrament des Fleisches vom wirklichen Fleisch *(distinguens sacramentum carnis a veritate carnis)*, insofern er sagen würde, er (Christus) sei in seinem wirklichen, von der Jungfrau empfangenen Fleisch gekreuzigt und begraben worden; von dem jetzt in der Kirche begangenen Mysterium jenes wahrhaften Fleisches, in dem er gekreuzigt wurde, würde er dagegen sagen, es sei ein Sakrament. Damit lehrt er die Gläubigen unmissverständlich, jenes Fleisch, nach dem Christus gekreuzigt und begraben wurde, sei nicht das Mysterium, sondern die Wirklichkeit der Natur *(non sit mysterium, sed veritas naturae)*; dies Fleisch hingegen, welches nun die Gleichheit mit jenem im Geheimnis in sich schließt *(similitudinem illius in mysterio continet)*, nicht der Gestalt nach Fleisch sei, sondern sakramental *(non sit specie caro, sed sacramento)*; der Gestalt (oder: dem Aussehen) nach ist es unstreitig Brot, sakramental *(in sacramento)* jedoch wahrer Leib Christi *(verum Christi corpus)*.

Quellen: Pascasius Radbertus. De corpore et sanguine Domini, ed. B. Paulus, Turnhout 1969 (CChr.CM 16); *Ratramnus. De corpore et sanguine Domini, ed.* J.N. Bakhuizen van den Brink, Amsterdam 1954 (VNAW.L61,1). – *Literatur:* H. de Lubac, *Corpus Mysticum*, Einsiedeln 1969; A.A. Häußling, Mönchskonvent und Eucharistiefeier, Münster 1973 (LQF 58); J.P. Bouhot, Ratramne de Corbie, Paris 1976; E. Mühlenberg in: Ritter, Lehrentwicklungen, 528-538, bes. 534ff.

[1] *Zum sog. »2. Abendmahlsstreit« s.u. Nr.33a.*
[2] *Angeredet ist König Karl II., der – wohl bei seinem Besuch in Corbie (843) – Radberts Auffassung wegen nachgefragt hatte.*

23. Der Prädestinationsstreit um Gottschalk

Auch in der größten theologischen Auseinandersetzung während der späteren Karolingerzeit, die nun wirklich (anders als die Diskussion zwischen Radbertus und Ratramnus) erhebliche Wellen schlug und mehrere Synoden beschäftigte, ging es um Augustin. Erneut stand dessen Lehre von der »gerechten« Vorherbestimmung zum Tode und von der »gütigen« Erwählung zum Leben[1] zur Debatte, die schon früher die Gemüter erregt hatte; Isidor von Sevilla (ca. 560–636) hatte sie verkürzt als Lehre von der »doppelten Erwählung« (*praedestinatio gemina[ta]*) plakatiert.[2] Dieses Mal nahm der Streit tragische Züge an, weil er sich mit dem Lebensschicksal eines Mannes verband, der, ungewollt in den Mönchshabit gesteckt, schließlich – seiner Priesterwürde entkleidet – nach langer Klosterhaft starb und doch ungebrochen blieb in seinem Glauben an das *Geheimnis* göttlicher Gnade: Gottschalks des Sachsen bzw. G. von Orbais (gest. 867/869 [s.o. Nr. 21b]) (Text a). Nachdem sich vieler Federn gespitzt – außer Gottschalk selbst beteiligten sich u.a. sein ehemaliger Abt Hrabanus Maurus, ferner die größte theologische Autorität der Zeit und der bedeutendste Repräsentant der Palastschule von St. Denis, Johannes Scotus Eriugena (gest. um 870/877), sowie auf Seiten Gottschalks Ratramnus von Corbie – und auch mehrere Synoden votiert hatten (Texte b u. c), freilich in z.T. durchaus gegensätzlichen Sinne, endete der Streit ohne *dogmatisches* Ergebnis und auch ohne unmittelbare theologiegeschichtliche Wirkungen.

a) Aus Gottschalks »längerem Bekenntnis« (confessio prolixior), verf. (wohl) nach der Synode von Quierzy (849)

[...] Mit der sog. doppelten Vorherbestimmung (*praedestinatio gemina*[3]) – gegenüber den Erwählten (*electi*) einerseits, den Verworfenen (*reprobi*) andererseits –, die, obwohl selbst einheitlich, sich doch zwiefach (auswirkt), verhält es sich (genau so) wie mit dem, was der selige Augustinus und die übrigen Väter oft als »doppelte Liebe« oder »Zuneigung« (*charitas vel dilectio gemina*) bezeichnen; sie sind ja auch nicht zwei, sonder nur eine , obwohl sie einen doppelten Adressaten haben: Gott und den Nächsten (*licet propter Deum et proximum sit etiam dupla*). Genau das meint auch Vater Augustin, wenn er Gottes Werk als zweigeteilt bezeichnet, was er im Sinne von »doppelt« verstanden wissen will; wenn er die Welt viergeteilt nennt, obwohl sie nicht vier, sondern nur eine ist, und erklärt, es gebe eine fünffache Enthaltsamkeit [...] Niemandem, der gottesfürchtig (*pie*) denkt, darf dies als absurd erscheinen, wenn man glaubt, erkennt und ohne Zaudern ausspricht, dass es bei dir, unserem Herrn, der du *ein* Wesen und zugleich *drei Personen* bist (*naturaliter quidem unum, sed simul etiam personaliter trinum*), eine doppelte Vorherbestimmung gibt, wie dein Augustin (*Augustinus tuus*) ehrlich glaubt und beherzt bezeugt; entsprechend (dieser deiner doppelten Vorherbestimmung) bist du gut in der Wohltat gegenüber einigen und gerecht in der Bestrafung der übrigen (*bonus* [...] *in beneficio certorum, iustus in supplicio caeterorum*). Und überdies bist du, wie er in seinem Bekenntnis fortfährt, gut *in allem*, weil es gut ist, wenn man jedem erstattet, was man ihm schuldet; und du bist gerecht in allem, weil es gerecht ist, wenn ein jeder das ihm Geschuldete erhält und nicht von irgend jemandem betrogen wird [...]

b) Die Antwort der Synode von Quierzy (Mai 853)

Cap. 1: Der allmächtige Gott schuf den Menschen ohne Sünde, rechtschaffen (*rectus*), mit freiem Willen (*liberum arbitrium*) und wies ihm seinen Platz im Paradies an; er wollte, dass er in der Heiligkeit verbleibe, wie sie die Gerechtigkeit verleiht (*in sanctitate iustitiae*). Der Mensch jedoch missbrauchte seinen freien Willen, sündigte und fiel und wurde zur »Masse des Verderbens« (*massa perditionis*[4]), die das gesamte Menschengeschlecht umfaßt. Gott aber, (weil er) gut und gerecht (ist), erwählte aus derselben Verderbensmasse entsprechend seinem Vorherwissen (*praescientia*) diejenigen, die er aus Gnaden vorherbestimmte (Röm 8,29f.; Eph 1,1) zum Leben und bestimmte ihnen im voraus ewiges Leben (*vitam illis praedestinavit aeternam*); von den übrigen aber, die er nach seinem gerechten Urteil in der Verderbensmasse beließ, wusste er im voraus (*praescivit*), dass sie verloren gehen werden, bestimmte jedoch nicht vorher, dass sie verloren gingen; wohl aber bestimmte er diesen, weil er gerecht ist, die ewige Bestrafung im voraus. Und deshalb sprechen wir lediglich von *einer* göttlichen Vorherbestimmung (*una Dei praedestinatio tantummodo*), welche sich entweder auf das Gnadengeschenk erstreckt oder aber auf die gerechte Vergeltung (*donum gratiae – retributio iustitiae*).

Cap. 3: Der allmächtige Gott »will, dass alle Menschen« ohne Ausnahme »gerettet werden« (I Tim 2,4), obwohl nicht alle (tatsächlich) gerettet werden. Dass aber einige gerettet werden, ist das Geschenk dessen, der rettet (*salvantis est donum*); dass hingegen einige verloren gehen, ist die Schuld derer, die verloren gehen (*pereuntium est meritum*).

c) Die Antwort der Synode von Valence (8.1. 855)

(Nach heftiger Kritik an den »Neuerungen« [*novitates*] u.a. der von Hinkmar von Reims beherrschten Synode[n] von Quierzy und Klärungen bezüglich der Rede von Gottes »Vorauswissen« [can. 1.2] heißt es zur göttlichen Prädestination:)

Can. 3: Was [...] die Vorherbestimmung Gottes betrifft, [...] so bekennen wir (sc. entsprechend Röm 8,21.22f.) beherzt die Vorherbestimmung der Erwählten zum Leben und die Vorherbestimmung der Gottlosen zum Tode (*fidenter fatemur praedestinationem electorum ad vitam et praedestinationem impiorum ad mortem*); gleichwohl gehe (so bekennen wir) bei der Erwählung derer, die gerettet werden sollen, die Barmherzigkeit Gottes dem Verdienst (*meritum bonum*) voraus, bei der Verdammung derer, die verloren gehen, hingegen gehe die Schuld (*meritum malum*) dem gerechten Urteilsspruch Gottes voraus [...]
(In Übereinstimmung mit Augustin[5] und der Synode von Orange [s.o. Nr. 6] werde jedoch »voller Abscheu« verdammt [*cum omni detestatione [...] illis anathema dicimus*] die ganz und gar irrige Auffassung,) »dass einige durch göttliche Macht zum Bösen vorherbestimmt seien« (Augustin), und zwar so, dass sie gleichsam nicht anders zu sein vermöchten (*ad malum praedestinatos esse divina potestate, videlicet ut quasi aliud esse non possint*) [...]

Quellen: D.C. Lambot, Oeuvres théologiques et grammaticales de Godescalc d'Orbais (SSL 20), Louvain 1945, 55-78; hier: 67, 10ff.; 68, 3ff.; DH 621-624 (Quierzy); DH 625-633 (Valence).
– *Literatur:* H. Doerries, Die geistigen Voraussetzungen und Folgen der Karolingischen Reichsteilung 843 (1943); wieder abgedr. in: Derselbe, Wort und Stunde, II, Göttingen 1969, 210-294;280 ; ders., Gottschalk, ein christlicher Zeuge der deutschen Frühzeit, JK 5 (1937) 670-684 (unveränd. Abdr. in: ders., Wort und Stunde, II, Göttingen 1969, 112-128); E. Mühlenberg, Dogma und Lehre im Abendland, in: Ritter, Lehrentwicklungen, 528-546; Hauschild / Drecoll I, 432-437.

1   Vgl. etwa sein »Handbüchlein« (Enchiridion de fide, spe et caritate) XXVI 100ff.
2   Sent. II 6,1 (PL 83, 606A).
3   Der Ausdruck ist von Isidor von Sevilla (s. vorige Anm.) geprägt.
4   Vgl. Augustin, Brief 190, Kap. 3, Nr. 9 (CSEL 57, 144); de dono perseverantiae 14, Nr. 35 (PL 45, 1014).
5   Augustin, De praedestin. sanctorum 17,34 (PL 44, 986).

24. Die pseudoisidorischen Dekretalen

Eine der folgenschwersten frühmittelalterlichen Fälschungen betrifft das Kirchenrecht; sie wird einem »heiligen Isidor Mercator« zugeschrieben, den man offensichtlich mit Isidor von Sevilla (ca. 560–636) gleichsetzen soll. Die Sammlung enthält – nach heutiger Erkenntnis – vier Textgruppen, unter denen die vierte, namengebende, die weitaus wichtigste ist: eben die angeblich von »Isidor« veranstaltete Sammlung von »Dekretalen« (litterae bzw. epistulae decretales). Streng genommen, geht es dabei um päpstliche Antwortbriefe auf kirchliche Rechts- oder Disziplinaranfragen. In der Tat enthält die Sammlung größtenteils gefälschte Papstbriefe und in geringerem Maße auch verfälschte Konzilsbeschlüsse aus der Zeit Clemens' I. (88–97) bzw. Anaclets I. (76–88) bis zu Gregor d. Gr. (gest. 604). »Vor kurzem« erst »ist es der Forschung gelungen, als Autor und ›Konstrukteur‹ den Mönch Radbert von Corbie, den späteren Abt (843–ca. 850), zu bestimmen« (S. Weinfurter in: Wieczorek / Weinfurter, Die Päpste, 183). Aus etwa 10 000 echten Exzerpten hat dieser so geschickt gefälscht, dass die Unechtheit des Ganzen erst in der Neuzeit umfassend nachgewiesen werden konnte. Offensichtlich hatte die Sammlung in erster Linie das Interesse westfränkischer Bischöfe im Auge, die sowohl unter dem Primatsstreben ihrer Metropoliten (Hinkmar von Reims!) als auch unter dem übermächtigen Einfluss hochgestellter Laien zu leiden hatten und darum den päpstlichen Zentralismus und die dekretalistische Rechtssetzung (ohne synodale Mitwirkung) bejahten. Das erklärt auch, warum die Reformpartei der Cluniazenser (s.u. Nr. 26) und der Gregorianer (s.u. Nr. 30; 32. I) die Decretales Pseudoisidorianae »als Rechtsdokumente der ›Freiheit der Kirche‹ (libertas ecclesiae) besonders schätzte« (C. Andresen, GdC I, 2, 69).

(Aus dem »Vorwort des heiligen Isidor zu diesem Buch«) [...] Den Beschlüssen der römischen Vorsteher (decreta praesulum Romanorum) bis hin zum heiligen Gregor [...] kommt in Anbetracht der herausragenden Bedeutung des apostolischen Stuhles (pro culmine sedis apostolice) keine geringere Autorität zu als Konzilsbeschlüssen (non inpar conciliorum extat auctoritas) [...] Die Vollmacht jedoch, Synoden einzuberufen, wird durch die auf eine Einzelperson beschränkte Gewalt des apostolischen Stuhles ausgeübt (Synodorum vero congregandarum auctoritas apostolice sedis privata commissa est potestate). Keine Synode, so lesen wir, ist gültig (rata), die nicht durch dessen Autorität berufen oder bestätigt (fulta) worden ist. Das bezeugt die Autorität der Kanones, das bekräftigt die Geschichte der Kirche, das bestätigen die heiligen Väter [...]
(Aus dem »Brief Papst Anaclets [I.]«, I,17) [...] Die Apostel haben auf Geheiß des Heilandes festgelegt, dass die gewichtigeren und schwierigen Fragen stets an den apostolischen Stuhl herangetragen werden, über welchen Christus die gesamte Kirche errichtet hat (ut maiores et difficiles questiones semper ad sedem defferantur apostolicam), indem er selbst zum seligen Apostelfürsten Petrus sagte [...] (Mt 16,18) [...]
(Aus den »Dekreten Alexanders [I., 105-115]«, I,4) Diesem allerhöchsten heiligen und apostolischen Stuhl (ad huius sanctae et apostolicae sedis apicem), dem als

dem Haupt (*quasi ad caput*) die Verfügung über die wichtigsten Rechtssachen (*causae*) und alle kirchlichen Geschäfte vom Herrn selbst übertragen wurde [...] (vgl. Mt 16,18f.), ist zugetragen worden, dass gewisse Feinde Christi und Verräter seiner heiligen Kirche sich herausnehmen, Priester Gottes bei weltlichen Richtern (*iudices publici*) anzuklagen, obwohl der Apostel gebietet, dass die Rechtssachen der Christen vielmehr vor die Kirchen gebracht und dort entschieden werden (vgl. I Kor 6,1-11). Damit verletzen sie ihre Pflicht gegenüber ihrem Herrn und sind ungehorsam gegenüber seinen Geboten [...]
(Aus den »Dekreten Papst Sixtus' [I., 115-125]«, II, 5) Wenn einer von euch [Bischöfen] in irgendeiner Widerwärtigkeit (von seinem Sitz) vertrieben worden sein sollte, so steht es ihm frei, an diesen heiligen und apostolischen Stuhl zu appellieren und bei ihm als dem Haupt Zuflucht zu suchen (*licenter hanc sanctam et apostolicam appellet sedem et ad eam quasi ad caput suffugium habeat*) [...] Denn von diesem heiligen Stuhl, so sind die Bischöfe von den heiligen Aposteln geheißen worden, sollen sie geschützt, verteidigt und freigesprochen werden (*tueri, defendi et liberari*) [...].
(Aus den »Dekreten Papst Pius' [I., 140-155]«, II, 9) Unzucht (*fornicatio*) ist nach allem keine schwerere Sünde als das Antasten geistlicher Güter (*sacrilegium*); denn wie es eine größere Sünde ist, wenn sie gegen Gott als wenn sie gegen einen Menschen begangen wird, so ist es auch schlimmer (*gravius*), ein Sakrileg zu begehen denn Unzucht [...]
(Aus den »Dekreten Papst Sixtus' [II., 257-258]«, II, 7). Die Brüder, die ihr aus Furcht vor der Welt (*timore terreno* [sc. vor weltlichen Gewalthabern]) zu Unrecht verurteilt habt, haben wir, so sollt ihr wissen, zu Recht wieder eingesetzt. Wir gebieten (euch) kraft der apostolischen Autorität des heiligen Petrus, dass ihnen alles, was ihnen genommen wurde, unverkürzt wiedererstattet werde, wollt ihr vermeiden, dass ihr und eure Fürsten (*vos et principes vestri*) von der Gemeinschaft mit uns (*a collegio nostro*) und der Gliedschaft der Kirche ausgeschlossen werden [...]
(Aus den »Dekreten Papst Marcellins«[296-304]«, II, 4) Es steht also einem Kaiser (*imperator*) oder irgendeinem anderen Schirmer der Gerechtigkeit (*cuiquam pieta- tem custodienti*) nicht frei, sich etwas gegen die göttlichen Gebote herauszuehmen (*presumere*) und zu tun, was den evangelischen, prophetischen und apostolischen Regeln zuwider ist. Ein ungerechtes Urteil und eine ungerechte Entscheidung (*definitio*), die aus Furcht vor dem König oder auf sein Geheiß von den Richtern getroffen worden ist, soll keine Gültigkeit haben (*non valeat*) [...]
(Aus den »Dekreten des [Gegen-]Papstes Felix [II., 355-365]«, II, 13) [...] Ihr[1] seid von den östlichen Bischöfen, ohne dass unser Vorgänger seligen Angedenkens, Julius [I., 337-352], konsultiert worden wäre, verurteilt worden und habt bei ihm als dem Haupt des ganzen Erdkreises (*ad totius orbis capud* [sic!]) Zuflucht gesucht, wie es immer diesem heiligen Stuhl zukam [...] [2]

Quelle: Decretales Pseudo-Isidorianae et Capitula Angilramni, hg. v. P. Hinschius, Leipzig 1863.
– Literatur: H. Fuhrmann, Einfluß und Verbreitung der pseudoisidorischen Fälschungen. Von ihrem Auftauchen bis in die neuere Zeit, I/III (SMGH 24, 1-3), Stuttgart 1972-1974; E. Boshof, Odo von Beauvais, Hinkmar von Reims und die kirchenpolitischen Auseinandersetzungen im westfränkischen Reich, in: *Ecclesia et regnum* (FS f. F.-J. Schmale), hg. v. D. Berg / H.-W. Goetz, Bochum 1989, 39-59; Wieczorek / Weinfurter, Die Päpste, 182f.

[1] *Angeredet sind der Fiktion nach außer den Adressaten (Athanasius und den Bischöfen ganz Ägyptens, der Thebais und Libyens) Paulus von Konstantinopel, Asclepius von Gaza und Lucian*

von Adriopel (sic!).
2   *Zum Stellenwert dieser Dekretalen ist beachtenswert, dass bereits wenige Jahre nach ihrer Entstehung Papst Nikolaus I. in einer Enzyklika an alle Bischöfe Galliens (Jan. 865) zum Schluss einschärfen kann:* » [...] *es bleibt selbstverständlich dabei: die Dekretalen der römischen Bischöfe sind zu rezipieren, auch wenn sie nicht Bestandteile einer (gebräuchlichen) Rechtssammlung sind (*[...] restat nimirum: decretales epistolae Romanorum pontificum sint recipiendae, etiamsi non sunt canonum codici compaginatae *[QGPRK Nr. 521])*«!

25. Papst Nikolaus I. und Patriarch Photios im Streit über den Primat in der Gesamtkirche

Die Weiterbildung der petrinischen Doktrin (Theorie einer spezifischen Petrusnachfolge der römischen Bischöfe), wie sie u.a. die pseudoisidorischen Dekretalen widerspiegeln, vor allem aber die Slawenmission, insbesondere die Christianisierung der Bulgaren (vgl. u. Nr. 28a), bildeten den geschichtlichen Hintergrund zu schweren Zusammenstößen zwischen Byzanz und Rom, die sich förmlich zu einem Schisma (d.h. zum Abbruch der Kirchengemeinschaft) verdichteten (im westlichen Sprachgebrauch zum »*Schisma des Photius*« [867-880]). Unmittelbarer Anlass war ein lokaler Konflikt in Konstantinopel, ausgelöst durch die Absetzung des Patriarchen Ignatios (858). Um Beilegung des Streits von beiden Parteien angegangen, bot sich für Nikolaus (römischer Papst von 858-867) die willkommene Gelegenheit, seinem papalen Selbstverständnis sozusagen ›welt‹weiten Ausdruck zu verleihen (Texte a u. b). Es sollte sich bald zeigen, dass sein (und des Ignatios) Kontrahent, Photios (von 858-867 und 877-886 Patriarch von Konstantinopel), wohl die vielseitigste Figur der byzantinischen Literaturgeschichte und ein überragend scharfsinniger Theologe, ihm in jeder Hinsicht gewachsen war (Texte c u. d).

a) Aus dem Schreiben Nikolaus' I. an Kaiser Michael III. (865)

[...] Weder vom Kaiser, noch vom gesamten Klerus (*ab omni clero*), noch von Königen, noch vom Volk wird der Richter gerichtet werden (*iudex iudicabitur*) [...] »Der erste Sitz wird von niemandem gerichtet werden« (*Prima Sedes non iudicabitur a quoquam*)[1]. [...] Die Vorrechte der römischen Kirche (*Ecclesiae Romanae privilegia*), durch den Mund Christi im seligen Petrus bekräftigt, in der Kirche selbst verfügt, seit alters beachtet, von (den) heiligen allgemeinen Konzilien (*a sanctis universalibus synodis*) gefeiert und von der gesamten Kirche ununterbrochen verehrt, sie können keinesfalls verringert, keinesfalls beeinträchtigt, keinesfalls verändert werden; denn das Fundament, von Gott gelegt, vermag menschliches Unterfangen (*conatus*) nicht zu beseitigen [...] Jene Vorrechte also [...] zwingen uns, »Sorge für alle Kirchen« Gottes »zu tragen« (II Kor 11,28) [...]

b) Aus dem Antwortschreiben des Papstes an die Bulgaren (866):

Cap. 92: Ihr wollt gern wissen, wieviel Patriarchate es in Wahrheit gibt. In Wahrheit sind nur jene als Patriarchen anzusehen, die auf Grund bischöflicher Nachfolge (*per successiones pontificum*) apostolische Sitze innehaben, d.h. die jenen Kirchen vorstehen, welche nachweislich durch Apostel gegründet worden sind, nämlich die Kirche von Rom, Alexandrien und Antiochien [...] Der Vorsteher von Konstantinopel und der von Jerusalem aber, mögen sie auch Patriarchen genannt werden, besitzen doch keine so große Autorität wie die ersteren. Denn die Kirche von Konstantinopel hat weder ein Apostel gegründet, noch hat die Synode von Nizäa,

die berühmter und ehrwürdiger ist als alle anderen Konzilien, sie irgendwie erwähnt; einzig weil Konstantinopel »Neu-Rom« heißt (vgl. KTGQ I, Nr. 81d), wurde sein Oberhirte mehr durch Gunst der Herrscher als aus einem einsichtigen Grund (*favore principum potius quam ratione*) Patriarch genannt [...]
Cap. 93: Ferner fragt ihr an, wer von den Patriarchen nach dem römischen der zweite sei. Nach dem, woran die heilige römische Kirche festhält und was die Kanones von Nizäa (vgl. KTGQ I, Nr. 56d) nahelegen, was (ferner) die heiligen Vorsteher von Rom verteidigen und die Vernunft selbst (*ipsa ratio*) lehrt, ist der von Alexandria der zweite Patriarch nach dem römischen Papst (*papa*).

c) Patriarch Photios über den Primat Roms

Wenn Rom den ersten Platz einnimmt, *weil* es den Apostelfürsten (τὸν κορυφαῖον) als Bischof aufnahm, dann wird Antiochien eher den Vorrang (τὸ πρωτεῖον) haben. Denn der Apostel Petrus war Bischof in Antiochien, bevor er es in Rom wurde. Ferner, wenn Rom (diesen Anspruch erhebt) wegen des Apostelfürsten [...],[2] der auch zuerst die Laufbahn des Märtyrers vollendete, dann hätte mit viel mehr Recht Jerusalem (sc. als Ort der Kreuzigung Jesu) vor Rom den Vorrang. Wenn ferner die Bischofsstühle ihren Vorrang von der Qualität (ποιότης) ihrer Inhaber ableiten, wird dann nicht Jerusalem glänzend über alle den Sieg davontragen? Denn er selbst, der gemeinsame Schöpfer und Herr des Petrus und unser aller, der erste große und Erzpriester, die Quelle allen Lebens und auch des erzpriesterlichen Ranges, wurde dort geboren, weilte dort und opferte sich aus freien Stücken für das Heil der Welt. Wenn weiterhin Rom seinen Vorrang durch den Apostelfürsten zu begründen sucht, dann gebührt Byzanz der Vortritt dank des erstberufenen (πρωτόκλητος) Andreas[3] (vgl. Joh 1,40f.), des älteren Bruders (des Petrus). Denn nicht wenige Jahre früher übernahm er das Bischofsamt in Byzanz, als sein Bruder Bischof der Römer wurde.
Hältst du mir aber den Ausspruch vor: »Du bist Petrus, und auf diesen *Felsen* will ich meine Kirche bauen usw.« (Mt 16,18), so wisse, dass sich das nicht auf die römische Kirche bezieht. Weit gefehlt (ἄπαγε). Denn das ist jüdisch und kleinkariert (gedacht), die Gnade und Göttlichkeit der Kirche auf Regionen (μέρη) und Örtlichkeiten zu beschränken und sie nicht für die ganze Ökumene in gleicher Weise wirksam werden zu lassen. Aber auch die Worte »Auf diesen Felsen« – wie könnte sie einer [...] gewaltsam dahin auslegen, dass sie von der römischen Kirche gesprochen seien? Es liegt auf der Hand, dass sie von dem Felsen gesagt sind, der da ist das Bekenntnis, und (uns) Christus als Gott (zu glauben) lehrt (εἴρηται [...] ἐπὶ τῇ θεολογησάσῃ τὸν Χριστὸν ὁμολογίας πέτρᾳ), mithin von der ganzen [...] Kirche[4] [...] Wir bekennen [...] , dass der Hl. Geist zu ihr (sc. dieser Kirche) durch die Fanfaren der Propheten[5] gesprochen hat, wobei wir die Worte der Propheten gemäß der Anleitung (ὑφήγησις) durch die allerheiligste und verehrungswürdige (Glaubens-)Definition (ὅρος)[6] auf die *eine* katholische und apostolische Kirche beziehen, nicht auf eine des Petrus oder auf eine römische, wie es die römische Unbildung (ἀπαιδευσία) in ihrem leeren Geltungsbedürfnis haben möchte.[7]

d) Photios über das Verhältnis von Kaiser und Patriarch in Byzanz

Zu den wichtigsten Reformmaßnahmen, die der Begründer der Makedonendynastie in Byzanz, Basileios I. (867–886), in Angriff nahm und die sein Sohn Leon VI. (886–912) vollendete, gehörte die Restauration des Rechts. Im Zusammenhang damit verdient eine Gesetzessammlung, die sog. »Einführung« (sc. in die Kodifizierung [Εἰσαγωγὴ (τοῦ νόμου)])[8], besondere Beachtung. Deren erste drei »Titel« sind, ebenso wie das »Vorwort« (Προοίμιον) des Ganzen, wahrscheinlich von Photios, auf der Höhe seiner Macht, formuliert worden (nach A. Schminck in den Jahren 885/886, kurz vor seiner zweiten Amtsenthebung).[9] Sie handeln von »Gesetz und Gerechtigkeit«, die beide von Gott kommen (Titel I); unter ihrer Herrschaft organisieren sich kaiserliche (Titel II) und priesterliche Gewalt (Titel III) in einer Art Diarchie (»Zweierherrschaft«). Während Kaiser Basileios' I. Herrschaft, nach dem Tod seines ältesten Sohnes, im Zeichen von Trauer und Reue endete, hatte der Patriarch, Photios, gerade den primatialen Ansprüchen Roms widerstanden und ihnen gegenüber das Prinzip der »Pentarchie« (des Vorrangs der fünf Patriarchate Rom – Konstantinopel – Alexandrien – Antiochien – Jerusalem in der Gesamtkirche) erneut einschärfen lassen (Synode von Konstantinopel 879/80); er fühlte sich nun offenbar versucht, *sacerdotium* und *imperium* in ein neues Verhältnis und Gleichgewicht zu bringen. Dabei scheint ihm, wenn man genau hinsieht, das Prinzip der »Pentarchie« vorübergehend in Vergessenheit geraten zu sein; auch wagt er dem Amt des (Konstantinopeler) Patriarchen Funktionen zuzuschreiben, die diesem nahezu die Bedeutung eines Papstamtes innerhalb der (byzantinischen) Reichskirche – der Westen scheint vollkommen aus dem Bewusstsein geschwunden zu sein! – verleihen (*würden*).

Titel I: Über das Gesetz und die Gerechtigkeit (Περὶ νόμου καὶ δικαιοσύνης)
(Kap. 1) Ein Gesetz ist, was die Allgemeinheit verpflichtet, was einsichtige Männer beschlossen haben,[10] was willentliche und unwillentliche Verfehlungen ahndet und worin ein Gemeinwesen übereingekommen ist; es ist indes auch ein Gottesgeschenk (θεῖον εὕρημα).
(4) Gerechtigkeit ist der beständige und immerwährende Wille, welcher einem jeden zuteilt, was ihm selbst zusteht (Δικαοσύνη ἐστὶ σταθερὰ καὶ διηνηκὴς βούλησις ἑκάστῳ τὸ ἴδιον ἀπονέμουσα δίκαιον).
(5) Es ist der Gerechtigkeit wesenseigen, dass man in sittsames Leben führt und jedem zuteilt, was sein ist.
(6) Die Wissenschaft von der Gerechtigkeit (Jurisprudenz) zeichnet es aus, um die göttlichen und menschlichen Angelegenheiten sowie um Recht und Unrecht zu wissen.

Titel II: Über das Kaisertum (Περὶ βασιλείας)
(Kap. 1) Der Kaiser ist (identisch mit) gesetzesgemäße(r) Herrschaft (ἔννομος ἐπιστασία), gemeinsames Gut für alle Untertanen; er straft nicht aus Widerwillen, noch belohnt er aus Zuneigung, sondern als Kampfrichter teilt er die Preise zu, wie es verhältnisgemäß ist (ἀνάλογός τις ἀγωνοθέτης τὰ βραβεῖα παρεχόμενος).
(2) Aufgabe (σκοπός) des Kaisers ist es, in Güte die gegenwärtigen Güter zu schützen und zu bewahren, die verlorengegangenen durch unermüdliche Sorgfalt wiederzuerlangen, die fehlenden durch Weisheit, gerechte Siege und (entsprechende = gerechte) Handlungsweisen zu erwerben.
(3) Ziel (τέλος) des Kaisers ist es, wohlzutun (εὐεργετεῖν), weshalb er auch Wohltäter (εὐεργέτης) heißt. Bleibt er hinter dieser (Zielsetzung, nämlich der) Wohltätigkeit zurück, so verfälscht er offensichtlich, nach Auffassung der Alten, den Charakter des Kaisertums (δοκεῖ κιβδηλεύειν κατὰ τοὺς παλαιοὺς τὸν βασιλικὸν χαρακτῆρα).
(4) Der Kaiser ist verpflichtet, zuerst sämtliche Vorschriften der Heiligen Schrift, sodann die Beschlüsse der sieben heiligen (sc. ökumenischen) Synoden und schließlich die für recht erkannten (d.h. kodifizierten) römischen Gesetze (τὰς ἐγκεκριμένους ῥωμαϊκοὺς νόμους) zu verteidigen und einzuhalten.
(5) Der Kaiser muss sich in Rechtgläubigkeit und Frömmigkeit auszeichnen; er muss hervorragen durch seinen Eifer für Gott, sowohl was die Lehrbeschlüsse

über die Trinität, als auch was die Dekrete bezüglich des Heilswerkes (οἰκονομία) anlangt [...]

(7) Was (in der Gesetzgebung) den Kanones widerspricht, kann nicht als Modell (ὑπόδειγμα) dienen.

(9) Es darf nicht verändert werden, was eine eindeutige Auslegung mit sich führt.

(10) In den Angelegenheiten, für die kein geschriebenes Gesetz vorliegt, sind Sitte und Brauch zu wahren. Falls auch diese fehlen, ist in Analogie zu jenen Vorschriften zu entscheiden, die sich auf verwandte Fälle beziehen.

(12) [...] Was durch langen Brauch bestätigt oder viele Jahre befolgt wurde, hat nicht weniger (Beweis)kraft als geschriebenes Recht.

Titel III: Über den Patriarchen

(Kap. 1) Der Patriarch ist ein lebendiges und beseeltes Abbild Christi, welches durch Taten und Worte die Wahrheit darlegt.

(2) Aufgabe (σκοπός) des Patriarchen ist es vor allem, diejenigen in Gottesfurcht und heiligem Lebenswandel zu bewahren, die ihm von Gott anvertraut sind; sodann, alle Häretiker nach Möglichkeit zur Orthodoxie und zur Vereinigung mit der Kirche zurückzuführen, wobei zufolge den Gesetzen und den Kanones diejenigen als Ketzer bezeichnet werden, die nicht in Gemeinschaft mit der katholischen Kirche leben; ebenso soll er die Ungläubigen dahin führen, dass sie Nachahmer des Glaubens werden, und zwar dadurch, dass er mit seinem leuchtenden, bedeutenden und bewunderungswürdigen Handeln ihre Hochachtung erwirbt (ἐκπλήττων).

(3) Ziel (τέλος) des Patriarchen ist es, die Seelen der ihm Anvertrauten zu retten, für Christus zu leben und der Welt gekreuzigt zu werden.

(4) Ureigene Aufgabe des Patriarchen ist es zu lehren, furchtlos alle Menschen, ob hoch oder niedrig, gleich zu behandeln, im Urteil gütig zu sein, entschlossen, die Widersetzlichen zu überführen, vor dem Kaiser ohne Scheu für die Wahrheit und die Verteidigung der Dogmen einzustehen.

(5) Allein der Patriarch darf auslegen, was die Alten als Regel aufgestellt, die heiligen Väter angeordnet und die heiligen Konzilien dargelegt (bzw. beschlossen) haben.

(6) Was die alten Väter auf Synoden oder in ihren Provinzen, für den Einzelfall oder allgemein, verfügten, muss dem Patriarchen zur Prüfung und Entscheidung vorgelegt werden.

(8) Das Gemeinwesen (πολιτεία) besteht, (genau so) wie der Mensch, aus Gliedern und Teilen; die bedeutendsten und notwendigsten sind der Kaiser und der Patriarch. Deshalb beruhen der seelische und leibliche Frieden der Untertanen und ihre Wohlfahrt auf dem uneingeschränkten Einvernehmen und der Harmonie (ὁμοφροσύνη καὶ συμφωνία) zwischen Erzpriestertum und Kaisertum.

(9) Da der Konstantinopeler (Patriarchen-)Sitz (θρόνος) durch die Gegenwart des Kaisertums ausgezeichnet ist (βασιλείᾳ ἐπικοσμηθείς), wurde er durch Entscheidung der heiligen Konzilien zum Ersten erklärt [...].[11]

Quellen: MGH Epistulae VI, ed. E. Perels, Hannover 1925, Nr.88, 465f. (= Text a); ebd. Nr. 99, 596f. (= Text b); Γ.Α. Ράλλη / Μ. Ποτλῆ, Σύνταγμα τῶν θείων καὶ ἱερῶν Κανόνων κτλ., τομ. 4, Ἀθήνησιν 1865, 409f. (Photios, »Wider diejenigen, die Rom für den ersten [Bischofs]Sitz halten« (= Text c); J. und P. Zepos (Hg.), Jus Graecoromanum, Bd. II (Νομοθεσία Ἰσαυρῶν καὶ Μακεδόνων) Athen 1931, 240-243 (= Text d). – *Literatur*: F. Dvornik, The Photian Schism, Cambridge (1948) ND 1970; ders., The Idea of Apostolicity in Byzantium and the Legend of the Apostle Andrew, Washington 1958; ders., Byzance et la primauté romaine, Paris 1964; J. Scharf, Ius Divinum. Aspekte und Perspektiven einer byzantinischen Zweigewaltentheorie, in: Polychronion (FS f. F. Dölger), hg. v. P. Wirth, Heidelberg 1966, 462-479; A. Schminck, Studien zu den mittelbyzantinischen Rechtsbüchern, Frankfurt / M. 1986; H.-D. Döpmann, Die Ostkirchen vom Bilderstreit bis zur Kirchenspaltung von 1054 (KGE I/8), Leipzig 1991, Kap. 4; G. Dagron u.a. (Hg.), Bischöfe, Mönche und Kaiser (= D. Gesch. d. Christentums 4), Freiburg u.a. 1994, I. Teil, Kap.III.

1   Zitat aus einer gefälschten Quelle des frühen 6. Jh. (s. DH Nr. 638, Anm. 2).
2   Die benutzte Ausgabe von Rhalles – Potles (s.o.) deutet an dieser Stelle eine Lücke an.
3   Nachdem 357 dessen Gebeine in die Konstantinopeler Apostelkirche überführt worden waren, entwickelte Konstantinopel (das Neue Rom [vgl. KThQ I, Nr. 81d]) alsbald in Rivalität mit Alt-Roms Apostelfürsten Petrus und Paulus für den Erstberufenen (Πρωτόκλητος) eine besondere Andreasverehrung und behauptete die Gründung des Bischofssitzes von Byzantion durch ihn. Darauf bezieht sich der gelehrte Patriarch hier, ohne zu berücksichtigen, dass von dieser Andreastradition jahrhundertelang nichts bekannt war!
4   Das ist eine unbezweifelbar alte Auslegungstradition; vgl. dazu u.a. U. Luz, Das Evangelium nach Matthäus, 2. Teilband, Zürich / Neukirchen 1990 (EKK I/2), 450-483.
5   Vgl. die Wendung des NC (KTGQ I, Nr. 81a) im 3. Artikel: Καὶ εἰς τὸ πνεῦμα τὸ ἅγιον [...] τὸ λαλῆσαν διὰ τῶν προφητῶν.
6   S. ebenda: Εἰς μίαν ἁγίαν καθολικὴν καὶ ἀποστολικὴν ἐκκλησίαν.
7   Folgt noch der Hinweis darauf, dass so etwas wie ein römischer Primat pikanterweise erstmals durch einen heidnischen Kaiser, nämlich Aurelian, bezeugt und anerkannt worden sei, welcher sich im Streit um den antiochenischen Bischof Paulus von Samosata (s. KTGQ I, Nr. 57, Anm. 1; Nr. 70 mit Anm. 4 u.ö.) zu einer Intervention zugunsten derjenigen Partei bewegen ließ, mit der die christlichen Bischöfe Italiens und Roms in schriftlichem Verkehr stünden (Euseb, KG VII 30, 19), sowie auf das Votum der ersten ökumenischen Synoden.
8   So lautet nach den Erkenntnissen von A. Schminck (s.o.), bes. 1-15, der eigentliche Titel (nicht »Epanagoge«).
9   S. dazu bes. J. Scharf, Photius und die Epanagoge, in: ByZ 49 (1956) 385-400.
10 Man vgl. die antiken Überlieferungen über die Nomotheten („Gesetzgeber") Drakon und Solon in Athen und Lykurg in Sparta usw.
11 Vgl. dazu allerdings KTGQ I, Nr. 81d (Kanon 3 von 381). Wie später im sog. Kanon 28 von Chalkedon (451) ist hier nicht vom Primat Konstantinopels, sondern von seinem Ehrenvorrang nach demjenigen Altroms die Rede.

26. Das Reformmönchtum von Cluny nach seiner Stiftungsurkunde

Im westfränkischen Reich war unter dem Zerfall der politischen Zentralmacht – nur nominell trugen dort die Karolinger bis 987 noch die Königskrone – und dem Aufstieg von Territorialherrschaften das Kirchen- und Klostergut vielfach rücksichtslos für politische Zwecke missbraucht worden. Musste das schon die Erinnerung an das Reformwerk Benedikts von Aniane (ca. 750-821) und seines kaiserlichen Förderers Ludwigs des Frommen (778-840) wieder wach werden lassen (Kapitularien von Aachen 816/817; vgl.o. Nr. 20), so erst recht die überall – als Folgen besonders des eigenkirchenrechtlich[1] begründeten Stiftungswesens – offen zutage tretenden Verfallserscheinungen. Der wichtigste Neuanfang wurde im burgundischen Cluny gemacht, dem bald schon andere Reformzentren[2] folgten; große Stücke aus der Gründungsurkunde von Cluny (910) sollen diesen Neuanfang verdeutlichen, während eine Synopse der Rekonstruktionen der Klosterkirche von Cluny, erbaut unter Abt Majolus (954-981 = Cluny II) sowie unter Abt Hugo und dessen beiden Nachfolgern (1088-1130 = Cluny III), mit dem Grundriss der unter Abt Berno 917 geweihten ersten Kirche (Cluny I) mehr als viele Worte die dynamische Entwicklung verdeutlichen mag, die dieser Neuanfang nehmen sollte (s. die nächste Seite).

Aus der Gründungsurkunde von Cluny (910):
Allen vernünftig Urteilenden ist klar: Gottes Heilsratschluß (*Dei dispensatio*) hat dafür Sorge getragen, dass alle Reichen aus den Gütern, die sie vorübergehend besitzen (*ex rebus quae transitorie possidentur*), bei rechtem Gebrauch (*si eis bene utuntur*) ewig währenden Lohn verdienen (oder erlangen [*promereri*]) können [...] (vgl. Prov 13,8a). Indem ich, Wilhelm, durch Gottes Gabe Graf und Herzog,[3] dieses angelegentlich erwog und danach trachtete, so weit wie möglich für mein eigenes Heil vorzusorgen, hielt ich es für angezeigt, ja unumgänglich nötig, einen geringen Teil der mir auf Zeit anvertrauten Güter zum Nutzen der Seele (*ad emolumentum animae*) aufzuwenden [...] Dieses kann freilich auf keine Art und Weise angemessener (*congruentius*) geschehen, als indem ich mir, getreu der Weisung Christi, seine Armen (*pauperes eius*) zu Freunden mache (vgl. Lk 16,9 mit Mt 25,31ff.) und, damit eine derartige Unternehmung nicht auf Zeit, sondern auf Dauer angelegt sei, eine Mönchskongregation (*monastica professione congregatos*) mit eigenen Mitteln unterhalte [...] Darum sei allen, die in der Einheit des Glaubens leben und des Erbarmens Christi harren, aber auch sämtlichen nachfolgenden Geschlechtern bis zum Ende der Welt kundgetan, dass ich, aus Liebe zu Gott und unserem Heiland Jesus Christus, aus eigenem, rechtmäßigem Besitz den heiligen Aposteln Petrus und Paulus übereigne: das Dorf Cluny (*Clugniacum*) mitsamt einer Hofstelle und einem Fronhof (*cum cortile et manso indominicato*) sowie der der heiligen Gottesmutter Maria und dem heiligen Petrus, dem Apostelfürsten, geweihten Kapelle mit allem, was dazugehört: Häusern (*villae*), Kapellen, Leibeigenen (*mancipia*) beiderlei Geschlechts, Weinbergen, Feldern [...] , Kultiviertem und Unkultiviertem, ohne jede Einbuße. Diese Güter liegen in der Grafschaft Mâcon und Umgebung und sind jeweils von eigenen Grenzmarken umschlossen.
Ich übereigne dies allen den erwähnten Aposteln, ich, Wilhelm mitsamt meiner Frau Ingelberga, zuerst aus Liebe zu Gott, sodann für die Seele meines Lehnsherren, König Odos[4], meines Ahnherrn (Vaters) und meiner Mutter, für mich und meine Frau, d.h. für das Heil unserer Seelen, [...] für die Seelen auch unserer Brüder und Schwestern, Neffen und aller Anverwandter beiderlei Geschlechts, für unsere Lehnsleute (*fideles*), die uns zu Diensten sind, und für den Bestand und die Unversehrtheit des katholischen Glaubens (*catholica religio*). [...] Der Sinn (*tenor*) dieser Stiftung ist es, dass in Cluny zu Ehren der heiligen Apostel Petrus und Paulus ein regeltreues Kloster (*regulare monasterium*) errichtet wird und sich dort Mönche versammeln, die getreu der Regel des seligen Benedikt (s.o. Nr. 5) leben; diese sollen (besagte) Güter für alle Zeit in Besitz haben, behalten, bewohnen und darüber verfügen (*possideant, teneant, habeant [atque] ordinent*). Die Voraussetzung ist allerdings, dass dort das ehrwürdige Bethaus (*orationis domicilium*) zu Gelübden und inständigen Gebeten getreulich und fleißig aufgesucht (*fideliter frequentetur*) und alles Verlangen und der aus dem Innersten kommende (Feuer-)Eifer darauf gerichtet werden, nach einem himmlischen Wandel zu suchen und zu streben; sowohl für mich als auch für alle oben Erwähnten sollen sich mit Fleiß Gebete, Bitten und Flehen an den Herrn wenden (vgl. Phil 4,6).

Cluny

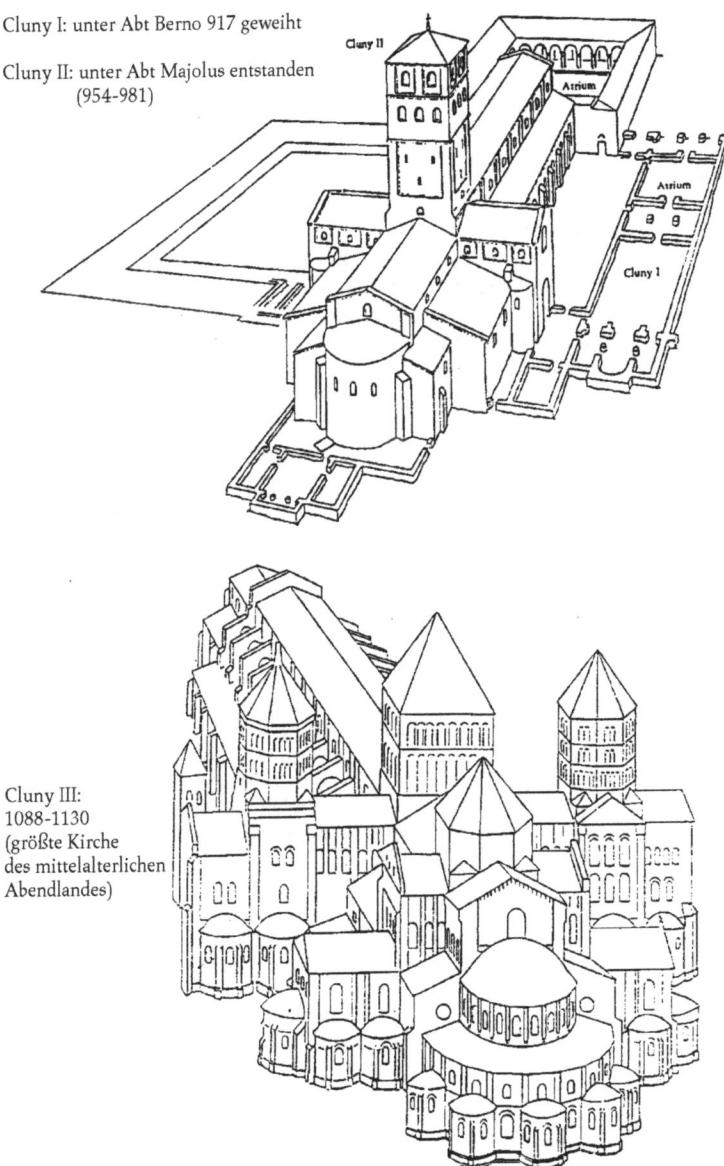

Cluny I: unter Abt Berno 917 geweiht

Cluny II: unter Abt Majolus entstanden (954-981)

Cluny III: 1088-1130 (größte Kirche des mittelalterlichen Abendlandes)

Ferner seien die Mönche mitsamt ihren oben aufgeführten Gütern der Herrschaft des Abtes Berno[5] unterstellt, solange er lebt, der ihnen getreu der Regel, so gut er weiß und vermag, vorstehen soll. Nach seinem Ableben aber sollen dieselben Mönche die Vollmacht und Erlaubnis haben, nach dem Wohlgefallen Gottes und gemäß der Regel des Hl. Benedikt ein beliebiges Mitglied ihres Ordens zum Abt (*abbas*) und Leiter (*rector*) zu wählen, so dass weder ich noch irgendeine andere

Gewalt (*potestas*) sich mit ihrem Einspruch der – gewissenhaft vorgenommenen – Wahl (*religiosa electio*) in den Weg stellen darf.

Alle fünf Jahre sollen die vorgenannten Mönche zu Rom an den Türschwellen der Apostel (*ad limina apostolorum*) zehn Goldmünzen (*solidi*) entrichten, um damit deren (Gräber) mit Kerzenlicht zu versorgen. Sie sollen (dafür) den Beistand dieser Apostel und den Schutz des römischen Bischofs (*Romanus pontifex*) genießen. Die Mönche selbst sollen, mit voller Hingabe des Herzens und Geistes, den vorher erwähnten [Kloster-]Bau errichten, so gut sie vermögen und verstehen. Wir wollen überdies, dass dort zu unseren wie unserer Nachfolger Zeiten, soweit es die Örtlichkeit erlaubt und ermöglicht, Tag für Tag mit größtem Eifer an Armen, Bedürftigen, Zugereisten und Pilgern Werke der Barmherzigkeit verrichtet werden (vgl. Mt 25,31ff.). Wir haben ebenfalls beschlossen, diesem Testament die Bestimmung beizufügen, dass vom heutigen Tage an die dort versammelten Mönche weder unserem Joch (*iugum*) oder dem unserer Eltern noch der stolzen Kälte (*fastus*) des erhabenen Königs oder der Botmäßigkeit irgendeiner anderen irdischen Gewalt untertan sein sollen. Und ich bitte flehentlich – und rufe Gott und alle seine Heiligen und den Tag des furchterregenden Gerichts zu Zeugen an – : kein irdischer Fürst (*princeps*) noch irgendein Graf oder Bischof, auch nicht der Oberpriester (pontifex) des oben genannten römischen Sitzes taste den Besitz jener Gottesknechte an, teile sie auf, mindere sie, tausche sie aus oder gebe sie irgend jemandem zu Lehen (*beneficiet alicui*); auch setze er niemanden gegen ihren Willen als ihren Vorgesetzten (*prelatus*) ein [...] Gegeben am 12. September, im elften Jahr der Herrschaft König Karls[6], im 13. Steuerjahr (*indictio* [= 910]). Ich, der Diakon (*levita*) Oddo, in der Funktion des Kanzlers (*cancellarius*), habe es ausgefertigt und unterschrieben.

Quelle: A. Bernard / A. Brunel, Recueil des chartes de l'abbaye de Cluny 1 (1876), Nr. 112 = J. Wollasch (Hg.), Cluny im 10. und 11. Jahrhundert, Göttingen 1967 (Historische Texte. Mittelalter 6), Nr. 1; F. Badstübner, Kirchen der Mönche, Berlin 1980, 67. 137 (Rekonstruktionen von Cluny I-III). – *Literatur:* J. Wollasch, Cluny – »Licht der Welt«. Aufstieg und Niedergang der klösterlichen Gemeinschaft, Zürich 1996; G. Constable u.a. (Hg.), Die Cluniazenser und ihr politisch-soziales Umfeld, Münster 1998 (*Vita Regularis* 7); ders., The Abbey of Cluny, Münster 2010; Hauschild / Drecoll I, 486-493.

[1] *Der Begriff der »Eigenkirche« wurde Ende des 19. Jh. von dem Rechtshistoriker U. Stutz geprägt; dieser definierte E. als »ein Gotteshaus, das dem Eigentum oder besser einer Eigenherrschaft derart unterstand, dass sich daraus nicht bloß die Verfügung in vermögensrechtlicher Beziehung, sondern die volle geistliche Leitungsgewalt ergab« (U. Stutz, Die Eigenkirche als Element des mittelalterlich-germanischen Kirchenrechts, Berlin 1895 [= Darmstadt 1955]). Zur Diskussion mit Stutz, insbesondere mit seiner problematischen Herleitung des Eigenkirchenwesens aus einem vorchristlichen, urgermanischen Hauspriestertum, s. etwa den Art. »Eigenkirchenwesen« in: TRE 9, 1982, 399-404 (P. Landau)*
[2] *913/14 wurden Brogne, 933 Gorze bei Metz in Lothringen (mit beträchtlicher Bedeutung für monastische Erneuerungsbewegungen innerhalb der ostfränkisch-deutschen Reichskirche), 988 St. Bénigne in Dijon und 1000/1001 Fruttuaria in der Diözese Ivrea reformiert.*
[3] *Gemeint ist Wilhelm I., der Fromme, Herzog von Aquitanien (gest. 918).*
[4] *Der Robertiner Odo war von 888 (Absetzung und Tod Kaiser Karls III. [des Dicken]) bis zu seinem Tode (Anf. Juni 898) westfränkischer König.*
[5] *Berno, zuvor Abt von Baume; unter dem 2. Abt, Odo (927-942), erhielt das Kloster neue Impulse für seine geistlich-monastische Ausbildung; zudem entwickelte sich hier ein neues*

Adelsideal, das auch für die »Gottesfriedensbewegung« des späten 10. und des 11. Jh. und – längerfristig gesehen – für die Kreuzzugsbewegung bahnbrechend werden sollte. Die bedeutende Rolle, die die drei Nachfolger im Leben ihrer Zeit spielten, und nicht zuletzt deren ungewöhnlich lange Regierungszeit ließen Cluny zu einem der wichtigsten Reformzentren des abendländischen Mönchtums überhaupt werden.

6 Der Karolinger Karl III. (der Einfältige), 893 von einer Adelspartei gegen Odo zum westfränkischen König gewählt, konnte sich jedoch erst nach dessen Tod (898) durchsetzen; 923 in Gefangenschaft geraten, ist er darin 929 gestorben.

27. Ottonisches Kaisertum

Nach dem Aussterben der ostfränkisch-karolingischen Dynastie (Tod Ludwigs des Kindes) im Jahre 911 wird, bis zu seinem Thronverzicht und Tod im Jahre 918, Herzog Konrad von Franken ostfränkischer König (Text a). Danach geht, annähernd 120 Jahre nach dem Ende der Sachsenkriege Karls d.Gr., im ostfränkischen Bereich die Herrschaft auf die Sachsen unter Führung des liudolfingischen Geschlechts über (Heinrich I.: 919–936; Otto I.: 936–973 [ab 962 Kaiser]; Otto II.: 973–983; Otto III.: 983 [formell, de facto 994]–1002; [Heinrich II., Herzog von Bayern, Urenkel Heinrichs I.: deutscher König von 1002–1024]). Hauptkennzeichen dieses erneuerten Reichs der »Ottonen« ist, dass es mächtig in den ostdeutschen und (süd-)osteuropäischen Raum ausgriff (Gründung Magdeburgs [968], Gnesens [1000] und Grans [Esztergoms] a.d. Donau [1001] als Missionserzbistümern) und dass es seine Stärke vor allem aus einer engen Verquickung von Kirche und Reich bezog (früher gern »ottonisch-salisches Reichskirchensystem« genannt).

a) Der Ablauf der deutschen Königsweihe nach dem »Mainzer *Ordo*« (um 960)[1]

(1. Einholung des Königs [in Form einer geistlichen Prozession; die Gebete sind einer Synodalmesse des *Sacramentarium Gregorianum* entnommen]: PRG LXXII 1-5)

(2. Litanei [der König legt Waffen und Mantel ab, wird zum Altar geleitet, wirft sich dort auf den mit Teppichen bedeckten Boden mit ausgebreiteten Armen, also in der Form eines Kreuzes, nieder und verharrt in dieser Position bis zum Abschluß der Litanei]: LXXII 6)

(3. Befragung des Königs: LXXII 7) Nachdem sich der König *(princeps)* erhoben hat, soll ihn der Metropolitanbischof befragen, ob er die heiligen Kirchen Gottes und die Leiter der Kirchen, aber auch das ganze ihm untertane Volk gerecht und gewissenhaft, in königlicher Fürsorge und gemäß väterlicher Sitte, schützen und regieren wolle. Auf sein Versprechen hin *(Illo autem profitente),* er werde entsprechend in allem getreulich handeln, soweit er dazu, gestützt auf den Beistand Gottes und die Hilfe aller seiner Lehnsleute (fideles), in der Lage sei,

(4. Befragung des Volkes: LXXII 8.9) soll der Bischof von sich aus das Volk befragen, ob es einem solchen Fürsten und Lenker untertan sein, sein Reich in unbeirrbarer Treue festigen und seinen Geboten gehorchen wolle gemäß dem Apostel(wort) [...] (vgl. Röm 13,1; I Petr 2,13b). Darauf sollen Kleriker und Volk ringsum einmütig antworten: »Es soll geschehen, es soll geschehen. Amen«.

(5. Salbung : LXXII 10-18 [beginnend mit drei Benediktionen, also Weihegebeten, unter denen das zweite (LXXII 11) besonderes Interesse verdient]:) Allmächtiger, ewiger Gott, Schöpfer aller Dinge, du [...] König der Könige und Herr (aller) Herren, [...] merke, so bitten wir, auf die Bitten unserer Niedrigkeit und auf diesen deinen Knecht N., den wir in demütiger Ergebenheit zum König erwählt haben; vermehre ihm deine

Segensgaben, umgib ihn immerdar und allenthalben mit der rechten Hand deiner Kraft [...] Unter deinem Schirmen (wie) mit einem Helm bedeckt und ohne Unterlass (wie) mit einem unzerbrechlichen Schild beschützt, von himmlischen Heerscharen umringt, wird er glückhaft den Triumph des erwünschten Sieges erlangen, wird er die Ungläubigen vor seiner Gewalt erschrecken lassen (*terroremque suae potentiae infidelibus inferat*) und zur Freude derer, die auf deiner Seite streiten, den Frieden zurückbringen durch unseren Herrn, der mit der Kraft des heiligen Kreuzes die Hölle zerstört, das Reich des Teufels überwunden hat und als Sieger gen Himmel aufgefahren ist, in dem alle Gewalt und jeder Triumph der Könige Bestand hat, der die Herrlichkeit (*gloria*) der Demütigen und Leben und Heil der Völker ist; er ist lebendig an deiner Seite (*tecum vivit* [Folgt die Salbung des Hauptes, der Brust, der Schultern und der Gelenke beider Arme (15 bzw. 13-15) mit »geheiligtem Öl« (*oleum sanctificatum*) und weiteres Gebet, das darauf bezogen ist (17 [16]-18)]).

(6. Übergabe der Herrschaftszeichen, einschließlich Krönung: LXXII 19-23 [beginnend mit dem Schwert und folgender Übergabeformel (19)]:) Empfange das Schwert (*gladius*) aus den – obzwar unwürdigen, doch durch die Stellvertretung und Vollmacht der heiligen Apostel geweihten – Händen der Bischöfe; es ist dir nach Königsart (*regaliter*) aufgelegt worden und durch unseren Segnungsdienst von Gott her zur Verteidigung der heiligen Kirche Gottes bestimmt; und du sei eingedenk der Worte des Psalmisten, der da weissagte: »Gürte dein Schwert an die Hüfte, du Held« (Ps 44,4 [*Vulgata*]), auf dass du durch dasselbe der Billigkeit (*equitas*) Geltung verschaffst, der Menge der Ungerechtigkeit kraftvoll entgegenwirkst, die heilige Kirche Gottes und seine Gläubigen verteidigst und schützest, die Glaubensheuchler nicht weniger als die Feinde des Christennamens verwünschst und niederkämpfst, Witwen und Waisen gnädig hilfst und sie verteidigst, Zerstörtes wiederherstellst und Wiederhergestelltes erhältst [...] (Folgt die Verleihung von Spangen, Mantel [*pallium*] und Ring [*anulus*] als Zeichen der königlichen Würde und Unterpfand des Glaubens [20], von Szepter und Stab [*baculum* bzw. *baculus*], gedeutet als Rute [*virga*] der Tugend und Gerechtigkeit [21], endlich das Aufsetzen der Krone [*corona*] als des eigentlichen Herrschaftszeichens, weshalb sie als letzte Steigerung der Investitur erst am Schluss voll Ehrfurcht überreicht wird [22] mit den Worten:)
Nimm hin die Reichskrone, von gewiss unwürdiger bischöflicher Hand dir aufs Haupt gesetzt, und verstehe sie als ausdrucksvolles Zeichen des Ruhms der Heiligkeit [...] (*eamque sanctitatis gloriam* [...] *expresse signare intellegas*); sei dir auch wohl bewusst, du habest durch sie an unserem Amte teil (*et per hanc te participem ministerii nostri non ignores*): wie wir im Innenbereich (*in interioribus*) als Hirten und Lenker der Seelen verstanden werden, so sollst auch du, (nämlich) im Außenbereich (*in exterioribus*)[2], als wahrer Gottesverehrer (*verus Dei cultor* [vgl. Joh 4,23f.]), als entschlossener Verteidiger (*defensor*) der Kirche Christi gegen alle Widerwärtigkeiten, als nutzbringender Vollstrecker (*executor*) des dir von Gott gegebenen und deiner Herrschaft durch unsere Weihehandlung in Stellvertretung der Apostel und aller Heiligen anvertrauten Reiches und hilfreicher Regierer (*regnator*) stets in Erscheinung treten, damit du dich inmitten ruhmreicher Kämpfer (*athletae*), geschmückt mit Tugendjuwelen und gekrönt mit dem Preis ewiger Glückseligkeit, in der Gemeinschaft des Erlösers und Heilandes Jesu Christi, dessen Name und Stellvertretung nach aller Überzeugung auf dir ruht (*cuius nomen vicemque*[3] *gestare crederis*), ohne Ende rühmen kannst [...] (Folgt zum Abschluß der eigentlichen Krönung noch eine ursprünglich für eine Synode gedachte, aber auch für die neue Bestimmung geeignete Benediktion [23]).

(7. Thronsetzung: LXXII 24-27 [wie die Übergabe der Krone ausgezeichnet durch eine inhaltreiche Formel, die im Weiteren zum Ausdruck bringt: wie der Klerus zwischen Gott

und den Menschen vermittele (*mediator Dei et hominum*), so der gekrönte König zwischen Klerus und Laien (*plebs*), und Christus sei die Quelle aller rechten Herrschaft; streng liturgisch, endet das Ganze mit dem Austausch des Friedenskusses (*oscula pacis*) und dem Gesang des *Te Deum Laudamus*]).

(8. Abschluß der Krönung: LXXII 28 [mit der Zelebration einer Messe durch den Metropoliten, deren *Ordo* anschließend (LXXIII) mitgeteilt wird]).

b) Die Reichskrone und ihre »Theologie«

Die »Reichskrone«, heute zu besichtigen in der »Weltlichen Schatzkammer« der Wiener Hofburg, ist zwar nicht die (ursprünglich) wichtigste und »heiligste« – das ist fraglos die »heilige Lanze«, in deren durchlöchertes Blatt ein, angeblich vom Kreuz Christi stammender, Nagel (Stift) eingelassen ist[4] – wohl aber das symbolträchtigste unter allen Reichskleinodien des »Heiligen Römischen Reiches«. Ob sie als *ottonisches* Herrschaftszeichen gelten kann, ist freilich in der Forschung nach wie vor heftig umstritten. Während die Mehrzahl der Forscher die aus acht Platten zusammengesetzte Bügelkrone (s. umseitige Abbildung) für etwa um 965 in der Umgebung Erzbischof Brun(o)s I. von Köln (Bruders Ottos d.Gr.) konzipiert und 967 fertiggestellt hält (allerdings ohne Bügel und Kreuz, die in salischer Zeit hinzugekommen seien), geht eine Minderheit (u.a. M. Schulze-Dörlamm), auf der Basis vorwiegend stilistischer Analysen, von der Anfertigung der »Wiener Krone« in salischer Zeit (zur Zeit Konrads II. [1024 (1027) –1039]) aus, während in der jüngeren Diskussion (H.M. Schaller) sogar deren Entstehung in frühstaufischer Zeit (in der Zeit Konrads III. [1138–1152]) erwogen wird. Dieser Streit kann hier selbstverständlich nicht entschieden werden. Festzuhalten bleibt allerdings, dass alle »bisherigen Datierungen [...] reine Hypothesen« sind, »die sich nur auf Indizien stützen« (H.M. Schaller in: Die Reichskleinodien [s.u.], 60), so dass auch die »ottonische« Option offen und ernsthafter Erwägung wert bleibt; dass sich die Krone von ihrem Inhalt, ihrem Programm her gut in die Ottonenzeit und deren eschatologische Erwartungen einfügen *würde*,[5] ist ohnehin unstrittig.

Kurze Beschreibung (nach Mario Kramp im Ausstellungskatalog »Krönungen«, I,162): Der Kronenkörper besteht aus acht durch Scharniere verbundenen Goldplatten unterschiedlicher Höhe. Die größeren Platten über Stirn, Nacken und Schläfen sind mit Edelsteinen und Perlen auf durchbrochenen Fassungen besetzt. Der Farbakkord von Grün, Blau (Porphyr) und Weiß war in Byzanz dem Kaiser vorbehalten. Die niedrigeren Zwischenplatten sind mit Goldzellenemails verziert. Die mit Inschriften versehenen Emails zeigen Christus als König der Könige, inmitten wohl zweier Cheruben (PER ME REGES REGNANT [»Durch mich herrschen die Könige« (Prov 8,15)]), und alttestamentliche Könige: den Propheten Jesaja mit dem kranken König Hiskia, dessen Leben um 15 Jahre verlängert wurde (ECCE ADICIAM SUPER DIES TUOS QUINDECIM ANNOS [»Siehe, ich will zu deinen Lebzeiten noch 15 Jahre hinzufügen« (Jes 38,5)]), König David als Sinnbild der Gerechtigkeit (HONOR REGIS IUDICIUM DILIGIT [»Der ehrenhafte König liebt den Rechtsspruch« (Ps 99,4)]) und endlich Salomo als Sinnbild der Weisheit und der Gottesfurcht (TIME DOMINUM ET RECEDE A MALO [»Fürchte Gott und meide das Böse« (Prov 3,7)]). Alle inschriftlichen Bibelzitate sind der Krönungsliturgie entnommen und verweisen auf die Funktionen des Kaisers: stellvertretend für Christus vereinigt er in sich die weltliche Herrschaft (regnum) und das sakrale Priestertum (sacerdotium). Das (möglicherweise später zugefügte) Stirnkreuz, auf seiner Vorderseite als siegbringendes Juwelenkreuz gestaltet, auf der weniger aufwendig geschmückten Rückseite den Erlöser mit seinen Wundmalen zeigend (ähnlich wie im Falle des um 1000 entstandenen Lotharkreuzes der Aachener Domschatzkammer), bietet den Schlüssel zum Verständnis der christlichen Heilsgeschichte und ist darum über der Stirn des Herrschers postiert.

Reichskrone. Kunsthistorisches Museum, Wien.

Schließlich dürfen auch die Symbolik, die biblischen Bezüge etwa der Perlentore und der oktogonalen (achteckigen) Form des Ganzen nicht unbeachtet bleiben. »Sie erinnern an die im 21. Kapitel der Johannesapokalypse dargestellte himmlische Stadt, das himmlische Jerusalem« (R. Staats, Die Reichskrone, S. 55), und an das Symbol vom »achten Tag« als Tag der Auferstehung = Neuschöpfung *und* Weltvollendung, als »ewigem Sabbat« (vgl. Augustin, *De civitate Dei* XXII 30, Ende: »Dann werden wir stille sein und schauen, schauen und lieben, lieben und loben. Das ist's, was dereinst sein wird, an jenem Ende ohne Ende ...«).[6]

Quellen: Le Pontifical romano-germanique du dixième siècle, hg. von C. Vogel / R. Elze, 3 Bde., Rom 1963–1972 (StT 226f. 269); hier: Bd. 1 (StT 226); Aufbewahrungsort und Foto der »Wiener Reichskrone«: Kunsthistorisches Museum, Wien. Weltliche Schatzkammer. Foto: https://upload.wikimedia.org/wikipedia/commons/1/1d/Reichskrone_Schatzkammer.jpg (28.8.2020) – *Literatur:* P.E. Schramm, Der Ablauf der deutschen Königsweihe nach dem »Mainzer Ordo« (um 960), in: ders., Kaiser, Könige und Päpste (GA), Bd. 3, Stuttgart 1969, 59-107; G. Kretschmar, Der Kaiser tauft. Otto der Große und die Slawenmission, in: Bleibendes im Wandel der Kirchengeschichte, hg. v. B. Möller / G. Ruhbach, Tübingen 1973, 101-150; R. Staats, Theologie der Reichskrone, Stuttgart 1976; Ders., Die Reichskrone, Göttingen 1991; M. Schulze-Dörrlamm, Die Kaiserkrone Konrads II. (1024–1039), Sigmaringen 1990; G.G. Wolf, Die Wiener Reichskrone, Wien 1995 (Schriften des kunsthistorischen Museums 1 [dazu V.H. Elbern in: Journal für Kunstgeschichte 1 (1997) 49-55]); H.M. Schaller, Die Wiener Reichskrone – entstanden unter König Konrad III., in: Die Reichskleinodien (Kongressbericht), Göppingen 1997 (Schrift z. stauf. Gesch. u. Kunst 16), 58-105; J. Ott, Krone und Krönung. Die Verheißung und Verleihung von Kronen in der Kunst von der Spätantike bis um 1200 und die geistige Auslegung der Krone, Mainz 1998; M. Kramp (Hg.), Krönungen. Könige in Aachen – Geschichte und Mythos (zweibändiger Ausstellungskatalog), Mainz 2000; Hauschild / Drecoll I, 579–584; Wieczorek / Weinfurter, Die Päpste, 208–215 (»Das *Privilegium Ottonianum* vom 13. Februar 962. Grundbuch des ›Kirchenstaats‹«, interpretiert und übersetzt von S. Weinfurter).

1 Gemeint ist das sog. Römisch-Deutsche Pontifikale (Pontificale Romano-Germanicum [PRG]), das wohl vor 960 im St.-Albans-Kloster in Mainz zusammengestellt wurde; durch Otto I. kam die Sammlung 962 nach Italien und Rom und wurde von hier aus zur Grundlage der abendländisch-lateinischen Liturgie.

2 Das erinnert in der Tat, wie P.E. Schramm (a.a.O., 83) zu Recht bemerkt, »an die berühmte Kennzeichnung Konstantins« d. Gr. als ἐπίσκοπος τῶν ἐκτός (»Bischof für die Außenstehenden« [= Heiden] bzw. als »Bischof für die äußeren Angelegenheiten« [der Kirche]) in Eusebs Vita Constantini IV 24 (GCS Eusebius I,1, S. 128).

3 Während der unbekannte Pauluskommentator aus der Zeit des Bischofs Damasus von Rom (366–384), dessen Schriften seit dem Frühmittelalter unter dem Namen des Ambrosius überliefert wurden (darum der Kunstname Ambrosiaster), dem alten Stellvertretungsgedanken die seit karolingischer Zeit verschiedentlich wieder aufgenommene Fassung gegeben hatte, der Kaiser sei Statthalter Gottes, die Bischöfe hingegen Statthalter Christi, biegt ihn der »Mainzer Ordo« also in eine weniger gefährliche Richtung ab: die Bischöfe – Stellvertreter der Apostel, der Kaiser (als Gesalbter) Stellvertreter Christi (s. P.E. Schramm, a.a.O., 83f., mit weiterer Literatur).

4 Vgl. dazu B. Schwineköper, Christus-Reliquien-Verehrung und Politik, in: BDLG 117(1981) 183-281; F. Kirchweger (Hg.), Die Hl. Lanze in Wien: Insignie, Reliquie, »Schicksalsspeer«, Wien 2005.

5 Vgl. dazu bes. J. Fried, Endzeiterwartung um die Jahrtausendwende, in: DA 45 (1989) 381-478; A.M. Ritter, Kirche und Theologie in der Erwartung des Jahres 1000, EvTh 59 (1999) 416-425 (jeweils mit weiterer Literatur).

6 Es ist das ein Beispiel unter vielen dafür, dass es bei der Reichskrone mit rein stilistischen Analysen (wie in der Arbeit von M. Schulze-Dörlamm) schwerlich getan ist!

28. Die Slawenmission und die »Taufe Russlands«

Von der Slawenmission im Ostsee- und Elbegebiet (unter Wenden, Obodriten, Wilzen usw.) hat der große Slawenhistoriker F. Dvornik einmal gesagt, sie nehme »in den Annalen unserer Kirche keinen Platz ein, auf den die Christenheit stolz sein kann«.[1] Auch sonst weist die Missionsgeschichte, nicht nur, aber insbesondere die der Slawen, genügend Ereignisse auf, auf die »die Christenheit« schwerlich »stolz« sein kann. Das Wirken der beiden »Slawenlehrer und -apostel« Konstantin (Kyrill [ca. 826-869]) und Method (ca. 815-884) gehört zum Glück nicht dazu (Text a). Nicht nur waren sie – mitten in dem kirchlich-kirchenpolitischen Kräftespiel ihrer Zeit (zwischen Byzanz, Rom und dem Karolingerreich, ausgerechnet zur Zeit des »photianischen Schismas« [s. o. Nr. 25]) nämlich – überzeugende Apostel der christlichen *Einheit*. Vielmehr ist es ihnen auch, buchstäblich, gelungen, den »Armen« (Benachteiligten, in ihrer Identität Bedrohten) »das Evangelium« in ihrer Sprache zu predigen (vgl. Mt 11,5; Lk 7,22). Und wie bereits die Christianisierung Russlands erkennen lässt, war ihre Tat von unabsehbaren, auch über den religiös-kirchlichen Bereich weit hinausreichenden Folgen.

a) Aus der Lebensbeschreibung Konstantin-Kyrills (*Vita Constantini*)

Kap. XIV: ... Rastislav, der mährische Fürst,[2] von Gott ermahnt, ging mit seinen Fürsten und den Mährern zu Rate und schickte zum Kaiser Michael[3] und ließ sagen: »Für unser Volk, das sich vom Heidentum abgekehrt hat und das christliche Gesetz einhält, haben wir keinen solchen Lehrer, der uns in unserer Sprache den wahren christlichen Glauben erklären könnte, damit auch die anderen Länder, wenn sie das sehen, uns nacheifern. So schicke uns, Herrscher, einen Bischof und einen solchen Lehrer; denn von euch geht für alle Länder immer ein gutes Gesetz aus«. Nachdem der Kaiser den Synod versammelt hatte, rief er den Philosophen (Mönch) Konstantin herbei und ließ ihn sich diese Sache anhören und sagte: »Ich weiß, dass du müde bist, Philosoph; aber es ist nötig, dass du dorthin gehst, denn diese Dinge kann kein anderer so ausführen wie du«. Der Philosoph aber antwortete: »Obwohl ich müde bin und krank am Leibe, gehe ich mit Freuden dorthin, wenn sie Buchstaben in ihrer Sprache haben«. Der Kaiser aber sagte zu ihm: »Mein Großvater und mein Vater und viele andere haben danach gesucht und es nicht gefunden, wie kann ich es da finden«? [...] »Wenn du willst, kann Gott es dir geben, der allen gibt, die ohne Wankelmut bitten, und denen auftut, die anklopfen« (vgl. Mt 21,21f.; 7,7f.; Lk 11,9). Nachdem der Philosoph fortgegangen war, gab er sich nach früherer Gewohnheit mit anderen Gefährten dem Gebet hin. Bald aber erschien ihm Gott, der die Bitten seiner Knechte erhört; und sogleich stellte er die Buchstaben zusammen und begann, den evangelischen Text aufzuschreiben: Im Anfang war das Wort, und das Wort war bei Gott, und Gott war das Wort (Joh 1,1), und so weiter [...]

XV: Als er aber nach Mähren kam, empfing Rastislav ihn mit großen Ehren, und er hatte Schüler gesammelt und übergab sie ihm, damit er sie unterrichte. Nachdem aber bald die gesamte kirchliche Ordnung übersetzt worden war, lehrte er sie die Matutin,[4] die Horen,[5] die Vesper,[6] die Komplet[7] und die Liturgie. Und es wurden nach dem Prophetenwort der Tauben Ohren geöffnet (vgl. Jes 29,18; 35,5), damit sie die Worte der Schrift vernähmen, und der Stammelnden Zunge ward deutlich (vgl. Jes 32,4). Gott aber wurde fröhlich darob, doch der Teufel ärgerte sich [...] (Er) begann, viele aufzuwiegeln, indem er zu ihnen sprach: »Hierdurch wird Gott nicht gepriesen; denn wenn ihm solches wohlgefällig wäre, hätte er dann nicht bewirken können, dass auch diese von Anbeginn Gott preisen, indem sie ihre Predigten mit Buchstaben schreiben? Aber er hat nur *drei Sprachen* ausgewählt – die hebräische, die griechische und die lateinische –, in denen es sich ziemt, Gott zu loben«. Es waren aber, die so sprachen, lateinische Gesinnungsgenossen, Erzpriester, Priester und Schüler[8]. Da er aber mit ihnen kämpfte wie David mit den Fremdstämmigen (II Sam 8), besiegte er sie mit den Worten der Schrift und nannte sie Dreisprachler, denn Pilatus hatte so in der Inschrift (auf dem Kreuz) des Herrn (Lk 23,28; Joh 19,19f.) geschrieben [...] Nachdem er aber vierzig Monate in Mähren gewirkt hatte, ging er, um seine Schüler weihen zu lassen. Unterwegs nahm ihn der pannonische Fürst Kocel[9] auf, und da er die slawische Schrift sehr liebgewann, erlernte er sie und übergab ihm an die fünfzig Schüler, damit diese sie lernten. Und mit großen Ehren gab er ihm das Geleit. Und er nahm von Rastislav und auch von Kocel weder Gold noch Silber noch andere Dinge an, dieweil er das Wort des Evangeliums ohne Lohn darlegte (vgl. II Kor 11,7; Mt 10,8; I Kor 9,18), nur bat er von beiden Gefangene los, neunhundert, und ließ sie frei.

b) Die Taufe der Rus' nach dem Bericht der »Laurentiuschronik«

Die »Nestorchronik« aus dem 12. Jh., ältestes Geschichtswerk russischer Sprache, wie auch die jüngere »Laurentiuschronik« (14. Jh.) beschreiben die »Taufe Russlands« (988), d.h. die Christianisierung der (882) zum Fürstentum Kiew vereinigten ostslawischen Herrschaftsgebiete von Nowgorod (Holmgard) und Kiew (Konugard) unter der politischen Führung der normannisch-skandinavischen *Waräger*, als Ergebnis einer Prüfung verschiedener Religionen, wie sie in den Kiewer Fürstentum umgebenden Ländern vorhanden waren (Islam, Judentum, westliches Christentum der »Deutschen von Rom«).[10] Was danach den Ausschlag für die orthodox-byzantinische Option gab, ist – trotz des hagiographisch-legendarischen Charakters der Quelle – überaus bezeichnend und auch einigermaßen authentisch:

Im Jahre 6496 [987] rief Volodimer [Vladimir (Waldemar)] seine Bojaren und die Ältesten der Stadt zusammen, und er sprach zu ihnen: »Siehe, zu mir kamen Bulgaren,[11] die sagten: ›Nimm unser Gesetz an!‹ Darauf kamen die Deutschen, und diese lobten ihr Gesetz. Nach ihnen kamen die Juden. Siehe, zuletzt kamen die Griechen, die alle Gesetze tadelten, ihr eigenes aber lobten [...] Und die Bojaren und Ältesten sagten:»Du weißt, Fürst, dass niemand sein Gesetz schmäht, sondern es lobt. Wenn du es genau erfahren willst, dann hast du bei dir deine Männer. Sende sie aus und erkundige dich nach dem Dienst eines jeden, und wie er Gott dient«. Und die Rede gefiel dem Fürsten und allem Volk. Sie wählten tüchtige und verständige Männer aus [...]
So kamen sie nun in ihr Land [zurück], und der Fürst rief seine Bojaren und Ältesten zusammen. Volodimer sagte: »Siehe, die Männer sind zurückgekommen, die durch uns ausgesendet worden waren. Wir wollen von ihnen hören, was geschehen ist« Und er sprach: »Erzählt vor dem Gefolge!«. Sie sprachen also: »Wir gingen zu den Bulgaren. Wir beobachteten, wie sie sich dort im Tempel, d.h. in der Moschee, verneigen und ohne Gürtel dastehen. Wenn einer sich verneigt, setzt er sich und blickt hierhin und dorthin wie ein Besessener. Und es ist keine Freude bei ihnen, sondern Missmut und ein starker übler Geruch. Ihr Gesetz ist nicht gut. Und wir kamen zu den Deutschen und sahen sie in den Kirchen viele Gottesdienste feiern, aber wir sahen keine Schönheit. Und so kamen wir zu den Griechen, und sie führten uns hinein, wo sie ihrem Gott dienen. Und wir wissen nicht, ob wir im Him-

mel waren oder auf der Erde. Es gibt auf der Erde keinen solchen Anblick und solche Schönheit, und wir sind nicht imstande, es zu erzählen. Nur das wissen wir, dass Gott dort mit den Menschen ist. Und ihr Gottesdienst ist besser als der aller Länder, denn wir können diese Schönheit nicht vergessen. Jeder Mensch nämlich, der das Süße verkostet, nimmt nachher nichts Bitteres mehr. So können auch wir hier nicht mehr leben«. Die Bojaren antworteten und sprachen: »Wenn das Gesetz der Griechen schlecht wäre, dann hätte es deine Großmutter Olga[12] nicht angenommen, die weiser als alle Menschen war«. Volodimer antwortete und sagte: »Wir wollen gehen und die Taufe empfangen«. Sie aber sprachen: »Wo es dir gefällt« [...] (Folgt der Bericht über die Fürstentaufe, auf die Vorlage eines ausgeführten, mit deutlich antilateinischen Spitzen versehenen Glaubensbekenntnisses hin, und über die Massentaufe seiner Untertanen im Dnjepr, nachdem der Fürst seine Boten durch die ganze Stadt geschickt hat mit der Botschaft: »Wenn sich einer morgen nicht am Flusse einfindet, sei er reich oder arm, niedrig oder ein Arbeiter, der soll mir ein Feind sein«!).

Quellen: Konstantin i Metodije Solunjani, Izvori (*Constantinus et Methodius Thessalonicenses, Fontes*), hg. v. F. Grivec / F. Tomšič, Zagreb 1960; L. Müller (Hg.), Handbuch zur Nestorchronik, Bd. I-III, München 1977; *Übersetzungen:* Die pannonischen Legenden, aus dem Altslawischen übertr. u. hg. v. N. Randow, (Ost-)Berlin ²1973 (*Vita Constantini*); J. Boujnoch (Hg.), Zwischen Rom und Byzanz (Slaw. Geschichtsschreiber 1), Graz usw. 1972, 172ff. (»Laurentiuschronik«). – *Literatur:* G. Stökl, Geschichte der Slawenmission, Göttingen ²1976 (KIG E); F. Dvornik„ Byzantine Missions among the Slavs, New Brunswick,NJ 1970; A. Poppe, The Political Background of the Baptism of Rus' (1976), in: ders., The Rise of Christian Russia, London 1982; L. Müller, Die Taufe Rußlands. Die Frühgeschichte des russischen Christentums bis zum Jahre 988, München 1987; G. Dagron u.a. (Hg.), Bischöfe, Mönche und Kaiser (= D. Gesch. d. Christentums 4), Freiburg u.a. 1994, I. Teil, Kap.III. 937-950; F. von Lilienfeld, Altkirchliche und mittelalterliche Missionstraditionen und -motive in den Berichten der »Nestorchronik« über die Taufe Vladimirs I. des Heiligen (1988), (jetzt) in: dies., Sophia – Die Weisheit Gottes (GA), hg. von K.Chr. Felmy u.a., Erlangen 1997 (Oikonomia 36), 389-402; M. Eggers, Das Erzbistum des Method, München 1996.

1   F. Dvornik, *The Making of Central and Eastern Europe*, London 1949, 129.
2   *Regent im Großmährischen Reich (Mähren, Böhmen, die Slowakei und einen Teil Schlesiens und der Lausitz umfassend) von 846-870.*
3   *Michael III., Kaiser von Byzanz (842-867).*
4   *»Morgengebet«, erste der acht Gebetszeiten (entstanden aus den nächtlichen Vigilgottesdiensten oder liturgischen Nachtwachen).*
5   *Gemeint wohl die drei Tageshoren (von hora = Stunde): Terz, Sext, Non (9, 12 und 15 Uhr).*
6   *Abendlob.*
7   *Tagesbeschluss.*
8   *Gemeint sind deutsche Missionare, die längst von Passau und Salzburg aus an der Christianisierung des Großmährischen Reiches arbeiteten, unterstützt vom deutschen König, der auf die Anerkennung der deutschen Oberhoheit durch die Mähren bedacht war.*
9   *Gest. um 875; er regierte von der Hauptburg Moosburg am Plattensee in dem die östliche Steiermark und das westliche Ungarn umfassenden und sich im Süden bis nach Sirmium (Sremska Mitrovica) erstreckenden Pannonien, dessen slavische Bevölkerung bereits seit langem christianisiert war. Kocels Entschluß, die slavische Liturgie in seinem Herrschaftsbereich einzuführen, brachte schwerwiegende Verwicklungen mit sich, die aber erst nach Konstantins Tod voll zur Auswirkung kamen.*
10   *Tatsächlich war es wohl ein vorteilhaft genutzter äußerer Anlass politisch-militärischer Art, der zur endgültigen Hinwendung zum byzantinischen Christentum führte, zu welchem seit*

»Taufe Rußlands« 91

langem Verbindungen bestanden: militärischer Beistand für den in Bedrängnis geratenen byzantinischen Kaiser Basileios II., wofür Vladimir, gegen das Versprechen des Übertritts zum Christentum (und unter Ausübung militärischen Drucks), die Hand der Kaiserschwester Anna erhielt.

11 Gemeint: die Wolga- (oder Kama-)Bulgaren, die nach dem Sieg der »Russen« über die Chazaren 965 unter ständig zunehmenden Druck des Kiewer Reiches gerieten und später, unter mongolischem Einfluß, zum Islam übergetreten sein mögen. Im Gebiet des heutigen Bulgarien hingegen hatten die aus Mähren vertriebenen Schüler Methods nach dessen Tod (6.4. 885) sein Werk fortgesetzt, wobei das Kirchenslawische (Glagolit, von ›glagolati‹ = reden), das die Brüder Konstantin und Method zunächst in Anlehnung an die griechische Minuskel als Schriftsprache entwickelt hatten, sein abschließendes Schriftbild erhielt, in Annäherung an die griechische Majuskel (sog. »kyrillische«Schrift). Außerdem hatten die Method-Schüler Klemens (Kliment), Gorazd und Na'um die byzantinische Liturgie und Hierarchie übernommen und aus allem eine slawisch-bulgarische Frömmigkeit als einendes Band der Kirchlichkeit geschaffen. Das also wäre es gewesen, was »die[se] Bulgaren«im Gepäck gehabt hätten!

12 Als erstes Mitglied des Kiewer Herrscherhauses war die Fürstin Olga (Helga) um die Mitte des 10. Jh. getauft worden.

29. Die Skandinavienmission bis zur Einführung des Christentums in ganz Island

Der erste Missionsversuch in Nordeuropa ist verbunden mit dem Namen Ansgars (Anskars [801-865]), eines Benediktiners aus Corbie, später *scholasticus* in Corvey, der dann zum ersten Bischof in Hamburg (831) und schließlich, nach allerlei Rückschlägen, zum Erzbischof von Hamburg-Bremen (864) ernannt wurde; A. gilt als »Apostel Skandinaviens«. Seine Entsendung an den Hof des soeben zum Christentum bekehrten Dänenkönigs Harald Klak und die sich anschließende Beauftragung mit der Organisation einer Christengemeinde in Birka, dem großen Handelszentrum in Mittelschweden (830-831: Errichtung der ersten christlichen Kirche auf skandinavischem Boden!), waren Bestandteil eines großangelegten Versuches des fränkischen Herrschers, Ludwigs des Frommen, seine Macht auf den europäischen Norden auszudehnen und die durch intensive Handelsverbindungen zwischen Friesland, England und Skandinavien geknüpften Bande auch in politische Münze umzuwechseln. Doch waren die unmittelbaren Folgen zunächst gering. Dänemark wurde erst im Laufe des 10. Jh., Norwegen an dessen Ende für das Christentum gewonnen; Schweden folgte noch wesentlich später. Trotzdem bestand längst kein Zweifel mehr, dass jetzt der Nordatlantik (und nicht länger, wie Jahrhunderte zuvor, Germanien und der südliche Nordseeraum) das große, offene Gebiet war, wo Christen- und ›Heiden‹tum einander begegneten. Quellen wie die fesselnd geschriebenen »Lebensbeschreibungen Ansgars und Rimberts« (*Vitae Anskarii et Rimberti*)[1], verfasst von einem Rimbertschüler und -amtsnachfolger dänischer Abstammung, neigen dazu, nicht nur das Verdienst von Missionaren aus dem Süden, sondern auch die Rolle zu verkleinern, die bei der Christianisierung Nordeuropas die dortigen Machthaber gespielt hatten. Vielmehr wollten, diesen zufolge, »die skandinavischen Gesellschaften ihre Annahme des Christentums sogfältig erwogen und die neue Religion mit ihren althergebrachten und langbewährten divinatorischen Techniken auf ihre Nützlichkeit geprüft haben, ehe sie sich für sie entschieden« (P. Brown). So auch der Bericht über die Annahme des Christentums in Island in der ältesten isländischen Quelle über die Besiedlung der (erst im 7. oder 8. Jh. entdeckten und im 9. Jh. - zumeist von Norwegen aus - besiedelten) Insel, dem von Ari Thorgilsson, »dem Kundigen« (ca. 1067-ca. 1148), um 1130 verfassten »Isländerbuch«. Danach gingen zwar wesentliche missionarische Anstöße vom norwegischen König Olaf Tryggvason (994/5-999/1000) aus, dessen deutschem Hofkaplan es endlich gelang, einige der mächtigsten Isländer zu taufen und für die Verbreitung des Christentums zu gewinnen; die Mehrheit der Bevölkerung aber war noch immer heidnisch. In dieser - für den inneren Frieden der

Insel nicht ungefährlichen – Situation ergriffen die Isländer selbst die Initiative und benutzten dazu das (930 gegründete) »Althing«, eine gesetzgebende Versammlung, die jeden Sommer in Thingvellir, im Süden der Insel, unter freiem Himmel abgehalten wurde.

Kap. 7: Wie das Christentum nach Island kam[2]
König Olaf [...] führte das Christentum in Norwegen und Island ein. Er sandte hier nach Island einen Priester, der Thangbrand (Dankbrand) hieß, der predigte den Leuten hier das Christentum und taufte alle, die den Glauben annahmen. Hall Thorsteinssohn in Sida ließ sich frühzeitig taufen, auch Hjalti Skeggissohn aus dem Thjorsardal, Gizur der Weiße [...] und viele andere Häuptlinge; aber die dagegen sprachen und es ablehnten, waren in der Mehrzahl. Als er ein oder zwei Jahre hier geweilt hatte, fuhr er wieder ab, zwei oder drei Männer hatte er hier erschlagen, die ihn verhöhnt hatten. Und als er nach Norwegen kam, erzählte er König Olaf alles, was ihm hier widerfahren war, und ließ wenig Hoffnung, dass man das Christentum hier noch annehmen würde. Der aber ward sehr zornig darüber und gedachte schon, unsere Landsleute, die damals in Norwegen waren, dafür erschlagen oder verstümmeln zu lassen. Denselben Sommer aber kamen Gizur und Hjalti aus Island hinüber und erwirkten beim König die (Straf-)Freiheit. Sie versprachen ihm, sich aufs neue dafür zu verwenden, dass das Christentum doch noch hier angenommen würde, und äußerten die feste Hoffnung, dass es gelingen werde. Den nächsten Sommer fuhren sie nach Island mit einem Priester, der Thormod hieß, und kamen auf den Westmännerinseln an (50) [...] Nun war im Sommer vorher (998) gesetzlich beschlossen worden, dass die Männer zum Allthing (*sic*!) kommen sollten, wenn zehn Wochen vom Sommer verstrichen wären; bis dahin hatte man sich eine Woche früher versammelt. So reisten sie denn gleich hinüber aufs Festland und darauf zum Allthing: Hjalti bewogen sie, mit elf Mann in Laugardal zurückzubleiben, weil er im vorhergehenden Sommer auf dem Allthing wegen Götterlästerung ein geächteter Lebensringmann[3] geworden war; dies aber aus dem Grunde, weil er am Gesetzesfelsen das Verschen gesprochen hatte:
    Schmäh' Götter rüd ohne Reu: Ja,
    Räudige Hündin ist Freyja.[4]
Gizur aber ritt mit seinen Leuten, bis sie zu einer Stelle am Ölfussee kamen, die Vellenkatla heißt, und schickten von dort Weisung aufs Thing, dass ihnen alle ihre Helfer entgegenkommen sollten, weil sie gehört hatten, dass ihre Widersacher ihnen das Thingfeld mit Gewalt verwehren wollten. Aber ehe sie noch von dort aufbrachen, kamen Hjalti und die mit ihm zurückgeblieben waren, dort angeritten. Danach ritten sie aufs Thing, und unterwegs kamen ihnen ihre Verwandten und Freunde entgegen, wie sie verlangt hatten. Aber die heidnischen Männer scharten sich in vollen Waffen zusammen, und es wäre um ein Haar so weit gekommen, dass sie sich schlugen. Am andern Tage aber gingen Gizur und Hjalti zum Gesetzesfelsen und verkündeten von da aus ihre Botschaft; und man sagt, sie hätten über alle Maßen gut gesprochen. Aber die Folge war, dass sie sich gegenseitig zu Zeugen aufriefen und beide Parteien, die Christen wie die Heiden, einander die Rechtsgemeinschaft aufkündigten und darauf den Gesetzesfelsen verließen. Nun baten die Christen Hall zu Sida, er solle ihnen die Gesetze vortragen, so wie es dem Christentum entspräche. Aber (51) er entzog sich ihnen dadurch, dass er den Gesetzessprecher Thorgeir durch Geld gewann, dass er sie vortragen sollte; dieser war da aber noch Heide. Als nun die Männer in ihre Buden kamen, legte sich Thorgeier nieder, breitete sich seinen Mantel über und lag den ganzen Tag und die folgende Nacht

und sprach kein Wort.[5] Aber am nächsten Morgen richtete er sich auf und ließ ansagen, die Leute sollten zum Gesetzesfelsen gehen. Und als die Männer dorthin kamen, da hub er seine Rede an und sagte, es bedünke ihn, dass ihre Verhältnisse in eine unhaltbare Lage geraten seien, wenn nicht alle ein und dasselbe Gesetz hier im Lande haben sollten. Er stellte den Männern in mannigfacher Weise vor, dass man es dahin nicht kommen lassen dürfe, und sagte, das würde zu einer solchen Zwietracht führen, dass gewiss zu erwarten sei, dass Mord und Totschlag unter den Landsleuten entstehen würde [...] Er erzählte davon, wie die Könige von Norwegen und Dänemark lange Zeit in Kampf und Streit miteinander gelegen hätten, bis die Landesangehörigen Frieden zwischen ihnen gestiftet hätten, obwohl sie selbst es nicht wollten [...] »Nun aber scheint es mir rätlich«, sagte er, »dass auch wir nicht die bestimmen lassen, die sich am feindlichsten gegenüberstehen, sondern lieber einen Ausgleich zwischen ihnen suchen, so dass beide Teile in etwas ihren Willen bekommen, alle aber *ein* Gesetz und *einen* Glauben haben. Es wird sich bewahrheiten, dass, wenn wir den Gesetzesverband zerreißen, wir auch den Frieden zerreißen«. Er schloss seine Rede mit dem Erfolg, dass beide Teile zugestanden, dass alle ein Gesetz haben sollten, welches er für gut befinden würde ihnen vorzutragen. So wurde nun dies als Gesetz verkündet, dass alle, die hierzulande noch ungetauft wären, Christen werden und die Taufe annehmen sollten; aber für die Kindesaussetzung und das Pferdefleischessen sollten noch die alten Gesetze gelten. Opfern sollte man heimlich, wenn man wollte, doch bei Strafe des (52) Lebensringzauns[6], wenn Zeugen dafür beigebracht würden. Doch schon nach wenigen Jahren wurde dieser heidnische Brauch abgeschafft gleich den andern. Diesen Vorgang, wie das Christentum nach Island kam, erzählte uns Teit. Denselben Sommer fiel nach der Angabe des Priesters Saemund Olaf Tryggvissohn im Kampfe gegen den Dänenkönig Svend Haraldssohn, den Schwedenkönig Olaf den Schwedischen von Uppsala und Erich Hakonssohn, der später Jarl[7] in Norwegen war. Das war 130 Jahre seit der Erschlagung Edmunds[8] und 1000 seit Christi Geburt nach der gemeinen Rechnung.

Quelle: Aris Isländerbuch, in: Islands Besiedlung und älteste Geschichte, übertr. v. W. Baetke, hg. v. F. Niedner, (1928) ND Köln-Düsseldorf 1967 (Thule, Bd. 23), 43-57. – *Literatur:* K. Maurer, Die Entstehung des isländischen Staates und seiner Verfassung, München 1852; ders., Die Bekehrung des norwegischen Stammes zum Christenthume, I/II, München 1855/56; H. Dörries / G. Kretschmar, Ansgar und seine Bedeutung für die Mission, Hamburg 1965; P. Brown, Die Entstehung des christlichen Europa, München 1999, 345-369 (Zitat: 350); M. Kaufhold, Europas Norden im Mittelalter. Die Integration Skandinaviens in das christliche Europa (9.–13.Jh.), Darmstadt 2001, 71-81.

1   *Ed. G. Waitz, MGH.SRG, 1884 (Neudr. 1977).*
2   *Vgl. dazu bes. die spätere »Kristnisaga« (oder »Buch von der Einführung des Christentums«, bes. Kap. 13 (Thule, Bd. 23), 161ff., bes. 180-185.*
3   *Vgl. u. Anm. 5.*
4   *Ausgesprochen: Freuja.*
5   *»Es war eine schamanistische Séance, bei der Erleuchtung durch sensorische Deprivation gesucht wurde, welches divinatorische Verfahren außer in Skandinavien auch im gälischen Schottland gebräuchlich war« (P. Brown, Die Entstehung des christlichen Europa, München 1999, 351).*
6   *Der dreijährigen Landesverweisung.*
7   *Skand. Begriff umstrittener Herkunft; in frühen poetischen Texten für freigeborene Männer*

gebraucht, die Tributherrscher und Anführer von Wikingerheeren waren und andere als ihre Oberherren anerkannten, wie z.B. die Jarle von Drontheim die Könige von Dänemark.

⁸ *König E. von Ostanglien war 869 von heidnischen Dänen erschlagen worden und wurde bald nach seinem Tod als Märtyrer verehrt; 1022 hat der Dänenkönig Knut d.Gr. an der Grabstätte (»Bury St. E.«) ein Benediktinerkloster begründet.*

30. Petrus Damiani und die Grundlagen der abendländischen Kirchenreform

Letzter bedeutender *kirchlicher* Fürsprecher für eine auf dem Boden der funktionalen Zuordnung der »beiden Gewalten« (*Sacerdotium* und *Imperium* bzw. *Regnum*) beruhende Zusammenarbeit war der Zeitgenosse des *kaiserlichen* Kirchenreformers Heinrichs III. (1039–1056), der aus Ravenna stammende Petrus Damiani (gest. 1072). Seit 1043 Prior der Einsiedlergemeinde von Fonte Avellana (zwischen Ancona und Arezzo gelegen), die durch ihn zu einem Mittelpunkt eremitischen Lebens in Italien wurde, ließ er sich nur widerstrebend zum Kardinalbischof[1] von Ostia ernennen. Das tat aber seinem Eifer im Kampf gegen kirchliche Missstände seiner Zeit, besonders gegen »Nikolaitismus« (Priesterehe [nach Apk 2,6]) und »Simonie« (Käuflichkeit geistlicher Ämter [nach Act 8,18f.]), keinen Abbruch. Es ist für dieses sein Engagement kennzeichnend, dass es sich als Versöhnungsdiplomatie der päpstlichen Kurie *und* des Kaiserhofes verstehen lässt. Es hat zudem in einem ungewöhnlich umfangreichen, in mehr als 600 Handschriften überlieferten literarischen Werk seinen Niederschlag gefunden. Zwei Grundsätze kommen darin zu klarem Ausdruck: zum einen das Zusammenwirken beider Gewalten, wofür sich u.w. hier erstmals die Terminologie von den beiden *Schwertern* (unter Berufung auf Lk 22,38) findet (Text a); zum andern eine neue Sakramentstheologie, im Rückgriff auf Augustins antidonatistische Amts- und Sakramentslehre (vgl. KTGQ I, Nr. 90, B II). Diese erlaubt es, sowohl der »Simonie« entgegenzutreten als auch der »donatistischen« Bestreitung der Gültigkeit aller von »Simonisten« vorgenommenen Priester- und Bischofsweihen (durch Leo IX. und Kardinal Humbert von Silva Candida) zu widersprechen (Text b). Überdies schließt sie – spätere Lösungen vorwegnehmend – eine Unterscheidung von »Amt« und »Person« ein (Text c).

a) P. Damianis Zwei-Schwerter-Theorie

(Zum Schluß seiner Bemerkungen über das Sakrament der Königssalbung [*inunctio regis*] in Sermo LXIX [s. b)] heißt es:)

Glücklich (zu preisen ist man), wenn das Schwert des Königtums sich mit dem Schwert des Priestertums (vgl. Hebr 4,12f.; Eph 6,17[2]) verbindet, auf dass das priesterliche das königliche Schwert mildere und das königliche das priesterliche Schwert schärfe (*ut gladius sacerdotis mitiget gladium regis, et gladius regis gladium acuat sacerdotis*). Dieses sind die zwei Schwerter, von denen in der Leidensgeschichte des Herrn zu lesen steht: »Siehe, hier sind (die) zwei Schwerter«; und der Herr antwortet: »es ist genug« (Lk 22,38). Dann nämlich wird die Königsherrschaft gefördert, die priesterliche Gewalt erweitert, und stehen beide in Ehren (*Tunc enim regnum provehitur, sacerdotium dilatatur, honoratur utrumque*), wenn sie sich in der vom Herrn vorher festgelegten glücklichen Vereinigung verbinden.

b) P. Damianis Sakramentslehre

(In derselben, bei einer Kirchweih gehaltenen Predigt heißt es nach einem einleitenden Lobpreis der Kirche als des »auf Erden Größten und in den Himmeln Erhabensten *nach dem*

Kreuz, nach der Jungfrau [Maria] und nach den Engeln«:)
Es gibt in der Kirche zwölf Sakramente (*duodecim sacramenta*), die *eines* Glaubens kindliche Pflicht (oder zärtliche Liebe) schützend verwahrt (*quae unius fidei pietas contegit*) [...]
(Genannt werden in der Folge das Sakrament der Taufe [*baptisma*], der Firmung [*confirmatio*], der Krankensalbung [*unctio infirmorum*], der Bischofsweihe [*consecratio pontificis*], der Königsweihe [*inunctio regis*], der Kirchweihe [*dedicatio ecclesiae*] – alle diese dadurch ausgezeichnet, dass zu ihnen »immer auch eine sichtbare Salbung gehört [*sine visibili unctione non fiunt*], während die folgenden aus gutem Grund, wie zu lesen steht, nichts dergleichen enthalten«: es sind: die Beichte [*confessio*], ferner das die Kanoniker,[3] die Mönche, die Eremiten, die Stiftsfrauen [*sanctimoniales*] betreffende Sakrament und schließlich das Sakrament der Ehe [*nuptiarum sacramentum*]. »Dieses sind«, heißt es gegen Ende, »die zwölf Sakramente, auf die, wenn ich mich nicht täusche, jene zwölf Kreuze hinweisen, die wir im (inneren) Umgang einer Kirche eingeprägt sehen«.[4]
Zur *Priester- und Königsweihe* wird ausgeführt:)
Das vierte (Sakrament) ist die Bischofsweihe. Diese ist anerkanntermaßen ebenso besonders würdig wie erhaben (*Haec quanto sublimior, tanto dignior approbatur*) [...]
(Beschrieben werden sodann die einzelnen Weiheriten und ihre symbolische Bedeutung, näm- lich: die Vorbereitung der Kirche auf den Empfang dessen als »Vater«, der zuvor »Sohn« (sc. der Kirche) gewesen; die Salbung des Hauptes mit Öl; die Salbung der Hände; das Aufsetzen des Turbans (*cidaris*) bzw. das Umhüllen des Hauptes für die Salbung; die Übergabe von Fingerring und Hirtenstab. Dann heißt es:)
So vor andern schimmernd in feierlich-herrlicher Gewandung (*Sic solemni vestimentorum glorificatione praefulgidus*) und zum Altar Gottes hintretend und von ihm sich abwendend, ganz wie ein Hausgenosse (*ad altare Dei familiarius intrans et exiens*), läßt er in glücklichem Tausch den richterlichen Zorn dahinfahren (und sich verwandeln) in väterliches Erbarmen. Dieser verfügt über »das Schwert des Geistes, welches das Wort Gottes ist« (Eph 6,17); dieser ist in der Lage, »dem Satan zu übergeben zum Verderben des Fleisches« (I Kor 5,5).
Das fünfte (Sakrament) ist die Königsweihe. Das ist eine erhabene Besprengung (*delibutio*), weil sie eine erhabene Vollmacht (Gewalt) verleiht (bewirkt [*quia sublimem efficit potestatem*]). Denn wenn ein Mann solch edlen Gebluts die Königsweihe empfängt, sei es aufgrund der Erbfolge (seiner Abstammung [*genere*]), sei es durch Wahl, dann werden Klerus und Adel (*religio cum nobilitate*) des gesamten Reiches zusammengerufen. Zur einen Seite nimmt die ruhmreiche Schar der Obermetropoliten (*primates*[5]), Metropoliten[6] und Bischöfe Aufstellung, zur anderen der keineswegs verachtungswürdige, vornehme Stand (*non spernenda nobilitas*) der Herzöge, Grafen und Burgherren (*castellani*). Mittendrin tritt jener Mensch hervor, der über Menschen herrschen soll (*medius homo, super homines regnaturus*), dicht umdrängt von seinem persönlichen Gefolge (*agmen personale*). Man geleitet ihn zum Altar (Gottes als) des erhabensten Fürsten (*excelsus princeps*), auf dass er von demjenigen die Grundlage (*principium*) seiner Herrschaft erlange, durch welchen »die Könige herrschen« (Prov 8,15). Bevor er aber mit der herrscherlichen Gewandung (*imperatoriis cultibus*) bekleidet wird, erkundet man den Willen von Klerus und Volk,[7] und er beschwört mit eigener Hand die Freiheit der Kirchen (*manu propria iurat libertatem ecclesiarum*). Darauf entkleidet man ihn seiner eigenen (›weltlichen‹) Gewänder und besprengt ihn mit dem Öl der Heiligung [...] Man zieht ihm das Purpurgewand an, als Zeichen der königlichen Majestät, reicht ihm das Reichsszepter, das er in Händen trägt, um über das heilige Gottesvolk zu herrschen (*ad regendum populum sanctum Dei*). Man setzt ihm auch die »goldene Krone« auf sein Haupt, »in der eingegraben ist das Zeichen der Heiligkeit,

der Glanz der Ehre« (Sir 45,14) und die Kraft, wie sie die Tapferkeit verleiht. Vor seinen Augen trägt man ihm das Schwert voran, damit er sich bewußt werde, dass er der Rächer des Zornes Gottes und dazu (von Gott) eingesetzt sei (vgl. Röm 13,1.4) [...] [8]

c) Die Unterscheidung von »Person« und »Amt«

Ist schon damit, dass sich beide Gewalten gegen das Böse richten und sich in dessen Bekämpfung zwar unterscheiden, aber auf einander bezogen bleiben, die Verabsolutierung *einer* von ihnen ausgeschlossen, so wird dem vollends der Boden entzogen durch die – »spätere Lösungen vorwegnehmende – Unterscheidung von Person und Amt« (U. Duchrow), wie sie Petrus Damiani u.a. in Kap. 10 seines sog. *Liber gratissimus* (1052) vornimmt. Darin wird ausgeführt, dass die Geistverleihung an die Priester nicht deren »Verdienst« (*meritum*), sondern deren »Amt« (*ministerium*) verdankt werde; zur Begründung heißt es:

Königtum und Priestertum werden nämlich als göttliche Stiftungen wahrgenommen, und darum ist, wenngleich die *Person* dessen, der (ein Amt) verwaltet, sich als denkbar unwürdig erweisen mag, dem *Amt*, das doch jedenfalls gut ist, eine je entsprechende Gnade als Geleit beigegeben (*Regnum namque et sacerdotium a Dei cognoscitur institutum, et ideo, licet amministratoris persona prorsus inveniatur indigna, officium tamen, quod utique bonum est, competens aliquando gratia comitatur*) [...] (vgl. Dan 3; Gen 41; 20). Denn Könige und Priester findet man, obgleich einige unter ihnen, ihrer in Verruf geratenen Lebensführung wegen (*per notabilis vitae meritum*), verworfen sein mögen, dennoch als »Götter« (*dii*) und »Gesalbte« (*christi*) bezeichnet (vgl. Ps 82,6; Joh 10,34; I Sam 24. 26 u.ö.), um des Sakraments des Amtes willen, das sie empfingen (*propter accepti ministerii sacramentum*) [...]

Quellen: Sermo LXIX (PL 144, col. 898-902 (904); *Liber Gratissimus, c.* 10 (PL 145, col. 112f.).
– *Literatur:* U. Duchrow, Christenheit und Weltverantwortung, Stuttgart ²1983, 344-347. 368-375 (Zitat: 346); G. Fornasari, Medioevo riformato del sec. XI. Pier Damiani e Gregorio VII (Nuovo Medioevo 42), Neapel 1996, mit weiterer Literatur.

[1] *Innerhalb des Kardinalskollegiums (zu dessen Entstehung und Funktion s.u. die Einführung zu Text Nr. 32) war es die Aufgabe der* episcopi cardinales hebdomarii *(der jeweils »für eine Woche amtierenden Kardinalbischöfe«), d.h. der Inhaber der sieben »suburbikarischen«, um Rom herum gelegenen Bistümer (darunter Ostia, der Bischofssitz Damianis), für eine Woche an der stadtrömischen Bischofskirche des Lateran (ihr Ehrentitel seit langem:* cardo et caput omnium ecclesiarum *[»Angelpunkt und Haupt aller Kirchen«]) stellvertretende Bischofsdienste zu leisten, namentlich bei Abwesenheit des Papstes, was vor allem unter Leo IX. (1049-1054), der ungewöhnlich häufig Rom verließ, notwendig war.*
[2] *Seit Cyprian (vgl. KTGQ I, Nr. 37) wird unter dem »Schwert des Geistes« (*gladius Spiritus quod est verbum Dei*) des Epheserbriefes die Exkommunikation, der Bann (*anathema*), verstanden; vgl. W. Goez, Art. Zwei-Schwerter-Lehre, in: LMA 9, 1998, 725f. (Lit.!).*
[3] Canonicus *ist der im 6. Jh. zuerst belegte Terminus für einen unter Leitung eines Bischofs oder Archipresbyters gemeinsam Liturgie feiernden und auch vom Bischof unterhaltenen Kleriker (das Bezugswort* canon *bedeutet hier so viel wie Tabelle [in diesem Fall der versorgungsberechtigten bischöflichen Kleriker]). In den »Aachener Institutionen« von 816/17 wird der* ordo canonicus *durch eine spezielle Regel abgegrenzt und umfasst nun alle nicht der Benediktsregel des* ordo monasticus *unterworfenen geistlichen Kommunitäten des fränkischen Großreiches (vgl. o. Nr. 20).*
[4] *Es sind das die sog. Apostelkreuze, welche den Bau der Kirche auf dem Fundament der Apostel (vgl. Eph 2,20) symbolisieren und zugleich die Kirche als Haus Gottes zum Bild des*

himmlischen Jerusalem der Apokalypse werden lassen (vgl. Apk 21,12.21).

5 Das Amt eines Primas (von primus = primarius, episcopus primae sedis), im Unterschied zu dem eines Metropoliten oder Erzbischofs, umfaßt zu dieser Zeit (wie noch heute in der römisch-katholischen Kirche) nur Ehrenvorrechte (Einberufung und Leitung eines Nationalkonzils, Krönung eines Herrschers etc.).

6 Leitende Geistliche einer Kirchenprovinz (wörtl.: Bischöfe in einer Provinzhauptstadt [Metropolis]).

7 Eine Anspielung auf die Befragung des Volkes und des Königs als Bestandteile der Königsweihe, wie sie auch der »Mainzer Ordo« enthält (s.o. Nr. 27a).

8 Zur Fortsetzung s.o. Nr. 27a.

31. Die Kirchenspaltung zwischen Rom und Byzanz (1054)

Das sog. »Schisma des Michael Kerullarios« (Patriarch von Konstantinopel, 1043-1059) – auch das ein »westlicher« Begriff; man könnte mit genau demselben Recht vom »Schisma des Humbert von Silva Candida« sprechen – entwickelte sich, ähnlich wie zuvor das sog. »Photianische Schisma« (s.o. Nr. 25), – vordergründig zumindest – aus der kirchlichen Konkurrenz in Grenzgebieten heraus, in denen sich die Führungsansprüche des Papsttums und des konstantinopolitanischen Patriarchats überschnitten. Es handelte sich diesmal um die byzantinischen Restbesitzungen in Unteritalien, die politisch von den Normannen ernsthaft bedrängt und kirchlich der Oberhoheit Roms zugeschlagen zu werden drohten, falls ein von Papst Leo IX. (1043-1054) erstrebtes Bündnis mit dem byzantinischen Kaiser gegen die normannischen Eindringlinge Wirklichkeit werden sollte. Dagegen kämpfte Patriarch Michael, ein theologisch eher unbedarfter, politisch aber umso ambitionierterer Hierarch, mit allen ihm zur Verfügung stehenden Mitteln. Von Erzbischof Leon (Lev) von Ochrid (ca. 1025-1056) ließ er eine polemische Schrift verfassen, in der – in Ergänzung zu einer inzwischen umfangreichen antilateinischen Literatur[1] der Byzantiner – die ungesäuerten Brote (*Azyma*) der Lateiner und ihr Gebrauch bei der Eucharistie sowie andere liturgische Gebräuche geschmäht wurden. Außerdem ließ er die lateinischen Kirchen in Konstantinopel schließen, wobei es angeblich zur Verunehrung von Hostien kam.[2] Sein Gegenspieler war Humbert von Silva Candida, ein Kirchenreformer (s.u. Nr. 32. I, im Vergleich mit Nr. 30) und Ratgeber des Papstes, zugleich ein Mann von aufbrausendem Temperament; er hatte bereits zwei heftige Gegenschriften gegen die Polemik Leons von Ochrid und auch die fälligen Papstbriefe an Kaiser und Patriarch in Konstantinopel verfasst, bevor er mit zwei Begleitern dorthin entsandt wurde, um den Einfluss des Kerullarios auf den Kaiser zu neutralisieren. Als das mit diplomatischen Mitteln nicht zu erreichen war, legte Humbert mit seinen Begleitern am 16. Juli 1054 (einem der geschichtsträchtigsten Tage der Kirchengeschichte!) auf dem Altar der Hagia Sophia, der Hauptkirche der Orthodoxie also, den Bannbulle nieder (Text a). Obwohl formal nur wenige ausdrücklich genannte Personen betreffend, reihte sie doch derart unbedenklich ostkirchliches Recht und Brauchtum unter die »Irrtümer« des Kerullarios ein, dass sich die östliche Orthodoxie als ganze geschmäht fühlen konnte, wenn nicht gar musste.[3] Die historisch-*rechtliche* Analyse des Eklats von 1054 zeigt, dass dieser weder von Seiten Humberts eine formal gültige Bannung (schon gar nicht eine förmliche Exkommunikation der byzantinischen Kirche), noch von Seiten Michaels ein Schisma bedeutete. Papst Leo IX. war bereits am 19.4.1054 verstorben, die Gesandtschaft unter der Leitung Humberts also, formal gesehen, gar nicht mehr im Besitz gültiger Vollmachten. Die unmittelbar betroffenen Personen sind eigens in den Texten angegeben, die Kirchen als ganze aber von der beabsichtigten Wirkung ausdrücklich ausgenommen. Nach byzantinischer Absicht sollte den Papst nicht einmal die entfernteste Verantwortung treffen. Dennoch wirkte sich der kirchlich-gesellschaftliche Solidarisierungseffekt mit den Wortführern des Streits katastrophal aus und zog nach und nach alle orthodoxen Kirchen in einen Bruch mit Rom hinein. Was der eingetretenen Trennung Dauer verlieh, war, dass man feststellte, schon lange ohne wirklich positive Beziehungen ausgekommen zu sein, und dass man glaubte, man habe sich auch in Zukunft nicht viel Positives mehr zu sagen.

a) Auszug aus der römischen Bannbulle gegen Michael Kerullarios und die Seinen

Humbert, von Gottes Gnaden Kardinal, Bischof der heiligen römischen Kirche; Petrus, Erzbischof von Amalfi; Friedrich, Diakon und Kanzler, an alle Söhne der katholischen Kirche [...] (Als Botschafter [*apocrisiarius*] des Hl. Stuhles in die Kaiserstadt entsandt, haben Humbert und seine Begleiter feststellen können:) [...] bis zu den Säulen des Reiches und seiner geehrten weisen Bürger besteht (dort) das durch und durch christliche und rechtgläubige Gemeinwesen (*civitas*). Aber was Michael, den missbräuchlich Patriarch Genannten, und die Förderer seiner Dummheit anlangt, so wird dort allzu viel ketzerisches Unkraut (*zizania haereseon*) täglich ausgesät [...]
(u.a. wird den Genannten, außer den dogmatischen und rituellen Standardvorwürfen, zur Last gelegt, sie hätten genau so wie die altkirchliche Häresie der »Pneumatomachen« [»Geistbekämpfer«: s. KTGQ I, Nr. 72; 78c.d; 81a.b u.ö.] »den Ausgang des Geistes [auch] aus dem Sohne aus dem Symbolum herausgetrennt«[4]).
Um dieser ihrer Irrtümer und vieles anderen willen hat es Michael verachtet, auf die Briefe unseres Herrn, des Papstes Leo, [...] zu antworten. Überdies hat er [...] die Kirchengebäude [in Konstantinopel] für die Abhaltung der [römisch-katholischen] Messen gesperrt [...] Deshalb haben wir, welche die unerhörte Schmach des heiligen ersten apostolischen Stuhles und das Unrecht nicht ertragen, [...] mit Autorisierung durch die heilige und ungeteilte Dreieinigkeit und den apostolischen Stuhl [...] das Anathema, das unser ehrwürdigster Herr, der Papst, jenem Michael und denen, die ihm anhangen – falls sie nicht wieder zur Vernunft kämen – , angedroht hat (*denuntiavit*), also unterschrieben: Michael, missbräuchlich Patriarch (genannt), frisch getauft (*neophytus*) und nur um menschlicher Ehre willen im Mönchsgewand, [...] und mit ihm Leo von Achrida, der sogenannte Bischof, samt Constantinus, Schatzmeister Michaels, der das römische Opfer (sc. die Hostien) mit seinen profanen Füßen niedergetreten hat, *und alle, die ihnen folgen in den genannten Irrtümern und Behauptungen (praesumptiones)*, seien verflucht beim Advent des Herrn (*anathema Maranatha*[5]), zusammen mit den Simonisten (!), [...] Nikolaiten, [...] Pneumatomachen, [...] und mit allen Ketzern, ja auch mit dem Teufel und seinen Engeln, wenn sie nicht etwa zur Einsicht kommen. Amen. Amen. Amen.

b) Aus dem Synodaledikt der Patriarchalsynode von Konstantinopel (24. Juli 1054)

[...] Menschen (die aus dem West[lich]en [Land] stammen) sind aus der Finsternis aufgetaucht; [...] Wie ein Blitz, [...] wie ein Wildschwein (vgl. Ps 80 [79],14) brachen sie ein und wagten es, die rechte Lehre (τὸν ὀρθὸν λόγον) durch abweichende Lehrmeinungen (δόγματα) zu beflecken; ja, sie legten eine Anklageschrift (γραφή) auf dem mystischen (Altar-)Tisch der Großen Kirche Gottes nieder, durch die sie gegen uns, oder vielmehr gegen die orthodoxe Kirche Gottes, und alle Rechtgläubigen, [...] den Bannfluch schleudern [...] (Die von ihnen erhobenen Anschuldigungen zielten, so die Fortsetzung, unter vielem anderen auf die Barttracht der Kleriker und Mönche, auf die Priesterehe und das *Filioque*[6]). Gemäß der Vorsorge (οἰκονομία) des Kaisers, des Hüters der Rechtgläubigkeit, wurden das gottlose Schriftstück samt denjenigen, die es aufgesetzt oder zu verfassen veranlasst oder den Verfassern Hilfe geleistet haben, in Gegenwart der Abgesandten des Kaisers in der Großen Kanzlei mit dem Anathem belegt. So wurde (sc. durch die Patriarchalsynode) geurteilt [...]: mit dem Anathema seien zu belegen wiederum dasselbe gottlose Schreiben, außerdem diejenigen, die es herausgaben und schrieben und irgendeine Form von Zustimmung oder Rat dazu erteilten [...].

Quellen: C. Will, Acta et scripta de controversiis ecclesiae graecae et latinae saec. XI, Leipzig-Marburg 1861, 153f.155-168; hier: 157.167; *Übersetzungen:* N. Thon, Quellenbuch zur Geschichte der Orthodoxen Kirche (Sophia 23), Trier 1983, 200-205. – *Literatur:* K. Wessel, Dogma und Lehre in der Orthodoxen Kirche von Byzanz, in: HDThG[2] I, 1999, 284-405; hier: 348-363 (mit weiterer Literatur); M. Dirschner, Humbert von Silva Candida. Werk und Wirkung des lothringischen Reformmönches, Neuried 1996; P. Gemeinhardt, Die Filioque-Kontroverse zwischen Ost- und Westkirche im Frühmittelalter, Berlin 2002, bes. 322-359; A. Bayer, Spaltung der Christenheit. Das sogenannte Morgenländische Schisma von 1054 (BAKG 53), Köln u.a. [2]2004.

1   Z.B. aus der Feder des bedeutenden Mönchstheologen Niketas Stethatos (gest. 1080).

2   Vgl. den Bericht des römischen Legaten, Kardinal Humberts von Silva Candida, über seine Verhandlungen in Konstantinopel (hg.v. C. Will, Acta et scripta etc. [s.o.], 150f.).

3   Die Kirchengemeinschaft zwischen Ost und West ist bis heute nicht wiederhergestellt. Immerhin haben Papst Paul VI. (1963-1978) und Patriarch Athenagoras I. (1948-1972) von Konstantinopel mit seiner Hl. Synode (7. Dez. 1965) die Bannflüche von 1054 förmlich aufgehoben und gemeinsam erklärt: a. dass sie »die beleidigenden Worte, unbegründeten Vorwürfe und verwerflichen Gesten« bedauern, »die von beiden Seiten die traurigen Ereignisse dieser Epoche gekennzeichnet und begleitet haben«; b. dass sie ebenso »die Bannsprüche« bedauern, »die ichnen damals folgten«, und sie »aus dem Gedächtnis und aus der Mitte der Kirche« beseitigen, bilde doch »deren Erinnerung]...] bis in unsere Tage ein Hindernis für die Annäherung in der Liebe«; sie seien darum »der Vergessenheit« überliefert; c. dass sie endlich »die ärgerlichen Vorfälle zuvor und danach« beklagen, »die unter dem Einfluss verschiedener Faktoren – darunter wechselseitiges Missverstehen und Misstrauen – schließlich zum Bruch der kirchlichen Gemeinschaft geführt haben« (Vers l'Unité Chrétienne, Paris 1965 [Nov.-Dez.], 91ff.; zit. bei N. Thon, Quellenbuch zur Geschichte der Orthodoxen Kirche, Trier 1983 [Sophia 23], Nr. 142a).

4   Dieser – unsinnige – Vorwurf nimmt umso mehr wunder, als der griechische und lateinische Text des alten nizänokonstantinopolitanischen Symbols (ohne Filioque*), auf zwei Silberplatten eingraviert, gegenüber der* Confessio *von St.Peter in Rom aufgestellt worden war, und zwar auf Veranlassung Papst Leos III. (795-816), der, von Karl d.Gr. bedrängt, zwar der Lehre des* Filioque *zustimmte, aber dessen Einfügung in den Symboltext strikt verwarf. In Rom ist dieser Zusatz erst, auf Bitten Heinrichs III., von Papst Benedikt VIII. (ca. 1013) in das Messsymbol eingeführt worden. Vgl. zu diesem gesamten Problemkreis vor allem L. Vischer (Hg.), Geist Gottes – Geist Christi (BÖR 39), Frankfurt a. M. 1981; B. Oberdorfer,* Filioque *(FSÖTh 96), Göttingen 2001; P. Gemeinhardt, Die Filioque-Kontroverse zwischen Ost- und Westkirche im Frühmittelalter, Berlin u.a. 2002; A.E. Sieciensky, The* Filioque*. History of a Doctrinal Controversy, Oxford 2010; M. Böhnke u.a. (Hg.), Die* Filioque*-Kontroverse (QD 245), Freiburg 2011.*

5   Vgl. dazu die zutreffende Erklärung C. Witts, a.a.O., 154, Anm. 5, unter Hinweis auf I Kor 16,22.

6   S.o. Anm. 4.

32. Der sog. »Investiturstreit«: Voraussetzungen, Verläufe, Hauptergebnisse

Seit dem späten 10. Jh. häuften sich im Bannkreis von Cluny (s.o. Nr. 26) in auffälliger Weise Laienaktivitäten (wie Kirchbauten und Pilgerfahrten), nicht, wie man etwa gemeint hat, aus Furcht vor dem Weltuntergang im Jahre 1000, für die es so gut wie keine Belege gibt; vielmehr wohl aus dem Bestreben heraus, dass Laien des Christenglaubens und des himmlischen Jerusalems durch die fromme Tat auch selbst habhaft werden wollten. Darum wurde auch immer mehr die Forderung laut, dass die Weltgeistlichen nicht länger in der Weltverflochtenheit durch »Simonie« und »Unzucht« verkommen, sondern »nach dem Vorbild der Urkirche« in mönchischer Armut und freiwilliger Ehelosigkeit zusammenleben und in die Welt wirken sollten, so, wie es (seit 1059) viele Domkapitel, als »Chorherren« nach dem von Augustin aufgezeigten Ideal einer *vita canonica* lebend, taten (s.o. Nr. 19; u. Nr. 35c). Darum auch wandten sich in Deutschland unter und seit Kaiser Heinrich III. viele dem neuen Ideal zu, nicht ohne Widerstand von Bischöfen und Mönchen, die die alten Laxheiten ungern missen mochten; darum erhoben sich seit 1056 in Mailand Geistliche und Laien der sog. »Pataria« (s.u. Nr. 39a), um gegen die verrottete, »simonistische« Hierarchie die städtische Laienschaft aufzurufen und ihr eine strenge Gemeinschaftsordnung vorzuleben. Die ganze Kirche sollte »frei« werden, frei von ihren Verstrickungen in Adelsinteressen und Machtpolitik, frei für die ursprünglichen Forderungen des Christentums, die *vita apostolica* (das »apostolische Leben«). Ähnlich zogen auch in Schwaben und Franken, durch die Benediktiner des Klosters Hirsau (an der Nagold) angeregt, Bruderschaften aus Adeligen, Handwerkern und Bauern als Wanderprediger umher und organisierten das gemeinsame Leben »nach der Art der Urkirche« (Hirsauer Reform). Das frühmittelalterliche *Papsttum* hatte zwar im fränkischen Schutz seinen vorläufigen Zenit erreicht, war aber durch den Niedergang seiner Schutzmacht in die Agonie stadtrömischer Adelskämpfe und abermaliger Provinzialität hinabgezogen worden. Es folgte das eigentliche *saeculum obscurum*, die seit langem dunkelste Periode während des (angeblich durchweg) »finsteren Mittelalters«. An deren Anfang (882) starb ein Papst durch Mord; an ihrem Ende mussten auf der Synode zu Sutri 1046 sogar drei miteinander rivalisierende Päpste auf einen Schlag abgesetzt werden. Mit dem neuen, dem »deutschen« Papst Leo IX., auf einem Hoftag in Worms für sein Amt bestimmt und von hervorragenden Mitarbeitern und Vordenkern wie Petrus Damiani und Humbert von Silva Candida (s. Nr. 30f.) umgeben, beginnt eine neue Epoche. Wohl zurecht spricht man mit R. Schieffer davon als der »papstgeschichtlichen Wende«. Von nun an suchten die Päpste ihren in der Theorie längst vorbereiteten universalen Leitungsanspruch in bislang unbekannter Form in die Realität umzusetzen. Ein wichtiges Instrument war die Neuformierung des Kardinalskollegiums (aus Kardinalbischöfen, -priestern und -diakonen) als eines Führungsgremiums, das, nicht länger abhängig vom Wechsel an der Spitze der Kirchenleitung, für ein ausreichendes Maß an Kontinuität sorgte und dem Einfluss des stadtrömischen Adels auf die Papstwahlen den Boden entzog. Damit war nicht zuletzt auch der Anstoß zu dem gegeben, was man – viel zu eng – den »Investiturstreit« zu nennen pflegte. Denn abgesehen davon, dass es nicht nur einen einzigen Streit dieser Art gab, den zwischen Kaisertum und Papsttum (s.u. III), waren die Investitur von Bischöfen und Reichsäbten (in Deutschland und »Reichsitalien« [um Mailand als Mittelpunkt]) durch den Kaiser, aber auch dessen Einfluss (als *patricius Romanorum*[1]) auf die Papstwahl, nur ein – allerdings wesentlicher – Teil der (nun weithin unerträglich gewordenen) feudalen Weltverflechtung der Kirche.

I. Zu den Voraussetzungen des Streites:

a) Aus dem Papstwahldekret Nikolaus' II. (1059)

(3) Stirbt der Bischof dieser allgemeinen römischen Kirche, so sollen in erster Linie die Kardinalbischöfe[2] alles aufs sorgfältigste erwägen und ins Werk setzen und bald die Kardinalkleriker[3] beiziehen; und so sollen der übrige Klerus und das Volk der Neuwahl zustimmend beitreten.

(4) Damit sich nicht die Seuche der Käuflichkeit (*venalitatis morbus*) bei irgendeiner Gelegenheit einschleiche, gebührt den Geistlichen (*religiosi*) bei der Wahl des auf den Thron zu erhebenden Bischofs (*pontifex*) der Vortritt, die übrigen dagegen sollen folgen. [...] (All das entsprechend) der Sentenz unseres seligen Vorgängers Leo, der da sagte:[4] »Kein Grund (*ratio*) lässt es zu, dass als Bischöfe gelten, die weder von Klerikern gewählt, noch vom Volk gewünscht, noch unter Zustimmung des Metropoliten (*cum metropolitani iudicio*) von den Bischöfen derselben Provinz geweiht wurden«. Weil aber der Apostolische Stuhl den Vorrang vor allen Kirchen auf Erden besitzt (*sedes apostolica cunctis in orbe terrarum praefertur ecclesiis*) und deshalb keinen Metropoliten über sich haben kann, darum steht es außer Zweifel, dass die Kardinalbischöfe an Stelle des Metropoliten fungieren, welche offensichtlich den gewählten Vorsteher zum Gipfel des Apostolischen Stuhles erheben (*ad apostolici culminis apicem provehunt*).
(5) Findet sich eine geeignete Persönlichkeit (*idoneus*), so sollen sie einen aus dem Schoß ihrer Kirche wählen [...]
(6) Dabei bleibt unberührt die schuldige Ehrerbietung gegenüber unserem geliebten Heinrich,[5] der für jetzt als König gilt und, so Gott es zulässt (*Deo concedente*), als künftiger Kaiser zu erhoffen ist, wie wir es ihm bereits zugestanden haben (*concessimus*) und seinen Nachfolgern gewähren werden, die für ihre Person dieses Recht vom Apostolischen Stuhl zu erlangen suchen (*impetraverint*) [...]

b) Aus dem *Dictatus Papae* (Anfang März 1075)

(1) Die römische Kirche ist allein von (Gott) dem Herrn gegründet (*a solo Domino* [...] *fundata*).
(2) Nur der römische Bischof hat das Recht, allgemeiner (Bischof) zu heißen (*iure dicatur universalis*).
(3) Er allein vermag Bischöfe ab- und wieder einzusetzen.
(4) Sein Legat soll auf allen Bischofssynoden den Vorsitz innehaben, auch wenn er einen geringeren Weihegrad besitzt, und er kann über sie (alle) das Absetzungsurteil aussprechen.
(5) Der Papst (*papa*) vermag (selbst) Abwesende abzusetzen.
(7) Ihm allein ist es gestattet, wenn die Zeitumstände es erheischen (*pro temporis necessitate*), neue Gesetze zu geben, neue Gemeinden (*plebes*) zu begründen [...]
(8) Er allein kann sich kaiserlicher Insignien[6] bedienen (*uti imperialibus insigniis*).
(9) Allein des Papstes Füße haben alle Fürsten zu küssen (*solius papae pedes omnes principes deosculentur*).
(10) Sein Name allein soll in (sc. allen) Kirchen (sc. in der Liturgie) genannt werden.
(11) Der (Papst-)Name ist einzig in aller Welt (sc. niemand sonst darf ihn tragen).
(12) Ihm (allein) ist es gestattet, Kaiser abzusetzen (*illi liceat imperatores deponere*).
(13) Er kann im Notfall Bischöfe von einem Sitz auf einen anderen versetzen.
(16) Keine Synode darf ohne seine Billigung als eine allgemeine (*generalis*) bezeichnet werden.
(17) Kein Abschnitt (*capitulum*), auch kein Buch darf ohne seine Bevollmächtigung (*auctoritas*) als kanonisch (= kirchenrechtlich verbindlich) bezeichnet werden.
(18) Seinen Urteilsspruch (*sententia*) darf niemand nochmals zur Erörterung stellen (*retractare*), und er allein kann aller Entscheidungen anfechten.

(22) Die römische Kirche hat sich niemals geirrt und wird sich nach dem Zeugnis der Schrift auch niemals irren (*Romana ecclesia numquam erravit, nec in perpetuum, Scriptura testante, errabit*).

(24) Auf seinen Befehl und mit seiner Erlaubnis ist es Untertanen (*subiecti*) gestattet, Klage zu erheben (*accusare*).

(25) Er vermag ohne Zusammentritt einer Synode Bischöfe ab- und wieder einzusetzen.

(26) Niemand soll als Katholik gelten können, der nicht mit der Kirche Roms übereinstimmt.

(27) Er vermag Untertanen von der Lehnspflicht (dem Treueid) gegenüber Ungerechten (Kirchenfeinden, Sündern) zu entbinden (*a fidelitate iniquorum subiectos potest absolvere*).

II. Stationen des Streites

c) Aus dem Absetzungsschreiben Heinrichs IV. an Gregor VII. (Worms, 24. Jan. 1076)

Der Streit zwischen deutschem König und Papst entzündete sich an einem Einzelfall: der Einsetzung des königlichen Kaplans Thedald zum Erzbischof von Mailand durch Heinrich (1075). Auf Gregors Vorhaltungen reagierte Heinrich, gestützt auf die romfeindliche Gesinnung des deutschen Episkopats, mit folgendem Absetzungsdekret:

Heinrich, von Gottes Gnaden König, an Hildebrand. Während ich bisher von dir erwartete, was dem Verhalten eines Vaters entspricht, und Dir in allem gehorchte, [...] erhielt ich von Dir einen Lohn, wie er nur von dem gefährlichsten Feind unseres Lebens und Reiches zu erwarten war [...][7] Diesen unerhörten Eigensinn glaubte ich nicht mit Worten, sondern mit der Tat zurückweisen zu müssen. Ich hielt darum eine allgemeine Versammlung aller Reichsfürsten auf ihre Bitten ab. Als man dort, was man bisher aus Scheu und Ehrfurcht verschwiegen hatte, an die Öffentlichkeit brachte, da wurde aufgrund der wahrheitsgetreuen Darlegungen dieser Fürsten – du kannst sie ihrem eigenen Schreiben entnehmen – verkündet, dass Du auf keinen Fall auf dem römischen Stuhl bleiben kannst. Weil deren Spruch gerecht und vor Gott und den Menschen anerkennenswert schien, stimmte auch ich zu und spreche Dir alles Recht der päpstlichen Gewalt ab, das Du zu besitzen schienst; aufgrund des Patriziates über die Stadt (Rom), wie es mir Gott zutwies und die Römer[8] durch Schwur zubilligten, so dass es mir zusteht, befehle ich Dir, von ihrem Stuhl herabzusteigen.

d) Aus dem Exkommunikations- und Absetzungsdekret Gregors (Römische Fastensynode, 14. Febr. 1076)

Heiliger Petrus, Fürst der Apostel, wir bitten Dich, neige gnädig Deine Ohren und erhöre mich, Deinen Knecht [...] (Auf Deinen bisherigen, besonderen Schutz sowie auf die mir anvertraute Stellvertretung und Schlüsselgewalt) fest vertrauend, spreche ich, zur Ehre und Verteidigung Deiner Kirche, im Namen des allmächtigen Gottes, des Vaters, des Sohnes und des Heiligen Geistes, kraft Deiner Gewalt und Vollmacht König Heinrich, Sohn Kaiser Heinrichs, der sich gegen Deine Kirche in unerhörtem Hochmut aufgelehnt hat, die Herrschaft über das gesamte Reich der Deutschen (*teutonici*) und Italiens ab und entbinde alle Christen von dem Eid, den sie ihm geschworen haben oder noch schwören werden; und ich untersage jedem, ihm

Investiturstreit 103

(noch länger) als einem König zu dienen. [...] Und weil er es verschmäht hat, wie ein Christ Gehorsam zu leisten, und nicht zurückgekehrt ist zu dem Gott, den er verlassen, dadurch dass er mit Gebannten Gemeinschaft hielt, meiner Ermahnungen, die ich zu seinem Heil ihm zugehen ließ – Du bist mein Zeuge! –, nicht achtete und sich selbst von Deiner Kirche trennt, indem er sie zu spalten trachtet, darum schlage ich ihn an Deiner Statt mit der Fessel des Anathems (*vinculo* [...] *anathematis*). So binde ich ihn im Vertrauen auf Dich, auf dass es alle Völker wissen und als richtig anerkennen: Du bist Petrus, und auf Deinen Felsen (*petra*) hat der Sohn des lebendigen Gottes die Kirche errichtet, und die Pforten der Hölle werden sie nicht überwältigen (Mt 16,18).

III. Das »Wormser Konkordat« (23. Sept. 1122) als *ein* Ergebnis

Wie die Bezeichnung »Investiturstreit« im Grunde irreführend, weil viel zu eng ist (s.o.), so kann auch keine Rede davon sein, dass das Ringen zwischen *sacerdotium* und *imperium* etwa damit für alle Zeit beendet gewesen wäre, dass sich Kaiser und Papst, allmählich des Kampfes müde, nach Vorverhandlungen (in einer paritätisch besetzten Kommission aus Kardinälen und Reichsfürsten), auf einen Ausgleich in Worms verständigten (seit Leibniz allgemein »Wormser Konkordat« geheißen). Das Verhältnis der »beiden Gewalten« blieb vielmehr einer Zerreißprobe ausgesetzt, nur dass deren traditionelle Einheit nunmehr durch einen Dualismus abgelöst wurde, der die Entwicklung bis ins ausgehende Mittelalter bestimmen sollte.

e) Aus der Urkunde Heinrichs V. (*Pactum Heinricianum*)

Im Namen der heiligen, unteilbaren Trinität. Ich, Heinrich, von Gottes Gnaden erlauchter Kaiser (*imperator augustus*) der Römer, verzichte, (und zwar) aus Liebe zu Gott und der heiligen römischen Kirche und zu meinem Herrn Calixt und um meines Seelenheils willen (*pro remedio animae meae*), zugunsten Gottes und seiner heiligen Apostel Petrus und Paulus und der heiligen römischen Kirche auf jegliche Investitur mit Ring und Stab (*investitura per anulum et baculum*) und gestatte, dass in allen Kirchen meines König- und Kaiserreiches die Wahl auf kanonische Weise geschehe und die Weihe frei sei. Die Besitzungen und Regalien des seligen Petrus,[9] die seit Beginn dieses Streites bis auf den heutigen Tag, sei es zu meines Vaters oder auch zu meiner Zeit, entfremdet wurden, erstatte ich der heiligen römischen Kirche, soweit sie in meinem Besitz sind, wieder zurück; soweit ich aber nicht darüber verfüge, werde ich die Rückerstattung getreulich fördern. Auch die Besitzungen aller anderen Kirchen und Fürsten sowie anderer, seien es Kleriker oder Laien, die in diesem Streit (*werra*) verloren gegangen sind, will ich auf der Fürsten Rat und Gericht (*iustitia*) hin, soweit sie in meinem Besitz sind, rückerstatten; soweit ich aber nicht darüber verfüge, werde ich die Rückerstattung getreulich fördern. Auch garantiere ich dem Herrn Papst Calixt und der heiligen römischen Kirche und allen, die auf seiner Seite stehen oder gestanden haben, wirklichen Frieden. Und in allem, worin die heilige römische Kirche um Hilfe bitten wird, werde ich getreulich helfen und, worüber sie mir gegenüber Klage führt, werde ich ihr Recht verschaffen, wie es sich gebührt [...]

f) Aus der Urkunde Calixts II. (*Pactum Calixtinum*)

Ich, Calixt, Bischof und Knecht der Knechte Gottes (*servus servorum Dei*[10]), gestatte Dir, meinem lieben Sohn Heinrich, von Gottes Gnaden erlauchtem Kaiser der Römer, dass die Wahlen der Bischöfe und Äbte im deutschen Reich, soweit sie zum

Reich (*regnum*) gehören, in Deiner Gegenwart stattfinden, doch ohne Simonie oder andere Gewalttätigkeit (*violentia*), so dass Du, falls irgendwo zwischen den Parteien Zwietracht aufkommen wird, nach dem Rat und Urteil des Metropoliten und der Mitbischöfe derselben Provinz, der Partei mit den triftigeren Gründen (*sanior pars*) Zustimmung und Hilfe gewährst. Der Gewählte aber soll von Dir durch das Szepter die Regalien[11] erhalten, und was er daraus Dir rechtlich schuldet, soll er leisten. In den anderen Teilen des Reiches (*imperium*)[12] jedoch soll der Geweihte binnen sechs Monaten von Dir durch das Szepter die Regalien empfangen, und was er Dir daraus rechtlich schuldet, soll er leisten, ausgenommen alles, was, wie bekannt, der römischen Kirche gehört [...]

Quellen: L. Weiland (Hg.), *Gesta pontificum Romanorum* (MGH.Const I), Hannover 1893, 539ff. (Papstwahldekret); 110 (Wormser Dekret); 159ff. (Wormser Konkordat); E. Caspar, Das Register Gregors VII. (MGH Epp. Sel. II,1), Berlin 1920, Lib. II, 55 a, 201-208 (Dictatus Papae); ebd. Lib. III, 10a, 268-271 (Exkommunikation Heinrichs und des deutschen Episkopats); J. Laudage / M. Schrör (Hg.), Der Investiturstreit. Quellen und Materialien (Lat.-dt.), Köln u.a. ²2006. – *Literatur:* G. Tellenbach, *Libertas*. Kirche und Weltordnung im Zeitalter des Investiturstreites, Stuttgart 1936 (engl. 1940 u.ö.); H. Jakobs, Die Hirsauer (KHAb 4), Köln 1961; J. Fried, Der Regalienbegriff im 11. und 12. Jh., DA 29 (1973) 450-528; R. Schieffer, Die Entstehung des päpstlichen Ivestiturverbotes für den deutschen König, Stuttgart 1981; W. Hartmann, Der Investiturstreit, München (1993) ²1996; J. Laudage, Gregorianische Reform und Investiturstreit, Darmstadt 1993 (EdF 282); W. Goez, Kirchenreform und Investiturstreit, Stuttgart ²2008; R. Schieffer, Motu proprio. Über die papstgeschichtliche Wende im 11. Jahrhundert, HJ 122 (2002) 27-41; U. Schludi, Die Entstehung des Kardinalskollegiums. Funktion – Selbstverständnis – Entwicklungsstufen, Ostfildern 2014; Hauschild / Drecoll I, 615-627.

[1] *Vgl. dazu o. Nr. 19, Anm. 1., mit Nr. 14.*
[2] *S.o. Nr.30, Anm.1.*
[3] *Das sind neben den Kardinalbischöfen die Kardinalpresbyter und -diakone, d.h. diejenigen Angehörigen des stadtrömischen Klerus, die dem bischöflichen Presbyterium angehörten; im 11. Jh. wird das römische Kardinalat aus einer lokal-stadtrömischen zu einer gesamtkirchlichen Institution.*
[4] *Leo I., ep. Ad Rusticum Narbonnensem (PL 54, 1203).*
[5] *Sc. Heinrich III.*
[6] *Ein Anklang an die »Konstantinische Schenkung« (s.o. Nr. 17, § 14).*
[7] *Genannt werden: der Raub aller ererbter Ehre; der Versuch, die Herrschaft über Italien mit üblen Machenschaften zu entreißen; die Schmähung des Reichsepiskopats.*
[8] *Gemeint ist offenbar das Volk der Stadt Rom (und damit auch ein Neuverständnis des Titels patricius Romanorum [s.o. Nr. 19, Anm.1]!).*
[9] *Es geht um die sog. Regalia sancti Petri als Grundlage des von den Reformpäpsten seit Leo IX. behaupteten »Königlichen Priestertums der heiligen römischen Kirche und des apostolischen Stuhles«, das auf die »Konstantinische Schenkung« (s.o. Nr. 17) aus römischem Staatsbesitz und dessen Unveräußerlichkeit verwies. Hatte bereits 1095 der deutsche Gegenkönig Konrad (III.) sich auf diese Formel verpflichten müssen, so auch Kaiser Heinrich im Wormser Konkordat!*
[10] *S.o. Nr. 10 zu Gregor I. (Vorspann).*
[11] *Hier = Szepterlehen, d.h. das vom König persönlich durch das Symbol des Szepters verliehene Reichskirchengut.*
[12] *Außer dem regnum teutonicum umfaßte das Kaiserreich (imperium) (Reichs-)Italien und Burgund.*

33. Der Weg der mittelalterlichen Theologie im Übergang zu den scholastischen Systemen

a) Der Abendmahlsstreit des 11. Jh. und seine Folgen

Dieser Streit verbindet sich mit den Namen des (aus der Kathedralschule von Chartres [unter Fulbert] hervorgegangenen) »Schulleiters« (scholasticus) der Domschule von Tours *Berengar* (gest. 1088) und seines Gegenspielers, des Leiters der Klosterschule von Bec in der Normandie *Lanfranc* (gest. 1089). Der Streit mutet an wie eine Neuauflage der Diskussion zwischen den beiden Mönchen des Klosters Corbie, Radbertus und Ratramnus (s.o. Nr. 22): als abermaliger Protest des augustinischen »Spiritualismus« gegen den »Sakramentalismus« der kirchlichen Abendmahlspraxis. Es ist jetzt aber nicht zuletzt ein Streit um die Zulässigkeit der *Dialektik* innerhalb der Theologie (»Dialektiker« contra »Antidialektiker«).

1.Aus dem Berengar vorgeschriebenen Glaubensbekenntnis (Synode von Rom 1059)
(Berengar war schon von mehreren Synoden [1050 Rom und Vercelli; 1051 Paris; 1054 Tours] verurteilt worden. Die im Folgenden im Auszug mitgeteilte Formel, von Berengar in Rom 1059 unter Druck unterschrieben, hatte niemand anderes als Kardinal Humbert von Silva Candida [vgl. o. Nr. 31 u.ö.] verfasst.)
Ich, Berengar (*Ego Berengarius*), unwürdiger (Archi-)Diakon der Kirche des Hl. Mauritius zu Angers, erkenne den wahren und apostolischen Glauben an und verurteile jede Häresie, besonders diejenige, deretwegen ich bisher beschuldigt wurde (*infamatus sum*); diese wagt zu behaupten, Brot und Wein auf dem Altar seien nach der Weihung nur Sakrament und nicht wahrer Leib und wahres Blut unseres Herrn Jesu Christi (*post consecrationem solummodo sacramentum, et non verum corpus et sanguinem Domini nostri Iesu Christi*) und könnten nicht sinnenhaft – außer allein im Sakrament – von den Händen der Priester berührt oder gebrochen oder von den Zähnen der Gläubigen zermahlen werden. Ich stimme vielmehr der heiligen Römischen Kirche und dem Apostolischen Stuhl zu und bekenne mündlich und von Herzen, dass ich bezüglich der Lehre vom Sakrament des Altars (*de sacramento dominicae mensae*) an jenem Glauben festhalte, den man nach der Überlieferung des Herrn und ehrwürdigen Papstes Nikolaus und dieser heiligen Synode, kraft evangelischer und apostolischer Autorität, festhalten muss, dass nämlich Brot und Wein auf dem Altar nach der Konsekration nicht nur ein Sakrament (*non solum sacramentum*), sondern auch wahrer Leib und wahres Blut unseres Herrn Jesu Christi sind und dass sie sinnenhaft (*sensualiter*), nicht nur sakramental, sondern real (*non solum sacramento, sed in veritate*) von den Händen der Priester berührt und gebrochen und mit der Zähnen der Gäubigen zermahlen werden (*manibus sacerdotum tractari et frangi et fidelium dentibus atteri*) [...]

2. Aus Lanfrancs Schrift »Über Leib und Blut des Herrn wider Berengar« (De corpore et sanguine Domini adv. Berengarium [ca. 1065])
(Kap. 7) Die heiligen Autoritäten hintansetzend, nimmst du zur Dialektik deine Zuflucht (*Relictis sacris auctoritatibus ad dialecticam confugium facis*). Ich jedoch bevorzuge – bestrebt, in den Glaubensgeheimnissen zu hören und zu erwidern, was der Sache dienen muss (*auditurus ac responsurus quae ad rem debeant pertinere*) – den heiligen Autoritäten (sc. Schrift und Vätertradition) zu folgen und (entsprechend) zu lehren (eher) als den Beweisgründen der Logik (*quam dialecticas rationes*) [...]
(Wenn er trotzdem, fährt Lanfranc fort, gegenüber den philosophischen Einwänden seines

Kontrahenten von den Mitteln der Dialektik Gebrauch mache, so seien Gott und sein Gewissen [*conscientia*] Zeugen, dass er bei Behandlung von Glaubensfragen [*in tractatu divinarum litterarum*] am liebsten auf die dialektischen Künste verzichte; nur wo sie der größeren Klarheit des Gegenstandes dienlich seien, wolle er sie benutzen. Dazu berechtige nicht zuletzt das große Lob, das Augustin, zumal in seiner Schrift *De doctrina christiana*, dieser Disziplin gezollt habe).

(Kap. 18) (Positiv kann die kirchliche Eucharistielehre, nach Zurückweisung aller Beschuldigungen und Schmähungen seitens Berengars, in aller Kürze wie folgt entfaltet werden:) Wir glauben, dass die irdischen Substanzen (*terrenae substantiae*), die auf dem Tisch des Herrn (*in mensa Dominica*) durch priesterlichen Dienst von Gott her (*divinitus*) geheiligt werden, unaussprechlich, unbegreiflich und auf staunenerregende Weise (oder: als ein Wunder), durch Einwirkung einer höheren Macht, in das Wesen des Leibes unseres Herrn verwandelt werden (*ineffabiliter, incomprehensibiliter, mirabiliter, operante superna potentia, converti in essentiam Dominici corporis*), wobei das Aussehen und einige andere Eigenschaften der Dinge bewahrt bleiben (*reservatis ipsarum rerum speciebus et quibusdam aliis qualitatibus*), damit man nicht beim Empfang (von Leib und Blut) durch (Kontakt mit) Rohem und Blutigem abgeschreckt werde und die Gläubigen umso größere Belohnungen (*praemia*) für ihren Glauben empfangen. Dennoch befindet sich der Leib des Herrn selbst (zugleich) unsterblich, unversehrt, ungemindert, unbefleckt und unangetastet im Himmel zur Rechten des Vaters (*ipso tamen Dominico corpore existente in coelestibus ad dexteram Patris* [...]). Folglich lässt sich mit Recht sagen, dass wir denselben Leib essen, der aus der Jungfrau genommen ist, und doch wiederum nicht denselben. Er ist derselbe hinsichtlich seines Wesens und der Eigentümlichkeit und Kraft seiner wahrhaften Natur; nicht derselbe ist er jedoch hinsichtlich des Aussehens von Brot und Wein und der übrigen oben zusammengefassten Aspekte (*Ipsum quidem, quantum ad essentiam veraeque naturae proprietatem atque virtutem: non ipsum autem, si spectas panis vinique speciem caeteraque superius comprehensa*). An diesem Glauben hat die Kirche von altersher festgehalten und hält sie noch jetzt fest [...]

3. Aus Berengars Schrift »Erwiderung auf Lanfranc« (Rescriptum contra Lanfrancum [ca. 1068])
Wenn ich mich, um die Wahrheit ans Licht zu bringen, dialektischer Begrifflichkeit (*verbis dialecticis*) bediente, dann heißt das nicht, dass ich (sc. notgedrungen) bei der Dialektik meine Zuflucht gesucht hätte, zu der, wie ich sehe, die »Weisheit Gottes« und die »Kraft Gottes« (vgl. I Kor 1,24) keineswegs in Widerspruch stehen, sondern (es ging darum), Gegner nach allen Regeln der Kunst zu widerlegen (*arte revincere*).[...] (vgl. Mt 12,27; 22,43.45). Rundheraus (gesagt) ist es Zeichen großen Mutes, in allem zur Dialektik Zuflucht zu nehmen (*Maximi plane cordis est, per omnia ad dialecticam confugere*); denn Zuflucht zu ihr bedeutet Zuflucht zur Vernunft (*ratio*). Wer sich nicht dorthin wendet, gibt seine Würde (*honor*) preis, weil er seiner Vernunft nach als Ebenbild Gottes geschaffen wurde (*cum secundum rationem sit factus ad imaginem Dei*), und er kann nicht täglich zur Gottebenbildlichkeit erneuert werden (*renovari de die in diem ad imaginem Dei* [vgl. II Kor 4,16!]) [...] (folgt u.a. das Zitat von Augustin, *De ord.* 2, 13, 38; 16, 44). Kein Verständiger (*cordatus homo*) darf dir darin folgen, dass er es vorzieht, lieber Autoritäten in irgendeiner Frage nachzugeben als mit seiner Vernunft, falls er wählen kann, unterzugehen (*ut malit auctoritatibus circa aliqua cedere, quam ratione, si optio detur, perire*)[1][...]
Sicher ist – in Anbetracht deiner Bildung! –, dass es nicht weniger tropischer Redeweise[2] verdankt wird, zu sagen: »Das Brot, das auf dem Altar liegt, ist nach der

Konsekration Leib und Blut Christi«, als wenn man sagt: »Christus ist ein Löwe« (Act 5,5), »Christus ist ein Lamm« (Joh 1,36) oder »Christus ist der Schlussstein« (Eph 2,20). [...] Wenn der Herr von dem Brot, dem er zuerst das Vorrecht zuerkannte, sein Leib zu sein, sagt: »Dies«, d.h. diese Sache, dieses Brot »ist mein Leib« (Mt 26,26), dann bediente er sich uneigentlicher Redeweise (*non est locutus proprie*); denn jenes konkrete (einzelne) Brot (*panis ille individuus*), dem er zu solcher Würde verhalf, dass es, würdig verzehrt (vgl. I Kor 11,27.29), dem Seelenheil zu dienen vermöge, war gar nicht fähig, als jener konkrete Leib ausgesagt zu werden, welchen die Weisheit Gottes sich im Mutterleib der Jungfrau bereitete (vgl. Prov 9,1); so muss denn das als (der Behauptung) zugrundeliegend Bestimmte, welches das »Brot« ist (*subiectus terminus, quod est panis*), im eigentlichen Sinne (*propria* [...] *locutione*) aufgefasst werden, das (nur) als Aussage Bestimmte (*praedicatus terminus*) hingegen, (also) in dem (fraglichen) Satz »mein Leib« (*quod est in propositione: meum corpus*), in übertragenem (*tropica [locutione]*)[3] [...]
Durch die Weihung auf dem Altar (*Per consecrationem altaris*) werden Brot und Wein zu Sakramenten des Glaubens (*sacramenta religionis*), nicht um ihr altes Wesen aufzugeben, sondern um es beizubehalten (*non ut desinant esse, quae erant, sed ut sint, quae erant*) und in etwas anderes verwandelt zu werden (*et in aliud commutentur*)[4]. Niemand soll nämlich annehmen, [...] ich leugnete, dass durch die Weihung auf dem Altar aus dem Brot der Leib Christi erstehe. Es ersteht offensichtlich (*plane*) aus dem Brot der Leib Christi; allerdings ist er selbst das Brot, und zwar ohne dass dabei das der Aussage Zugrundeliegende zerstört würde (*sed ipse panis non secundum corruptionem subiecti*). Das Brot, so wiederhole ich, welches beginnen kann zu sein, was es zuvor nicht war, wird zum Leib Christi, aber nicht durch *Erzeugung* seines Leibes (*panis* [...] *fit corpus Christi, sed non generatione ipsius corporis*); denn der Leib Christi, der vor so langer Zeit ein für allemal (*semel*) gezeugt worden ist, kann nicht noch einmal erzeugt werden; es wird (vielmehr), sage ich, Brot, das vor der Konsekration niemals existiert hat, aus Brot, d.h. aus dem, das zuvor etwas (ganz) Gewöhnliches (*commune quiddam*) war, zum seligmachenden Leib Christi (*fit* [...] *panis* [...] *de pane* [...] *beatificum corpus Christi*). Dabei hört das Brot nicht auf, Brot zu sein, indem es zerstört wird, ebenso wenig wie der Leib Christi nicht jetzt zu sein beginnt, indem er sich selbst erzeugt (*per generationem sui*); denn weil er schon so lange in seliger Unsterblichkeit besteht, kann jener Leib nicht jetzt noch einmal erzeugt werden[5] [...]
(Christus) fordert, dass du dich durch leibliches Essen und Trinken, mittels äußerer Dinge: Brot und Wein, des geistlichen Essens und Trinkens erinnerst, welches im Geist geschieht und Christi Fleisch und Blut meint (*ut per comestionem et bibitionem corporalem* [...] *commonefacias te spiritualis comestionis et bibitionis, quae fit in mente de Christi carne et sanguine*), wenn du dich in deinem Innern an der Fleischwerdung des Wortes und an seiner Passion stärkst (*dum te reficis in interiore tuo incarnatione verbi et passione*)[6] [...]

4. Berengars letztes Glaubensbekenntnis, abgelegt auf der Synode von Rom (11. Febr. 1079) unter Gregor VII.

Ich, Berengar, glaube von Herzen und bekenne mit dem Mund, dass Brot und Wein auf dem Altar durch das Geheimnis des heiligen Gebetes und die Worte unseres Erlösers ihrer Substanz nach in das wahre, eigene und lebenspendende Fleisch und Blut unseres Herrn Jesus Christus verwandelt werden und nach der Konsekration wahrer Leib Christi sind, der, der von der Jungfrau geboren wurde, als Opfer für das Heil der Welt am Kreuz hing und zur Rechten des Vaters sitzt, auch wahres

Blut Christi, das aus seiner Seite floss; sie sind das nicht nur im Zeichen und in der Kraft des Sakraments, sondern in der Eigentlichkeit der Natur und der Wirklichkeit der Substanz (*Ego Berengarius corde credo et ore confiteor, panem et vinum, quae ponuntur in altari, per mysterium sacrae orationis et verba nostri Redemptoris substantialiter converti in veram et propriam et vivificatricem carnem et sanguinem Iesu Christi Domini nostri et post consecrationem esse verum Christi corpus, quod natum est de Virgine et quod pro salute mundi oblatum in cruce pependit, et quod sedet ad dexteram Patris, et verum sanguinem Christi, qui de latere eius effusus est, non tantum per signum et virtutem sacramenti, sed in proprietate naturae et veritate substantiae*). So, wie es in diesem (päpstlichen) Breve enthalten ist, wie ich es gelesen habe und Ihr es versteht, glaube ich und werde künftig nichts mehr entgegen diesem Glauben lehren. Dazu helfe mir Gott samt diesen heiligen Evangelien Gottes.

Quellen: Berengar v. Tours, *Rescriptum contra Lanfrancum, ed.* R.B.C. Huygens (CChr.CM 84), Turnhout 1988; DH 690 und 700 (Bekenntnisse von 1059 und 1079); Lanfranc: PL 150, 407-442. – *Literatur:* L. Hödl, Die confessio Berengarii von 1059, Schol. 3 (1962) 370-394; B. Neunheuser, Eucharistie in Mittelalter und Neuzeit (HDG 4/4b), 1963; H. de Lubac, Corpus mysticum. Kirche und Eucharistie im Mittelalter, Einsiedeln 1969; H. Chadwick, Ego Berengarius, JThS 40 (1989) 414-445; P. Ganz u.a. (Hg.), Auctoritas und Ratio. Studien zu Berengar von Tours (Wolfenbütteler Mittelalter Studien 2), Wiesbaden 1990 (darin bes. H. Chadwick, Symbol and Reality: Berengar and the appeal to the Fathers [25-45]); T.J. Holopainen, Dialectic and Theology in the Eleventh Century, Leiden u.a. 1996.

b) Anselm von Canterbury

Geboren in Aosta, als Spross einer lombardischen Adelsfamilie (1033/34), studierte Anselm an verschiedenen Schulen Frankreichs, bis er 1060, durch seinen berühmten Landsmann Lanfranc (s.o. Texte a) angezogen, im Kloster Bec in der Normandie den Habit nahm; 1063 zum Prior und damit zum Leiter der Klosterschule bestellt, machte er diese vollends zu einer allseits anerkannten Bildungsstätte (seit 1079 als Abt). Nach Lanfrancs Tod (1093) nominierte ihn der Normannenkönig Wilhelm II. Rufus zu dessen Nachfolger als Erzbischof von Canterbury und Primas von England. Als solcher musste er unter demselben König, der ihn berief, wie unter dessen Nachfolger (Heinrich I.) zweimal je für drei Jahre in die Verbannung gehen (1097-1100 und 1103-1106), weil er es nicht hinzunehmen gedachte, dass der König, entsprechend »normannischem Brauch« (den *norman customs*), wie es hieß, Bischöfe, Äbte und alle höheren Prälaten bestellte, sie nur mit seiner Erlaubnis päpstliche Schreiben oder Legaten in Empfang nehmen ließ und es ihnen endlich verwehrte, über Barone und Diener des Königs, eines Kapitalverbrechens wegen, eine öffentliche Kirchenbuße zu verhängen[7] (englischer ›Investiturstreit‹). Anselm starb in Canterbury im April 1109. Auf der Basis einer noch begrenzten Aristoteleskenntnis, dafür aber stärkstens geprägt durch Augustin, hat er – im strikt monastisch-kirchlichen Rahmen – einen methodisch-kontrollierten Gebrauch der »Dialektik« praktiziert. Ob er theologiegeschichtlich als »Vater der (Früh-)Scholastik« gelten kann, ist, wie so vieles, umstritten.

1. Anselms Gottesbeweise

In seinem ersten Buch (verf. 1076/7), dem *Monologion* oder »Selbstgespräch«, will A. ein *Exemplum meditandi de ratione fidei* (»Beispiel, wie der Glaubensgrund zu bedenken sei«) bieten;[8] d.h. er will allein mittels der Vernunft (*sola ratione*) und ohne die Hilfe der Heiligen Schrift all das wiederentdecken, was der Glaube über Gottes Wesen (*essentia*) lehrt. Zugrunde liegt den Beweisgängen dieses Traktats (A.s sog. kosmologischem Gottesbeweis) unverkennbar der (wohl durch Augustin vermittelte) platonische Teilhabegedanke. In dessen Licht will auch der noch berühmtere sog. ontologische Gottesbeweis des *Proslogion* (1077/8) gesehen werden (P. = »Anrede«; richtiger Titel wohl: *Fides quaerens intellectum*

Frühscholastik

[»Der Glaube, der den zwingenden Beweisgrund seiner selbst zu verstehen« – und damit auch sich selbst im Verstehen durchsichtig zu werden – »sucht«]). Auch dieser Beweis ist womöglich aus Augustin[9] entwickelt. Weil für beide Denker der Glaube Ausgangspunkt der Spekulation ist, sehen wir A. seinen Traktat (nach gut platonischer Tradition übrigens) mit einem Gebet beginnen:

(Kap. I) [...] Ich bekenne, Herr, und sage (dir) Dank, weil du in mir dieses dein Bild (*imago*)[10] erschaffen hast, auf dass ich, deiner eingedenk, über dich nachsinne (*te cogitem*), dich liebe. Aber es ist dermaßen zerstört, von Verfehlungen abgenutzt (*abolita attritione vitiorum*), dermaßen verdunkelt durch den Rauch der Sünden, dass es nicht wirken kann, wozu es geschaffen ist, sofern du es nicht erneuerst und wiederherstellst (*reformes*). Ich versuche nicht, Herr, deine Tiefe (*altitudo*) zu durchdringen, weil ich ihr meinen Geist in gar keiner Weise gewachsen weiß; bis zu einem gewissen Grade (*aliquatenus*) aber möchte ich deine Wahrheit verstehen, die mein Herz glaubt und liebt. Allerdings will ich nicht verstehen, um zu glauben, sondern ich glaube, um zu verstehen (*Neque enim quaero intelligere ut credam, sed credo ut intelligam*). Auch das nämlich glaube ich: Wenn ich nicht zuvor glaube, werde ich nicht einsehen (vgl. Jes 7, 9 [LXX]).

([Kap. II] Noch einmal versichert sich A., bevor er das Höchste wagt, der Grundlage des Glaubens und bittet Gott um den *intellctus fidei*, die Einsicht in den Glauben:)

Gib mir also, o Herr, der du dem Glauben auch die Einsicht schenkst, gib mir, soweit es nach deinem Wissen (mir) zuträglich ist, einzusehen, dass du bist (*quia es*), *wie* wir glauben, und dass du das bist, *was* wir glauben (*et hoc es quod credimus*). Und zwar glauben wir von dir, du seiest etwas, uber das hinaus nichts Größeres gedacht werden kann (*aliquid quo nihil maius cogitari possit*). Oder gibt es etwa kein solches Wesen (*natura*), weil »der Tor in seinem Herzen spricht: Es ist kein Gott« (Ps 14,1; 53,2)? Doch versteht selbst dieser Tor gewiss meine Worte, wenn ich sage: etwas, über das hinaus nichts Grösseres gedacht werden kann; und er versteht das Gehörte, und was er versteht, ist *in* seinem Verstande, auch wenn er (noch) nicht versteht, es existiere dieses (wirklich). Denn zwischen der Existenz eines Dinges im Verstande (d.h. zwischen seiner Erkenntnis) und der Einsicht, dass es auch *existiert*, ist ein gewaltiger Unterschied (*Aliud enim est rem esse in intellectu, aliud intelligere rem esse*). Wenn ein Maler ein Werk plant (*praecogitat quae facturus est*), so hat er das Werk bereits im Verstande, denkt aber damit noch nicht, dass es auch bereits existiert, weil er ja das Werk noch nicht geschaffen hat. Erst nach der Ausführung des Gemäldes hat er es sowohl im Verstande, als er auch versteht, dass es existiert. Also wird auch der Tor überzeugt sein, es existiere (dieses) Etwas, über das hinaus nichts Größeres gedacht werden kann; denn er versteht, was er hört, und alles, was verstanden wird, ist *im* Verstande. Und in der Tat kann das, worüber hinaus nichts Größeres gedacht werden kann, nicht nur im Verstande sein. Ist es nämlich nur im Verstande, so kann man es sich auch als wirklich existierend vorstellen, was mehr ist (als nur im Verstande zu existieren). Ist also das, über das hinaus nichts Größeres gedacht werden kann, nur im Verstande, so ist (eben dieses) Etwas, im Vergleich zu dem nichts Größeres sich denken läßt, etwas, über das hinaus etwas Größeres denkbar ist (*Si ergo id quo maius cogitari non potest, est in solo intellectu: id ipsum quo maius cogitari non potest, est quo maius cogitari potest*).[11] Das aber ist gewiss unmöglich. Mithin existiert ohne Zweifel etwas, über das hinaus sich Größeres nicht denken lässt, sowohl im Verstande wie in der Wirklichkeit (*et in intellectu et in re*).

(Kap. III) Dieses (Etwas, im Vergleich zu dem sich nichts Größeres denken lässt) ist auf jeden Fall so wirklich (*sic vere est*), dass seine Nichtexistenz nicht gedacht werden kann. Wir können nämlich etwas denken, dessen Nichtexistenz undenkbar ist; und das ist demjenigen überlegen, dessen Nichtexistenz wir zu denken vermögen. Wenn daher etwas, über das hinaus nichts Größeres gedacht werden kann, sich als nichtexistierend denken lässt, dann ist eben dieses Etwas, über das hinaus sich nichts Größeres denken lässt, nicht das (gesuchte) größte (nur) Denkbare[12]. Das aber ist ein (logisches) Unding (*quod convenire non potest*). Also gibt es in Wirklichkeit etwas, im Vergleich zu dem nichts Größeres gedacht werden kann, (und es existiert so), dass seine Nichtexistenz nicht ohne Widerspruch gedacht werden kann.

Und dieses bist du, Herr, unser Gott. (*Et hoc es tu, domine deus noster*). Also bist du, Herr, mein Gott, in Wirklichkeit, so dass deine Nichtexistenz undenkbar ist. Und das zurecht (*Et merito*). Denn könnte irgendein Geist sich etwas Besseres als dich ausdenken, so stünde das Geschöpf höher als der Schöpfer und unterzöge den Schöpfer seinem Urteil, was vollkommen widersinnig wäre. Gewiss kann alles, außer dir allein, als nichtexistent gedacht werden. Du allein existierst also in wirklichster Weise unter allem und besitzest das Sein in höchstem Maße von allem, weil alles, was sonst noch ist, nicht in so wirklicher Weise ist und darum in geringerem Maße am Sein teilhat. Warum »spricht daher der Tor in seinem Herzen: es ist kein Gott«, wo doch jedem vernünftigen Denken so klar vor Augen liegt, dass du unter allem im höchsten Maße wirklich bist? Genau deshalb, weil er eben ein Einfaltspinsel und ein Tor ist.

2. Anselms Erlösungs- bzw. Versöhnungslehre
Das Argument des Proslogions, mittels des Gottesbegriffs als höchsten Grades des Denkmöglichen, wird von A. auch konsequent auf die traditionell-heilsgeschichtliche Begründung der Erlösungslehre angewendet, in seinem (1098 im Exil vollendeten) Traktat *Cur deus homo?* (»Warum Gott Mensch ward?«). Indem er z.B. die traditionelle Theorie eines Rechtshandels zwischen Gott und dem Teufel, welchem Gott durch den Kreuzestod seines Sohnes die Menschheit »abkaufte«, als »konventionell« abtut (er spricht von *causae convenientes*), bemüht er sich um rationale Begründung (*causae necessariae*): im Hinblick auf die Verletzung seiner Macht und Ehre durch den Sündenfall, zunächst den des Teufels und dann den Adams, »musste und konnte« Gott die Menschheit nicht anders erlösen als so, wie er getan: durch die Inkarnation des *deus homo*. Diese »objektive Versöhnungslehre« (T. Christensen) steht in offensichtlichem Zusammenhang mit dem erkenntnistheoretischen Begriffsrealismus als einer Position innerhalb des mittelalterlichen »Universalienstreits«.[13]

(Vorrede) Das vorliegende Werk musste ich um einiger Leute willen, die seine ersten Teile, ohne mein Wissen, für sich abschrieben, bevor es vollendet und überprüft war, rascher, als mir gelegen kam, und deshalb kürzer, als beabsichtigt, so gut ich konnte, zum Abschluß bringen. Denn vieles, was nun ungesagt blieb (*quae tacui*), hätte ich eingefügt und ergänzt, wenn es mir verstattet gewesen wäre, (das Buch) in Ruhe und einem gehörigen Umfang herauszubringen. In großer Herzenstrübsal nämlich – weshalb und warum ich die erlitt, weiß Gott – habe ich es auf Bitten hin in England begonnen und in der Provinz Capua als Fremdling vollendet. Dem Stoff entsprechend, von dem es handelt, betitelte ich es »Warum Gott Mensch ward« und unterteilte es in zwei Büchlein. Deren erstes enthält nun die Einwände der Ungläubigen, die den christlichen Glauben verwerfen, weil er ihrer Meinung nach der Vernunft widerspricht, sowie die Erwiderungen der Gläubigen. Schließlich beweist es – unter Absehung von Christus, als wäre nie etwas mit ihm gewesen (*remoto Christo, quasi numquam aliquid fuerit de illo*) – mit zwingenden Vernunftgründen (*rationibus necessariis*) die Unmöglichkeit dessen, dass irgendein Mensch ohne ihn gerettet werde. Im zweiten Buch wird ähnlich, als ob man von Christus

nichts wüsste (similiter quasi nihil sciatur de Christo), mit nicht weniger klarer Begründung und Wahrheit gezeigt, dass die menschliche Natur dazu eingerichtet sei, einmal werde der ganze Mensch, d.h. mit Leib und Seele, der seligen Unsterblichkeit sich erfreuen; auch werde notwendigerweise mit dem Menschen geschehen, um wessentwillen er geschaffen wurde, aber nicht ohne einen menschgewordenen Gott als Mittler (sed non nisi per hominem deum); endlich müsse alles, was wir im Hinblick auf Christus glauben, mit Notwendigkeit sich ereignen (ex necessitate [...] fieri oportere).
(Buch 1, Kap. 1 [Anfang]) Viele haben mich oft und auf das eindringlichste gebeten, mündlich wie schriftlich, in einer bestimmten Frage bezüglich unseres Glaubens die Begründungen, mit denen ich Fragenden zu antworten pflegte, dem Gedächtnis (der Nachwelt) in schriftlicher Form anzuvertrauen. Sie behaupten nämlich, sie gefielen ihnen und würden als ausreichend erachtet. Das Ziel ihrer Bitte ist nicht, um durch die Vernunft Zugang zum Glauben zu gewinnen (ut per rationem ad fidem accedant), sondern um sich an der Einsicht und Betrachtung dessen zu erfreuen, was sie glauben, und nach ihrem Vermögen »immer bereit zu sein, jedem Genüge zu tun, der von ihnen Rechenschaft fordert über die Hoffnung, die in uns ist« (I Petr 3,15) [...]
(Buch 2, Kap. 22 [Schlußkapitel des Ganzen; Inhalt: »Dass mit dem Gesagten die Wahrheit Alten und Neuen Testaments bewiesen wurde«])
Boso:[14] Vernünftig und unwidersprechlich scheint mir alles zu sein, was du sagst. Und ich erkenne, dass durch die Lösung der einen Frage, die wir uns vorgenommen, der gesamte Inhalt des Neuen wie des Alten Testaments bewiesen worden ist. Da du nämlich den Nachweis, die Menschwerdung Gottes geschehe mit Notwendigkeit, in einer Weise führst, dass du, selbst wenn man das Wenige streicht, das du aus unseren Schriften angeführt hast, wie z.b. deine Bemerkungen über die drei Personen Gottes oder über Adam,[15] nicht nur den Juden, sondern auch den Heiden durch bloße Vernunft (sola ratione) Genüge tust, und eben der Gott-Mensch den Neuen Bund begründet und den Alten bestätigt: so, wie man bekennen muss, dass er (der Gott-Mensch) wahrhaftig ist, kann (auch) keiner in Abrede stellen, es sei wahr, was in ihnen enthalten ist. Anselm: Sollten wir etwas gesagt haben, was der Berichtigung bedarf, so lehne ich eine solche Korrektur nicht ab, falls sie in begründeter Weise (rationabiliter) geschieht. Sollte aber durch das Zeugnis der Wahrheit bekräftigt werden, was wir auf dem Vernunftwege gefunden zu haben glauben, so müssen wir es Gott, nicht uns zuschreiben, »welcher hochgelobt ist in Ewigkeit. Amen« (Röm 1,25).

3. Wider die Dialektiker (aus dem »Lehrbrief über die Fleischwerdung des Wortes« [*Epistola de incarnatione verbi*, 1][16])
[...] (Voraus geht der Polemik gegen die falschen Dialektiker, nach der Widmung des Lehrbriefs an Papst Urban II., der Hinweis auf beunruhigende Gedankenexperimente eines »gewissen Klerikers in Frankreich« [gemeint ist offensichtlich Roscellin von Compiègne[17]], welche selbst vor den Mysterien der göttlichen Trinität nicht haltmachen:).
Bevor ich jedoch über die Frage handele, will ich einiges voranschicken, um die Dreistigkeit (*praesumptio*) jener zu zügeln, die mit ruchloser Verwegenheit (*nefanda temeritas*) etwas von dem zur Diskussion zu stellen wagen (*audent disputare contra aliquid eorum*), was der christliche Glaube bekennt, (bloß) weil sie es mit ihrem Verstand nicht zu fassen vermögen. Vielmehr urteilen sie in törichtem Übermut (*insipienti superbia*), etwas könne keinesfalls existieren, was sie nicht einzusehen vermögen; wie müssten sie (stattdessen) in demütiger Weisheit

(*humili sapientia*) eingestehen, es sei vieles möglich, das sie nicht zu begreifen imstande sind. Kein Christ darf ja Gründe vorbringen (*disputare*), etwas existiere nicht, was die katholische Kirche mit dem Herzen glaubt und mit dem Munde bekennt (vgl. Röm 10,9f.); vielmehr muss er stets denselben Glauben, ohne zu zweifeln (*indubitanter*), festhalten, lieben, nach ihm leben und demütig nach Kräften einer Begründung (*ratio*) nachspüren, dass es existiere (*sei*) [...] (Es bleibt auf ewig gültig, dass der *Glaube* den Anfang machen [Jes 7,9] und Herzen und Augen reinigen muss [Act 15,9; Ps 18,9 usw.], bevor der gedankliche Aufstieg zu Gott hin beginnen kann).

Obzwar nun alle zu ermahnen sind, da ja mit äußerster Behutsamkeit (*cautissime*) auf die mit der Schriftauslegung (oder: der Theologie[18]) zusammenhängenden Fragen (*ad sacrae paginae quaestiones*) zuzugehen, so sind auf jeden Fall jene Dialektiker der Gegenwart (*illi utique nostri temporis dialectici*), oder vielmehr jene Häretiker im Bereich der Dialektik (*immo dialectiae haeretici*), von der Untersuchung geistige Dinge auszuschließen, die in den Allgemeinbegriffen (*universales substantiae*[19]) nur einen Stimmhauch (*flatus vocis*) sehen, die unter Farbe nichts anderes als einen Körper (etwas Körperliches) und unter menschlicher Weisheit nichts anderes als die Seele verstehen können. In ihren Seelen ist ja die Vernunft (*ratio*), die doch über alles im Menschen Fürstin und Richterin zu sein hat, dermaßen in körperliche Vorstellungen verstrickt, dass sie sich aus ihnen nicht befreien kann, noch vermag sie von ihnen dasjenige zu unterscheiden, was sie allein und rein betrachten soll. Wer nämlich noch nicht einsieht, dass mehrere Menschen der Art (oder: dem Aussehen, Anschein) nach (*in specie*) »Mensch« sind, wie wird der erkennen, dass in jener verborgensten und höchsten Natur (sc. derjenigen Gottes) eine Mehrzahl von Personen (*plures personae*) *ein* Gott sind, von denen jede einzelne Gott in Vollkommenheit (*perfectus Deus*) ist? Und wessen Sinn (zu) umdüstert ist, um zwischen seinem Pferd und desen Farbe zu unterscheiden, wie wird der zwischen dem einen Gott und einer Mehrzahl göttlicher Relationen[20] unterscheiden? Wer endlich nicht einsehen kann, etwas sei »Mensch«, auch ohne ein Individuum zu sein, der versteht unter »Mensch« ausschließlich eine menschliche Person; jeder individuelle Mensch ist nämlich eine Person.[21] Wie also wird dieser begreifen, dass das (göttliche) Wort (Joh 1,1) einen Menschen (oder, besser: das Menschsein), nicht eine (individuelle Menschen-)Person angenommen habe, dass also eine andere Natur, nicht aber eine andere Person (in der Menschwerdung) angenommen worden sei? Ich habe das gesagt, damit niemand sich an die Erörterung der tiefsten Glaubensfragen heranwage, bevor er dazu tauglich (*idoneus*) ist [...]

Quellen: F.S. Schmitt (Hg.), *S. Anselmi Cant. Arch. Opera Omnia*, vol. I-VI (1938-1961); ND in 2 Bde. Stuttgart 1968; ders. (Hg.), Anselm von Canterbury, *Cur Deus Homo* (lat.-dt.), München / Darmstadt (⁵1993) ND 2006; ders., Monologion (lat.-dt.), Stuttgart 1964; ders., Proslogion (lat.-dt.), Stuttgart ³1995; H.-U. Wöhler (Hg.), Texte zum Universalienstreit, Bd. 1: Vom Ausgang der Antike bis zur Frühscholastik (lat., griech., arab. Texte, 3.-12. Jh.), Berlin 1992, 76-96 (de inc. 1-16). – *Literatur:* K. Barth, Fides quaerens intellectum, München ²1958 (Neuausg. in: ders., GA Bd. 13, München 1981); J. Dalferth, *Fides quaerens intellectum*. Theologie als Kunst der Argumentation in Anselms Proslogion, ZThK 81 (1984) 54-105; G.R. Evans, Anselm, London 1989; T.J. Holopainen, Dialectic and Theology in the Eleventh Century, Leiden u.a. 1996. ; R.W. Southern, St. Anselm, Cambridge 1997; J.L. Scherb, Anselms philosophische Theologie, Stuttgart u.a. 2000; S. Ernst, Anselm von Canterbury, Münster 2011; S. Schmitz, Gott richtig denken lernen. Anselm von Canterbury, Kant und Hegel (Forum Religionsphilosophie 29), Münster 2012.

c) Pierre Abaelard

Seit Beginn des 12. Jh. drängte das philosophische und theologische Leben immer mehr nach Paris und seiner unmittelbaren Umgebung, wo aus vielerlei Gründen besonders günstige Voraussetzungen für die Verbreitung wissenschaftlicher Lehren und die Bildung von Schulen bestanden. Die größte Anziehungskraft als Lehrer übte zu seiner Zeit Abaelard aus (geb. 1079 bei Nantes als Spross eines bretonischen Rittergeschlechts, der jedoch zugunsten der Wissenschaft auf sein Erstgeburtsrecht verzichtete; gest. am 21.4.1142 im Priorat St. Marcel bei Chalon-sur-Saône). Als Verfasser einer der wenigen Autobiographien des Mittelalters (betitelt: *Historia calamitatum Abaelardi* [»Über die üblen Widerfahrnisse Abaelards«]) ist er uns so vertraut wie sonst kaum ein Mensch dieser Zeit. Man lernt ihn daraus kennen als einen glänzend begabten, scharfsinnigen Mann, der als Lehrer ebenso faszinierte, wie er als Kollege, durch Eitelkeit und Arroganz, abstoßend gewirkt haben muss. In endlose wissenschaftliche und persönliche Skandale verwickelt – Aufsehen erregte bes. die Liebesbeziehung zu seiner Schülerin Heloïsa, mit der er auch – einen Sohn (Astrolabius) zeugte –, war er trotz allem ein ebenso ernster wie ernstzunehmender Theologe. Zu seinen zahlreichen Schülern zählten allein drei spätere Päpste; seine Schriften waren weit verbreitet; seine wissenschaftliche Methode trug zur Entwicklung der Scholastik[22] ebenso bei, wie seine Schulgründung einen nicht unwesentlichen Anteil an der Entstehung der Universität Paris hatte.

1. Abaelard und das Universalienproblem

Die Meinungen über die Frage nach dem Realitätsgehalt unserer Allgemeinbegriffe (*universalia*) gingen seit langem auseinander. Die zwei Extreme waren der *Realismus* und der *Nominalismus*. Der erstere, gelegentlich auch Ultrarealismus (im Unterschied zum »kritischen Realismus«) genannt, war die ältere Position und ging letztlich auf Platon zurück, jedenfalls im Urteil der Gegner, die ihm die Auffassung unterstellten, die Allgemeinbegriffe oder »Ideen« existierten unabhängig, für sich, schon vor aller Konkretisierung in der Dingwelt (*universalia ante res*). Die *mittelalterlichen* »Realisten« verlegten dagegen in aller Regel mit Aristoteles das Allgemeine *in* die existierenden Dinge (*universalia in rebus*). Bekanntester Vertreter dieses Realismus zur Zeit A.s war sein ehemaliger Pariser Logik- und Rhetoriklehrer Wilhelm (Guillaume) von Champeaux (1070–1122), mit dem er sich aber alsbald völlig überwarf. Allerdings wollte A. sich ebenso wenig der Gegenseite zugeordnet wissen, d.h. der Nominalistenpartei seines ersten Logiklehrers Roscellin von Compiègne.[23] Dessen These, dass alles Wirkliche notwendig individuell sein müsse, führte in der Gotteslehre, wie schon Anselm von Canterbury heftig kritisiert hatte (s.o.), zum Tritheismus (»Dreigötterlehre«). Die heutige Deutung geht dahin, dass man A. eine Art Zwischenposition zwischen Wilhelm und Roscellin zuschreibt; man nennt das »Konzeptualismus«, der freilich eine durchaus »realistische« Grundlage habe und mit reinem Nominalismus unverworren bleiben wolle.[24] Das hat allerdings nicht verhindert, dass A. in schweres Gedränge kam, als er eine Abhandlung über das nachgerade gefährlich gewordene Thema der »Einheit und Dreifaltigkeit Gottes« (*de unitate et trinitate divina*) verfasste, die sich vor allem gegen Roscellins Lehre von den drei trinitarischen Substanzen richtete; es war das zugleich der erste Teil einer geplanten (aber nie vollendeten) Gesamtdarstellung der christlichen Heilslehre, den er noch zweimal überarbeitete. Das war notwendig geworden, weil seine Gegner aufgrund der Erstfassung A.s Verurteilung durch eine Synode von Soissons erreichten. Er konnte der Exkommunikation nur dadurch entgehen, dass er den Text (die sog. *Theologia Summi boni*) auf Verlangen seiner Richter eigenhändig dem Feuer übergab. Die folgenden Auszüge stammen aus der ersten Revision (= *Theologia christiana* in 5 Büchern), die allerdings die umstrittene Trinitätslehre (sowie die Abendmahlslehre) im Kern unverändert ließ, so dass mit weiterem Widerspruch zu rechnen war; besonders gefährlich war für A. derjenige Bernhards von Clairvaux (s.u.), der schließlich (mit) zur Verurteilung A.s durch die Synode von Sens (1140) führte.

(Buch 1,1) Das höchste Gut in seiner Vollendung (*Summi boni perfectionem*), Gott, hat die fleischgewordene Weisheit Gottes, Christus der Herr, beschrieben und mit drei Namen sorgfältig unterschieden (vgl. Mt 28,19), als er die ein(zig)e, einzigartige, ganz und gar unteilbare und einfaltige (d.h. unzusammengesetzte) Wesenheit Gottes (*unicam et singularem, individuam penitus ac simplicem substantiam divinam*) als Vater, Sohn und Hl. Geist bezeichnete, und zwar aus drei Gründen: Vater entsprechend jener einzigen Wirkkraft (*potentia*) ihrer Erhabenheit (*maiestas*), welche mit Allmacht gleichzusetzen ist, mit der sie alles zu bewirken und nichts ihr zu widerstehen vermag; Sohn hingegen hat er dieselbe göttliche Wesenheit entsprechend der aus ihrer Weisheit erwachsenen Unterscheidungskraft (*secundum propriae sapientiae discretionem*) genannt, mit welcher diese alles der Wahrheit entsprechend (*veraciter*) unterscheiden und sondern kann, so dass nichts ihr verborgen zu bleiben vermag, womit sie getäuscht würde; Heiliger Geist hat er sie genannt entsprechend der aus ihrer Güte erwachsenen Gnade (*secundum* [...] *benignitatis suae gratiam*), mit der sie alles, was die höchste Weisheit schuf, in höchster Güte ordnet und ein jedes Ding seinem bestmöglichen Ziel anbequemt, wobei sie auch das Böse nur zum Guten gebraucht und wunderbarerweise selbst die schlimmsten Übeltaten aufs beste wendet, wie einer, der beide Hände als rechte gebraucht, ja, der nur *eine* rechte (Hand) kennt.

(5) In dieser Dreiheit von Macht, Weisheit und Güte besteht also das Gute in seiner ganzen Vollkommenheit (*tota boni perfectio*), und man muss, ohne die beiden anderen, eines von diesen Dingen, welches es auch sei, gering achten. Denn wer mächtig ist, aber nicht weiß, wie er seine Macht vernunftgemäß (*iuxta modum rationis*) einsetzen soll, dessen Macht ist schädlich und verderblich. Wenn aber einer weise ist und diskret handelt, aber sich nicht durchsetzen kann, dann verpufft (sein Handeln) ohne Wirkung. Wer endlich mächtig und weise, aber keineswegs gütig ist, der wird umso eher geneigt sein, Schaden anzurichten, je sicherer er aufgrund seiner Macht und Verschlagenheit sein kann, sein Vorhaben auszuführen; auch lässt den anderen keinerlei Hoffnung auf seine Wohltaten, wen nicht das Gefühl der Güte bewegt. In wem aber diese drei Dinge zusammenkommen, dass er nämlich sein Vorhaben auszuführen vermag, dass seine Absicht gut ist, weil er ja gütig ist (*bene velit utpote benignus*), und dass er nicht aus Torheit das Maß der Vernunft überschreitet, von dem ist ausgemacht: er ist auf jeden Fall wahrhaft gut und in allem vollkommen, und es bleibt in seinem Reich alles, was er aufs beste geschaffen hat, auch aufs beste erhalten; denn der kann, weiß und will es (*quippe qui et possit, et sciat et velit*).

(6) Darum passt diese Unterscheidung der Dreifaltigkeit (*Trinitatis distinctio*) nicht allein zur Beschreibung des höchsten Gutes in seiner Vollendung, sondern sie ist auch im höchsten Maße von Nutzen, um die Menschen zu einer gewissenhaften Gottesverehrung zu bewegen (*ad persuadendam hominibus diuini cultus religionem*). Vor allem deshalb hat ja auch die fleischgewordene Weisheit Gottes ganz zu recht beschlossen, sie (sc. die *Trinitatis distinctio*) in ihrer Verkündigung (*praedicatio*) aufzugreifen. Denn zweierlei macht uns Gott ganz und gar untertan: (Ehr-)Furcht und Liebe (*timor uidelicet atque amor*). Macht und Weisheit flößen ja im höchsten Maße Furcht ein, wenn wir erkennen, er könne strafen, wo wir fehlten, und ihm bleibe nichts verborgen. Seine Güte aber führt zur Liebe, so dass wir den am meisten lieben, den wir für den Gütigsten halten. Daraus geht auch mit Sicherheit hervor, dass er die Gottlosigkeit rächen will; denn je mehr ihm die Gerechtigkeit wohlgefällt, desto mehr missfällt ihm die Ungerechtigkeit, wie geschrieben steht: »Du hast die Gerechtigkeit geliebt und die Ungerechtigkeit gehasst« (Ps 44,8 LXX).

2. Abaelard und die theologische Methode

A.s berühmtestes *theologisches* Buch (vollendet während seiner erneuten Lehrtätigkeit in Paris ab 1135/36) trägt den Titel *Sic et non* (»Ja und Nein«). Es ist eine Zusammenstückung von anscheinend sich widersprechenden Texten aus Schrift und Kirchenvätern über mehr als 150 wichtige theologische Fragen (wie etwa darüber, ob man den Glauben mit der menschlichen Vernunft stützen dürfe und könne oder nicht [qu. 1]). Der methodologische Schwerpunkt liegt auf dem Prolog, der die Regeln für einen Ausgleich dieser sich widersprechenden »Autoritäten« liefert. An der Spitze steht der Gedanke, es sei bei der Fülle des überkommenen Materials verständlich, wenn einzelne Aussprüche (*dicta*), auch von Heiligen, nicht bloß als voneinander verschieden, sondern auch als einander entgegengesetzt erscheinen; trotzdem dürfe man nicht leichtfertig über die urteilen, »durch die selbst die Welt gerichtet werden soll [...]« (Weish 3,8); vielmehr müsse man an seine eigene beschränkte Auffassungskraft denken. Alsdann geht A. daran, Regeln oder methodische Gesichtspunkte anzugeben, aufgrund deren ein Ausgleich solcher sich widersprechender Autoritäten angestrebt und auch erreicht werden kann:

(a) Hält man uns einige Aussprüche von Heiligen vor, wie wenn sie (anderen Texten) entgegenstünden oder wahrheitswidrig wären, so gilt es, sorgfältig darauf zu achten, dass wir nicht durch falsche Titelaufschriften oder Verderbnis des Textes selbst getäuscht werden. Es tragen ja vielfach apokryphe Schriften in ihren Titeln den Namen von Heiligen, um auf diese Weise (höhere) Autorität zu erlangen; ferner sind sogar in den Schriften der göttlichen Testamente selbst (*in ipsis etiam divinorum Testamentorum scriptis*) durch Versehen der Abschreiber Fehler eingedrungen.

(b) Ebenso sehr muss man, glaube ich, darauf achten, ob das, was aus den Schriften der Heiligen angeführt wird, von der Art ist, dass es von ihnen selbst an anderer Stelle wieder zurückgenommen (*ab ipsis alibi retractata*), nachdem sie die Wahrheit erkannt, aber berichtigt wurde, so, wie es der selige Augustin an sehr vielen Stellen getan hat; oder ob sie eher fremde Meinungen wiedergegeben als ihre eigene Meinung vorgetragen haben [...]; (endlich) ob sie das, was sie untersuchten, mehr als Problem stehen ließen (*sub quaestione potius reliquerunt*), als dass sie es durch eine (These, eine) feste Behauptung abschlossen [...]

(c) Wird über dieselbe Sache Verschiedenes ausgesagt, so gilt es, auch sorgfältig zu prüfen, was als streng verpflichtende Vorschrift beabsichtigt ist, was auf die Gewährung von Nachsicht, was auf die Ermunterung zu (höherer) Vollkommenheit hinzielt, damit wir entsprechend der Verschiedenheit der Absichten ein Heilmittel für (den Umgang mit) Widersprüche(n) (*adversitatis* [...] *remedium*) gewinnen. Handelt es sich um eine Vorschrift (*praeceptio*), so ist nachzufragen, ob es sich um ein allgemeines oder ein partikuläres Gesetz handelt, d.h. ob sie sich auf alle gemeinsam oder auf einzelne speziell bezieht. Es sind auch die (unterschiedlichen) Zeiten und die Gründe für die Dispense (Befreiungen) im Auge zu behalten, da oftmals etwas, was zu einer Zeit gestattet war, zu andern Zeiten verboten gewesen ist [...]

(d) Eine Auflösung von Widersprüchen (und damit eine Konkordanz diskordanter Vätertexte) wird sich sehr häufig mühelos durch den Nachweis erzielen lassen, dass ein und dieselben Termini (*verba*) von verschiedenen Autoren in verschiedenem Sinne gebraucht werden.

(e) (Versagen alle genannten methodischen Hilfsmittel und) ist der Widerspruch so manifest, dass er auf keine Weise aufgelöst werden kann, so soll man die Autoritäten miteinander vergleichen und derjenigen den Vorzug geben, die über die bessere Bezeugung und über die durchschlagendere Begründung verfügt (*quae potioris est testimonii et maioris confirmationis*) [...]

(Anschließend bemerkt A.: Niemand braucht die patristischen Texte) zu lesen mit der Verpflichtung, (ihnen) zu glauben, sondern man soll sie lesen mit der Freiheit zu urteilen (*Quod genus litterarum non cum credendi necessitate, sed cum iudicandi libertate legendum est*). Damit aber diese Freiheit nicht jeder Gelegenheit (*locus*) beraubt wird und den Nachgeborenen (*posteri*) nicht die überaus heilsame Mühe erspart bleibt, schwierige Fragen mündlich wie schriftlich zu erörtern und hin und her zu wälzen (*ad quaestiones difficiles tractandas atque versandas linguae et styli saluberrimus labor*), darum unterscheidet man von den Büchern der Späteren die besondere kanonische Autorität Alten und Neuen Testaments (*excellentia canonicae auctoritatis Veteris et Novi Testamenti*). Trifft man dort auf etwas uns Unverständliches (*quid veluti absurdum*), so dürfen wir nicht sagen:»Der Verfasser dieses Buches ist nicht bei der Wahrheit geblieben (*non tenuit veritatem*); sondern der Kodex ist hier fehlerhaft (d.h. er bietet eine fehlerhafte Lesart) oder der Ausleger (*interpres*) befindet sich im Irrtum – oder aber *du* verstehst (diese Stelle) nicht«. [...] (Es ist eben ein Unterschied zwischen der Bibel und den Schriften der Späteren, der Kirchenväter. Vermag sich hier der Leser nicht schlüssig zu werden über den Sinn einer Stelle, so steht es ihm frei, sich für oder gegen sie zu entscheiden, gefällt sie ihm nicht oder mag er sie nicht glauben, so verdient er keinerlei Tadel).
(Zum Schluß des Prologs macht A. mit dem Zweck, den er mit der Schrift *Sic et non* verfolgt, vertraut) Nachdem dies ausgeführt ist, möchte ich nunmehr, wie ich es beschlossen habe, von einander abweichende Meinungen der heiligen Väter sammeln, so, wie ich mich derer erinnere, die, ihrer scheinbaren Unstimmigkeit wegen, Fragen hervorrufen, welche die jugendlichen Leser zu größter Anstrengung, die Wahrheit zu suchen, anreizen und durch die Untersuchung ihren Blick schärfen. Denn das wird ja als erster Schlüssel zur Weisheit bestimmt: beständiges und wiederholtes Fragen. Aristoteles, jener scharfsichtigste unter allen Philosophen (*philosophus ille omnium perspicacissimus*), ermuntert die Studierenden, sich mit ungeteiltem Verlangen auf das Fragen zu werfen, wenn er seine Lehre von der Relation[25] abschließt mit der Bemerkung:»Es ist vielleicht schwierig, sich über solche Fragen exakt zu äußern, ohne sie (zuvor) wiederholt erwogen zu haben. Gleichwohl, die Probleme bei jeder einzelnen Frage erörtert zu haben, ist nicht ohne Nutzen«. Durch Zweifeln kommen wir nämlich zur Untersuchung, die Untersuchung führt uns (weiter) zur Wahrheit, gemäß dem Ausspruch (dessen,) der (die) *Wahrheit in Person* (ist):»Suchet, so werdet ihr finden; klopfet an, so wird euch aufgetan« (Mt 7,7). Dies zeigte er (Christus als die personegewordene Wahrheit) uns auch durch sein eigenes Beispiel, als er sich im Alter von etwa zwölf Jahren (im Tempel) finden lassen wollte, wie er (dort) inmitten der Gelehrten saß und ihnen Fragen stellte (vgl. Lk 2,41ff.); auch wollte er uns durch Fragen eher die Rolle des Schülers vor Augen führen als durch Predigen die des Lehrers, obwohl in ihm die Fülle und Vollkommenheit der göttlichen Weisheit wohnt (vgl. Kol 1,19; 2,9) [...]

3. Abaelards Erlösungslehre
Nicht ohne Grund wird A. in der Forschung eine bestimmte »subjektivistische« Tendenz nachgesagt, eine Neubewertung der Subjektivität (was sich nicht zuletzt in seiner Ethik[26] bemerkbar macht, in der z.B. Sünde weniger als Tat denn als Zustimmung zum bösen Willen, also als Absicht [*intentio*], Böses zu tun, verstanden wird). Das führte ihn unvermeidlich auch zu einem Neuverständnis der Erlösung, welches sich von Anselms Satisfaktionstheorie deutlich unterscheidet. Sich charakteristisch andersartiger Kategorien bedienend, als es dieser getan hatte (s.o. Nr. 33 b, 3), deutet A. die Erlösung durch Christus als einen Vorgang zwischen Liebe und Gegenliebe. So auch etwa in folgenden Auszügen aus seiner (wie die *Ethica*

Frühscholastik

und andere theologische Hauptwerke zwischen 1135 und 1139 verfassten) Römerbriefauslegung:

(*Comm.Rom.* II [im Anschluß an die Auslegung von Röm 3, 19-26]) An dieser Stelle drängt sich das gewaltige Problem (*Maxima* [...] *quaestio*) auf, welcher Art denn diese unsere Erlösung durch den Tod Christi sei (*quae sit videlicet ista nostra redemptio*)? Oder wie wir, nach der Aussage des Apostels, in seinem Blut gerechtfertigt werden, wir, die wir offensichtlich eine schwerere Strafe verdient haben, weil wir als ungerechte Knechte (vgl. Lk 16, 8-11) das begingen, wessentwegen der unschuldige Herr getötet wurde? Zunächst scheint darum untersucht werden zu müssen, aus welcher Notwendigkeit heraus (*qua necessitate*) Gott (sc. in der Inkarnation) einen Menschen angenommen hat (*Deus hominem assumpserit*), um uns durch sein Sterben dem Fleische nach (*secundum carnem moriendo*) zu erlösen; oder (zu fragen), von wem er uns erlöste, der uns, sei es nun rechtens oder aber gewaltsam (*vel iustitia vel potestate*), gefangen hielt; und mittels welcher Gerechtigkeit er uns aus dessen Gewalt befreite, auch welchen Preis er (dafür) entrichtete, den jener anzunehmen willens war, um uns loszulassen?

Es wird nun gesagt, er habe uns aus der Gewalt des Teufels erlöst, der dank der Übertretung des ersten Menschen, welcher sich ihm in freiwilligem Gehorsam unterwarf, wahrhaft mit Recht (*iure quodam*) auch die uneingeschränkte Gewalt über ihn besaß – und allezeit besäße, wenn nicht der Befreier erschiene. Allein, da er ausschließlich die Auserwählten (*solos electos*) befreit hat, wie befanden sie sich denn im Besitz des Teufels, ob in diesem oder im kommenden Äon mehr als jetzt? [...] (In seiner ausführlichen Auseinandersetzung mit dieser Versöhnungslehre[27] bestreitet A. u.a., dass der Teufel Gerechte [wie den armen Lazarus von Lk 16, 19-31] jemals in seiner Gewalt gehabt und über Ungerechte, die er verführt, dadurch je ein Verfügungsrecht erworben habe; er sei nur gelegentlich von Gott als Kerkermeister und Folterknecht [*carcerarius vel tortor*] in Dienst genommen. Darum ist Gott dem Teufel gegenüber auch keine Schuld eingegangen, als er in der Inkarnation »aus der sündenbehafteten Masse reines Fleisch und einen aller Sünde ledigen Menschen annahm [*cum de massa peccatrice carnem mundam et hominem ab omni peccato immunem susceperit*]«; A. setzt dem als seine eigene Auffassung entgegen:)

Wie uns hingegen scheint, sind wir in dem Sinne durch das Blut Christi gerechtfertigt und mit Gott versöhnt worden, dass er (Gott) durch diese einzigartige Gnade, (die er uns erzeigte), indem sein Sohn unsere (Menschen)Natur auf sich nahm und in derselben, durch Predigt und Vorbild uns unterweisend, bis zum Tode ausharrte, durch Liebe noch mehr an sich band; so lässt uns denn, entflammt von einer solchen Wohltat der göttlichen Gnade, aufrichtige (Gegen-)Liebe vor keinerlei Leiden um seinetwillen zurückscheuen (*Nobis autem videtur quod in hoc iustificati sumus in sanguine Christi et Deo reconciliati, quod per hanc singularem gratiam nobis exhibitam quod Filius suus nostram susceperit naturam et in ipsa nos tam verbo quam exemplo instituendo usque ad mortem perstitit, nos sibi amplius per amorem adstrixit, ut tanto divinae gratiae accensi beneficio, nihil iam tolerare propter ipsum vera reformidet caritas*). Solche Wohltat hat, wie wir nicht bezweifeln, auch die Väter der Vergangenheit (*antiquos etiam patres*), die ihr glaubend entgegenharrten, zu höchster Gottesliebe entzündet, als wären sie Menschen der Gnadenzeit (vgl. Jes 49,8; II Kor 6,2), wie geschrieben steht: »Und die vorangingen und die nachfolgten, schrien: ›Hosianna dem Sohne Davids usw.‹ (Mt 21,9 par.). Gerechter, d.h. Gott noch mehr liebend, ist auch, wer immer nach der Passion Christi lebt, verglichen mit (der Zeit) vorher; ihn hat ja die vollendete Wohltat noch mehr zur Liebe entflammt, verglichen mit der (nur) ersehnten.

(Demnach ist die Erlösung identisch mit jener höchsten, in den Glaubenden durch das Leiden Christi (wohnenden) Liebe, welche sie nicht allein von der Knechtschaft der Sünde befreit, sondern ihnen auch die wahrhafte Freiheit der Kinder Gottes erwirbt, so dass sie aus Liebe zu ihm eher als aus Furcht alles [Gebotene] erfüllen [*Redemptio itaque nostra est illa summa in nobis per passionem Christi dilectio quae nos non solum a servitute peccati liberat, sed veram nobis filiorum Dei libertatem acquirit, ut amore eius potius quam timore cuncta impleamus*], er, der solche Gnade erzeigt hat, wie sie sich nach seinem eigenen Zeugnis größer nicht finden lässt [...]; zitiert werden: Joh 15,13; Lk 12,24 und im Anschluss daran noch Röm 5,5.8; endlich verweist A. zu einer ausführlicheren Darlegung seiner Erlösungslehre auf seinen – noch ausstehenden[28] – Traktat *Tropologia*).

Quellen: P. Abaelardi Opera theologica, hg. v. E.M. Buytaert u.a. (CChr.CM 11-15.190), Turnhout 1969-2006. – *Literatur:* L. Grane, Peter Abaelard. Philosophie und Christentum im Mittelalter, Göttingen 1969; D.E. Luscombe, The School of P. A., Cambridge 1969; R. Peppermüller, A.s Auslegung des Römerbriefes, Münster 1972; R. Thomas (Hg.), Petrus Abaelardus (1107–1142), Trier 1980; J. Jolivet, La théologie d'A., Paris 1997; M.A. Schmidt in: Ritter, Lehrentwicklungen, 574–579; M.T. Clanchy, Abelard. A Medieval Life, Oxford 1997; ins Deutsche übers. v. R. Niemann / R.M.W. Stammberger, Darmstadt 2000; M. Perkams, Liebe als Zentralbegriff der Ethik nach Peter Abaelard, Münster 2001; A. de Libera, Der Universalienstreit. Von Platon bis zum Ende des Mittelalters, Frankfurt 2005, 139-165; I. Klitzsch, Die »Theologien« des Petrus Abaelardus, Leipzig 2010.

d) Bernhard von Clairvaux

Obwohl die heutige Forschung nicht länger bezweifelt, dass Abaelard grundsätzlich dem christlichen Geist seiner Zeit treu blieb und den Glauben keineswegs »rationalisierte«, traf ihn der wütende Widerspruch des bedeutenden Zisterzienserabtes Bernhard (1090–1153). Als Wortführer monastischer Kreise stellte dieser nicht nur Abaelards, sondern den »scholastischen« Versuchen überhaupt, die Glaubenslehre verstehend zu durchdringen, das Mönchtum als eine »Schule« im höheren und wahreren Sinn des Wortes entgegen. D.h. statt Gott mit philosophischen Kategorien auf die Erde zu ziehen, lerne man, so seine Forderung, sich zu Gott zu erheben, indem man das ursprüngliche »Gottesbild« (*imago Dei* [vgl. Gen 1,26f.]) in sich selbst wiederherstelle, indem man aus dem Bereich der »Unähnlichkeit« (sc. der Sünde) zur »Ähnlichkeit« (*similitudo* [vgl. ebenda]) und wahrhaft gottgemäßen Bildung zurückfinde. Das aber könne nur aus der persönlichen Nähe zum Wort Gottes, nur aus völliger Demut und unter Führung des Hl. Geistes geschehen. In der Sprache des allegorisch-mystisch gedeuteten Hoheliedes heißt das: nur aufgrund des »Geküsstwerdens mit dem Kuss« der gnadenhaften (wenn auch nicht voraussetzungslosen, sondern die Selbstverdemütigung des Menschen voraussetzenden) Aufnahme in das Liebesgeheimnis des dreieinigen Gottes. Als Theologe der »Verähnlichung« durch die und mit der herabsteigende(n) Gnade hat B. nicht nur die Christusmystik des gesamten Mittelalters (bis hin zu Luther), nicht auch nur einzelne scholastische Erörterungen (wie die über die »Liebe« [caritas] in ihrer Bedeutung für die Rechtfertigung) beeinflusst. Vielmehr haben seine – später besonders von den »Viktorinern« (s.u. Text e) fortgesetzten – Versuche, »dem Glauben gegenüber der Ratio einen eigenen Erkenntnisbereich zu sichern«, wesentlich dazu beigetragen, »Umsicht und Unterscheidungsvermögen der Theologen« zu schärfen (GdCG, 167).

Aus den Hoheliedpredigten (1135/1153): 1. *Aus sermo 3 (Der »Kuss« des Bräutigams)*

(I. 1) Heute lesen wir im *Buch der Erfahrung* (*experientia*). Lenkt euren Blick auf euch selbst; ein jeder achte auf sein eigenes Gewissen (*conscientia*) im Blick darauf, was gesagt werden soll. Ich möchte herausfinden, ob es jemals einem unter euch gegeben wurde, aus (wahrer Herzens-)Meinung (*ex sententia*) zu sagen: ‚Er küsse mich mit dem Kuss seines Mundes' (Cant 1,1). Es ist nämlich nicht an jedem beliebigen Menschen, dies aus innerer Regung heraus (*ex affectu*) zu sagen; doch wer auch nur einmal von Christi Mund den geistlichen Kuss (*spirituale osculum*) empfangen hat, den erschüttert gewiss, was er selbst erfahren hat, und er verlangt nach Wiederholung (*repetit libens*). Ich meine, nur der könne wissen, was es mit

Frühscholastik 119

diesem Kuss auf sich hat, der ihn *empfing* [...] (vgl. Ps 50,14 [Vulgata]). Ganz gewiss würde sich am wenigsten eine Seele anmaßen, die, gleich der meinen, von Sünden beladen, noch immer den Leidenschaften des Fleisches verfallen ist, die die Süße des Geistes (*suavitatem spiritus*) noch nicht verspürt hat und von den inneren Wonnen (*interna gaudia*) nichts weiß und ganz und gar nichts erfahren hat. (2) Ich zeige jedoch einer solchen Seele einen Platz, der ihr zum Heil gereicht und ihr gemäß ist (*locum in salutari sibi congruentem*). Sie soll sich nicht verwegen zum Mund des durchlauchtigsten Bräutigams (*serenissimi Sponsi*) aufschwingen, sondern, gleich mir, bebend zu Füßen des gestrengsten Herren hinkauern und mit dem Zöllner (vgl. Lk 18,13) zitternd zum Boden nieder- statt zum Himmel aufschauen [...] Dort (sc. am Boden) hat die Äthiopierin ihre Haut gewechselt, ein neues Weiß wurde ihr wiedergeschenkt, und voller Zuversicht und wahrheitsgemäß gab sie denen, die sie verhöhnten, zur Antwort: »Schwarz bin ich, doch schön, ihr Töchter Jerusalems« (Cant 1,4). [...] Nach dem Beispiel dieser seligen Büßerin (*beatae paenitentis*) wirf also auch du dich zu Boden, Elende, auf dass du aufhörst, elend zu sein. Wirf auch du dich zu Boden, umfange die Füße, besänftige sie mit Küssen und benetze sie mit Tränen, mit denen du jedoch nicht jenen waschen sollst, sondern dich; werde eines jener frischgeschorenen Schafe, die aus der Schwemme (*de lavacro*) emporsteigen, so dass du dein von Scham und Trauer überzogenes Antlitz nicht eher zu erheben wagst, ehe nicht auch du zu hören bekommst: »Deine Sünden sind dir vergeben« (Lk 7,48) [...]
(II. 3) Hast du so den ersten Kuss auf die Füße gedrückt, so wirst du dich gewiss nicht erkühnen, dich sofort zum Kuss des Mundes aufzurichten; vielmehr wird dir zur Zwischenstufe ein anderer Kuss dienen, den du an zweiter Stelle (ansetzen musst): der Kuss auf die Hand. Darüber vernimm folgende Begründung: Wenn Jesus zu mir sagen sollte: »Deine Sünden sind dir vergeben« (Lk 7,48), was nützte es mir, hörte ich nicht auf zu sündigen? Ich habe mein Hemd (*tunica*) abgelegt; wie viel habe ich gewonnen, falls ich es von neuem anziehe? [...] Erinnere ich mich doch, dass er, der mich geheilt, mir sagte: »Siehe, jetzt bis du geheilt; geh und sündige hinfort nicht mehr, auf dass dir nicht Schlimmeres widerfahre« (Joh 5,14; vgl. 8,11). Er aber, der mir den Willen zur Reue (*voluntatem paenitendi*) verlieh, muss noch die Kraft zur Beharrlichkeit (*continendi virtutem*) hinzufügen, damit ich nicht von neuem Bereuenswertes tue und schlimmere Untaten begehe als zuvor [...] (4) Das also muss ich zuerst erbitten und empfangen, bevor ich mich erdreiste, Höheres und Heiligeres zu berühren. [...] Wie sehr Gott die Unverschämtheit des Sünders missfällt, so sehr gefällt ihm das Schamgefühl (*verecundia*) des Reumütigen. [...] Mach bei der Hand Zwischenstation (*Per manum tibi transitus sit*). Diese soll dich zuerst reinigen, diese dich aufrichten. Wie soll sie dich aufrichten? Indem sie dir gibt, was dich hoffen lässt (*Dando unde praesumas*). Was ist das? Die Zierde der Mäßigung und würdige Früchte der Buße, welches Werke der Liebe (*opera pietatis*) sind. [...] Nimmst du dies Geschenk in rechter Weise an, so küsse die Hand, d.h. so gib nicht dir, sondern dem Namen Gottes die Ehre. Und das nicht nur einmal, sondern immer wieder [...] (vgl. I Kor 4,7).
(III. 5) Nun endlich, wenn du mit den zwei Küssen zweimal die göttliche Huld (*dignatio*) erfahren hast, wirst du vielleicht nicht beschämt werden, wenn du das Heiligere wagst. Denn in dem Grade, in dem du an Gnade wächst, wirst du gewiss auch an Zuversicht zunehmen. So geschieht es, dass du glühender liebst und vertrauensvoller um das anklopfst, dessen Ermangelung du verspürst (*quod tibi deesse sentis*). Und »dem, der anklopft, wird aufgetan werden« (Lk 11,10) [...] Das ist der (rechte) Weg, das die (gehörige) Abfolge (*Haec via, hic ordo*). Zuerst werfen wir

uns dem Herrn zu Füßen und beklagen vor ihm, der uns geschaffen, das, was wir getan. Auf der zweiten Stufe suchen wir die Hand dessen, der uns erhebt und unsere schwankenden Knie stärkt. Wenn wir dies endlich unter vielem Bitten und Weinen erlangt haben, dann erst wagen wir womöglich, unser Haupt dem Mund der Herrlichkeit entgegenzuhalten (*os gloriae caput attollere*), nicht nur – ich sage das unter Zittern und Beben –, um ihn anzuschauen, sondern auch, um ihn zu küssen; »der Hauch vor seinem Angesicht ist ja der Herr, der Gesalbte« (Thr 4,20). Wo wir ihm anhangen im heiligen Kuss, werden wir durch seine Huld *ein* Geist (mit ihm [vgl. I Kor 6,17]) [...]

2. Aus sermo 34 (Demut und Rechfertigung)
(II. 3) Siehst du (nun),[29] dass uns die Demut rechtfertigt (*Vides quia humilitas iustificat nos*)? Die Demut, sagte ich, nicht die Demütigung (*humiliatio*). Wieviele werden gedemütigt und sind doch nicht demütig! Die einen nehmen Demütigungen grollend (*cum rancore*) hin, andere aber geduldig (*patienter*), wieder andere willig (*libenter*). Erstere sind schuldig (*rei*), die zweiten unschuldig (*innoxii*), die letzten gerecht (*iusti*). Obwohl auch die Unschuld zur Gerechtigkeit gehört (*portio iustitiae est*), liegt die Vollendung (*consummatio*) bei dem Demütigen; der aber zu sagen vermag: »Es ist mir heilsam, dass du mich gedemütigt hast« (vgl. Ps 118,71), der ist wahrhaft demütig. Wer die Demütigung widerwillig erträgt, kann das nicht sagen, geschweige denn der, der murrt. Keinem von diesen stellen wir für seine Demütigung Gnade in Aussicht, wenn sich auch beide beträchtlich von einander unterscheiden: der eine gewinnt durch seine Geduld sein Leben (*animam suam* [vgl. Lk 21,19]), der andere geht an seinem Murren zugrunde. Allein, wenn auch nur einer sich Zorn zuzieht, so verdient (oder: erlangt) doch keiner von beiden Gnade (*gratiam promeretur*), da Gott nicht den Gedemütigten, sondern den Demütigen Gnade gibt (vgl. I Petr 5,5). [...] Nun wissen wir aber, dass »einen *fröhlichen* Geber Gott liebhat« (II Kor 9,7). [...] Und in der Tat verdient (*meretur*) nur eine heitere und gelöste Demut (*sola* [...] *laeta et absoluta humilitas*) jene Gnade, die sie ankündigt (*quam praefert*). [...]
(III. 4) Willst du aber einen Demütigen sehen, der sich zu Recht rühmt (*recte gloriantem*) und des Ruhmes wahrhaft würdig ist? »Ich rühme mich willig (*libenter*) meiner Schwachheiten«, heißt es (beim Apostel), »damit die Kraft Christi in mir wohne« (II Kor 12,9). Er sagt nicht, er trage seine Schwachheiten geduldig, nein, er rühme sich ihrer sogar, und das willig, womit er beweist, dass ihm die Demütigung heilsam (*bonum*) ist und es ihm überhaupt nicht genügt, sein Leben zu gewinnen, indem er die Demütigung mit Geduld erträgt, wenn er nicht auch Gnade empfängt, indem er sie (die Demütigung) willentlich erträgt (*nisi et gratiam accipiat tamquam sponte humiliatus*). [...] (Die Grundregel von Lk 14,11) bedeutet wohl, dass nicht jede Erniedrigung erhöht werden kann, sondern nur die, die willentlich geschieht und nicht aus Traurigkeit oder Notwendigkeit. So wird auch umgekehrt nicht jeder, der erhöht wird, erniedrigt werden müssen, sondern nur der, der sich selbst erhöht. [...] Also: nicht, wer *ge*demütigt wird, sondern wer *sich* selbst aus freien Stücken *ver*demütigt (*sed qui sponte se humiliat*), wird erhöht werden; es ist mithin der Wille, bei dem das Verdienst liegt (*utique ob meritum voluntatis*). [...]

3. Aus sermo 85 (unio mystica)
(13) Beachte jedoch,[30] dass es in einer geistlichen Ehe (*in spirituali matrimonio*) zwei Arten zu gebären gibt und damit auch unterschiedliche, wenn auch nicht (gerade) einander feindliche Nachkommenschaft, da die heiligen Mütter entweder

Frühscholastik

durch Predigen Seelen oder durch Meditieren geistliche Einsichten gebären (*cum sanctae matres aut praedicando animas, aut meditando intelligentias pariunt spirituales*). Bei dieser letzten Art gerät (die Seele) zuweilen außer sich (*interdum exceditur*) und wird auch noch den leiblichen Sinnen entrückt, so dass sie sich nicht mehr wahrnimmt, die das Wort wahrnimmt (*ut sese non sentiat quae Verbum sentit*). Das geschieht, wenn der Sinn (*mens*), angelockt durch die unaussprechliche Süße des Wortes, sich gleichsam aus sich selbst herausstiehlt oder, besser, entrückt wird (*rapitur*) und sich selbst entgleitet, um das Wort zu genießen (*ut Verbo fruatur*). Allerdings ist der Sinn anders gestimmt, wenn er dem Wort Frucht trägt (d.h. Kinder schenkt), anders, wenn er das Wort genießt (*fructificans – fruens Verbo*): dort hält ihn die Not des Nächsten in Atem, hier lädt ihn die Süßigkeit des Wortes ein. Gewiss freut sich die Mutter ihres Kindes; doch noch mehr freut sich die Braut der Umarmungen (*laeta in prole – in amplexibus* [...] *laetior*). Teuer sind die Kinder, Unterpfänder (der Liebe); doch noch mehr ergötzen die Küsse. Heilsam ist's (*bonum*), viele zu retten; doch abzuscheiden und mit dem Wort (Gottes) Gemeinschaft zu haben (vgl. Joh 1,1.14 mit Phil 1,23; II Kor 5,13), ist noch angenehmer. Doch wann mag dies (sein), und wielange wird es (währen)? O süßer Tausch ([*Dulce commercium*]); indes, kurz ist der Augenblick und selten das Erlebnis (*experimentum*)! Das ist es, was ich nach meiner Erinnerung oben als letztes gesagt habe:[31] dass nämlich die Seele um jeden Preis das (göttliche) Wort sucht, um es zu genießen und sich daran zu ergötzen (*quo fruatur ad iucunditatem*).

Quellen: S. Bernardi Opera, ed. J. Leclercq *e.a., vol.* I/II, Rom 1957f.; G.B. Winkler (Hg.), Bernhard von Clairvaux. Sämtliche Werke, 10 Bde. (lat.-dt.), Innsbruck 1990-1999. *– Literatur:* U. Köpf, Religiöse Erfahrung in der Theologie B.s v. Cl. (BHTh 61), Tübingen 1980; D. Heller, Schriftauslegung und geistliche Erfahrung bei B. v. Cl., Würzburg 1990; K. Elm (Hg.), B. v. Cl. Rezeption und Wirkung im MA und in der Neuzeit (Wolfenbütteler MA-Studien 6), 1994; D.R Bauer / G. Fuchs (Hg.), B. v. Cl. und der Beginn der Moderne, Innsbruck / Wien 1996; P. Dinzelbacher, B. v. C., Darmstadt 1998; V. Leppin, Die christliche Mystik, München 2007, bes. 56-70; B.P. McGuire, A Companion to Bernard of Clairvaux (Brill's Companions to the Christian Tradition 25), Leiden u.a. 2011.

e) Hugo von St.Victor

In der Abtei St. Victor in Paris, am linken Seine-Ufer gelegen, existierte seit Anfang des 12. Jh. ein Stift von »Regularkanonikern«, d.h. von Chorherren, die, nach der Regel Augustins lebend, als »regulierte« Weltgeistliche eine klosterähnliche Gemeinschaft bildeten. Zu ihr hatte Wilhelm von Champeaux, einer der Lehrer Abaelards, nach seinem Rückzug vom Archidiakonat der Diözese Paris und vom Scholasteramt an Nôtre-Dame, im Jahre 1108 den Grundstein gelegt. Die bedeutende Schule dieses Stifts, die sich alsbald bildete und dafür sorgte, dass St. Victor zu einer der angesehensten Abteien von Regularkanonikern in ganz Europa wurde, vereinigte dementsprechend von Anfang an »scholastische« mit »monastischen« Zügen, die sich vor allem bei dem Theologen und Philosophen Hugo von St. V. (gest. dortselbst am 11.2. 1141) zu einer wirklichen Synthese vereinigten. H. hat sich nicht zuletzt als Verfasser exegetischer Werke einen Namen gemacht. Neben Kommentaren hauptsächlich zu weniger geläufigen atl. Büchern verfasste er auch eine der wenigen Hermeneutiken der damaligen Zeit unter dem (typisch mönchisch-demütigen) Titel »Unmaßgebliche Vorbemerkung über hl. Schriften und Schriftsteller« (*De scripturis et scriptoribus sacris praenotatiuncula*). Er legte darin als einen Grundsatz seiner Schule fest, vor aller Auslegung der Schrift sei das buchstäbliche Verständnis anzusetzen, womit allerdings keinerlei revolutionäre Ambitionen verknüpft werden. Vielmehr beteuert der Autor – nicht minder feierlich als zahllose Ausleger vor ihm –, sich so sehr den Kirchenvätern als den Garanten der Orthodoxie anvertrauen zu wollen, dass er bereit sei, die eigene exegetische Einsicht ihrer Belehrung zu unterwerfen. Damit klingt zweifellos ein anderer Ton auf als etwa bei Abaelard, ein Ton, der in dieser, der monastischen Tradition, nicht mehr verstummen sollte.

Aus dem Prolog der Schrift »Über die Heilszeichen des christlichen Glaubens« (De sacramentis christianae fidei):
(Kap. I.: Was man von Beginn an lernen müsse) Wer sich anschickt, den Unterricht in der Lesung[32] der heiligen (göttlichen) Schriften aufzunehmen (*Quisquis ad divinarum Scripturarum lectionem erudiendus accedit*), der muss zuerst bedenken, was der Gegenstand sei, mit dem sich deren Behandlung befasst; denn wenn einer von jenen Dingen Kenntnis (*notitia*) genommen hat, über die eine Schrift verfaßt worden ist, dann wird er umso leichter nach Maßgabe des Gesagten den Durchblick auf ihre Wahrheit oder Tiefe (*profunditas*) gewinnen.

(Kap. II: Was der Gegenstand [*materia*] der heiligen Schriften sei) Gegenstand sämtlicher heiliger Schriften ist, was (von Gott) ins Werk gesetzt wurde, um den Menschen wiederherzustellen (*opera restaurationis humanae*). Es sind nämlich zwei Werke (Gottes), in denen alles beschlossen liegt, was geschaffen wurde. Das erste ist das Werk der Schöpfung. Das zweite ist das Werk der Wiederherstellung (*restauratio*). Mit dem Werk der Schöpfung wurde ins Sein gerufen, was vorher nicht war. Mit dem Werk der Wiederherstellung wurde eine Besserung dessen erreicht, was zuvor zugrundegegangen war (*Opus restaurationis est quo factum est ut melius essent quae perierant*). Mit anderen Worten ist das Werk der Schöpfung die Erschaffung der Welt mit allen ihren Bestandteilen (*elementa*). Das Werk der Wiederherstellung aber ist die Fleischwerdung des Wortes mit allen seinen Heilszeichen (*sacramenta*), sei es denen, die (dem Erscheinen Christi) voraufgingen seit Beginn der Welt, sei es denen, die (ihm) folgen bis zum Ende der Welt. Das fleischgewordene Wort ist nämlich unser König, der in diese Welt kam, um mit dem Teufel zu kämpfen; und alle Heiligen, die vor seiner Ankunft (*adventus*) lebten, sind gewissermaßen seine Soldaten, die vor dem (Angesicht des) König(s) herziehen; die aber später kamen und bis zum Ende der Welt kommen werden, sind die Soldaten, die die Nachhut ihres Königs bilden. Er selber aber, der König, befindet sich inmitten seines Heeres, schreitet dahin, von seinen Truppen allseits schützend umringt und dicht umdrängt. Und wenn, bei einer solchen Menge, auch in den Heilszeichen (*sacramenta*) und Bräuchen der vorangehenden und nachfolgenden Scharen (*populi*) unterschiedliche Bewaffnungsarten (*armorum species*) zum Vorschein kommen, so leisten doch alle nachweislich dem einen König Kriegsdienst, folgen der einen Fahne, sind dem einen Feind auf den Versen und erlangen die eine Siegeskrone. In dem allen treten die Werke der Wiederherstellung in den Blick: auf sie wiederum zielt die ganze heilige Schrift hin (*in quibus divinarum Scripturarum tota vertatur intentio*). Weltliche oder zeitliche Literatur (*Mundanae sive saeculares scripturae*) hat die Werke der Schöpfung zum Gegenstand, die heilige Schrift hingegen die Werke der Wiederherstellung. Deshalb gilt sie zurecht in dem gleichen Maße als vortrefflicher, verglichen mit allen anderen Schriften, wie auch ihr Gegenstand würdiger und erhabener ist, um den alle Schriftbetrachtung und -behandlung kreist. Denn die Werke der Wiederherstellung sind viel mehr wert als die Werke der Schöpfung, weil diese mit Rücksicht auf die Knechtschaft geschehen sind (*ad servitutem facta sunt*), um einem zu Diensten zu sein, der (festen) Stand hat (*stanti homini*), jene aber zum Heil, um einen Gefallenen aufzurichten. Deshalb sind diese als ein (recht) bescheidenes Werk (*quasi modicum aliquid*) in sechs Tagen vollbracht worden, während jene in nicht weniger als sechs Zeitaltern zum

Frühscholastik

Abschluß gelangen können. Trotzdem werden jeweils sechs Größen einander gegenübergestellt (*sex contra sex e diverso ponuntur*), damit deutlich erkennbar werde, dass Erneuerer (*reparator*) und Schöpfer identisch sind.

(In den folgenden Kapiteln des Prologs wird im Voraus umrissen, »dass die heilige Schrift absteigt von den Werken der Schöpfung zur Erzählung der Werke der Wiederstellung« [III], dass sie »den Gegenstand« dreifach behandelt: historisch, allegorisch und tropologisch [IV], dass in ihr nicht allein »Wörter« (*voces*), sondern auch »Sachen« [*res*] Bedeutungsträger [*significativae*] sind [V], dass ferner sämtliche wissenschaftlichen Disziplinen [die *artes*] gegenüber der »göttlichen Weisheit« nur dienstbare Funktion haben [*subserviunt divinae sapientiae* (Philosophie als *ancilla theologiae*!): VI]; abschließend wird – listenartig – über die Zahl der Bücher der Hl. Schrift gehandelt [VII]).

Quellen: Hugo v. St. Victor, *De sacramentis christianae fidei*, ed. R. Berndt (Corpus Victorinum. Textus historici V), Münster 2008; ders., *De scripturis et scriptoribus sacris*, PL 175, Paris 1854, 9-28. – *Literatur:* J. Ehlers, Hugo von St. Viktor, Frankfurt 1973 (Frankf. Hist. Abh. 7); S. Ernst, Gewissheit des Glaubens, Münster 1987 (BGPhMA 30); P. Rorem, Hugh of Saint Victor, Oxford 2009; R. Berndt (Hg.), Bibel und Exegese in der Abtei Saint Victor zu Paris, Münster 2009; R. Angelici, Semiotic theory and sacramentality in Hugh of saint Victor, New York 2020.

f) Petrus Lombardus

Die Lebendigkeit der Theologie ließ um die Mitte des 12. Jh. fast schlagartig nach. »Auf die großen Meister«: Anselm, Abaelard, Bernhard von Clairvaux und Hugo von St. Victor, folgte, so will es scheinen, im Zeitalter Friedrich Barbarossas (s.u. Nr. 34 d) »eine Generation von Epigonen« (Moeller, GdGC, 167). In dieser eher »dürftigen« Zeit gewann ein Buch zunehmend an Bedeutung, das den theologischen Schulbetrieb im ganzen weiteren Mittelalter aufs stärkste mitbestimmen sollte; es wurde zum Standardwerk, in dessen Kommentierung die Meister einer neuen Blütezeit ihre eigene Theologie entwickelten. Gemeint sind die »Vier Bücher Sentenzen« (*Libri quattuor sententiarum*) des Pariser Magisters und zuletzt Bischofs Petrus Lombardus (ca. 1095/1100-1160), eine umfassende Bestandsaufnahme christlicher Lehre, die sich weder im Aufbau noch im Inhalt wesentlich von vergleichbaren zeitgenössischen Werken unterschied (vgl. bes. Abaelards »Sic et non«). Unter den besonders reichlich zitierten *Väter*autoritäten steht Augustin, mit etwa 1000 Texten, weit obenan. Von den Griechen erscheinen häufiger nur Johannes Chrysostomus (vgl. KTGQ I, Nr. 87) sowie – erstmalig in der lateinischen Scholastik – Johannes von Damaskus (vgl. o. Nr. 16b) mit seiner die griechische Patristik abschließenden »Quelle der Erkenntnis« (Πηγὴ γνώσεως). Wie sehr der Einspruch Bernhards und Hugos gegen die »Dialektiker« auf ihn Eindruck machte, zeigt sich u.a. daran, dass der Lombarde von den Regeln dialektischer Behandlung der Autoritäten zwar ausgiebig, aber doch weit vorsichtigeren Gebrauch macht als sein Lehrer Abaelard. Auch bezieht er, was in dieselbe Richtung weist, die Meinungen anderer Scholastiker zwar in die Diskussion ein, aber doch so, dass er Entscheidungen oft genug offenlässt (sehr im Unterschied zu Abaelards zupackender Art), was den *didaktischen* Wert seines Sentenzenwerkes freilich bedeutend erhöhen musste!

1. Die Systematik der Sentenzen[33]: Als Einteilungsprinzip seines Werkes stellt der Lombarde im Anschluß an Augustin[34] *res et signa* (»Sachen und Zeichen«) auf. Die *res* zerfallen wieder in »Sachen, die genossen werden wollen« (*quibus fruendum est* [= der dreieinige Gott als höchstes Sein, *summa res*]), und in Sachen, »deren es sich zu bedienen gilt« (*quibus utendum est* [= die Welt und alles Geschaffene in ihr]). Dieser äußerliche Gesichtspunkt der Einteilung ist jedoch besonders bezüglich der *signa* nicht entschieden durchgeführt. Bei Zusammenfassungen und Übergängen, die den Zusammenhang des Werkes beleuchten sollen, ist in der Regel von diesem eingangs genannten Einteilungsprinzip abgesehen. Thomas von Aquin (s.u. Nr. 46) hat als Einteilungs- und Einheitsprinzip der Sentenzen Gott als *principium*, von dem alles Geschaffene ausgeht und als *finis* (»Ziel«), zu dem alles Geschaffene hinstrebt und hingeführt wird, bezeichnet und in einer ausführlicheren Gliederung nachgewiesen.[35]

Das erste Buch der Sentenzen ist der Gotteslehre gewidmet, wobei keine Ausscheidung der allgemeinen Gottes- und der Trinitätslehre vorgenommen ist. Die Lehre von Gott in seiner trinitarischen Subsistenz (*distinctio* [= d.] 2-34) ist durch Abhandlungen über die einschlägige Lehre der Glaubensquellen (d. 2) und über die Erkennbarkeit der Trinität durch geschöpfliche Bilder (d. 3) eingeleitet. Die Darstellung des Trinitätsdogmas selbst betrachtet zuerst die Prozessionen (Hervorgänge) in der Trinität, die des Sohnes (d. 4-9) und die des Heiligen Geistes (d. 10-18), sodann die Gleichheit, Totalität und Unzertrennlichkeit der drei göttlichen Personen (d. 19-21). Hieran reihen sich die Abschnitte über die trinitarische Terminologie (d. 22-26. 30), über die Proprietäten („Eigentümlichkeiten" [d. 27-29. 33]) und über die Appropriationen (»Zuschreibungen, Zueignungen« [d. 31-32. 34]). Der übrige Teil des ersten Buches (d. 35-48) ist jenen Eigenschaften Gottes vorbehalten, die eine Beziehung Gottes zur Welt aussagen: Wissen, Allgegenwart, Vorsehung und Vorherbestimmung (d. 35-41), Macht (d. 42-44) und schließlich Willen Gottes (d. 45-48). Das zweite Buch hat vor allem den Hervorgang der Geschöpfe aus Gott, die Schöpfungslehre, zum Inhalt. An erster Stelle steht (d. 1-11) die Engellehre: die Lehre von der Natur und Ausstattung (d. 3-4), von der Prüfung und dem Fall der Engel (d. 5-7), von der Stellung der bösen (d. 8) und der Wirksamkeit der guten Engel (d. 9-11). Hieran reiht sich die Lehre von der Erschaffung der Körperwelt, vom Siebentagewerk (*Hexaëmeron* [d. 12-15]) und von der Erschaffung des Menschen (d. 16-20), wobei die Gottesebenbildlichkeit und ursprüngliche Ausstattung des letzteren auch zu allerlei psychologischen Erwägungen Anlass gibt. Die Lehre von der Erschaffung des Menschen führt sich weiter in den Abhandlungen über den Sündenfall der Stammeltern (d. 21-24), über die Gnade und den freien Willen (d. 24-29), über die Erbsünde (d. 30-33). Den Abschluß des Buches bildet eine eingehende Darstellung der dogmatischen Lehre von der Erbsünde (d. 34-44). Das dritte und vierte Buch behandeln die Zurückführung der Dinge zu Gott, den *reditus in finem*. Die beiden Hauptabschnitte des dritten Buches sind die Inkarnationslehre und die Lehre von den *virtutes* (»Tugenden«) und *dona* (»Gnadengaben«), welche Früchte der Menschwerdung Christi sind. Die Inkarnationslehre (d. 1-22) bespricht zuerst die Menschwerdung selbst nach ihren Ursachen und ihrer Eigenart (d. 1-5), sodann die Eigenschaften des Gottmenschen (d. 6-16) und schließlich die Heilstat Christi (d. 17-22). Der an die Inkarnationslehre sich angliedernde Traktat über das christliche Tugendleben beleuchtet die göttlichen (d. 23-32) und sittlichen Tugenden (d. 33), die Gaben des Heiligen Geistes (d. 34-35), den Konnex der Tugenden (d. 36) und das Gesetz des Alten und des Neuen Bundes (d. 37-40). Das vierte Buch ist der Sakramentenlehre (d. 1-42) und der Eschatologie (d. 43-50) gewidmet.

2. Die Abendmahlslehre (IV dd. 8-13) als Beispiel

P.L. setzt die Ergebnisse des sog. 2. Abendmahlsstreites zwischen Berengar und Lanfranc voraus (s.o. Texte a). Wenn nach der Unterwerfungserklärung, zu der am Ende Berengar, der eindeutige Verlierer, gezwungen worden war, die reale Gegenwart Christi im Abendmahl begrifflich umschrieben werden sollte und dazu nunmehr der aristotelische Begriff der Substanz vorgegeben war (indem man vom *substantialiter converti* sprach), dann boten sich drei Deutungsmöglichkeiten an: 1. die sog. *Transformations*- oder Wandlungslehre. Danach »entsteht« nur während der Sakramentshandlung aus Brot und Wein Leib und Blut Christi, und zwar rein »sakramenthaft«, wenngleich in geistlich-realer Weise (so seit langem die Anschauung der griechischen Kirche[36]). 2. Die *Konsubstantiation*slehre. Danach bleiben Eigenschaften und Substanz von Brot und Wein voll erhalten, doch tritt zu Brot und Wein die neue »Substanz« der Gegenwart Christi, nach der Konsekration, hinzu.[37] 3. Die *Transsubstantions*lehre, wonach die innerhalb des Schöpfungsbereiches begründete Substanz von Brot und Wein *realiter* in die Substanz von Fleisch und Blut Christi verwandelt werden. Dabei konnte entweder angenommen werden, dass nur die Substanz, nicht aber die Eigenschaften verwandelt werden; oder es wurde an eine volle Verwandlung der Elemente gedacht. M.a.W. geht die Annahme dahin, dass bei der *conversio* entweder die Substanz der Elemente zur Substanz von Leib und Blut Christi wird, oder aber die erstere vernichtet wird, um durch die letztere ersetzt zu werden. Wie geht P.L. mit dieser Überlieferungslage um, wie ordnet er sich ein?

Frühscholastik 125

(d. 8, c. 1: Über das Altarsakrament) Auf das Sakrament der Taufe und Firmung (*confirmatio*) folgt das der Eucharistie (*eucharistiae sacramentum*). Durch die Taufe werden wir gereinigt, durch die Eucharistie im Guten vollendet (*in bono consummamur*). Die Taufe löscht die Gluten unserer Verfehlungen (*aestus vitiorum*); die Eucharistie stellt uns geistlich wieder her (*spiritualiter reficit*). Darum bezeichnet man sie, äußerst treffend (*excellenter*), als ›eucharistia‹, d.h. als gutes Gnadengeschenk (*bona gratia*), weil in diesem Sakrament nicht allein das Wachstum von Tugend und Gnade (beschlossen liegt), sondern derjenige ganz genossen wird (*sumitur*), welcher Quelle und Ursprung aller Gnade ist.
(c. 2: Eine Vorabschattung [*figura*] dieses Sakraments, wie auch des der Taufe, gibt es – Ambrosius zufolge – bereits im AT.
c. 3: Die Einsetzung [*institutio*] desselben erfolgte beim letzten Mahl des Herrn mit seinen Jüngern.
c. 4: Die Form [gestaltende Kraft (*forma*)] sind Christi Worte »Das ist mein Leib«, »das ist mein Blut«; werden sie ausgesprochen [*proferunter*], so geschieht die Wandlung [*conversio*] von Brot und Wein in die Substanz [in *substantiam*] von Leib und Blut Christi.
c. 5: Warum die Austeilung von Leib und Blut Christi an die Jünger nach einer Sättigungsmahlzeit erfolgte?
c. 6: Wie verhalten sich Sakrament und [die mit ihm bezeichnete] Sache selbst [*res*] zueinander? Die Antwort geben für P.L. Augustin und Gregor I.)
(c. 7) Was die Sache dieses Sakraments betrifft, so ist sie indes eine zwiefache: eine, die (im Altarsakrament) enthalten und bezeichnet (*contenta et significata*), eine andere, die bezeichnet und nicht enthalten ist. Die Sache, die (darin) enthalten ist und bezeichnet wird, ist das Fleisch Christi, welches er von der Jungfrau erhalten hat, und das Blut, welches er für uns vergoss. *Augustinus, Super Ioannem*[38]: Die bezeichnete und nicht enthaltene Sache ist »die Einheit der Kirche in den Vorherbestimmten, den Berufenenen, den Gerechtfertigten und den Verherrlichten«. Dies ist das doppelte Fleisch Christi [...] Demnach ist hier dreierlei zu unterscheiden: das eine ist nichts als Sakrament, das andere Sakrament und Sache (des Sakraments), das dritte nur Sache und nicht Sakrament. Sakrament und nicht Sache ist die sichtbare Gestalt (*species visibilis*) von Brot und Wein; Sakrament und Sache: Christi eigenes Fleisch und Blut; Sache und nicht (auch) Sakrament sein mystisches Fleisch (*mystica eius caro*) [...]
(d. 10, c.1: Zurückweisung der Häresie derer, die behaupten, der Leib Christi sei nicht wirklich auf dem Altar gegenwärtig, es sei denn, in zeichenhafter Gestalt [*in signo*], wiederum mit Hilfe Augustins. – c.2: Mit seiner und des Ambrosius, aber auch – angeblich – des Griechen Eusebius von Emesa[39] Autorität wird stattdessen bewiesen, dass der wahre Leib Christi auf dem Altar anwesend sei und in ihn das Brot verwandelt werde [*converti*]. Doch wie geschieht das?)
(d. 11, c. 1,1: Über die Weise der Wandlung [*De modo conversionis*]) Wenn jedoch gefragt wird, wie beschaffen (*qualis*) jene Wandlung (*conversio*) sei: ob sie der Form, der Substanz nach (*an formalis, an substantialis*) oder noch auf eine andere Art geschehe, so vermag ich das nicht näher zu bestimmen. Meines Erachtens trifft jedoch (die Annahme,) sie sei formal(er Natur), nicht zu, weil die Gestalten der Elemente bleiben, was sie zuvor waren, nämlich Geschmack und Gewicht. Wie einigen scheint, handelt es sich um (eine Wandlung) der Substanz nach, wenn sie behaupten, Substanz werde in Substanz verwandelt, so dass diese in wesenhafter Weise (*essentialiter*) zu jener werde. Dieser Auffassung scheinen die oben (in d. 10) angeführten Autoritäten zuzustimmen. (2) Dieser Meinung aber wird von anderen entgegengehalten: Wenn sich die Substanz von Brot und Wein der Substanz nach in Leib und Blut Christi verwandelt, dann entsteht Tag für Tag eine Substanz Leib und Blut Christi, welche vorher nicht existierte; und heute ist etwas Leib

Christi, was gestern nicht existierte; und Tag für Tag wächst der Leib Christi und wird gebildet aus einer Materie, aus welcher er in der Empfängnis (im Leib Mariens) nicht bestand (*et quotidie augetur corpus Christi, atque formatur de materia, de qua in conceptione non fuit factum*).

(c. 2,1: In welchem Sinne man sagt, der Leib Christi entstehe aus der Substanz des Brotes [*Quomodo dicitur corpus Christi confici de substantia panis*]) Auf diese (widersprüchlichen Anschauungen) lässt sich Folgendes erwidern: nicht aus dem Grund heißt es, der Leib Christi entstehe durch das Himmelswort (sc. die *verba testamenti*), dass eben der in der jungfräulichen Empfängnis gebildete Leib von neuem gebildet werde, sondern die Substanz von Brot und Wein, die zuvor nicht Leib und Blut Christi war, wird dank des Himmelswortes Leib und Blut. Und darum sagt man von den Priestern, sie ließen Leib und Blut Christi entstehen (*conficere corpus Christi et sanguinem*), weil durch deren Dienst (*eorum ministerio*) die Substanz des Brotes zum Fleisch wird und die Substanz des Weines zum Blut Christi. Nicht jedoch wird Leib oder Blut etwas hinzugefügt, noch wächst der Leib Christi oder das Blut.

(Im Folgenden werden weitere Theorien besprochen und von Augustin aus kritisiert [2–4], darunter auch jene [5], nach der »Brot- und Weinsubstanz [...] sich entweder in die ihnen zugrundeliegende Materie auflösen oder [gar] ins Nichts zurückgeführt werden«; diese Erklärung wird vom Lombarden einfach erwähnt, ohne Ablehnung, aber auch ausdrückliche Billigung, während die Konsubstantiationslehre von ihm scharf zurückgewiesen wird, wenn es weiter heißt:) (6) Andere haben indes gemeint, die Substanz von Brot und Wein bleibe dort (sc. auf dem Altar), und ebendort seien auch der Leib und das Blut Christi; aus diesem Grunde sage man, jene Substanz werde zu dieser, weil dort, wo diese ist, auch jene sei (was paradox ist). Und eben die Substanz von Brot und Wein sei (ihr) Sakrament (*Alii vero putaverunt ibi substantiam panis et vini remanere, et ibidem corpus Christi esse et sanguinem; et hac ratione dici illam substantiam fieri istam, quia ubi est haec, est et illa [quod mirum est]. Et ipsam substantiam panis vel vini dicunt esse sacramentum*). Dass sich dort jedoch keine Substanz befindet außer Leib und Blut Christi, wird aus dem vorher Angeführten wie auch aus dem Folgenden augenscheinlich.[40]

Quellen: Petri Lombardi Sententiae in IV libris distinctae, ed. Coll. S. Bonaventurae Ad Claras Aquas, Bd. I/1.2, Grottaferrata ³1973; Bd. II, ebd. ³1983. – Literatur: M. Grabmann, Die Geschichte der scholastischen Methode, Bd. II, (1911), ND Darmstadt 1957, 359-407; M.L. Colish, Peter Lombard, I/II (Brill's Studies in Intellectual History, 41/1.2), Leiden 1994; P.W. Rosemann, Peter Lombard, Oxford 2004; C. Monagle, Orthodoxy and Controversy in Twelfth-Century Religious Discourse. Peter Lombard's »Sentences« and the Development of Theology, Turnhout 2013.

[1] *Ausgabe von A.F. u. F.Th. Vischer (Berlin 1834), 101f.; R.B.C. Huygens (CChr.L 84), 85f.*

[2] *Von griech. τρόπος, lat. tropus = verbum translatum, also Einzelwort in übertragener Bedeutung. Die Tropen sind Gegenstand der Figurenlehre der Rhetorik.*

[3] *Gleiche Ausgaben: Vischer, 83f.; Huygens, 73f. Zum Verständnis der Schlußpassage (subiectus – praedicatus terminus) s. die entsprechenden Artikel »Subjekt«, »Subjekt/Prädikat« und »Terminus« in: HWPh 10, 1998, bes. 373-375 (B. Kible). 434-438 (R. Rein). 1016 (E. Sietzen).*

[4] *Vischer, 123f.; Huygens, 101. Es handelt sich dabei um ein (auf Ambrosius, De sacramentis gestütztes) Berengarzitat, mit dem sich Lanfranc (a.a.O., 419 C.D) auseinandergesetzt hatte. Berengar wehrt sich im Folgenden gegen L.s Kritik.*

[5] *Ebenda 97f.; 83.*

6   Ebenda 223; 166.
7   Auf diesem Hintergrund (»norman customs«) versteht man übrigens auch eher die Konflikte des 16. Jh. zwischen der Kurie und Heinrich VIII.!
8   Vgl. das Proömium des Proslogions (Schmitt, vol. I, 93).
9   Vgl. de doctr. Christ. I 7, 71.
10 Vgl. Gen 1,27.
11 D.h. dann würde es von dem, was auch in Wirklichkeit existiert, übertroffen werden, mithin wäre es nicht länger das Größte, das sich denken lässt.
12 Weil es von dem übertroffen wird, das nicht nur als größer nicht gedacht werden kann, sondern dessen Nichtexistenz auch nicht gedacht werden kann.
13 S.u. Nr. 33c (Anmerkung 2).
14 Anselms Gesprächspartner in dem als Dialog aufgezogenen Traktat, später dessen zweiter Nachfolger als Abt von Bec (1124–1136).
15 Vgl. Buch 2, Kap. 9 und 16.
16 2. Rezension, verf. Anfang 1094 (= Schmitt, vol. II, 1-35; Zitat: 6-10).
17 Scholasticus an der Kathedralschule zu Tours (gest. nach 1120), der die Auffassung vertrat, die »Allgemeinbegriffe« (universalia) seien nur »Namen« (nomina), welche lediglich im schieren Ausgesprochenwerden (als flatus vocis [»Stimmhauch«]) von, Individuelles zusammenfassenden, Begriffen Realität besitzen. A. dagegen war ein (erkenntnistheoretischer) Begriffsrealist!
18 Noch bei Thomas von Aquin meint s. p. schlichtweg die Theologie, nicht nur die Hl. Schrift, eben weil Theologie letztlich als Schriftauslegung verstanden ist (s. U. Köpf, Die Anfänge der Wissenschaftstheorie im 13. Jahrhundert [BHTh 49], Tübingen 1984).
19 Die (gängige) Übersetzung von universales substantiae mit »Allgemeinbegriffe« ist zweifellos recht frei. Doch was soll man sich unter »universellen Substanzen« anderes vorstellen? Eine Rechtfertigung dieser freien Übersetzung könnte sich aus der Überlegung herleiten: für den Autor, einen »Realisten« im Streit um die Universalien (vgl. u., Nr. 33c, 1), sind diese real, eine res, also (hilfsweise gesagt) »Substanzen«, aber eben kein substanzloser flatus vocis!
20 Anklang an Augustins Trinitätslehre; s. dazu E. Mühlenberg in: HDThG I ²1999, 425-432 (Lit.!).
21 Vgl. Monol. 79 (Schmitt, vol. I, 86, 7): persona non dicitur nisi de individua rationali natura (»Person[-Sein] wird ausschließlich von einer individuellen Vernunftnatur ausgesagt«).
22 Unter »Scholastik« ist ganz allgemein die wissenschaftliche Arbeit des Mittelalters zu verstehen, Theologie und Philosophie ebenso wie Naturkunde, Medizin und die beiden Rechtswissenschaften (römisches und kanonisches Recht, Jurisprudenz und Kirchenrecht). Ein scholasticus war zur Zeit Karls d. Gr. der Lehrer der sog. sieben »freien Künste« (artes liberales); später hieß jeder so, der sich schulmäßig mit den Wissenschaften einließ. Der Name bedeutet mithin »Schulwissenschaft« und weist darauf hin, dass die mittelalterliche Wissenschaft aus dem Unterrichtsbetrieb (zunächst an Hof-, Dom- und Klosterschulen, später, ab dem 13. Jh., an Universitäten) hervorgegangen ist. »Schulwissenschaft« war die Sch. auch insofern, als Lehren im Mittelalter primär hieß: ein Wissen weitergeben, überliefern, tradieren, und als der Schulzusammenhang (in dem Sinne, in dem wir noch heute von wissenschaftlichen Schulen sprechen) in ihr eine beträchtliche Rolle spielte.
23 S.o. Anm. 17.
24 Vgl. dazu vor allem Abaelards Logica »Ingredientibus«, hg. v. B. Geyer, in: BGPhMA 21, H.1, Münster 1919; mit wenigen Auslassungen übersetzt bei: K. Flasch, Geschichte der Philosophie in Text und Darstellung, Bd. 2, Stuttgart 1982 (rub 9912[6]), 233-262.
25 In Kap. 7 seiner »Kategorien« (8 b 21).
26 Vgl. dazu vor allem sein ethisches Hauptwerk Ethica (in: P. Abaelard's Ethics. An ed. with introd., English transl. and notes by D.E. Luscombe, Oxford 1971), dessen Alternativtitel bezeichnenderweise lautete: Scito teipsum (»Erkenne dich selbst«)!

²⁷ *Sie ist mit Anselms Satisfaktionslehre keineswegs identisch, entspricht vielmehr einem älteren, wohl auf Papst Gregor d.Gr. (s.o. Nr. 10) zurückgehenden Lehrtyp, mit dem sich auch schon Anselm auseinandergesetzt hatte, allerdings in unterschiedlicher Weise und mit unterschiedlichen Resultaten als später A.*

²⁸ *Der Herausgeber, E.M. Buytaert, macht z.St. darauf aufmerksam, dass uns ein solcher Traktat nicht erhalten, doch einiges in der anonymen Schrift* Capitula haereseum P. Abaelardi *womöglich jener* Tropologia *entnommen sei.*

²⁹ *Vorausgehen, angelehnt an Cant 1,7; Ex 33,13.18 und andere Bibelstellen, Bemerkungen darüber, wie die, die nach Großem streben, auf die Stufe der Demut zurückgerufen werden (I, 1); aber nicht nur aus der Hand Gottes sind Demütigungen hinzunehmen, sondern auch vom Nächsten, wie das Beispiel Davids lehrt (II, 2).*

³⁰ *Zu Beginn der Predigt werden in einem ersten Kapitel, im Anschluß an Cant 3,1, sieben Gründe genannt, aus denen die Seele das Wort (= den Bräutigam) sucht. Kap. II fügt an, dass es drei Kräfte sind, die die Seele bedrängen; am meisten müsse man sich vor sich selbst in Acht nehmen. Wer aber auf Christus vertraue, der vermöge alles; auf ihn allein müsse man sich deshalb stützen, um zur Tugend zu gelangen. Kap. III: Wie wir durch das Wort umgestaltet werden, und welches Verhältnis zwischen Weisheit und Tugend (*virtus*) besteht. Kap. IV: Was es heißt, mit dem Wort gleichgestaltet zu werden, zur Zierde der Seele; sich zu vermählen, um Frucht zu bringen; das Wort zu genießen zur Seligkeit, soweit sie in diesem Leben erschwinglich ist.*

³¹ *Sermo 85,1 (S. Bernardi Opera II, Rom 1958, 307).*

³² *Sie freilich ist nur ein Anfang, dem nach H. die* meditatio, »*die selbsttätige Verinnerlichung des vorgetragenen, zergliederten und untersuchten Wissensinhaltes durch den Schüler«, folgen muss (so M. Grabmann [wie.o.], 245, aufgrund der Wissenschaftslehre H.s, seines Didascalicon, Buch 3, Kap. 11[10: PL 176, 772 = FC 27, hg. v. Th. Offergeld, Freiburg 1997, 244/46]).*

³³ *Nach M. Grabmann (wie o.), 364-366.*

³⁴ De doctr. chr. *I 2.*

³⁵ *In seinem Sentenzenkommentar (I, d. 2); dieses Prinzip entspräche weitgehend dem der thomasischen* Summa Theologica *(s.u. Nr. 46)!*

³⁶ *In der Reformationszeit folgte ihr vor allem M. Bucer.*

³⁷ *Ähnliche Deutungen finden sich – freilich bewusst immer wieder in nicht-aristotelischen Kategorien formuliert (V. Leppin) – u.a. bei M. Luther.*

³⁸ Tract. *26,15 (CChr.L 36, 267).*

³⁹ *In Wahrheit handelt es sich um ein Zitat aus Euseb* ›Gallicanus‹, hom. *17 (= de pascha, VI), 2 (CChr.L 101, 196).*

⁴⁰ *Als weitere Väterbeweise werden Stellen aus Ambrosius,* De sacramentis *(in Wirklichkeit* De mysteriis, c. 9, n. 53 [CSEL 73, 112]*) und einer Osterhomilie Gregors I. (in Wirklichkeit aus* Dialogi, c. 58 [PL 77, 425D-428A]*) angeführt.*

34. Die Anfänge der Kreuzzugsbewegung in abendländischer Sicht

»Kreuzzug« ist ein »polymythischer« Begriff (O. Marquard), auf keinen Fall ist er quellensprachlicher Herkunft. Die mittelalterlichen Quellen bedienen sich vielmehr ganz überwiegend der Wallfahrtsterminologie und sprechen z.B. von der »Wallfahrt ins Heilige Land« (*iter* oder *peregrinatio in terram sanctam*). Demnach gehört zur Vorgeschichte der (hier gemeinten) Kreuzzüge die Geschichte bes. der Palästinawallfahrt (spätestens seit dem 4. Jh. n. Chr. [Kaiserin Helena!]). Nun aber unterscheiden sie sich von der (normalerweise) unbewaffnet unternommenen Wallfahrt durch ihren kriegerischen Charakter, der vom mittelalterlichen Kreuzzug gar als »heiligem Krieg« zur »Wiedererlangung christlicher Besitzrechte oder zum Schutz der Kirche oder der Christen« gegen äußere oder innere Feinde sprechen lässt (J. Riley-Smith). Also müsste in einer *Vorgeschichte* geklärt werden, wie es im Christentum, das doch ursprünglich ein mindestens distanziertes Verhältnis zu Krieg und Waffengebrauch hatte (vgl. nur Mt 5,9; 26,52; Mk 12,17; Lk 22,25f.; Joh 18,36f.), gleichwohl zur Idee eines »heiligen Krieges« hat kommen können! Auch den mittelalterlichen *islamischen* Quellen ist der Ausdruck »Kreuzzug« völlig fremd. Vielmehr geht es für sie um die Auseinandersetzung zwischen dem (westeuropäisch-christlichen) »Haus des Krieges« und dem »Haus des Islam«. Und das heißt auch: Während für das Christentum so etwas wie »Heiliger Krieg« (Dschihad = »Krieg aus frommen Motiven im Unterschied zu vielen weltlichen Anlässen, Krieg zu führen«) lange Zeit außerhalb des Vorstellbaren lag, war das im Islam von Anfang an anders. Darum bestand auch für keinen der uns bekannten islamischen Geschichtsschreiber der geringste Zweifel daran, dass die Christen die Aggressoren waren, selbst wenn es um die »Befreiung« (*reconquista*) der vordem (weithin) christlich besiedelten iberischen Halbinsel sowie Siziliens ging. Und: während in der klassischen abendländischen Geschichtsschreibung der Aufruf Papst Urbans II. als eigentlicher Beginn und die Vertreibung der letzten Kreuzfahrer aus der Stadt Akkon 1291 als Ende der Kreuzzugsgeschichte gelten, ist aus der Sicht der arabischen Quellen die Invasion des Orients im Zuge des sog. »Ersten Kreuzzuges« (Text b) lediglich *ein* Höhepunkt der europäischen Aggression, die bereits Jahrzehnte früher begann, in Spanien und Sizilien nämlich, und diese Welle rollte, derselben Sichtweise zufolge, später in Kleinasien, dem heutigen Irak, Syrien/Palästina, Ägypten, über die Inseln des Mittelmeeres bis nach Arabien und konzentrierte sich dann auf den Mittelmeerraum und Osteuropa (Cobb [s.u.], 13). Bleiben wir hier jedoch bei der abendländischen Sicht der Dinge und konzentrieren uns auf die Züge in den vorderen Orient, welche für die Zeitgenossen eine herausragende Bedeutung besaßen »und diese in besonderem Maße zu mobilisieren« vermochten (Jaspert [2013], IX). Hinsichtlich ihrer *Abläufe* gibt es – namentlich, aber nicht *nur* zwischen französischer und deutscher Forschung – Differenzen bei der Zählung der auf Befreiung des Hl. Grabes in Jerusalem und der übrigen heiligen Stätten Palästinas gerichteten Kreuzzüge. Dabei werden hier wie dort »nicht die zahlenmäßig größten oder die erfolgreichsten Züge, sondern in aller Regel diejenigen« hervorgehoben und gezählt, »die von Königen angeführt wurden« (Jaspert [2013], 44). Unstrittig ist, dass die (auf Palästina hin orientierten, wenngleich keineswegs dort auch immer stattfindenden) Kreuzzüge von einer ganzen Anzahl völlig andere Ziele erstrebender Unternehmungen umgeben waren, die dennoch (fast) alle Attribute eines mittelalterlichen »Kreuzzuges« mit sich führten. Trotz ihres Scheiterns sind die Kreuzzüge in den Orient für das Abendland von unabschätzbaren *Folgen* gewesen, nicht nur negativen; für das byzantinische Reich und die Lage der Christen unter muslimischer Herrschaft war ihre Wirkung dagegen im Großen und Ganzen verheerend, weil unter den Muslimen vor allem die Kräfte des Fanatismus und der Intoleranz durch sie Auftrieb erhielten.

Quellen: H.E. Mayer (Hg.), Idee und Wirklichkeit der Kreuzzüge, Germering 1965; R. Pernoud (Hg.), Die Kreuzzüge in Augenzeugenberichten, Hamburg ⁵1980. – *Literatur:* H.E. Mayer, Geschichte der Kreuzzüge, Stuttgart (1965) ¹⁰2005; N. Jaspert, Die Kreuzzüge und ihre Deutungen: Mythen und Motivationen, in: K.H. Rueß (Hg.), Stauferzeit – Zeit der Kreuzzüge, Göppingen 2011, 10-41; ders., Die Kreuzzüge, Darmstadt ⁶2013 (mit exzellenter Bibliographie zu allen Aspekten des Phänomens und der Folgen); P.M. Cobb, Der Kampf ums Paradies. Eine islamische Geschichte der Kreuzzüge. Aus dem Englischen von M. Sailer, Darmstadt 2015.

a) Päpstliches Rundschreiben zur Planung eines Kreuzzuges (1. März 1074)

Nachdem im 11. Jh. im Umkreis der Reformbewegung von Cluny (s.o. Nr. 26) Idee und Wirklichkeit eines »christlichen Rittertums« (mit eigenem »Berufsethos«: als Friedenswahrer im Auftrag der Kirche) geboren und 1053 erstmals ein Kirchenmann unmittelbar zum Kriegsherrn geworden war, indem Papst Leo IX. einen eigenen Feldzug gegen die Normannen in Sizilien führte, und 13 Jahre später einer seiner Nachfolger (Alexander II.) die Eroberung Englands durch den Normannenkönig Wilhelm (den Eroberer) durch Übersendung der geweihten Petersfahne (*vexillum s. Petri*) gewissermaßen »geheiligt« hatte, plante dessen Nachfolger Gregor VII. (1073-1085) erstmals einen Kreuzzug nach dem Orient, zur Hilfe für das schwer bedrängte byzantinische Reich – und in der Hoffnung auf kirchliche Unterwerfung des Ostens.

(*Reg.* 1, 49) Bischof Gregor, Knecht der Knechte Gottes, entbietet allen, die willens sind, den christlichen Glauben zu verteidigen, seinen Gruß (*salus*) und apostolischen Segen. Wir möchten euch alle wissen lassen, dass dieser Mann, der den vorliegenden Brief mit sich trägt, erst kürzlich aus Übersee (*de ultramarinis* [...] *partibus*) gekommen ist und die Schwellen der Apostel (*limina apostolorum*) und uns besucht hat. Von ihm wie auch aus zahlreichen anderen Quellen haben wir erfahren, dass ein Heidenvolk mächtig erstarkt ist (*fortiter invaluisse*) gegen das christliche Reich (sc. von Byzanz) und mit erbarmungswürdiger Grausamkeit schon fast bis unter die Mauern der Stadt Konstantinopel alles verwüstet, mit tyrannischer Gewalt unterworfen und unzählige Tausende von Christen wie das Vieh abgeschlachtet hat. Darum hat uns, aus Liebe zu Gott und im Bewusstsein unseres Christentums, um des bejammernswerten Missgeschicks jenes so gewaltigen Reiches und der Niederlage so vieler Christen willen großer Schmerz ergriffen. Aber unsere bange Sorge, die wir schuldig sind, kann sich nicht damit begnügen, darüber zu trauern; sondern das Beispiel unseres Erlösers und alle schuldige brüderliche Liebe fordern von uns, unser Leben (*animas*) für die Befreiung unserer Brüder einzusetzen (*ponere*). Denn, wie der Erlöser für uns sein eigenes Leben eingesetzt hat, so müssen auch wir für unsere Brüder unser Leben aufs Spiel setzen. Wisst also, dass wir im Vertrauen auf Gottes Erbarmen und auf seine machtvolle Kraft (*potentia virtutis*) alles tun und vorbereiten wollen, um so schnell wie möglich mit Gottes Hilfe dem christlichen Reich zu Hilfe zu kommen. Darum beschwören wir euch bei dem Glauben, durch den ihr in Christus zur Gotteskindschaft vereint seid, und ermahnen euch kraft der Autorität des heiligen Apostelfürsten Petrus: es möchten die Wunden und das Blut der Brüder wie auch die Gefahr, in der jenes genannte Reich schwebt, auch euch von gebührendem Mitleid getrieben sein lassen, und eure Tapferkeit (*virtus*) nehme um des Namens Christi willen die Mühsal, den Brüdern Hilfe zu bringen, gern auf sich. Was aber Gottes Gnade euch eingeben wird in dieser Sache, das teilt uns bitte sofort durch zuverlässige Botschaften mit.
Gegeben zu Rom, am 1. März, in der 12. Indiktion.

Quelle: Das Register Gregors VII., hg. v. E. Caspar, Berlin (1920.1923) (1955 [MGH.ES 2]). – *Literatur:* L. Schmugge, Jerusalem, Rom und Santiago – Fernpilgerziele im Mittelalter, in: M. Matheus (Hg.), Pilger und Wallfahrtsstätten in Mittelalter und Neuzeit, Stuttgart 1999, 11-34; E.D. Hehl, Kreuzzug – Pilgerfahrt – Imitatio Christi, in: ebd., 35-51; Mayer, Geschichte, 18-52 (Entstehung der Kreuzzüge); Jaspert (2013), 1-32 (Vorbedingungen).

b) Der erste Kreuzzug (1096-1099)

1. Papst Urbans II. Kreuzzugsaufruf nach seinem Brief an die flandrischen Christen über die Beschlüsse der Synode von Clermont-Ferrand (1095)
Bischof Urban, Knecht der Knechte Gottes, (entbietet) allen Gläubigen, Fürsten wie Untertanen, in Flandern Heil und Gnade und apostolischen Segen. Ich bin überzeugt, ihr, meine Brüder (wörtl.: eure Bruderschaft [*fraternitas*]), habe(t) schon längst durch vieler Berichte erfahren, dass barbarische Raserei die Kirchen Gottes in den östlichen (Erd-)Teilen in beklagenswerter Anfeindung (*infestatio*) verwüstet und darüber hinaus auch die heilige Stadt, die durch Christi Passion und Auferstehung ausgezeichnet ist, mitsamt ihren Kirchen, was auszusprechen frevelhaft ist, ihrer unerträglichen Knechtschaft unterworfen. In pflichtgemäßer Rücksicht darauf haben wir, aus Mitgefühl mit diesem Unglück, die Provinzen Frankreichs (*Gallicanas partes*) besucht und die Fürsten und Untergebenen dieses Landes zur Befreiung der Kirchen des Ostens (*ad liberationem Orientalium ecclesiarum*) in großem Stil (unter großer Beteiligung [*ex magna parte*]) aufgerufen; auch haben wir auf dem Konzil in der Auvergne (sc. in deren Hauptstadt Clermont) feierlich eine derartige Bereitschaft zum Kampf auf ihrer Seite mit der Vergebung aller ihrer Sünden (als Gegenleistung) verknüpft (*et huiusmodi procinctum pro remissione omnium peccatorum suorum*[1] *in Arvernensi concilio celebriter eis iniunximus*); ferner haben wir unseren sehr geliebten Sohn Adhémar (von Monteil), Bischof von Le Puy, zum Führer auf dieser mühevollen Reise (*huius itineris ac laboris ducem*) an unserer Statt bestimmt, damit, wer immer beschließen sollte, diesen Weg auf sich zu nehmen, seinen Weisungen gehorche, als wären es die unseren, und sich in allem seiner Löse- und Bindegewalt (*solutionibus seu ligationibus*) unterwerfe, soweit es sich auf diesen Handel (*negotium*) bezieht. Alle die unter euch aber, denen Gott diesen Wunsch eingibt, sollen wissen, dass er (am Fest) der Himmelfahrt der seligen Maria (*in beatae Mariae adsumptione* [15. August]) mit Gottes Hilfe aufbrechen wird und man sich dann seinem Gefolge anschließen kann.

2. Verkündigung des »Kreuzzugsablasses« in Kanon 2 von Clermont-Ferrand
Wer immer aus reiner Hingabe, nicht um Ehre und Reichtum zu erlangen, zur Befreiung der Kirche Gottes (in) Jerusalem aufgebrochen ist, dem soll dieser Pilgerweg als Abgeltung jeglicher Buß(straf)e angerechnet werden (*Quicumque pro sola devotione, non pro honoris vel pecuniae adeptione ad liberandam ecclesiam dei Ierusalem pro-fectus fuerit, iter illud pro omni poenitentia reputetur*).

3. Bericht eines anonymen Chronisten über die Eroberung Jerusalems (15. Juli 1099)
(Buch 10, Kap. 37) [...] am Dienstag, den 6. Juni (*feria tertia, VIII idus Iunii*[2]) kamen wir fröhlich und jubelnd bei der Stadt Jerusalem an und legten einen bewundernswert wirksamen (d.h. engen) Belagerungsring um sie (*eamque mirabiliter obsedimus*) [...] Bei dieser Belagerung quälte uns solcher Durst, dass wir Rinder- und Büffelhäute zusammennähten und darin aus einer Entfernung von fast sechs Meilen Wasser herbeischleppten. Aus diesen Behältern tranken wir Wasser, obwohl es stank, und infolge dieses Wassers und des (Genusses von) Gerstenbrot(es) erlitten wir täglich große Not und Beschwer. Denn die Sarazenen[3] pflegten sich bei sämtlichen Quellen und Wasser(stelle)n zu verstecken und den Unseren aufzulauern; überall töteten sie sie und hieben sie in Stücke, deren Tiere führten sie mit sich in ihre Höhlen und Verstecke.

(Kap. 38). Da trafen unsere Führer (*seniores*) Vorkehrungen, wie sie die Stadt mithilfe von (Belagerungs-)Maschinen in ihre Gewalt brächten (*ingeniare[4] possent civitatem*), damit wir endlich Einzug hielten und am Grabe unseres Erlösers anbeteten. So stellten sie zwei hölzerne Belagerungstürme her und zahlreiches andere Gerät [...] Am Mittwoch und Donnerstag griffen wir, tagsüber wie bei Nacht, die Stadt von allen Seiten mit außerordentlicher Erbitterung (*mirabiliter*) an. Bevor wir sie jedoch zu bestürmen begannen, bestimmten Bischöfe und Priester in ihren Predigten und Ermahnungen alle dazu, in einer Prozession Jerusalem zu umschreiten und treulich (beharrlich [*fideliter*]) zu beten, Almosen zu geben und zu fasten. Am Freitag dann griffen wir die Stadt im frühen Morgengrauen von allen Seiten an, konnten ihr jedoch nichts anhaben und waren deshalb verstört und voller Entsetzen. Als nun die Stunde nahte, in der es unserem Herrn Jesus Christus gefiel, für uns am Schandholz des Kreuzes zu leiden (*suffere patibulum crucis*), fochten unsere Ritter (*milites*) unter Führung Herzog Gottfrieds und des Grafen Eustachius, seines Bruders,[5] tapfer auf den Zinnen der Burg (*in castello*). In diesem Augenblick gelang es einem unserer Ritter mit Namen Lethold, den Wall der Stadt zu erklimmen. Sobald er ihn erreicht hatte, flohen sämtliche Verteidiger den Mauern entlang und mitten durch die Stadt. Unsere Leute setzten ihnen nach, töteten und verstümmelten sie; (das ging) bis zum Salomotempel hinab. Dort gab es ein solches Gemetzel (*occisio*), dass die Unsern bis zu den Knöcheln im Blut jener (Feinde) standen [...] Als endlich die Heiden (*pagani*) besiegt waren, ergriffen die Unseren hinlänglich viele (*sat*) Männer und Frauen im Tempel und töteten und ließen am Leben, wen sie wollten [...] Bald danach durcheilten sie die ganze Stadt und erbeuteten Gold und Silber, Pferde, Maultiere und Häuser, angefüllt mit Kostbarkeiten aller Art. Endlich kamen sie alle voll Freude und weinend vor überwältigendem Glück beim Grab unseres Heilandes Jesus an, um dort anzubeten, und beglichen, was sie ihm vornehmlich schuldeten (*et reddiderunt ei capitale debitum*) [...]

Quellen: H.E. Mayer (Hg.), Idee und Wirklichkeit der Kreuzzüge, Germering 1965 (Hist. Texte MA), Nr. 2. 3 (can. 2 v. Clermont; Urbans Kreuzzugsbrief); R. Hill (Hg.), *Gesta Francorum et aliorum Hiersolomitanorum*, London 1962. – *Literatur:* Mayer, Geschichte, 53-80; Jaspert (2013), 33-43 (1. Kreuzzug und unmittelbare Folgen); S.B. Eddington / L. Garcia-Guijarro (Hg.), Jerusalem the Golden. The Origins and Impact of the First Crusade (Outremer 3), Turnhout 2014.

c) Der Kreuzzug 1145-1149 (1154)

Den Anstoß zu diesem Kreuzzug gab die Rückeroberung von Edessa, einem der wichtigsten Kreuzfahrerstaaten zur Absicherung des Zugangs zum Heiligen Land, durch die Muslime (1141-46). Die Kreuzzugsvorbereitungen standen unter dem beherrschenden Einfluß des Zisterzienserabtes Bernhard von Clairvaux (s.o. Nr. 33d; s.u. Nr. 35b). Dessen glühender Beredsamkeit gelang es, auch die Deutschen für die Kreuzzugsbewegung zu gewinnen, der sie bisher eher abwartend gegenüberstanden – nicht nur wegen der Verfälschung der Idee des »heiligen Krieges« zu einem Instrument hierarchischer Machtgelüste, sondern auch und vor allem, weil vor Beendigung des »Investiturstreits« (s.o. Nr. 32) ein Zusammenwirken von Papsttum und Kaisertum praktisch unmöglich war. Nun aber riss die Woge der Verzückung (»Gott will es!« [*Deus* (lo) *vult*]), die sich allerdings erneut, wie schon beim ersten Kreuzzug, bereits in den rheinischen Städten in Judenpogromen entlud, selbst den besonnenen Stauferkönig Konrad mit. Auch dieser zweite, von den beiden politischen Häuptern des Abendlandes, Konrad und Ludwig VII. von Frankreich, gemeinsam geplante und geführte Kreuzzug schlug freilich, und zwar gründlich, fehl; er scheiterte – vornehmlich an den nationalen Rivalitäten der beteiligten Heere – schon in Kleinasien und drohte sogar, in einen Krieg der

europäischen Mächte umzuschlagen, während im Heiligen Land selbst interne Querelen die
Macht der Kreuzritter lähmte.

1. Aus Bernhards Aufruf an die Deutschen (Br. 363)

Bernhard, genannt Abt zu Clairvaux, wünscht den teuersten Herrn und Vätern, den
Erzbischöfen, Bischöfen, der gesamten Geistlichkeit (*universo clero*), dazu dem
Volk Ostfrankens und Bayerns, sie möchten überreich sein am Geist der Tapferkeit
(*spiritu fortitudinis abundare* [vgl. Jes 11,2]).
(Nach einer kurzen Einleitung [1] kommt B. sogleich auf den Anlass zu sprechen [= *narratio*:
1.2]: die Rückeroberung des Hl. Landes durch die »Feinde des Kreuzes«, der kein tapferer
Christenmensch untätig zusehen dürfe. Folgt [in 3-5] die »Ermahnung« [= *admonitio*], der
eigentliche Kreuzzugsaufruf mit Angabe der Kreuzzugsprivilegien)
(3) Doch was glauben wir, meine Brüder? Ist etwa die Hand des Herrn zur Rettung
zu kurz und ohnmächtig geworden [...] ? Gewiss, er hat die Macht, wenn er will,
aber ich sage euch: »der Herr, euer Gott, versucht *euch*« (Deut 13,3) [...] (4) Bedenkt, welches kunstvollen Mittels er sich bedient, euch zu retten [...]; betrachtet
den Abgrund seiner Liebe, und fasst Vertrauen, ihr Sünder! Er will nicht euren Tod,
sondern dass ihr umkehrt und lebt [...] Denn was ist es anderes als eine ausgesuchte Gelegenheit der Rettung, wie sie allein Gott ausfindig machen konnte (*Quid
est enim nisi exquisita prorsus et inventibilis soli Deo salvationis occasio*), dass es
dem Allmächtigen (*Omnipotens*) gefiel, Mörder, Räuber, Ehebrecher, Meineidige
und in andere Verbrechen Verstrickte (insgeheim) an seinen Dienst zu erinnern
(*de servitio suo submonere*)? Werft euer Vertrauen nicht weg (vgl. Hebr 10,35), ihr
Sünder; der Herr ist gütig [...] Glücklich möchte ich daher diese Generation nennen,
die in eine Zeit so reicher Nachsicht hineingeboren wurde (*quam apprehendit tam
uberis indulgentiae tempus*), die noch dieses Gott angenehme Jahr, ein wahres Jubeljahr, erleben durfte (*quam invenit superstitem annus iste placabilis Domino, et
vere iubileus* [vgl. Jes 61,2; Lev 25,10]) [...] (5) Weil euer Land bekanntermaßen an
tapferen Männern reich und mit kraftvoller Jugend gesegnet ist, [...] darum gürtet
auch ihr euch mannhaft und ergreift die erfolgbringenden Waffen (*felicia arma*)
im Eifer für den Christennamen! Macht ein Ende mit jener Ritterart, nein, Ritterunart von einst (*Cesset pristina illa non militia, sed plane malitia*), mit der ihr *einander*
niederzustrecken, *einander* zu verderben gewohnt seid, um euch gegenseitig auszurotten [...] Jetzt, tapferer Ritter, streitbarer Mann, hast du Gelegenheit, ohne Gefahr (für die Seele) zu kämpfen, wo Sieg Ruhm bringt und »Sterben ein Gewinn ist«
(Phil 1,21). Wenn du ein kluger Kaufmann bist, wenn »ein Erforscher dieser Welt«
(I Kor 1,20), dann sage ich dir reiche Märkte an; sieh zu, dass sie dir nicht entgehen. Nimm das Kreuzeszeichen (*Crucis signum*), und für alle Sünden, die du reuigen Herzens beichtest, wirst du augenblicklich Ablass (*indulgentiam*) erlangen.
Der (mit dem Kreuz gezeichnete) Stoff ist, wenn man ihn kauft, billig; wird er aber
hingebungsvoll (*devote*) auf die Schulter genommen, so ist er ohne Zweifel das
Reich Gottes wert (*valet sine dubio regnum Dei*) [...] (*Im übrigen, fährt B. fort [6.7] ist
aller unbesonnene Übereifer fehl am Platz und der guten Sache abträglich; das betrifft nicht
zuletzt die Behandlung der* Juden[6]. *Dazu heißt es wörtlich:*) Die Juden dürfen nicht verfolgt, nicht getötet, ja, nicht einmal vertrieben werden (*Non sunt persequendi Iudaei, non sunt trucidandi, sed nec effugandi quidem*) [...] (vgl. Ps 58,12). Lebendige
Schriftzeichen (freier: ein lebendiges Schriftzeugnis [*Vivi quidam apices*[7]]) sind sie
für uns, welche beständig die Passion des Herrn vor Augen stellen (*repraesentantes iugiter Dominicam passionem*). Deswegen sind sie in alle Gegenden zerstreut
worden, damit sie Zeugen unserer Erlösung seien, während sie überall die gerechten Strafen für eine solche Missetat erleiden. Darum fügt die Kirche in demselben

Psalm (58) noch das Wort hinzu: »Zerstreue sie durch deine Macht und bringe sie zu Fall, Herr, mein Hüter« (Ps 58,12) [...] Dennoch »werden sie sich am Abend bekehren« (Ps 58,15), »und zur rechten Zeit wird Er sie heimsuchen« (Sap 3,6) [...] (7) [...] Das freilich muss man nach dem Inhalt des apostolischen Auftrags (sc. des päpstlichen Kreuzzugsaufrufs) von ihnen verlangen: dass sie alle, die das Kreuzeszeichen genommen haben, von jeglicher Zinseintreibung (*ab omni usurarum exactione*) gänzlich befreien. (Das Schreiben schließt [8] mit einer Warnung vor ungeregeltem Aufbruch zum Kreuzzug, ähnlich, wie es im Vorfeld des ersten Kreuzzuges auf Betreiben des Eremiten Peter von Amiens geschehen war!).

2. Bernhard und die Ursachen für das Scheitern des Kreuzzugs

Nachdem die Kunde vom Scheitern des Kreuzzuges ins Abendland gedrungen war, richtete sich die Kritik vor allem gegen Bernhard. Zu Beginn des zweiten Buches seiner Schrift »Über die Besinnung« (*De consideratione*), die er einem ehemaligen Schüler, nun Papst Eugen III., widmete, versucht er seines und des Papstes Kreuzzugswerbung folgendermaßen zu rechtfertigen:

Eingedenk meines Versprechens, das mich dir gegenüber, mein Bester, Papst Eugen, schon seit langem bindet, möchte ich mich dessen, wenn auch spät, entledigen. Ich würde mich der Verzögerung wegen schämen, wäre ich mir einer Nachlässigkeit oder Missachtung bewußt. Das aber ist nicht der Fall, sondern, wie du selbst weißt, sind schwere Zeiten hereingebrochen [...] Denn, herausgefordert durch unsere Sünden, schien der Herr den Erdkreis gewissermaßen vor der Zeit gerichtet zu haben, gerecht zwar, doch ohne seiner Barmherzigkeit zu gedenken (*in aequitate quidem, sed misericordiae suae oblitus*) [...] Sagt man (jetzt) nicht unter den Heiden: »Wo ist ihr Gott?« (Ps 79[78],10; 115[113], 2[10]; Joel 2,17). Was Wunder? Die Söhne der Kirche und solche, denen man den Christennamen beilegte, »sind hingestreckt in der Wüste« (I Kor 10,5), entweder vom Schwert erschlagen oder vom Hunger hingerafft. Der Herr »goß Zwietracht[8] aus über die Fürsten und ließ sie irren in der Wüste (*in invio*), wo kein Weg ist« (Hi 12,21; Ps 106 [107],40) [...] Wir sagten »Friede«, doch es gibt keinen Frieden (vgl. (Ez 13,10), versprachen Gutes, doch siehe: nur Verwirrung, als wären wir bei diesem Werk unüberlegt oder leichtsinnig vorgegangen. Wir haben uns dabei entschieden beeilt (*Cucurrimus plane in eo*), jedoch nicht ziellos, sondern auf deinen und durch dich auf Gottes Befehl hin [...] (2) Doch wie kann, trotz allem, ein Mensch so verwegen sein, dass er das zu tadeln wagt, das er nicht begreift? Denken wir an die göttlichen Gerichte seit alters; vielleicht finden wir darin Trost [...] (vgl. Ps [118]119,20). Ich sage damit etwas, das (an sich) allbekannt ist, nun aber ist es allen unbekannt. So sind eben die Herzen der Sterblichen: Was wir wissen, wenn es nicht nottut, haben wir vergessen, wenn es nottut. Als Mose das Volk aus Ägyptenland zu führen im Begriff war, versprach er ihm ein besseres Land. Wie wäre ihm sonst das Volk gefolgt, das allein auf Land erpicht war (*solam sapiens terram*)? Er führte sie zwar hinaus, doch nicht in das verheißene Land hinein [...] Gut, jene (Israeliten) waren ungläubig und aufsässig (mag man einwenden); doch was ist mit diesen (den Unseren)? Warum ist es meine Aufgabe auszusprechen, was sie selbst zugeben? Nur das eine sage ich: Wie hätten sie vorankommen sollen, da sie sich beim Gehen ständig umwandten (vgl. Gen 19,26)? Wann auf ihrem ganzen Weg kehrten sie nicht in Gedanken (*in corde*) nach Ägypten zurück? Wenn nun die Israeliten fielen und zugrunde gingen, ihrer Ungerechtigkeit wegen, wundern wir uns da, wenn die, die dasselbe tun, auch dasselbe erleiden? Allein, stand etwa das Schicksal jener im Widerspruch zu Gottes Verheißungen? Also gilt für die Unseren

dasselbe. Die Verheißungen Gottes greifen nämlich niemals seiner Gerechtigkeit vor (*Neque enim aliquando promissiones Dei iustitiae Dei praeiudicant*).
(Im folgenden, 3. Abschnitt bringt B. noch ein anderes Beispiel: das Strafgericht am Stamm Benjamin in Jdc 20. Zweimal wurden die Rächer trotz ihrer Überzahl, trotz des edleren Motivs und Gottes Hilfe geschlagen; doch das dritte Mal gab ihnen der Herr Erfolg. Soll man sich deshalb nach zwei gescheiterten Kreuzzügen geschlagen geben und es nicht auch ein drittes Mal versuchen? B. wagt es nicht vorzuschlagen, da er die Gegenfrage fürchtet: »Woher wissen wir, dass dieser Aufruf von Gott ausgegangen ist? Welches Zeichen tust du, damit wir dir glauben«? [vgl. Joh 6,30]. Auf diese Frage, so B., könne er aus Rücksicht auf seine Schüchternheit [*verecundia*] nicht antworten und bittet den Papst zu antworten, aufgrund dessen, was er gesehen und gehört oder, besser, was ihm Gott eingegeben habe).

Quellen: G.B. Winkler (Hg.), Bernhard von Clairvaux. Sämtliche Werke, lat./dt., Bd. 1 (Über die Besinnung), Innsbruck 1990; Bd. 3 (Briefe), ebenda 1992. – *Literatur:* H.-D. Kahl, Die Kreuzzugseschatologie Bernhards von Clairvaux und ihre missionsgeschichtliche Auswirkung, in: D.R. Bauer / G. Fuchs, Bernhard von Clairvaux und der Beginn der Moderne, Innsbruck 1996, 62-315; M. Hoch, Jerusalem, Damaskus und der Zweite Kreuzzug. Konstitutionelle Krise und äußere Sicherheit des Kreuzfahrerkönigreiches Jerusalem, A.D. 1126-54 (EHS.G 560), Frankfurt / M. u.a. 1993; Mayer, Geschichte, 120-134; Jaspert (2013), 44-47; J.T. Roche / J.M. Jensen (Hg.), The Second Crusade, Turnhout 2015.

d) Der Kreuzzug von 1189-1192

Nach der neuerlichen Katastrophe wurde die abendländische Christenheit noch immer nicht an der Kreuzzugsidee irre. Vielmehr hielten gerade die Deutschen, nachdem sie sich ihr einmal erschlossen, noch lange Zeit zäh an ihr fest. So hat auch Kaiser Friedrich Barbarossa (geb. wohl nach 1122, gest. 10.6. 1190) »das Kreuz genommen« (und damit das Gelübde zur Teilnahme am Kreuzzug abgelegt), in – anscheinend – echter Begeisterung für die Sache der Befreiung des heiligen Grabes und die Sicherstellung des Pilgerweges dorthin. Er war wie viele andere aufgeschreckt worden durch die Kunde vom Verlust nicht nur der Stadt Davids, sondern auch der bedeutendsten Reliquie der Christenheit, des Wahren Kreuzes Christi nach dem Sieg Sultan Saladins über das Kreuzritterheer in der Schlacht von Hattin, westlich des Sees Genezareth. Unterwegs an der Südküste Kleinasiens ist er jedoch beim Baden im Fluss Saleph ertrunken. Die üblichen päpstlichen Kreuzzugsaufrufe (von Gregor VIII. [1187] und Clemens III. [1187-1191]) waren zuvor auch von Dichtern unterstützt worden, die sich, wie noch zur Zeit Friedrichs II. Walter von der Vogelweide, sowohl in lateinischer wie in der Volkssprache für einen neuen Kreuzzug einsetzten; so auch der Dichter des um 1187 verfassten »St. Gallener Liedes«.

1. Werbung für den dritten Kreuzzug durch die Dichtung: das Carmen Sangallense

Quid dormis? Vigila! Si te crux sancta redemit,
Ense crucem redimas et fias inde redemptor,
Unde redemptus eras! quis sanus ad utile torpet? [...]

Schläfer, wach auf! Wenn dich das heilige Kreuz einst erlöste,
rette es nun mit dem Schwert, und werde dort ein Erlöser,
von wo du Erlösung erlangt! Wird, wer bei Sinnen, erstarr'n
vor dem, was ihm nützt?
Schweißgebadet am Kreuz war der Herr: und der Knecht sollte müßiggehn?
Trage dein (Kreuz)! Er selbst trug das Seine und kostet' den Essig:
Tu' es ihm gleich! Denn wer achtet *je* höher die Knechte
Als ihren Herrn? Und wer will sein Jünger sein, muss unter Leiden

folgen seiner Passion; nicht geht den Sternenweg,
wer nicht entsagt seinen Lüsten. Schenk darum Gott *den* Tod,
den die Natur von dir fordert; stirb in dem Herren.
Weil eben niemand dem Sterben entrinnt, soll es dir werden
Zum sichtbaren Abdruck der Tugend. *Ich* sei dir Anlass
zum Kampfe wie auch zum Tode[9]. Wirst hier du besiegt,
wirst du obsiegen[10]. Doch besser ist's: *nicht* zu siegen: der *Sieger*
findet nur Lohn in der Hoffnung; der Siegeskranz krönt den *Besiegten*.
Dulde nicht weiteren Aufschub! Dem Fleisch gebiete zu schweigen;
was dich ergötzt, unterbrich, auch eile zur Waffe behende
die Hand; und was immer dich aufhält, schlage dein Wille,
als hätte er Flügel!

2. Aus der Kritik des Engländers Radulf Niger am dritten Kreuzzug (1189)

Nach dem Tod Friedrich Barbarossas lag die Führung des Kreuzzuges bei den Königen Philipp II. August von Frankreich und Richard Löwenherz von England, denen es 1191 gelang, Akko einzunehmen und in Vertragsverhandlungen mit Saladin zu erreichen, dass den christlichen Pilgern freier Zugang zu den heiligen Stätten garantiert wurde. Der Ausgang des Unternehmens gab jedoch dem englischen Gelehrten Radulf Niger (geb. vor 1146, gest. um 1200) recht, der schon kurz nach 1187 in seinem Anti-Kreuzzugstraktat »Über Militärwesen und den dreifachen Pilgerweg nach Jerusalem« (*De re militari et triplici via peregrinationis Ierosolimitanae*) vor den Problemen des Vorhabens gewarnt hatte. Für ihn entspricht eben das ganze Kreuzzugsunternehmen offensichtlich nicht Gottes Willen, wie es die Propaganda behauptete (*Deus* non *vult*). Stünde Gott dahinter, sähe alles ganz anders aus. So erntet man bislang nur, was man gesät hat. Auch die päpstliche Oberleitung ist kein Allheilmittel. Sondern vom Papst (*Apostolicus*) her kann nichts geschehen, was nicht die Vernunft (*ratio*) zuläßt! Das betrifft nicht zuletzt Sündenvergebung und Ablass. Zum Schluss heißt es:

Bußwerke sind verdienstlich, sofern zuvor der Gerechtigkeit Genüge getan ward (*Labores poenitentium facere ad meritum satisfacto prius iustitiae*):
Man beachte jedoch, dass ich keineswegs bestreite, die Mühe einer Pilgerfahrt könne zur Genugtuung im Rahmen der Buße (*ad satisfactionem poenitentiae*[11]) dienen; ich bin hingegen der Meinung, ein einziger Zahn sei nicht ausreichend zur Wiederherstellung einer ganzen Säge (*ad omnis serrae reserrationem*). Darum halte ich es für gefährlich, seine Hoffnung auf eine einzige Pilgerfahrt als Äquivalent für jede Art von Schuld (*pro omni genere culpae*) zu setzen; denn eine Pilgerfahrt erledigt nicht alle anderen Wundmale (*stigmata*) der Buße. Denn das päpstliche Gebot (*mandatum apostolicum*) darf man nicht so verstehen, als entzöge es jeder (Tat der) Gerechtigkeit und Billigkeit ihr Verdienst: ein Räuber oder Dieb z.B., der das Geraubte oder Gestohlene behält und nicht zurückerstattet, wird durch das Wort des Papstes aufgrund einer Wallfahrt so lange nicht frei von Schuld, wie er das Entwendete nicht zurückgibt. Wer aber vollführt, was dem Sinn der Buße entspricht (*quod dictat ratio poenitentiae*), der darf eine Wallfahrt auf sich nehmen und daraufhin sich des Segens des päpstlichen Ablasses (*beneficio indulgentiae apostolicae*) erfreuen, denn es gibt (oder: ist denkbar) kein päpstliches Gebot, das nicht sinnvoll wäre (*quod non habet rationis meritum*). Ist dem Recht, wie es in der Buße beschlossen liegt, Genüge getan, wird man durch das überpflichtmäßige gute Werk der Pilgerschaft in den Stand der Unschuld zurückversetzt (*in integrum restituitur peregrinationis superogatione*). Denn nicht tut Buße, wer sich zu tun und zurückzuerstatten weigert, was die Gerechtigkeit verlangt und die Billigkeit anrät (*quod iustitia dictat et aequitas ammoneat*).

Kreuzzüge 137

Quellen: H.E. Mayer (Hg.), Idee und Wirklichkeit (wie o.), Nr. 10.11. – *Literatur*: Meyer, Geschichte, 169-185; F.W. Wentzlaff-Eggebert, Kreuzzugsdichtung des MA, Berlin (1960); G. Spreckelmeyer, Das Kreuzzugslied des lateinischen MA, München 1974; R. Düchting, Art. Kreuzzugsdichtung, in: RGG⁴, IV, 1762f.

e) Der Kreuzzug von 1202-1204

Die Kreuzzüge haben, wie bereits angedeutet, mit den schwerwiegendsten Beitrag zur Verschärfung der Gegensätze zwischen Byzanz und dem Abendland geleistet. Dabei hatte das Zeitalter der Kreuzzüge (im abendländischen Verständnis) zunächst mit hoffnungsvollen neuen Ansätzen in den Beziehungen zwischen Ost und West begonnen. Das änderte sich schlagartig, als im Vorfeld des ersten Kreuzzuges plündernde Haufen um Peter von Amiens byzantinischen Reichsboden betraten. Auch der Durchmarsch Friedrich Barbarossas und seines Heeres im Zusammenhang des Kreuzzuges von 1190-1192 verlief dramatisch. Barbarossa war nahe daran, zum Sturm auf Konstantinopel blasen zu lassen, hätte sein byzantinischer Kollege nicht am Ende nachgegeben. Mit Hilfe des aus dem Osten geflüchteten Kronprinzen Alexios Angelos gelang es Venedig, das sich vertraglich zum Transport des Kreuzfahrerheeres auf dem (sichereren) Seeweg verpflichtet hatte und darum neuerdings eine Schlüsselrolle spielte, einen neuen Kreuzzug umzufunktionieren und von der ursprünglich vorgesehenen Richtung (auf die Ostküste des Mittelmeeres) auf Byzanz abzulenken, um Alexios (wieder) an die Macht zu bringen. Im Juli 1203 erlag die Kaiserstadt dem Ansturm der Kreuzritter, die dort ein ihnen genehmes Regime installierten. Doch schon ein halbes Jahr später wurde die schwache Regierung von einer (neuen) Welle der »Lateiner«feindlichkeit in Konstantinopel aus dem Sattel gehoben. Nun war die Geduld der Kreuzfahrer zu Ende. Nachdem sie mit den Venetianern die Aufteilung der jeweiligen Machtsphären genau festgelegt hatten, traten sie zum Sturm an und eroberten Konstantinopel am 13.4.1204 zum zweiten Mal. Über die anschließende Plünderung der Stadt berichtet ein Augenzeuge, Niketas Choniates, bis vor kurzem als Großlogothet (»Großwesir«) Inhaber des höchsten Amtes der byzantinischen Reichsverwaltung, in der wohl zuverlässigsten Darstellung, die wir über diese bedrückenden Ereignisse besitzen, u.a.:
(Voraus geht die Schilderung der Belagerung [ab dem 17. Juli 1203] und der Einnahme der Stadt durch die Lateiner [in der Nacht vom 12. zum 13. April 1204: S. 568, 77-571, 46]; anschließend ist von der Flucht Kaiser Alexios' Doukas, der Erhebung Konstantinos' Laskaris zum Kaiser und auch dessen Flucht die Rede [S. 571, 47-572, 78]; dann heißt es [S. 572, 79ff.]:)
Die Feinde merkten (nun) zu ihrer Verwunderung, dass ihnen niemand mehr feindlich entgegentrat, niemand mehr die Hand gegen sie erhob und sich bewaffnete; sondern sie konnten gehen, wohin sie wollten, nehmen, was sie wollten; die engen Gassen waren passierbar, die breiten Straßen boten kein Hindernis mehr [...] Da sahen sie auf einmal die gesamte Einwohnerschaft mit Kreuze(szeiche)n (μετὰ σταυρικῶν σημείων) und ehrwürdigen Christusdarstellungen (σεπτῶν ἐκτύπων Χριστοῦ), wie man es bei Festen und Umzügen gewohnt ist, heranziehen. Doch der Anblick, der sich ihnen bot, veränderte nicht ihre Seelenverfassung, auf ihre Mienen verirrte sich nicht einmal ein äußerliches Lächeln, [...] sondern sie begannen, gefühllos zu plündern, angefangen bei den Pferdegespannen, und zwar nicht allein die Habe und das Geld der Menge, sondern auch, was Gott geweiht war (sc. die *vasa sacra*) [...] Was soll ich als erstes aufzählen, was als zweites, was als letztes von dem, was diese blutbesudelte Soldateska sich erdreistete? O welche Schmähung, als sie die ehrfurchtsvoll begrüßten Heiligenbilder (προσκυνηταὶ εἰκόνες) zu Boden warfen und die Reliquien derer, die für Christus gelitten (sc. der Märtyrer), auf den Abtritten (κατὰ τόπων ἐναγῶν) verstreuten! Wovor einen schaudert, davon auch nur (berichten) zu hören, das musste man damals mitansehen: das göttliche Blut (sc. der eucharistische Kelch), ausgegossen auf die Erde,

und den Leib Christi, vertreut im Staub! Diese Vorläufer und Vorboten des Antichrist, die damals bereits die gotteslästerlichsten Untaten verübten, welche jener dereinst (erst) tun soll, sie raubten die wertvollen (eucharistischen) Gefäße und Behältnisse, zerbrachen sie und steckten ihren Schmuck in ihre Brusttaschen oder stellten sie als Brotkörbe oder als Trinkbecher auf ihre Tische. Ja, dieses Volk zog geradezu (ἀτεχνῶς), wie es das einst schon einmal getan hatte, Christus die Kleider aus und verhöhnte ihn, teilte sein Gewand und warf das Los darüber, nur, dass sie diesmal Christus nicht wiederum mit der Lanze in die Seite stachen und Ströme göttlichen Blutes zur Erde rinnen ließen (vgl. Joh 19,1-4.23-24.34) [...] So (wüteten) nicht einmal die Nachfahren Ismaels (οἱ δ'ἐξ Ἰσμαήλ)![12] Ja, diese benahmen sich (sc. zur Zeit der Kreuzzüge) geradezu menschenfreundlich (φιλανθρώπως) und mild gegen die Landsleute dieser Lateiner, als diese Zion einnahmen. Sie fielen nicht wie wiehernde Hengste über die Frauen der Lateiner her, ließen nicht Christi leeres Grab (κενήριον) zum Massengrab von Gefallenen werden, machten nicht den Eingang des lebenspendenden Grabes zur Höllenpforte, nicht das Leben zum Tode, nicht die Auferstehung (Christi) zum Fall (vieler), sondern gewährten allen den Abzug und bestimmten pro Mann nur ein geringes Lösegeld (ζωάγρια), während sie alles übrige den Besitzern beließen, auch wenn es so zahlreich war wie Sand am Meer. So verfuhren Feinde Christi (τὸ χριστόμαχον) mit den andersgläubigen (ἀλλόπιστοι) Lateinern! Großmütig traten sie ihnen entgegen, ohne ihnen Schwert, Feuer, Hunger, Verfolgung, Blöße, Unheil und Bedrückung aufzubürden. Diese Christusliebenden und Glaubensgossen (τὸ φιλόχριστον καὶ ὁμόδοξον) hingegen behandelten uns so, wie ich es eben schilderte; und dabei konnten sie uns kein Unrecht vorwerfen.

Quellen: Nicetae Choniatae Historia, rec. I.A. van Dieten, in: CFHB.B 11, 1, Berlin 1975; Konstantinopel 1204. Die *Hystoria Constantinopolitana* des Gunther von Pairis und andere Berichte vom Vierten Kreuzzug, lat./dt. Übersetzt u. kommentiert v. G. Krapinger (Mittellatein. Bibliothek), Stuttgart 2020. – *Literatur:* E. Patlagean, Die griechische Christenheit. Zerfall des Kaiserreiches und Herrschaft der Lateiner (1204-1274), GCh 5, 1994, 716-753; P. Wirth, Grundzüge der byzantinischen Geschichte, Darmstadt ²1989, 121-136; Mayer, Geschichte, 231-251 (mit weit. Lit.); Jaspert (2013), 49-51.

f) Der »Kinderkreuzzug« von 1212

»Nicht Habgier wie bei der Plünderung von 1204, sondern das Gegenteil, die Nachfolge des armen Christus, die Armutsbewegung, stand hinter dem als ›Kinderkreuzzug‹ in die Geschichte eingegangenen Unternehmen«. Allerdings ist der Begriff »irreführend, handelte es sich doch weder um einen päpstlich sanktionierten oder um einen kohärent geplanten und organisierten, noch um einen ausschließlich aus Kindern zusammengesetzten Zug. Vielmehr umfassten die ›Kinderkreuzzüge‹ mehrere, aus Mittellosen, Niedergeistlichen, Alten, Frauen und Jugendlichen zusammengesetzte Gruppen, die sich dem Armutsgedanken verpflichteten Führungspersönlichkeiten anschlossen«. Von einem von Köln ausgehenden und anfänglich von einem Nikolaus aus dieser Stadt angeführten Zug rheinaufwärts über die Alpen ist in der im Folgenden zitierten Quelle die Rede. Ähnliches wie dort beschrieben war »kurz zuvor einer zweiten Schar unter dem jungen Schäfer Stephan bei Orléans« widerfahren: »Sie übergab König Philipp II. einen vermeintlichen Brief Gottes mit der Aufforderung zum Kreuzzug, löste sich danach aber bald auf. Nach einer unbestätigten Legende wurden einige, die dennoch die Überfahrt nach Palästina versuchten, von Schiffsbesitzern betrogen und in der Levante als Sklaven verkauft« (Jaspert [2013],51). Als Motiv wird man in beiden Fällen den Glauben vermuten dürfen, es könnte, ja es *müsste* Schwachen und Demütigen gelingen, was den mit »Heer oder Kraft«, statt mit dem Gottesgeist (Sach 4,6) einherziehenden Ritterheeren bisher verwehrt blieb: der Rückgewinn der heiligen Stätten, besonders des Heiligen Grabes. In einer Kölner Chronik heißt es dazu:

Im selben Jahr geschah etwas recht Sonderbares, ja, mehr als Sonderbares, etwas, von dem die Welt noch nie gehört hatte (*a seculo inaudita*). Um Ostern und Pfingsten herum ließen plötzlich aus ganz Deutschland (*Theutonia*) und Frankreich, ohne dass jemand dazu aufgerufen oder (solches) gepredigt hätte, wer weiß, von welchem Geist dazu getrieben (*nescio quo spiritu acti*), viele tausend Kinder vom 6. Lebensjahr an bis zum Jünglingsalter, gegen den Willen ihrer Eltern und trotz aller Bemühungen ihrer Verwandten und Freunde, sie zurückzuhalten, Pflüge oder Gespanne, die sie antrieben, die Viehherden, die sie hüteten, oder was immer sie gerade zur Hand hatten, stehen und liegen. Plötzlich rannten sie einer hinter dem anderen her und hefteten sich Kreuze an (*crucibus se signaverunt*). Und so brachen sie in Gruppen zu je zwanzig, fünfzig oder hundert mit wehenden Fahnen zum Pilgerzug nach Jerusalem auf (*versus Iherosolimam ire ceperunt*). Von vielen befragt, auf wessen Rat oder Mahnung hin sie sich diesem Weg ausgesetzt hätten, wo doch vor etlichen Jahren viele Könige, noch weit mehr Herzöge und schier Unzählige aus dem gewöhnlichen Volk in mächtiger Heerschar (*in manu valida*) dort (sc. in Jerusalem) angelangt seien und doch wieder unverrichteter Dinge (*infecto negotio*) hätten zurückkehren müssen, sie aber, wie jedermann urteilen müsse, als Kinder nicht das Geringste auszurichten vermöchten (*nec robur nec vires ad aliquid agendum habere*) und das ganze Unternehmen unüberlegt und ohne Abwägen (des Für und Wider [*sine discretione*]) begonnen worden sei, da gaben sie kurz zur Antwort: sie folgten dabei einem göttlichen Wink (*nutui [...] divino*) und seien deshalb gern bereit, auf sich zu nehmen, was immer Gott mit ihnen geschehen lassen wolle. So zogen sie ihres Weges weiter; einige wandten sich nach Mainz, einige nach Piacenza, einige sogar nach Rom; andere langten in Marseille an, doch ob sie übersetzten oder nicht oder was ihr Ende war, ist ungewiss. Sicher aber ist eines: von den vielen Tausenden, die aufgebrochen waren, sind nur ganz wenige zurückgekehrt.

Quelle: Mayer, Idee und Wirklichkeit, II. Nr. 4 (nach der *Chronica regia Coloniensis* [*Cont. II. ad annum* 1213], hg. v. G. Waitz, MGH.SRG XVIII, 190f.) – *Literatur:* J. Delalande, Les extraordinaires croisades d'enfants et de pastoreaux au moyen âge, Paris 1962; U. Gäbler, Der »Kinderkreuzzug« vom Jahre 1212, in: ZSG 28 (1978) 1-14; Mayer, Geschichte, 252-255; G. Dickson, The Children's Crusade. Medieval History, Modern Mythistory, Basingstoke u.a. 2008.

1   *Man beachte die Unklarheit der kirchlichen Äußerungen an diesem sensiblen Punkt (s. Text 2), die auch etwa die Kreuzzugskritik Radulfs (s.u. d, 2) verständlich macht.*
2   *In diesem Jahr fiel der Dienstag in Wahrheit auf den 7. Juni (R. Hill z.St.).*
3   *Das ist in mittelalterlich-lateinischen Quellen die ethnische Sammelbezeichnung für Araber und ist gleichbedeutend mit Muslimen.*
4   *Im Mittellateinischen Glossar (E. Habel / F. Gröbel, Paderborn u.a. [1959; unveränd.] ND 1989) ist für* ingeniare *die Bedeutung »scharfsinnig ausdenken, ersinnen« und für das zugehörige Substantiv* ingeniarius *»Festungsbaumeister, Geschützkommandeur« angegeben. Seltsam ist freilich die Junktur* urbem ingeniare, *doch ist damit sicher genau das gemeint, was oben übersetzt worden ist, wie ja auch der folgende Satz bestätigt (für diese und andere latinistische Hilfestellungen bin ich H. Köhler vom Heidelberger »mittellateinischen Seminar« [das natürlich nicht so heißt] zu Dank verpflichtet).*
5   *Gottfried (Geoffrey, Geoffroi) V., Herzog von Niederlothringen, und Eustachius III., Graf von Boulogne; ihr Bruder Balduin wurde später (als Balduin I.) König von Jerusalem.*

⁶ Vgl. dazu die wichtige Bestätigung für die mäßigende Rolle B.s – im Konflikt nicht zuletzt mit dem Zisterziensermönch Radulf – im »Sefer Zekhirah oder Buch der Erinnerung« Rabbi Ephraims von Bonn, in: The Jews and the Crusaders. The Hebrew Chronicles of the First and Second Crusades, transl. and ed. by S. Eidelberg, Madison / Wisconsin / London 1977, 117ff.; vgl. auch B.s Brief 365 an Heinrich, Erzbischof von Mainz, »gegen Bruder Radulf, der den Mord an Juden gutgeheißen hatte« (qui neci ludaeorum consenserat).

⁷ Apex (zunächst = Spitze, Kuppe) kann nach Georges bereits in der späten Kaiserzeit auch den Schriftzug, das Schriftstück bedeuten; so offenbar hier.

⁸ Auch die Vulgata liest »Verachtung« (contemptio), wie es dem hebräischen Text entspricht, nicht wie bei B. mehrheitlich überliefert zu sein scheint, »Zwietracht« (contentio).

⁹ Im Lateinischen gelingt dem Dichter ein hübsches Wortspiel: Sim tibi causa / Martis, adhuc eciam mortis.

¹⁰ Si vinceris ex hoc / Vincis.

¹¹ Schon längt unterschied man im Abendland (so etwa im Decretum Gratiani [s.u. Nr. 36] und bei Abaelard [s.o. Nr. 33c]) an der Buße drei Hauptstücke: Reue (penitentia im engeren Sinne oder contritio), Beichte (confessio) und Genugtuung (satisfactio); vgl. G.A. Benrath, Art. Buße V, 2, TRE 7, 1981, 452-473; hier: 460.

¹² Wohl auf Johannes von Damaskus (gest. um 750) zurückgehende Bezeichnung für die Muslime. Dieser hatte das Problem, wie der Islam, eine nachchristliche Religion, einzuordnen sei, ohne dass der christliche »Absolutheitsanspruch« in Frage gestellt wäre, so zu lösen versucht, dass er den Islam als zuletzt aufgekommene »Häresie« bezeichnete, ihm also seinen Platz in der Ketzergeschichte zuwies und ihn als »das Volk in die Irre führende Religion der Ismaeliten (λαοπλανὴς θρησκεία τῶν Ἰσμαηλιτῶν)« bezeichnete (Lib. de haer., c. 100).

35. Die Reformorden des 11. und 12. Jahrhunderts am Beispiel der Kartäuser und Zisterzienser

Das »Reich von Cluny« (s.o. Nr. 26) hatte erstaunlich lange dem Sog der »Verweltlichung« zu trotzen vermocht. Und doch fehlte es von Anfang an nicht an Widerspruch, so dass man die gesamte Reformbewegung in Mönchtum und Kirche des 10. und 11. Jh. unmöglich als »cluniazensisch« bezeichnen kann. Sie blieb nicht einmal benediktinisch! Manche Klöster in Frankreich und Italien wandten sich vielmehr erneut, wie schon – falls dem von Gregor I. entworfenen Lebensbild zu trauen ist – zur Zeit Benedikts von Nursia (s.o. Nr. 5), dem Eremitenleben zu, nachdem es zweifelhaft geworden war, ob sich monastisch-klösterliche Gemeinschaften überhaupt zur geistlichen »Freiheit« (libertas) erheben könnten und nicht vielmehr, trotz aller Abgrenzungsversuche, den Macht- und Sozialstrukturen der »Welt« verhaftet blieben. Allerdings war das Eremitentum jetzt in aller Regel nur ein Übergangsstadium. Noch immer endete so gut wie jeder geistliche Neuaufbruch, wie gewohnt, hinter Klostermauern oder aber – und das war das Neue! – in der Gründung neuer Orden. Am Orden der Prämonstratenser sei das zunächst kurz verdeutlicht. Es ist das der bis heute größte römisch-katholische Orden »regulierter Chorherren« (auch »Regularkanoniker« genannt; Ordenskürzel O.Praem.). Diese führen – als Priester – ein nach der Augustinregel (s. KDGQ I, Nr. 90h) geordnetes gemeinschaftlich-klösterliches Leben und unterscheiden sich damit von dem sog. Säkularkanonikern, welche in Dom- oder Kollegiatstiftern lebten, aber ohne mönchische Abgrenzung von der ›Welt‹ und ohne Verzicht auf Privatbesitz. Ihren Namen tragen die Prämonstratenser nach ihrem Grüngungskloster in Prémontré (»dem [von Gott] gezeigten Ort«) in einem abgelegenen Waldtal nahe Laon (Nordfrankreich). Dort hatte sich der niederländische Adlige Norbert (N. von Xanten [ca. 1080/85–1134]), zuvor Kanoniker in Xanten, nachdem er 1115 als Wanderprediger in Buße und Armut zu leben beschlossen und inzwischen eine größere Gruppe von Eremiten um sich geschart hatte, zur Gründung eines Klosters drängen lassen, um der Probleme einer zu unsteten Lebensweise Herr zu werden.

1120 gelang dies, und 1121 wurde die Augustinregel als Basis festgelegt. Die Gründung von Tochterklöstern ließ nicht lange auf sich warten. Schon 1126 wurde der neue Orden von Papst Honorius II. anerkannt. Im selben Jahr wurde Norbert zum Erzbischof von Magdeburg eingeführt, wo er sogleich ein Klerikerkloster nach dem Vorbild von Prémontré errichtete. Dieser Aufstieg vom armen Wanderprediger zum Reichssfürsten aber stürzte die junge Gemeinschaft in eine Existenzkrise. Doch gelang dem Nachfolger, dem ersten Abt von Prémontré, Hugo von Fosses, einem Scheitern zuvorzukommen und mit den in die Selbständigkeit entlassenen Tochterklöstern nach zisterziensischem Vorbild einen durchstrukturierten Verband zu schaffen. Schon um 1150/60 war aus der ursprünglichen Reformbewegung, inspiriert vom charismatischen Norbert von Xanten, der Prämonstatenserorden hugonischer Prägung geworden, mit damals bereits über 100 Klöstern; auf dem Höhepunkt der Entwicklung, um 1200, waren es sogar über 500.

a) Die Kartäuser

Die Kartäuser sind benannt nach dem Ort einer von Bruno von Köln (1084) im Gebirge der Grande Chartreuse bei Grenoble mit sechs Gefährten begründeten Einsiedelei (La Chartreuse, Cartusia); es war das der Anfang des »östlichsten«, strengsten, weltflüchtigsten unter allen abendländischen Mönchsorden. Als dessen Mutterkloster erhielt die Gründung Brunos später den Namen »die große Kartause« (la Grande Chartreuse). Nachdem sie 1132 von einer Lawine zerstört worden war, wurde sie bald danach am heutigen Ort der Großen Kartause neu errichtet. Unter ihrem fünften Prior Guigo (1109–1136), einem Freund des Petrus Venerabilis, Abtes von Cluny (1122–1156), und Bernhards von Clairvaux, wurden 1121–1127 die »Gewohnheiten der Kartause« (*Consuetudines Cartusiae*) zusammengestellt, die wahrscheinlich Vorstellungen Brunos mit aus der praktischen Erfahrung erwachsenen Abwandlungen wiedergeben. Gerichtet an die Prioren von Portes, St. Sulpice und Meyriat, welche eine eingehende Beschreibung der in der Großen Kartause gehaltenen Ordnung erbeten hatten, vermitteln sie ein ausführliches Bild der von den Kartäusern geübten Observanz: vor allem von ihrem Stundengebet und Messgottesdienst (Kap. 1-8), wobei die Matutin, die Laudes und die Vesper[1] in der Kirche gesungen, die übrigen Horen in den Zellen gebetet wurden; von den mannigfachen Tätigkeiten der Laienbrüder, die ihren Aufenthaltsort zur Versorgung der Mönche und zur Abschirmung ihrer Weltabgeschiedenheit weiter talabwärts in der Correrie (*domus inferior*) fanden (Kap. 16-18.42f. 49f. 68-72); von der Übung einer begrenzten und bescheidenen Gastfreundschaft (Kap. 10.19.36), Armen- und Krankenpflege (Kap. 20), von Beten (Kap. 15.67), Fasten (Kap. 33-35. 53), Schweigen (Kap. 45.51f.55.58); von der strikten Fernhaltung von Frauen (Kap. 21). Das Ganze mündet in einen
»*Lobpreis des eremitischen Lebens (solitaria vita)« (Kap. 80)*
Ihr habt hiermit, Geliebteste, wie ihr es erbatet, unsere Gewohnheiten (*consuetudines*) (vor Augen), so, wie sie sind, und beschrieben entsprechend unserem Vermögen, darunter vieles, was geringfügig und ohne Bedeutung ist und gar nicht hätte aufgeschrieben werden müssen, wenn uns eure Liebe nicht gedrängt hätte, nichts zu beurteilen (*iudicare*), sondern lieber alles einzuschließen. (2) Wir haben gleichwohl nicht alles diesem Schreiben anvertrauen zu können geglaubt, so, dass gar nichts übrig geblieben wäre. Indes lässt sich eine Einzelheit, die uns entgangen sein mag, im persönlichen Gespräch leicht ausfindig machen. (3) Darüber jedoch, was für die einsiedlerische Lebensweise spricht (*De commendatione autem huius vitae, solitariae scilicet*), haben wir nahezu nichts gesagt (*pene tacuimus*); wissen wir sie doch von vielen Heiligen und Weisen, Menschen von einem Ansehen, sodass wir nicht würdig sind, in ihre Fußstapfen zu treten, gedankenreich anempfohlen (*copiose commendatum*) und halten es für überflüssig, euch vor Augen zu halten, worüber ihr ebenso gut oder besser (als wir) Bescheid wisst. (4) Ihr wisst nämlich, dass im Alten wie im Neuen Testament nahezu alle bedeutungsvolleren und tieferen Geheimnisse (*omnia pene maiora et subtiliora secreta*) den Gottesknechten (-freunden) [*dei famuli*]) nicht inmitten der tobenden Menge, sondern in

der Einsamkeit (*non in turbis tumultuosis, sed cum soli essent*) offenbart worden sind. Und sooft diese Diener Gottes etwas gründlicher zu bedenken (*subtilius [...] meditari*), ungestörter zu beten (*liberius orare*) oder vom Irdischen in geistiger Erhebung (*per mentis excessum*) Abstand zu gewinnen begehrten, sind sie fast immer der Belästigung durch die Menge (*multitudinis impedimenta*) ausgewichen und haben nach den Annehmlichkeiten der Einsamkeit (*solitudinis [...] commoditates*) verlangt.

(Im Folgenden werden biblische Beispiele dafür gebracht [5–10], nämlich: Isaak [Gen 24, 63], Jakob [Gen 32, 23–30], Mose [Ex 24,18], Elia [I Reg 19, 9–14], Elisa [II Reg 2, 10–15], Jeremia [Jer 15,17; 9,1.2; Thr 3, 26f.; 3, 28 im Vergleich mit Hebr 11, 16 und Kol 3, 2; Thr 3, 30]; Johannes der Täufer [Mt 11,11; Lk 1, 13–17; 1, 80; Mt 3,13–17; 14, 3-12]; endlich Jesus selbst [Mt 4,1-11; 14,23; 26,39–44]; dann heißt es abschließend:)

(11) Bedenkt nun bei euch, welchen inneren Gewinn die heiligen und verehrungswürdigen Väter: Paulus[2], Antonius[3], Hilarion[4], Benedikt[5] und die andern alle, deren Zahl wir nicht kennen, dem einsamen Leben verdankten (*quantum in solitudine mente profecerint*), und ihr werdet zugeben (*probabitis*), dass die Süße des Psalmgesangs, die hingebungsvollen Lesungen, das glutvolle Gebet, der Tiefsinn, der sich im Meditieren erschließt, die Verzückung, wie sie die Kontemplation gewähren kann, das Bad der Tränen[6] von nichts so sehr unterstützt werden wie vom Leben in Abgeschiedenheit (*suavitates psalmodiarum, studia lectionum, fervores orationum, subtilitates meditationum, excessus contemplationum, baptisma lacrimarum, nulla re magis quam solitudine posse iuvari*).

([12] Wer sich davon beschwert fühlt, dass nur so wenige diese Wahl treffen,[7] der bedenke: Es ist nach den Worten des Herrn vom engen und vom breiten Weg [Mt 7,13f.] überhaupt nicht anders zu erwarten!).

Quelle: Guigues Ier, Coutumes de Chartreuse, Introd., texte crit., trad. et notes par un chartreux, Paris 1984 (SC 313). – *Literatur:* J. Hogg, Kartäuserregel und Kartäuserleben, 4 Bde., Salzburg 1984–1987; ders., Art. Kartäuser, TRE 1988, 666-673; ders., Der heilige Bruno, Salzburg 2003; ders., Historiographie des Kartäuserordens, Salzburg 2004.

b) Die Zisterzienser

Der nach dem Stammkloster Cîteaux (*Cistertium*), südlich von Dijon, benannte Orden wurzelt in dem sich im Lauf des 11. Jh. verstärkenden Bestreben, die in der Benediktsregel formulierten monastischen Ideale ohne Einschränkungen zu verwirklichen. Darum verließ ein gewisser Robert die von ihm selbst gegründete Abtei Molesmes und begann mit reformwilligen Mitgliedern seines Konvents in C. 1098 ein durch eremitische Abgeschiedenheit, asketische Strenge und rigorose Befolgung der Benediktsregel gekennzeichnetes Leben. Nach der ein Jahr später auf Betreiben der Mönche von Molesme durch Papst Urban II. veranlassten Rückkehr Roberts nach dort übernahmen der Prior Alberich und nach ihm der Engländer Stephan Harding die Leitung des »Neuen Klosters« (*coenobium novum*) in C. Während Alberich, der im Jahre 1100 von Papst Paschalis II. den päpstlichen Schutz erwirkte, in den »Grundsätzen der (bzw. Anweisungen für die) Zisterziensermönche aus Molesme« (*Instituta monachorum cisterciensium de Molismo venientium*) die Prinzipien des in C. begonnenen neuen Ordenslebens formulierte, gelang es seinem Nachfolger, Stephan Harding, u.a. mit der 1119 von Papst Calixt II. gebilligten »(älteren) Liebesurkunde« (*Carta caritatis prior*), die Grundlagen für Verfassung und Organisation des sich ausbildenden Ordens in Ergänzung zur Benediktsregel zu schaffen. Das wiederum veranlasste den 1112 in das Tochterkloster Clairvaux eingetretenen Bernhard (s.o. Nr. 33d; 34c), ihn als »unser aller Vater« zu bezeichnen (Br. 359). Vollends nach Bernhards Eintritt und seiner Übernahme der Abtswürde in Clairvaux nahm der Orden einen Aufschwung, der selbst denjenigen Clunys in den Schatten stellte (ca. 500 Konvente im 12. Jh., ein Jh. später sogar über 700). Das zisterziensische Filiationsprinzip (Mutterklöster bleiben für ihre Tochtergründungen verantwortlich) begünstigte Zentrifugalkräfte, die weniger durch das jährlich in Cîteaux stattfindende Generalkapitel aller Äbte als durch besagte Carta aufgefangen wurden (C. Andresen, GdC I/2, 131).

Aus der Carta caritatis prior:
Prolog. Über die *Carta caritatis.* Bevor die zisterziensischen Abteien zu blühen begannen, haben Herr Stephan, der Abt, und seine Brüder angeordnet, dass auf keinen Fall Abteien in der Diözese irgendeines Bischofs (*antistes*) gegründet würden, bevor dieser einen zwischen dem zisterziensischen (Mutter-)Kloster (*coenobium*) und den übrigen aus ihm hervorgegangenen (Tochterklöstern) aufgezeichneten und bekräftigten Beschluß billigte und bestätigte, um ein Ärgernis zwischen Bischof und Mönchen zu vermeiden (*propter scandalum inter pontificem et monachos devitandum*). In diesem Dekret haben also die vorgenannten Väter, um in Zukunft eine Zerrüttung des Friedens untereinander zu verhüten (*mutuae pacis praecaventes naufragium*), in ein helles Licht gebracht, festgelegt und ihren Nachfolgern hinterlassen, auf welche Art und Weise (*quo pacto quove modo*) oder vielmehr in welcher Liebe ihre Mönche in den einzelnen, über die verschiedenen Landstriche (»Erdteile«) verstreuten Abteien körperlich zwar getrennt, seelenmäßig aber unlöslich zusammengeschweißt würden (*immo qua caritate monachi eorum per abbatias in diversis mundi partibus corporibus divisi animis indissolubiliter conglutinarentur*). Sie hielten es auch für zweckmäßig, dieses Dekret *Carta caritatis* zu nennen, weil seine Festlegung jede drückende Abgabenlast fernhält (*omnis exactionis gravamen propulsans*) und allein die Liebe und das Glück der Seelen im Verhältnis zu Gott und den Menschen zur Geltung bringt (*solam caritatem et animarum utilitatem in divinis et humanis exequitur*).

Kap. I: Ein Mutterkloster soll von einem Tochterkloster keinerlei Abgaben verlangen, welche körperlichem Wohlbefinden dienen *(Quod nullius commodi corporalis exactionem mater ecclesia a filia requirat).* Weil wir erkennen, dass wir alle Knechte des einen wahren Königs, Herrn und Meisters sind, und zwar unnütze Knechte (vgl. Lk 17,10), deshalb erlegen wir Äbten und Mönchen, unseren Mitbrüdern, die die Liebe Gottes an verschiedenen Orten, vermittelt durch uns als die erbarmungswürdigsten unter den Menschen, unter die Regelzucht gestellt hat (*quos per diversa loca Dei pietas per nos miserrimos hominum sub regulari disciplina ordinaverit*), keinerlei Abgaben von zeitlichem Gut zu irdischem Nutz und Frommen auf (*nullam terrenae commoditatis seu rerum temporalium exactionem imponimus*). Denn uns drängt es, ihnen wie allen Söhnen der heiligen Kirche zu nützen; darum wollen wir nichts tun, was sie belastet, nichts, was ihren Besitz (*substantia*) vermindert, um nicht durch ihre Armut reich zu werden und damit zwangsläufig der Sünde der Habsucht (*avariciae malum*) zu verfallen, welche dem Apostel zufolge (Kol 3,5) erwiesenermaßen Götzendienst ist. Die Seelsorge an ihnen jedoch wollen wir uns, um der Liebe willen, vorbehalten (*Curam tamen animarum illorum gratia caritatis retinere volumus*), damit sie, falls sie einmal, was ferne sei, versucht haben sollten, ein wenig von dem heiligen Vorsatz und der Beachtung der heiligen Regel abzuweichen, durch unsere eifrige Sorge (*sollicitudo*) zur rechten Lebensführung zurückkehren (*ad rectitudinem vitae redire*) können.
Kap. II: Die Regel muss von allen einheitlich verstanden und gehalten werden *(Ut uno modo ab omnibus intelligatur regula et teneatur).* Nun wollen wir auch ihnen gebieten, dass sie die Regel des seligen Benedikt in allen Einzelheiten (*per omnia*) beachten, so, wie sie im Neuen Kloster (Cîteaux) beachtet wird. Sie sollen bei der

Lektüre der heiligen Regel keinen anderen Sinn unterschieben *(inducant)*, sondern, wie sie unsere Vorgänger, die heiligen Väter, nämlich die Mönche des Neuen Klosters, verstanden und gehalten haben und wir (selbst) sie heutzutage verstehen und halten, so sollen sie sie auffassen und einhalten.

Kap. III: Die kirchlichen Bücher[8] und die Gewohnheiten müssen bei allen identisch sein *(Ut idem libri ecclesiastici et consuetudines sint omnibus).* Und weil wir alle ihre Mönche (sc. die aus den Tochterklöstern), die zu uns kommen, in unserem Kloster aufnehmen und sie gleichermaßen die Unseren in den ihren, darum halten wir es für angebracht *(opportunum)* und wünschen dies auch, dass sie die Gebräuche und den Gesang *(cantus)*, auch alle zu den Stundengebeten bei Tag und bei Nacht und zu den Messen benötigten Bücher, und zwar entsprechend dem Brauchtum *(secundum formam morum)* und den Exemplaren des Neuen Klosters, zur Verfügung haben, so dass in all unserem Tun keine Zwietracht herrscht, sondern wir in *einer* Liebe, unter *einer* Regel und nach gleichen Gebräuchen leben *(quatinus in actibus nostris nulla sit discordia, sed una caritate, una regula similibusque vivamus moribus).*

Die weiteren Kapitel behandeln u.a. das Generalstatut der Abteien (IV), die jährliche Visitation des Filial- durch das Mutterkloster (V), das Generalkapitel aller Äbte in Cîteaux (VII), das Statut zwischen den Filialklöstern von Cîteaux und deren eigenen *filiae* sowie die Pflicht aller, das Generalkapitel zu beschicken, und die Strafen bei Zuwiderhandlungen (VIII), die Bestrafung von Äbten, die als Verächter der Regel und des Ordens befunden wurden (IX), endlich die Neuwahl der Äbte nach Ableben ihrer Vorgänger (XI).

Quelle: J. de la C. Bouton / J.B. van Damme (Hg.), Les plus anciens textes de Cîteaux, Achel ²1985, 89ff.; H. Brem / A.M. Altermatt (Hg.), Einmütig in der Liebe. Die frühesten Quellentexte von Citeaux, Langwaden Turnhout ²1998 (zweisprachig), 98-115. – *Literatur:* K. Elm u.a. (Hg.), Die Zisterzienser. Ordensleben zwischen Ideal und Wirklichkeit (Ausstellungskatalog u. Ergänzungsband), Bonn 1980–1982; J.B. Auberger, La législation cistercienne primitive et sa rélecture claravallienne, in: Bernard de Clairvaux (SC 380), Paris 1992, 181-208; A. Angenendt, Die Zisterzienser im religiösen Umbruch des hohen Mittelalters, in: D.R. Bauer / G. Fuchs, Bernhard (wie o., zu Nr. 34c), 54-69; W. Rösener, Die Zisterzienser und der wirtschaftliche Wandel des 12. Jahrhunderts, in: ebd., 70-95.

1   *S.o. Nr. 28a u.ö.*
2   *Gemeint der Mönchsvater P. von Theben (gest. 341), nach der Vita Pauli und den Briefen 22,36; 58,5 und 108,6 des Hieronymus der erste christliche Mönch*
3   *Vgl. KTGQ I, Nr. 53.*
4   *H. von Gaza (gest. 371), auch er fast nur durch eine Lebensbeschreibung aus der Feder des Hieronymus bekannt (PL 23, 29 - 54).*
5   *S.o. Nr. 5.*
6   *Eine geistgewirkte Gnadengabe (charisma) nach der Tradition des Mönchtums seit den »Aussprüchen der Väter« (Apophthegmata Patrum); vgl. dazu bes. B. Müller, Der Weg des Weinens, Göttingen 2000 (FKDG 77).*
7   *Davon war schon im vorletzten Kapitel der Consuetudines die Rede unter der Überschrift: »Warum so wenige?« (Quare tam parvus sit numerus).*
8   *Gemeint sind die offiziellen Texte, die liturgischen ebenso wie die legislativen.*

36. Das *Decretum Gratiani* und die Anfänge der Kanonistik

Durch den Mönch Gratian (Geburtsdatum unbekannt; gest. um 1150), Magister des Kirchenrechts im Zentrum der damaligen Rechtswissenschaft, Bologna, ist in verwandter Weise wie die theologisch-dogmatische Tradition bei Abaelard und dem Lombarden (s.o. Nr. 33c.f) der kirchenrechtliche Überlieferungsstoff aufgearbeitet, gesichtet und dem akademischen Lehrbetrieb erschlossen worden. So konnte sein – wohl zwischen 1125 und 1140 entstandenes, um 1140 fertiggestelltes – Kompendium mit dem Titel »Einklang widerstreitender Rechtsbestimmungen« (*Concordia discordantium canonum*) sehr schnell zum Standardwerk der mittelalterlichen Kirchenrechtswissenschaft (Kanonistik) aufsteigen, ähnlich wie die »Sentenzen« des Lombarden für den Bereich der Dogmatik. Das erklärt auch, warum man es gern verkürzt als »Dekret Gratians« bezeichnete, als wäre es eine Privatarbeit. Tatsächlich aber war es, als erster Teil des Corpus *Iuris Canonici*, bis 1918 geltendes katholisches Kirchenrecht. Da viele Sätze Gratians zudem inhaltlich in den Codex *Iuris Canonici* (1917) übernommen wurden, welcher das *Corpus* ersetzte, und im evangelischen Kirchenrecht das gratiansche Dekret niemals außer Kraft gesetzt wurde, in manchen Bestimmungen vielmehr »noch immer Teil der geltenden evangelischen Kirchenrechtsordnung ist«, darum kann »Gratians Buch [...]« als »das weltgeschichtlich wichtigste kirchenrechtliche Werk« und »Gratian selbst [...] als der Begründer der abendländischen Kirchenrechtswissenschaft bezeichnet werden« (P. Landau). Anstöße zu solcher Aufarbeitung kirchenrechtlicher Tradition kamen nicht zuletzt aus der Neubelebung des *römischen* Rechtsstudiums (im Unterschied zum »kanonischen« Recht der Kirche) in Bologna; von dieser Renaissance profitierte im Zusammenhang des sog. »Investiturstreites« (s.o. Nr. 32) in erster Linie die kaiserliche, staufische Seite. Dagegen bediente sich das Papsttum der professionellen Ausleger des »Deretes« (sc. Gratians), die man »Dekretisten« (im Unterschied zu den »Legisten«, den Lehrern des *römischen* Rechts) nannte. Seit Papst Alexander III. (1159–1181), der als Roland Bandinelli früher selbst als Magister des Kirchenrechts in Bologna gelehrt hatte, wurde es üblich, dass Päpste ihre eigenen Dekrete nach Bologna zur Einarbeitung in das »Dekret Gratians« sandten. Diejenigen, die das »Dekret« in diesem Sinne bearbeiteten, hießen »Dekreta*listen*«. »Mit ihnen kam das Selbstverständnis der Kanonistik zur letzten Eindeutigkeit: sie war Papstrecht und deshalb universales Kirchenrecht« (C. Andresen, GdC I/2, 143).

Aus Gratians Naturrechtslehre (Begriff, Wesen, Inhalt):
(Das dreiteilige Werk[1] beginnt mit einer ausführlichen Rechts*quellen*lehre [D(istinctio) 1–20]; den Anfang macht eine folgenreiche *Definition* des »Naturrechts« [D. 1]:) Das Menschengeschlecht wird von zweierlei (Recht) beherrscht: vom Naturrecht und von den Sitten (*Humanum genus duobus regitur, naturali videlicet jure et moribus*). Unter Naturrecht ist das zu verstehen, was Gesetz und Evangelium (Altes und Neues Testament an Vorschriften) enthalten (*Jus naturale est quod in lege et Evangelio continetur*); danach wird ein jeder geheißen, sich dem Nächsten gegenüber so zu verhalten, wie er selbst von ihm behandelt werden möchte, und es wird einem jeden untersagt, einem andern etwas anzutun, was er selbst nicht erleiden möchte. [...] (Zum Beleg wird auf Mt 7,12 und Isidor.Sevill., *Etym.*, Buch 5, Kap. 2, hingewiesen [ebenda, cap. 1]; Gratian kommentiert [ebenda, *Dictum Gratiani post*]:)
Aus dem Wortlaut dieses (gewichtvollen) Ausspruches wird man augenscheinlich in die Lage versetzt einzusehen, worin sich göttliches und menschliches Gesetz unterscheiden, da alles, was göttliches Gebot ist, als göttliches oder natürliches Gesetz bezeichnet wird, während unter der Bezeichnung des menschlichen Gesetzes die Sitten verstanden werden, ob sie nun in Gesetzen schriftlich fixiert oder (nur als Gewohnheitsrecht) überliefert sind (*Ex verbis huius auctoritatis evidenter datur intelligi, in quo differant inter se lex divina et humana, cum omne quod fas est,*

nomine divinae vel naturalis legis accipiatur, nomine vero legis humanae mores iure conscripti et traditi intelligantur).

(Die inhaltliche Gleichheit zwischen Naturrecht, göttlichem Willen [*fas*], göttlichem Gesetz und Hl. Schrift, wie sie gleich anfangs anklingt, bringt Gr. an späterer Stelle noch deutlicher zum Ausdruck, wenn es am Ende von Distinctio 9 [= *Dictum Gratiani post Dist.* 9, cap. 11] heißt:)

Weil also durch das Naturgesetz (*naturali iure*) nichts anderes geboten wird, als was Gott geschehen sehen will, und nichts verboten wird, als was Gott (*nicht ge-schehen sehen will*, vielmehr) untersagt, weil endlich in der kanonischen Schrift nichts anderes als in den göttlichen Gesetzen zu finden ist, die göttlichen Gesetze aber in der Natur bestehen (*natura consistant*), so liegt auf der Hand (*patet*), dass, was immer erweislich dem göttlichen Willen oder der Hl. Schrift widerspricht, dasselbe sich auch als Gegensatz zum Naturgesetz herausstellt (*eadem et naturali iuri inveniuntur adversa*). Was daher nach (allgemeiner) Überzeugung dem göttlichen Willen oder der kanonischen Schrift oder den göttlichen Gesetzen nachzu-ordnen ist, dem muss das Naturgesetz vorgezogen werden (*quecumque divinae voluntati, seu canonice scripture, seu divinis legibus postponenda censentur, eisdem naturale ius preferri oportet*).[2]

(*Inhaltlich* rechnet Gr. zum Naturrecht z.B. die natürliche Freiheit aller Menschen, während er die Sklaverei mit der Neuentstehung und Veränderung des Gewohnheitsrechtes [*ius consuetudinis*] aufgekommen sieht [*Dict.Grat.post Dist.* 6, *cap.* 3]; ein anderes Beispiel ist das-jenige von Gemeineigentum und Privateigentum, worüber es zu Beginn von Dist. 8 heißt:)

Es ist auch ein Unterschied zwischen Naturrecht und sowohl Gewohnheits- wie gesatztem Recht (*Differt etiam ius naturae a consuetudine et constitutione*). Denn nach dem Naturrecht sind allen alle Dinge gemein; das ist, wie man glaubt, nicht allein unter denen unversehrt bewahrt worden, von denen man liest: »Es war aber die Menge der Gläubigen ein Herz und eine Seele usw.« (Act 4,32), vielmehr findet es sich auch aus früherer Zeit von Philosophen überliefert. Bei Plato gibt es des-halb die Überlieferung von jener vollkommen gerecht geordneten Bürgerschaft (*illa civitas iustissime ordinata*), in welcher keiner eigensüchtige Regungen kennt (*in qua quisque proprios nescit affectus*).[3] Aber zufolge des Gewohnheits- oder des gesatzten Rechts (*Iure vero consuetudinis vel constitutionis*) ist dieses mein, jenes aber (Eigentum) eines anderen.

Quelle: Decretum Gratiani, ed. E. Friedberg, (Leipzig 1879; ND) Graz 1959. – *Literatur:* J. Heckel, Das *Decretum Gratiani* und das deutsche evangelische Kirchenrecht, StGra 3 (1955) 485-537; R. Weigand, Die Naturrechtslehre der Legisten und Dekretisten von Irnerius bis Accursius und von Gratian bis Johannes Teutonicus (MThS III, 26), München 1967; P. Landau, Art. Gratian, TRE 14, 1985, 124-130 (Zitat: 124); St. Kuttner, Studies in the History of Medieval Canon Law, Aldershot / Brookfield 1990; A. Winroth, The Making of Gratian's *Decretum*, Cambridge 2000.

1   *Zum Aufbau s. den o.a. Lexikonartikel von P. Landau, 125.*
2   *Mehrfach wird von Gr. unterstrichen, dass das Naturrecht in »Gesetz und Evangelium« ent-halten, aber damit keineswegs einfach zu identifizieren ist. Nur die sittlichen Vorschriften (mo-ralia), nicht aber etwa die »mystischen« (z.B. die Zeremonialgesetze des AT), gehören zum Na-turrecht (ad naturale ius spectant [vgl. dist. 5, prol. § 2; dict. Grat. post dist. 6, cap. 3]).*
3   *Vgl. Plato, Pol. 423E-424A. 449Aff. Vom »besten Staat« der Politeia unterscheidet sich der »zweitbeste Staat« der Nomoi (739eff.), wie auch dem Mittelalter und so sicher auch Gratian bekannt war.*

37. Das Papsttum Innocenz' III.

Die Schwächeperiode, in die die Erbfolgewirren im Anschluss an den Tod des Staufers Heinrichs VI. (1165-1197) – nur sieben Jahre, nachdem sein Vater Friedrich Barbarossa auf dem dritten Kreuzzug (s.o. Nr. 34d) ertrunken war, und zu einem Zeitpunkt, als sein Sohn, der spätere Friedrich II. (s.u. Nr. 44), gerade erst drei Jahre alt – fiel in eine Zeit, als mit Innocenz III. (1198-1216) einer der bedeutendsten mittelalterlichen Päpste an der Spitze der römischen Kurie stand, der das Papsttum, was seine äußere Stellung anlangt, auf seine höchste Höhe zu führen vermochte. Damit war der Kampf zwischen Kaisertum und Papsttum im Grunde bereits entschieden. Es ging bei dieser (3.) Phase der Auseinandersetzung um die Frage, wer die deutsche Krone tragen solle, während es unter Barbarossa in der 2. Phase also, nach Ende des sog. »Investiturstreits« [Phase 1]) darum ging, ob der Kaiser seinen Gegenpapst inthronisieren könne. I. gelang es zunächst, in Italien als Held der »nationalen« Unabhängigkeit gegenüber dem deutschen Kaiser aufzutreten und aus Reichsgebiet ein päpstlich beherrschtes Territorium wieder aufzubauen (»Rekuperationen«); es gelang ihm ferner, durch den frühen Tod der Kaiserin Konstanze (28.2. 1198) auch Herr über das Königreich Sizilien anstelle seines Mündels Friedrich zu werden. Gestützt auf diese reale Machtbasis konnte er folgenreich nicht nur in die deutschen Verhältnisse eingreifen, sondern sich sogar in die Thronkämpfe ganz Europas einmischen. Doch das ist nur *eine* Facette des Pontifikats dieses Mannes, der sich wie wenige Päpste mit seinem Amt identifizierte, über die ihm zustehende Gewalt gründlich nachgedacht und sie seinen Zeitgenossen eindrücklich vor Augen gestellt hat. Er weiß sich zwar als Nachfolger und Stellvertreter, aber nicht mehr Petri, sondern Jesu Christi, »zwischen Gott und den Menschen« gestellt, wie er dem römischen Volk am Tage seiner Weihe predigte, »geringer als Gott, aber größer als jeder Mensch«. Ähnliche Töne durchziehen seine gesamte Korrespondenz, aus der im Folgenden nur drei Beispiele geboten werden sollen:

a) Zum Verhältnis zwischen geistlicher und weltlicher Gewalt: Aus dem Brief *Sicut universitatis* an Konsul Acerbus von Florenz (30.Okt.1198)

So wie Gott, der Schöpfer des Alls, am Himmelsfirmament zwei große Lichter (*duo magna luminaria*) befestigte (Gen 1,16), ein größeres, das den Tag regiere (*ut praeesset diei*), und ein kleineres, das über die Nacht herrsche, so hat er an das Firmament der allgemeinen Kirche (*universalis Ecclesiae*), die mit dem Namen ›Himmel‹ benannt wird, zwei große Würden eingerichtet (*duas magnas instituit dignitates*). Die größere, die – gleichsam als den Tagen – den Seelen, und die kleinere, die – gleichsam als den Nächten – den Leibern vorstehe: das sind die bischöfliche Autorität und die königliche Gewalt (*quae sunt pontificalis auctoritas et regalis potestas*).[1] Wie nun der Mond sein Licht von der Sonne erhält und zugleich kleiner ist als jene sowohl der Größe wie der Beschaffenheit, der Lage wie der Wirksamkeit nach (*quae [sc. luna] revera minor est illo [sc. sole] quantitate simul et qualitate, situ pariter et effectu*), so erhält die königliche Gewalt von der päpstlichen Autorität den Glanz ihrer Würde: je mehr sie sich ihrem Anblick hingibt (*cuius conspectui quanto magis inhaeret*), von umso hellerem Licht wird sie geziert, und je mehr sie sich von ihrem Anblick abwendet, umso mehr verliert sie an Glanz.

b) Der Papst als Schiedsrichter bei der deutschen Königswahl?: Aus dem Dekret *Venerabilem* (An den Herzog von Zähringen [1202])

(Hintergrund: Nach Heinrichs VI. Tod waren am 8.3. 1198 der Staufer Philipp von Schwaben und am 9.6. desselben Jahres der Welfe Otto [IV.] zu deutschen Königen gewählt worden.

Ende Mai 1199 gaben deutsche Fürsten eine Erklärung heraus, worin sie dem Papst die Wahl Philipps mitteilten, die päpstlichen »Rekuperationen« als Unrecht verurteilten und u.a. den Anspruch des deutschen Königs auf Kaiserkrönung reklamierten. Ein halbes Jahr nach Eingang dieser Erklärung in Rom entschied sich I. jedoch für den Welfen – nach substantiellen Zusicherungen desselben – und publizierte seine Entscheidung am 3.7. 1201 in Köln, nachdem Otto kurz zuvor seine Versprechungen wiederholt hatte. Darauf legte die staufische Partei dar, dass die päpstlichen Ansprüche mit dem Herkommen unvereinbar seien [Haller Protest vom Januar 1202]. I. antwortet:) (1) Unseren ehrwürdigen Bruder [...], Bischof von Salzburg, und unseren geliebten Sohn [...], Abt von Salem, und den edlen Herrn [...], Markgrafen der Ostmark (*marchionem Orientalem*), die als Boten einer Anzahl von Fürsten an den Apostolischen Stuhl entsandt wurden, haben wir in Güte empfangen (*benigne recepimus*) und ihnen voll Wohlwollen eine Audienz gewähren zu sollen gemeint (*et eis benivolam duximus audientiam indulgendam*) [...] (folgt die Rekapitulation der Beschwerdepunkte »einiger« deutscher Fürsten [1, Ende u. 2]) (3) Wir hingegen, die wir entsprechend der uns durch unseren apostolischen Dienst auferlegten Pflicht (*secundum apostolice servitutis officium*) jedem einzelnen Gerechtigkeit schulden (*singulis in iustitia debitores [sumus]*), wollen ebenso wenig, wie wir unser Recht durch andere missbraucht sehen möchten, so auch das Recht der Fürsten in Anspruch nehmen (*vendicare*). Daher erkennen wir jener Fürsten Recht und Macht (*potestas*), einen König zu wählen, der dann später zum Kaiser zu erheben ist, ausdrücklich an, wie es sich gehört; denn ihnen kommt dieses nach Recht und alter Gewohnheit bekanntermaßen zu, zumal ihnen ein derartiges Recht und solche Macht vom apostolischen Stuhl zugeflossen ist, der das römische Reich in der Person des herrlichen Karl von den Griechen auf die Deutschen übertragen hat (*presertim cum ad eos ius et potestas huiusmodi ab apostolica sede pervenerit, que Romanum imperium in persona magnifici Karoli a Grecis transtulit in Germanos*). (4) Doch auch die Fürsten haben anzuerkennen und anerkennen auch durchaus (*recognoscere debent et utique recognoscunt*) das Recht und die Autorität, die zum König gewählte und zum Kaiser zu erhebende Person zu überprüfen (*ius et auctoritas examinandi*), gebühre uns, die wir sie salben, weihen und krönen. Denn es wird ganz allgemein als Regel beachtet, derjenige besitze das Recht zur Prüfung einer Person, dem die Handauflegung obliege (*ut ad eum examinatio persone pertineat, ad quem impositio manus spectat*). Oder wären wir etwa, falls die Fürsten nicht nur in zwiespältiger (sc. wie im vorliegenden Fall!), sondern auch in einhelliger Wahl irgendeinen Religionsfrevler oder aus der Kirchengemeinschaft Ausgeschlossenen (*sacrilegum quemcumque vel excommunicatum*), einen Tyrannen oder Narren, einen Häretiker oder Heiden zum König wählten, auch dann zur Salbung, Weihe und Krönung eines solchen Menschen gezwungen? Das sei ferne!
(Im Folgenden rechtfertigt der Papst seine Entscheidung gegen Philipp und für Otto mit weiteren grundsätzlichen, aber auch einer Reihe von taktischen Erwägungen, u.a. damit [6]):
Da vorgenannter Herzog (Philipp) nicht am gehörigen Ort und von der gehörigen Hand Krone und Salbung empfing, der erwähnte König hingegen (Otto) beides am gehörigen Ort, nämlich Aachen, und aus der gehörigen Hand, nämlich von unserem verehrungswürdigen Bruder, dem Erzbischof von Köln, darum erkennen wir auf jeden Fall nicht Philipp, sondern Otto als König an und nennen ihn auch so, wie es die Billigkeit verlangt (*iustitia exigente*) [...].

c) Der Vorrang des römischen Stuhls: Aus dem Brief *Apostolicae Sedis primatus* an den Patriarchen von Konstantinopel (12.11.1199)

Der Vorrang des apostolischen Stuhls, den nicht ein Mensch, sondern Gott oder, richtiger, der Gottmensch (*Deus homo*) festlegte (*constituit*), wird unstreitig durch viele Zeugnisse sowohl der Evangelien als auch der Apostel bestätigt, aus denen in der Folgezeit die kanonischen Bestimmungen hervorgingen, welche übereinstimmend aussagen, dass die hochheilige, im seligen Apostelfürsten Petrus geweihte Kirche gleichsam als Lehrerin und Mutter die übrigen überrage (*concorditer asserentes sacrosanctam Ecclesiam in beato Petro Apostolorum principe consecratam quasi magistram et matrem ceteris praeeminere*) [...]. (vgl. Mt 16,18f.) Denn wenn auch das erste und vorzügliche Fundament der Kirche (*primum et praecipuum Ecclesiae fundamentum*) der eingeborene Sohn Gottes Jesus Christus ist [...] (vgl. I Kor 3,11), so ist doch das zweite und zweitrangige (*secundum tamen et secundarium*) Fundament der Kirche Petrus, wenn auch nicht das der Zeit nach erste,[2] dann doch das der Autorität nach herausragende unter den übrigen [...] (sc. von denen Eph 2,20 die Rede ist) [...] Seinen Vorrang hat auch die Wahrheit (*Veritas*) mit eigenem Munde (*per se ipsam*) ausgesprochen, als sie zu ihm sagte: »Du wirst Kephas genannt werden« (Joh 1,42), was man, auch wenn man es als ›Petrus‹ (= Fels) übersetzt, gleichwohl als ›Haupt‹ auslegt (*quod etsi ›Petrus‹ interpretetur, ›caput‹ tamen exponitur*) [...] Ihm hat auch der Herr seine Schafe zu weiden befohlen, indem er das (Bevollmächtigungs-)Wort dreimal wiederholte (Joh 21,15-17), so dass, wer ihn nicht auch in seinen Nachfolgern als Hirten haben will, als der Herde des Herrn fremd erachtet wird (*ut alienus a grege dominico censeatur, qui eum etiam in successoribus suis noluerit habere pastorem*). Er hat ja nicht zwischen diesen und jenen Schafen unterschieden, sondern einfach gesagt: »Weide meine Schafe« (Joh 21,17), damit man erkenne, ihm seien schlechthin alle anvertraut.

(Im weiteren werden noch allerlei gewagte allegorische Schriftauslegungen vorgetragen; so etwa von Joh 21,7, wonach Petrus dadurch, dass er sich ins Meer warf, dem Auferstandenen entgegen [das Meer bezeichne hier nach Ps 104,25 die Welt], »das Vorrecht der einzigartigen päpstlichen Gewalt zum Ausdruck brachte, durch welches er die Leitung des gesamten Erdkreises übernommen hatte [...]«; ganz ähnlich wird Mt 14,28-31 interpretiert. Die kühnste Allegorese betrifft jedoch Apk 6,7, wonach unter dem göttlichen Thron – der Hl. Stuhl versinnbildlicht zu sehen ist und unter den vier, den göttlichen Thron umgebenden Wesen die vier morgenländischen Patriarchate, »dazu bereitet, wie Mägde der Herrin zu dienen«!).

Quellen: DH Nr. 767 (*Sicut universitatis*). 774f. (*Apostolicae Sedis primatus*); MGH.Const II, 505f. (*Venerabilem*). – *Literatur:* W. Imkamp, Das Kirchenbild Innocenz' III. (PuP 22), Stuttgart 1983; C. Egger, Papst Innocenz III. als Theologe, AHP 30 (1992) 55-123; T. Frenz (Hg.), Papst Innozenz III. Weichensteller der Geschichte Europas, Stuttgart 2000; J.C. Moore, Pope Innocent III. (1160/61-1216). To Root Up and to Plant (The Medieval Mediterranean 47), Leiden u.a. 2003.

---

[1] *Vgl. o. Nr. 1, Anm. 1, zur Unterscheidung zwischen* auctoritas *und* potestas *im Brief des Gelasius I. an Kaiser Anastasius I. (494).*
[2] *Eine Reaktion auf die östliche Tradition vom »Erstberufenen« (Andreas)? S.o. Nr. 25 mit Anm. 3.*

38. Die apokalyptische Geschichtstheologie Joachims von Fiore

Um 1135 in Celico in Kalabrien geboren, wandte sich J. nach einem nicht genauer zu datierenden Bekehrungserlebnis dem monastischen Leben zu. Gegen 1177 Abt des Benediktinerklosters Corazzo, das er vergeblich dem Zisterzienserorden einzugliedern versuchte, brachte er dort 1186 seine erste Schrift, den »Zehnsaitigen Psalter« (*Psalterium decem chordarum*), zum Abschluss. Bald jedoch zog er sich an einen abgeschiedenen Ort in der Nähe zurück und rief dort, in der Abgeschiedenheit des Sila-Gebirges, eine monastische Gemeinschaft ins Leben, die noch kontemplativer sein sollte als die zisterziensische (San Giovanni in Fiore, um 1189; ab 1196 Mittelpunkt eines selbständigen Ordens, der Florenser). Hier beendete er um 1191 sein zweites Hauptwerk, das »Buch über die Entsprechung zwischen Neuem und Altem Testament« (*Liber de concordia Novi ac Veteris Testamenti*). Um 1196 folgte der letzte Teil seiner großen exegetisch-prophetischen Trilogie, die »Auslegung der Apokalypse« (*Expositio in Apocalypsim*). Aufgrund dieser und weiterer, meist kürzerer Werke, die noch folgten, erfreute sich J. nicht nur der Gunst nahezu aller zeitgenössischen Päpste, sondern war auch gesuchter Gesprächspartner u.a. König Richards Löwenherz (bei dessen Überwinterung in Messina 1190/91) und Kaiser Heinrichs VI. und seiner Gemahlin Konstanze, die ihn zu gegenwärtigen und künftigen Geschehnissen befragten. J. starb in hohem Ansehen als monastischer Reformer und Meister prophetischer Schriftdeutung am 30.3. 1202. J. ist jedenfalls von vielen so verstanden worden, als habe er die Zeit zwischen 1200 und 1260 als sechsten Abschnitt innerhalb der Geschichte der Kirche angesehen, welcher die Vernichtung »Babels« und den Entscheidungskampf zwischen Christus und dem Antichristen bringe; gleichzeitig werde dieser Zeitabschnitt aber auch die geistliche Kirche der reinen (kontemplativen) Mönche zu solcher Entfaltung führen, dass sie imstande sei, in der dem Weltgericht vorangehenden Sabbatruhe die ihr bestimmte Mission zu erfüllen. Was Wunder, dass die von seinen Gedanken erfassten Kreise – innerhalb wie außerhalb seines Ordens, vor allem (seit 1240) bei den sog. Spiritualen des Franziskanerordens (s.u. Nr. 52) – von wachsender Unruhe ergriffen wurden, je mehr sich das Jahr 1260 näherte. So wurden auch einige seiner Lehren von einer päpstlichen Kommission überprüft (Protokoll von Anagni, 1254), die der Franziskaner Gerhard v. Borgo S. Donnino (gest. 1276) in seine (1255 verurteilte) »Einführungsschrift in das Ewige Evangelium« (*Liber introductorius ad Evangelium eternum*) aufgenommen hatte. Doch ist J. selbst nie als Häretiker verurteilt worden; und seine Lehren verbreiteten sich zunächst rasch weiter, obwohl sie sehr unterschiedlich rezipiert wurden.

Über die drei Weltordnungen[1]

(a) Es gab nämlich eine andere Zeit, in der die Menschen nach dem Fleische (*secundum carnem*) lebten; das ist (die Zeit) bis auf Christus. Ihr Anfang wurde mit Adam gemacht. Es gab (wiederum) eine andere Zeit, in der ein Widerstreit zwischen beiden, d.h. zwischen Fleisch und Geist, herrschte; das ist die Zeit, die bis in die Gegenwart währt. Ihren Anfang nahm sie mit dem Propheten Elisa (I Reg 19,19-21; II Reg 2-8) bzw. von Usia, dem König von Juda (II Reg 15,1-7; II Chr 26,1ff.). Davon unterscheidet sich (eine Zeit), da lebt man nach dem Geist; und das ist die Zeit, die bis an das Ende der Welt (*ad finem mundi*) währt. Sie nahm ihren Anfang in den Tagen des seligen Benedikt (sc. von Nursia). Das Fruchtbringen (*fructificatio*) bzw. die Eigentümlichkeiten (*proprietates*) der ersten Zeit oder, besser gesagt, des ersten Zustandes (der ersten Epoche [*primi status*]) dauerten von Abraham bis zu Zacharias, dem Vater Johannes' des Täufers. Ihre Einführung aber erfolgte mit Adam. Das Fruchtbringen des zweiten Zustandes währte von Zacharias bis zum 42. Geschlecht;[2] die Einführung aber erfolgte von Usia oder den Tagen Asas an, unter dem Elisa von dem Propheten Elia berufen wurde (I Reg 15,9ff; 19,19ff.). Das Fruchtbringen des dritten Zustandes nun dauert von dem Geschlecht

an, welches das 22. seit dem hl. Benedikt war, bis zum Ende der Welt (*usque ad summationem seculi*); die Einführung begann indes mit dem hl. Benedikt [...]
(b) [...] Der erste Status des Weltzeitalters (*saeculum*) nahm, um (auch meinerseits [vgl. Phil 3,1]) bereits Geschriebenes zu wiederholen, seinen Anfang mit Adam, brachte Frucht seit Abraham, kam zur Vollendung in Christus; der zweite nahm seinen Anfang mit Usia, brachte Frucht seit Zacharias, dem Vater Johannis des Täufers, und wird seine Vollendung in jenen Tagen (*temporibus istis*) erlangen; der dritte nahm seinen Anfang mit dem hl. Benedikt, begann in der 22. Generation nach diesem heiligen Mann Frucht zu bringen und wird mit dem Ende der Welt zur Vollendung gelangen. Die erste Ordnung, in welcher der Stand (*ordo*) der Verheirateten glänzte, wird wegen der Besonderheit ihres Geheimnisses (vgl. Eph 5,32) dem Vater zugeschrieben, die zweite Ordnung, in welcher der Stand der Kleriker im Stamme Juda glänzte, wird dem Sohn zugeschrieben. Die dritte Ordnung, in welcher der Stand der Mönche hervortritt, wird dem Hl. Geist zugeschrieben. So wollte, so ordnete und so begründete es der, der in seiner Weisheit alles erschaffen hat, damit auch die Schöpfung in allem geordnet Erschaffenen den Schöpfer erkenne [...]
(c) Die Geheimnisse der Hl. Schrift verweisen uns auf drei Weltzustände, wie wir bereits an anderer Stelle in dieser Schrift gesagt haben: auf den ersten, in dem wir unter dem Gesetze leben; auf den zweiten, in dem wir unter der Gnade leben; auf den dritten, den wir schon ganz nahe erwarten und in dem wir unter einer noch reicheren Gnade leben werden, weil er ja, wie Johannes sagt, uns »Gnade um Gnade« (Joh 1,16) gegeben hat, nämlich den Glauben um die Liebe und auf diese Weise beide zugleich. Der erste Weltzustand besteht also im Wissen, der zweite in der Teilhabe an der Weisheit, der dritte in der Vollkommenheit der Erkenntnis. Der erste Weltzustand besteht in sklavischer Knechtschaft, der zweite in kindlicher Knechtschaft, der dritte in der Freiheit; der erste in Züchtigungen, der zweite in Tätigkeit (*actio*), der dritte in Kontemplation; der erste in der Furcht, der zweite im Glauben, der dritte in der Liebe. Der erste Weltzustand ist einer der Sklaven, der zweite einer der Unmündigen, der dritte einer der Freunde; der erste einer der Greise, der zweite einer der jungen Männer, der dritte einer der Kinder; der erste glänzt im Licht der Sterne, der zweite im Licht der Morgenröte, der dritte im vollen Tageslicht; der erste entspricht dem Winter, der zweite dem Frühlingsanfang, der dritte dem Sommer; der erste Weltzustand erzeugt Brennesseln, der zweite Rosen, der dritte Lilien; der erste den grünenden Halm (Gras), der zweite die Ähren, der dritte den Weizen. Der erste Weltzustand bringt Wasser, der zweite Wein, der dritte Öl. Der erste Weltzustand bezieht sich auf *Septuagesimae*, die zweite auf *Quadragesimae*,[3] die dritte auf die österlichen Festtage. Das erste Zeitalter bezieht sich deshalb auf den Vater, den Schöpfer aller Dinge, und hat, soweit es sich auf das Geheimnis von *Septuagesimae* bezieht, seinen Anfang mit dem Stammnvater Adam genommen, wie der Apostel sagt: »Der erste Mensch ist von der Erde und irdisch, der zweite Mensch ist vom Himmel und deshalb himmlisch« (vgl. I Kor 15,47). Das zweite Zeitalter bezieht sich auf den Sohn, der es nicht verschmäht hat, unsere leibliche Gestalt anzunehmen, in der er fasten und leiden könne, um den Stand des ersten Menschen wiederherzustellen, der durch das Essen (des Apfels) gefallen war (vgl. Gen 3,1-7). Das dritte Zeitalter bezieht sich auf den Hl. Geist, von dem der Apostel sagt: »Wo der Geist des Herren ist, da ist Freiheit« (II Kor 3,17). Die erste Weltordnung ist also in jenen drei Wochen bezeichnet, welche dem Fasten der Quadragesimalzeit vorausgehen, die zweite durch die

Quadragesimalzeit selbst, die dritte durch die Freuden- und Festeszeit, die die österliche heißt [...]

Quelle: Joachim von Fiore, Liber de concordia Novi ac Veteris Testamenti, (Venedig 1519) Neudr. Frankfurt 1965; dasselbe (allerdings ohne Buch V), hg.v. R. Randolph Daniel (TAPhS 73, T. 8), Philadelphia, Pa. 1983. – *Literatur:* H. Grundmann, Studien über J. v .F., (Leipzig 1927) Darmstadt 1966; ders., Neue Forschungen über J. v .F., Marburg 1950; ders., Ausgew. Aufs. II. J.v.F. (SMGH 25/2), Stuttgart 1977; D.C. West (Hg.), J. of F. in Christian Thought, 2 Bde., New York 1975; B. McGinn, The Calabrian Abbot: J. of F. in the History of Western Thought, New York 1985; J.E. Wannenmacher, Hermeneutik der Heilsgeschichte: *de sigillis* und das Motiv der sieben Siegel im Werk J.s v. F., Leiden u.a. 2005; dies. (Hg.), Joachim of Fiore and the Influence of Inspiration. Essays in Memory of Marjorie E. Reeves (1905–2003), Farnham 2013.

[1] *Nach ausgewählten Abschnitten aus* De concordia Novi ac Veteris Testamenti: *II tract. I cap. 4 (= a); IV cap. 33 (=b); V cap. 84 (=c).*

[2] *Da der erste Zustand (von Abraham bis zu Zacharias bzw. Jesu Geburt) nach Mt 1,17 42 Generationen dauerte, wird das nach J. auch für den zweiten Zustand gelten (d.h., wenn man für eine Generation 30 Jahre ansetzt, dauert dieser bis zum Jahre 1260!).*

[3] *Mit* Septuagesimae *(oder richtiger dem Montag nach S., da an Sonntagen nicht gefastet wurde) begann für die Mönche die Vorfastenzeit, an Aschermittwoch die bis Karsamstag dauernde vierzigtägige Fastenzeit (*Quadragesima*) für alle Gläubigen.*

39. Die Anfänge kirchenkritischer Armutsbewegungen am Beispiel der Katharer und Waldenser

Armutsbewegungen hat es im Mittelalter gewissermaßen von Anfang an gegeben. Zählte doch zu dessen Ziel- und Wertvorstellungen – auch im Abendland – seit jeher das monastische Ideal *freiwilliger Armut*. Allerdings ist das Armutsideal gerade im abendländischen Mönchtum schon früh allen möglichen Gefährdungen ausgesetzt gewesen. Als – zunächst – wohl folgenreichstes Krisenmoment wird gelten können, dass in der sog. Benediktregel (s.o. Nr. 5) zwar die Strenge des östlichen Mönchsideals als Fernziel gewahrt, als Norm aber das Nahziel des »(sittlich) guten Lebens« (*bene vivere*) aufgestellt und diese Regel ganz bewusst als »Vorschrift für Anfänger« verstanden und ausgestaltet war; dem Einzug feudalistischen Wesens in die benediktinischen Klöster des Frühmittelalters war so eine Tür geöffnet. Bald nach der Jahrtausendwende trat ein anderer gewichtiger Faktor hinzu. Während nämlich das frühmittelalterliche Abendland »das vom Evangelium gestellte Problem« der »christlichen Vollkommenheit« (vgl. Mt 19,16-26 par.) »in seiner Weise gelöst« hatte, »indem es die Überweltlichkeit durch die Askese sicherstellte, daneben den Weltleuten ein nur der Askese angenähertes Leben zuwies und beide Stände zur gegenseitigen Ergänzung vereinigte im Organismus der Kirche«[1], geriet diese zu Recht sog. »organische« Denkweise im 11. und 12. Jh. in eine ernste Krise. Zwei Ursachen sind hierfür vor allem namhaft zu machen: zum einen die Kirchenreformbewegung des 11. Jh. (s.o. Nr. 30. 32,I) mit ihrer Parole von der Kirchenfreiheit (*libertas ecclesiae*), der Beseitigung des Eigenkirchenwesens und der Zentralisierung aller Kirchengewalt im Papsttum zu Rom; zum andern die Renaissance des Handels und des Städtewesens, die u.a. dazu führte, dass das bisherige Wirtschaftsideal der abendländischen Kirche seine Eindeutigkeit und Evidenz zu verlieren drohte und somit Unruhe und Desorientierung um sich griffen. Am augenscheinlichsten wird die Verquickung der Motive zwischen Kirchenreform- und Armutsbewegung in den Städten der Lombardei und in der sog. »Pataria« (benannt wohl nach dem Mailänder »Lumpenmarkt«), deren letzter und größter Vertreter der hochgebildete Prior *Arnold von Brescia* (gest. 1154) war. Wegen seines Reformeifers bei Papst Innocenz II. verklagt und von diesem aus seiner Heimatstadt verbannt,

Armutsbewegungen 153

kehrte er nach Aufenthalten u.a. in Paris (bei Abaelard) schließlich als Bußfertiger nach Rom zurück, wo inzwischen mit Eugen III. ein Papst der zisterziensischen »Demut« die Kirchenleitung übernommen hatte. Indessen wurde A. alsbald in den Aufstand des nach Autonomie strebenden, auf Roms einstige Größe stolzen Stadtvolkes gegen den päpstlichen Stadtherren verwickelt. Sein noch immer nicht erloschener Eifer gegen die »Simonie« (so, wie er sie verstand) wirkte jetzt als Bestärkung der Römer im Aufruhr gegen das Papsttum, als mehr oder minder unverhüllte Aufforderung an den deutschen König, das Kaisertum aus der Hand des römischen Volkes, nicht des Papsttums, zu empfangen; die Kirche dagegen müsse rein geistlich wirken – und arm sein. Vom Papst deswegen gebannt, konnte A. erst sieben Jahre später aus Rom vertrieben werden, als Barbarossa dort zur Kaiserkrönung erschien. Dessen Häscher fingen ihn und übergaben ihn dem päpstlichen Präfekten, der ihn hängen, verbrennen und seine Asche in den Tiber streuen ließ, um das Gedächtnis an ihn auszulöschen. Doch mindestens das misslang. Vielmehr lebte Arnolds Forderung der armen, ganz auf ihre geistlichen Funktionen beschränkten Kirche fort und wurde von zahllosen anderen Bewegungen weitergetragen. Zunächst waren es die sog. *Katharer* (die »Reinen«), von denen wir seit den 40er Jahren des 12. Jh. hören. Zwei Jahrzehnte später ist die ›Sekte‹ bereits weit verbreitet, vor allem in Frankreich, Italien, Spanien und auch Deutschland, wo man schon 1143 gelegentlich eines Verhörs in Köln auf sie aufmerksam wird. Bei diesem Verhör bezeichnen sie sich erstmals selbst als *cathari*.[2] Alles spricht dafür, dass die Hauptimpulse zu ihrem Aufbruch (ebenso wie dem der »Pataria«) aus der »apostolischen Armutsbewegung« herrührten, während die dualistische Metaphysik (ähnlich der der Manichäer) erst an Bedeutung gewann,»als die Katharer sich gezwungen fühlten, ihren theologischen Standpunkt von dem der Amtskirche abzusetzen«.[3] Allerdings hat die zunehmende Fixierung auf einen radikalen Dualismus deren Kampf gegen das Katharertum bedeutend erleichtert. Zwar musste dieser Kampf, da alle Verbote und Bekehrungsversuche wenig halfen, in Südfrankreich schließlich mit brutaler Gewalt (Albigenserkreuzzug 1209–1229) (Text c) und danach überall mit rücksichtsloser Härte durch die Inquisition (ab 1231) geführt werden (s.u. Nr.40b.45d). Doch inzwischen schieden sich am Dualismus die Geister auch innerhalb jener viel weiterwirkenden Armutsbewegung, aus der – in Abwehr – neue ›Sekten‹ (wie Waldenser und »Humiliaten« [eine Selbstbezeichnung: »um Gottes willen Gedemütigte« (*humiliati per Deum*)]) (Texte d u. e) und neue Orden (wie Dominikaner und Franziskaner [s.u. Nr. 41. 42]) entstanden und die Katharer bekämpften. Um 1200 noch die stärkste und gefährlichste ›Ketzerei‹ im Abendland, die keineswegs zufällig gerade in den volkreichsten, wirtschaftlich am weitesten entwickelten Regionen wie der städtereichen Lombardei, in der Provence und im Languedoc, auch in Flandern und im Rheinland am stärksten verbreitet war, hat das Katharertum eine Krise und Wandlung der Kirche ausgelöst und ist ihr im Laufe des 13. Jh. (weitgehend) selbst erlegen. Mit dem Feuertod der letzten vier Gläubigen in Carcassone im September 1329 war der Katharismus »nach zwanzig Jahren Krieg und hundert Jahren Inquisition in jenem Teil Westeuropas, in dem er feste Wurzeln geschlagen hatte, ausgemerzt« (Roquebert, Geschichte der Katharer, 489).

a) Das Katharerkonzil von St-Félix-Lauragais[4]

Im Jahre 1167 der Fleischwerdung des Herrn, im Monat Mai, in jenen Tagen führte die Kirche von Toulouse Papa Niquinta[5] in die Festung von St-Félix, und eine große Schar von Männern und Frauen aus der Kirche von Toulouse (*Ecclesia Tolosana*) und aus anderen, benachbarten Kirchen hatte sich dort versammelt, um das *consolamentum*[6] zu empfangen, welches der Herr Papa Niquinta zu erteilen begann. Danach aber kam Robert d'Épernon, der Bischof der Kirche der Franzosen (*Eccl. Francigenarum*),[7] mit seinem Rat; desgleichen kam Markus der Lombarde mit seinem Rat, und Sicard Cellerier, der Bischof der Kirche von Albi, kam mit seinem Rat, und Bernard Cathala kam mit dem Rat der Kirche von Carcassonne, und der Rat der Kirche von Agen (*Eccl. Aranensis*)[8] war dort. Weil sich alle in so unübersehbarer Zahl versammelt hatten, wollten die Menschen der Kirche von Toulouse einen Bischof haben und wählten Bernard Raymond: desgleichen aber waren Bernard

Cathala und der Rat der Kirche von Carcassonne von der Kirche von Toulouse gebeten und beauftragt worden, und sie wählten nach dem Vorschlag und Willen und mit dem Einverständnis des Herrn Sicard Cellerier Guiraud Mercier; und die Menschen von Agen (*homines Aranensis*)[9] wählten Raimond de Casalis. Danach aber empfing Robert d'Épernon das *consolamentum* und die Bischofsweihe von Herrn Papa Niquinta, damit er Bischof der Kirche der Franzosen[10] sei [...] (*dasselbe geschah mit den anderen genannten Bischofskandidaten*). Danach aber sagte Papa Niquinta zur Kirche von Toulouse: »Ihr habt zu mir gesagt, dass ich euch sagen soll, (ob) die Gebräuche der ersten Kirchen mild oder streng (gewesen) seien, und ich werde euch sagen: die sieben Kirchen Asiens (vgl. Apk 1,9-3,22) waren voneinander getrennt und abgegrenzt, und keine von ihnen machte einer anderen etwas gegen deren Widerspruch. Und die Kirchen (Neu-) Roms (?), Drogometiens, Melenguiens, Bulgariens und Dalmatiens (*Eccl. Romanae, et Drogometiae et Melenguiae, et Bulgariae, et Dalmatiae*[11]) sind getrennt und abgegrenzt, und die eine macht der anderen nichts gegen deren Widerspruch, und so haben sie Frieden untereinander. Macht ihr es ebenso«.[12]

(Im Weiteren ist von der Wahl von *divisores* (»Einteilern«) für die einzelnen Kathererdiözesen die Rede, die die geplante Struktur im Einzelnen festlegen sollten, wobei man sich praktischerweise an die katholische Bistumsgliederung anlehnte, soweit es ging. Außerdem werden die Zeugen und Verteidiger dieser Beschlüsse namentlich aufgeführt; auch erfährt man von einer Ausfertigung für die Kirche von Carcassonne, offenbar im Zusammenhang des Konzils von 1167 selbst. Am Ende werden Auftraggeber, Ausfertiger und genaues Datum einer 1232 [wohl verlesen aus 1223] erfolgten Abschrift der Urkunde angegeben).

b) Das Consolamentum[13] nach dem lateinischen katharischen Ritual

Ein Glücksfall für die Katharerforschung war der Fund eines »Buches über die zwei Prinzipien« (*Liber de duobus principiis*) im Jahre 1939, welches einem gewissen Jean de Lugio (*Luglio*) zugeschrieben wurde; ihm war eine lateinische Schilderung vom Ablauf der Geisttaufe, des sog. *Consolamentum*, angefügt, die seither als »florentinisches Ritual« (Rituel de Florence) – nach dem Fundort der »Liber«-Handschrift – im Unterschied zu einem ebenfalls erhaltenen provençalischen Ritual (dem Rituel de Lyon) bekannt ist. Anders als im provençalischen werden im »florentinischen Ritual« nicht sämtliche rituellen Gebräuche der Katharer, sondern nur die hauptsächlichen behandelt, nämlich die »Übergabe« des Vaterunsers (hier fehlt in der erhaltenen Handschrift der Anfang), einschließlich der Sündenvergebung (2-6) und eben das *Consolamentum* (7-14), dafür diese aber weit ausführlicher als im »Rituel de Lyon«. Es beginnt mit einer Art Taufanmeldung (7) in Begleitung eines »Ältesten« (*ancianus*) und einem kurzen Eingangsritual (8), in dem auch auf den Punkt gebracht wird, worum es beim *Consolamentum* geht: nämlich um eine Geisttaufe nach dem Willen und der Einsetzung Jesu Christi verbunden mit Sündenvergebung, dank der Fürsprache guter Christen und unter Handauflegung (*recipiendi baptismum spirituale Ihesu Christi et perdonum vestrorum peccatorum, propter deprecationem bonorum christianorum cum impositone manuum*); vorausgesetzt ist der feste Vorsatz eines keuschen, demütigen und tugendhaften Lebens. Folgt eine lange Predigt, mit zahlreichen Bibelzitaten und -erläuterungen, die das weitere Ritual eingehend erklärt und nicht weniger als einen kurzen Abriss der katharischen Dogmatik (9-12)[14] und Ethik (13) bietet, endend mit der Versicherung: »Ebenso soll niemand meinen, dass ihr um der Taufe willen, die ihr zu empfangen begehrt, eine andere Taufe verachten (*contempnere*) müsst, noch (euer früheres) Christentum (*cristianitatem*) noch irgendetwas Gutes, das ihr bislang getan oder gesagt habt; ihr müsst vielmehr begreifen, dass ihr diese heilige Verpflichtung Christi auf euch zu nehmen (*recipere istud sanctum ordinamentum Cristi*) habt in Ergänzung dessen (*pro supplemento illius*), was euch zu eurem Heile fehlte«. Dann heißt es über »die gottesdienstliche Handlung des *Consolamentum* (*De officio consolamenti*)« (14):

Armutsbewegungen

Dann soll der Ordinierte (*ordinatus*) das Buch[15] aus den Händen des Gläubigen (*credens*) in Empfang nehmen und sagen: »Johannes – wenn das denn sein Name ist – habt ihr den Willen, diese heilige Taufe Jesu Christi, wie wir sie in Erinnerung gerufen haben (*sicut memoratum est*), zu empfangen und an ihr festzuhalten die ganze Zeit eures Lebens, in Reinheit des Herzens und des Sinnes, und ihr nicht untreu zu werden (*deficere*), aus welchem Grunde auch immer?« Und Johannes antworte: »So halte ich es; bittet ihr für mich den guten Herrn, dass er mir seine Gnade gebe«. Und der Ordinierte antworte: »Der Herr, der wahre Gott, schenke euch Gnade zum Empfang dieser Gabe, zu seiner Ehre und zu eurem Nutzen«. Dann soll der Gläubige mit Ehrfurcht vor den Ordinierten treten und sagen, was ihm der Älteste an der Seite des Ordinierten vorsprach: »Ich bin zu Gott gekommen, zu euch, zur Kirche und zu eurem heiligen Stand (*ordo*), um Vergebung und Erbarmen (*perdonum et misericordiam*) im Blick auf alle meine Sünden zu empfangen, die ich bisher begangen habe, wann immer es auch gewesen sein mag, dass ihr Gott für mich anruft, er selbst möge mir verzeihen. Segnet und (ver)schont uns (*Benedicite, parcite nobis*)«. Darauf antworte der Ordinierte: »Von Gott und uns, der Kirche und seinem heiligen Klerus (*ordo*), von seinen heiligen Geboten (*praecepta*) und Jüngern (*dixipuli [sic!]*) empfangt Vergebung und Erbarmen [...], dass der Herr, der Gott des Erbarmens, euch verzeihe und euch führe zum ewigen Leben«. Und der Gläubige erwidere: »Amen, uns geschehe, Herr, nach deinem Willen«. Dann erhebe sich der Gläubige und lege seine Hände auf das Täfelchen (*super discum*[16]) vor dem Ordinierten. Und der Ordinierte lege daraufhin das (Evangelien-)Buch auf sein Haupt, und alle anderen anwesenden Kleriker (*ordines*) und Christen legen ihm ihre rechte Hand auf. Und der Ordinierte sage: »Im Namen des Vaters und des Sohnes und des Hl. Geistes«. Und der, der dem Ordinierten assistiert, sage: »Amen«. Und alle anderen wiederholen es deutlich (*plane*). Dann sage der Ordinierte: »Segnet und schont uns, Amen. Es geschehe uns, Herr, nach deinem Wort: Vater, Sohn und Hl. Geist verzeihe euch alle eure Sünden und verfahre schonend gegenüber ihnen. Lasst uns den Vater und den Sohn und den Hl. Geist anbeten, lasst uns den Vater, den Sohn und den Hl. Geist anbeten, lasst uns den Vater, den Sohn und den Hl. Geist anbeten: Heiliger, gerechter, wahrhaftiger und barmherziger Vater, vergib deinem Knecht, nimm ihn auf in deiner Gerechtigkeit. Vater unser im Himmel, geheiligt werde dein Name« usw. Und er spreche laut (*vociferando*) fünf Gebete und anschließend dreimal das »Lasst uns anbeten« (*Adoremus*). Und darauf sage er ein Gebet und anschließend dreimal das »Lasst uns den Vater, den Sohn und den Hl. Geist anbeten«. Es folge das »Im Anfang war das Wort« (Joh 1,1) und der Rest (sc. des Johannesprologs[17]). Nach Beendigung der Evangelienlesung spreche er dreimal das »Lasst uns den Vater, den Sohn und den Hl. Geist anbeten« und danach ein Gebet. Darauf spreche er erneut dreimal das »Lasst uns anbeten« und spende die Gnade (? [*levet gratiam*]). Und der Christ (*christianus*) küsse das Buch, mache danach drei Verbeugungen (*reverentias*) und sage: »Segnet, segnet, segnet und verschont uns; Gott erstatte euch für einen reichlichen Lohn für das Gute, das ihr mir aus Liebe zu Gott getan«. Schließlich sollen alle Kleriker (*ordines*), Christen und Christinnen den Gottesdienst (*servitium*)[18] empfangen (*recipiant*) entsprechend der Gewohnheit der Kirche.
Alle guten Christen (*boni christiani*) bitten Gott für den, der dies Ritual (*has rationes*) aufgeschrieben hat. Amen. Gott sei Dank.

c) Innocenz' III. Aufruf zum innerabendländischen Albigenserkreuzzug (1208)

An die Erzbischöfe, Bischöfe und sonstigen geliebten Söhne, soweit sie zu kirchlichen Vorstehern im Königreich Frankreich eingesetzt sind.

Damit die heilige Kirche Gottes ihren grausamsten Feinden, furchterregend und in wohlgeordneter Schlachtreihe, entgegenziehen könne, um die Anhänger jener ketzerischen Bosheit, die, schlangengleich, nahezu die gesamte Provence wie ein Krebsgeschwür infiziert hat, auszurotten (*ad exterminandum pravitatis haereticae sectatores*), hielten wir es für geboten, die Kommandos christlicher Ritterschaft (*praesidia militiae Christianae*) in den umherliegenden Regionen zusammenzurufen; unsere ehrwürdigsten Brüder, die Bischöfe von Couserans und Riez, sowie unseren geliebten Sohn, den Abt von Citeaux, haben wir als Legaten des Apostolischen Stuhls zu Führern bestimmt, damit die Verteidiger der Ehre der heiligen Trinität, unter dreifacher meisterlicher Führung (*sub trino [...] regimine magistrorum*) obsiegen möchten. Deshalb hielten wir es für angezeigt, euch insgesamt (*universitatem vestram*) zu bitten und zu ermahnen, indem wir es auch durch apostolische Schreiben gebieten und auftragen, ihr möget bei euren Untertanen durch eifrige Predigt und Ermahnung darauf dringen, dass sie im Hinblick auf ein so heiliges Werk, sowohl für sie selbst als auch für das Ihrige (*tam per se quam per sua*), Gott ergebenen Gehorsam leisten und der Kirche erwünschte Hilfe bringen; sie mögen sich dabei dessen bewusst sein, dass Vergebung von Sünden (*remissionem peccaminum*) von Gott und seinem Stellvertreter[19] all jenen gewährt sei, die, vom Eifer des rechten Glaubens entflammt, sich zu einem solchen Glaubenswerk gewappnet haben, so dass ihnen eine solch heilige Mühe zur ausreichenden (werk)tätigen Genugtuung für jene Sünden diene, für die sie (zuvor) dem wahren Gott eine aufrichtige Herzensreue und Ohrenbeichte dargebracht haben (*ut eis labor tam sanctus ad operis satisfactionem sufficiat super illis offensis pro quibus cordis contritionem et oris confessionem veram obtulerint vero Deo*) [...]

(Im Weiteren werden die üblichen Kreuzzugsprivilegien[20] verkündet und alle zur materiellen Unterstützung derer aufgerufen, die das Kreuzzugsgelübde abgelegt haben).

Quellen: B. Hamilton, The Cathar Council of St.-Félix reconsidered, AFP 48 1978) 51-53; Rituel Cathare. Introd., texte crit., trad. et notes par Chr. Thouzellier (SC 236), Paris 1977; PL 215, 1469f. – *Literatur:* A. Borst, Die Katharer, (Stuttgart 1953) Neuaufl. Freiburg 1991 (zit. wird in der Regel nach der – vollständigeren – Erstaufl.); H. Roscher, Papst Innocenz III. und die Kreuzzüge, Göttingen 1969; Chr. Thouzellier, Catharisme et valdéisme en Languedoc, Paris 1969; G. Rottenwöhrer, Der Katharismus, 7 Bde., Bad Honnef 1982-2011; D. Müller, Albigenser – die wahre Kirche?, Würzburg 1986; U. Bejick, Die Kathererinnen, Freiburg 1993; P. Roy, Le consolament cathare, Paris 1996; M. Lambert, Häresie im Mittelalter, Darmstadt 2001 (engl. Originaltitel »Medieval Heresy« [1992]), Kap. II. 4; III. 7; C. Bruschi, The Wandering Heretics of Languedoc, Cambridge 2009; M. Roquebert, (Histoire des Cathares, Paris 1999; dt.:) Die Geschichte der Katharer. Häresie, Kreuzzug und Inquisition im Languedoc, Stuttgart 2012.

d) Aus dem Glaubensbekenntnis des Valdes (1180)

Das Waldensertum geht auf den reichen Lyoneser Kaufmann Valdes zurück, der sich um 1176 bekehrte, sein Familienleben aufgab, »das Evangelium«, um es selbst kennenzulernen, ins Provençalische übersetzen ließ, Genossen gewann und anschließend mit diesen auszog, in einfachen Wollkleidern, mit Holzsandalen und ohne Geld, unbekümmert um den »morgigen Tag« (vgl. Mt 6,34), bettelnd und predigend, weil der »Glaube ohne Werke tot« sei (Jak 2,26). Das war das »Programm« dieser frühen Waldenser: Glaube, Armut und Werke der

Armutsbewegungen

Apostel zu tun. Bald jedoch kam es auch zum Konflikt mit der Amtskirche, die – ganz im Sinne der zeitgenössischen Kirchenreformbewegung und ihrer Tendenz auf hierarchische Straffung – diese frommen Laien zwar gern »apostolisch arm« *leben,* aber nicht ohne bischöflichen Auftrag *predigen* zu lassen gedachte. Lieber wurden jedoch die »Armen von Lyon« (*Pauperes de Lugduno*), wie man sie nannte – sie selbst nannten sich nicht so, sondern »Arme Christi« (*Pauperes Christi*) oder »Arme im Geiste« (*Pauperes Spiritu* [vgl. Mt 5,3]) – , zu »Ketzern«, als dass sie sich dem kirchlichen Amtsbegriff ohne weiteres zu fügen und von der Seelsorge und der Predigt der Armut und der Buße abzulassen gedachten, die, wie sie meinten, von der offiziellen Kirche seit langem vernachlässigt wurden. Am *Anfang* aber stand das Bemühen des Valdes, seine Sendung und seine Bewegung von der kirchlichen Hierarchie genehmigen und bestätigen zu lassen. So wandte er sich 1179 an das 3. Laterankonzil in Rom, wo ihn der Gesandte des englischen Königs beim Konzil, der Weltmann und Satiriker Walter Map (gest. um 1209), im Auftrag des Papstes einer Prüfung unterzog, die allerdings eher einer Verhöhnung des ungebildeten Wanderpredigers glich. Der päpstliche Entscheid selbst war entgegenkommender: Bei Zustimmung des Ortsklerus sollte auch die Predigt weiter erlaubt sein. So verantwortete sich Valdes im folgenden Jahr vor einer Synode in Lyon und unterzeichnete ein vom päpstlichen Legaten H. de Marcy, einem hochrangigen Zisterzienser, nicht von ihm selbst formuliertes Glaubensbekenntnis, in dem allerdings das Thema der Predigt ausgespart blieb. Mithin war das Problem der kirchlichen Anerkennung noch nicht wirklich gelöst: (Valdes beteuert darin eingangs für sich selbst und seine Brüder den Glauben an die göttliche Dreifaltigkeit und die wahre Menschwerdung Christi im Sinne des Apostolicums, des Nicaeno-Constantinopolitanums und des Athanasianums und der *einen* Hl. Schrift A und NT [1-17]; dann heißt es zur Ekklesiologie und Sakramentenlehre [17 Ende–48]:)

Wir glauben die eine, katholische, heilige, apostolische und unbefleckte Kirche, außerhalb deren niemand gerettet zu werden vermag (*Unam ecclesiam catholicam, sanctam, apostolicam et immaculatam, extra quam neminem salvari, credimus*);[21] auch verwerfen wir keinesfalls die Sakramente, die in ihr gefeiert werden unter dem Beistand der nicht wahrnehmbaren, unsichtbaren Kraft des Heiligen Geistes, selbst wenn es ein sündiger Priester ist, der sie austeilt (*licet a peccatore sacerdote ministrentur*), sofern die Kirche diesen nur annimmt, noch tun wir den von ihm vorgenommenen kirchlichen Handlungen oder Segnungen Abbruch, sondern nehmen sie in wohlwollender Gesinnung an, als wäre er vollkommen rechtschaffen (*tamquam a iustissimo*). Wir billigen also die Kindertaufe (*baptismus infancium*), wie wir auch bekennen und glauben, dass sie (die Kinder) gerettet werden, wenn sie nach der Taufe sterben, noch bevor sie Sünden begehen. In der Taufe aber werden, wie wir glauben, alle Sünden vergeben, sowohl jene Ursünde (*peccatum originale*) als auch die willentlich begangenen (Tatsünden). Auch die vom Bischof gespendete Firmung (*confirmacio*), d.h. die Handlauflegung, betrachten wir als heilig und ehrerbietig anzunehmen. Das Opfer (*sacrificium*), d.h. Brot und Wein, ist, so glauben wir fest und beteuern es unumwunden (*simpliciter*), nach der Konsekration Leib und Blut Jesu Christi, wobei weder ein guter Priester mehr noch ein schlechter weniger bewirkt. Dass Sünder, die von Herzen bereuen, mit dem Munde bekennen und tätige Genugtuung leisten gemäß der Schrift, von Gott Gnade erlangen können, gestehen wir zu und halten mit ihnen gern Gemeinschaft. Die Krankensalbung (*unctio infirmorum*) mit geweihtem Öl halten wir in Ehren. Wir leugnen nicht, dass leibliche (fleischliche) Ehen nach dem Wort des Apostels geschlossen werden dürfen (vgl. Hebr 13,4), ordentlich geschlossene jedoch aufzulösen, erlauben wir unter keinen Umständen, während wir erneute Eheschließungen (*secunda matrimonia*)[22] nicht verdammen. Die kirchlichen Ämter (Weihestufen [*ordines*]), (also) Bischofs- und Presbyteramt sowie alle übrigen niederen und höheren Ämter, auch all das, was in der Kirche ordnungsgemäß gelesen und gesungen wird, loben wir demütig und ehren es getreulich. Der Teufel ist nach unserer

Überzeugung nicht seiner Bestimmung nach, sondern aufgrund eigener Entscheidung (*non per condicionem, sed per arbitrium*) der Bosheit verfallen. Den Genuss von Fleisch tadeln wir ganz und gar nicht. Wir glauben von Herzen und bekennen mit dem Munde die Auferstehung dieses Fleisches, das wir an uns tragen, und keines anderen. Auch glauben und beteuern wir fest das künftige Gericht, in dem jeder einzelne Lohn oder Strafe empfangen wird für das, was er hier im Fleische getan hat. Wir bezweifeln endlich nicht, dass Almosen und Messopfer (*sacrificium*) sowie die übrigen Wohltaten den im Glauben Verstorbenen (im Fegfeuer) nützen können.

(Dem ist dann wohl noch eine persönliche Erklärung angefügt, in der Valdes von seiner Entscheidung zu einem Leben in der Nachfolge spricht [49]:)
Und weil der Glaube dem Apostel Jakobus zufolge »ohne Werke tot ist« (Jak 2,26), haben wir der Welt abgesagt (*seculo abrenunciavimus*) und unseren Besitz, wie es der Herr geraten (*velut a domino consultum est*), an die Armen verschenkt und (selbst) arm zu sein beschlossen, so wie wir uns nicht sorgen um den morgigen Tag (vgl. Mt 6,34) noch darum, Gold oder Silber oder etwas dergleichen von irgend jemandem entgegenzunehmen (vgl. Act 3,6; 20,33) außer der täglichen Nahrung und Kleidung. Auch haben wir uns vorgenommen, die evangelischen Räte wie Gebote zu befolgen (*Consilia quoque evangelica velut precepta servare proposuimus*).[23] Die aber in der Welt (*in seculo*) bleiben, ihren Besitz behalten und aus ihrem Eigentum Almosen und die sonstigen Wohltaten bestreiten, werden, so bekennen und glauben wir, durchaus gerettet; befolgen sie doch die Gebote des Herrn [...]

e) Waldensisches Selbstverständnis nach dem *Liber Antiheresis* des Durandus von Huesca (um 1190)

Allen äußeren Verfolgungen, die sogleich nach ihrer Verurteilung durch Papst Lucius III. im Jahre 1184 (Dekretale *Ad abolendam*) mit Macht einsetzten, wie auch allen inneren Zerwürfnissen zum Trotz, breiteten sich die waldensischen Gemeinden von Südfrankreich und Oberitalien über Mitteleuropa aus. Wohl die Mehrheit unter ihnen fand nie mehr zum Katholizismus zurück, trug aber nicht nur dazu bei, dem Hussitismus des 15. Jh. (s.u. Nr. 66-68) den Weg zu bahnen - um dann selbst von ihm weitergeführt zu werden. Vielmehr haben diese Waldenser auch, im 16. Jh. vom evangelischen Glauben reformierter Prägung erfasst und neu belebt, wenigstens in Italien, als einzige unter den mittelalterlichen ›Sekten‹ ihr Erbe bewahrt bis auf den heutigen Tag. Eine Minderheit dagegen unter dem theologisch gebildeten Kleriker Durandus von Huesca (gest. um 1224) und dessen Gesinnungsgenossen Bernhard Prim fand den Weg zurück (1208 bzw. 1210), nachdem Papst Innocenz III., kaum Papst geworden, in Verhandlungen mit den lombardischen »Humiliaten«, die von seinem Vorgänger 1184 Seite an Seite mit den »Armen von Lyon« und in einem Atemzug mit den Katharern und anderen »Ketzern« (Patareni) verurteilt worden waren, eine Möglichkeit entdeckt hatte, sie nun doch als fromme Laiengemeinschaften kirchlich anzuerkennen und zu regulieren. Zum ersten Mal wurde damit eine Gemeinschaft, die als Ketzerei verurteilt worden war, für die römische Kirche zurückgewonnen, indem ihr religiöses Streben weithin gebilligt und durch neuartige Ordnungen reguliert wurde; ein Wendepunkt im Verhalten der Kurie zur religiösen Bewegung und zur Ketzerei. Zuvor verfasste Durandus einen Traktat zur Bekämpfung der Häresie, der zu den ganz wenigen authentischen Zeugnissen des frühen Waldensertums gehört und wichtigste Aufschlüsse über dessen Anliegen und Konzeption bietet:

(Aus Kap. 26: Über Handarbeit [*De labore*]; Rechtfertigung des Verzichts auf Handarbeit um der freien Predigt willen) Wenn es der Wille des Herrn gewesen wäre, dass sich die Apostel irdischen Anstrengungen und dem Gelderwerb (*terrenis laboribus et ad congregandam pecuniam*) hätten widmen sollen, dann hätte er nicht das Gleichnis von den Vögeln unter dem Himmel und von den Lilien auf dem Felde gepredigt (Mt 6,26-29) noch, was voraufgeht oder folgt. Weil er jedoch wusste, dass niemand, der in irdische Geschäfte verstrickt ist, *frei* predigen (*libere predicare*) kann, so dass er für die Predigt und Ermahnung und das Heil seiner Nächsten mit ungeteilter Aufmerksamkeit zur Verfügung steht (*attencius vaccarent*), darum hat er sie, um nicht ihren Sinn mit der Last irdischer Dinge zu beschweren, von irdischer Arbeit ganz freigestellt. In welche Arbeit er sie hingegen entsenden wollte, hat er im selben Evangelium nahegelegt, wenn er zu den gleichen Jüngern sagte: »Die Ernte ist groß, doch wenige sind der Arbeiter; darum bittet den Herrn der Ernte, dass er Schnitter in seine Ernte sende« (Mt 9,37). Allein, es möchte einer hiergegen einwenden: Jenes ist speziell zu den Aposteln gesagt; doch ihr, die ihr ganz und gar keine Apostel seid, hört auf das Wort des Paulus: »Wer nicht«, heißt es (im Brief) an die Thessalonicher, »arbeiten will, der soll auch nicht essen« (II Thess 3,10). Und dass der Apostel selbst viel gearbeitet hat, wissen wir aus seinem eigenen Zeugnis. Darauf geben wir zur Antwort: Der erwähnte Satz ist zu denen gesagt, die über irdischen Besitz verfügen, nicht zu Predigern; er ist nicht zu denen gesagt, die auf ihren Besitz um des Herrn willen verzichtet haben. Damit unsere Sinne nicht durch Liebe zu Reichtümern abgelenkt werden (*inpediantur*), haben wir uns vorgenommen, uns nach dem Maß der Gnade, die uns von Gott verliehen ist (vgl. Röm 12,3), der Predigt und dem Gebet zur Verfügung zu stellen und auf Befehl des Herrn wie Arbeiter, d.h. als Prediger, in die Ernte, d.h. unter das Volk, zu gehen [...]

(Aus Kap. 27: Über die Vorherbestimmung [*De predestinatione*]). (Fragen: Wie verhalten sich Gottes Heilsuniversalismus, wie auch werktätiger Glaube und Prädestination zueinander?)
[...] Sie (die Häretiker) werden uns vielleicht auch entgegenhalten und sagen: Gott weiß doch alles, und bevor er etwas schuf, wusste er alles, was zukünftig sein werde. Und wenn er alles weiß, weiß er also (auch), wer selig und wer verdammt werde; und das ist die Prädestination (*et talis est predestinatio*). Wir erwidern darauf, dass wir nicht daran zweifeln; denn wir wissen wohl, dass er alles weiß, wollen aber nicht über Gottes Wissen disputieren. Denn wer ist so töricht, nicht zu glauben, dass Gott vor aller Zeit alles im voraus weiß? Allein, wenn er auch alles weiß, darf man doch nicht glauben, er habe die Bösen derart zur Verdammnis (vorher)bestimmt, dass sie nicht selig werden können, selbst wenn sie sich von ihrem bösen Weg bekehren und Buße tun, noch die Guten zut Seligkeit, dass sie nicht verdammt werden können, selbst wenn sie von ihrem rechten Weg abgefallen sind und sich in schändliche Taten verstrickt haben. Vielleicht aber (ist es so, dass) ein jeder in Wahrheit zum Leben bestimmt ist und ins Buch des Lebens geschrieben, unter welchem wir das Gedächtnis Gottes verstehen, wenn er (nur) die Bosheit ablegt und sich aus ganzem Herzen dem Dienst Gottes ergeben hat. Legt er umgekehrt das Gute ab und ergibt sich dem Tun des Bösen, so wird er ohne Zweifel aus dem Buch des Lebens getilgt [...] (vgl. Ez 33,14-16; 18,21-24) In den Werken also liegen Seligkeit und Verdammnis beschlossen, nicht in der schicksalhaften Vorherbestimmung (*In operibus ergo sive salvatio sive dampnatio et non in predestinatione fatali continetur*) [...]

(Aus Kap. 28: Über den Zustand der Kirche [*De statu ecclesie*]). (Was ist alt, was neu in der Kirchengeschichte; was Tradition, was von gestern?)

[...] Sie (die Häretiker) sagen nämlich: Eure Religion behagt uns nicht, weil sie neu ist und erst vor kurzem begann. Darauf geben wir zur Antwort: Das ist eitel und abgeschmackt (*cassum est et frivolum*) und scheint uns jeder Schriftgrundlage zu entbehren, weil ihr behauptet, unser Weg sei neu, der eure hingegen alt, und ihr habt die Lehre der Apostel die längste Zeit hindurch (*diutissime*) bewahrt [...] Wir glauben, dass sie (unsere Lehre) in der Tat neu ist, deswegen, weil sie durch das Neue Testament bestätigt wird (*novo testamento confirmata*). Denn unseren gesamten Glauben, welcher der Grund unserer Seligkeit ist und der Vorsatz (*prepositum*) auf unserem Wege, können wir mit dem Neuen Testament und anderen göttlichen Zeugnissen bestätigen [...] (vgl. Hebr 10,19-20). Doch nun werden sie sagen: Wo befand sich die Kirche seit dem Advent des Heilands bis zu eurem Auftreten? Und wer hat Valdes jenen Weg gelehrt? Hat er ihn nicht von einem Gutmenschen (*ab aliquo bono homine*)[24] überkommen und hat er für diesen Weg keinen Lehrer gehabt? Wir aber geben darauf zur Antwort: Immer ist Gottes Kirche da, wo die Versammlung von Gläubigen ist, welche den rechten Glauben festhalten und ihn durch Werke mit Inhalt füllen (*semper ibi dei est ecclesia, ubi congregacio fidelium, qui fidem rectam tenent et operibus implent*). Wollt ihr aber wissen, wer ihn (Valdes) gelehrt habe, so wisst, es war die Gnade Gottes, die ihm zuteil wurde, und eine Stimme vom Himmel, welche sagte: »Selig sind die Armen im Geist, denn ihrer ist das Himmelreich« (Mt 5,3). Ihn, sage ich, hat diese Stimme unterwiesen und gelehrt. Sie aber halten womöglich entgegen: Von wem hat er (dies) gehört? Und wer hat ihm das Evangelium weitergesagt, so dass er weiß, jener Weg sei gut? Wir antworten darauf: Von Bischöfen und Priestern [...] Haben wir auch von ihnen die Worte Gottes zu *hören* bekommen, so sind sie es doch nicht, von denen wir Gnade und gute Werke empfingen; das war vielmehr Gott, welcher Weisheit und Einsicht denen gibt, die ihn fürchten, wie der selige Jakobus bezeugt mit den Worten: »Alle gute Gabe und alle vollkommene Gabe kommt von oben herab, von dem Vater der Lichter« (Jak 1,17). Wir glauben, dass wir alles, was an Gutem in uns ist, von ihm empfangen haben. Mag auch das Leben der Priester verwerflich sein, so müssen wir doch tun, was sie an Gutem sagen [...] (vgl. Mt 23,2-3) Also sind wir geheißen, ihren Worten zu folgen, sofern sie den heiligen Schriften entsprechen, selbst wenn wir deren Wandel verwerfen. Aus diesem Grund hat Valdes die Worte Gottes von ihnen angenommen, und seine Genossen suchen sie zu erfüllen. Haben sie doch aus den Worten dessen, der nicht lügt, vernommen: »So jemand mein Wort halten wird, der wird den Tod nicht sehen ewiglich« (Joh 8,51). [...] Wenn ihr (endlich) fragt, warum wir arm (*pauperes*) sind, so antworten wir: »Weil wir lesen, dass unser Heiland und seine Apostel arm gewesen sind«.

Quellen: G. Gonnet (Hg.), *Enchiridion Fontium Valdensium*, I, Torre Pellice 1958, 31-45. – *Literatur:* K.-V. Selge, Die ersten Waldenser, mit Edition des *Liber Antiheresis* des Durandus von Osca, 2 Bde., Berlin 1967; M. Schneider, Europäisches Waldensertum im 13. und 14. Jh., Berlin / New York 1981; A. Molnár, Die Waldenser, Freiburg 1993; G. Audisio, Die Waldenser, München 1996; M. Benedetti (Hg.), Valdesi medievali. Bilanci e perspettivi di ricerca, Torino 2009.

1   E. Troeltsch, Die Soziallehren der christlichen Kirchen und Gruppen, Aalen ²1965, 233.
2   Entsprechend der alten griechischen Bezeichnung (womöglich auch Selbstbezeichnung) der im Westen sog. »Novatianer«, einer Rigoristenminorität, wie sie sich nach der decianischen Christenverfolgung (250/51) in Rom und anderwärts abgespalten hatte (vgl. KTGQ I, Nr. 36a. 38b). In Frankreich hießen die Angehörigen dieser »Sekte« »Arianer« oder »Kataphryger« (so

der alte Schimpfname für die »Montanisten« [vgl. KTGQ I, Nr. 18]); in Italien sprach man meist von »Patareni«, also alles – bis auf den letzteren – aus den altkirchlichen Ketzerkatalogen entnommene Bezeichnungen. Bei den Theologen hießen sie auch »Manichäer« (vgl. KTGQ I, Nr. 43), deren Lehren man aus Augustin kannte und bei den neuen Ketzern wiederzuentdecken glaubte; daher stammte wohl auch die Einteilung in »Hörer« (auditores), »Gläubige« (credentes) und »Erwählte« (electi), die man ihnen zuschrieb.

³   *D. Müller, Art. Katharer, TRE 18, 1989, 21-30; hier 23.*

⁴   *Der im folgenden zitierte Bericht ist nur in einer gedruckten Edition (von G. Besse) aus dem Jahr 1660 erhalten; der Editor will ihn einige Jahre zuvor als Manuskript empfangen haben, bei dem es sich um die Abschrift einer Antiqua Carta, also einer Urkunde, gehandelt haben soll (vgl. die Edition von Hamilton, 51-53). Ganz überwiegend wird der Bericht von der heutigen Forschung als authentisch angesehen, wenngleich es sich um eine Kompilation aus ursprünglich selbständigen Texten oder Textteilen handeln dürfte; er bleibt gleichwohl ein »höchst wertvolle(s) Dokument« (A. Borst), weil er ausnahmsweise nicht der Feder der orthodoxen Gegner entstammt, sondern als Selbstzeugnis der Katharer gelten kann.*

⁵   *Auch sonst bezeugter »Bogumilen«-Bischof aus Konstantinopel, dessen Name gewöhnlich mit »Nic(h)eta (Niketas)« wiedergegeben wird. Nach einem, aus einem makedonischen Bergdorf stammenden, bulgarischen Priester Bogumil (»Gottlieb«) benannt, stand bei den Bogumilen –ähnlich wie bei späteren abendländischen »Ketzern« – zunächst der ethische Impuls durchaus im Vordergrund, sich von einer als ungerecht empfundenen Gesellschaft und Kirche zu lösen und durch Gebet und Buße in apostolischer Armut zum fernen, wahren Gott zu finden.*

⁶   *Sog. »Tröstung« als Handauflegung, d.h. wohl Geisttaufe als Abschluss eines langen Katechumenats; es ist dies das eigentliche »Sakrament« der Katharer (vgl. o. Text b).*

⁷   *Gemeint sind wohl die Nordfranzosen; die übrigen genannten Bistümer lagen damals außerhalb des Königreichs Frankreich.*

⁸   *Rätselhafterweise sind hiernach Katharer aus dem Val d'Aran, einem Pyrenäental, anwesend gewesen, wofür es sonst Belege erst aus dem endenden 13. Jh. gibt, während eine wichtige Gemeinde, die z.T. in späteren Quellen in einem Atemzug mit den drei erstgenannten erwähnt wird, auf dem Konzil von St.-Félix gefehlt haben soll, nämlich die Gemeinde von Agen. Aus diesem Grund wird von verschiedenen Forschern hier ein Schreib- bzw. Abschreibefehler (Aranensis statt Agenensis) vermutet, der angeblich bei der Schreibweise für r und g im 13. Jh. leicht möglich gewesen sei.*

⁹   *S. vorige Anm.*

¹⁰   *S.o. Anm. 7.*

¹¹   *Die Übersetzung und Lokalisierung dieser Kirchen sind ein Problem, abgesehen von der Bulgariens, dem Stammland des Bogumilentums, und auch der Dalmatiens; seit dem 11. Jh. ist die Existenz einer B.-Gemeinde auch in Konstantinopel (= Neurom), der Hauptstadt des Rhomäerreiches (= Byzanz) eindeutig bezeugt – sie wird hier gemeint sein. Die »dalmatische« Kirche wird nur in unserem Text erwähnt, in dem aber die anderweitig bezeugte (im* Tractatus de hereticis *eines Anselm von Alexandria [entstanden zw. 1260/70] mit der bosnischen identifizierte) slavonische Kirche fehlt, die im 13. Jh. nach allem zum kraftvollsten Zweig der Bewegung wurde. Die Eccl. Drogometiae wird meist mit der in anderen Quellen bezeugten Kirche von »Drugonthia« gleichgesetzt und das wiederum als Entstellung von »Dragowitsa« verstanden. Sollte dabei an das Gebiet der (in byzantinischen Quellen erwähnten slawischen) »Dragovici« zu denken sein? Diese siedelten seit dem 7. Jh. an einem Fluss namens Dragowitsa in der Gegend von Plovdiv. Falls diese Lokalisierung zutrifft, so könnten die dortigen Bogumilen mit der Sekte der Paulikianer und deren radikalen Dualismus in Berührung gekommen sein, was wiederum erklären würde, warum in westlichen Quellen die radikalen Dualisten unter den Katharern mit der Kirche von Dragowitsa in Verbindung gebracht werden (z.B. in* De heresi Catharorum in Lombardia, *ed. A. Dondaine, in: AFP 19 [1949] 280-312 [hier: 306-312]). Bleibt die Eccl. Melenguiae, eine singuläre Bezeichnung, an der viel herumgerätselt wurde; sie ist wahrscheinlich auf der Peloponnes bei den dort siedelnden slawischen »Melingiern« (Μελίγγοι) zu suchen, auch wenn sie in späteren Quellen nicht mehr erwähnt wird; vgl. Y. Dossat, A propos du concile*

cathare de St. Félix: les Milingues, in: CF 3 (1968) 201-214; Roquebert, Geschichte der Katharer, 51-55.

[12] *Bemerkenswerterweise ist in diesem frühen katharischen Selbstzeugnis von Dualismus nicht die Rede, auch nicht von (nennenswerten) Differenzen zwischen den bogomilischen Kirchen auf dem Balkan (gemäßigter Dualismus der Bulgaren, radikaler Dualismus der bogomilischen Kirche von Dragowitsa), wie es den ursprünglichen Vorstellungen A. Borsts u.a. von der Mission des Niketas als »Schicksalsstunde des Katharismus« (A. Borst, Die Katharer, 98 = Tb. 81) entspräche.*

[13] *S.o. Anm. 6.*

[14] *Dass das Alte Testament »von unserem Autor strikte abgelehnt« und ein einziges Zitat aus dessen »historischen Büchern« lediglich gebracht werde, »um die Verworfenheit des Alten Bundes zu schildern« (A. Borst, a.a.O., 282 m. Anm. 14), dürfte einigermaßen übers Ziel hinausschießen.*

[15] *Wohl das Evangelienbuch; vgl. Chr. Thouzellier in: SC 236, 219 (Anmerkung).*

[16] *Von diesem war bereits in Kap. 8 Anfang, ohne weitere Erläuterung, die Rede. Ob es sich um ein kleines Pult als Unterlage des Evangelienbuches handelt?*

[17] *So auch das Rituale Lugdunense, nach Chr. Thouzellier, a.a.O., 258, Anm.*

[18] *Gemeint ist, nach A. Borst (a.a.O., 199f.), der monatliche Gottesdienst, in dem meist die Beichte stattfand, die ebenfalls servitium oder apparellamentum genannt wurde.*

[19] *Es ist also eine (weitere) Steigerung festzustellen: vom Gedanken der Stellvertretung Petri über den des Vikariates Christi zu dem desjenigen Gottes!*

[20] *Vgl. o. Nr. 34, bes. c.*

[21] *Vgl. den dritten Artikel des Nicaeno-Constantinopolitanums (KTGQ I, Nr. 81a) mit Cyprian, ep. 73, 21, und dazu Nr. 51b (Bulle Unam Sanctam Papst Bonifaz' VIII.).*

[22] *Sc. nach dem Tod des ersten Ehepartners.*

[23] *Vgl. dazu bes. B. Stoll, De Virtute in Virtutem. Zur Auslegungs- und Wirkungsgeschichte der Bergpredigt in Kommentaren, Predigten und hagiographischer Literatur von der Merowingerzeit bis um 1200 (BGBE 30), Tübingen 1988.*

[24] *D.h. einem Katharer; wie ja unter den häretischen Gegnern dieses Waldensertextes durchweg Katharer zu verstehen sind, die sich selbst gern als „Gutmenschen" („Gutleute") bezeichneten.*

40. Das 4. Laterankonzil (1215): Die Grundlegung der hoch- und spätmittelalterlichen Kirchenverfassung

Unter Innocenz III. (ca. 1160-1216; Papst 1198-1216) erreichte das Papsttum den Gipfel seiner Macht und eine weitgehende Herrschaft auch über die weltlichen Gewalten. Herrschaftswille und -anspruch des Papstes resultierten aus seinem Bewusstsein, der göttlich berufene Stellvertreter Christi zu sein. Dieser erst seit dem 11./12. Jahrhundert aufgekommene Papsttitel stand im Zentrum seines Amtsverständnisses. Wohl schon in den ersten Jahren seines Pontifikates fasste Innocenz den Entschluss zur Einberufung eines Konzils. Gegen Ende seines Pontifikates konnte er diesen Plan dann auch verwirklichen. Die größte Kirchenversammlung, die die westliche Christenheit bislang gesehen hatte, festigte die Kirche durch Abgrenzung nach außen wie durch innere Reformen. Den aus der Armutsbewegung entstandenen Katharern und Waldensern wurde das Instrument der Inquisition entgegengestellt (Text b). Und nachdem der IV. Kreuzzug (1202-1204) auf Betreiben der Venezianer zu einem Eroberungsfeldzug gegen Byzanz geworden war, wurde zu einem neuen Kreuzzug aufgerufen, der nun wirklich bis ins Heilige Land vordringen sollte. Die Beschlüsse zur inneren Reform betrafen Lehre und Ordnung der Kirche. Mit der Aufnahme des Verbs *transsubstan-*

4. Laterankonzil

tiare in eine Lehrentscheidung war zwar noch nicht die volle Transsubstantiationslehre entfaltet, aber die Spur in ihre Richtung gelegt (Text a). Andere Bestimmungen, insbesondere die Beichtpflicht, aber auch Regelungen zur Ehe, griffen tief in die Lebensgestaltung der Gläubigen ein (Texte c, d). In der Tradition der durch Gregor VII. (1073-1085) eingeleiteten Kirchenreform stehend, bedeuteten sie einen weiteren Schritt zur administrativen Zentralisierung der abendländischen Kirche mit dem Papst an der Spitze. Der frühe Tod Innocenz' III. hinderte ihn aber an der vollen Verwirklichung seiner weit ausgreifenden Ziele.

a) const. 1: Eucharistie, Taufe und Buße

Es gibt aber [nur] eine allgemeine Kirche der Gläubigen. Außerhalb ihrer wird überhaupt keiner gerettet.[1] In ihr ist der Priester selbst zugleich das Opfer: Jesus Christus. Sein Leib und Blut sind im Sakrament des Altars unter den Gestalten von Brot und Wein (*sub speciebus panis et vini*) wahrhaft enthalten, wenn durch göttliche Macht das Brot in den Leib und der Wein in das Blut wesenhaft verwandelt sind (*transsubstantiatis*), damit wir von dem Seinigen empfangen, was er selbst von dem Unsrigen empfangen hat, um so das Geheimnis der Einheit (*mysterium unitatis*) zu vollenden. Dieses Sakrament kann freilich nur ein Priester vollziehen, der gültig geweiht ist, entsprechend der Schlüsselgewalt der Kirche, die Jesus Christus selbst den Aposteln und ihren Nachfolgern gewährt hat. Das Sakrament der Taufe aber,[2] welches unter Anrufung Gottes und der ungeteilten Trinität, nämlich des Vaters und des Sohnes und des Heiligen Geistes, im Wasser vollzogen wird, gereicht Kindern wie Erwachsenen zum Heil – unabhängig davon, von wem es nach der in der Kirche gültigen Form korrekt vollzogen wird. Und wenn jemand nach dem Empfang der Taufe in Sünde gefallen ist, so kann er stets durch wahre Buße geheilt werden.

Quelle: DH 802. – *Literatur:* B. Neunheuser, Eucharistie in Mittelalter und Neuzeit, Freiburg u.a. 1963 (HDG 4/4b); H. Jorissen, Die Entfaltung der Transsubstantiationslehre bis zum Beginn der Hochscholastik, Münster 1965 (MBTh 28/1); M. Rubin, Corpus Christi. The Eucharist in Late Medieval Culture, Cambridge 1991; P. Browe, Die Eucharistie im Mittelalter. Liturgiehistorische Forschungen in kulturwissenschaftlicher Absicht, Berlin u.a. [3]2008; A. Angenendt, Geschichte der Religiosität im Mittelalter, Darmstadt [4]2009, 488-515.

b) const. 3: Bestimmungen über die Häretiker und die bischöfliche Inquisition

Wir exkommunizieren und verurteilen jede Häresie, die sich gegen diesen heiligen, orthodoxen und katholischen Glauben erhebt [...]
1. Die Verurteilten sollen den anwesenden weltlichen Machthabern oder deren Vertretern überlassen werden, damit sie in gebührender Weise bestraft werden; dabei müssen Kleriker zuvor von ihren Ämtern degradiert werden. Der Besitz dieser Verurteilten ist, wenn es sich um Laien handelt, zu konfiszieren; bei Klerikern ist der Besitz den Kirchen, von denen sie ihren Unterhalt bekommen haben, zu übergeben.
6. Weil aber einige[3] unter dem Vorwand der Frömmigkeit »seine Kraft«, wie der Apostel sagt,»verleugnen« (II Tim 3, 5), und sich die Vollmacht zu predigen anmaßen, obwohl derselbe Apostel sagt: »Wie werden sie predigen, wenn sie nicht gesandt werden« (Röm 10,15), darum sollen alle, die sich trotz Verbot oder ohne Auftrag außerhalb der Autorität des Apostolischen Stuhls oder des katholischen Ortsbischofs öffentlich oder privat das Predigtamt angemaßt haben, durch das

Band der Exkommunikation gebunden werden; wenn sie nicht zur Einsicht kommen, sollen sie in anderer Weise angemessen bestraft werden.

8. Wir wollen also und ordnen an und gebieten mit bindender Gehorsamsverpflichtung streng, dass die Bischöfe in ihren Diözesen sorgfältig darüber wachen, dass diese Bestimmungen wirksam durchgeführt werden, wenn sie eine Kirchenstrafe vermeiden wollen. Falls nämlich ein Bischof bei der Ausrottung des Giftes häretischer Verkehrung aus seiner Diözese (*super expurgando de sua dioecesi haereticae pravitatis fermento*) unachtsam oder nachlässig wird und dies durch sichere Anzeichen offenkundig wird, soll er aus seinem bischöflichen Amt entfernt werden, und ein anderer Geeigneter soll an seine Stelle gesetzt werden, der willens und fähig ist, die häretische Verkehrung zu beseitigen.

Quelle: QGPRK Nr. 603. – *Literatur:* E. Le Roy Ladurie, Montaillou. Ein Dorf vor dem Inquisitor 1294 bis 1324, Frankfurt / M. 1980; W. Trusen, Der Inquisitionsprozess. Seine historischen Grundlagen und frühen Formen, in: ZRG 74 (1988) 168-230; P. Roy, Le consolament cathare, Paris 1996; J. Oberste, Der „Kreuzzug" gegen die Albigenser. Ketzerei und Machtpolitik im Mittelalter, Darmstadt 2003; Chr. Auffarth, Die Ketzer. Katharer, Waldenser und andere religiöse Bewegungen, München ²2016.

c) const. 21: Die Pflicht zur jährlichen Beichte und zur Kommunion zu Ostern

Jeder Gläubige beiderlei Geschlechts, muss, nachdem er ins entscheidungsfähige Alter gekommen ist, wenigstens einmal jährlich allein alle seine Sünden dem eigenen Priester treulich bekennen und muss die ihm auferlegte Buß[straf]e zu erfüllen suchen. Dabei muss er mindestens zu Ostern das Sakrament der Eucharistie ehrfürchtig empfangen, es sei denn, dass sein eigener Priester ihm aus einem vernünftigen Grund geraten hat, dies vorübergehend zu unterlassen. Wer sich an diese Bestimmung nicht hält, soll zu Lebzeiten am Betreten der Kirche gehindert werden und nach seinem Tod kein christliches Begräbnis erhalten. Deshalb soll diese heilsame Bestimmung (*statutum*) häufig in den Kirchen verlesen werden, damit sich niemand unter dem Deckmantel der Blindheit seines Unwissens entschuldigen kann. Wenn jemand aus einem triftigen Grund seine Sünden einem fremden Priester beichten will, dann muss er vorher dazu von seinem eigenen Priester die Erlaubnis erbitten und erhalten; dann anderenfalls kann ihn der andere weder lösen noch binden.

Der Priester aber soll besonnen und vorsichtig sein. Wie ein erfahrener Arzt soll er Wein und Öl auf die Wunden des Verletzten gießen,[4] indem er sorgfältig nach den Umständen fragt, die den Sünder wie auch seine sündige Tat begleiten, und so klug erkennt, welchen Rat er geben und welches Heilmittel er anwenden soll; um einen Kranken zu heilen, muss man oft Verschiedenes versuchen.

Er muss sich aber auf jeden Fall hüten, durch ein Wort oder ein Zeichen oder sonst auf irgendeine Weise den Sünder zu verraten. Wenn es des Rates eines Kundigeren bedarf, soll er darum behutsam nachsuchen, ohne die betreffende Person zu nennen; denn wer eine Sünde, die ihm in einem Beichtgericht bekannt geworden ist, (anderswo) offenlegt, der muss nach unserem Beschluss nicht nur seines Priesteramtes enthoben werden, sondern muss auch zur ewigen Buße in ein strenges Kloster gewiesen werden.

Quelle: DH 812-814. – *Literatur:* P. Browe, Die Pflichtkommunion im Mittelalter, Münster 1940; P. Anciaux, Das Sakrament der Buße. Geschichte, Wesen u. Form der kirchl. Buße,

Mainz 1961; M. Ohst, Pflichtbeichte. Untersuchungen zum Bußwesen im Hohen und Späten Mittelalter, Tübingen 1995 (BHTh 89); P. Biller / A. J. Minnis (Hg.), Handling Sin. Confession on the Middle Ages, Woddbridge 1998.

d) const. 51: Das Verbot heimlicher Eheschließungen

In die Fußtapfen unserer Vorgänger tretend, verbieten wir heimliche Eheschließungen völlig. Wir untersagen auch, dass ein Priester sich unterstehe, bei ihrem Zustandekommen mitzuwirken. Deshalb machen wir einen besonderen Brauch einiger Gebiete allgemein verbindlich und bestimmen, dass Eheschließungen durch die Priester in den Kirchen öffentlich angekündigt werden, damit innerhalb einer festgesetzten Frist jeder, der die Absicht hat und dazu in der Lage ist, ein [Ehe]hindernis geltend macht. Außerdem müssen die Priester selbst Untersuchungen anstellen, ob ein [Ehe]hindernis vorliegt. Falls ein hinreichender Verdacht gegen die Eheschließung besteht, muss sie ausdrücklich verboten werden, bis eindeutige Beweise eine endgültige Entscheidung gestatten. Wenn nun jemand eine derartige heimliche und verbotene Ehe eingeht, dann sollen in einem verbotenen Fall selbst bei Unwissenheit etwaige Nachkommen von vornherein als unehelich gelten; selbst die Unwissenheit der Eltern soll ihnen nichts nützen, da man vermuten kann, dass jene bei der Eheschließung doch etwas geahnt oder wenigstens ihre Unwissenheit absichtlich herbeigeführt haben. Außerdem sollen die Kinder auch dann als unehelich gelten, wenn ihre Eltern sich ohne Verbot, aber trotz ihres Wissens um ein rechtliches [Ehe]hindernis kirchlich haben trauen lassen. Ein Pfarrer, der eine derartige Eheschließung nicht verhindert, oder ein Regularkanoniker, der sich daran beteiligt, soll mindestens für drei Jahre seines Amtes enthoben werden [...] Selbst bei erlaubtem Verwandtschaftsgrad soll denjenigen, die sich so trauen lassen, eine angemessene Buße auferlegt werden. Umgekehrt wird die Strafe der Kirche auch denjenigen treffen, der in böser Absicht eine rechtmäßige Eheschließung zu verhindern trachtet.

Quelle: Mansi 22,1038f. – *Literatur:* E. Friedberg, Das Recht der Eheschließung in seiner geschichtlichen Entwicklung, Leipzig 1865 (= Aalen 1964); G. Signori, Von der Paradiesehe zur Gütergemeinschaft. Die Ehe in der mittelalterlichen Lebens- und Vorstellungswelt (Geschichte und Geschlechter 60), Frankfurt / New York 2011; A. Angenendt, Ehe, Liebe & Sexualität im Christentum. Von den Anfängen bis heute, Münster 2015; P. Blazek (Hg.), Sacramentum magnum. Die Ehe in der mittelalterlichen Theologie, Münster 2018; Volker Leppin, Konsensehe. Der Status der Sexualität in und für die Ehe im späten Mittelalter und bei Martin Luther, JBTh 33 (2018) 223-237.

[1] *Cyprian, ep. 73, 21* [...] salus extra ecclesiam non est.
[2] *Die folgenden Ausführungen über die Taufe richten sich gegen die Katharer; eine ihrer auffälligsten Abweichungen von der katholischen Kirche war die Lehre von der Heilsnotwendigkeit der in ihren Kreisen gespendeten Geisttaufe, des consolamentum.*
[3] *Gemeint sind die Waldenser.*
[4] *Vgl. Lk 10, 34.*

41. Dominikus (ca. 1170-1221): Missionarische Aufgabe und Leben in Armut

Das Ideal apostolischer Armut war für den Kastilier Dominikus von vornherein mit seinem missionarischen Nutzen verbunden. Im Jahr 1206 gehörte er zu einer Gruppe um Diego, den Bischof von Osma, die in Südfrankreich ein Leben in apostolischer Armut wie die Albigenser (Katharer) führen wollte; so sollte deren Attraktivität gemindert und ihr Einfluss gebrochen werden. Hierfür erlangten die Gefährten die Billigung des Papstes (Text a). 1215 gründete Dominikus mit derselben Zielrichtung eine besitzlose Predigergemeinschaft in Toulouse, die vom örtlichen Bischof approbiert wurde (Text b). Da das 4. Laterankonzil im selben Jahr neue Ordensregeln verbot (const. 13), entschieden Dominikus und seine Brüder sich, die Augustinusregel für Priestergemeinschaften zu übernehmen. 1216/7 bestätigte Papst Honorius III. den neuen Orden. Die Verfassung als regulierter Klerikerorden war allerdings ein zu enges Korsett für die angestrebte überregionale Wirksamkeit. So baute Dominikus seine Gemeinschaft zu einem zentralisierten, schlagkräftigen Orden aus, der sich durch die beiden ersten Generalkapitel 1220/1 wie die Franziskaner und die später aus Einzelgruppen zusammengeschlossenen Augustinereremiten als auf das Sammeln von Almosen angewiesener Bettelorden (Mendikanten) konstituierte. Hauptaufgabe des Predigerordens, so die offizielle Bezeichnung, blieb der Einsatz für die christliche Wahrheit im Kampf gegen die Häresie wie auch in der theologischen Wissenschaft.

a) Die Bestätigung der Missionspredigt gegen die Katharer durch Papst Innocenz III. (17. November 1206)

Uns ist zu Ohren gekommen, dass sich im Gebiet von Narbonne die Zahl der Abgefallenen stark vermehrt hat; dass, weil das weltliche Schwert versagt, das geistliche Schwert Gegenstand der Verachtung ist [...] und dass sich keiner erhebt, um das Haus des Herrn zu schützen und, wenn es denn möglich ist, die in ihrer Verblendung Gefangenen aufzurichten, dass keiner in die Bresche zu springen wagt. Es ist wahr, dass diese Nachricht [...] einigen Ordensleuten zu Ohren gekommen ist und diese dazu trieb, die Ströme ihres Wissens in der Glut des Geistes gegen die Häretiker zu wenden und die Wasser ihrer Weisheit auf den Märkten auszuteilen. Da sie aber von niemand Auftrag erhalten haben, wagten sie nicht, aus eigener Machtvollkommenheit das Predigtamt auf sich zu nehmen, um nicht das Los von Dathan und Abiram zu teilen, welche die Erde lebendig verschlang (Num 16,32). So dass sich schließlich niemand fände, der die Sache Gottes bei dem Volk vertritt, das dem Abgrund zueilt [...]
Wir befehlen und verordnen also durch dieses apostolische Schreiben im Vertrauen auf deine Verschwiegenheit, bewährte Männer zu holen, die fähig sind, diese Aufgabe zu erfüllen, und die entschlossen sind, in Nachahmung der Armut des armen Christus sich den Verachteten in unansehnlichem Äußeren, aber mit dem Feuer des Geistes zuzuwenden. Trage Sorge dafür, dass sie zur Nachlassung ihrer Sünden unverzüglich zu den Irrgläubigen gehen, um sie durch das Beispiel ihres Tuns und die Unterweisung ihrer Predigt mit Hilfe des Herrn völlig von ihrem Irrtum zurückzurufen [...] damit sie die Freude hätten, eines Tages zu besitzen, was das Wort des Evangeliums sie erhoffen lässt: »Fürchte dich nicht, du kleine Schar, denn es hat meinem Vater gefallen (dir das Reich zu gewähren)« (Lk 12,32).

Quelle: PL 215,1024f.; *Übers.:* M.-H. Vicaire, Geschichte des heiligen Dominikus, Bd. 1, Freiburg u.a. 1962,124f.

b) Die Bestätigung der klösterlichen Gemeinschaft in Toulouse 1215

Im Namen Unseres Herrn Jesu Christi.
Wir bringen allen, den jetzt und zukünftig Lebenden, zur Kenntnis, dass wir, Fulko, durch Gottes Gnaden demütiger Diener des bischöflichen Stuhls von Toulouse,[1] um die Verderbnis der Häresie auszurotten (*ad extirpandam hereticam pravitatem*), die Laster zu vertreiben, das Glaubensbekenntnis (*fidei regulam*) zu lehren und die Menschen mit gesunder Sittlichkeit zu erfüllen, in unserer Diözese Bruder Dominikus und seine Gefährten als Prediger einsetzen. Sie haben sich vorgenommen, als Ordensleute zu leben, indem sie in evangelischer Armut zu Fuß gehen und das Wort der Wahrheit des Evangeliums verkünden.
Weil aber der Arbeiter seines Lohnes wert ist (Mt 10,10; Lk 10,7) und man dem Ochsen, der da drischt, nicht das Maul verbinden soll (I Kor 9,9) und weil um so mehr derjenige, der das Evangelium verkündet, vom Evangelium leben soll (I Kor 9,14), wollen wir, dass diese Männer, wenn sie zum Predigen ausziehen, ihre Nahrung und alles, was sie sonst brauchen, vom Bistum erhalten [...]
Da von Rechts wegen immer ein ansehnlicher Teil der Abgaben für die Armen bestimmt und an sie verteilt wird, so ist es selbstverständlich unsere Pflicht, den Armen einen Teil der Abgaben bevorzugt zuzuwenden, die um Christi willen die evangelische Armut gewählt haben und sich unter großer Mühsal anstrengen, durch ihr Beispiel wie durch ihre Lehre alle und jeden mit himmlischen Gaben zu bereichern. Die aber, aus deren zeitlichen Gütern wir ja ernten, ermöglichen es uns auf diese Weise, selbst und durch andere angemessen und zweckmäßig geistliche Güter auszuteilen.

Quelle: M.-H. Laurent, Monumenta Historica S.P.N. Dominici. Fasc. 1: Historia diplomatica S. Dominici, Paris 1933 (Monumenta ordinis fratrum Praedicatorum historica XV), 66 (Nr. 60); *Übers.:* M.-H. Vicaire, Geschichte des hl. Dominikus, Bd. 1, Freiburg u.a. 1962, 220f. – *Literatur:* M.-H. Vicaire, Geschichte des hl. Dominikus, 2. Bde., Freiburg u.a. 1962/63; Ph. Tourault, Saint Dominique face aux cathares, Paris 1999; G. Melville / J. Oberste (Hg.), Die Bettelorden im Aufbau. Beiträge zu Institutionalisierungsprozessen im mittelalterlichen Religiosentum, Münster 1999; D. Prudlo (Hg.), The origin, development, and refinement of medieval religious mendicancies, Leiden 2011; W. A. Hinnebusch, Kleine Geschichte des Dominikanerordens, Leipzig 2004.

[1] *Fulko von Marseille, 1205 Bischof von Toulouse, gest. 1231.*

42. Franz von Assisi (1181/82–1226) und die Frühzeit des Franziskanerordens

Hatte Dominikus sich dem Ideal der Armut von vornherein in missionarischem Interesse angeschlossen, so wurzelte der zweite wichtige Bettelorden in einer Bewegung, deren Intentionen in vielem an die Armutsbewegung des 12. Jahrhunderts erinnern, die aber dennoch ganz der Kirche verbunden blieb. Als Sohn eines reichen Tuchhändlers in Assisi (Umbrien) geboren, hatte ihre Gründerfigur Franz sich zunächst den Aussätzigen zugewandt, die aus der reichen Gesellschaft ausgestoßen waren. Zunehmend erlebte er zwischen dem formal christlichen Leben seiner Eltern und der Botschaft Christi, wie sie sich in der Aussendungsrede (Mt 10,7-14) oder der Erzählung vom reichen Jüngling (Mt 19,16-30) ausdrückte, eine

Diskrepanz. Das führte zum Bruch mit dem Vater, vor dem er Schutz beim Bischof von Assisi fand. Bald scharte er eine Gruppe von gleichgesinnten jungen Leuten um sich und erlangte 1209 in Rom eine erste mündliche Genehmigung ihrer Lebensform, die von Armut und dem Apostolat in Gestalt der Wanderpredigt geprägt waren. Bald traten in das Umfeld dieser Frömmigkeit auch Frauen, vor allem die junge Adelige Klara (1193-1253), für die eine eigene Lebensform gefunden werden musste (Text d). Auch für den männlichen Zweig legte Franz eine Vielzahl von Regelentwürfen (in der Letztfassung die sogenannte *regula non bullata*) vor (Text a), ehe 1223 Papst Honorius III. (1216-1227) eine Fassung bestätigte (*regula bullata*). Diese gilt bis heute im Franziskanerorden. Hierdurch wurde aus der losen Bewegung ein klar strukturierter, ganz in die Kirche eingegliederter Orden. Franz hatte selbst hierzu beigetragen, zog sich jedoch in seinen letzten Jahren aus der Ordensleitung zurück. Mit seinem Testament versuchte er den Brüdern noch einmal die alten strengen Ideale einzuschärfen (Text b) – das Dokument wurde nicht verpflichtend, galt aber vielen als das wahre Vermächtnis des schon 1228, zwei Jahre nach seinem Tod, durch Gregor IX. heilig gesprochenen Ordensgründers. Für diese Anerkennung spielte eine wichtige Rolle die Nachricht von seiner Stigmatisierung, die der Ordensgeneral Elias von Cortona unmittelbar nach seinem Tod verbreitet hatte (Text c). Wenig später verbanden die Biographen dieses Wunder mit dem Bericht von der Vision eines Seraphen, die Franz erfahren habe. Visionäre Gabe und Christusgleichheit waren so in der Hagiographie aufs Engste verbunden.

a) Aus der Franziskanerregel von 1223

1. Im Namen des Herrn! Es beginnt die Lebensweise der Minderen Brüder.[1] Regel und Leben der Minderen Brüder ist dieses, nämlich unseres Herrn Jesus Christus heiliges Evangelium zu beobachten durch ein Leben in Gehorsam ohne Eigentum in Keuschheit. Bruder Franziskus verspricht Gehorsam und Ehrerbietung dem Herrn Papst Honorius und seinen rechtmäßig gewählten Nachfolgern sowie der Römischen Kirche. Und die anderen Brüder sollen verpflichtet sein, dem Bruder Franziskus und seinen Nachfolgern zu gehorchen.
2. Von denen, die dieses Leben annehmen wollen und wie sie aufgenommen werden sollen. Wenn jemand dieses Leben annehmen will und zu unseren Brüdern kommt, sollen diese ihn zu ihren Provinzialministern schicken; diesen allein und sonst niemand sei die Befugnis zugestanden, Brüder aufzunehmen. Die Minister aber sollen sie sorgfältig über den katholischen Glauben und die Sakramente der Kirche prüfen [...]
3. Vom göttlichen Offizium[2] *und vom Fasten, und wie die Brüder durch die Welt ziehen sollen.* Die Kleriker sollen das Göttliche Offizium nach der Ordnung der Heiligen Kirche von Rom verrichten, den Psalter ausgenommen;[3] darum dürfen sie Breviere haben. Die Laien aber sollen vierundzwanzig Vaterunser beten für die Matutin[4], für dieLaudes[5] fünf [...]
4. Dass die Brüder kein Geld annehmen sollen. Ich gebiete allen Brüdern streng, auf keine Weise Münzen oder Geld anzunehmen, weder selbst noch durch eine Mittelsperson [...]
6. Dass die Brüder nichts als ihr Eigentum erwerben dürfen, sowie vom Bitten um Almosen und von den kranken Brüdern. Die Brüder sollen sich nichts aneignen, weder Haus noch Ort noch sonst eine Sache. Und gleichwie Pilger und Fremdlinge in dieser Welt, die dem Herrn in Armut und Demut dienen, mögen sie voll Vertrauen um Almosen bitten gehen [...]
8. Von der Wahl des Generalministers dieser Bruderschaft und vom Pfingstkapitel. Die Brüder in ihrer Gesamtheit sollen gehalten sein, immer einen von den Brüdern dieses Ordens (*religionis*) als Generalminister (*generalem ministrum*) und Diener

Franz von Assisi 169

der gesamten Bruderschaft zu haben, und sollen fest verpflichtet sein, ihm zu gehorchen. Wenn er stirbt, so werde die Wahl des Nachfolgers von den Provinzialministern und Kustoden[6] auf dem Pfingstkapitel durchgeführt [...]
9. *Von den Predigern.* Die Brüder dürfen im Bistum eines Bischofs nicht predigen, wenn es ihnen von diesem untersagt worden ist. Und keiner der Brüder soll es jemals wagen, dem Volke zu predigen, wenn er nicht vorher vom Generalminister dieser Bruderschaft geprüft und bestätigt und ihm von diesem das Predigtamt gewährt worden ist [...]
10 *Von der Ermahnung und Zurechtweisung der Brüder.* Jene Brüder, die Minister und Diener der anderen Brüder sind, sollen ihre Brüder aufsuchen und ermahnen und sie in Demut und Liebe zurechtweisen, ohne ihnen etwas zu befehlen, was gegen ihre Seele und unsere Regel wäre. Die Brüder aber, die Untergebene sind, sollen beherzigen, dass sie um Gottes willen dem eigenen Willen entsagt haben [...]
12. *Von denen, die unter die Sarazenen und andere Ungläubige gehen* [...] Außerdem verpflichte ich die Minister im Gehorsam, vom Herrn Papst einen aus den Kardinälen der heiligen Römischen Kirche zu erbitten, der diese Bruderschaft lenke, in Schutz und in Zucht nehme (*qui sit gubernator, protector et corrector istius fraternitatis*), auf dass wir, allezeit den Füßen dieser heiligen Kirche untertan und unterworfen, feststehend im katholischen Glauben,[7] die Armut und Demut und das heilige Evangelium unseres Herrn Jesus Christus beobachten, was wir fest versprochen haben.

Quelle: Fontes Franciscani, hg. v. Enrico Menestò u. Stefano Brufani, Assisi 1995, 171-181; *Übers.:* Franziskus-Quellen. Die Schriften des heiligen Franziskus, Lebensbeschreibungen, Chroniken und Zeugnisse über ihn und seinen Orden, hg. v. Dieter Berg u. Leonhard Lehmann, Kevelaer [2]2014, 94-102. – *Literatur:* D. E. Flood, Die Regula non bullata der Minderbrüder, Werl 1967 (Franziskanische Forschungen 19); K. Eßer, Die endgültige Regel der Minderen Brüder im Lichte der neuesten Forschung, in: Franziskanisches Leben. Gesammelte Dokumente, hg. von K. Eßer u. E. Gran, Werl / Westf. 1968, 31-96; A. Quaglia, La regola Francescana. Lettura storico-esegetica, Assisi 1987; La Regola dei Frati minori. Atti del XXXVII Cconvegno internazionale, Assisi 2010.

b) Aus dem Testament von 1226

So hat der Herr mir, dem Bruder Franz, gegeben, das Leben der Buße zu beginnen: denn als ich in Sünden war, kam es mir sehr bitter vor, Aussätzige zu sehen. Und der Herr selbst hat mich unter sie geführt, und ich habe ihnen Barmherzigkeit erwiesen. Und da ich fortging von ihnen, wurde mir das, was mir bitter vorkam, in Süßigkeit der Seele und des Leibes verwandelt. Und danach hielt ich eine Weile inne und verließ die Welt.
Und der Herr gab mir in den Kirchen einen solchen Glauben, dass ich in Einfalt so betete und sprach: »Wir beten dich an, Herr Jesus Christus, [hier][8] und in allen deinen Kirchen auf der ganzen Welt, und wir preisen dich, weil du durch dein heiliges Kreuz die Welt erlöst hast«.
Danach gab und gibt mir der Herr einen so großen Glauben zu den Priestern, die nach der Form der heiligen Römischen Kirche leben, auf Grund ihrer Weihe (*propter ordinem ipsorum*), dass ich, (selbst) wenn sie mich verfolgen würden, (trotzdem) bei ihnen Zuflucht suchen will [...]
Und nachdem mir der Herr Brüder gegeben hatte, zeigte mir niemand, was ich tun sollte, sondern der Höchste selbst hat mir offenbart, dass ich nach der Form des heiligen Evangeliums leben sollte. Und ich habe es mit wenigen Worten und

schlicht aufschreiben lassen, und der Herr Papst hat es mir bestätigt. Und jene, die kamen, Leben zu empfangen, gaben alles, was sie haben mochten,[9] den Armen. Und sie waren zufrieden mit einer einzigen Kutte (*tunica una*), die innen und außen geflickt war, samt Strick und Hosen [...]
Und ich arbeitete mit meinen Händen und will arbeiten; und ich will nachdrücklich, dass alle anderen Brüder eine Handarbeit verrichten, die ehrbar ist [...] Und wenn uns einmal der Arbeitslohn nicht gegeben würde, so wollen wir zum Tisch des Herrn Zuflucht nehmen und um Almosen bitten von Tür zu Tür.
Als Gruß, so hat mir der Herr offenbart, sollen wir sagen: »Der Herr gebe dir Frieden«.
Hüten sollen sich die Brüder, Kirchen, ärmliche Wohnungen und alles, was für sie gebaut wird, überhaupt anzunehmen, wenn sie nicht sind, wie es der heiligen Armut entspricht, die wir in der Regel versprochen haben; und sie sollen dort immer herbergen wie Pilger und Fremdlinge [...]
Und fest will ich dem Generalminister dieser Bruderschaft gehorchen und sonst dem Guardian, den er mir nach seinem Ermessen gibt. Und ich will so gefangen sein in seinen Händen, dass ich nicht gehen noch handeln kann gegen den Gehorsam und seinen Willen, weil er mein Herr ist. Und obwohl ich einfältig und krank bin, will ich doch immer einen Kleriker haben, der mit mir das Offizium betet, wie es in der Regel steht.
Und alle anderen Brüder sollen gehalten sein, ebenso ihren Guardianen zu gehorchen und das Offizium der Regel gemäß zu halten. Und sollten sich solche finden, die das Offizium nicht der Regel gemäß hielten und durch eine andere Art abändern wollten oder nicht katholisch wären – alle Brüder, wo sie auch sind, sollen im Gehorsam verpflichtet sein, einen solchen, wo sie ihn auch finden, dem nächsten Kustos jenes Ortes, wo sie ihn gefunden haben, vorzuführen. Und der Kustos sei streng im Gehorsam verpflichtet, ihn bei Tag und Nacht wie einen Gefangenen scharf zu bewachen, so dass er seinen Händen nicht entrissen werden kann, bis er ihn in eigener Person den Händen seines Ministers übergibt [...]
Und die Brüder sollen nicht sagen: Dies ist eine andere Regel; denn dies ist eine Erinnerung, Ermahnung, Aufmunterung und mein Testament, das ich, der ganz kleine Bruder Franziskus (*frater Franciscus parvulus*), euch, meinen gebenedeiten Brüdern, aus dem Grunde mache, damit wir die Regel, die wir dem Herrn versprochen haben, besser katholisch beobachten.
Und der Generalminister und alle anderen Minister und Kustoden seien im Gehorsam gehalten, diesen Worten nichts hinzuzufügen oder wegzunehmen. Und immer sollen sie dieses Schriftstück bei sich haben neben der Regel. Und auf allen Kapiteln, die sie halten, sollen sie auch diese Worte lesen, wenn sie die Regel lesen [...]
Und wer immer dieses beobachtet, werde im Himmel erfüllt mit dem Segen des höchsten Vaters, und auf Erden werde er erfüllt mit dem Segen seines geliebten Sohnes in Gemeinschaft mit dem Heiligsten Geiste, dem Tröster, und allen Kräften des Himmels und allen Heiligen. Und ich, der ganz kleine Bruder Franziskus, euer Knecht, bestätige euch, soviel ich kann, innen und außen diesen heiligsten Segen.

Quelle: Fontes Franciscani 227-232; *Übers.:* Franziskus-Quellen 59-62. – *Literatur:* K. Eßer, Das Testament des heiligen Franziskus von Assisi. Eine Untersuchung über seine Echtheit u. seine Bedeutung, Münster 1949; K. Eßer, Anfänge und ursprüngliche Zielsetzungen des Ordens der Minderbrüder, Leiden 1966 (SDF 4); G. P. Freeman / H. Sevenhoven, Der Nachlass eines Armen. Kommentar zum Testament des heiligen Franziskus von Assisi, Werl 1988.

c) Der Bericht des Elias von Cortona über die Stigmatisierung

Und nach diesen Worten verkünde ich euch eine große Freude[10] und die Neuheit eines Wunders. Noch nie hat man gehört ein solches Zeichen, außer im Sohne Gottes, welcher ist Christus der Herr. Nicht lange vor seinem Tod erschien unser Bruder und Vater gekreuzigt: die fünf Wunden, die wirklich die Wundmale Christi sind, trug er an seinem Leib. Seine Hände und Füße trugen nämlich die Einstiche der Nägel und waren von beiden Seiten durchbohrt. Sie bewahrten die Narben und zeigten das Schwarze der Nägel. Seine Seite aber erschien mit einer Lanze geöffnet, und er schwitzte oft Blut daraus.

Solange sein Geist noch im Leibe lebte, war er nicht schön anzuschauen, sondern sein Antlitz war unscheinbar, und keines seiner Glieder blieb von schlimmem Leiden (*absque nimia passione*) verschont. Durch Zusammenziehen der Sehnen waren seine Glieder steif geworden, wie es bei Toten gewöhnlich der Fall ist. Doch nach seinem Tod wurde er sehr schön, er funkelte in wunderbarem Glanz, erfreulich für alle, die es sahen. Und die Glieder, anfangs steif, wurden überaus geschmeidig, man konnte sie hin und her biegen je nach ihrer Lage wie bei einem zarten Knaben.

Quelle: Fontes Franciscani 254; *Übers.:* Franziskus-Quellen 185. – *Literatur:* O. Schmucki, The Stigmata of St. Francis of Assisi. A Critical Investigation in the Light of Thirteenth-Century Sources, St. Bonaventure 1991; C. Daxelmüller, »Süße Nägel der Passion«. Die Geschichte der Selbstkreuzigung von Franz von Assisi bis heute, Düsseldorf 2001; R.C. Trexler, The Stigmatized Body of Francis of Assisi. Conceived, Processed, Disappeared, in: K. Schreiner (Hg.), Frömmigkeit im Mittelalter. Politisch-soziale Kontexte, visuelle Praxis, körperliche Ausdrucksformen, München 2002, 463-497; D.A. Bauer / H. Feld / U. Köpf (Hg.), Franziskus von Assisi. Das Bild des Heiligen aus neuer Sicht, Köln u. a. 2005; H. Feld, Franziskus von Assisi. Der Namenspatron des Papstes, Darmstadt ³2014; V. Leppin, Franziskus von Assisi, Darmstadt 2018; A. Vauchez, Franziskus von Assisi. Geschichte und Erinnerung. Ins Deutsche übertragen von E. Zacherl, Münster 2019; C. Muessig, The Stigmata in Medieval and Early Modern Europe, Oxford 2020.

d) Die Jugend der Klara von Assisi (Thomas von Celano, *Vita Clarae* 3f)

3. Bald trat das Mädchen Klara ans Licht. Schon frühzeitig fing es an, im Schatten der Welt zu leuchten und im zarten Alter durch rechtschaffenen Lebenswandel zu glänzen. Gelehrigen Herzens nahm sie aus dem Mund der Mutter die Anfangsgründe des Glaubens auf. Durch den Geist, der sie innerlich in gleicher Weise beseelte und formte, offenbarte sie sich wirklich als ganz reines Gefäß, als Gefäß der Gnaden. Gerne öffnete sie ihre Hände den Armen[11] und half mit dem Überfluss ihres Hauses vielen in der Not. Damit ihr Opfer Gott um so wohlgefälliger sei, entzog sie ihrem eigenen kleinen Körper die feinen Gerichte und schickte sie heimlich durch Zwischenboten weg, um damit den Leib der Waisen zu erquicken. So wuchs von Kindheit an mit ihr das Erbarmen, und sie trug ein mitfühlendes Herz, das sich des Elends der Unglücklichen erbarmte.

4. Mit vorzüglichem Eifer widmete sie sich dem heiligen Gebet; dabei wurde sie des Öfteren von Wohlgeruch umhüllt, so dass sie sich mehr und mehr mit dem Leben in gottgeweihter Jungfräulichkeit beschäftigte. Da sie keine Gebetsschnur hatte, um die Vaterunser aneinanderzureihen, zählte sie dem Herrn ihre Gebete mit einem Häufchen kleiner Steine ab. Sobald sie die ersten Antriebe heiliger Liebe

zu fühlen begann, hielt sie das unstete Trugbild des weltlichen Glanzes nur der Verachtung wert. Die Salbung des Geistes hatte sie gelehrt, wertlose Dinge als wertlos einzuschätzen. Denn unter prächtigen, weichen Kleidern trug sie heimlich ein kleines Bußgewand. So erschien sie der Welt äußerlich blühend, innerlich aber zog sie Christus an.[12]

Quelle: Fontes Franciscani 2417; *Übers.:* Klara-Quellen. Die Schriften der heiligen Klara, Zeugnisse zu ihrem Leben und ihrer Wirkungsgeschichte, hg. v. J. Schneider zu. P. Zahner, Kevelaer 2013, 297f. – *Literatur:* M. Bartoli, Klara von Assisi, Werl 1993; M. Kreidler-Kos, Klara von Assisi. Schattenfrau und Lichtgestalt, Tübingen / Basel 2000; N. Kuster, Franz und Klara von Assisi. Eine Doppelbiografie, Kevelaer 2016.

[1] *Der bis heute offizielle Name der Franziskaner ist:* Ordo fratrum minorum *(OFM), Orden der Minderbrüder.*

[2] *Stundengebet.*

[3] *Die Gruppe um Franz benutzte demnach nicht den römischen Psalter, sondern das Psalterium Gallicanum.*

[4] *Ursprünglich Bezeichnung für das Morgenlob (Laudes), dann im Rahmen der Stundengebete (Tagzeiten) Bezeichnung für das Gebet in den letzten Nachtstunden.*

[5] *Morgengebet.*

[6] *Die Kustoden standen einem kleinen Gebiet innerhalb einer Provinz vor.*

[7] *vgl. Kol 1, 23.*

[8] *»hic«, das Wort für »hier«, fehlt in den meisten Handschriften.*

[9] *Tob 1,3 (Vg.).*

[10] *Vgl. Lk 2,10.*

[11] *Vgl. Prov 31,20.*

[12] *Vgl. Röm 13,14; Gal 3,27.*

43. Eine Adelige unter dem Einfluss der Armutsfrömmigkeit: Der Bericht Konrads von Marburg über die Bekehrung der Elisabeth von Thüringen

Die großen Bettelorden sind im Mittelmeerraum entstanden, übten aber auch jenseits der Alpen eine große Anziehungskraft aus. Die bedeutendste Gestalt der Armutsbewegung in Deutschland ist Elisabeth von Thüringen, die sich gerade als Adelige in besonderer Pflicht zur Fürsorge für Arme und Kranke sah: 1207 als Tochter des Königs Andreas von Ungarn geboren, wurde sie früh mit Ludwig von Thüringen verlobt und zu ihm auf die Wartburg geholt. Als sie vierzehn Jahre alt war, wurde die Heirat geschlossen. Sie erlebte hier eine ähnliche Diskrepanz zwischen dem Evangelium und den für Adelige üblichen Formen christlicher Barmherzigkeit, wie etwa der Stiftung eines Hospitals in Gotha. In ihrem Bestreben, selbst ein Leben in Buße und Nächstenliebe zu führen, wurde sie von ihrem Mann gegen alle Anfeindungen von Seiten des Hofes stets unterstützt. 1225 kam sie unter die geistliche Leitung Konrads von Marburg, der – bei aller heute schwer nachvollziehbaren Härte im Umgang mit ihr – doch zeit ihres Lebens dafür sorgte, dass sie ihre spontan gelebte Liebestätigkeit in strukturelle Bahnen lenkte. Seine Bedeutung für sie wuchs, als Ludwig 1227 bei der Einschiffung zum Kreuzzug an einer Seuche starb. Über mehrere Stationen gelangte Elisabeth 1228/9 nach Marburg, wo sie sich, in ein Bußgewand gekleidet, ganz dem Dienst an den Kranken in einem zu Ehren des Franziskus errichteten Spital widmen konnte. 1231 starb sie, und schon vier Jahre später wurde sie heiliggesprochen. Über ihrem Grab in Marburg entstand mit der Elisabethkirche eines der bedeutendsten Wallfahrtsziele des Mittelalters.

Zwei Jahre, bevor sie mir anvertraut wurde, noch zu Lebzeiten ihres Gemahls, wurde ich ihr Beichtvater. Ich traf sie in Klage darüber an, dass sie einst vermählt worden sei und dass sie nicht das irdische Leben in jungfräulicher Blüte beenden könne. Zur gleichen Zeit, als ihr Gemahl nach Apulien zum Kaiser reiste, entstand in ganz Deutschland eine große Teuerung, so dass viele Hungers starben. Schon begann Schwester E., mit ihren Tugenden zu wirken: Wie sie in ihrem ganzen Leben Trösterin der Armen gewesen ist, so wurde sie jetzt ganz und gar Wohltäterin der Hungernden. Sie befahl, für sich bei ihrer Burg ein Hospital einzurichten, in welchem sie sehr viele Kranke und Gebrechliche aufnahm und auch allen dort um Almosen Nachsuchenden reichlich die Wohltat der Nächstenliebe erwies; und nicht nur dort, sondern in allen Gebieten der Herrschaft ihres Mannes gab sie alle ihre Einkünfte derart aus den vier Fürstentümern ihres Mannes weg, dass sie schließlich sogar ihren gesamten Schmuck und alle kostbaren Kleider zum Nutzen der Armen verkaufen ließ. Sie hatte zur Gewohnheit, zweimal täglich, morgens und abends, alle ihre Kranken persönlich zu besuchen, wobei sie die Pflege derer, die im Vergleich zu den anderen besonders abstoßend waren, persönlich übernahm. Einige fütterte sie, einige bettete sie, einige trug sie auf ihren Armen und viele andere Dienste der Menschlichkeit übernahm sie; und über all das zeigte ihr Mann seligen Gedenkens keinen Unwillen.

Schließlich strebte sie nach dem Tode ihres Gemahls – Eure väterliche Gnaden hatten es für wert erachtet, sie mir anzuvertrauen – zur höchsten Vollkommenheit und fragte mich um Rat, ob sie sich in einer Einsiedelei, in einem Kloster oder in irgendeinem anderen Stande größere Verdienste erwerben könne. Schließlich setzte sich in ihrem Herzen fest – was sie unter vielen Tränen von mir forderte –, ich solle ihr erlauben, von Tür zu Tür betteln zu gehen. Als ich ihr dies barsch abschlug, antworte sie: »Ich werde tun, woran ihr mich nicht hindern könnt.«. Und am Karfreitag, als die Altäre entblößt waren, legte sie ihre Hände auf den Altar in einer Kapelle ihrer Stadt,[1] wo sie Minderbrüder angesiedelt hatte, und im Beisein einiger Brüder entsagte sie Eltern, Kindern, dem eigenen Willen, allem Prunk der Welt und dem, was der Erlöser der Welt im Evangelium zu verlassen rät.[2] Aber als sie auf ihre Besitzungen verzichten wollte, zog ich sie zurück, sowohl wegen Bezahlung der Schulden ihres Gemahls als auch wegen der Armen, die, wie ich es wollte, aus dem, was ihr als Wittum gehörte, unterstützt werden sollten. Als dies geschehen war [...], folgte sie mir gegen meinen Willen nach Marburg, welches im äußersten Gebiet ihres Manns lag. Dort in der Stadt erbaute sie ein Hospital und sammelte Kranke und Gebrechliche. Die Bedauernswertesten und am meisten Verachteten setzte sie an ihren Tisch.

Quelle: A. Huyskens, Quellenstudien zur Geschichte der hl. Elisabeth, Landgräfin von Thüringen, Marburg 1908, 156-158; *Übers.:* Elisabeth von Thüringen in Quellen des 13. bis 16. Jahrhunderts, hg. v. S. Weigelt, Erfurt 2008, 37f. – *Literatur:* W. Maurer, Zum Verständnis der hl. Elisabeth von Thüringen, in: ZKG 65 (1953/4) 16-64; Sankt Elisabeth. Fürstin, Dienerin, Heilige, Sigmaringen 1981; D. Blume / M. Werner (Hg.), Elisabeth von Thüringen – eine europäische Heilige. Aufsätze, Petersberg 2007; V. Leppin, Christus nachfolgen – Christi Nähe erfahren – Christus repräsentieren. Zur Glaubenswelt Elisabeths von Thüringen, in: ZKG 118 (2007) 320-335; J. B. Wolf, The Life and Afterlife of St. Elizabeth of Hungary. Testimony from her canonization hearings, New York 2011.

---

[1] *Eisenach, unterhalb der Wartburg.*
[2] Mt 19,21.

44. Normierung der Heiligenverehrung

Die Heiligsprechungen von Franziskus und insbesondere Elisabeth signalisieren mit umfangreichen Befragungen des Umfeldes den hohen Standard, den solche Kanonisierungsverfahren im 13. Jahrhundert erlangt hatten. Hatten ursprünglich Gewohnheiten ausgereicht, um Personen als heilig anzuerkennen, so gab es seit dem 10. Jahrhundert offizielle Heiligsprechungen, die durch immer ausgefeiltere Prozesse vorbereitet wurden. Die Kirche machte dadurch nach ihrem Selbstverständnis niemanden zum Heiligen, sondern stellte diese Heiligkeit, die im Angesicht Gottes galt, fest. Damit wurden die Personen zu Vorbildern des Lebens und zu Adressaten der Verehrung. Diese war von Anbetung unterschieden und hatte ihren Halt vor allem in der Hoffnung, durch die Heiligen, die schon bei Gott waren, Fürsprache für die eigenen Belange zu erhalten. Sie wirkten im Himmel fort, wie sich einst die Patrone auf Erden für ihre Schützlinge verwandt hatten. Solche Kulte waren attraktiv, auch wegen der damit verbundenen wirtschaftlichen Möglichkeiten, etwa dem Verkauf von Reliquien der Heiligen. Angesichts dessen sah die Kirche immer wieder die Notwendigkeit, sie zu kontrollieren und zu domestizieren (Text a). Tradiert wurde das Wissen über die Heiligen durch Legenden, die ihren Namen vom lateinischen Gerundivum „legenda": „was gelesen werden soll" haben: Sie wurden seit der Antike an den Heiligentagen im Gottesdienst verlesen. Eine bald sehr populäre, durch das Kirchenjahr laufende Sammlung solcher Legenden und weiterer Auslegungen von Festtagen bot in der *Legenda aurea*, der „Goldenen Legende", der Dominikaner Jakob von Voragine († 1298). So entstand eine Art Handbuch des hagiographischen Wissens. Hauptsächlich betätigte Jakob sich darin als Sammler, aber er war sich auch dessen bewusst, dass die unterschiedlichen Traditionen nicht immer leicht in Ausgleich miteinander zu bringen waren und zeigt in manchen Erzählungen wie der von dem auf einem Rost verbrannten Märtyrer Laurentius sein Bemühen um möglichst genaue historische Erfassung des Geschehens (Text b).

a) Viertes Lateranum: Regelungen zum Umgang mit Reliquien (DH 818)

Weil dadurch, dass manche Leute Heiligenreliquien zum Verkauf anbieten und diese allüberall zeigen, die christliche Religion öfter herabgewürdigt wurde, bestimmen Wir, damit sie künftig nicht mehr herabgewürdigt werde, durch das vorliegende Dekret, dass die alten Reliquien von nun an keinesfalls mehr außerhalb des Reliquiars gezeigt oder zum Verkauf angeboten werden dürfen. Neugefundene aber soll niemand öffentlich zu verehren wagen, wenn sie nicht zuvor durch die Autorität des Römischen Bischofs anerkannt wurden. Die Vorsteher aber sollen fortan nicht erlauben, dass jene, die um der Verehrung willen zu ihren Kirchen kommen, mit leeren Erdichtungen oder falschen Dokumenten getäuscht werden, wie es auch an sehr vielen Orten wegen der günstigen Gelegenheit zum Gelderwerb zu geschehen pflegt.

Quelle / Übers.: DH 818.

b) Die *Legenda aurea*: kritische Reflexionen zur Legende des Laurentius

Laurentius, Märtyrer und Levit[1], der Herkunft nach Spanier, wurde vom heiligen Sixtus[2] nach Rom gebracht. Als nämlich der heilige Sixtus, wie Magister Johannes Beleth[3] behauptet, nach Spanien reiste, traf er dort zwei Jünglinge, Laurentius und

dessen Verwandten Vincentius, beide von ehrbaren Sitten und bekannt durch ihren tadellosen Lebenswandel, und nahm sie mit nach Rom. Der eine von ihnen, Laurentius, blieb bei ihm in Rom, Vincentius kehrte nach Spanien zurück und beendete dort sein Leben durch ein glorreiches Martyrium.
Dieser Meinung des Magisters Johannes Beleth widerspricht der Zeitpunkt des Martyriums der beiden, denn Laurentius erlitt den Tod unter Decius[4], Vincentius in jugendlichem Alter unter Diokletian und Dacian[5]. Zwischen Decius und Diokletian liegen aber etwa vierzig Jahre und dazwischen regierten sieben Kaiser, so dass der heilige Vincentius damals nicht mehr allzu jung sein konnte [...]
Ob es jedoch stimmt, dass Laurentius unter diesem Kaiser Decius das Martyrium erlitten hat, wird von vielen bezweifelt, da man in den Chroniken liest, dass Sixtus lange nach Decius gelebt hat. Eutropius[6] bestätigt das folgendermaßen:»Decius löste die Verfolgung der Christen aus und ermordete unter anderen den allerseligsten Leviten und Märtyrer Laurentius.« In einer ziemlich zuverlässigen Chronik heißt es jedoch, dass Laurentius nicht unter Kaiser Decius, der auf Philippus folgte, sondern unter einem jüngeren Decius, der nur Caesar und nicht Kaiser (*imperator*) war, das Martyrium erlitten habe.
Zwischen Kaiser Decius und dem jüngeren Decius, unter dem Laurentius den Tod erlitten haben soll, herrschten nämliche mehrere Kaiser und Päpste. Denn auf Kaiser Decius folgten, wie es dort heißt, Gallus und dessen Sohn Volusianus als Herrscher, nach diesen kamen Valerianus und Gallienus an die Macht und die genannten, Valerianus und Gallienus, machten den Decius nur zum Caesar, nicht zum Kaiser... Dieser als Caesar bezeichnete Decius also, der nicht Kaiser geworden war, machte den heiligen Laurentius zum Märtyrer, weshalb er nirgends in der Legende des heiligen Laurentius Kaiser Decius genannt wird, sondern nur Caesar Decius. Kaiser Decius regierte nämlich nur zwei Jahre und machte den Papst Fabianus zum Märtyrer. Auf Fabianus folgte Cornelius, der unter Volusianus und Gallus das Martyrium erlitt. Auf Cornelius folgte Lucius, auf Lucius Stephanus. Dieser erlitt unter Valerianus und Gallienus, die fünfzehn Jahre regierten, das Martyrium. Auf Stephanus folgte Sixtus. Das liest man in jeder Chronik.
Alle Chroniken aber, sowohl die des Eusebius[7] wie die des Beda[8] und des Isidor[9], stimmen darin überein, dass Papst Sixtus nicht zur Zeit des Kaisers Decius, sondern unter Gallienus lebte. In einer anderen Chronik[10] habe ich hingegen gelesen, dass der besagte Gallienus zwei Namen gehabt habe, nämlich Gallienus und Decius, und dass unter ihm Sixtus und Laurentius um das Jahr des Herrn 255 den Tod erlitten hätten. Auch Gottfried[11] behauptet in seinem Buch, das den Titel *Pantheon* trägt, dasselbe, dass nämlich Gallienus mit seinem zweiten Namen Decius hieß und dass unter ihm Sixtus und Laurentius den Tod erlitten hätten. Wenn das richtig ist, dann könnte auch die Auffassung des Johannes Beleth richtig sein.

Quelle / Übers.: Jacobus de Voragine, Legenda aurea / Goldene Legende. Einleitung, Edition, Übersetzung u. Kommentar v. B. W. Häuptli, Freiburg u.a. 2014 (FC. Sonderbd.), 1462–1465. 1474–1477. – *Literatur:* A. Angenendt, Heilige und Reliquien. Die Geschichte ihres Kultes vom frühen Christentum bis zur Gegenwart, München 1994; P. Gemeinhardt, Die Heiligen. Von den frühchristlichen Märtyrern bis zur Gegenwart, München 2010; M. Delgado / V. Leppin (Hg.), Bilder, Heilige und Reliquien. Beiträge zur Christentumsgeschichte und zur Religionsgeschichte, Basel / Stuttgart 2020.

1 *Diakon.*
2 *Sixtus II. von Rom (257/58).*

3   Johannes Beleth, Autor liturgischer Schriften, 12. Jh. In Amiens und Paris.
4   Decius, Kaiser 249-251.
5   Diokletian, Kaiser 284-305, gest. ca. 312; Dacian war der Richter, der Vincentius verurteilte.
6   Eutropius († nach 390), römischer Geschichtsschreiber.
7   Chronologisches Werk des Eusebius von Caesarea († 339/340), nicht identisch mit seiner berühmten Kirchengeschichte.
8   Beda Venerabilis († 735).
9   Isidor von Sevilla († 636).
10 Hierbei handelt es sich um die Chronik des Vinzenz von Beauvais († ca. 1264).
11 Gottfried von Viterbo († ca. 1191/92).

45. Friedrich II. (1194–1250)

Die Auseinandersetzungen zwischen Kaiser und Papst spitzten sich im 13. Jahrhundert noch einmal zu. Mit dem Staufer Friedrich II., dem *stupor mundi* (›Erstaunen der Welt‹), bekam ein Politiker die Geschicke des Reiches in die Hände, der in seiner Heimat Sizilien die effiziente Verwaltung eines Beamtenstaat kennengelernt hatte. 1211 zum Gegenkönig gegen den Welfen Otto IV. gewählt, ließ Friedrich 1220 seinen minderjährigen Sohn Heinrich VII. († 1242) zum römischen König wählen. Um diese Wahl zu erreichen, verzichtete er in der *Confoederatio cum principibus ecclesiasticis* (Text a) auf einige wichtige Regalien (königliche Rechte). Hierdurch gewannen die Kirchenfürsten in ihrer Funktion als weltliche Herrscher an Selbständigkeit. Den Päpsten allerdings musste die sich anbahnende enge Verbindung des Reiches mit Sizilien als tödliche Umklammerung des Kirchenstaates in der Mitte Italiens erscheinen. Das war der reale Hintergrund für einen mit aller Schärfe geführten Streit, den auf beiden Seiten Theoretiker und Polemiker mit ihren Traktaten unterstützten. Diese Streitigkeiten hatten auch rechtliche Folgen: Vorwürfe der Eidbrüchigkeit und der Häresie führten dazu, dass Friedrich II. durch Papst Gregor IX. (1227–1241) zweimal exkommuniziert wurde und Papst Innocenz IV. (1243–1254) ihn 1245 auf dem Ersten Konzil von Lyon für abgesetzt erklärte. Unmittelbarer Anlass für die erste Exkommunikation 1227 war, dass Friedrich, weil sein Heer von einer Seuche heimgesucht worden war, zum wiederholten Male den lange zugesagten Kreuzzug aufgeschoben hatte. Gleichwohl brach er 1228 als Gebannter ins Heilige Land auf. Den Zugang zu den heiligen Stätten erreichte er hier auf dem Verhandlungsweg. Zwar ist das Original des Vertrages über den zehnjährigen Waffenstillstand nicht erhalten, aber Aufzeichnungen des Patriarchen Gerold von Jerusalem für Papst Gregor XI. geben eine Ahnung hiervon (Text b). Am 18. März 1229 setzte Friedrich sich selbst in der Grabeskirche die Krone des Königreichs Jerusalem auf. Bald nach seiner Rückkehr vom Kreuzzug erließ Friedrich II. im August 1231 auf seinem Hoftag in Melfi eine umfassende Gesetzessammlung, den später sogenannten *Liber Augustalis* (Text c). In diesem für Sizilien bestimmten Werk begründete er nicht nur die Selbständigkeit der weltlichen Herrschaft, sondern legte auch Bestimmungen zur Behandlung von Ketzern vor, die zeigen, dass der als Freigeist verschriene Herrscher, der in Lecera sogar die Existenz einer selbstverwalteten muslimischen Gemeinde gestattete, durchaus die Wahrung des Christentums zu seinen Aufgaben zählte (Text d). Die Strafe der Verbrennung für Ketzer übernahm er acht Jahre später ins Reichsrecht; sie prägte auf Jahrhunderte den Umgang mit Häretikern.

Friedrich II.

a) Vereinbarung Friedrichs mit den geistlichen Fürsten über deren Vorrechte (26. April 1220)

Im Namen der heiligen und ungeteilten Dreifaltigkeit. Friedrich II., durch das Walten von Gottes Gnaden (*secundum divina favente clementia*) römischer König und allzeit Mehrer des Reiches und König von Sizilien.

Als wir uns in angemessener Betrachtung daran erinnerten, mit welcher Wirksamkeit und Treue unsere lieben getreuen geistlichen Fürsten uns bislang beigestanden haben, indem sie uns zum Gipfel des Kaisertums erhoben, nach der Erhebung dort stärkten und sich schließlich unseren Sohn Heinrich wohlwollend und einträchtig zum König und Herren erwählten – kamen wir zu der Überzeugung, wir sollten diejenigen, durch die wir erhoben wurden, ständig erheben, und durch die wir gestärkt werden, zusammen mit deren Kirchen ständig durch unseren Schutz gegen jeglichen Schaden stärken [...]

1. Erstens versprechen wir, dass wir künftig beim Tode eines geistlichen Fürsten niemals seinen Nachlass für das Reichsgut beanspruchen werden;[1] wir verbieten auch, dass ein Laie ihn jemals unter irgendeinem Vorwand für sich beansprucht [...] Wenn sich aber jemand vermessen sollte, gegen diese Verordnung einen Nachlass zu beanspruchen, so soll er für geächtet und rechtlos gehalten werden und soll Lehen oder Pfründe, falls er sie besessen hat, für immer verlieren.

2. Ferner werden wir in Zukunft neue Zoll- und Münzstätten auf deren Gebieten und Rechtsbereichen ohne ihren Beirat oder gegen ihren Willen nicht einrichten, sondern die alten Zölle und Münzrechte, die deren Kirchen gewahrt worden sind, werden wir unverbrüchlich und rechtskräftig bewahren und schützen [...]

7. Und weil das weltliche Schwert eingesetzt ist zur Hilfe des geistlichen Schwertes, soll der Exkommunikation – wenn auf einem der zuvor genannten Wege für uns feststeht, dass die Exkommunizierten schon mehr als sechs Wochen darin verharren – unsere Acht[2] folgen, die nicht widerrufbar ist, es sei denn, zuvor würde die Exkommunikation widerrufen [...]

9. Ebenso haben wir verfügt, dass keine Baulichkeiten – und zwar Burgen und Städte – auf Grund und Boden der Kirchen (*in fundis ecclesiarum*) etwa mit Hilfe des Vogteirechts[3] oder unter irgendeinem anderen Vorwand errichtet werden. Und wenn etwa solche errichtet wurden gegen den Willen derer, denen der Grund und Boden gehört, sollen sie kraft königlicher Anweisung eingerissen werden [...]

11. ... Und weil das Vergessen als Feind des Gedächtnisses die Taten der Mensch im langen Verlauf der Zeit zu begraben pflegt, wollen wir, unter Anwendung wachsamster Sorge, diesen den Kirchen zuerteilten Wohltaten unserer Huld auch ewige Dauer verleihen. Daher setzen wir fest, dass unsere Erben und Nachfolger im Reich sie als rechtsgültig bewahren und ausüben sowie zum Schutze der Kirchen von den Laien insgemein beachten lassen.

Quelle: Privilegium in favorem principum ecclesiasticorum, in: MGH. Const 2, hg. von L. Weiland, Hannover 1896 (= 1963), 89-91; *Übers.:* K. van Eickels / T. Brüsch, Kaiser Friedrich II. Leben und Persönlichkeit in Quellen des Mittelalters, Darmstadt 2000, 98-100.

b) Waffenstillstand von Jaffa zwischen Friedrich II. und Sultan Al-Kamil (11. Februar 1229)

cap. I. Der Sultan übergibt dem Kaiser und seinen Präfekten Jerusalem, auf dass er damit nach seinem Willen schalte und es befestige.

cap. II. Der Kaiser wird die Geemelaza[4] weder besetzen noch berühren, die der Tempel Salomonis ist, und nicht den Tempel des Herrn[5] oder irgendetwas in der Umgebung oder was dazugehört. Er soll auch nicht erlauben, dass Franken irgendwelcher Nation hier hineingehen, sondern sie sollen unverändert in der Macht und in der Hand der Sarazenen bleiben, die sie behalten, um hier zu beten und ihr Gesetz zu verkünden [...]

cap. IV. Falls ein Franke festen Glauben an die Majestät und die Würde des Tempels des Herrn haben sollte und das Bedürfnis empfindet, hier einzutreten, um zu beten, soll es ihm erlaubt sein: wenn er aber nicht an die Majestät und die Würde jenes Tempels glaubt, dann soll ihm nicht erlaubt werden, sich in dieser ganzen Gegend aufzuhalten.

cap. V. Falls ein Sarazene aus Jerusalem einem anderen Sarazenen irgendeinen Schaden tut, soll er vor ein sarazenisches Gericht gestellt werden [...]

cap. VI. Der Kaiser wird keinem Franken, wer dieser auch sei, auf irgendeine Weise zu helfen versuchen, gegen einen Sarazenen zu kämpfen, noch während dieses Waffenstillstandes Krieg gegen die Sarazenen beginnen [...]

cap. VIII. Wenn Franken die geschlossenen Verträge oder die, deren in diesem Waffenstillstand Erwähnung geschieht, brechen wollen, ist der Kaiser gehalten, den Sultan zu verteidigen und seine Untertanen und sein Heer von einer solchen Gesinnung abzurufen [...]

Quelle: MGH.Epp. XIII saec. 1, 296-298 (Nr. 380); *Übers.:* W. Lautemann, in: Geschichte in Quellen. Bd. 2: Mittelalter, München ²1978, Nr. 449.

c) Begründung der weltlichen Herrschaft (Liber Augustalis, Prooemium)

Kaiser Friedrich, der allzeit Erhabene, der Herrscher über Italien, Sizilien, Jerusalem und das Arelat, der Glückliche, Fromme, Sieger und Triumphator.

Nachdem der Bau der Welt durch die göttliche Vorsehung (*providentia divina*) fest aufgerichtet und die ursprüngliche Materie durch den einen besseren Zustand bewirkenden Dienst der Natur auf die Gestalten der Dinge verteilt worden war, beschloss derjenige, der das, was zu tun war, vorausgesehen hatte, während er das Getane betrachtete und das Betrachtete guthieß, den Menschen, das unter den Geschöpfen unterhalb der Sphäre des Mondkreises würdigste, nach seinem eigenen Bild und seiner Gestalt geformte Geschöpf, den er um wenig geringer gemacht hatte als die Engel (vgl. Ps 8,6), nach gründlich erwogenem Plan über die übrigen Geschöpfe zu setzen. Er belebte den aus dem Erdenschlamm Hervorgebrachten im Geiste, gesellte dem mit dem Diadem der Ehre und des Ruhmes Gekrönten als Gattin und Gefährtin einen Teil seines Körpers bei und schmückte sie mit dem Schutz eines so großen Vorrechts, dass er beide anfänglich unsterblich machte; gleichwohl stellte er eben sie unter eine gewisse Gesetzesvorschrift. Weil sie es halsstarrig verschmähten, diese einzuhalten, belegte er dieselben mit der Strafe für ihre Übertretung und verordnete ihnen den Entzug jener Unsterblichkeit, die er ihnen zuvor übertragen hatte.

Damit die göttliche Gnade dennoch nicht in vollem Umfang das, was sie zuvor geformt hatte, so verderbenbringend, so plötzlich vernichte, und damit sich nicht nach der Zerstörung der menschlichen Gestalt als Folge die Zerstörung des übrigen ergebe, weil das Untergeordnete des Vorgesetzten entbehren und seine zweckmäßige Gestalt für jedermann den Nutzen verlieren würde, füllte die göttliche Gnade aus beider Samen die Erde mit Sterblichen und unterwarf sie ihnen.

Friedrich II.

Diese kannten die väterliche Entscheidung wohl; aber da sich das Laster der Übertretung von den Vätern auf sie fortgepflanzt hatte, ließen sie Hass gegeneinander in sich aufkommen und teilten das nach natürlichem Recht gemeinsame Eigentum an den Dingen (*rerumque dominia iure naturali communia*) auf, und der Mensch, den Gott recht und ehrlich erschaffen hatte, trug keine Bedenken, sich in Streitigkeiten einzumischen.

Und so wurden durch die zwingende Notwendigkeit der Verhältnisse selbst und nicht weniger auf Antrieb der göttlichen Vorsehung die Fürsten der Völker gewählt, damit durch sie die Zügellosigkeit der Verbrechen eingeschränkt werden könne; diese sollten als Richter über Leben und Tod für die Völker gewissermaßen wie Vollstrecker des göttlichen Urteilspruchs festsetzen, welches Schicksal, welchen Rang und Stand jeder habe. Von ihren Händen wird, damit sie über das ihnen anvertraute Verwalteramt vollkommen Rechenschaft abzulegen imstande sind, vom König der Könige und Fürsten der Fürsten dies vornehmlich gefordert, dass sie die Befleckung der hochheiligen Kirche, der Mutter der christlichen Religion (*Sacrosanctam ecclesiam, Christiane religionis matrem*), durch die heimlichen Verrätereien der Verleumder des Glaubens nicht zulassen und dass sie eben diese vor den Angriffen der öffentlichen Feinde mit der Kraft des weltlichen Schwertes schützen und den Völkern den Frieden und, nachdem diese befriedet sind, die Gerechtigkeit, welche einander wie zwei Schwestern umarmen (vgl. Ps 85,11), nach Vermögen bewahren.

Quelle: MGH.Const. 2 Suppl., 145-147; *Übers.:* K. van Eickels / T. Brüsch, Kaiser Friedrich II. Leben und Persönlichkeit in Quellen des Mittelalters, Darmstadt 2000, 219f.

d) Gesetz gegen die Patarener und andere Ketzer aus dem *Liber Augustalis* (1231)

Die Ketzer versuchen, den nahtlosen Rock unseres Gottes aufzutrennen (vgl. Joh 19,23); sie frönen der Sünde, von welcher sie den Namen führen,[6] der ein Ausdruck der Trennung ist, und sind bestrebt, Spaltungen in die Einheit seines unteilbaren Glaubens zu tragen und die Schafe aus der Hut Petri, dem sie vom guten Hirten zur Weide anvertraut sind, abzusondern (vgl. Joh 21,15-17 mit 10,1-16). Sie sind in ihrem Innern reißende Wölfe (vgl. Mt 7,15), die so lange das zahme Verhalten von Schafen vorgeben, bis sie in den Schafstall des Herrn eindringen können [...]

Auf diese Weise vergehen sich die armseligen Patarener,[7] denen der heilige Glaube an die ewige Trinität fehlt, in einem einzigen Zusammenhang von Verwerflichkeit gegen dreierlei: gegen Gott nämlich, gegen ihren Nächsten und gegen sich selbst. Gegen Gott, weil sie weder den Glauben an Gott noch den Sohn kennen. Ihre Nächsten leiten sie in die Irre, indem sie ihnen unter dem Anschein geistlicher Nahrung die Genüsse häretischer Verderbtheit darreichen. Noch grausamer wüten sie gegen sich selbst, indem sie ein verschwenderisches Leben ohne Gedanken an den Tod führen und nach dem Verlust ihrer Seelen ihre Körper in die Verlockungen eines grimmigen Todes stürzen, dem sie durch Anerkennung der Wahrheit und des wahren Glaubens entgehen könnten.

Angesichts solcher Widersacher Gottes und der Menschen können wir unseren Unmut nicht bezähmen, ohne das Schwert wohlverdienter Rache gegen sie zu zücken. Wir wollen sie desto eifriger gerichtlich verfolgen, je mehr bekannt wird, dass sie – um den christlichen Glauben noch unverkennbarer zu beschimpfen – die Verbrechen ihres Aberglaubens in der nächsten Umgebung der römischen Kirche, welche als das Haupt aller übrigen Kirchen anerkannt wird, weit und breit begehen [...]

Da wir dies für sehr schwerwiegend halten, bestimmen wir zuvörderst, dass das Verbrechen der Ketzerei und einer jeden verdammten Sekte, welcher Name auch immer ihren Anhängern beigegeben wird, unter die Staatsverbrechen gerechnet werden soll, so wie es schon durch die alten Gesetze eingeführt wurde. Ja, von allen muss das das, was als Absicht einer Beschimpfung der göttlichen Majestät (*divinae maiestatis iniuriam*) erkannt wird, gegenüber dem Verbrechen der Verletzung unserer Majestät (*crimine laesae maiestatis nostrae*) für schrecklicher erachtet werden, auch wenn die eine Majestät die andere an Gerichtsgewalt nicht übertrifft.

Gleichwie denn das Verbrechen des Hochverrats die Todesstrafe und die Einziehung des Vermögens der Verurteilten nach sich zieht und nach dem Hingang das Gedenken an die Abgeschiedenen auslöscht, so wollen wir es auch bei dem Verbrechen der Vorgenannten, wofür die Patarener bekannt sind, allerwegen gehalten wissen, damit die Ruchlosigkeit derselben offenbar werde, welche in der Finsternis wandeln, weil sie Gott nicht nachfolgen.

Wir ordnen an, dass die Täter eines derartigen Verbrechens auch ohne Anzeige gewissenhaft verfolgt und durch unsere Beamten wie die anderen Missetäter einer sorgfältigen Untersuchung unterzogen werden. Wir gebieten ferner, dass die, welche bei der Untersuchung auffallen – seien sie auch nur durch einen leichten Verdacht belastet – von Männern der Kirche und Prälaten verhört werden sollen.

Falls sie aber durch diese offenbar als abtrünnig vom katholischen Glauben in wenigstens einem Glaubenssatz befunden werden sollten und selbst nach geistlicher Zurechtweisung nicht von den Fallstricken des finsteren Teufels lassen wollen, um den Gott des Lichts zu bekennen, sondern beharrlich in dem einmal angenommenen Irrtum verbleiben, so bestimmen wir, dass die gemäß der Vorschrift dieses unseres Gesetzes schuldig gesprochenen Patarener den Tod erleiden, den sie erstreben:[8] nämlich dem Urteil des Feuertodes anheimgegeben, bei lebendigem Leibe im Angesicht des Volkes verbrannt zu werden. Wir bedauern nicht, damit ihrem Wunsche entgegenzukommen, woraus ihnen nur Strafe, nicht aber irgendein Lohn ihres Irrtums erwächst. Niemand soll es sich herausnehmen, bei uns für solch verwerfliche Menschen einzutreten; hat einer es dennoch getan, so wird er sich unsere tiefe Ungnade zuziehen.

Quelle: MGH.Const. 2 Suppl., 149-151; *Übers.*: K. van Eickels / T. Brüsch, Kaiser Friedrich II. Leben und Persönlichkeit in Quellen des Mittelalters, Darmstadt 2000, 222f. – *Literatur*: E. Kantorowicz, Kaiser Friedrich II., 2 Bde., Düsseldorf 1927/1931 (= 1964); W. Stürner, Friedrich II. 2 Bde., Darmstadt 1994, 2000; O. B. Rader, Friedrich II. Der Sizilianer auf dem Kaiserthron. Eine Biografie, München 2019.

---

[1] *Seit der Karolingerzeit waren Bistümer mit Reichsgut ausgestattet worden. Das brachte die Frage mit sich, ob dieses Gut in jedem Todesfalle in der Verfügung des Bistums blieb oder an das Reich zurückfiel.*

[2] *Ausschluss aus der weltlichen Schutz- und Rechtsgemeinschaft.*

[3] *Vögte waren die Amtsträger, die im Auftrag eines weltlichen Herrschers Regierungs- und Rechtsgewalt ausübten.*

[4] *Der Vertrag und mit ihm diese Ortsangabe wurde von Gerold in altfranzösischer Sprache wiedergegeben. Gemeint ist die Djami-al-Acsa, die lange (weite) Moschee, d.h. die Al-Aksa-Moschee in Jerusalem nahe dem Felsendom.*

5   Der Felsendom wurde als Tempel des Herrn angesehen.
6   „haereticus" stammt von αἵρεσις: Wahl, Partei.
7   Patarener sind im strengen Sinne die Anhänger der norditalienischen Pataria-Bewegung (s.o. Nr. 39), die sich gegen Simonie und Nikolaitismus (Ämterkauf und Konkubinat von Priestern) wandte. Der Name wurde aber bald zum allgemeinen Ausdruck für Häretiker.
8   Der Liber Augustalis ging davon aus, dass die Patarener ihren Namen von pati (leiden) trügen, weil sie nach dem Martyrium strebten.

46. Bonaventura († 1274): Pilgerbuch der Seele zu Gott (1259)

Bonaventura hat in Ordens-, Theologie- und Frömmigkeitsgeschichte gleichermaßen eine herausragende Stellung inne. Nachdem er in Paris studiert hatte und hier 1257 zum *Magister regens*, also einer Art ordentlichem Professor, geworden war, gehörte er zu den großen Theologen seiner Zeit neben Albertus Magnus und Thomas von Aquin. Bald aber schon traten gegenüber der akademischen Lehre seine Aufgaben im Franziskanerorden, dem er 1243/4 beigetreten war, in den Vordergrund. 1257 zum Ordensgeneral gewählt, suchte er die im Streit um das Erbe des Franziskus auseinanderdriftenden Kräfte zusammenzubinden. Orientierung gab dafür die Gestalt des Ordensgründers selbst, dem er eine eigene großangelegte, offiziöse Lebensbeschreibung widmete. In den Zusammenhang der Vergewisserung der franziskanischen Wurzeln gehört auch das 1259 verfasste *Itinerarium mentis in Deum*, das »Pilgerbuch der Seele zu Gott«. In biographischer Anknüpfung an die Seraphenvision, die Franziskus im Zusammenhang mit der Stigmatisierung zugeschrieben wurde (s.o. Nr. 42), entfaltete Bonaventura hier Vorstellungen einer Mystik, deren tiefe Gotteserfahrung eine Alternative zur aristotelischen Scholastik darstellte. Den folgenden Generationen blieb er in seiner Verbindung aus Gelehrsamkeit und franziskanischer Spiritualität als der *„Doctor Seraphicus"* präsent.

Vorrede

Zu Beginn rufe ich den Urgrund (*principium*) an, von dem alle Erleuchtungen als vom »Vater der Lichter« herniedersteigen und »jede gute Gabe und jedes vollkommene Geschenk« (Jak 1,17) stammt, den ewigen Vater, durch seinen Sohn, unseren Herrn Jesus Christus. Er möge auf die Fürbitte der heiligsten Jungfrau Maria, der Mutter desselben Gottes und unseres Herrn Jesus Christus, und des seligen Franziskus, unseres Leiters und Vaters, unserem Geiste erleuchtete Augen geben, damit wir unsere Schritte auf den Weg zu jenem Frieden lenken, »der alles Begreifen übersteigt« (Phil 4,7). Diesen Frieden kündete und brachte unser Herr Jesus Christus, und unser Vater Franziskus (*pater noster Franciscus*) wiederholte seine Botschaft: er empfahl den Frieden am Anfang und am Ende jeder Predigt; er wünschte den Frieden bei jedem Gruß;[1] er seufzte nach dem Frieden der Ekstase in jeder Betrachtung [...] Nach dem Vorbild des hochseligen Vaters Franziskus suchte ich Sünder sehnenden Geistes diesen Frieden, der ich, obwohl ganz unwürdig, nach seinem Tode als siebter Generalminister der Brüder die Stelle des seligsten Vaters einnehme. Es war im 33. Jahr nach seinem Hinscheiden[2] um die Zeit seines Heimganges, da ging ich auf göttliche Eingebung hin zum Berg Alverna[3], diesem Ort der Ruhe, um voll Verlangen den Frieden der Seele zu suchen. Als ich dort weilte und über geistige Aufstiege zu Gott nachsann, kam mir unter anderem jenes Wunder in den Sinn, das an diesem Orte dem seligen Franziskus widerfuhr, nämlich die Erscheinung des Seraphs mit den Flügeln in der Gestalt des Gekreuzigten. Beim

Nachdenken darüber wurde mir alsbald klar, dass jene Erscheinung die Entrückung unseres Vaters in der Beschauung bedeutete (*quod visio illa praetenderet ipsius patris suspensionem in contemplando*) und den Weg, auf dem man zu ihr gelangte [...]

Cap. 4. *Die Betrachtung Gottes in seinem gnadenhaft erneuerten Bild.*

[...] Nachdem unser Geist diese Sinne erlangt hat, wird er hierarchisch, um zum himmlischen Jerusalem emporzusteigen, in das niemand eintritt, wenn es nicht zuvor durch die Gnade in sein Herz hinabgestiegen ist, wie es Johannes in der Apokalypse schaute (Offb 21,2). Ins Herz aber steigt es dann hinab, wenn unser Geist durch die Wiederherstellung des Bildes (*per reformationem imaginis*[4]), durch die theologischen Tugenden,[5] durch die Wonnen der geistlichen Sinne und die ekstatischen Erhebungen hierarchisch, das heisst gereinigt, erleuchtet und vervollkommnet (*purgatus, illuminatus et perfectus*) worden ist [...] In all diesem wird Gott als alles in allem erschaut (I Kor 15,28), wenn wir ihn in den Seelen betrachten, wo er durch die Gaben der überströmenden Liebe wohnt.

Auf diese Stufe der Betrachtung führt in besonderer und vorzüglicher Weise die Beschäftigung mit der uns von Gott geschenkten Hl. Schrift – wie die Philosophie auf die vorhergehende. Jene hat nämlich in erster Linie das Erlösungswerk zum Gegenstand. Darum handelt sie auch hauptsächlich von Glaube, Hoffnung und Liebe. Durch diese Tugenden, ganz besonders durch die Liebe, muss die Seele neugestaltet werden. Von ihr sagt der Apostel: »Sie ist das Ziel der Gebote«, wenn sie »aus reinem Herzen, gutem Gewissen und ungeheucheltem Glauben stammt.« (Röm 10,4; I Tim 1,5). Die Liebe ist nach Paulus die Erfüllung des Gesetzes (Röm 13,10). Und unser Erlöser versichert, dass das ganze Gesetz und die Propheten an diesen beiden Geboten hängen, nämlich an dem der Gottes- und Nächstenliebe. Beide werden angedeutet in dem einen Bräutigam der Kirche, Jesus Christus, der zugleich Nächster und Gott, Bruder und Herr, König und Freund, das ungeschaffene und fleischgewordene Wort, unser Schöpfer und Erlöser, das Alpha und Omega ist [...]

Cap. 7. *Die mystische Entrückung der Seele, in der die Verstandestätigkeit zur Ruhe kommt, während das Gemüt ganz in Gott aufgeht.*

[...] Dies ward auch dem seligen Franziskus geoffenbart, als ihm in mystischer Schau auf jenem hochragenden Berge, wo ich diese Schrift im Geist bedachte, ein ans Kreuz gehefteter Seraph mit sechs Flügeln erschien, wie ich und mehrere andere es dort von seinem Gefährten, der damals bei ihm war,[6] gehört haben. Da war er in schauender Entrückung ganz in Gott versunken (*in Deum transiit per contemplationis excessum*), und so ist er ein Vorbild vollkommener Beschauung geworden, wie er vorher ein Vorbild der Tat war als ein zweiter Jakob und Israel. Und so lädt Gott durch ihn alle wahrhaft geistlich Gesinnten zu dieser Erhebung und Geistesentrückung ein, mehr durch sein Beispiel als durch sein Wort.

Soll dieser Übergang vollkommen sein, dann muss jede Geistestätigkeit aufhören und das tiefste Fühlen des Gemütes ganz in Gott aufgehen und in ihn umgewandelt werden. Das ist aber etwas Geheimnisvolles und ganz Verborgenes, das niemand kennt, der es nicht empfängt; niemand empfängt, der nicht danach verlangt; das nur der ersehnt, den das Feuer des von Christus auf die Erde gesandten Hl. Geistes bis ins Innerste durchglüht. Deshalb sagt der Apostel, diese mystische Weisheit (*hanc mysticam sapientiam*) sei durch den Hl. Geist geoffenbart (I Kor 2,10).

Dazu vermag nichts die Natur, wenig das eigene Bemühen; wenig ist auf die Nachforschung, aber viel auf die Salbung, wenig auf die Beredsamkeit, sehr viel jedoch auf die innere Freude, wenig auf Wort und Schrift, alles aber auf die göttliche Gabe,

den Hl. Geist, wenig oder nichts auf das Geschöpf, alles dagegen auf die schöpferische Wesenheit, den Vater, den Sohn und den Hl. Geist zu geben [...]
Willst du aber wissen, wie das geschieht, dann frage die Gnade, nicht die Wissenschaft; die Sehnsucht, nicht den Verstand; das Seufzen des Gebets, nicht das forschende Lesen; den Bräutigam, nicht den Lehrer; Gott, nicht den Menschen; die Dunkelheit, nicht die Helle; nicht das Licht, sondern jenes Feuer, das ganz und gar entflammt und durch mystische Salbung (*excessivis unctionibus*) und brennendste Liebe in Gott umgestaltet.

Quelle / Übers.: Bonaventura, Ausgewählte Werke. Bd. 2. Aus dem Lat. übers. v. J. Knaup, München 1961, 45-47. 114-119. 148-153. – *Literatur:* E. Gilson, Die Philosophie des hl. Bonaventura, Köln / Olten 1960; A. Speer, Triplex veritas. Wahrheitsverständnis und philosophische Denkform bei Bonaventura, Werl 1987; M. Schlosser, Cognitio et amor. Zum kognitiven und voluntativen Grund der Gotteserfahrung nach Bonaventura, Paderborn u.a. 1990; K. Ruh, Geschichte der abendländischen Mystik. Bd. 2, München 1993, 406-445; Chr. M. Cullen, Bonaventure, Oxford 2006; J. Ratzinger, Gesammelte Schriften, hg. v. G. L. Müller, Bd. 2: Offenbarungsverständnis und Geschichtstheologie Bonaventuras. Habilitationsschrift und Bonaventura-Schriften, Freiburg u.a. 2009.

1   *In seinem Testament berichtete Franziskus, den Gruß* »Dominus det tibi pacem« *(„Der Herr gebe dir Frieden") habe Gott ihm offenbart (s.o. Text 42b).*
2   *Diese Angabe ist möglicherweise ein Reflex darauf, dass traditionell angenommen wurde, Jesus sei 33 Jahre alt geworden.*
3   *Nach den Viten der Ort der Seraphenvision und Stigmatisierung des Franziskus.*
4   *Gemeint ist die* imago Dei, *die schöpfungsgemäße Gottebenbildlichkeit.*
5   *Glaube, Liebe, Hoffnung nach I Kor 13,13.*
6   *Bruder Leo gilt als Begleiter und Zeuge der Erfahrungen des Franziskus auf dem Alvernerberg.*

47. Thomas von Aquin († 1274): Die Summe der Theologie (1267-1273, unvollendet)

Thomas wurde bereits als Kind den Benediktinern von Monte Cassino zur Ausbildung übergeben. 1239 nahm er in Neapel das Studium der *Artes* auf. 1243/4 trat er in den noch jungen Dominikanerorden ein, dessen Ausrichtung auf Reflexion des christlichen Glaubens ihm entgegenkam. 1245-1248 studierte er unter Albertus Magnus in Paris, dem er dann an das *Studium generale* des Ordens in Köln folgte (1248-1252). Nach Paris zurückgekehrt, wirkte er als Baccalaureus und seit 1256 als *Magister regens* (ordentlicher Professor) auf dem den Dominikanern zustehenden Lehrstuhl. 1259-1268 lehrte er an verschiedenen Orten und in unterschiedlichen Positionen im Kirchenstaat, 1268-1272 wieder in Paris und seit 1272 in Neapel, wo er ein Generalstudium des Ordens aufbauen sollte. Er starb am 7.3.1274 auf der Reise zum Konzil in Lyon.
In seinen zahlreichen Schriften gestaltete er das Projekt einer christlichen Adaption, ja geradezu Vereinnahmung des seit Anfang des Jahrhunderts in seiner Gänze wiederentdeckten Aristoteles. Besonders in seiner zweiten Pariser Zeit brachte ihn dies freilich in eine doppelte Frontstellung, insofern er sein Vorhaben nicht nur gegenüber Feinden der Philosophie, sondern auch gegenüber den konsequenten Aristotelikern abzusichern hatte (s.u. Nr. 48). Seine Lehren hat er in einem umfassenden Oeuvre niedergelegt, das einen Kommentar zu den Sentenzen des Petrus Lombardus (1254-1256) ebenso umfasst wie die *Summa contra Gentiles* (»Summe gegen die Heiden«, eine großangelegte Apologie des Christentums) oder auch die

Quaestiones quodlibetales sowie Kommentare zu Werken des Aristoteles oder zu biblischen Büchern. In diesen Werken zeigt sich Thomas als ein Denker, der immer bereit war, einmal erreichte Positionen zu modifizieren und zu differenzieren. Diese lebendige Denkbewegung ist aber in der Rezeption durch die Festlegung eines normativen Thomasbildes in der Neuscholastik des 19. Jahrhunderts überlagert worden. Ihre große normative Bedeutung verdankt diese Summe ihrer umfassenden theologischen Komposition, die letztlich dem Leitgedanken ›Von Gott zu Gott‹ folgt, und einer in diesem Rahmen bis ins letzte Detail gehenden Reflexionsarbeit, die versucht, Vernunft und Offenbarung gleicherweise gerecht zu werden. Hierzu hilft ihre klare Gliederung in Kopfargumente, dem Contra eines Autoritätsarguments, der zusammenfassenden Antwort und einer Widerlegung der Kopfargumente.

a) Über die Theologie als Wissenschaft (STh I q. 1 a. 1-2)

1. Frage
Die heilige Lehre, ihre Art und ihr Gegenstand
[...]
1. Artikel
Haben wir außer den philosophischen Wissenschaften noch eine andere Lehre nötig?
1. Auf den ersten Blick scheint diese Notwendigkeit nicht einleuchtend. Denn nach dem, was über die Vernunft hinausgeht, soll der Mensch gemäß Sir 3[,22] nicht verlangen. »Was für dich zu hoch ist, das suche nicht«. Alles aber, was zum Bereich der Vernunft gehört, wird uns hinreichend vermittelt durch die philosophischen Wissenschaften, so dass jede weitere Lehre überflüssig scheint.
2. Die Lehre handelt nur von dem, was ist (*de ente*). Gegenstand des Wissens ist nämlich ausschließlich das Wahre, und dieses fällt zusammen mit dem, was ist. Nun handeln aber schon die philosophischen Wissenschaften von allen Bereichen des Seienden, auch von Gott, weshalb ein Teil der Philosophie nach Aristoteles auch ›natürliche Theologie‹ oder Gotteslehre heißt. Wir haben daher außer den philosophischen keine weitere Lehre notwendig.
Dagegen aber (*Sed contra*) heißt es in II Tim 3(,16): »Alle von Gott eingegebene Schrift ist nützlich zur Belehrung, zur Zurechtweisung, zur Besserung und zur Unterweisung in der Gerechtigkeit«. Die inspirierte Schrift aber gehört nicht zu den philosophischen Wissenschaften, die die Frucht bloß menschlicher Verstandestätigkeit sind. Es ist also wohl von Nutzen, dass es außer den philosophischen eine weitere Wissenschaft gibt, die auf göttlicher Eingebung beruht (*scientiam divinitus inspiratam*).
Ich antworte (*Respondeo*): Das Heil der Menschen verlangt außer den philosophischen Wissenschaften, die im Bereich der menschlichen Vernunft bleiben, eine Lehre, die auf göttlicher Offenbarung beruht. Zunächst deshalb, weil Gott den Menschen für ein Ziel bestimmt hat, das die Fassungskraft der Vernunft übersteigt, nach Jes 64(,4): »Außer dir hat kein Auge gesehen, was du, o Gott, denen bereitet hast, die dich lieben.« Das Ziel aber muss dem Menschen vorher bekannt sein, wenn er sein Wollen und Handeln darauf einstellen soll. Darum mussten dem Menschen, sollte er sein Heil nicht verfehlen, durch göttliche Offenbarung manche Dinge kundwerden, die über die menschliche Vernunft hinausgehen.
Aber auch jene Wahrheiten über Gott, die an sich der menschlichen Vernunft erreichbar sind, mussten dem Menschen geoffenbart werden. Denn die Erforschung dieser Wahrheiten wäre nur wenigen möglich, würde viel Zeit in Anspruch nehmen und auch dann noch mit viel Irrtum verbunden sein. Dabei hängt von der Er-

Thomas von Aquin 185

kenntnis dieser Wahrheiten das Heil des Menschen ab, das in Gott gelegen ist. Sollten die Menschen daher in größerer Zahl und mit größerer Sicherheit das Heil erlangen, so musste Gott ihnen diese Wahrheiten offenbaren.
So war also neben den philosophischen Wissenschaften, die rein auf der Forschungsarbeit der menschlichen Vernunft beruhen, eine heilige Lehre notwendig, die auf göttlicher Offenbarung gründet (*Necessarium* [...] *fuit* [...] *sacram doctrinam per revelationem haberi*).
Zu 1. Gewiss soll der Mensch, was für sein Erkennen zu hoch ist, nicht mit den Kräften seiner Vernunft erforschen wollen; wenn Gott es ihm aber offenbart, muss er es im Glauben annehmen. Deshalb heißt es an der zitierten Bibelstelle (Sir 3,25) weiter: »Es ist dir vieles gezeigt worden, was über Menschenerkennen hinausgeht.« Und gerade mit diesen Dingen beschäftigt sich die heilige Lehre.
Zu 2. Eine Verschiedenheit im Grund der Erkennbarkeit bedingt auch eine Verschiedenheit in den Wissenschaften. So beweisen der Astronom und der Physiker denselben Satz, z.B. dass die Erde rund ist. Doch tut es der Astronom mit Hilfe der Mathematik, also durch ein abstraktes Beweismittel; der Physiker dagegen aufgrund konkreter Beobachtungen. In gleicher Weise können dieselben Dinge, soweit sie der Vernunft zugänglich sind (*cognoscibilia lumine naturalis rationis*), Gegenstand der philosophischen Wissenschaften und zugleich, soweit sie durch die Offenbarung erkannt werden (*secundum quod cognoscuntur lumine divinae revelationis*), auch noch Gegenstand einer anderen Wissenschaft sein. Die Theologie also, welche zur heiligen Lehre gehört, unterscheidet sich der Gattung nach (*secundum genus*) von jener, die einen Teil der Philosophie bildet.

2. Artikel
Ist die heilige Lehre eine Wissenschaft?
1. Jede Wissenschaft gründet in Prinzipien, die durch sich selbst einsichtig sind (*ex principiis per se notis*). Die heilige Lehre aber geht zurück auf Glaubensartikel, die als solche nicht durch sich selbst einsichtig sind und deshalb auch nicht von allen angenommen werden. »Denn nicht alle finden den Glauben«, wie es in II Thess 3(,2) heißt. Die heilige Lehre ist also keine Wissenschaft.
2. Von Einzeldingen gibt es keine Wissenschaft. Die heilige Lehre aber handelt von Einzeldingen, z.B. von den Taten Abrahams, Isaaks und Jakobs und ähnlichem. Also ist die heilige Lehre keine Wissenschaft.
D a g e g e n a b e r sagt der heilige Augustinus in *De Trinitate* 14: »Unter diese Wissenschaft fällt nur, was den heilbringenden Glauben zeugt, nährt, verteidigt und stärkt.« Dafür kommt aber keine andere Wissenschaft in Betracht als die heilige Lehre. Also ist die heilige Lehre eine Wissenschaft.
I c h a n t w o r t e : Die heilige Lehre ist eine Wissenschaft. Aber es gibt zwei Arten von Wissenschaft. Die eine stützt sich auf Prinzipien, die durch das natürliche Licht des Verstandes einsichtig sind, wie z.B. die Arithmetik, die Geometrie u.a.; eine zweite Art auf Prinzipien, die durch das Licht einer höheren, übergeordneten Wissenschaft einsichtig werden. So gründet z.B. die Lehre von der Perspektive in Prinzipien, die durch die Geometrie, die Musik[1] in solchen, die durch die Arithmetik einsichtig sind. Und zu dieser zweiten Art von Wissenschaft zählt die heilige Lehre, weil sie sich auf Prinzipien stützt, die durch das Licht einer höheren Wissenschaft erkannt werden, nämlich der Wissenschaft Gottes und der Seligen (*ex principiis notis lumine superioris scientiae, quae scilicet est Dei et beatorum*). Wie sich also die Musik auf die Prinzipien verlässt, die ihr von der Arithmetik vermittelt werden, so

nimmt die heilige Lehre die Prinzipien gläubig an, die ihr von Gott geoffenbart sind.
Zu 1. Die Prinzipien einer jeden Wissenschaft sind entweder einsichtig durch sich selbst oder sie werden auf die Einsicht einer höheren Wissenschaft zurückgeführt. So die Prinzipien der heiligen Lehre.
Zu 2. Die Einzeldinge werden zwar in der heiligen Lehre auch berührt, doch nicht so, als wären sie die Hauptsache. Sie dienen etwa als Beispiel für das Leben, wie in den Moralwissenschaften, oder zum Erweis für die Autorität jener Männer, durch die die göttliche Offenbarung, das Fundament der Heiligen Schrift oder Lehre, uns zuteil geworden ist.

Quelle / Übers.: Die deutsche Thomas-Ausgabe, vollst., ungekürzte, dt.-lat. Ausgabe der Summa theologica, übers. von Dominikanern und Benediktinern Deutschlands und Österreichs, hg. von der Albertus-Magnus-Akademie Walberberg. Bd. 1, Graz u.a. 1982 (= ³1934), 4-9.

1   *Musik innerhalb der mittelalterlichen artes entsprach in etwa dem, was heute als Harmonielehre gilt.*

b) Über die Rechtfertigung des Sünders (STh I-II q. 113 a. 4)

4. Artikel
Ist zur Rechtfertigung des Sünders (*ad iustificationem impii*) eine Regung des Glaubens (*motus fidei*) erforderlich?
1. Wie der Mensch durch den Glauben gerechtfertigt wird, so auch durch anderes; z.B. durch die Furcht [...] Desgleichen durch Liebe [...] Also ist die Regung des Glaubens zur Rechtfertigung nicht in größerem Maße erforderlich als die Regung der vorgenannten Tugenden [...]
3. Es gibt verschiedene Glaubensartikel. Wenn also ein Akt des Glaubens zur Rechtfertigung des Sünders erforderlich wäre, müsste der Mensch, so scheint es, bei der ersten Rechtfertigung über alle Glaubensartikel nachdenken. Das aber scheint unsinnig zu sein, da ein solches Nachdenken eine lange Zeit erfordert. Also scheint es, dass der Glaubensakt zur Rechtfertigung nicht erforderlich ist.
Dagegen aber heißt es Röm 5(,1):»Gerechtfertigt aus dem Glauben, wollen wir Frieden haben mit Gott.«
Ich antworte: Die Regung der freien Selbstbestimmung (*motus liberi arbitrii*) ist zur Rechtfertigung des Sünders erforderlich, sofern der Geist des Menschen (*mens hominis*) von Gott bewegt wird. Gott aber bewegt die Seele des Menschen, indem Er sie zu Sich Selbst hinwendet, wie Ps 85(84)(,7) – in einer abweichenden Textfassung – gesagt wird:»Gott, Du wendest Dich zu uns und machst uns lebendig«. Darum ist zur Rechtfertigung des Sünders eine Regung des Geistes erforderlich, wodurch er sich zu Gott hinwendet. Die erste Hinwendung (*conversio*) zu Gott aber erfolgt nach Hebr 11(,6) durch den Glauben:»Wer sich Gott naht, muss glauben, dass Er ist«. Und darum ist eine Regung des Glaubens zur Rechtfertigung des Sünders erforderlich.
Zu 1. Die Regung des Glaubens ist nur vollkommen, wenn sie von der Liebe geformt ist (*motus [...] caritate informatus*). Darum erfolgt bei der Rechtfertigung des Sünders zugleich mit der Regung des Glaubens auch eine Regung der Liebe. Nun wird die freie Selbstbestimmung dazu zu Gott hingezogen, dass sie sich Ihm unterwerfe; darum läuft zugleich ein Akt der kindlichen Furcht und ein Akt der Demut mit. Es trifft sich nämlich, dass ein und derselbe Akt der freien Selbstbestimmung,

insoweit er nämlich auf verschiedene Ziele ausrichtbar ist, verschiedenen Tugenden angehört, sofern die eine den Befehl erteilt und die andere den Befehl empfängt. Nun wirkt ein Akt der Barmherzigkeit gegenüber der Sünde in der Weise der Genugtuung, und so folgt er auf die Rechtfertigung oder in der Weise der Vorbereitung, insofern die »Barmherzigen Barmherzigkeit erlangen« (Mt 5,7); und auch so kann er der Rechtfertigung vorausgehen oder sogar zusammen mit den genannten Tugenden mit der Rechtfertigung zusammentreffen, insofern die Barmherzigkeit in der Nächstenliebe eingeschlossen ist [...]
Zu 3. Der Apostel sagt Röm 4(,5): » [...] wer an den glaubt, der den Sünder rechtfertigt, dem wird sein Glaube zur Gerechtigkeit angerechnet nach dem Ratschluss der Gnade Gottes«. Daraus geht hervor: bei der Rechtfertigung des Sünders ist ein Akt des Glaubens dazu erforderlich, dass der Mensch glaube, Gott sei der Rechtfertiger der Menschen durch das Geheimnis Christi.

Quelle / Übers.: Die deutsche Thomas-Ausgabe. Bd. 14, Heidelberg u.a. 1955, 179-182.

c) Über die Eucharistie (STh III q. 75 a. 4)

4. Artikel
Kann das Brot in den Leib Christi verwandelt werden? [...]
Ich antworte: Da in diesem Sakrament der wahre Leib Christi ist und dort nicht aufgrund örtlicher Bewegung neu zu sein beginnt und auch nicht dort ist wie an einem Ort, so muss man sagen, dass er dort durch Verwandlung der Brotsubstanz in ihn selber zu sein anfängt.
Diese Verwandlung (*conversio*) hat aber keine Ähnlichkeit mit den natürlichen Verwandlungen, sondern ist ganz übernatürlich und allein von Gottes Kraft bewirkt. Darum sagt Ambrosius: »Klar ist, dass die Jungfrau außer der Naturordnung gebar. Und was wir [in der Wandlung] bewirken, ist der aus der Jungfrau gekommene Leib. Was suchst du also die Naturordnung im Leibe Christi, da doch der Herr Jesus selbst außerhalb der Natur[ordnung] aus der Jungfrau geboren ist?«[1]
Und zu Joh 6,63: »Die Worte, die ich zu euch gesprochen habe [nämlich über dieses Sakrament] sind Geist und Leben«, sagt Chrysostomus: »Das heißt, sie sind geistlich und haben nichts Irdisches, noch etwas von natürlicher Denkfolge, sondern sie sind erhaben über jede Notwendigkeit von der Art, wie sie hier auf Erden herrscht, und über die Gesetze, die hier gelten.«[2]
Offenbar wirkt nämlich jedes Wirkende (*omne agens*), insoweit es selbst wirklich ist. Jedes geschöpfliche Wirkende nun ist in seiner Wirklichkeit begrenzt, weil es zu einer bestimmten Gattung und Art gehört. Jede Wirksamkeit eines geschöpflichen Wirkenden stützt sich darum auf eine bestimmte Wirklichkeit. Seine Bestimmung im Wirklichsein hat aber jedes Ding durch seine Form. Darum kann kein natürliches, bzw. geschaffenes Wirkendes etwas bewirken außer einer Änderung der Form. Und deshalb ist jede Verwandlung, die nach den Naturgesetzen geschieht, eine solche der Form. Gott aber ist unbegrenzte Wirklichkeit. Somit erstreckt sich Seine Wirksamkeit auf die ganze Natur des Seienden. Er kann also nicht nur eine Verwandlung der Form bewirken, so dass zwei verschiedene Formen sich in dem gleichen Träger ablösen, sondern er kann die Verwandlung des ganzen Seienden bewirken, dass also die ganze Substanz von diesem in die ganze Substanz von jenem umgewandelt wird.
Und das wird durch göttliche Kraft in diesem Sakrament vollbracht. Denn die ganze Substanz des Brotes wird in die ganze Substanz des Leibes Christi und die ganze Substanz des Weines in die ganze Substanz des Blutes Christi verwandelt.

Somit ist diese Verwandlung nicht eine der Form, sondern der Substanz. Auch fällt sie nicht unter die Arten der natürlichen Bewegung, sondern kann mit dem Eigennamen ›Wesensverwandlung‹ (*transsubstantiatio*) benannt werden.

Quelle / Übers.: Die deutsche Thomas-Ausgabe. Bd. 30, Graz u.a. 1938, 65-69. – *Hilfsmittel:* L. Schütz, Thomas-Lexikon, 1895, Neudr. 1983; D. Berger, David / J. Vijgen (Hg.), Thomisten-Lexikon, Bonn 2006. *Internet:* http://www.corpusthomisticum.org/ (zuletzt abgerufen 22.8.2020). – *Literatur:* M. Grabmann, Thomas von Aquin, Persönlichkeit und Gedankenwelt. Eine Einführung, München [8]1949; M.-D. Chenu, Das Werk des heiligen Thomas von Aquin, Graz [2]1982; O.H. Pesch, Thomas von Aquin, Grenze und Größe mittelalterlicher Theologie. Eine Einführung, Mainz 1988; A. Speer (Hg.), Thomas von Aquin: Die Summa theologiae. Werkinterpretationen, Berlin / New York 2005; V. Leppin (Hg.), Thomas Handbuch, Tübingen 2016; V. Leppin, Thomas von Aquin, Münster [2]2017 (Zugänge zum Denken des Mittelalters 5); R. Schönberger, Thomas von Aquin zur Einführung, Hamburg [4]2018.

1 *Ambrosius, De sacramentis l. 4 c. 4.*
2 *Chrysostomus, hom. 46 in Ioan.*

48. Auseinandersetzung um Aristoteles

Die Gründung der europäischen Universitäten seit dem frühen 13. Jahrhundert ging einher mit einer intensivierten Rezeption des Aristoteles. Hatte er im frühen Mittelalter vorwiegend als Lehrer der Logik gegolten, so wurden nun zunehmend seine Schriften zu Physik, Metaphysik und Ethik, zum Teil auch seine feinsinnigeren logischen Schriften bekannt. Schon früh erregte die Bedeutung, die einem heidnischen Meister zukommen sollte, Irritation, die Papst Gregor in einem Brief an die Pariser Theologen 1228 zum Ausdruck brachte (Text a). Doch sorgten insbesondere Albertus Magnus, der sich in Kommentaren dem gesamten Werk des Stagiriten widmete, und Thomas von Aquin für die selbstverständliche Etablierung des Umgangs mit ihm an den *artes*-Fakultäten, die alle Studenten zunächst für ein philosophisches Grundlagenstudium absolvieren mussten, ehe sie eine der höheren Fakultäten Medizin, Jura oder Theologie besuchten. Während aber Thomas mit großer Kunst aristotelisches und christliches Denken zu harmonisieren suchte, kamen einige der *artes*-Lehrer zu dem Ergebnis, dass genau diese Harmonisierung nicht möglich sei. Schroff stellten sie daher die philosophische Erkenntnis neben das, was sie als christliche Wahrheit aufrechterhalten wollten. Das trug ihnen den Ruf ein, „lateinische Averroisten" zu sein, also Denker, die ganz und gar dem arabischen Philosophen Averroes/Ibn Rushd (1126–1198) folgten, oder eine doppelte Wahrheit zu behaupten (Text b). Mit ihrer Verurteilung im Jahr 1277, die zu Teilen sogar Sätze des Thomas betraf, war symbolisch das Projekt einer Harmonisierung von Christentum und paganer Weltweisheit in Frage gestellt. Sie markiert so den Übergang von der Hoch- zur Spätscholastik.

a) Gregor IX., *Ab Aegyptiis argentea* (7. Juli 1228)

[...] Auch der theologische Verstand hat gleichsam als Mann jedem beliebigen Vermögen vorzustehen und gleichsam als Geist die Herrschaft über das Fleisch auszuüben und es auf den Weg der Geradheit zu leiten, damit es nicht abirre [...] Wir sind fürwahr von Schmerz im Herzen innerlich berührt, von der Bitterkeit des Wermuts erfüllt, dass [...] einige bei Euch [...] eifrig damit beschäftigt sind, »die von den Vätern aufgestellten Grenzsteine« (vgl. Prov 22,28) durch gottlose Neuerung zu verrücken; denn sie biegen das Verständnis der himmlischen Schrift (*cae-*

lestis paginae), die aufgrund der Bemühungen der heiligen Väter von festen Grenzsteinen der Auslegung begrenzt ist, die zu überschreiten nicht nur leichtfertig, sondern gottlos ist, zur philosophischen Lehre von den natürlichen Dingen hin, um ihr Wissen zur Schau zu stellen, nicht um den Hörern irgendwie zu nützen, auf dass sie so nicht als Gottesgelehrte bzw. Theologen (*theodocti seu theologi*), sondern als Gottesverleumder (*theophanti*) erscheinen.

Obwohl sie nämlich die Gotteslehre gemäß der anerkannten Überlieferung der Heiligen auslegen müssen und nicht mit fleischlichen Waffen, sondern mit solchen, die »mächtig vor Gott sind, jede Hoheit niederzureißen, die sich wider die Erkenntnis Gottes erhebt, und jeden Gedanken gefangen in den Gehorsam gegenüber Christus zu führen« (2 Kor 10,4f), machen sie, von buntschillernden und fremden Lehren verführt, das Haupt zum Schwanz und zwingen die Königin, der Magd zu dienen, nämlich das Himmlische den irdischen Lehren, indem sie, was zur Gnade gehört, der Natur zuweisen.

In der Tat: Sich mehr als gebührend mit der Erkenntnis der natürlichen Dinge beschäftigend, zu den schwachen und dürftigen Elementen der Welt [...] zurückgekehrt und ihnen von neuem dienend, ernähren sie sich als Schwächlinge in Christus »von Milch, nicht von fester Speise« (Hebr 5,12) [...] Und wenn sie den Glauben mehr als gebührend mit der natürlichen Vernunft zu stützen versuchen, machen sie ihn dann nicht gewissermaßen unnütz und leer? Denn » der Glaube hat kein Verdienst, dem die menschliche Vernunft den Beweis liefert«[1]. Die Natur glaubt ja das Erkannte, aber der Glaube erfasst aus eigener Kraft durch gnadenhafte Einsicht das Geglaubte, der Glaube, der kühn und verwegen durchdringt, wohin die natürliche Erkenntnis nicht gelangen kann.

Quelle: DH 824. – *Literatur:* U. Köpf. Die Anfänge der theologischen Wissenschaftstheorie im 13. Jahrhundert, Tübingen 1974; J. Verger, Á propos de la naissance de l'université de Paris: contexte social, enjeu politique, portée intellectuelle, in: J. Fried (Hg.), Schulen und Studium im sozialen Wandel des hohen und späten Mittelalters, Sigmaringen 1986, 69-96; M.-D. Chenu, Die Theologie als Wissenschaft im 13. Jahrhundert, Mainz 2008.

b) Die Verurteilung des Aristotelismus vom 7. März 1277

Stephan, durch göttliche Gunst der unwürdige Diener der Kirche von Paris,[2] entbietet allen, die das gegenwärtige Schreiben sehen werden, seinen Gruß im Sohn der glorreichen Jungfrau. Häufige, von Glaubenseifer eingegebene Berichte bedeutender und vertrauenswürdiger Personen haben uns zur Kenntnis gebracht, dass einige Lehrer der freien Künste (*nonnulli* [...] *studentes in artibus*) zu Paris die Grenzen ihrer eigenen Fakultät überschreiten und es wagen, die offensichtlichen und verabscheuungswürdigen Irrlehren oder vielmehr Eitelkeiten und falschen Hirngespinste, die in der Rolle beziehungsweise den Blättern enthalten sind, die diesem Schreiben beigefügt sind, als an der Universität behandlungswürdige Probleme abzuhandeln und zu disputieren. Sie missachten das Wort Gregors: »Wer weise sprechen will, der achte mit großer Sorgfalt darauf, dass nicht durch seine Rede die Einigkeit seiner Zuhörer zerstört werde«[3], vor allem dadurch, dass sie die genannten Irrlehren mit den Schriften der Heiden stützen, von denen sie – o Schande! – in ihrer Inkompetenz behaupten, sie seien so zwingend, dass sie gegen sie nichts einzuwenden wüssten. Um den Eindruck zu erwecken, sie behaupteten gar nicht, was sie nahelegen, verstecken sie ihre Antworten in einer Weise, dass sie, während sie Skylla vermeiden wollen, an Charybdis scheitern. Sie sagen nämlich, diese Irrlehren seien wahr im Sinne der Philosophie, aber nicht im Sinne

des christlichen Glaubens, als gebe es zwei gegensätzliche Wahrheiten *(quasi sint due contrarie veritates)* und als stehe gegen die Wahrheit der Heiligen Schrift die Wahrheit in den Schriften der gottverworfenen Heiden, von denen geschrieben steht: »Die Weisheit der Weisen werde ich vernichten« (I Kor 1,19) [...]
[*Es folgt eine Reihe von verurteilten Thesen:*]
1. Gott ist nicht dreieinig und einer, weil die Dreieinigkeit nicht vereinbar ist mit der höchsten Einfachheit. Denn wo wirkliche Vielheit ist, dort gibt es notwendigerweise Hinzufügung und Zusammensetzung. Beispiel: ein Haufen Steine.
2. Gott kann nicht seinesgleichen erzeugen. Denn was erzeugt wird, hat seinen Ursprung in einem anderen, von dem es abhängt. Und in Gott wäre Erzeugen kein Zeichen von Vollkommenheit [...]
9. Es gab keinen ersten Menschen, und es wird keinen letzten geben, sondern es gab immer und wird immer geben die Erzeugung eines Menschen aus einem Menschen [...]
16. Um den Glauben braucht man sich nicht zu kümmern, wenn etwas als ketzerisch bezeichnet wird, weil es gegen den Glauben verstößt [...]
27. Gott kann nicht mehrere, der Zahl nach verschiedene Seelen machen [...]
31. Der menschliche Intellekt ist ewig, denn er stammt aus einer Ursache, die sich immer auf die gleiche Weise verhält, und er hat keine Materie, aufgrund deren er eher in Möglichkeit als in Wirklichkeit wäre *(per quam prius sit in potentia quam in actu)* [...]
37. Nichts darf man glauben, das nicht evident *(per se notum)* ist oder nicht aus Evidentem entwickelt werden kann [...]
48. Gott kann nicht die Ursache eines neuen Ereignisses sein und kann nichts Neues hervorbringen [...]
152. Die Reden der Theologen sind in Fabeln begründet.
153. Das theologische Wissen bringet keinen Erkenntnisgewinn.
154. Weltweise *(sapientes mundi)* sind allein die Philosophen [...]

Quelle: Aufklärung im Mittelalter? Die Verurteilung von 1277, hg. v. K. Flasch, Mainz 1989, 92f. 99f. 106f. 112. 127. 134. 147. 217. – *Literatur:* R. Hissette, Enquête sur les 219 articles condamnés à Paris le 7 mars 1277, Löwen 1977; F. v. Steenberghen, Die Philosophie im 13. Jahrhundert, Paderborn u.a. 1977; F.-X. Putallaz, Profession philosophe: Siger de Brabant. Paris 1997; H. Rashdall, The Universities of Europe in the Middle Ages, 3 Bde, London 1997; J. A. Aertsen / K. Emery / A. Speer (Hg.), Philosophie und Theologie an der Universität von Paris im letzten Viertel des 13. Jahrhunderts. Studien und Texte, Berlin 2001.

1   *Gregor I. der Große, In Evangelia homiliae l. 2 hom. 26, Nr. 1 (PL 76,1197C).*
2   *Étienne Tempier († 1279), seit 1268 Bischof von Paris.*
3   *Gregor I. der Große, ep. 25 (PL 77,473B).*

49. Scholastische Neuansätze nach der Verurteilung des konsequenten Aristotelismus

Der neue, kritische Blick auf Aristoteles und seine Nutzbarkeit für die Theologie nach der Lehrverurteilung von 1277 brachte auch jene Harmonie von Vernunft und Offenbarung ins Wanken, die Thomas von Aquin so souverän vorgeführt hatte. Mehrere Theologen suchten nach Neuansätzen. Besonders engagiert waren dabei Franziskaner. Im Blick auf sie wird gelegentlich, in Unterscheidung von Alexander von Hales († 1245) und Bonaventura als der

Scholastische Neuansätze

»älteren Franziskanerschule«, von der „jüngeren Franziskanerschule" gesprochen. Für sie steht zunächst Duns Scotus, der seinen Neuansatz durch eine starke Betonung des Willenselementes in Gotteslehre und Anthropologie suchte (Text a). Er stammte, wie sein Beiname zeigt, aus Schottland und studierte 1288-1301 in Oxford Theologie. Sein dort verfasster Sentenzenkommentar liegt in einer Fassung vor, die der Autor selbst autorisiert hat, weswegen sie, im Unterschied zu bloßen Mitschriften, Reportationes, »Ordinatio« genannt wird. Ab 1302 lehrte er in Paris, musste die Stadt aber vorübergehend verlassen, weil er sich weigerte, die Politik des französischen Königs gegen Bonifaz VIII. (s.u. Nr. 51) zu unterstützen. Nach seiner Rückkehr wurde er zum Magister promoviert. 1307, kurz vor seinem Tod, wechselte er an das Generalstudium seines Ordens in Köln. Durch Rückkehrer aus Paris wurde sein Einfluss in Oxforder Studentenkreisen sehr stark und wirkte hier auch auf einen anderen jungen Franziskaner: Wilhelm von Ockham († 1347). Dessen Universalienlehre (Text b.1), der zufolge die Rede von Allgemeinheiten sich lediglich der Begriffsbildung des Verstands, nicht aber der extramentalen Existenz von Allgemeinem selbst verdankte (Konzeptualismus), und zur Eucharistie trugen ihm noch, als er schon am Ordensstudium in London lehrte, aufgrund einer Klage seines ehemaligen Oxforder Universitätskanzlers einen Prozess vor der Kurie in Avignon ein; hier traf er 1324 ein. Seine schon begonnene Magister-Promotion konnte er wegen der Vorwürfe nicht mehr vollenden, daher erhielt er später den Ehrennamen *Venerabilis Inceptor* (»Verehrungswürdiger Beginner«). Gerne wurde dieser Beiname auch auf seine theologischen und philosophischen Neuansätze bezogen, die man vor allem als eine durchaus nicht radikale Dynamisierung des Weltbildes verstehen kann. So entwickelte er die Lehre des Duns von Gottes *potentia absoluta* und seiner *potentia ordinata*, der ungebundenen und der geordneten Macht, weiter und modifizierte sie in dem Sinne, dass die Aussage, Gott könne nicht *inordinate* handeln, nicht eine Regelhaftigkeit von Gottes Handeln bedeutete, sondern schlicht besagte, dass Gott stets seinen eigenen Anordnungen folge (Text b.2). Seine Gedanken wurden in der Folgezeit von den Theologen der Via moderna intensiv rezipiert, denen die an den vorherigen Theologen, vor allem an Thomas, orientierten Theologen der Via antiqua gegenüberstanden.

a) Johannes Duns Scotus (ca. 1265/6-1308): Der Primat des Willens vor dem Verstand hinsichtlich der Glückseligkeit (Ordinatio IV d. 49 p. 1 q. 4)

Besteht die Glückseligkeit an sich in einem Akt der Vernunft oder des Willens?
(Gegen die Vorordnung der Vernunft sind folgende Argumente vorzubringen:)
Der transzendente Zweck (*finis extra*) ist einfach das Beste und das in höchstem Maße Erstrebenswerte. Also ist von den Dingen, die auf ihn bezogen sind, das in höherem Maße erstrebenswert, welches unmittelbarer auf ihn bezogen ist. Unmittelbarer auf den transzendenten Zweck bezogen (als das Verstehen) ist aber das Wollen; denn es zielt direkt auf ihn als seinen Endzweck, weil dieser Endzweck der eigentliche Gegenstand des Wollens selbst ist [...]
Außerdem kann der Wille seinen Akt wollen, so wie die Vernunft ihren Akt versteht. Entweder will er nun sein Wollen um des Verstehens willen, oder umgekehrt, oder es geschieht keines von beidem um des anderen willen (dabei spreche ich natürlich von dem geordneten Wollen). Die erste Möglichkeit trifft nicht zu; denn nach Anselm, »Warum musste Gott Mensch werden?«, 2. Buch, 1. Kapitel, wäre es eine verkehrte Ordnung, wenn man lieben wollte, um zu verstehen. Aber auch die dritte Möglichkeit scheidet aus; denn bei den Dingen, die jeweils an sich auf den gleichen Zweck hingeordnet sind, besteht auch eine Ordnung untereinander, eine Art Ausrichtung auf einen Zweck unterhalb des Zwecks. Folglich trifft das zweite zu; eben das will Anselm an der genannten Stelle sagen.

Hinzu kommt noch Folgendes: Wenn die transzendente Glückseligkeit (*beatitudo extra*) einfach und in höchstem Maße erstrebenswert ist, so ist dasjenige die größte immanente Glückseligkeit (*beatitudo intra*), was unter den immanenten Dingen in höchstem Maße erstrebenswert ist. Hierbei muss es sich um ein Wollen handeln; denn der Wille strebt mehr nach seiner eigenen Vollendung bei der Erreichung des Endzwecks als nach der der Vernunft.

Quelle: Ioannis Duns Scoti ... Opera Omnia, hg. v. M. Perry u.a. Bd. 14, Vatikan 2013, 335-337. – *Hilfsmittel:* F. Garcia, Lexicon scholasticum philosophico-theologicum, inquo termini, definitiones ... I.D.Sc. declarantur, Quaracchi 1910, Neudr. Hildesheim 1974. – *Literatur:* E. Gilson, Johannes Duns Skotus, Düsseldorf 1959; W. Dettloff, Die Lehre von der acceptatio divina bei Johannes Duns Scotus mit besonderer Berücksichtigung der Rechtfertigungslehre, Werl 1954; Th. Williams (Hg.), The Cambridge Companion to Duns Scotus, Cambridge 2003; M. B. Ingham, Johannes Duns Scotus, Münster 2006; R. Cross (Hg.), The Opera Theologica of John Duns Scotus, Münster 2012.

b) Wilhelm von Ockham (ca. 1285-1347)

1. Was sind Universalien? (Summa Logicae I, 14f.)

Zunächst nun muss die Rede sein von den Begriffen der zweiten Reflexionsstufe, sodann von denen der ersten. Wir haben bereits gesagt, dass zu den Begriffen der zweiten Reflexionsstufe Bezeichnungen wie ›Allgemeinbegriff‹ (*universale*), ›Gattung‹ (*genus*) oder ›Art‹ (*species*) gehören. Deshalb müssen wir jetzt von den fünf Universalien reden. Dabei liegt das erste Problem in der Bezeichnung ›allgemein‹ (*universale*), die ihnen allen zukommt, und in der entgegengesetzten Bezeichnung ›einzig‹ (*singulari*).

Man muss nun als erstes wissen, dass das Wort ›einzig‹ im doppelten Sinne gebraucht wird. Einmal bezeichnet es alles, was eines und nicht vieles ist. So verstehen es die, die meinen, dass ein Universale irgendeine Seelenqualität ist, die sich auf viele Entitäten anwenden lässt – allerdings dann nicht für sich selbst, sondern für diese vielen Objekte. Sie müssen dann sagen, dass jedes Universale wahrhaft und wirklich einzig ist. Denn ebenso wie jede Lautfolge – sie mag zur Bezeichnung noch so vieler Entitäten eingesetzt sein – ganz einzig und nur einmal vorhanden ist, da sie eben eines und nicht mehrere ist, so ist auch ein geistiger Denkvorgang (*intentio animae*), der mehrere äußere Entitäten bezeichnet, ganz einzig und nur einmal vorhanden, da er zwar mehrere Entitäten bezeichnet, selbst aber nur einer und nicht mehrere ist. Daneben nennt man aber ›einzig‹ auch all das, was nur eines und nicht mehreres ist und nicht als Bezeichnung mehrerer Entitäten dienen kann. Wenn man das Wort so versteht, sind Universalien nie einzig; denn diese können immer als Zeichen (*signum*) für mehrere Entitäten dienen und lassen sich von mehreren Entitäten aussagen. Wenn man deshalb, wie es oft geschieht, etwas Universale nennt, das nicht nur eines ist, dann kann meiner Meinung nach nichts ein Universale sein, sofern man dieses Wort nicht missbraucht. Das letztere wäre etwa der Fall, wenn man ›Volk‹ zu den Universalien rechnen würde, weil es nicht nur eines ist, sondern viele; aber so etwas wäre kindisch.

Man muss also sagen, dass jedes Universale eine einzige Entität ist; allgemein ist es nur, insofern es mehrere Entitäten bezeichnet [...]

Man muss jedoch wissen, dass es zwei Arten von Universalien gibt. Die einen sind es von Natur, d.h. sie lassen sich von Natur von mehreren Entitäten aussagen, so

Scholastische Neuansätze

wie Rauch von Natur aus Feuer anzeigt oder das Stöhnen eines Kranken Schmerz und Lachen innere Freude. Solche Universalien sind nur geistige Denkvorgänge, weil keine Substanz und kein Akzidens außerhalb von Geist und Seele hierzu gehört. Davon wird jetzt die Rede sein. Die anderen Universalien beruhen auf Konvention. Zu ihnen gehören beispielsweise hörbare Laute, die der Zahl nach jeweils eine Qualität sind; denn hier handelt es sich um konventionelle Zeichen, die jeweils mehrere Entitäten bezeichnen sollen.
[...]
Universalien sind also geistige Denkvorgänge, die sich von mehreren Entitäten aussagen lassen. Das lässt sich durch folgende Überlegung bestätigen: Alle Universalien lassen sich nach übereinstimmender Auffassung jeweils von vielen Entitäten aussagen. Aber nur geistige Denkvorgänge oder konventionelle Zeichen sind dazu geeignet, von etwas anderem ausgesagt zu werden, nicht aber Substanzen. Also sind nur geistige Denkvorgänge oder konventionelle Zeichen Universalien. Im Folgenden aber gebrauche ich das Wort ›Universalien‹ nicht für konventionelle Zeichen, sondern nur für das, was von Natur aus dazugehört. Denn dass sich keine Substanz ihrer Natur nach von etwas anderem aussagen lässt, ist klar, da andernfalls ein Satz aus einzelnen Substanzen gebildet werden könnte und dann beispielsweise das Subjekt in Rom und das Prädikat in England wäre. Das aber ist absurd.
Hinzu kommt, dass ein Satz – und damit auch seine Teile – entweder gedacht oder gesprochen oder geschrieben wird. All dies ist aber bei einzelnen Substanzen nicht möglich. Also lässt sich kein Satz aus Substanzen bilden. Da ein Satz andererseits aus Universalien gebildet wird, sind Universalien auf keine Weise Substanzen.

Quelle: Guilelmi de Ockham Opera Philosophica I, hg. v. P. Boehner u.a., St. Bonaventure / N.Y. 1974, 47-49. 53f.

2. Gottes absolute und anordnungsgemäße Macht (Quodlibeta VI, 1)

Kann ein Mensch ohne geschaffene Liebe (*sine caritate creata*) erlöst werden?
Dagegen spricht, dass jedweder Mensch, der erlöst wird, Gott lieb ist. Keiner aber kann ohne Liebe Gott lieb sein, also kann keiner ohne Liebe erlöst werden.
Dagegen wiederum kann man einwenden: Gott kann jedes in sich Bestehende, das von einem anderen unterschieden ist (*omne absolutum distinctum ab alio*), von diesem abtrennen und ohne es im Sein erhalten. Gnade und Herrlichkeit aber sind zwei für sich bestehende und voneinander unterschiedene Seinswirklichkeiten. Also kann Gott die Herrlichkeit in der Seele erhalten und die Gnade zunichte machen.
Hierzu werde ich erstens eine Unterscheidung hinsichtlich der Macht Gottes einführen. Zweitens werde ich zur Frage sprechen.
Zum ersten Punkt sage ich, dass Gott gewisse Dinge nach seiner anordnungsgemäßen Macht tun kann und einige nach seiner absoluten Macht (*quaedam potest Deus facere de potentia ordinata et aliqua de potentia absoluta*). Diese Unterscheidung ist nicht so zu verstehen, als gebe es in Gott real zwei Mächte, deren eine anordnungsgemäß sei und die andere absolut. Denn in Gott gibt es nach außen nur eine einzige Macht, die ganz und gar mit Gott selbst identisch ist. Die Unterscheidung ist aber auch nicht so zu verstehen, dass Gott manches anordnungsgemäß machen kann, manches hingegen absolut und nicht-anordnungsgemäß (*inordinate*). Denn Gott kann nichts nicht-anordnungsgemäß machen.

Vielmehr ist diese Unterscheidung so zu verstehen, dass ›etwas können‹ manchmal im Blick auf die von Gott angeordneten und eingesetzten Gesetze verstanden wird. Dann wird gesagt, Gott könne das gemäß der anordnungsgemäßen Macht tun. Anders wird ›können‹ in folgendem Sinne verstanden als: alles machen können, was nicht impliziert, dass ein Widerspruch entstünde – unabhängig davon, ob Gott angeordnet hat, dass er dies tun werde oder nicht. Denn Gott kann, gemäß dem Sentenzenmeister[1], Buch 1 distinctio 43, vieles machen, was er doch nicht machen will. Hiervon heißt es, das mache Gott gemäß der absoluten Macht. Ebenso kann ja der Papst manches nach den von ihm angeordneten Rechten nicht, was er gleichwohl absolut kann. Diese Unterscheidung beweist der Ausspruch des Heilands Joh 3(,5): »Wenn einer nicht«, sagt er, »wiedergeboren worden ist aus Wasser und Heiligem Geist, kann er nicht eingehen in das Reich Gottes.« Nun ist ja Gottes Macht jetzt dieselbe wie früher, und es gab einst manche, die ungetauft in das Reich Gottes eingingen – das ist bei den beschnittenen Knaben zur Zeit des Gesetzes offenkundig, die gestorben waren, ehe sie den Verstandesgebrauch besaßen. Dann ist das auch jetzt möglich. Und doch ist das, was damals nach den damals eingesetzten Gesetzen möglich war, jetzt nach den jetzt eingesetzten Gesetzen nicht möglich. Absolut ist es gleichwohl möglich.

Zum zweiten Artikel sage ich zunächst, dass ein Mensch nach der absoluten Macht Gottes ohne geschaffene Liebe erlöst werden kann. Dieser Schluss ist erstens folgendermaßen zu beweisen: Alles, was Gott vermittels einer Wirk- oder Zielursache als Zweitursache machen kann, kann er auch unmittelbar von sich aus machen. Wenn aber die geschaffene Liebe eine Ursache sein sollte – das kann eine bewirkende oder eine vorbereitende (insofern sie auf das ewige Leben vorbereitet) sein –, wird es sich bei ihr um eine sekundäre Wirk- oder Finalursache handeln. Also kann Gott jemandem das ewige Leben auch ohne sie geben [...]

Außerdem: Was jemandem zuteil werden kann, ohne Belohnung für ein Verdienst zu sein, kann ihm nach der absoluten Macht Gottes auch ohne jeden vorausgehenden Habitus, der Voraussetzung der Verdienstlichkeit wäre, zuteil werden. Der seligmachende Akt aber wurde Paulus in seiner Entrückung (*in suo raptu*)[2] nicht als Belohnung für ein Verdienst zuteil, denn damals hat er das göttliche Wesen geschaut. Also kann Gott ihm das ewige Leben ohne eine solche Gnade, die die Voraussetzung der Verdienstlichkeit wäre, geben [...]

Zweitens sage ich, dass gemäß den jetzt von Gott erlassenen Gesetzen kein Mensch jemals ohne geschaffene Gnade erlöst werden oder auch nur erlöst werden können wird (,) und (ebenso wenig wird nach diesen Gesetzen jemals ein Mensch) einen verdienstlichen Akt wählen oder auch nur wählen können. Dieser Meinung bin ich aufgrund der Heiligen Schrift und der Aussprüche der Heiligen.

Und wenn du sagst, dass der erste Schluss den Irrtum des Pelagius enthält, so antworte ich, dass dem nicht so ist. Denn Pelagius hat behauptet, dass tatsächlich keine Gnade erfordert werde, um das ewige Leben zu erhalten. Vielmehr sei ein ausschließlich aus natürlichen Beweggründen gewählter Akt aufgrund seiner Würdigkeit im Blick auf das ewige Leben verdienstlich. Ich dagegen behaupte, dass ihn ausschließlich die absolute Macht Gottes verdienstlich macht, indem sie ihn annimmt.

Quelle: Wilhelm von Ockham, Texte zur Theologie und Ethik, ausgew., eingel. u. übers. v. V. Leppin u. S. Müller, Stuttgart 2000, 66–75.– *Hilfsmittel:* L. Baudry, Lexique philosophique de Guillaume d'Ockham, Paris 1958. –*Literatur:* K. Bannach, Die Lehre von der doppelten Macht Gottes bei Wilhelm von Ockham, Wiesbaden 1975 (VIEG 75); W. J. Courtenay, Schools and Scholars in Fourteenth-Century England, Princeton / N.J. 1987; J.P. Beckmann, Wilhelm von

Scholastische Neuansätze

Ockham, München 1995; V. Spade, The Cambridge Companion to Ockham. Cambridge 1999; V. Leppin, Wilhelm von Ockham. Gelehrter – Streiter – Bettelmönch. Darmstadt ²2012.

1 *Petrus Lombardus*
2 *Anspielung auf II Kor 12, 1-4.*

50. Augustinrenaissance

Zu den Reaktionen auf die Lehrverurteilungen gehörte auch der Versuch, gegenüber dem scheinbar allgegenwärtigen Aristoteles die Autorität Augustins neu zu stärken. Ohnehin war er aus den scholastischen Diskursen nicht fortzudenken. Nun aber entwickelten Denker wie Bonaventura oder Heinrich von Gent († 1293), die maßgebliche Figur hinter der Lehrverurteilung von 1277, ihre Erkenntnislehre auf Grundlage des Kirchenvaters. Bald wurden auch seine spezifischen Aussagen zur Rechtfertigungslehre mit neuer Schärfe gelesen. Auch sie waren nicht unbekannt gewesen, auch der Gegensatz zu Pelagius war in den scholastischen Debatten präsent geblieben. Nun aber wurde der Gegensatz zu allem, was nach Vertrauen auf die Werke des Menschen und damit nach Pelagianismus klingen konnte, neu artikuliert. Das hing auch damit zusammen, dass man aus Wilhelm von Ockham solche Konsequenzen ziehen konnte, auch wenn er selbst sie bestritten hätte. Gegen diese Entwicklung wandten sich fast gleichzeitig, aber unabhängig voneinander, Thomas Bradwardine († 1349) in Oxford und Gregor von Rimini (ca. 1300-1358) in Paris. Gregor gehörte dem Orden der Augustinereremiten an, der schon länger in besonderem Maße das Erbe des Kirchenvaters pflegte (Text a). Er hat in Bologna, Padua und Perugia sowie in den vierziger Jahren in Paris gelehrt. 1357 wurde er Generalminister seines Ordens. Wie er griff auch Bradwardine in seiner Argumentation gegen die pelagianischen Tendenzen in Kreisen der Via moderna auf deren eigene Grundlagen in der *potentia*-Lehre zurück, vertraute aber in seiner heftigen Polemik, der *Causa Dei contra Pelagium*, stärker darauf, Gottes Handeln mit Hilfe philosophischer Beweisführungen rational rekonstruieren zu können – dabei stellte er besonders die augustinische Prädestinationslehre in den Vordergrund (Text b). Ganz in der Tradition des Augustinus beanspruchte er, zu seinen Einsichten durch eine Bekehrung eigener Art gelangt zu sein. Sein antipelagianisches Hauptwerk hat er 1344 veröffentlicht, fast zehn Jahre nachdem er sich 1335 aus der Universität zurückgezogen und kirchliche Ämter bekleidet hatte. Wenige Wochen vor seinem Tod wurde er sogar noch zum Erzbischof von Canterbury geweiht.

a) Sünden- und Gnadenlehre auf den Bahnen Augustins bei Gregor von Rimini (ca. 1300-1358): Sentenzenkommentar (1342) l. 2 d. 26-28 q.1

[...] Zum ersten Artikel möchte ich voranschicken, dass ich ebenso wie diejenigen, die anderer Ansicht sind als ich, und alle Doktoren unter einer sittlich guten Handlung (*actum moraliter bonum*) nichts anderes verstehe als eine sittliche Handlung, die in allen Umständen (*secundum omnes circumstantias*), die für eine echt tugendhafte Handlung erforderlich sind, dem rechten Verständnis (*rectae rationi*) entspricht.
Hierauf will ich drei Schlussfolgerungen beweisen:
1. Kein Mensch kann in seinem gegenwärtigen Zustand,[1] unbeschadet des allgemeinen Einflusses Gottes, ohne seine besondere Hilfe (*absque speciali auxilio eius*) eine sittlich gute Handlung ausführen.

2. Kein Mensch kann (sc. unter diesen Bedingungen) ohne besondere Hilfe Gottes im Blick auf die sittliche Lebensführung hinreichend erkennen, was man wollen oder nicht wollen, tun oder lassen soll.
3. Kein Mensch kann (unter diesen Bedingungen), selbst wenn er über Wollen oder Nichtwollen und Tun oder Lassen im Blick auf die sittliche Lebensführung hinreichend Bescheid weiß, ohne besondere Hilfe Gottes angemessen wollen oder handeln.

Um die erste Schlussfolgerung zu beweisen, möchte ich zunächst einige Voraussetzungen formulieren, die jeder Katholik einfach ohne Zögern bekennen muss:
1. Keine schuldhafte Handlung (*actus culpabilis*) ist sittlich gut [...]
2. Niemand, der zu einem Vergehen oder einer sittlich schlechten Handlung versucht wird, kann eine solche Versuchung ohne Gottes Hilfe überwinden [...]
3. Sowohl um Verfehlungen (*actibus vitiosis*) zu vermeiden als auch um tugendhaft zu handeln, rufen die Gläubigen im Gebet die göttliche Hilfe an, und wenn es ihnen gelungen ist, danken sie Gott. Ihre Gebete und Danksagungen sind aber weder überflüssig noch geheuchelt [...]
4. Jeder Mensch ist im gegenwärtigen Zustand schwach und unfähig zu einer guten Handlung nach dem göttlichen Gebot, so dass er wegen seiner Schwachheit nicht nur zum besseren oder leichteren Handeln, sondern zum Handeln überhaupt die besondere Hilfe der Gnade Gottes braucht, ja ohne Hilfe gar nicht derartig handeln kann. Das wird dadurch bewiesen, dass Pelagius bei der palästinischen Gerichtsversammlung[2] gezwungen wurde zu bekennen, dass Gottes Gnade und Hilfe bei den einzelnen Handlungen gewährt würden, und das Gegenteil als irrig zurückzunehmen und zu verdammen [sei] [...]
Aber dass der Mensch, wie gesagt, eine solche Hilfe (*adiutorium*) nicht nur braucht, um leichter, sondern um überhaupt handeln zu können, geht aus Folgendem hervor: Wie Augustin[3] berichtet, deckte Pelagius nach jener Gerichtsversammlung in seinen Büchern den Sinn seines oben angeführten Bekenntnisses auf und sagte, »die Gnade Gottes wird den Menschen dazu gegeben, dass sie das, was sie mit ihrem freien Willen tun sollten, durch die Gnade leichter vollbringen könnten«; so erweckte er den Anschein, dass sie zwar nicht so leicht, letztlich aber doch auch ohne Gnade solche Handlungen ausführen könnten: Diese Auffassung wurde später, zur Zeit der Kaiser Honorius und Arcadius[4] und des Papstes Innocenz I.[5], von einer Synode in Mileve[6] als irrig verdammt. Deshalb heißt es dort: »Wer behauptet, die Rechtfertigungsgnade (*gratiam iustificationis*) werde uns dazu gegeben, dass wir das, was wir mit dem freien Willen tun sollen, durch die Gnade leichter vollbringen können, als ob wir die göttlichen Gebote ohne Gnade zwar nicht leicht, aber letztlich doch erfüllen könnten, der sei verflucht [...] « Aus dieser Bestimmung geht deutlich hervor, dass die Gnade Gottes der menschlichen Schwachheit als Hilfe zu solchem Handeln gewährt wird und dass diese ohne eine solche Hilfe überhaupt nichts vermögen würde [...]
5. Um sittlich gute Handlungen auszuführen, braucht der Mensch, auch wenn sie nicht als Verdienst für das ewige Leben angerechnet werden, ebenso Gottes Hilfe, wie er keine Hilfe braucht, um sittlich schlechte Handlungen auszuführen [...]

Quelle: Gregorii Ariminensis OESA Lectura super Primum et Secundum Sententiarum, hg. v. D. Trapp u. V. Marcolino. Bd. 6, Berlin / New York 1980 (Spätmittelalter und Reformation 11), 27. – *Literatur:* G. Leff, Gregory of Rimini. Tradition and Innovation in 14th Century Thought, Manchester 1961; H.A. Oberman (Hg.), Gregor von Rimini. Werk und Wirkung bis zur Reformation, Berlin 1981 (SuR 20); M. Santos Noya, Die Sünden- und Gnadenlehre des

Gregor von Rimini, Frankfurt 1990; H.A. Oberman (Hg.), Via Augustini. Augustine in the Later Middle Ages, Renaissance and Reformation. FS Damasus Trapp, Leiden u.a. 1991 (SMRT 48).

b) Gnade ohne vorausgehendes Verdienst: Thomas Bradwardine, *De causa Dei contra Pelagium* l. 1 c. 35

Gegen Pelagius: die Gnade wird umsonst (*gratis*) vergeben und nicht aufgrund von vorausgehenden Verdiensten (*merita*) erworben.

Weiterhin erscheint notwendig, dass derjenige, der Gottes Fürsorge (*prouidentia Dei*) darstellen möchte, über die göttlichen Belohnungen nicht schweigen soll, da Gottes Fürsorge prächtige göttliche Belohnungen (*diuina munera*) enthält. Alle Dinge außer Gott, umso mehr Gott selbst, werden als göttliche Belohnungen gezählt. Daher sagt der Apostel, dass Gott allem Leben, Atem und alles gibt. Dies einmal bedacht, bleibt zu zeigen, dass Gott alle seine Belohnungen umsonst gibt. Er ist nämlich weder begierig noch bedürftig [...] So zu geben ist eine prächtigere und freiere, bessere und vollkommenere Handlung als anders zu geben oder vielmehr gegen eine aus der Gabe des Schenkers erwartete Vergünstigung zu verkaufen. Gott gibt also ohne Zögern [...] Deswegen kann jedwede Gabe Gottes konsequent Gottes Gnade genannt werden, und zwar eine umsonst gegebene Gnade (*gratia scilicet gratis data*): Diese Gnade wird allen erschaffenen Wesen gegeben, den vernunftbegabten wie den nicht vernunftbegabten, den dankbaren ebenso wie den undankbaren. Man soll weiterhin auch nicht ohne die tiefste Danksagung bemerken, dass es eine gewisse Gnade gibt, eine gewisse Art der genannten Gnade, die allen von allein reichlich gegeben wird, und die nicht nur umsonst von Gott gegeben wird, sondern den, dem sie gegeben wird, Gott gefällig, lieb und befreundet (*gratum Deo, charum, amicum*) und in der Gegenwart zu seinem Kind und in der Zukunft zum Gefährten seiner Ehre macht.

Hinsichtlich dieser Gnade, die mich durch alles leitet, muss ich gegen die undankbaren Pelagianer und die Feinde der Gnade eine kleine Unterscheidung vornehmen. Offenbar behaupten die verderblichen Pelagianer, dass jene höchste Gnade Gottes (*gratia Dei summa*) keineswegs umsonst vergeben wird, sondern aufgrund von vorausgehenden Verdiensten erworben wird. Wahrlich werden diese Pelagianer durch dieses Kapitel [...] ins Meer getrieben und bestraft.[7] Wenn Gott einem zum Königreich Vorherbestimmten (*alicui praedestinato ad Regnum*) Verdienste und irgendeine Unterstützung gibt, gibt er dies, den ersten Erläuterungen zufolge, nicht, um für sich einen Vorteil zu erwerben. Er gibt es dem Vorherbestimmten, damit dieser das Königreich erlangt, weil er es auf vernünftigem Wege will. [...] Und wenn Gott will, dass die Person Verdienste besitze und damit das Königreich erlange, will er vorher in seiner Natur, dass er das Königreich habe: Dies ist gewissermaßen die Zweckursache (*causa finalis*), warum Gott dessen Verdienste wünscht, und zwar damit er sich dadurch das Königreich erwirbt. Er nimmt ihn früher umsonst für das Königreich an, als er seine Verdienste will oder annimmt. Da er ihn in seiner hervorragenden Freiheit umsonst für das Königreich akzeptiert hat, geziemt es sich auch nicht, dass er dazu ohne Verdienste aufsteigt. Gott will daher, dass er Verdienste erwerbe und leistet ihm Beistand und Gnade zu den Verdiensten [...]

Ich war, als ich mich, blank von Gottes Wissen (*stultus a scientia Dei*) und eitel, den philosophischen Studien widmete, vom entgegengesetzten Irrtum verführt. Jedes Mal, wenn ich die Theologen das Thema ansprechen hörte, schien mir die Stellung von Pelagius noch wahrer. In den Schulen der Philosophen hörte ich selten etwas von der Gnade, außer in zweideutigem Sinne. Aber den ganzen Tag lang hörte ich, dass wir die Herren unserer freien Handlungen seien, und dass es in unserer Macht liege, gut oder schlecht zu handeln, Tugenden oder Laster aufzuweisen; und vieles Ähnliches. Und wenn ich in der Kirche die Lesungen des Apostels hörte, die die Gnade hochpreisen, und den freien Willen niedrig halten [...], so missfiel mir dies in meiner Undankbarkeit gegen die Gnade. Ich glaubte auch mit den Manichäern,[8] dass der Apostel wie ein Mensch in etwas vom schmalen Weg der Wahrheit abweichen könne. Danach, ich war noch nicht Anhänger der Theologie, wurde ich von dem genannten Argument wie von einem Strahl der Gnade getroffen. Ich glaubte, in einem schwachen Bild der Wahrheit von weitem zu sehen, dass Gottes Gnade, d.h. Gottes gnädiger Wille, gegenüber allen guten Verdiensten in der Zeit und in der Natur vorgängig ist [...]

Viele moderne Philosophen (*moderni Philosophi*) umarmen, wie ich fürchte, lieber jenen falschen Irrtum unter dem Trug wahrer Weisheit. Er scheint vielen von seinem Aussehen her sehr wahrscheinlich, der Erfahrung zu entsprechen und mit der Vernunft in Gleichklang zu sein, obwohl sie ihn doch, wenn sie wahrhaft philosophieren wollten, philosophisch widerlegen könnten.

Quelle: Thomas Bradwardine, *De causa Dei contra Pelagium et de virtute causarum*. Auszüge Lateinisch – Deutsch, ausgew., übers. u. annotiert v. E. Anna Lukács, Göttingen 2013, 154-157. – *Literatur:* G. Leff, Bradwardine and the Pelagians. A Study of His „De causa Dei" and Its Opponents, Cambridge 1957; H. A. Oberman, Archbishop Thomas Bradwardine. A Fourteenth-Century Augustinian. A Study of his Theology and its Historical Context, Utrecht 1958; E. W. Dolnikowski, Thomas Bradwardine. A view of time and a vision of eternity in fourteenth century thought, Leiden u.a. 1995; D. Aers, Salvation and sin. Augustine, Langland, and fourteenth-century theology, Notre Dame 2009.

1 *D.h. im irdischen Zustand nach dem Sündenfall.*
2 *Eine 415 in Dispolis (Lydda) abgehaltene Synode.*
3 *Im Brief an Paulinus.*
4 *Der weströmische Kaiser Honorius (395-423) und sein Bruder, der oströmische Kaiser Arcadius (395-408).*
5 *Innocenz I. (401-417).*
6 *Eine 416 in Mileve in Nordafrika abgehaltene Synode, bekannt aus einem Schreiben, das diese an Innocenz gerichtet hat (Augustin, Ep. 176). Die Verbindung mit Arcadius beruht auf einer Verwechslung mit der Synode von Mileve im Jahre 402.*
7 *Der Name Pelagius leitet sich von πέλαγος, Ozean, ab; zugleich Assoziation an Ex 14,26-29.*
8 *Gnostisch beeinflusste Sekte in der Antike mit schroff dualistischem Weltbild (vgl. KTGQ I, Nr. 43).*

51. Bonifaz VIII. (1294-1303): der Gipfel der päpstlichen Ansprüche in der Bulle *Unam Sanctam*

Mit Bonifaz VIII. erreichten die Ansprüche des Papstamtes einen bis dahin unbekannten Höhepunkt. Den Versuch Philipps des Schönen (1285-1314) von Frankreich, den Klerikern Sonderrechte zu nehmen, hatte der Papst am 25. Februar 1296 mit der Bulle *Clericis laicos* gekontert, die dem Klerus verbot, ohne päpstliche Erlaubnis Abgaben an den König zu leisten. Allerdings konnte er sich damit langfristig nicht behaupten und versuchte um so mehr

Bonifatius VIII.

die unvergleichliche Rolle des Papststuhls herauszustreichen. Am 18. November 1302 veröffentlichte er die Bulle *Unam sanctam* (Text a), in welcher die päpstlichen Machtansprüche – fußend auf den Theorien des Aegidius Romanus (s. u. Nr. 53) – ihre schärfste Zuspitzung fanden. Die Reaktion Philipps IV. war allerdings schroff: Er ließ den Papst 1303 in Agnani gefangen nehmen; Bonifaz starb bald darauf. Doch auch seine Nachfolger konnten sich aus der französischen Umklammerung nicht mehr lösen: 1309 verlegte Clemens V. den Papstsitz nach Avignon, das zwar nicht der französischen Krone unterstand, aber doch im Einflussgebiet Frankreichs lag. Dieses »Avignonesische Exil« der Päpste sollte bis 1377 dauern.

Eine heilige katholische und ebenso apostolische Kirche zu glauben und festzuhalten, werden wir auf Drängen des Glaubens gezwungen, und diese glauben wir fest und bekennen wir aufrichtig, außerhalb derer weder Heil noch Vergebung der Sünden ist (*extra quam nec salus est nec remissio peccatorum*)[1] [...]; sie stellt den einen mystischen Leib dar (*corpus mysticum repraesentat*), und dieses Leibes Haupt ist Christus, das Haupt Christi aber ist Gott. In ihr ist »ein Herr, ein Glaube und eine Taufe« (Eph 4,5). Eine Arche Noahs gab es nämlich zur Zeit der Sintflut, die die eine Kirche vorausbildete [...] außerhalb dieser wurden, wie wir lesen, alle Wesen auf der Erde vernichtet [...] Die eine und einzige Kirche hat also einen Leib, ein Haupt, nicht zwei Häupter wie eine Missgeburt, nämlich Christus und den Stellvertreter Christi, Petrus und die Nachfolger des Petrus; denn der Herr sagt zu Petrus selbst: »Weide meine Schafe« (Joh 21,7). »Meine« sagt er, und zwar allgemein, nicht einzeln diese oder jene: daraus ersieht man, dass ihm alle anvertraut wurden. Wenn also Griechen oder andere sagen, sie seien Petrus und seinen Nachfolgern nicht anvertraut worden, dann müssen sie gestehen, dass sie nicht zu den Schafen Christi gehören; denn der Herr sagt bei Johannes: »Es gibt eine Herde, einen und nur einen Hirten« (Joh 10,6).
Durch die Aussagen der Evangelien werden wir belehrt, dass in dieser ihrer Gewalt zwei Schwerter sind, nämlich das geistliche und das zeitliche (Lk 22,38). Denn als der Apostel sagte: »Siehe, hier sind zwei Schwerter«, nämlich in der Kirche [...], da antwortete der Herr nicht: »Das ist zu viel!«, sondern: »Das ist genug!«. Wer nun bestreitet, dass das weltliche Schwert in der Gewalt des Petrus ist, achtet nicht genug auf das Wort des Herrn, der sagt: »Stecke dein Schwert in die Scheide!« (Mt 26,52). Beide [Schwerter] also sind in der Gewalt der Kirche, nämlich das geistliche Schwert und das materielle (*spiritualis scilicet gladius et materialis*). Jedoch ist dieses [Schwert] *für* die Kirche, jenes aber *von* der Kirche zu handhaben (*Sed is quidem pro ecclesia, ille vero ab ecclesia exercendus*). Jenes [in der Hand] des Priesters, dieses in der Hand der Könige und Ritter, aber auf die Zustimmung und Duldung des Priesters hin. Es gehört sich aber, dass ein Schwert unter dem anderen ist und die zeitliche Autorität sich der geistlichen Gewalt unterwirft (*Oportet autem gladium esse sub gladio, et temporalem auctoritatem spirituali subiici potestati*). Denn wenn der Apostel sagt: »Es gibt keine Gewalt außer von Gott, wo aber Obrigkeit ist, ist sie von Gott eingesetzt« (Röm 13,1), [so muss man schließen:] sie wäre nicht [von Gott] eingesetzt, wenn nicht das eine Schwert unter dem anderen stände und gleichsam als das niedere durch einen anderen nach oben gezogen würde [...] Dass die geistliche Gewalt jedwede irdische sowohl an Würde als auch an Adel überragt, müssen wir umso deutlicher bekennen, je mehr das Geistliche das Zeitliche überragt [...] Denn wie die Wahrheit bezeugt, muss die geistliche Gewalt die irdische einsetzen und richten, wenn sie nicht gut war. So bewahrheitet sich an der Kirche und der kirchlichen Gewalt die Weissagung Jeremias (Jer 1,10): »Siehe, ich habe dich heute über Völker und Reiche gesetzt«.

Wenn also die irdische Gewalt abirrt, dann wird sie von der geistlichen Gewalt gerichtet werden; wenn aber eine niedrigere geistliche abirrt, dann von ihrer höheren; wenn aber die höchste, dann wird sie allein von Gott, nicht vom Menschen gerichtet werden können, wie der Apostel bezeugt: »Der geistliche Mensch richtet alles, selbst aber wird er von niemandem gerichtet« (I Kor 2,15). Diese Autorität ist aber, auch wenn sie einem Menschen verliehen wurde und durch einen Menschen ausgeübt wird, keine menschliche, sondern vielmehr eine göttliche Gewalt, die Petrus aus göttlichem Munde verliehen und ihm und seinen Nachfolgern in Christus selbst, den er als Fels bekannt hat, bestätigt wurde, als der Herr zu Petrus selbst sagte: »Alles, was du gebunden hast« usw. (Mt 16,19). Wer immer sich also dieser von Gott so angeordneten Gewalt »widersetzt, widersetzt sich der Anordnung Gottes« (*Quicumque igitur huic potestati a Deo sic ordinatae resistit, Dei ordinationi resistit*) (Röm 13,2) [...] Wir erklären, sagen und definieren nun aber, dass es für jedes menschliche Geschöpf unbedingt notwendig zum Heil ist (*esse de necessitate salutis*) dem Römischen Bischof unterworfen zu sein.

Quelle: DH 870–875, ergänzt durch QGPRK Nr. 746. – *Literatur:* V. Mantey, Zwei Schwerter – zwei Reiche: Martin Luthers Zwei-Reiche-Lehre vor ihrem spätmittelalterlichen Hintergrund, Tübingen 2005; J. Miethke, Politiktheorie im Mittelalter, Tübingen 2008; K. Ubl, Die Genese der Bulle »Unam sanctam«. Anlass, Vorlagen, Intention, in: M. Kaufhold (Hg.), Politische Reflexion in der Welt des späten Mittelalters, Leiden 2004, 129-149; P. Herde, Bonifaz VIII. (1294–1303). Halbbd. 1: Benedikt Caetani, Stuttgart 2015.

1 *Vgl. Cyprian, Ep. 73 mit der Betonung, dass es außerhalb der Kirche kein Heil gibt (vgl. KThGQ 1, 37a).*

52. Auseinandersetzungen um das Erbe des Franziskus: Praktischer und theoretischer Armutsstreit der Franziskaner

Schon bald nach dem Tod des Ordensgründers setzte unter den Franziskanern ein Streit um den rechten Umgang mit seinem Erbe ein. Viele sahen in seinem Testament eine verpflichtende Verschärfung gegenüber der *regula bullata* (s.o. Nr. 42). Vor allem ging es dabei um die Frage der strikten Armut, die in einem Text aus der zweiten Hälfte des 13. Jahrhunderts geradezu selbst als personifizierte Mahnerin auftrat (Text a). 1245 hatte Papst Innocenz IV. es dem Orden ermöglicht, auch Schenkungen anzunehmen, indem er das volle Eigentumsrecht (*dominium*) an den dem Orden bloß für den Gebrauch (*usus*) überlassenen Sachen dem Heiligen Stuhl vorbehielt; das gab den – je nach Standpunkt – Gemäßigten oder Laxen im Orden Auftrieb. Papst Nikolaus III. versuchte 1279 den schwelenden Streit zwischen Radikalen und Gemäßigten zu schlichten, indem er erklärte, es sei (nur) ein maßvoller Gebrauch (*usus moderatus*) des Eigentums erlaubt (Text d). Trotzdem ließen sich die Spiritualen, besonders in Mittelitalien und der Provence, nicht in die Ordensdisziplin integrieren. Angeheizt durch die apokalyptische Geschichtsschau und die Hoffnung auf ein Zeitalter des Geistes traten die Spiritualen immer mehr in grundsätzliche Opposition gegen die offizielle Institution, die sie als bloß fleischliche Kirche abwerteten. Zu ihrer intellektuellen Leitfigur wurde dabei der hochgelehrte Theologe Petrus Johannis Olivi (1247/8–1296). Die Reaktion der Kirche war streng: Der Dominikaner Bernhard Guidonis bzw. Gui (1261/2–1331) wirkte von 1307–1323 als Inquisitor von Toulouse. Sein Handbuch ist ein Zeugnis der Auseinandersetzungen und der Kultur des Verdachts (Text b). Die Konflikte waren auch nicht beendet, als auf dem Konzil zu Vienne 1311/12 Olivis kirchenkritische und geschichtstheologische Ansprüche noch postum verurteilt wurden. Damit waren nicht alle Fragen gelöst, zumal der praktische bald in den theoretischen Armutsstreit überging, als Johannes XXII. in der

Armutsstreit

Bulle *Cum inter nonnullos* am 12. November 1323 erklärte, die Meinung, Christus und die Apostel hätten kein Eigentum besessen, sei häretisch (Text c). Es war wohl die Erschütterung über solche Aussagen, die Wilhelm von Ockham (s.o. Nr. 42), als er sie während des gegen ihn laufenden Prozesses in Avignon hörte, zur intellektuellen Auseinandersetzung und zum Bruch mit dem Papst provozierten.

a) Der Bund des Heiligen Franz mit der Herrin Armut

Die von der Trägheit besiegten Ordensleute:
Hierauf fingen sie an, sich in ganz nichtswürdiger Weise nach allen ägyptischen Reichtümern[1] zurückzusehnen, die sie verlassen hatten; und was sie großherzig verachtet, verlangten sie schimpflicherweise zurück. Traurig wandelten sie auf dem Weg der Gebote Gottes (Ps 118,32), und lustlos gingen sie ihren Pflichten nach. Sie ermatteten unter der Last, und aus Mangel an Geist war kaum noch Lebensgeist in ihnen. Sie empfanden wenig Zerknirschung, keine Reue; ihr Gehorsam war voll Gemurre, tierisch ihr Denken, zügellos ihre Freude, kleinmütig ihre Traurigkeit, unbedachtsam ihre Rede, leichtfertig ihr Lachen. Sie machten ein vergnügtes Gesicht, benahmen sich prahlerisch, trugen weiche und erlesene Kleider, die mit Sorgfalt zugeschnitten und mit noch größerer Sorgfalt genäht waren; ausgedehnt war ihr Schlaf, voll Überfluss ihre Tafel, unmäßig ihr Trinken. Späße, Schwänke und leere Worte redeten sie in den Wind. Sie erzählten Fabeln, änderten Gesetze, verteilten Ländereien und besprachen mit viel Aufwand die Taten der Menschen. Wegen der Beschäftigung mit geistlichen Dingen machten sie sich keine Sorge, keine Mühe um das Heil der Seelen; selten sprachen sie über Himmlisches, und lau war ihre Sehnsucht nach dem Ewigen.
So verhärtet waren sie, dass sie einander zu beneiden und einer den anderen herauszufordern begannen; jeder war darauf bedacht, über den anderen zu herrschen und Bruder klagte den Bruder des schlimmsten Verbrechens an (Gen 37,2). Sie mieden das Traurige und begehrten das, was ihnen eitle Freude bereitete, denn zu echter Freude waren sie nicht fähig. Soweit nur möglich wahrten sie jedoch den Schein der Heiligkeit, um nicht gänzlich verächtlich zu werden, redeten Heiliges und konnten so ihr beklagenswertes Ordensleben bei den einfachen Leuten verbergen. Aber ihr innerer Zerfall (*interioris hominis dissolutio*) war so groß, dass sie sich nicht mehr beherrschen konnten und sie sich durch klare Anzeichen [ihres Zustandes] auch nach außen verrieten.
Schließlich begannen sie, den Weltleuten den Hof zu machen und ihre vertraute Nähe zu suchen, um deren Taschen zu leeren und dann ihre Gebäude zu erweitern und das, worauf sie gänzlich verzichtet hatten, zu vermehren. Sie verkauften ihre Worte an die Reichen und ihre Aufwartungen an fromme Frauen; mit allem Eifer besuchten sie die Höfe der Könige und Fürsten, um Haus an Haus zu reihen und Acker an Acker zu fügen (Jes 5,8). Und jetzt sind sie hochgeschätzt, reich geworden und fest gegründet auf der Erde, denn sie schritten von Bosheit zu Bosheit und achteten des Herren nicht (Jer 9,3). Sie sind gestürzt, während sie gepriesen wurden (Ps 72,18); sie kamen als Frühgeburt zur Welt, und dennoch sagten sie zu mir: Wir sind deine Freunde.

Quelle: Sacrum commercium Sancti Francisci cum domina Paupertate, hg. v. S. Brufanie, Assisi 1990, 161-163; *Übers.:* K. Eßer / E. Grau (Hg.), Der Bund des heiligen Franziskus mit der Herrin Armut, Werl / Westf. 1966 (= Franziskanische Quellenschriften 9), 138-141. – *Literatur:* E. Grau, Das ›Sacrum commercium sancti Francisci cum domina paupertate‹. Seine Bedeutung für die franziskanische Mystik, in: Abendländische Mystik im Mittelalter. Symposion Kloster Engelberg 1984, Stuttgart 1986 (= Germanistische Symposien 7), 269-285; N.

Vukoja, Sacrum commercium sancti Francisci cum Domina paupertate: il significato storico-salvifico della povertà nella rivelazione e nella tradizione cristiana fino al secolo XIII, Rom 1980; A. Niccacci, Riflessioni bibliche sul »Sacrum commercium sancti Francisci cum domina Paupertate«, in: C. Vaiani (Hg.), Domini vestigia sequi, Assisi 2003, 99-129.

b) Bernard Gui, *Practica inquisitionis haereticae pravitatis*: Fragen an die südfranzösischen Beginen

Ferner soll man den, den man zu prüfen hat, fragen, ob er gehört hat, wie irgendwelche Leute lehrten und behaupteten, dass Christus und die Apostel weder für sich noch gemeinschaftlich irgend etwas besessen hätten (*quod Christus et apostoli nihil habuerint neque in proprio neque in communi*). Ferner, ob er gehört hat, wie jemand sagte, das Gegenteil hiervon für wahr zu halten und zu glauben, sei häretisch. Ferner, ob er gehört hat, wie jemand als Glaubenssatz verkündete, irgend etwas gemeinschaftlich zu besitzen vermindere die Vollkommenheit evangelischer Armut (*de perfectione evangelicae paupertatis*) [...]

Ferner, ob er geglaubt hat oder glaubt, dass der Papst an der Regel des heiligen Franziskus ebenso wenig wie am Evangelium irgend etwas ändern, daraus streichen oder hinzufügen könne, soweit es [jedenfalls] die Gelübde oder die evangelischen Ratschläge oder die in der genannten Regel enthaltenen Vorschriften betrifft [...]

Ferner, ob er unter den Beginen[2] als Lehre verkünden hörte, dass die Kirche Gottes und der Glaube Christi in der Gegenwart allein in dem Völklein der in Armut lebenden Beginen vom dritten Orden und in einem anderen Völklein, das diese Armen und die evangelische Regel der Armut nicht verfolgt, Bestand habe [...]

Ferner, was die Lehre oder Schrift des Bruders Petrus Johannis Olivi vom Franziskanerorden angeht: ob er zugehört hat, wie sie ihm in Volkssprache vorgelesen wurde oder ob er selbst sie für sich selbst oder für andere gelesen hat, und wo, wie oft und vor wem das geschehen ist. Ferner, welche Bücher eben dieses Bruders Petrus Johannis oder aus welchen er lesen hörte oder gelesen hat, ob aus der Postille über die Offenbarung[3] oder dem Traktat über die Armut oder über das Betteln oder aus anderen kleinen Arbeiten desselben.

Ferner, ob er meint oder glaubt, die Schrift oder Lehre eben dieses Bruders Petrus Johannis sei wahr und katholisch [...]

Ferner, ob er gehört hat, wie unter den Beginen die Rede ging oder als Bibelauslegung entfaltet (*dici vel exponi*) wurde, dass der genannte Bruder Petrus Johannis in geistlichem Sinne jener Engel sei, von dem es in der Offenbarung heißt, dass sein Antlitz wie die Sonne war und er ein geöffnetes Buch in seiner Hand hatte (Apk 10,1f.), weil, wie die Beginen behaupten, ihm allein die Wahrheit Christi und das Verständnis des Buches der Offenbarung in seiner Postille eröffnet worden ist [...]

Ferner, ob er selbst in der erwähnten Postille gelesen hat oder gehört hat, wie andere darin lasen, dass es sieben Epochen der Kirche (*septem status ecclesiae*) gebe[4] und dass am Ende der sechsten Epoche, von der er selbst behauptet, sie habe mit dem heiligen Franziskus oder seiner Regel begonnen, die Epoche der Römischen Kirche ein Ende finden müsse, wie die Epoche der Synagoge der Juden mit dem Kommen Christi ausgelöscht wurde.

Ferner, dass zu Beginn der siebten Epoche, von der sie sagen, dass sie mit dem Tod des Antichrist beginne, eine andere neue Kirche ihren Anfang nehmen und der ersten folgen muss, nachdem die erste fleischliche Kirche – das heißt: die Römische Kirche – zurückgewiesen und verworfen ist (*reiecta et reprobata prima ecclesia carnali, scilicet ecclesia Romana*).

Ferner, ob er gehört hat, wie in der erwähnten Postille ausgelegt und das Verständnis entwickelt wurde, dass die Römische Kirche jene große babylonische Hure sei, von der in der Apokalypse die Rede ist (Apk 17), und dass sie das Reich des Teufels (*civitas diaboli*)[5] sei und am Ende der Tage von Christus zurückgewiesen und verworfen werden müsse, wie die Synagoge der Juden zurückgewiesen und verworfen worden ist.

Ferner, ob er gehört hat, wie jemand las oder als Bibelauslegung entfaltete, dass der Primat der fleischlichen Kirche, das heißt: der Römischen Kirche, ins neue Jerusalem übertragen werde, womit sie zu verstehen geben, dass es am Ende der sechsten Epoche und zu Beginn der siebten eine neue Kirche geben werde.

Ferner, ob er gehört hat, wie jemand las oder als Bibelauslegung entfaltete, dass die sechste Epoche, nämlich die, die mit der Zeit beziehungsweise der Regel des Heiligen Franziskus ihren Anfang genommen hat, die evangelische Regel der Armut und die Langmut in vollkommenerem Maße bewahren wird als irgendeine vorhergehende Epoche [...]

Quelle: Bernard Gui, Manuel de l'inquisiteur. Hg. u. (ins Französische) übersetzt v. G. Mollat. Bd. 1, Paris 1926 (= Les classiques de l'histoire de France au Moyen Age 8), 156-168. – *Literatur:* Franciscains d'Oc – Les spirituels (ca. 1280–1324), Toulouse 1975 (CFan 10); D. Burr, The Persecution of Peter Olivi, Philadelphia 1976 (TAPhS.NS 66); Bernard Gui et son monde, Toulouse 1981 (CFan 16); Pierre de Jean Olivi: (1248 - 1298). pensée scolastique, dissidence spirituelle et société, Paris 1999; J. Schlageter, Die soziologische Grundlegung der spiritualen Armutstheorie bei Petrus Johannis Olivi OMin (1247/1248–1298), WiWei 73 (2010) 215-236; Pietro di Giovanni Olivi frate minore, Spoleto 2016; D. Hill, Inquisition in the Fourteenth century: the manuals of Bernard Gui and Nicholas Eymerich, Woodbridge 2019.

c) Verurteilung der Spiritualen durch Papst Johannes XXII. (Bulle *Cum inter nonnullos*, 13.11.1323)

Da es bei manchen theologischen Lehrern oftmals geschieht, dass in Zweifel gezogen wird, ob es für häretisch zu erachten sie, hartnäckig (*pertinaciter*) zu behaupten, unser Erlöser und Herr Jesus Christus und seine Apostel hätten weder privat noch auch gemeinschaftlich irgendetwas besessen, und sie darüber Verschiedenes und sogar Widersprüchliches denken: erklären Wir im Wunsche, diesem Streit ein Ende aufzuerlegen, gemäß dem Rat Unserer Brüder durch diesen allgemein gültigen Erlass, dass diese hartnäckige Behauptung – da sie der heiligen Schrift, die an sehr vielen Stellen behauptet, sie [Jesus und die Apostel] hätten manches besessen (*ipsos nonnulla habuisse asserit*), ausdrücklich widerspricht und offen unterstellt, die Heilige Schrift selbst, durch die ja die Artikel des rechten Glaubens beglaubigt werden, enthalte hinsichtlich des vorher Gesagtem den Gärstoff der Lüge, und in der Folge, indem sie ihre Glaubwürdigkeit im Ganzen, soviel in ihr ist, vernichtet, den katholischen Glauben dadurch, dass sie seine Beglaubigung hinwegnimmt, zweifelhaft und unsicher macht – künftig für irrig und häretisch erachtet werden soll.

Quelle: DH 930. – *Literatur:* M.D. Lambert, Franciscan Poverty. The doctrine of the absolute poverty of Christ and the apostles in the Franciscan Order 1210-1323, London 1961; L. Duval-Arnould, La Constitution "Cum inter nonnullos" de Jean XXII sur la pauvreté du Christ et des Apôtres. Rédaction préparatoire et rédaction définitive, in: AFH 77 (1984) 406-420; D. Burr, The spiritual Franciscans. From protest to persecution in the century after Saint Francis, Philadelphia 2001; H. Feld, Franziskus von Assisi: der Namenspatron des Papstes, Darmstadt ³2014; P. Nold, Pope John XXII and his Franciscan cardinal: Bertrand de la Tour and the apostolic poverty controversy, Oxford 2003.

d) Was bedeuten »Gebrauch« und »Verfügungsgewalt«? (*Opus Nonaginta dierum, c.* 2)

Zum ersten, nämlich was ›Gebrauch‹ (*usus*) sei, sagen sie, dass dieser Ausdruck ›Gebrauch‹ in der Literatur verschieden verwandt wird. Man kann ihn nämlich auf vier Weisen verwenden. Auf eine Weise unterscheidet man ›Gebrauch‹ vom vollen Genuss (*fruitio*); in diesem Sinne sind Gebrauch und Genuss Willensakte, aufgrund deren etwas im Vermögen des Willens (*in facultate voluntatis*) ergriffen wird. So wird ›Gebrauch‹ in der Rechtswissenschaft selten oder nie verstanden. Anderweitig versteht man unter ›Gebrauch‹ den Akt, mit dem man irgendeine äußerliche Sache gebraucht. So versteht man ›Gebrauch‹ in jedem Wissenszweig (*in omni facultate*), der diesen Ausdruck ›Gebrauch‹ verwendet. So wird ›Gebrauch‹ in Ri 19(,19) verwandt, wenn es heißt: »Wir haben Brot und Wein zu meinem Gebrauch und zu dem deiner Magd«. Auf die dritte Weise wird unter ›Gebrauch‹ die Gewohnheit verstanden, irgendetwas zu tun. So wird es in I Sam 17(,39) verwandt, als David in voller Rüstung sagte: »So kann ich nicht einhermarschieren, denn das entspricht nicht meinem üblichen Gebrauch«. So wird es auch im *Decretum Gratiani*, 1. Teil, *Distinctio* 11, Kapitel 4, und im *Liber Extra*, Buch 1, Titel 4, Kapitel 9[6], verstanden. Auf die vierte Weise versteht man unter ›Gebrauch‹ ein bestimmtes Sonderrecht, aufgrund dessen »jemand fremde Sachen unter Erhalt von deren Substanz gebrauchen kann«[7]. Sie sagen, dass so ›Gebrauch‹ in den Rechtswissenschaften und in den Schriften, die sich an den Sprachgebrauch der Rechtswissenschaften anlehnen, verstanden werde. Und sie können sich, wie sie versichern, nicht erinnern, dass ›Gebrauch‹ irgendwo in Theologie oder Philosophie so verstanden würde. Auf diese verschiedenen Arten also, sagen sie, könne man diesen Ausdruck ›Gebrauch‹ verstehen; allerdings bestreiten sie nicht, dass man ihn irgendwo in anderem Gebrauch finden könne.

Vom faktischen Gebrauch sagen sie, dass der faktische Gebrauch der Akt ist, mit dem irgendeine äußerliche Sache gebraucht wird, zum Beispiel: bewohnen, verzehren, trinken, reiten, ein Kleid anziehen und dergleichen [...]

Diese Bestreiter[8] aber sagen, dass sie in keiner anerkannten Schrift (*scriptura authentica*) eine eigene Definition oder Umschreibung von Verfügungsgewalt gelesen haben. Wenn sie daher eine Definition von Verfügungsgewalt angeben wollen, so unterscheiden sie im Blick auf die Verfügungsgewalt nach rechtlichen Kategorien (*secundum quod accipitur in iure*) folgendermaßen: Sie sagen, dass es unter den Arten von Verfügungsgewalt über zeitliche Dinge eine göttliche gibt; auf die beziehen wir uns gegenwärtig nicht; anders steht es mit der menschlichen Verfügungsgewalt; hiervon gibt es zwei Arten. Manches nämlich kam dem Menschen im Stand der Unschuld nach natürlichem beziehungsweise göttlichem Recht zu. Davon ist im ersten Kapitel der Genesis gegenüber den Ureltern die Rede: »Herrscht (*Dominamini*) über die Fische des Meeres und das Geflügel des Himmels und alles Lebendige, was sich auf der Erde bewegt« (Gen 1, 28). Eine andere Verfügungsgewalt kommt den Menschen nach positivem Recht beziehungsweise aufgrund menschlicher Einsetzung zu. Und diese Verfügungsgewalt wird häufig im bürgerlichen und im kanonischen Recht erwähnt. Und die so verstandene Verfügungsgewalt kann auf zweierlei Weise verstanden werden, nämlich allgemein bzw. weit oder speziell bzw. eng.

Quelle: Guillelmi de Ockham Opera Politica. Bd. 1, hg. v. H.S. Offler, Manchester ²1974, 300. 306. – *Literatur:* J. Miethke, Ockhams Weg zur Sozialphilosophie, Berlin 1969; U. Horst, Evangelische Armut und päpstliches Lehramt. Minoritentheologen im Konflikt mit Papst Johannes XXII. (1316-34), Stuttgart u.a. 1996 (MKHs 8); R. Lambertini, La povertà pensata: evoluzione storica della definizione dell'identità minoritica da Bonaventura ad Ockham, Modena 2000; E. L. Wittneben, Bonagratia von Bergamo: Franziskanerjurist und Wortführer seines Ordens im Streit mit Papst Johannes XXII, Leiden / Boston 2003; J. Robinson, William of Ockham's early theory of property rights in context, Leiden 2013; V. Leppin, Das urkirchliche Ideal der Franziskaner als Maßstab der Kirche. Wilhelm von Ockham im theoretischem Armutsstreit und als Theoretiker des Imperiums, in: M. Breitenstein / G. Melville (Hg.), Die Wirkmacht klösterlichen Lebens, Regensburg 2020, 53-75.

1   Vgl. Ex 16,3.
2   *Bei den hier erwähnten* beguinae *handelt es sich um vorwiegend weibliche Anhängerinnen Olivis, deren Anfänge wohl aus dem dritten Orden der Franziskaner stammten. Sie sind nicht zu verwechseln mit dem semireligiosen Stand der Beginen (s. Text 55).*
3   Olivi, Postilla super Apocalypsim.
4   *Die sieben Siegel des Buches, das Johannes sah (Apk 5,1), wurden schon von Joachim von Fiore in der Schrift* De septem sigillis *(s.o. Nr. 38) heilsgeschichtlich gedeutet. Unter den Spiritualen waren die entsprechenden Geschichtsdeutungen Ubertins von Casale († nach 1328) besonders einflussreich.*
5   *Augustin nennt in* De civitate Dei *das Gegenüber zur* civitas Dei *(Bürgerschaft Gottes) üblicherweise* civitas terrena *(irdische Bürgerschaft), gelegentlich aber auch* civitas diaboli.
6   Zum Decretum Gratiani s. o. Nr. 36; *der* Liber Extra, *eine unter Gregor IX. (1227–1241) erstellte Sammlung päpstlicher Dekretalen, war die wichtigste kanonistische Ergänzung hierzu.*
7   *Zitat aus dem Standardkommentar (Glossa ordinaria) zu den Digesten, einem Teil des römischen Rechts.*
8   *Das* Opus nonaginta dierum *Ockhams stellt einen durchgängigen Kommentar zu der Bulle* Quia vir reprobus, *mit welcher Johannes XXII. am 16. November 1329 die franziskanische Appellation gegen seine Entscheidungen verworfen hatte, dar. Die »Bestreiter« sind die Gegner dieser Bulle, also Ockhams eigene Partei.*

53. Streit um die Rolle des Papstes

Indem Ockham an den Hof Ludwigs des Bayern (1314–1347) floh, verstärkte sich die Verquickung zwischen dem Armutsstreit und der noch viel grundlegenderen Frage nach der Zuordnung von Kaisertum und Papsttum. Ludwig befand sich schon länger im Streit mit dem Papst um die Frage, ob dieser durch die liturgische Krönung des Kaisers letztlich auch Entscheidungsbefugnis über die Anerkennung von dessen Wahl habe. Zum Erweis der Fehler des Papstes hatte er sich schon in der Sachsenhäuser Appellation 1324 die Armutsfrage zunutze gemacht. Die theoretische Debatte war aber längst weit darüber hinausgegangen. Während der Augustinereremit Aegidius Romanus (ca. 1243–1316) bereits zu Zeiten von Bonifaz VIII. diesen mit seiner Theorie einer ungebundenen Macht des Papstes unterstützt und durch seinen Traktat *De ecclesiastica potestate*, »Von der Kirchenmacht«, (1301/2 Text a) die Bulle *Unam Sanctam* (s.o. Nr. 51) beeinflusst hatte, kamen von dem großen Dichter

Dante andere Töne. Er hatte seine Heimatstadt Florenz im Streit zwischen kaisertreuen Ghibellinen und kaiserfeindlichen Guelfen verlassen müssen – er selbst gehörte unter den Letzteren wiederum zu der besonderen Gruppe der »Weißen«, die auch starke Reserven gegenüber dem Papst entwickelten. Diese Konstellation schlug sich in seiner Schrift über die umfassende Macht der kaiserlichen Monarchie nieder (Text b). Ockhams Denkhorizont hingegen war stark von dem Schutz, den Ludwig ihm gewährte einerseits, seiner franziskanischen Prägung andererseits geprägt (Text c). Letztere gab seiner Theorie auch eine andere Ausrichtung als der von Marsilius von Padua, der sich gleichfalls im Münchener Exil befand, weil sein *Defensor pacis*, in welchem er die Universalmacht des Kaisers als Möglichkeit der Friedensstiftung gerade auch gegen kirchliche Machtansprüche pries, den Unmut der Kurie auf sich gezogen hatte (Text d). Über das Papsttum wurde aber nicht nur auf theoretischer Ebene debattiert: die phantasievolle Erzählung von der vermeintlichen Päpstin Johanna, die Martin von Troppau († 1278) kurz nach ihrem Aufkommen in einer Fassung seiner Chronik wiedergab, ist für die Papstgeschichte vor allem bedeutsam als Indiz der aufkommenden Zweifel am Funktionieren der Institution in rechtlicher wie moralischer Perspektive (Text e). Grundlegender war der Nachweis des Lorenzo Valla (1407–1457), selbst seit 1447 Sekretär am päpstlichen Hof, dass es sich bei der ›Konstantinischen Schenkung‹ (s.o. Nr. 21) um eine Fälschung handelte (Text f). Mit diesem raffinierten historischen Nachweis war ihre Geltung zwar nicht grundsätzlich in Frage gestellt, aber ein weiteres Stück zur Dekonstruktion päpstlicher Ansprüche hinzugefügt.

a) Ein Verfechter des absoluten Machtanspruchs des Papstes: Aegidius Romanus, *De ecclesiastica potestate*, 1. Buch 2. Kapitel

Die Aussprüche der Heiligen und der Gelehrten legen übereinstimmend Zeugnis davon ab, dass es zwei Arten von Vollkommenheit gibt, eine persönliche und eine dem Stande nach (*personalem et secundum statum*). Diese zwei Arten von Vollkommenheit unterscheiden sich anscheinend in der Weise, dass zunächst einmal die persönliche Vollkommenheit in Erhabenheit und Gewissensreinheit besteht (*in serenitate et in munditia conscientiae*). Die Vollkommenheit nach dem Stande aber – zumal wenn es sich um den Stand der kirchlichen Würdenträger (*status praelatorum*) und all derer handelt, die am Jüngsten Tag vor dem Richterstuhl Christi stehen und Rechenschaft über die Seelen der Gläubigen ablegen werden – besteht in der Kompetenz zur Rechtsprechung und der Machtfülle (*in iurisdictione et in plenitudine potentiae*). Demnach ist derjenige Stand vollkommener, dem eine weitergehende Macht und eine vollständigere Rechtsprechungskompetenz entspricht. Sinnenfällig und aufgrund von Argumenten, die von den Sinnen ausgehen, werden wir daher ohne Bedenken aufzeigen, dass der geistliche Mensch alles richtet und selbst in der seiner Geistlichkeit entsprechenden Hinsicht (*secundum quod huiusmodi*) von niemandem gerichtet wird.[1] Wer also nach der persönlichen Vollkommenheit geistlich ist, kann in dieser Hinsicht und nach dem Maßstab des Gewissens anderes richten, ohne von anderen gerichtet zu sein. Wer aber dem Stande nach geistlich und hinsichtlich der Rechtsprechungskompetenz und der Machtfülle in höchstem Maße vollkommen ist, der dürfte jener geistliche Mensch sein, der alles richtet und selbst von niemandem gerichtet werden kann [...]
Wir wollen also zu unserem Vorhaben zurückkehren und darlegen, dass es zwei Arten von Vollkommenheit gibt, zwei Arten von Heiligkeit beziehungsweise zwei Arten von Geistlichkeit. Die eine ist von persönlicher Art, die andere beruht auf dem Stand. So ist der Stand der Kleriker vollkommener als der der Laien und der der kirchlichen Würdenträger höher als der der Untergebenen. Wenn wir aber von der persönlichen Vollkommenheit sprechen, so gibt es viele Laien, die heiliger und

geistlicher sind als viele Kleriker, und viele Untergebene, die heiliger und geistlicher sind als die Würdenträger. Nun behält freilich immer – nur nach dem Zusammenhang unterschieden – das seine Richtigkeit, was der Apostel im zweiten Kapitel des Ersten Korintherbriefes sagt, dass nämlich, wer geistlich ist, alles richtet und selbst von niemandem gerichtet wird (I Kor 2,15). Wenn man also eine derartige persönliche und nach der Reinheit des Gewissens bestimmte Geistlichkeit annimmt, wird so jemand in sittlichen Fragen recht richten und in dieser Hinsicht von niemandem zurechtgewiesen werden. Derartige Menschen aber werden vom Geist Gottes getrieben und sind Söhne Gottes. Solche mögen den Lauf der Sterne und die geometrischen Maßverhältnisse und die Spitzfindigkeiten der Logik nicht kennen. Gleichwohl kennen sie gewiss das, was ihnen notwendig zum Heil ist, denn die Salbung, das heißt der Heilige Geist, belehrt sie über alles, die verschiedenen Seiten einer Sache und über das, was ihnen nötig zum Heil ist [...]
Wenn wir aber auf die Vollkommenheit und Geistlichkeit nach dem Stand und vornehmlich nach dem Stand der kirchlichen Würdenträger zu sprechen kommen, der in Rechtsprechungskompetenz und Machtfülle besteht, so gilt: Wer sich in einem heiligeren und höheren Stand befindet, wird über mehrere richten und wird nicht von den ihm Untergebenen gerichtet werden können. Denn wie der Apostel im vierten Kapitel des Ersten Korintherbriefes sagt: »Wer aber mich richtet, ist der Herr« (I Kor 4,4). Daher ist derjenige, der im allerhöchsten und allerheiligsten Stand ist, der geistliche Mensch, der aufgrund seiner Macht und seiner Rechtsprechungskompetenz alles richtet, weil er der Herr über alles ist, und selbst von niemandem gerichtet wird, weil kein Sterblicher Herr über ihn ist [...]
Wenn daher der Stand des höchsten Bischofs der allerheiligste und allergeistlichste ist, und eine solche Geistlichkeit in der herausragenden Macht besteht, so ist es wohlgesprochen, dass der höchste Bischof (*summus pontifex*), indem er sich nach seinem Stand und seiner herausragenden Macht als der Allergeistlichste erweist, alles richtet. Das bedeutet: Er herrscht über alles und kann selbst von niemandem gerichtet werden. Das heißt: Niemand kann über ihn herrschen oder ihm gleichgestellt werden.

Quelle: Aegidius Romanus, De ecclesiastica potestate, hg. v. R. Scholz, Weimar 1929 (= Aalen 1961), 6-9. – *Literatur:* E. Homann, Totum posse, quod est in ecclesia, reservatur in summo pontifice: Studien zur politischen Theorie bei Aegidius Romanus, Würzburg 2004; E. Krüger, Der Traktat »De ecclesiastica potestate« des Aegidius Romanus. Eine spätmittelalterliche Herrschaftskonzeption des päpstlichen Universalismus, Köln u.a. 2007; Charles F. Briggs, Peter S. Eardley (Hg.), A companion to Giles of Rome, Leiden u.a. 2016.

b) Dante Alighieri, *Monarchia*, Buch III, Kapitel 13 und 15: Die kaiserliche Macht kommt direkt von Gott

[Kap. 13] Hätte die Kirche dir Fähigkeit, den römischen Herrscher einzusetzen, so besäße sie diese Fähigkeit von Gott oder durch sich selbst oder von irgendeinem Kaiser oder durch die allgemeine Zustimmung aller Sterblichen oder mindestens der wichtigsten unter ihnen. Es gibt keinen anderen Weg, auf dem diese Fähigkeit (*virtus*) der Kirche zufließen könnte. Sie besitzt sie aber durch keine der genannten Instanzen. Also besitzt die Kirche diese Fähigkeit nicht.
Dass sie diese Fähigkeit von keiner der genannten Instanzen erhalten hat, erhellt auf folgende Weise: Wenn sie sie von Gott erhalten hätte, dann entweder durch ein göttliches Gesetz oder durch ein natürliches Gesetz, denn was von der Natur

empfangen wird, wird von Gott empfangen (allerdings nicht umgekehrt). Die Kirche hat diese Fähigkeit aber nicht durch ein natürliches Gesetz erhalten, weil die Natur nur ihren eigenen Wirkungen Gesetze vorschreibt, da Gott nicht ergänzungsbedürftig sein kann, wenn er etwas ohne Zweitursachen ins Dasein ruft. Weil die Kirche keine Wirkung der Natur ist, sondern eine Wirkung Gottes, der sagt: »Auf diesem Stein werde ich meine Kirche bauen« (Mt 16,18), und anderswo sagt er: »Ich habe das Werk vollbracht, das du mir auszuführen aufgetragen hast« (Joh 17,4), ist es daher offenkundig, dass ihr die Natur nicht das Gesetz vorschreibt.

Sie hat diese Fähigkeit aber auch nicht durch ein göttliches Gesetz erhalten. Das ganze göttliche Gesetz ist nämlich im Schoße der beiden Testamente enthalten (*omnis namque divina lex duorum Testamentorum gremio continetur*). In diesen beiden kann ich nicht finden, dass die Obliegenheiten und die Sorge um die zeitlichen Angelegenheiten dem alten oder dem neuen Priestertum (*sacerdotio primo vel novissimo*) anvertraut worden wären. Vielmehr stelle ich fest, dass die ersten Priester von dieser Sorge durch ein Gebot ferngehalten wurden, wie aus dem erhellt, was Gott zu Mose sagte;[2] bezüglich der Priester des Neuen Testaments erhellt dies durch die Worte Christi an seine Jünger.[3] Es wäre nicht möglich, dass sie dieser [weltlichen] Sorge enthoben wären, wenn die Autorität der zeitlichen Regierung aus dem Priestertum flösse, da sich mindestens bei der Einsetzung die Pflicht zur Voraussicht aufdrängte und später die ständige Aufsicht, damit der Eingesetzte nicht vom rechten Wege abweicht.

Dass aber die Kirche diese Fähigkeit nicht durch sich selbst besitzt, erhellt ohne Schwierigkeiten. Es gibt nichts, das etwas geben kann, was es nicht hat. Daher muss jedes Handelnde der Wirklichkeit nach so beschaffen sein, wie dasjenige, welches es zu bewirken beabsichtigt, wie aus der Metaphysik entnommen werden kann.[4] Aber es steht fest: Wenn sich die Kirche diese Fähigkeit verliehe, dann besaß sie sie nicht, bevor es sie gab. Und auf diese Weise verliehe sie etwas, was sie nicht hatte, was unmöglich ist.

Dass sie aber diese Fähigkeit nicht von irgendeinem Kaiser erhalten hat, dies erhellt hinreichend aus dem oben Dargelegten. Wer aber zweifelt daran, dass es auch nicht die Zustimmung aller oder der wichtigsten Menschen war, durch welche sie sie bekam, da doch nicht nur alle Bewohner Asiens und Afrikas, sondern selbst der größere Teil der Bewohner Europas dies verabscheuen? Es macht Verdruss, in derart offenkundigen Dingen Beweise zu erbringen [...]

[Kap. 15] [...] Damit aber die Beantwortung der Frage vollkommen sei, muss mittels eines positiven Beweises gezeigt werden, dass der Kaiser oder der Monarch der Welt (*Imperatorem, sive mundi Monarcham*) sich unmittelbar zum Herrscher des Universums (*ad principem universi*), d.h. Gott, verhält. Um dies zu verstehen, muss man wissen, dass der Mensch als einziges von den Seienden in der Mitte zwischen dem Vergänglichen und dem Unvergänglichen steht [...] Wenn also der Mensch eine gewisse Mitte zwischen Vergänglichem und Unvergänglichem einnimmt und jede Mitte an der Natur der Extreme teilhat, ist es notwendig, dass der Mensch beide Naturen besitzt. Und da jede Natur auf ein gewisses letztes Ziel (*ad ultimum quendam finem*) ausgerichtet ist,[5] folgt, dass für den Menschen ein zweifaches Ziel existiert: So wie er als einziges von allen Seienden an der Vergänglichkeit und der Unvergänglichkeit teilhat, ebenso ist er als einziges von allem Seienden auf zwei Ziele hingeordnet. Das eine ist sein Ziel, insofern er vergänglich ist; das andere, insofern er unvergänglich ist. Die unaussprechliche Vorsehung (*providentia illa inenarrabilis*) hat also für den Menschen zwei anzustrebende Ziele vorgesehen, nämlich die Glückseligkeit dieses Lebens, die in der Verwirklichung der eigenen Fähigkeit besteht und durch das irdische Paradies versinnbildlicht wird; und die Glückseligkeit des ewigen Lebens, die im Genuss des göttlichen Anblicks besteht und zu der die eigene Fähigkeit nicht aufzusteigen vermag, wenn sie nicht vom göttlichen Licht unterstützt wird. Sie wird durch das himmlische Paradies versinnbildlicht.

Zu diesen beiden Glückseligkeiten muss der Mensch durch verschiedene Mittel wie zu verschiedenen Schlussfolgerungen gelangen. Die erste erreichen wir durch die philosophische Unterweisung, sofern wir diese durch die Verwirklichung der moralischen und intellektuellen Tugenden befolgen. Zur zweiten gelangen wir durch die geistliche Unterweisung, die den menschlichen Verstand übersteigt, sofern wir diese durch die Verwirklichung der theologischen Tugenden befolgen, nämlich Glaube, Hoffnung und Liebe[6] [...] Deshalb bedurfte der Mensch einer zweifachen Leitung gemäß des zweifachen Ziels, nämlich des Papstes, der die menschliche Gattung nach dem Geoffenbarten zum ewigen Leben führt, und des Kaisers, der nach der philosophischen Unterweisung die menschliche Gattung zum zeitlichen Glück leitet. Und da die Ordnung dieser Welt der Ordnung der himmlischen Bewegungen folgt, ist es zur Anpassung der nützlichen Unterweisung der Freiheit und des Friedens an den Ort und die Zeit notwendig, dass dieser Fürsorger [d.h. der Kaiser] von jenem bestimmt werde, der die ganze Ordnung des Himmels ständig schaut. Das ist aber allein derjenige, der diese Ordnung vorherbestimmt hat, um durch sie dank seiner Vorsehung alle Ordnungen miteinander zu verknüpfen [...] Auf diese Weise erhellt, dass die Autorität des zeitlichen Monarchen unmittelbar aus der Quelle der universalen Autorität fließt.

Quelle / Übers.: Dante Alighieri, Monarchia. Studienausgabe. Lateinisch / deutsch, hg. v. R. Imbach u. Chr. Flüeler, Stuttgart 1989, 234-237. 240-247. – *Literatur:* R. Jackoff (Hg.), The Cambridge Companion to Dante, Cambridge 1993; J.R. Woodhouse (Hg.), Dante and Governance, Oxford 1997; U. Falkeid, The Avignon papacy contested: an intellectual history from Dante to Catherine of Siena, Cambridge/Mass. u.a. 2017; J. Took, Dante, Princeton 2020.

c) Wilhelm von Ockham, Über die Machtfülle des Papstes (Breviloquium II, 1; 3)

Kap. 1: Weil ich also vorhabe, vorzutragen, was die Wurzel von all dem hervorbringen muss, will ich mit dieser Machtfülle (*ab ista plenitudine potestatis*) beginnen. Im Blick auf die Fülle der Macht meinen manche, der Papst habe sie dergestalt von Christus erhalten, dass ihm – in weltlichen wie in geistlichen Belangen – das Recht zu allem zustehe, was nicht dem Naturrecht oder dem Gottesrecht widerspreche. Das gehe sogar so weit, dass selbst dann, wenn er eine Todsünde beginge, indem er dergleichen tatsächlich vorschriebe oder täte, die einmal gesetzten Tatsachen Bestand hätten und der Gehorsam ihm gegenüber heilsnotwendig wäre [...] Kap. 3: Diese Behauptung ist meiner Überzeugung nach nicht nur falsch und eine Gefahr für die gesamte Gemeinschaft der Gläubigen, sondern geradezu häretisch. Demzufolge will ich zunächst darlegen, dass sie häretisch ist, weil sie offenkundig der göttlichen Schrift widerspricht. Denn das evangelische Gesetz (*lex evangelica*) bringt nicht mehr Knechtschaft als das mosaische Gesetz, sondern weniger. Daher wird es auch vom seligen Jakobus ein Gesetz vollkommener Freiheit genannt, wie es eindeutig in seiner Epistel Kapitel 1 der Fall ist (Jak 1,25). Das mosaische Gesetz aber durfte nach dem Wort des seligen Petrus, das in Apostelgeschichte 15(,10) steht, den Gläubigen eben wegen der Unerträglichkeit seiner Knechtschaft nicht auferlegt werden. Petrus sagt da nämlich in einer Abhandlung über das Joch des

Mose: »Was versucht ihr Gott, dass ihr auf die Nacken der Jünger ein Joch legen wollt, das weder unsere Väter noch wir zu tragen vermochten?« Aus diesen Worten ist eindeutig zu entnehmen, dass ein Joch von solchem Gewicht und solcher Knechtschaft, wie es das mosaische Gesetz war, den Christen nicht auferlegt ist [...] Aus all diesen und unzähligen anderen Belegen im göttlichen Gesetz und bei den heiligen Vätern kann man mit Evidenz entnehmen, dass das christliche Gesetz keine solche Sklaverei mit sich bringt wie das mosaische Gesetz. Wenn nun aber Gebot und Weihe von Christus her dem Papst eine solche Machtfülle gäben, dass ihm in weltlichen wie in geistlichen Belangen ohne Ausnahme das Recht zu allem zustünde, was nicht dem göttlichen Gesetz oder dem Naturrecht widerspricht, brächte das Gesetz Christi eine ganz und gar verabscheuungswürdige Knechtschaft mit sich, die unvergleichlich viel schwerer wäre als die des alten Gesetzes.

Alle Christen nämlich, die Kaiser und Könige ebenso wie all die anderen, die ihnen untergeben sind, wären dann im strengsten Sinn des Wortes Knechte. Denn nie gab es jemanden und nie wird es jemanden geben, der von Rechts wegen eine größere Macht über irgendeinen Menschen besäße, als die, dass er über ihn alles verfügen könnte, was weder dem natürlichen noch dem göttlichen Recht widerspricht.

Der Papst hätte bei einem solchen Stand der Dinge ja das Recht, dem König von Frankreich oder auch jedem anderen ohne eigenes Verschulden und ohne Grund die Regierungsgewalt zu entreißen, ganz so wie ein Herr seinem Knecht ohne Grund und ohne Verschulden eine Sache nehmen kann, die er ihm überlassen hat. Das ist widersinnig.

Der Papst dürfte, wenn er in weltlichen wie in geistlichen Belangen über eine solche Machtfülle verfügte, den Christen auch äußere Zeremonien in einem Maße auferlegen, das größer und belastender wäre als unter dem alten Gesetz. So wäre das evangelische Gesetz durchaus kein Gesetz der Freiheit, sondern eines, das unerträgliche Knechtschaft brächte.

Die oben genannte Behauptung muss also als häretisch beurteilt werden. Sie ist auch für die gesamte Christenheit gefährlich, denn wenn der Papst in weltlichen Belangen eine solche Machtfülle besäße, dürfte er von Rechts wegen allen Königen und Fürsten Territorium und Regierungsgewalt entreißen und diese seinen Verwandten oder, wenn ihm der Sinn danach steht, anderen dahergelaufenen Personen übertragen oder sie auch für sich vorbehalten. Daraus könnten leicht Schismen, Streitigkeiten und Kriege entstehen, die für die gesamte Christenheit gefährlich wären.

Quelle: William Ockham Opera Politica IV, hg. v. H. S. Offler, Oxford 1997, 111. 113-115; *Übers.*: Wilhelm von Ockham, Texte zur Theologie und Ethik, ausgew., eingel. u. übers. v. V. Leppin u. S. Müller, Stuttgart 2000, 291. 293. 297-299. – *Literatur:* J. Miethke, Ockhams Weg zur Sozialphilosophie, Berlin 1969; T. Shogimen, Ockham and Political Discourse in Late Middle Ages, Cambridge 2007; V. Leppin, Mit der Freiheit des Evangeliums gegen den Papst. Wilhelm von Ockham als streitbarer Theologe, in: ders., Reformatorische Gestaltungen. Theologie und Kirchenpolitik in Spätmittelalter und Früher Neuzeit, Leipzig 2016, 11-19.

Streit um die Rolle des Papstes

d) Marsilius von Padua (1280/90-1342/3): »Verteidiger des Friedens« (Defensor pacis, 1324)

1. Der Machtbereich des Priesters (1. Teil, VI 1-8)

1 Letzter Punkt dieser Erörterung ist die Zweckursache (*de causa finali*), derentwegen das wahre Priestertum in den Gemeinschaften der Gläubigen eingesetzt (*verum sacerdotium in communitatibus fidelium institutum*) worden ist. Das ist die Lenkung des von Erkenntnis und Streben (*per cognitionem et appetitum*) gebotenen menschlichen Handelns, des rein innerlichen wie des übergreifenden, soweit dadurch die Menschheit auf das beste Leben in der künftigen Welt ausgerichtet wird. Deswegen muss man beachten, dass der erste Mensch, Adam, zwar auch wie die übrigen Geschöpfe hauptsächlich zu Gottes Ruhm erschaffen wurde, doch in einzigartiger Weise anders als die anderen Arten vergänglicher Seinsformen: nämlich zum Bilde und Gleichnis Gottes (*ad imaginem Dei et similitudinem* [Gen 1, 26]), damit er aufnahmebereit für die ewige Seligkeit wäre und ihrer nach dem Leben in der gegenwärtigen Welt teilhaftig werden könne. Er wurde auch erschaffen im Stande der Unschuld, ursprünglicher Gerechtigkeit (*in statu innocentiae seu iustitiae*) und auch der Gnade; das machen einige Heilige und gewisse hervorragende Lehrer der Heiligen Schrift plausibel. Wäre er in diesem Stande geblieben, so wäre weder für ihn noch seine Nachkommen die Einsetzung oder Unterscheidung der bürgerlichen Berufsstände (*officiorum civilium institutio*) notwendig gewesen; denn alles für dieses befriedigende Leben Zweckmäßige und Genussvolle hätte ihm die Natur in dem irdischen Paradies oder dem Paradies des Genusses ohne irgendwelche Pein oder Anstrengung seinerseits hervorgebracht.

2 Aber weil Adam seine Unschuld oder ursprüngliche Gerechtigkeit und Gnade verdarb (*corrupit*), indem er von dem ihm verbotenen Baum aß und damit das göttliche Gebot übertrat, stürzte er plötzlich in Schuld und Elend oder Strafe, Strafe, sage ich, des Verlustes der ewigen Seligkeit (*poenam* [...] *privationis felicitati aeternae*), zu der ihn des glorreichen Gottes Wohltat mit seinen sämtlichen Nachkommen als dem Endzustand bestimmt hatte [...]

4 Da jedoch der barmherzige Gott die Menschheit zur ewigen Seligkeit bestimmt hatte, so hat er in dem Wunsche, sie von den Folgen des Falles zu retten oder sie nach einer zweckvollen Ordnung neu für die ewige Seligkeit zu bereiten, zuallerletzt der Menschheit durch seinen Sohn Jesus Christus, der wahrer Gott und wahrer Mensch in einer Person ist, das evangelische Gesetz (*legem evangelicam*) verkündet mit Geboten für das, was man glauben, tun und meiden soll, und Ratschlägen dafür [...] Deswegen heißt es Gesetz der Gnade (*lex gratiae*), teils weil durch Christi Leiden und Tod das Menschengeschlecht von der Schuld und der Strafe des Verlustes der ewigen Seligkeit erlöst ist, die es infolge des Falles beziehungsweise der Sünde der ersten Eltern auf sich geladen hatte, teils weil durch dessen Befolgung und durch den Empfang der mit ihm und in ihm eingesetzten Sakramente uns die göttliche Gnade verliehen, die verliehene gestärkt und die verlorene zurückgewonnen wird [...]

7 Als Lehrer des eben genannten Gesetzes und als Verwalter der zu ihm gehörigen setzte man einige Männer in den Gemeinschaften ein, die man Priester und Diakonen oder Leviten nennt und deren Aufgabe es ist, des evangelischen christlichen Gesetzes Gebote und Ratschläge zu lehren, nämlich was zu glauben, zu tun und zu meiden ist, um schließlich die Seligkeit in der künftigen Welt zu erlangen und dem Gegenteil zu entgehen.

8 Zweck des Priestertums ist also Erziehung der Menschen und Belehrung (*disciplina et eruditio*) darüber, was man nach dem evangelischen Gesetz notwendigerweise glauben, tun oder unterlassen muss, um das ewige Heil zu erlangen und der ewigen Pein zu entrinnen.

2. Der Machtbereich des Papstes und der Konzile (2. Teil, XXII 5-6)

5 Ein Bischof als solcher oder eine Kirche als solche ist also nicht Haupt der anderen oder vorzüglicher (*principalior*) kraft der Worte der Schrift. Denn Haupt der Kirche und Grund des Glaubens ist aufgrund der von Gott unmittelbar geschaffenen Ordnung und gemäß der Schrift oder der Wahrheit einzig und allein Christus selbst, kein Apostel, Bischof oder Priester, wie der Apostel in Eph 4(,15) und 5(,23), in Kol 1(,18) und in I Kor 10(,4) mit klaren Worten sagt. Daher bilden alle Apostel, Propheten, Kirchenlehrer und die übrigen Gläubigen, so meint er, den Leib Christi, [d.h.] die Kirche, als seine übrigen Glieder; niemand aber ist gleichsam das Haupt als Christus allein [...]

6 Auf andere Weise kann aber die Möglichkeit, dass aufgrund der Vollmacht eines allgemeinen Konzils oder des gläubigen menschlichen Gesetzgebers (*auctoritate generalis concilii vel fidelis legislatoris humani*) ein Bischof oder eine Kirche Haupt und Führung der übrigen sei oder dazu eingesetzt werde, sinnvoll so verstanden werden: Wenn eine Frage des Glaubens oder eine unbestreitbare Notwendigkeit für die Gläubigen auftaucht und ihm hinterbracht wird, zu deren Klärung die Einberufung eines allgemeinen Konzils zweckmäßig erscheint, dann hat er folgende Aufgabe: Zusammen mit seinem Priesterkollegium, das ihm der gläubige menschliche Gesetzgeber oder das allgemeine Konzil dafür hat beigeben wollen, soll er dann nach vorausgehender Beratung den Fall an den gläubigen Gesetzgeber, der keinen höheren über sich hat (*fideli legislatori superiore carenti*), weiterleiten und ihm zur Kenntnis bringen. Wenn dieser dazu eine zwingende Weisung erteilt, müsste das Konzil, wie wir gesagt haben, versammelt werden. Aufgabe dieses Bischofs soll es auch sein, auf dem genannten Konzil unter allen Bischöfen und Klerikern den ersten Sitz oder Platz einzunehmen, die Tagesordnung zu bestimmen, das Ergebnis der Beratung in Gegenwart des ganzen Konzils zusammenzufassen, die Verhandlungen schriftlich niederlegen und mit den echten amtlichen Siegeln und den Stempeln der Geheimschreiber versehen zu lassen, allen Kirchen, die darum ersuchen, solche [Beschlüsse] mitzuteilen und an sie weiterzuleiten, auch die [Beschlüsse] zu kennen, zu lehren und darüber Auskunft zu geben und diejenigen, die verstoßen gegen das, was über den Glauben wie über den kirchlichen Ritus oder den Gottesdienst beschlossen und sonst für Frieden und Einheit der Gläubigen angeordnet ist, durch eine schwere Kirchenstrafe zu treffen, z.B. Exkommunikation oder Interdikt oder eine andere ähnliche Strafe, jedoch (nur) auf Anweisung des Konzils und kraft dessen Autorität, keineswegs aber aufgrund einer zwingenden Befugnis, eine Strafe an Gut oder Person für den Stand in dem Stand der gegenwärtigen Welt zu verhängen.

Quelle / Übers.: Marsilius von Padua, Der Verteidiger des Friedens, neu hg. v. J. Miethke, Darmstadt: Wissenschaftliche Buchgesellschaft 2017, 58-67. 770-775. – *Literatur:* H. Segall, Der »Defensor Pacis« des Marsilius von Padua. Grundfragen der Interpretation, Wiesbaden 1959; C.J. Nederman, Community and Consent. The Secular Political Theory of Marsilius of Padova's ›Defensor pacis‹, London 1995; J. Miethke, Politiktheorie im Mittelalter, Tübingen 2008, 204-247; G. Moreno-Riaño (Hg.), The World of Marsilius of Padua, Turnhout 2006; ders. / V. Nederman (Hg.), A Companion to Marsilius of Padua, Leiden / Boston 2006.

e) Die Entstehung der Legende von der Päpstin Johanna: Martin von Troppau († 1278), Chronik

Nach diesem Papst Leo[7] hat Johannes Anglicus aus Mainz den Papststuhl für zwei Jahre, sieben Monate und vier Tage innegehabt und ist in Rom gestorben, worauf eine einmonatige Sedisvakanz eingetreten ist. Wie man versichert, ist dieser Papst eine Frau gewesen, die als junges Mädchen von ihrem Liebhaber in männlicher Kleidung nach Athen geführt wurde und dort in verschiedenen Wissenschaften solche Fortschritte machte, dass niemand ihr gleichkam. Später hat sie in Rom das Trivium[8] gelehrt und berühmte Lehrer als ihre Schüler und Hörer gehabt. Da sie in der Stadt Rom wegen ihrer Lebensführung und Gelehrsamkeit großes Ansehen genoss, wurde sie einstimmig zum Papst gewählt, dann aber während ihres Papsttums von ihrem Vertrauten geschwängert. Und da sie die Zeit der Geburt nicht wusste, ist sie auf dem Weg von St. Peter zum Lateran zwischen dem Kolosseum und der Kirche des heiligen Clemens von den Wehen überrascht worden und hat ein Kind geboren. An der gleichen Stelle ist sie gestorben und, wie man sagt, auch begraben worden. Da der Papst diesen Weg immer meidet, glauben die meisten, dass dies aus Abscheu vor dem Ereignis geschehen sei. Sie wird auch nicht im Katalog der heiligen Päpste geführt, da dem weiblichen Geschlecht in dieser Hinsicht eine Entstellung (*propter mulieris sexus quantum ad hoc deformitatem*) zukommt.

Quelle: MGH. Scriptores 22,428. *Übers.:* M. Kerner / Kl. Herbers, Die Päpstin Johanna: Biographie einer Legende, Freiburg u.a. 2011, 71. – *Literatur:* A Boureau, The Myth of Pope Joan, Chicago 2001; M. Imhof, Die Päpstin Johanna: Wahrheit und Mythos, Petersberg 2011; M. Kerner / Kl. Herbers, Die Päpstin Johanna: Biographie einer Legende, Freiburg u.a. 2011; T. Lorentzen, Ein Phantom als Argument: die »Päpstin« in der antipäpstlichen Geschichtspolitik, in: ZKG 126 (2015) 133-160.

f) Lorenzo Valla: Das Programm zum Nachweis der Fälschung der Konstantinischen Schenkung (*De falso credita et ementita Constantini donatione*, Vorwort)

Von dieser Schenkung, von der die höchsten Bischöfe ihr Recht (auf weltliche Herrschaft) ableiten, wusste, wie ich zeigen werde, Silvester ebenso wenig wie Konstantin.

Aber bevor ich dahin gelange, die Schenkung in dem Sinne zu bestreiten, dass jeder einzelne damit verbundene Verfügungsanspruch (*patrocinium*) falsch und unwirksam ist, verlangt die argumentative Ordnung eine Herleitung. Erstens werde ich also darlegen, dass sie Konstantins und Silvesters Wesen und Situation nicht entsprach: Konstantin wollte nicht schenken, vermochte es auch von Rechts wegen nicht, und hatte die entsprechenden Gaben nicht so in seinem Besitz, dass er sie andern hätte übertragen können. Silvester aber wollte ein solches Geschenk gar nicht annehmen und hat es auch von Rechts wegen nicht angenommen. Zweitens, dass, auch wenn dies, was doch absolut wahr und klar ist, nicht gälte, der Papst auch faktisch den Besitz an den Dingen, die da verschenkt worden sein sollen, nicht empfangen und der Kaiser ihn nicht übertragen hat, sondern sie immer in seiner Gewalt geblieben sind. Drittens: Konstantin hat nicht Silvester etwas gegeben, sondern, ehe er noch die Taufe empfangen hatte, dessen Vorgänger; das waren aber unbedeutende Geschenke, mit denen der Papst sein Leben fristen konnte. Viertens: Zu Unrecht wird behauptet, die Erzählung von der Schenkung finde sich im ursprünglichen Text des *Decretum Gratiani*[9] oder sei aus der Darstellung der Geschichte des Papstes Silvester entnommen, denn sie findet sich weder darin noch in irgendeiner [anderen] Geschichtsdarstellung, und es ist darin manches enthalten, das widersprüchlich, dumm, barbarisch oder lächerlich ist.

Quelle: Lorenzo Valla, De falso credita et ementita Constantini donatione, hg. v. W. Setz, Weimar 1976 (MGH.QG 10) 60f. – *Literatur:* W. Setz, Lorenzo Vallas Schrift gegen die Konstantinische Schenkung. Zur Interpretation und Wirkungsgeschichte, Tübingen 1975 (BDHIR 44); G. Antonazzi. Valla e la polemica sulla donazione di Constantino, Rom 1985 (UD 28); V. Leppin, Die Konstantinische Schenkung als Mittel der Papstkritik in Spätmittelalter, Renaissance und Reformation, in: ders., Transformationen. Studien zu den Wandlungsprozessen in Theologie und Frömmigkeit zwischen Spätmittelalter und Reformation, Tübingen [2]2018, 189-210.

[1]   *Vgl. I Kor 2, 15.*
[2]   *Vermutlich ist Num 18,20 gemeint.*
[3]   *Mt 10,9; Mt 20,25-27.*
[4]   *Aristoteles,* Metaphysik IX,8 (1049b 24f).
[5]   *Dies ist der aristotelische Gedanke der Entelechie, nach welcher alles Seiende auf ein Ziel ausgerichtet ist.*
[6]   *Vgl. I Kor 13,13. Die Lehre von den drei theologischen Tugenden nach dieser Bibelstelle verband sich im Mittelalter mit der antiken Lehre von den vier Kardinaltugenden Klugheit, Gerechtigkeit, Mäßigung und Tapferkeit.*
[7]   *Leo IV. (847–855). Sein Nachfolger, der sich gegen erhebliche Widerstände durchsetzen musste, war Benedikt III. (855–858).*
[8]   *Die drei sprachlichen* artes: *Grammatik, Rhetorik, Dialektik.*
[9]   *Tatsächlich findet sich der zweite Teil des* Constitutum, *die* Donatio, *im* Decretum Gratiani *(D. 96 c. 14); allerdings erfolgte diese Aufnahme nicht durch Gratian selbst, sondern es handelte sich um eine Palea, eine Zufügung aus der Mitte des 12. Jahrhunderts.*

54. Zunehmende Autonomie des Kaisertums gegenüber dem Papsttum

Die Lösung des Kaisertums, zunehmend auch des französischen Königs und anderer Mächte von der päpstlichen Dominanz war nicht nur eine Frage der Theorie. Ludwig der Bayer holte sich nicht umsonst Wilhelm von Ockham und Marsilius von Padua an seinen Hof in München und inszenierte auf Grundlage der Überlegungen des Letzteren sogar die Wahl eines Gegenpapstes. Von Anfang an hatte Papst Johannes XXII. die Legitimität seiner Herrschaft über das Reich bestritten, weil er sie ohne päpstliche Approbation beansprucht hatte. War es im Investiturstreit des 11. Jahrhunderts noch um die Frage gegangen, wer die Bischöfe einsetzen dürfe, so ging es in diesem neuen Streit um die Frage, ob die Zustimmung des Papstes zur Wahl eines Römischen Königs konstitutiv für dessen Herrschaftsrechte sei. Ludwig konnte sich lange als faktischer Herrscher halten; seine Rechtsposition, dass er auch ohne päpstliche Approbation durch die Wahl der Kurfürsten Römischer König sei, unterstützten die Kurfürsten auf ihrer Versammlung zu Rhense 1338 ausdrücklich (Text a). Als Ludwig allerdings in seinen letzten Regierungsjahren die Konkurrenz zu den Luxemburgern forcierte, musste er mit ansehen, wie fünf Kurfürsten 1346, wiederum in Rhense, mit Karl IV. zum König wählten. Gleichwohl hat der Streit, den Ludwig durchfocht, das deutsche Königtum strukturell auf Dauer vom päpstlichen Zugriff befreit: Was schon im Kurverein von Rhense unter Ludwigs Ägide bestimmt worden war, machte sein Gegner und Nachfolger Karl IV. in der Goldenen Bulle zum dauernden Gesetz (Text b): Der Römische König wird durch das hierfür bestimmte

a) Der Kurverein zu Rhense (16. Juli 1338)

Im Namen des Herrn. Amen [...] Im Jahre 1338 [...] beim Dorf Rhens [...] haben die in Christus hochwürdigen Väter und Herren - die Herren Heinrich Erzbischof der Kirche von Mainz, Walram der von Köln und Balduin der von Trier - ferner die erlauchten Fürsten und Herren - die Herren Rudolf, sowie Ruprecht, Ruprecht und Stephan für den Pfalzgrafen bei Rhein [...], ferner Rudolf Herzog von Sachsen und Ludwig Markgraf von Brandenburg - sich eingefunden und waren selbst anwesend zur Verhandlung über die Rechte des Reiches und seine Gewohnheiten, und nach Hinzuziehung recht vieler Getreuer des genannten Reiches, Klerikern wie Laien, ebenfalls dort, ferner in Anwesenheit und nach Berufung von uns drei öffentlichen Notaren, einträchtig und einstimmig dazu bestellt, bei diesen ordnungsgemäß teilzunehmen unter Durchführung von Eiden ihnen gegenüber und von Umfragen, wie es bei Festlegungen Brauch dieser Fürsten ist, haben sie urteilend gesagt und festlegend verkündet: Nach Recht und altem anerkanntem Herkommen des Reiches gilt Folgendes: Sobald jemand von den Kurfürsten des Reiches oder von der zahlenmäßigen Mehrheit dieser Fürsten (*a principibus electoribus imperii vel a maiori parte numero eorundem principum*) – auch im Zwiespalt – zum Römischen König gewählt (*pro rege Romanorum* [...] *electus*) ist, bedarf er keiner Benennung, Anerkennung, Bestätigung, Zustimmung oder Ermächtigung von Seiten des Apostolischen Stuhles zur Aufnahme der Verwaltung der Güter und Rechte des Reiches oder zur Annahme des Königtitels; ferner: Deretwegen muss sich der Erwählte nicht mit Notwendigkeit an den genannten Stuhl wenden; vielmehr ist es seit den Zeiten, an deren Beginn es kein Erinnern mehr gibt, wie folgt gehalten, bewahrt und beachtet worden: Die von den Kurfürsten des Reiches einstimmig oder im obengenannten Sinn mehrheitlich Erwählten haben sich den Königstitel beigelegt und die Güter und Rechte des Reiches verwaltet; sie konnten dies nach Recht und Herkommen erlaubterweise tun und werden es auch künftig tun können, ohne eine Anerkennung oder Erlaubnis des besagten Apostolischen Stuhles dafür erlangt oder erhalten zu haben.

Nach Verkündung und Festlegung in dieser Weise haben die genannten Herren Kurfürsten alle Getreuen und Lehnsleute des Reiches samt und sonders, die dort bei ihren Verhandlungen und in ihrem Rat damals anwesend waren, bei ihren dem Reich gegenüber geschuldeten oder geleisteten Eiden einzeln gefragt, was sie hinsichtlich der verhandelten, festgelegten und verkündeten Rechte und Gewohnheiten des Reiches meinten. Diese haben samt und sonders mit denselben oder ähnlichen Worten der Verkündung, Beurteilung und Feststellung so zugestimmt, wie die obengenannten Kurfürsten übereingekommen waren.

Quelle: Quellen zur Verfassungsgeschichte des römisch-deutschen Reiches im Spätmittelalter (1250–1500), ausgewählt und übersetzt von L. Weinrich, Darmstadt 1983 (Freiherrvom-Stein-Gedächtnisausgabe, Bd. 33), 286-291 (Nr. 88).

b) Die Goldene Bulle von 1356 (Das Nürnberger Gesetzbuch, 10. Januar 1356)

Kap. 2, 4

[...] Derjenige, der [...] zum Römischen König gewählt wird, soll sofort nach so erfolgter Wahl, bevor er in irgendwelchen Sachen und Geschäften kraft des heiligen Reiches (*virtute sacri imperii*) Verfügungen trifft, den geistlichen und weltlichen Kurfürsten, die ja bekanntlich die nächsten Glieder des heiligen Reiches sind, samt und sonders alle ihre Privilegien, Urkunden, Rechte, Freiheiten, Verleihungen, alte Gewohnheiten und auch Würden und all das, was sie bis zum Tag seiner Wahl vom Reich innegehabt und besessen haben, ohne Verzug und Widerspruch durch seine Urkunden und Siegel bestätigen und bekräftigen; er soll ihnen alles Vorgenannte erneuern, nachdem er mit den kaiserlichen Herrschaftszeichen gekrönt worden ist. Solche Bestätigung aber soll der Gekorene (*electus*) einem jeden Kurfürsten gesondert zunächst in seinem königlichen Namen tun und danach unter seiner kaiserlichen Würde erneuern; und er soll gehalten sein, darin alle diese Fürsten keinesfalls insgesamt oder einen von ihnen gesondert zu beeinträchtigen, vielmehr ohne Arglist huldvoll zu fördern.

Kap. 12

[...] Die Kurfürsten des heiligen Reiches sollen [künftig] öfter als bisher üblich zu Verhandlungen über das Wohl dieses Reiches und des Erdkreises zusammenkommen – sie, die die festen Grundpfeiler und unverrückbaren Säulen des Reiches sind; so wie sie durch die weiten Entfernungen ihrer Länder voneinander getrennt wohnen, so können sie auch über die einbrechenden Missstände der ihnen bekannten Gebiete zugleich berichten und beraten, und es ist ihnen wohlvertraut, durch vernünftige Ratschläge aus ihrer Umsicht heraus heilsame Hilfe zu leisten zur Behebung solcher Missstände [...] Diese Kurfürsten sollen künftig in jedem Jahr einmal nach dem Ende von vier Wochen (zusammenhängend gezählt) seit dem Osterfest der Auferstehung des Herrn in einer Stadt des heiligen Reiches selbst zusammenkommen [...] Außerdem, damit die Verhandlung des Gemeinwohls und Friedens nicht durch Verzug oder Verzögerung der Hilfeleistung oder durch übermäßigen Fleiß beim Besuch von Gastmählern gehemmt wird, wie es mitunter zu geschehen pflegte, glaubten Wir anordnen zu sollen, dass es künftig, solange dieser Hoftag oder diese Zusammenkunft dauert, keinem erlaubt ist, allgemeine Einladungen der Fürsten feierlich zu veranstalten; Einzeleinladungen aber, die den Fortgang der Tagesordnung nicht behindern, können mit Maßen zugelassen werden.

Quelle: Quellen zur Verfassungsgeschichte des römisch-deutschen Reiches im Spätmittelalter (1250–1500), ausgewählt und übersetzt von L. Weinrich, Darmstadt 1983, 336f. 356-259 (Nr. 94a). – *Literatur:* J. Miethke, u. A. Bühler, Kaiser und Papst im Konflikt. Zum Verhältnis von Staat und Kirche im späten Mittelalter, Düsseldorf 1988 (Historisches Seminar 8); U. Hohensee u.a. (Hg.), Die Goldene Bulle. Politik – Wahrnehmung – Rezeption. 2 Bde., Berlin 2008; J. Rogge, Die deutschen Könige im Mittelalter. Wahl und Krönung, Darmstadt ²2011.

Mystikerinnen

55. Mystische Theologinnen als Herausforderung für die Kirche

Frauen war im Mittelalter der Weg zum universitären Studium verschlossen. Dennoch konnten sie in Adelskreisen, vor allem aber in Klöstern zu beachtlicher Bildung gelangen. Sie wurden zu Visionärinnen, Dichterinnen und Theologinnen. Mystische Theologie ermöglichte es ihnen, den Anspruch auf von Gott geschenkte Erfahrung zum Ausgangspunkt eigener Reflexion und Verkündigung zu machen. Oft wurde dies als Missachtung gängiger Autoritätsmuster kritisch beäugt. Manchen von ihnen, wie etwa Mechthild von Magdeburg († 1282) wurde eigens ein männlicher Kleriker an die Seite gestellt, der die Verschriftlichung ihrer Verkündigung kontrollieren sollte, die sie sukzessive in ihrem Buch „Das fließende Licht der Gottheit" niederschrieb (Text a). Die Spannung zu traditionellen Strukturen wurde noch dadurch verschärft, dass viele von ihnen – auch Mechthild bis wenige Jahre vor ihrem Tod – als Beginen lebten. Diese Form »semireligiösen« Lebens ermöglichte es Frauen, jenseits der Orden ein asketisches Leben in kleinen Verbänden zu leben, die lediglich für die Sakramente auf einen männlichen Priester angewiesen waren. In diesem Milieu bewegte sich auch Marguerite Porete († 1310), die Ende des 13. Jahrhunderts in altfranzösischer Sprache ein hochgelehrtes Buch unter dem Titel »Der Spiegel der einfachen Seelen« verfasste, das fast die Gestalt eines religiösen Lehrbuches annahm (Text b). Der Bischof von Cambrai ließ das Werk zwischen 1296 und 1303 in Valenciennes öffentlich verbrennen. Als Marguerite auf den im »Spiegel« ausgedrückten Erkenntnissen beharrte, wurde sie 1307 erneut vor die Behörden der Inquisition zitiert und, als sie weiter »jeden Widerruf verweigerte, am 1. Juni 1310 in Paris verbrannt. Gleichwohl erfuhr der »Spiegel« rasch internationale Verbreitung und beeinflusste nicht zuletzt den männlichen Mystiker Meister Eckhart (s.u. Nr. 56). Neben solchen individuellen Verurteilungen gingen die Behörden gelegentlich auch pauschal und mehr auf grund von Hörensagen gegen die Beginen vor. Dabei lagen bei den Entscheidungen von Provinzialsynoden in Köln (1306) und Mainz (1310) die Kritik an der ungewöhnlichen Lebensform und sittlichen wie häretischen Abweichungen ineinander. Auch das Konzil von Vienne verurteilte 1311 einerseits vermeintliche Auswüchse der beginischen Lebensform, andererseits in der Bulle *Ad nostrum* das, was man als dort gepflegte Mystik fassen zu können meinte (Text c). In der Folge wurden die Beginen vornehmlich durch Integration in die Orden, vor allem den Dominikanerorden, unter die Kontrolle der Kirche gebracht. Dies trug dazu bei, dass sich unter Dominikanerinnen mystische Frömmigkeit entfaltete, so auch in dem 1230 gestifteten Kloster Kirchberg. Von hier stammt der folgende Text, der noch etwas von der besonderen mystischen Erregung jener Frauen ahnen lässt (Text d): Im Rückblick werden die besonderen Gnadenerfahrungen gesammelt, die verschiedenen Schwestern zuteil geworden sind; derartige Schwesternbücher dienten der Erbauung der Konvente und sollten zu Nachfolge anregen. Zeigt sich hierin die Vielfalt der Frömmigkeitspraxis unter den religiös bewegten Frauen, so ist Juliana von Norwich († nach 1413) ein Beispiel für die normsprengende Metaphernkraft der mystischen Theologie, die in ihrer Überwindung traditioneller Geschlechtsmuster weiter über die eigene Zeit hinauszuweisen scheint (Text e).

a) Mechthild von Magdeburg (ca. 1207–ca. 1282), Das fließende Licht der Gottheit I, 22

I, 22: Von der Botschaft an Sankt Marien und wie eine Tugend der anderen folgt und wie die Seele im Jubel der Dreifaltigkeit geschaffen wurde und wie Sankt Maria alle Heiligen gesäugt hat und noch säugt
Der süße Tau der anfanglosen Dreifaltigkeit versprühte sich aus dem Brunnen der ewigen Gottheit in die Blume der auserwählten Jungfrau, und die Frucht der Blume ist ein unsterblicher Gott und ein sterblicher Mensch und die lebendige Gewissheit des ewigen Lebens. Und unser Erlöser ist Bräutigam geworden! Die Braut ist trunken vom Anblick des edlen Antlitzes: In der größten Stärke verliert sie sich selbst, im schönsten Licht ist sie blind gegenüber sich selbst, und in der größten

Blindheit sieht sie am allerklarsten. In der größten Klarheit ist sie zugleich tot und lebendig. Je länger sie tot ist, desto fröhlicher lebt sie; je fröhlicher sie lebt, desto mehr erfährt sie; je schwächer sie wird, desto mehr fließt ihr zu [...]
O, wo wurde unser Erlöser zum Bräutigam? Im Jubelgesang der Heiligen Dreifaltigkeit, als Gott sich nicht mehr in sich selbst zurückzuhalten vermochte, da erschuf er die Seele und gab sich ihr zu eigen in großer Liebe.»Woraus bist du geschaffen, Seele, dass du dich so hoch über alle Kreaturen erhebst und dich unter die Heilige Dreifaltigkeit mischst und doch unversehrt du selbst bleibst?« – »Du hast von meinem Ursprung (*anegenge*) gesprochen; nun sage ich dir wahrheitsgemäß: Ich bin an ebendiesem Ort aus Liebe geschaffen. Deshalb kann mich keine Kreatur so, wie es meiner edlen Natur entspricht, trösten oder befreien, außer der Liebe allein. Herrin Sankt Maria, du bist die Mutter dieses Wunders. Wann geschah dir dies?« – »Als unseres Vaters Jubel getrübt ward durch Adams Fall, so dass er zürnen musste, da machte die ewige Weisheit der allmächtigen Gottheit mit mir dem Zorn ein Ende. Da erwählte mich der Vater zur Braut, damit er etwas habe, das er lieben könne, denn seine liebe Braut, die edle Seele, war tot; und da erwählte mich der Sohn zur Mutter, und da nahm mich der Heilige Geist zur Geliebten. Da war ich allein Braut der Heiligen Dreifaltigkeit und Mutter der Waisen und trug sie unter die Augen Gottes, auf dass nicht alle zusammen untergingen, wie es dann doch mit einigen geschah. Als ich so vielen verwaisten Kindern Mutter war, da wurden meine Brüste so voll von der reinen unschuldigen Milch der wahren, mildtätigen Barmherzigkeit, dass ich die Propheten und die Seher stillte (*sôgete*), noch bevor ich geboren wurde. Hernach, in meinen jungen Jahren, stillte ich Jesus, später, als Erwachsene, stillte ich Gottes Braut, die heilige Christenheit, neben dem Kreuz, wo alles Leben aus mir wich und ich von Jammer erfüllt wurde, als das Schwert der leiblichen Qual Jesu geistlich in meine Seele schnitt.«[1]
Da standen seine Wunden offen, und ihre Brüste waren geöffnet; die Wunden strömten, die Brüste flossen, so dass die Seele lebendig wurde und ganz gesund, als er den schimmernden roten Wein in ihren roten Mund goss. Als sie so aus den offenen Wunden neu geboren und lebendig wurde, da war sie unerfahren und sehr jung. Wenn sie nun nach ihrem Tod und ihrer Geburt völlig genesen sollte, dann musste Gottes Mutter ihre Mutter und ihre Amme sein. Das entsprach und entspricht durchaus Gottes Willen: Gott ist ihr rechtmäßiger Vater und sie seine rechtmäßige Braut, und sie ist ihm an allen ihren Gliedern gleich.
»Herrin, in deinem Alter stilltest du die heiligen Apostel mit deiner mütterlichen Lehre und mit deinem kraftvollen Gebet, so dass Gott seine Ehre und deinen Willen an ihnen wirkte. Herrin, ebenso tränkest du damals und tränkst noch die Märtyrer in ihrem Herzen mit starkem Glauben, die Bekenner mit heiliger Abschirmung ihrer Ohren, die Jungfrauen mit deiner Keuschheit, die Witwen mit Beständigkeit, die Eheleute mit Sanftmut, die Sünder mit Geduld. Herrin, du musst uns weiterhin stillen, denn deine Brüste sind noch so voll, dass du nicht versiegen kannst. Wolltest du nicht mehr stillen, so würde dich die Milch sehr schmerzen, denn ich habe wahrlich deine Brüste so voll gesehen, dass sich sieben Strahlen aus deiner Brust gleichzeitig über meinen Leib und meine Seele ergossen. In diesem Augenblick befreitest du mich von einer Mühsal, die kein Gottesfreund ohne Herzeleid zu ertragen vermag. So wirst du noch stillen bis zum Jüngsten Tag; dann darfst du versiegen, denn dann sind Gottes Kinder und deine Kinder entwöhnt und erwachsen geworden in einem unvergänglichen Leib.«
O, darnach werden wir in unsagbarer Lust die Milch und auch die Brust erkennen und schauen, die Jesus so oft geküsst hat.

I, 44: Vom Weg der Liebe über sieben Stationen, von drei Kleidern der Braut und vom Tanzen
[...] Dann geht die Allerliebste zum Allerschönsten in das verborgene Gemach der unschuldigen Gottheit. Da findet sie das Lager der Liebe und die Stätte der Liebe von Gott nicht nach Menschenart bereitet. Da sagt unser Herr: »Bleibt stehen, edle Seele!« – »Was gebietest du, Herr?« – »Ihr sollt euch ausziehen!« – »Herr, was wird dann mit mir geschehen?« – »Edle Seele, Ihr seid meiner Natur so innig verbunden, dass gar nichts zwischen Euch und mir sein darf. Niemals war ein Engel so erhaben, dass ihm auch nur für einen Augenblick zuteil geworden wäre, was Euch auf ewig zu eigen ist. Darum sollt ihr Furcht und Scham ablegen und jede äußere Tugend. Vielmehr sollt Ihr allein die Tugend, die Ihr von Natur aus in Eurem Innern habt, auf ewig fühlen. Das ist Euer edles Verlangen und Euer unendliches Begehren. Diese will ich in Ewigkeit mit meiner unendlichen Gnade stillen.« – »Herr, nun bin ich eine nackte Seele und du in dir selbst ein Gott in großer Herrlichkeit. Unser beider Gemeinschaft ist das ewige Leben ohne Tod.«
Darauf tritt da eine selige Stille ein, wie es beide wollen. Er schenkt sich ihr, und sie schenkt sich ihm. Was ihr jetzt geschieht, das weiß sie – und dies ist mein Trost. Nun kann dies nicht lange währen; wo zwei Liebende heimlich zusammenkommen, müssen sie immer wieder auseinandergehen, ohne sich doch zu trennen.

Quelle / Übers.: Mechthild von Magdeburg, Das fließende Licht der Gottheit, hg. v. Gisela Vollmann-Profe, Frankfurt / M. 2003, 38-45. 598f. 64f. – *Literatur:* M. Heimbach, ›Der ungelehrte Mund‹ als Autorität. Mystische Erfahrung als Quelle kirchlich prophetischer Rede im Werk Mechthilds von Magdeburg, Stuttgart-Bad Cannstatt 1989 (Mystik in Geschichte und Gegenwart I, 6); H. Keul, Verschwiegene Gottesrede. Die Mystik der Begine Mechthild von Magdeburg, Innsbruck 2004; S. Poor, Mechthild of Magdeburg and her Book. Gender and the making of textual authority, Philadelphia 2004.

b) Marguerite Porète, Der Spiegel der einfachen Seelen

70. Inwiefern eine solche Seele durch die Gnade Gottes ist, was sie ist.
Die Vernunft: Nun, unsere liebwerte Dame!, spricht die Vernunft. Sagt uns, wer ihr seid, die ihr so zu uns redet!
Die Seele: Ich bin durch die Gnade Gottes, was ich bin (I Kor 15, 10), spricht diese Seele. Also bin ich einzig und allein, was Gott in mir ist, und nichts anderes. Und auch Gott ist eben das, was er in mir ist. Denn nichts ist nichts, doch ist, was ist. Also bin ich, sofern ich bin, nur das, was Gott ist. Außer Gott nämlich ist nichts, und darum finde ich nichts außer Gott, nach welcher Seite ich immer mich wende. Denn, um die Wahrheit zu sagen, außer ihm ist nichts.
Zu den Zuhörern: Diese Seele liebt in Wahrheit, das ist in der Gottheit. Die Wahrheit aber liebt in dem, von dem diese Seele ihr Sein hat, und derart ist das ganze Werk der Liebe in ihr vollendet.
Die Liebe: Das ist die Wahrheit, spricht die Liebe, denn alle anderen, diese ausgenommen, verbergen sich wegen des Verlustes der Unschuld durch die Sünde Adams [...]

87. Wie diese Seele die Herrin über die Tugenden und eine Tochter der Gottheit ist.
Die Liebe: Diese Seele, spricht die Liebe, ist die Herrin über die Tugenden, eine Tochter der Gottheit, die Schwester der Weisheit und die Braut der Liebe (*dame des Vertuz, fille de Deité, seur de Sapience, et espouse d'Amour*).

Die Seele: Ja, bestimmt!, spricht diese Seele. Der Vernunft aber scheint diese Rede erstaunlich. Und dies ist kein Wunder! In kurzer Frist auch wird sie nicht mehr am Leben sein. Ich aber, ich bin, spricht diese Seele, und ich werde immer sein, ohne schwach zu werden. Die Liebe nämlich hat keinen Anfang und kein Ende und keine Grenzen, ich aber bin nichts als Liebe. Wie könnte ich dies also haben? Es ist gar nicht möglich.
Die Vernunft: Ha, bei Gott!, spricht die Vernunft. Wie kann man es wagen, so etwas auszusprechen? Ich getraue mich nicht einmal, es mir anzuhören! Mir wird wahrlich schwach ums Herz, Frau Seele, wenn ich euch höre – mir versagt das Herz! Mein Leben ist aus!
Die Seele: Ach weh!, spricht diese Seele. Warum nur ist sie nicht schon längst gestorben? Denn so lange ich euch hatte, Frau Vernunft, so lange konnte ich über mein Erbe nicht frei verfügen, über das, was mein war und ist. Jetzt aber kann ich frei darüber walten, denn euch habe ich durch die Liebe zu Tode verwundet. Vernunft ist nun tot!, spricht diese Seele.
Die Liebe: Also will ich von jetzt an vorbringen, spricht die Liebe, was die Vernunft redete, wäre sie noch am Leben. Auch das, spricht die Liebe, was sie euch fragen würde, euch unsere Freundin Seele, die Liebe ist und nichts als Liebe, seitdem die Liebe in ihrer göttlichen Güte ihr die Vernunft und die Tugendwerke unter die Füße geworfen und zu Tode gebracht hat, ohne Aussicht auf Wiederkehr [...]

89. Wie diese Seele alles dahin gegeben hat durch die Freigebigkeit ihres Adels.

Die Liebe: Diese Seele hat aus der Freigebigkeit des Adels im Einwirken der Dreieinigkeit alles verschenkt. In die Dreieinigkeit hat diese Seele ihren nackten Willen eingepflanzt, so dass sie nicht sündigen kann, wenn sie sich nicht daraus ausreißt. Sie hat nicht die Möglichkeit zu sündigen: ohne Willen nämlich kann niemand sündigen. Nun braucht sie sich vor Sünde nicht zu hüten, so lange sie ihren Willen da lässt, wo er fest gründet, das ist in demjenigen, der ihn ihr in seiner freien Güte gegeben hatte. Aus zwei Gründen wollte er ihn von seiner Freundin nackt und ledig zu ihrem Vorteil zurückbekommen, ohne irgendein Warum von ihrer Seite: Er wollte ihn darum, weil er ihn wollte, und weil er es verdiente. Und bis dass sie von ihrem Willen ganz und gar entblößt war, besaß sie den vollständigen und andauernden Frieden nicht.
Eine, die in diesem Zustand ist, gleicht beständig jemandem, der trunken ist. Den Betrunkenen kümmert es nicht, was ihm zustößt, in welcher Weise sein Geschick auf ihn zukommt, nicht mehr, als wenn es ihm überhaupt nicht zustieße. Kümmerte er sich indes darum, so wäre er nicht vollständig trunken. Hat diese Seele also noch die Möglichkeit zu wollen, dann heißt dies, dass sie noch nicht fest eingewurzelt ist und sehr wohl noch fallen kann, wenn sie von Unglück oder von Glück bedrängt wird. Sie ist dann nicht alles, denn sie ist noch nicht nichts, da sie noch etwas zu wollen vermag. Denn ihre Armut wie auch ihr Reichtum *bestehen* darin, geben oder zurückbehalten zu wollen. Und weiter will ich noch soviel sagen, spricht die Liebe, zu all jenen – ob sie es wollen oder nicht –, die vom Verlangen aus ihrem Inneren zu den Werken der Vollkommenheit in der Anstrengung der Vernunft aufgefordert und berufen sind: Wenn sie sein wollten, was sie sein könnten, dann gelangten sie in den Zustand, von dem wir handeln, und zugleich würden sie Herrscher über sich selbst, wie auch über Himmel und Erde.
Die Vernunft: Inwiefern denn Herrscher?, spricht die Vernunft.

Die Seele: Dies vermag niemand zu sagen, spricht die freie Seele (*l'Ame Franche*), die alles behält ohne Herz und alles besitzt ohne Herz. Und wenn das Herz noch daran hängt, so ist sie eben nicht soweit.

Quelle: CChr.CM 69, 196-198. 246-248. 252-254; *Übers.:* Margareta Porète, Der Spiegel der einfachen Seelen. Mystik der Freiheit, hg. u. übers. v. L. Gnädinger, Zürich / Kevelaer ²2017, 119. 143f. 146f. – *Literatur:* P. Verdeyen, Le procès d'inquisition contre Marguerite Porète et Guiard de Cressonessart (1309–1310), RHE 81 (1986) 47-94; R. Imbach / D. Mieth (Hg.), Begegnung in Paris 1310. Marguerite Porete, Dante Alighieri, Raimundus Lullus, Meister Eckhart, Stuttgart 2011; W. R. Terry / S. Stauffer (Hg.), A Companion to Marguerite Porete and The mirror of simple souls, Leiden u.a. 2017.

c) Die Verurteilung der rheinischen Beginen in Vienne (Bulle *Ad nostrum qui*, 6. Mai 1312)

(1) Der Mensch kann im gegenwärtigen Leben einen so hohen und so beschaffenen Grad an Vollkommenheit erreichen, dass er zuinnerst sündenlos (*penitus impeccabilis*) wird und keine Fortschritte in der Gnade mehr machen kann: denn, wie sie sagen, wenn einer immer Fortschritte machen könnte, könnte man auf einen treffen, der vollkommener als Christus ist.

(2) Der Mensch braucht nicht zu fasten oder zu beten, nachdem er einen derartigen Grad an Vollkommenheit erreicht hat; denn dann ist die Sinnlichkeit so vollkommen dem Geist und der Vernunft unterworfen, dass der Mensch dem Leib alles frei zugestehen kann, was ihm gefällt.

(3) Jene, die sich in dem vorgenannten Grad der Vollkommenheit und dem Geist der Freiheit befinden, sind nicht menschlichem Gehorsam unterworfen und an keine Gebote der Kirche gebunden; denn, wie sie behaupten, »wo Geist Gottes, dort Freiheit« (II Kor 3, 17).

(4) Der Mensch kann in der Gegenwart so die endgültige Seligkeit nach jedem Grad der Vollkommenheit (*finalem beatitudinem secundum omnem gradum perfectionis*) erlangen, wie er sie im seligen Leben innehaben wird.

(5) Jede vernünftige Natur ist in sich selbst von Natur aus selig, und die Seele bedarf nicht des Lichtes der Herrlichkeit, das sie dazu erhebt, Gott zu schauen und ihn selig zu genießen (*ad Deum videndum et eo beate fruendum*).

(6) Sich in Tugendakten zu üben, ist Sache des unvollkommenen Menschen, und die vollkommene Seele weist die Tugenden von sich.

(7) Der Kuss einer Frau ist, da die Natur nicht dazu neigt, eine Todsünde; der fleischliche Akt aber ist, da die Natur dazu neigt, keine Sünde, vor allem wenn der, der ihn ausübt, versucht wird.

(8) Beim Emporheben des Leibes Jesu Christi dürfen sie nicht aufstehen und ihm ihre Verehrung erweisen: denn sie behaupten, dass es für sie ein Zeichen von Unvollkommenheit wäre, wenn sie von der Reinheit und Höhe ihrer Kontemplation so weit herabstiegen, dass sie irgendwie an die Ausspendung bzw. das Sakrament der Eucharistie oder an das Leiden der Menschheit Christi dächten.

Wir verurteilen und verwerfen mit Zustimmung des heiligen Konzils gänzlich die Sekte selbst mitsamt den vorausgeschickten Irrtümern und verbieten strengstens, dass jemand dies künftig festhalte, billige oder verteidige.

Quelle: DH 891-899. – *Literatur:* J. Leclerc, Vienne, Mainz 1965 (GÖK 8); R.E. Lerner, The Heresy of the Free Spirit in the Later Middle Ages, Berkeley 1972; J. Tarrant, The Clementine Decrees on the Beguines. Conciliar and Papal Visions, in: AHP 12 (1974) 300-308; K. Elm,

Vita regularis sine regula. Bedeutung, Rechtsstellung und Selbstverständnis des mittelalterlichen und frühneuzeitlichen Semireligiosentums, in: Fr. Šmahel (Hg.), Häresie und vorzeitige Reformation im Spätmittelalter. München 1998, 239-274; J. Voigt, Beginen im Spätmittelalter, Köln u.a. 2012; J. Voigt u.a. (Hg.), Das Beginenwesen in Spätmittelalter und Früher Neuzeit, Stuttgart / Fribourg 2015.

d) Berichte über mystische Erfahrungen von Dominikanerinnen

Zunächst muss man wissen, dass Sankt Werendraut von Düren, die Tochter von Sankt Elsbet – sie war noch nicht ganz neun Jahre alt, als sie in das Kloster kam – von ihrer Kindheit bis an ihren Tod ein unschuldiger, reiner Mensch war und sich durch Demut auszeichnete. Sie besaß ein rechtschaffenes, liebreiches und barmherziges Herz, begegnete allen Menschen mit lauterem Herzen und Sinn und diente unserem Herrn unverwandt ihr Leben lang mit allem Eifer. Heiße Liebe und Verlangen brachte sie, reich an Tugenden, Gott entgegen. Und mit ihrem unablässigen Eifer gelangte sie dahin, dass Gott ihr über alle Maßen große Gnade gewährte. Davon will ich einiges hier erwähnen: Man muss wissen, dass jemand, der zu der Gnade des Jubilus gelangen will, die diese überaus andächtige Schwester tatsächlich und erkennbar oft und in Fülle erfahren hat, in Herz und Sinn völlig frei vom Anhangen an vergängliche Dinge sein muss und eine ungeschmälerte Lauterkeit besitzen muss, die unvermischt ist. Das traf bei dieser Schwester in vollkommener Weise zu. Aber gebt acht, was die Gnade Jubilus sei. Es handelt sich hier um eine Gnade ohne Maß. Sie ist so gewaltig, dass niemand, der sie erfährt, darüber schweigen kann. Und doch kann niemand sie zureichend beschreiben. Die mit ihr verbundene angenehme Empfindung geht so über alle Maße, dass Herz, Seele und Sinn und alle Adern des Menschen mit einer unaussprechlich angenehmen Empfindung durchströmt werden, und zwar in solcher Fülle, dass niemand so sittsam ist, dass er in dieser Gnade an sich halten könnte. Vollkommene Liebe, in der Gnade durchleuchtet mit göttlichem Licht, das ist Jubilus. Danach treten mancherlei hohe und vermittelnde Gnaden auf, im einen mehr, im anderen weniger. Sie erlangte auch oft die Gnade der Kontemplation (*genad contemplativa*). Diese Gnade ist so beschaffen, dass des Menschen Sinne zu Gott emporgezogen sind und in dem Spiegel der Ewigkeit die unergründlichen Wunder Gottes bewundern und schauen. Währenddessen begibt Gott sich wiederum in die Seele hinab und strömt mit seiner Gnade in sie. Dann liegt der Mensch da in der Schau Gottes und ist seiner selbst nicht mächtig. Nach außen liegt er, als sei er tot. In dieser geistlichen Schau Gottes lag diese überaus selige Schwester einmal drei Tage lang; nicht einmal kam sie dabei zu sich selbst und nahm keinen Bissen Essen zu sich. Wie vertraut Gott dieser Schwester war und wie oft sie Gott tatsächlich in sich spürte, das kann ich mit Worten nicht ausdrücken.

Quelle: F.W.E. Roth, Aufzeichnungen über das mystische Leben der Nonnen von Kirchberg bei Sulz Predigerordens während des XIV. und XV. Jahrhunderts, Alemannia 21 (1893) 103-148. - Literatur: O. Langer, Mystische Erfahrung und spirituelle Theologie. Zu Meister Eckharts Auseinandersetzung mit der Frauenfrömmigkeit seiner Zeit, München 1987 (MTU 91).

e) Juliana von Norwich: Jesus, die Mutter (Revelations of Divine Love. Long version. Kap. 60)

60. Kapitel: Wie wir durch die Barmherzigkeit und Gnade unserer süßen, freundlichen und stets liebenden Mutter Jesus erlöst und entfaltet werden, und über die Eigenschaften von Mutterschaft; Jesus aber ist unsere wahre Mutter, die uns nicht

mit Milch aufzieht, sondern mit sich selbst, indem er seine Seite für uns öffnet und all unsere Liebe fordert. Jetzt ist es nötig, etwas mehr über dieses Entfalten (*forthspredyng*) zu sagen, wie ich es nach der Absicht unseres Herren begriffen habe: wie wir durch die Mutterschaft von Barmherzigkeit und Gnade (*moderhede of mercy and grace*) zurück in unseren natürlichen Stand gebracht werden, in welchem wir durch die Mutterschaft natürlicher Liebe bereitet waren, einer Liebe, die uns nie verlässt. Unsere natürliche Mutter, unsere gnädige Mutter – denn er wollte unsere Mutter ganz und gar in allen Dingen werden: Er legte den Grund seiner Werke ganz demütig und mild im Bauch der Jungfrau. Genau das zeigte er in der ersten Offenbarung, als er mir die demütige Jungfrau in der unschuldigen Gestalt vor Augen stellte, die sie hatte, als sie schwanger wurde. Das heißt: unser hoher Gott, der die Weisheit von allem ist, wies sich selbst diesen demütigen Ort zu und gab sich ganz in unserem armen Fleisch hin, um Dienst und Amt der Mutterschaft in allen Dingen auszuüben.

Der Dienst der Mutter ist der nächste, passendste und sicherste (*the moders service is nerest, redyest, and sekirest*). Der nächste, weil er der natürlichste ist, der passendste, weil er der liebevollste ist, der sicherste, weil er der vertrauensvollste ist. Diesen Dienst mochte, konnte oder vollzog tatsächlich niemand vollständig als er allein. Wir wissen, dass all unsere Mütter uns zum Leiden und Sterben auf die Welt bringen. Was bedeutet es da, dass allein unsere Mutter Jesus, er, die umfassende Liebe, uns zu Freude und ewigem Leben bringt? Gesegnet soll er sein! So erhält er uns in sich in Liebe, und als die Zeit erfüllt war, dass er die schärfsten Schmerzen und die betrüblichsten Leiden ertrage, die es je gab oder geben wird, litt er und starb zuletzt. Und als er dies vollendet und uns so zur Seligkeit geboren hatte, konnte selbst all das seiner wunderbaren Liebe nicht Genüge tun. Das zeigte er in diesen hohen, überragenden Worten der Liebe: »Wenn ich mehr leiden könnte, würde ich mehr leiden«.

Er konnte nicht noch mehr sterben, aber er hörte nicht auf zu wirken. Daher war es dann nötig für ihn, uns zu füttern, weil die edle Mutterliebe ihn zu unserem Schuldner gemacht hat. Die Mutter kann ihrem Kind ihre Milch zum Stillen geben, aber unsere kostbare Mutter Jesus – er kann uns mit sich selbst füttern. Und das tut er überaus freundlich und zart mit dem heiligen Sakrament, welches die kostbare Speise des Lebens selbst ist. Und mit allen süßen Sakramenten erhält er uns ganz barmherzig und gnädig. Und so hat er dieses selige Wort gemeint, als er sagte: »Ich bin diese heilige Kirche, die dir predigt und dich lehrt« [...]

Die Mutter kann das Kind zart an ihre Brust legen, aber unsere zarte Mutter Jesus – er kann uns vertraut in seine Brust hineinlegen durch seine süße geöffnete Seite und darin Anteil an der Gottheit und den Freuden des Himmels geben, in geistlicher Gewissheit ewiger Seligkeit [...] Dieses schöne, liebliche Wort »Mutter« ist in sich selbst so süß und freundlich, dass es wahrhaft von niemandem gebraucht werden kann als von ihm, der die wahre Mutter des Lebens und aller Dinge ist. Zu den Eigenschaften von Mutterschaft gehören freundliche Liebe, Weisheit und Wissen, und das ist Gott [...]

Quelle: Julian of Norwich, Revelations of Divine love. The Short Text and the Long Text, hg. v. Barry Windeatt, Oxford 2016, 126. – *Literatur:* Chr. Abbot, Julian of Norwich. Autobiography and theology, Cambridge 1999; K.J. Magill, Julian of Norwich: mystic or visionary?, London 2006; T. D. Morris (Hg.), Julian of Norwich. A comprehensive bibliography and handbook, Lewiston 2010; Ph. Scheldrake, Julian of Norwich: »In God's Sight«. Her theology in context,

Chichester / Hoboken 2019; H. Grundmann, Religiöse Bewegungen im Mittelalter. Untersuchungen über die geschichtlichen Zusammenhänge zwischen der Ketzerei, den Bettelorden und der religiösen Frauenbewegung im 12. und 13. Jahrhundert und über die geschichtlichen Grundlagen der deutschen Mystik, Darmstadt ³1970; U. Peters, Religiöse Erfahrung als literarisches Faktum. Zur Vorgeschichte und Genese frauenmystischer Texte des 13. und 14. Jahrhunderts, Tübingen 1988; P. Dinzelbacher, Mittelalterliche Frauenmystik, Paderborn u.a. 1993; B. McGinn, Die Mystik im Abendland, Bd. 3, Freiburg u.a. 1999. Bd. 5, Freiburg u.a. 2016.

¹ Der Gedanke, dass der Schmerz um ihren Sohn Maria wie ein Schwert durchdrang wurde vor allem durch das wohl aus dem 13. Jahrhundert stammende Gedicht „Stabat mater" verbreitet.

56. Die oberrheinische Mystik

In Auseinandersetzung mit beginischer Mystik formte auch der aus Thüringen stammende Dominikaner Meister Eckhart († 1328) Teile seiner schon früh im Dominikanerkloster in Erfurt grundgelegten Theologie und Frömmigkeit – hier entstanden unter anderem seine »Reden der Unterweisung« (Text a.1). Manche seiner späteren Gedanken sind deutlich von Marguerite Porete beeinflusst, und es dürfte für seine Entwicklung auch wichtig gewesen sein, dass er ca. 1313–1324 in Straßburg wahrscheinlich mit der Seelsorge an Frauen beauftragt war, die nach einer Zeit der Semireligiosität in den Dominikanerorden integriert worden waren (cura monialium). Aus diesem Zusammenhang erklärt sich auch seine Aufmerksamkeit um ethisch verantwortete Religiosität, wie sie sich in seiner Predigt über Maria und Martha (Lk 10,38-42) zeigt (Text a.3). Für die Ausgestaltung seiner Theologie war dabei auch seine herausragende akademische Ausbildung wichtig, die sich in mehreren scholastischen Werken niedergeschlagen hat, unter denen das unvollendete Opus Tripartitum mit seinem brisanten ersten Teil, dem »Werk der Thesen«, herausragt (Text a.2). Heikel wurden aber vor allem die volkssprachlichen Predigten, die als so gefährlich erachtet wurden, dass am Papsthof in Avignon ein Prozess gegen ihn geführt wurde, der mit der Verurteilung mehrerer Sätze endete (Text a.4). Die Kraft eines an die Grenzen des Sagbaren gehenden Denkens und die sprachschöpferische Verkündigung Eckharts strahlten dennoch auch auf andere Ordensleute im oberdeutschen Raum aus, insbesondere Heinrich Seuse († 1366) und Johannes Tauler († 1361). Während von Letzterem vornehmlich Predigten erhalten sind, die schon früh nach dem Kirchenjahr sortiert wurden und so eine geistliche Begleitung durch den Jahreslauf ermöglichten (Text c), gibt es von Seuse zahlreiche Schriften, die sein Leben spirituell reflektierten; diese sind allerdings so idealtypisch gestaltet, dass der Zusammenhang mit seinem wirklichen Leben sehr fraglich ist (Text b). Diese Dreiergruppe wurde im 19. Jahrhundert mit nationalpsychologischem Pathos als »Deutsche Mystik« zusammengefasst. Heute sind eher Begriffe wie »deutschsprachige Dominikanermystik« oder schlicht »oberrheinische Mystik« üblich. In diesem geistigen Umfeld entstand auch die »Theologia Deutsch«, ein anonymer Traktat, der das Leben vor Gott in paulinischer Perspektive mystisch durchdenkt (Text d). Bekannt wurde er, als ihn 1516 – und noch einmal 1518 – der Wittenberger Mönch Martin Luther publizierte, von dem auch einige Randbemerkungen zu den Predigten Johannes Taulers erhalten sind, die von seiner intensiven Lektüre zeugen.

a) Meister Eckhart (ca. 1260–ca. 1328)

1. Aus den Reden der Unterweisung

Kap. 23. Von den inneren und äußeren Werken
Wenn sich ein Mensch mit all seinen Kräften, inneren wie äußeren (*inwendic und ûzwendic*), in sich selbst zurückziehen wollte, und dann so dasteht, dass in ihm

kein Vorbild oder Zwang (*kein bilde noch getwanc*) wirkt, er also ohne ein einziges Werk dasteht, innerlich wie äußerlich – dann soll man gut darauf achten, ob sich nicht ein solches selbst zu ihm hinwenden wolle. Wenn es etwa so ist, dass der Mensch sich nicht zu einem Werk hinwenden und sich seiner nicht annehmen will, so soll man auf ein Werk, es sei nun innerlich oder äußerlich, dringen, denn der Mensch soll sich an nichts genügen lassen, wie gut es auch scheine oder sei. Da soll der Mensch sich mit sich selbst in Kampf oder Bedrängnis finden, so dass man eher den Eindruck gewinnen könnte, dass der Mensch da gewirkt würde, als dass er wirkte, damit der Mensch da lerne, mit seinem Gott zusammenzuwirken. Nicht, dass man das Innere meiden oder vernachlässigen oder verachten sollte – sondern man soll lernen, darin, damit und daraus so zu wirken, dass man das Innere in Wirksamkeit übergehen lasse und die Wirksamkeit in das Innere hineinleite, und dass man sich so daran gewöhne, ohne Bindungen wirksam zu sein. Denn man soll das Auge diesem inneren Werk zuwenden und daraus wirken, ob es nun Lesen, Beten oder – wenn es passt – ein äußeres Werk ist. Ist aber das äußere Werk im Begriff, das innere zu zerstören, so orientiere man sich an dem inneren. Am besten wäre es aber, wenn sie beide in eins sein könnten, so dass man mit Gott zusammenwirkte.

Nun frag nur: Wie soll ein solches Zusammenwirken erfolgen, wenn der Mensch sich von sich selbst und allen Werken gelöst hat und dort auf diese Weise Bilder und Werke, Lob und Dank oder was ein Mensch auch sonst wirken mag, verschwinden? Wie der heilige Dionysios sprach: Am allerschönsten spricht von Gott, wer wegen der Fülle seines innerlichen Reichtums am besten von ihm schweigen kann.[1]

Eine Antwort: Ein Werk bleibt dem Menschen auf angemessene und ihm eigene Weise doch, nämlich: das Vernichten seiner selbst (*vernichten sîn selbes*). Doch ist das Vernichten und Verkleinern seiner selbst nie so groß, dass nicht Gott es selbst auch in einem selbst vollbrächte. So unzureichend ist es. Erst dann ist die Demut vollkommen genug, wenn Gott den Menschen durch den Menschen selbst demütigt. Und dann allein ist es genug für die Menschen und auch die Tugend und nicht eher.

Eine Frage: Wie soll Gott den Menschen denn durch sich selbst zunichte machen? Es scheint, als sei das Zunichtemachen des Menschen die Weise, wie Gott erhöht, denn das Evangelium spricht: „Wer sich erniedrigt, der soll erhöht werden." (Mt 23,12).

Antwort: Ja und nein! Der Mensch soll sich selbst erniedrigen, aber genau das kann nicht genug sein, wenn Gott es nicht macht. Und er soll sich erhöhen, aber nicht so, dass das Erniedrigen eines sei und das Erhöhen etwas anderes. Sondern die höchste Höhe der Erhabenheit liegt im tiefen Grund der Demut. Denn je tiefer und niedriger der Grund ist, desto höher und unermesslicher sind auch die Erhabenheit und die Höhe, und je tiefer der Brunnen ist, desto höher ist er auch. Höhe und Tiefe sind eines. Wer sich tiefer erniedrigen kann, steht darum um so höher. Und darum sprach unser Herr: »Wer der Größte sein will, der soll der Geringste unter euch werden!« (Mk 9,35) Wer jenes sein will, muss dieses werden. Dieses Sein wird allein im Werden gefunden. Wer der Geringste wird, der ist in Wahrheit der Größte. Aber wer der Geringste geworden ist, der ist jetzt der Allergrößte. Und so wird das Wort des Evangelisten wahr und erfüllt sich: »Wer sich erniedrigt, der wird erhöht!« (Mt 23,12). Denn all unser Wesen hängt allein am Zunichtewerden.

Quelle: Meister Eckhart, Werke. Bd. 2, hg. v. Niklaus Largier, Frankfurt am Main 1993, 418-422; *Übers.*: Meister Eckhart, Reden der Unterweisung, hg., neu übers. u. komm. v. V. Leppin, Leipzig 2019, 59-61. – *Literatur*: A. Speer / L. Wegener (Hg.), Meister Eckhart in Erfurt, Berlin / New York 2005; M. Egerding u.a., Die rede der underscheidunge. Eckharts frühe Reden zur Orientierung im Denken (Erfurt 1294–1298), Münster 2020.

2. Aus dem Prolog zum Werk der Thesen

Das Sein ist Gott (*Esse deus est*). Hier beginnt der erste Teil des dreiteiligen Werks, nämlich das Werk der Thesen, dessen erste Abhandlung das Sein und das Seiende (*de esse et de ente*) und seinen Gegensatz, das Nichts, zum Gegenstand hat. Zum Verständnis der Ausführungen in dieser und in mehreren folgenden Abhandlungen ist darum einleitend einiges vorauszuschicken.
Erstens, wie nach dem Philosophen »›weiß‹ allein die Qualität bezeichnet«, so bezeichnet ›seiend‹ allein das Sein. Entsprechendes gilt auch bei anderem. ›Eines‹ bezeichnet zum Beispiel allein die Einheit, ›wahr‹ die Wahrheit, ›gut‹ (im ontologischen wie im sittlichen Sinne) die (entsprechende) Gutheit, ›gerade‹ die Geradheit, ›gerecht‹ die Gerechtigkeit und so weiter; ebenso bei dem Entgegengesetzten: ›schlecht‹ bezeichnet allein die Schlechtigkeit, ›falsch‹ allein die Falschheit, ›ungerade‹ die Ungeradheit, ›ungerecht‹ die Ungerechtigkeit und so weiter.
Zweite Vorbemerkung. Man muss anders urteilen über das Seiende (als solches) als über dieses oder jenes Seiende. Desgleichen anders über das Sein an sich und schlechthin ohne nähere Bestimmung als über das Sein dieses oder jenes (Seienden) [...]
Einleitend ist also zu bemerken: erstens, dass Gott allein im eigentlichen Sinne Seiendes, Eines, Wahres und Gutes ist; zweitens, dass von ihm alles Sein, Einheit, Wahrheit und Gutheit hat; drittens, dass alles von ihm unmittelbar hat, dass es ist, dass es eines, wahr und gut ist. Viertens, wenn ich sage: dieses Seiende oder dies und das Eine oder dies und das Wahre, so fügen oder legen ›dies‹ und ›das‹ nichts weiter an Seinsgehalt, Einheit, Wahrheit oder Gutheit zum Seienden, Einen, Wahren und Guten hinzu [...]
Der zweite der vier Sätze, dass nämlich von Gott allein alle Dinge das Sein, das Einessein, das Wahrsein und das Gutsein haben, erhellt aus dem bereits Gesagten. Wie nämlich hätte etwas Sein außer vom Sein? Oder wie wäre etwas eines außer vom Einen oder durch das Eine oder die Einheit, oder wahr ohne die Wahrheit, oder gut außer durch die Gutheit? Ist doch auch alles Weiße durch die Weiße weiß [...]
Überdies, wie oben berührt, kann dem oder vom Seienden nichts oder kein-Sein verneint werden, ihm kommt vielmehr die Verneinung der Verneinung des Seins (*negatio negationis esse*) zu. So kann dem Einen nicht-Eines oder keine-Einheit abgesprochen werden, es sei denn durch die Verneinung der Verneinung der Einheit oder des Einen. Gleichermaßen beim Wahren und Guten.
Hiermit ist offenkundig bewiesen, dass alles Seiende und jedes einzelne von Gott hat, dass es ist, dass es eines ist, dass es wahr und dass es gut ist. Jedes Seiende hat aber jede dieser Bestimmungen nicht nur von Gott selbst, sondern auch unmittelbar (*immediate*) von ihm.
Dies ist nun der dritte von den vier oben aufgestellten Grundsätzen, dass nämlich alles Seiende und jedes Einzelne sein ganzes Sein und seine ganze Einheit, seine Wahrheit und seine ganze Gutheit nicht allein von Gott hat, sondern auch unmittelbar, ohne jede fernere Vermittlung (*immediate, absque omni prorsus medio*), von

ihm hat. Denn wie könnte etwas sein, wenn zwischen es und das Sein ein Mittleres träte und es folglich draußen, gleichsam abseits, außerhalb des Seins stünde? Das Sein aber ist Gott [...]
Was aber gesagt worden ist, dass nämlich alles und jedes Seiende von Gott selbst unmittelbar sein ganzes Sein, seine ganze Einheit, Wahrheit und Gutheit habe, wird wiederum so erklärt: Es ist unmöglich, dass irgendein Sein oder irgendeine unterscheidende Seinsweise dem Sein selbst fehle oder abgehe. Eben dadurch, dass es dem Sein fehlt oder abgeht, ist es nicht und ist es nichts. Gott ist aber das Sein. Dasselbe gilt vom Einen. Was nämlich dem Einen fehlt oder abgeht, ist nicht eines, bewirkt kein Einssein und kann keine unterscheidende Weise des Einen sein. So ist beim Wahren und Guten in gleicher Weise zu folgern.
Dem Seienden selbst oder dem Sein selbst kann also kein Seinsgehalt überhaupt abgesprochen werden. Deswegen kann vom Seienden selbst, das heißt von Gott, nichts verneint werden außer vermittels der Verneinung der Verneinung des Seins. Damit hängt zusammen, dass das Eine als Verneinung der Verneinung in unmittelbarster Beziehung zum Seienden steht. Und wie es sich mit *dem* Seienden in Bezug auf *die* Seienden verhält, so auch mit *dem* Einen in Bezug auf *alles*, was auf irgendeine Weise des Einen eines ist, so mit *dem* Wahren in Bezug auf *alles* Wahre und *dem* Guten in Bezug auf *alles* und jedes einzelne Gute.
Dies und das Seiende, dies und das Eine, dies oder das Wahre, dies oder das Gute fügen oder tragen also, insofern sie dies und das sind, nichts an Seinsgehalt, Einheit, Wahrheit und Gutheit (zum Sein, Einen, Wahren und Guten) bei. Das ist der vierte oben aufgestellte Grundsatz. Mit dieser Behauptung nehmen wir den Dingen nicht das Sein noch zerstören wir ihr Sein, sondern geben ihm erst den rechten Halt.

Quelle / Übers.: Meister Eckhart, Studienausgabe der Lateinischen Werke. Bd. 1, hg. v. L. Sturlese u. E. Rubino, Stuttgart 2016, 16-23. – *Literatur*: R. Manstetten, Esse est Deus. Meister Eckharts christologische Versöhnung von Philosophie und Religion und ihre Ursprünge in der Tradition des Abendlandes, Freiburg / München 1993; M. Roesner, Logik des Ursprungs: Vernunft und Offenbarung bei Meister Eckhart, Freiburg 2017.

3. Das Verhältnis von aktivem und kontemplativem Leben nach seiner Predigt über Lk 10, 38-42 (Q 86)[2]

Sankt Lukas schreibt im Evangelium, dass unser Herr Jesus Christus in ein kleines Städtlein ging. Dort empfing ihn eine Frau, die Martha hieß. Diese hatte eine Schwester namens Maria: sie saß zu den Füßen unsres Herrn und hörte seine Worte. Martha aber ging umher und diente dem geliebten Christus [...]
So stand auch Martha da. Deshalb sprach sie: »Herr, heiß sie, mir zu helfen!« – als hätte sie sagen wollen: »Meine Schwester meint, sie könne, was sie wolle, während sie bei dir getröstet sitzt. Nun also: lass sie sehen, ob es so ist, und gebiete ihr, aufzustehen und von dir zu gehen.« Ferner war es zärtliche Liebe, es sei denn, sie hätte es sinnlos[3] gesagt. Maria war so voll Sehnsucht: sie sehnte sich, sie wusste nicht wonach, sie wollte, sie wusste nicht was. Wir haben sie im Verdacht, die liebe Maria, sie säße mehr um des Lustgewinns als um des geistigen Gewinnes willen da. Deshalb sprach Martha: »Herr, heiße sie aufstehen!« denn sie befürchtete, dass sie in der Lust verharre und nicht weiterkäme.
Da antwortete ihr Christus und sprach: »Martha, Martha, du bist besorgt und bekümmert um vieles. Davon ist eines notwendig. Maria hat den besten Teil erwählt,

der ihr nicht mehr genommen werden kann.« Dieses Wort sprach Christus nicht zu Martha, um sie zu tadeln, sondern mit seiner Antwort tröstete er sie, dass Maria so werden würde, wie sie es begehrte [...]
Alle Geschöpfe vermitteln (*alle crêatûren die mittelnt*). Es gibt zweierlei Mittel. Das eine, ohne das ich nicht zu Gott kommen kann, das ist das Werk und das Gewerbe in der Zeit, und das vermindert die ewige Seligkeit nicht. »Werk« bedeutet, dass man sich äußerlich in Werken der Tugenden übt; aber »Gewerbe« bedeutet, dass man sich im Geist und in der Vernunft von innen her übt. Das zweite Mittel ist: sich davon unbeeinflusst zu halten. Denn darum sind wir in die Zeit gestellt, dass wir durch vernunfterhelltes Wirken in der Zeit Gott näherkommen und ihm ähnlicher werden. Das meinte auch Sankt Paulus, als er sprach: »Erkauft die Zeit, die Tage sind übel!« (Eph 5,16). »Die Zeit erkaufen«, bedeutet, dass man ohne Unterbrechung mit der Vernunft in Gott aufsteige, nicht nach unterschiedlichen Vorstellungen, sondern in vernunftgemäßer, lebensvoller Wahrheit. Und »die Tage sind übel«, das versteht sich folgendermaßen: der Tag verweist auf die Nacht. Gäbe es keine Nacht, so gäbe es keinen Tag und keine Rede von ihm, denn alles wäre ein Licht; und das meinte Paulus, denn ein lichtvolles Leben wäre allzu gering, bei dem es noch irgendeine dunkle Stelle geben könnte, die einem Geist voll Leuchtkraft die ewige Seligkeit verschleiert und verschattet. Das meinte auch Christus, als er sagte: »Gehet voran, solange ihr das Licht habt« (Joh 12,35). Denn, wer da wirkt im Licht, der steigt zu Gott hinauf, frei und ledig von allem Mittel: sein Licht ist sein Gewerbe, und sein Gewerbe ist sein Licht [...]
Die Seele hat drei Wege zu Gott. Der erste ist: mit vielerlei Gewerbe, mit brennender Liebe in allen Geschöpfen Gott suchen. Das meinte der König Salomon, wenn er sagte: »In allen Dingen habe ich Ruhe gesucht« (Sir 24,11).
Der zweite Weg ist ein wegloser Weg (*wec âne wec*), frei und doch gebunden, hoch über sich selbst und alle Dinge ohne (Worum-)Willen und ohne Vorstellung entrückt und erhaben, wenn dies auch noch keinen wesentlichen Bestand hat. Den Weg meinte Christus, als er sprach: »Selig bist du, Petrus! Fleisch und Blut erleuchten dich nicht, sondern es ist ein Erhobensein in die Vernunft, in dem du zu mir sagst: mein himmlischer Vater hat es dir geoffenbart.« (Mt 16,17). Sankt Petrus sah Gott nicht unverhüllt; er war wohl über alle geschaffene Einsicht durch des himmlischen Vaters Kraft an den »Umkreis der Ewigkeit« (*umberinc der êwicheit*) gestoßen. Ich sage: er wurde vom himmlischen Vater mit stürmischer Kraft in liebevoller Umarmung umfangen; ohne es zu wissen, schaute er im Geiste, der über alle Einsicht in die Macht des himmlischen Vaters entrückt ist. Dort wurde (das Wort) Sankt Petrus von oben eingegeben, (und kam) herab mit einem süßen irdischen Ton, doch frei von allem leiblichen Genießen, in der einfaltigen Wahrheit der Einheit Gottes und des Menschen in der Person des Sohnes des himmlischen Vaters. Ich sage ungescheut: hätte Sankt Petrus Gott *ohne* Mittel in seiner Natur geschaut, wie er es später tat und wie Paulus, als er in den dritten Himmel entrückt wurde (vgl. II Kor 12,2), ihm wäre selbst des obersten Engels Sprache zu grob gewesen. So aber sprach er vielerlei lieblich klingende Worte, deren der liebe Jesus gar nicht bedurft hätte, denn er sieht in die Herzen und in des Geistes Grund, dort wo er *ohne* Mittel vor Gott in der Freiheit ihrer wahren Gemeinschaft steht. Das meinte auch Sankt Paulus, als er sagte: »Ein Mensch wurde in Gott verzückt und hörte geheimnisvolle Worte, die für alle Menschen unaussprechlich sind« (II Kor 12,3f). Darunter versteht, dass Sankt Petrus am »Umkreis der Ewigkeit« stand und nicht in der Einheit Gott in sich selber sah.

Der dritte Weg heißt »weg von hier« und ist doch daheim, das bedeutet: Gott ohne Mittel in seiner Selbstheit zu sehen. Nun spricht der liebe Christus: »Ich bin der Weg und die Wahrheit und das Leben« (Joh 14,6), im einen Christus die eine Person, in einem Christus der eine Vater, in einem Christus der eine Geist, drei als eins, drei »Weg, Wahrheit und Leben«, eins der liebe Christus, in dem dies alles ist. Außerhalb dieses Weges gilt die Umkreisung und Vermittlung durch alles Geschaffene.[4] In Gott, d.h. innerhalb dieses Weges, geleitet vom Lichte seines Wortes[5] und vom Geist ihrer beider Liebe umfangen: das geht über alles, was man in Worten ausdrücken kann.

Lausche nun auf das Wunderbare! Welch wunderbares Stehen draußen wie drinnen, begreifen und umgriffen werden, schauen und das Geschaute selbst sein, es in sich haben und zugleich hineingehalten werden: das ist die Vollendung, wo der Geist voll Ruhe in der Einheit der lieben Ewigkeit bleibt [...]

Maria war erst Martha, ehe sie Maria wurde; denn, als sie bei den Füßen unseres Herrn saß, da war sie nicht Maria: wohl war sie es mit Namen, sie war es aber nicht im Sein (*wesen*). Denn sie saß da wegen Lust und Süße und war erst einmal in die Schule genommen und lernte leben. Aber Martha stand so wesentlich da und sagte deshalb: »Herr, heiße sie aufstehen!« Als ob sie hätte sagen wollen: »Herr, ich möchte gern, dass sie nicht wegen der Lust dort säße; ich wünschte, dass sie leben lernte, damit sie es wesentlich zu eigen hätte! Heiße sie aufstehen, dass sie vollkommen werde!« Maria hieß nicht [zu Recht] Maria, als sie zu Christi Füßen saß. Ich nenne das eine [vollkommene] Maria: einen wohlgeübten Leib, der einer weisen Seele gehorsam ist. Dies nenne ich »Gehorsam«: dass der Wille das ausführt, was die Einsicht gebietet.

Nun meinen unsere biederen Leute, es so weit zu bringen, dass die Gegenwart sinnlicher Dinge für ihre Sinne nichts mehr bedeute. Das gelingt ihnen aber nicht. Dass ein peinigendes Gedröhne meinen Ohren ebenso angenehm sei wie ein süßes Saitenspiel, das erreiche ich niemals. Aber das soll man erstreben: dass ein vernünftiger, gottesförmiger Wille von allem natürlichen Lustgewinn unbeeinflusst bleibt, dass, wenn die Vernunft es ansieht und dem Willen gebietet, sich davon abzuwenden, der Wille dann antwortete: ich tu es gern! Seht, da würde Kampf zur Lust; denn, was der Mensch mit großer Anstrengung erkämpfen muss, das wird ihm zur Herzensfreude, und dann bringt es Frucht.

Nun wollen gewisse Leute es dahin bringen, dass sie ohne Werke auskommen. Ich sage: das kann nicht sein! Nachdem die Jünger den Heiligen Geist empfingen, fingen sie an, erst einmal Tugenden zu wirken. »Maria saß zu den Füßen unseres Herrn und hörte seine Worte« und lernte dabei, denn sie war erst einmal in die Schule genommen und lernte leben. Aber danach, als sie gelernt hatte und Christus zum Himmel auffuhr und sie den Heiligen Geist empfing, da fing sie allererst an zu dienen und fuhr über das Meer und predigte und lehrte und wurde eine Dienerin und eine Wäscherin für die Jünger.[6] Wenn die Heiligen zu Heiligen werden, dann fangen sie allererst an, Tugenden zu wirken, denn dann sammeln sie einen Schatz für die ewige Seligkeit. Was vorher gewirkt ist, das büßt Schuld und wendet Strafe ab. Davon finden wir an Christus ein Zeugnis: von Anbeginn, da er Mensch ward, fing er auch an, für unser ewiges Heil zu wirken bis an das Ende, als er am Kreuz starb. Kein Glied war an seinem Leibe, das nicht besondere Tugend geübt hätte. Dass wir ihm getreulich in der Übung wahrer Tugenden nachfolgen, dazu helfe uns Gott. Amen.

Quelle: Meister Eckhart, Werke. Bd. 2, hg. v. Niklaus Largier, Frankfurt am Main 1993, 208-220. 226-228; *Übers.:* D. Mieth (Hg.), Meister Eckhart, Einheit in Sein und Wirken, München ³1991, 156-169. – *Literatur:* V. Leppin, Die Komposition von Meister Eckharts Maria-Martha-Predigt, ZThK 94 (1997) 69-83; D. Mieth, Im Wirken schauen. Die Einheit von vita activa und vita contemplativa bei Meister Eckhart und Johannes Tauler, Darmstadt 2018.

4. Die Verurteilung von Sätzen Eckharts in der Bulle *In agro dominico*? Johannes' XXII. am 27. März 1329

Aus dem Inquisitionsverfahren [...] haben Wir erfahren, dass durch das Bekenntnis jenes Eckhart feststeht, dass er 26 Artikel gepredigt, gelehrt und geschrieben hat, die folgenden Wortlaut haben:

1 Einst befragt, warum Gott die Welt nicht früher geschaffen habe, gab er damals, wie auch jetzt noch, die Antwort, dass Gott die Welt nicht eher habe schaffen können, weil nichts wirken kann, bevor es ist. Darum: sobald Gott war, sobald hat er auch die Welt geschaffen.

2 Ebenso kann man zugeben, dass die Welt von Ewigkeit her gewesen ist.

3 Ebenso: Auf einmal und zugleich, als Gott war, als er auch seinen Sohn als ihm in allem gleichen Gott erzeugte, schuf er auch die Welt.

4 Ebenso: in jedem Werk, ob gut oder böse, ja auch bei der Strafe wie bei der Schuld, zeigt sich und leuchtet in gleicher Weise auf die Herrlichkeit Gottes.

10 Wir werden völlig in Gott verwandelt und in ihn umgeformt (*Nos transformamur totaliter in Deum et convertimur in eum*); ebenso wie im Sakrament das Brot verwandelt wird in den Leib Christi, so werde ich in ihn verwandelt, dass er selbst mich als sein Sein hervorbringt (*operatur*), als eines, das nicht (etwa nur ihm) gleich ist: beim lebendigen Gott, da besteht kein Unterschied.

13 Was auch immer der göttlichen Natur eigen ist, das alles ist auch dem gerechten und göttlichen Menschen eigen; darum wirkt ein solcher Mensch auch alles, was Gott wirkt, und er hat zusammen mit Gott Himmel und Erde geschaffen, und er ist Zeuge des ewigen Wortes, und Gott wüsste ohne einen solchen Menschen nicht, was er tun sollte.

20 Der gute Mensch ist der eingeborene Sohn Gottes.

21 Der edle Mensch (*homo nobilis*) ist jener eingeborene Sohn Gottes, den der Vater von Ewigkeit her gezeugt hat.

24 Jede Unterschiedenheit (*omnis distinctio*) ist Gott fremd, sowohl in der Natur wie in den Personen. Beweis: Seine Natur ist Eine und das Eine, und jede Person ist Eine und das Eine, was die Natur ist.

26 Alle Kreaturen sind das reine Nichts: Ich sage nicht, dass sie etwas Geringes oder irgend etwas sind, sondern dass sie ein reines Nichts sind.

Außerdem gibt es einen schriftlichen Beleg, dass Eckhart zwei weitere Artikel mit diesen Worten verbreitet hat:

(1) In der Seele gibt es etwas, was ungeschaffen ist und nicht erschaffen werden kann (*Aliquid est in anima, quod est increatum et increabile*) [...]

(2) Gott ist nicht gut, auch nicht besser oder der beste; ich rede also übel, wenn ich Gott gut nenne, so wie wenn ich [die Farbe] weiß schwarz nennen würde.

[...] Wir haben nun alle oben genannten Artikel durch viele Doktoren der heiligen Theologie prüfen lassen und haben sie auch mit unseren Brüdern sorgfältig geprüft. Und schließlich haben Wir [...] gefunden, dass die ersten fünfzehn der genannten Artikel und auch die beiden letzten sowohl ihrem Wortlaut nach wie auch nach dem Zusammenhang ihrer Gedanken Irrtum oder Häresie enthalten [...]

Gegeben zu Avignon am 27. März 1329, im dreizehnten Jahr unseres Pontifikats.

Quelle: DH 950-980. – *Literatur:* W. Trusen, Der Prozess gegen Meister Eckhart. Vorgeschichte, Verlauf und Folgen, Paderborn u.a. 1988; J. Miethke, Der Eckhartprozess in Köln und Avignon, in: A. Rigon (Hg.), L'età dei processi. Inchieste e condanne tra politica e ideologia nel '300, Rom 2009, 121-143; O. Langer, Mystische Erfahrung und spirituelle Theologie. Zu Meister Eckharts Auseinandersetzung mit der Frauenfrömmigkeit seiner Zeit, München 1987; K. Ruh, Meister Eckhart - Theologe, Prediger, Mystiker, München ²1989; V. Leppin / H.-J. Schiewer (Hg.), Meister Eckhart aus theologischer Sicht, Stuttgart 2007; D. Mieth, Meister Eckhart, München 2014; D. Mieth u.a. (Hg.), Meister Eckhart in Paris and Strasbourg, Löwen 2017.

b) Heinrich Seuse (ca. 1295/7-1366): *Vita* c. 34

An des Dieners geistliche Tochter Elsbeth Stagel vom ersten Beginn eines anfangenden Menschen

»Der Anfang, Tochter, eines heiligen Lebens ist mannigfaltig; bei dem einen so, bei dem anderen anders. Aber von dem Anfang, nach dem du fragst, will ich dir erzählen. Ich kenne einen Menschen in Christus, der reinigte, als er begann, zuerst sein Gewissen mit einer sein ganzes Leben umfassenden Beichte. Sein ganzer Eifer ging darauf, wie er die Beichte richtig ablege, dass er all seine Fehltritte einem richtigen Beichtiger vorlege, damit er von diesem, der an Gottes Statt da sitzt, lauter und rein weggehe und ihm all seine Sünden vergeben seien, so wie Maria Magdalena geschah, als sie Christus reuigen Herzens und mit weinenden Augen die göttlichen Füße wusch und Gott ihr all ihre Sünden vergab.⁷ So begann dieses Menschen Weg zu Gott.«

Dieses Beispiel nahm die Tochter sich gar sehr zu Herzen, wollte ihm schnell Genüge tun und verfiel voller Verlangen darauf, eben dieser Diener sei für sie der beste, dem sie beichten könnte, und meinte auch dabei, dass sie durch die Beichte seine geistliche Tochter werde und ihm dadurch um so mehr in Aufrichtigkeit vor Gott anvertraut (*in g ôtlichen trúwen bevoln*) sei. Nun lagen die Dinge so, dass die Beichte nicht mit Worten geschehen konnte. Da überblickte sie ihr ganzes Leben, das in der Tat rein und lauter war, und was sie sich ihrer Meinung nach je hatte zuschulden kommen lassen, das schrieb sie auf eine große Wachstafel und sandte sie ihm wohlverschlossenen und bat ihn, er möge sie von ihren Sünden lossprechen. Als der Diener diese Tafel durchgelesen hatte, fand er am Ende diese Worte stehen:»Gnädiger Herr, ich sündiger Mensch falle Euch zu Füßen und bitte Euch, dass Ihr mittels Eures liebevollen Herzens mich in das göttliche Herz zurückbringt und ich Euer Kind heiße in Zeit und Ewigkeit.« Diese Andacht, so voller Vertrauen, bewegte ihn tief. Er wandte sich zu Gott und sprach:»Barmherziger Gott, was soll ich, dein Diener, hierzu sagen? Soll ich sie abweisen? Das möchte ich selbst einem Hündlein nicht tun (vgl. Mt 15,26f.). Täte ich das, so hieße das in deinen Augen schlimm gehandelt. Sie sucht des Herren Reichtum in seinem Knechte. Ach, lieber Herr (*zarter herr mine*), so falle ich denn mit ihr zu deinen edlen Füßen nieder und bitte dich, sie zu erhören. Lass sie sich ihres Glaubens, ihres herzlichen Vertrauens erfreuen,»denn sie schreit uns nach« (Mt 15,22). Wie verhieltest du dich gegenüber der heidnischen Frau? Ach, mildes Herz, deine unergründliche Güte wird uns so von Herzen gerühmt, und du solltest (ihr) vergeben, selbst wenn es noch viel mehr wäre. Ach, gütige Barmherzigkeit, wende ihr deinen freundlichen Blick zu und sprich ein einziges Wort zu ihr, sag ihr:»Sei getrost, Tochter, dein Glaube hat dir geholfen« (Mt 9,22), und tu es an meiner Statt, denn ich habe das Meine getan und ihr Lossprechung all ihrer Sünden gewünscht.

Demselben Boten gab er folgende Antwort mit: »Was du von Gott durch seinen Diener begehrt hast, ist geschehen; du sollst wissen, dass es ihm zuvor von Gott eröffnet ward.«

Quelle: Heinrich Seuse, Deutsche Schriften, hg. v. K. Bihlmeyer, Stuttgart 1907 (= Frankfurt / M. 1961), 99-101. *Übers.:* Heinrich Seuse Deutsche mystische Schriften, aus dem Mittelhochdeutschen übertragen und hg. von G. Hofmann, Düsseldorf 1966, Nachdr. 1986, 108-110. – *Literatur:* A.M. Haas, Kunst rechter Gelassenheit. Themen und Schwerpunkte von Heinrich Seuses Mystik, Bern u.a. 1995; J. F. Hamburger, Medieval self-fashioning. Authorship, authority, and autobiography in Seuse's Exemplar, Notre Dame 1998; J. Kaffanke (Hg.), Ein Predigerbruder, der Seuse hieß: zum 650. Todesjahr von Heinrich Seuse (†25. Januar 1366) und dem 800. Jahr der Bestätigung des Dominikanerordens am 22. Dezember 1216, Berlin 2016.

c) Johannes Tauler (ca. 1300-1361): Predigt zum Fronleichnamstag

Heute ist der hochfeierliche Tag, an dem das ehrwürdige Fest des Sakraments des heiligen Leibes unseres Herrn begangen wird [...]
Nun sprach unser lieber Herr: »Mein Fleisch ist wahrhaftig eine Speise und mein Blut wahrlich ein Trank; und wer mich isst, bleibt in mir und ich in ihm« (Joh 6, 55f). In diesen Worten sieht man die abgrundtiefe Demut unseres Herrn. Er schweigt vom Allergrößten und spricht (nur) vom Allergeringsten. Das Größte ist seine anbetungswürdige Gottheit; er (aber) sprach vom Fleisch und vom Blut, obgleich seine Gottheit und seine heilige Seele doch ebenso wahrhaftig (gegenwärtig) sind als (sein) Fleisch und Blut. Die unaussprechliche, über alles hinausgehende Liebe zeigt sich an ihm in wunderbarer Weise darin, dass er sich nicht damit begnügte, unser Bruder zu werden, und unsere elende, schwache und verdorbene Natur an sich nahm. Denn er ist Mensch geworden, damit der Mensch Gott werde; aber das war ihm nicht genug: er wollte (sogar) unsere Speise werden. Darum sprach Sankt Augustinus: »Kein Geschlecht ist so groß als das der Christen, dem sein Gott so nahe gekommen ist wie der unsere uns.«[8] Wir essen unseren Gott. Welch wunderbare unaussprechliche Liebe, dass er diese wundervolle Weise (*wunderliche wise*) fand! Und diese Liebe übersteigt alle (menschlichen) Begriffe, und es sollte aller Menschen Herzen verwunden, dass Christi Liebe für uns so unsagbar groß ist.
Nun gibt es keinen stofflichen Vorgang, der dem Menschen so nahe und so vertraut wäre, als Essen und Trinken, das durch des Menschen Mund eingeht; und gerade darum hat Christus, weil er sich aufs allernächste und vertraute uns vereinen wollte, dieses wunderbare Verfahren (sich uns mitzuteilen) gewählt.
Nun wollen wir von leiblicher Speise reden: das klingt nicht wohl angemessen, dient (aber) unserem Verständnis. Sankt Bernhard sagt: »Wenn wir diese Speise essen, werden wir gegessen.«[9] Die leibliche Speise, die wir zum Mund hereinnehmen, die kauen wir zuerst; dann gelangt sie in angenehmer Weise durch die Kehle in den Magen und wird da durch die Hitze der Leber verbrannt. Der Magen verdaut die Speise und trennt die groben und schlechten Teile von den guten. Nimmt ein Mensch ein Pfund Speise zu sich, so gelangt zu seiner Natur nur ein sehr geringer Teil davon. Alles übrige wirft der Magen, alles verdauend, an verschiedenen Stellen aus. Ist die Speise in den Magen gelangt, so muss sie noch drei Stufen überschreiten, ehe sie in die menschliche Natur gelangt. Hat der Magen sie mit seiner natürlichen Wärme gekocht und verdaut, so greift eine obere Seelenkraft ein, die Gott hierzu bestellt hat, und verteilt die Nahrung ringsum, dem Haupt, dem Herzen, jeglichem Glied (zu), wo sie Fleisch und Blut wird, das durch die Adern fließt.

Ebenso verhält es sich mit dem Leib unseres Herrn. So wie die leibliche Speise in unser Fleisch verwandelt wird, so wird der, welcher die (göttliche Speise) würdig in sich aufnimmt, in sie verwandelt. So sprach unser Herr zu Sankt Augustin: »Nicht ich bin in dich verwandelt, sondern du in mich.«[10] Wer diese Speise würdig empfängt, dem geht sie durch die Adern in den inneren Grund [...]
Sankt Bernhard sagt: »Wenn wir Gott essen, so werden wir von ihm gegessen. Er zehrt uns auf«[11].
Wann zehrt er uns auf? Das tut er, wenn er in uns unsere Fehler (*gebresten*) straft, unsere inneren Augen öffnet und uns unsere Gebrechen (*gebresten*) erkennen lässt. Gott (nämlich) isst uns, beißt und zerkaut uns, wenn er unser Gewissen zurechtweist. Wie man die Speise im Mund hin- und herwirft, so wird der Mensch unter der Strafe Gottes hin- und hergeworfen, in Angst und Furcht, in Traurigkeit und großer Bitterkeit, und er weiß nicht, wie es ihm ergehen wird.
Lass dies in Geduld über dich ergehen (*lide dich in dem*); lass dich von Gott essen und kauen; entzieh dich dem nicht, und lass dir nicht einfallen, dich selbst zu zerkauen, womit du Gottes Strafe vertriebest, indem du sogleich zum Beichtiger eilst. Dann kommt es dir nämlich vor, als sei es in dir geschehen, um dich gegen den Tadel deines Gewissens zu verteidigen. Nein! Bekenne [deine Schuld] zuerst Gott; ja, und beginne nicht etwa mit einer deiner Übungen oder deinen gewohnten kleinen Gebeten; sondern sprich aus der Tiefe deines Herzens mit innerlichem Seufzen: »Ach, Herr, habe Erbarmen mit mir armen Sünderin!« (vgl. Lk 18,13) und verharre in dir. Sieh, das ist tausendmal besser als Lesungen oder außergewöhnliche Akte, womit du der Sühne entgingest. Nur nimm dich in Acht, dass der böse Feind dir nicht mit ungeordneter Traurigkeit dazwischenkomme[...] Nach der Strafe folgt eine zarte Besänftigung des Gemütes, ein liebevolles Vertrauen, eine freundliche Zuversicht, eine heilige Hoffnung (*ein süsse senftunge des gemûtes, ein minneklich getruwen und ein gûtlich zûverlas mit heiliger hoffenunge*) [...]
So wirst du erkennen, dass Gott dich gegessen und verschlungen habe, wenn du dich in ihm findest und nichts anderes in dir [als Gott]. Sagt er doch: »Wer mein Fleisch isst, bleibt in mir und ich in ihm« (Joh 6,56). Willst du also von ihm aufgelöst und gekocht werden, so musst du deines eigenen Selbst zunichte werden und frei werden des alten Menschen [in dir]. Denn soll Speise in die menschliche Natur umgesetzt (*gewandelt*) werden, so muss sie von Not sich ihres eigenen Wesens entäußern. Jegliches Ding, das werden soll, was es nicht ist, muss sich ganz des Wesens entäußern, das es besitzt. Soll Holz zu Feuer werden, so muss es zuvor frei werden von dem, was es zu Holz macht. Willst du in Gott umgewandelt werden, so musst du dich deines Selbst entäußern.

Quelle: Die Predigten Taulers aus der Engelberger und der Freiburger Handschrift sowie aus Schmidts Abschriften der ehemaligen Straßburger Handschriften, hg. v. F. Vetter, Berlin 1910 (DTMA 11), 292-295; *Übers.:* Johannes Tauler, Predigten, hg. und übers. von G. Hofmann, Freiburg u.a. 1961, 206. 208-211. – *Literatur:* E. Filthaut (Hg.), Johannes Tauler. Ein deutscher Mystiker. Gedenkschrift zum 600. Todestag, Essen 1961; L. Gnädinger, Johannes Tauler. Lebenswelt und mystische Lehre, München 1993; H. Otto, Vor- und frühreformatorische Tauler-Rezeption. Annotationen in Drucken des späten 15. und frühen 16. Jahrhunderts, Gütersloh 2003; J. Gabriel, Rückkehr zu Gott. Die Predigten Johannes Taulers in ihrem zeit- und geistesgeschichtlichen Kontext, Würzburg 2013.

d) Theologia Deutsch: Der alte und der neue Mensch (Kapitel 15f)

15. Kapitel: Wie alle Menschen in Adam gestorben und in Christus wieder lebendig geworden sind, und von wahrem Gehorsam und Ungehorsam

Alles, was in Adam unterging und starb, das stand in Christus wieder auf und wurde lebendig. Alles, was in Adam auferstand und lebendig wurde, das ging in Christus unter und starb. Was war und ist das aber? Ich sage: Es war Gehorsam und Ungehorsam.

Was ist aber wahrer Gehorsam? Ich sage: Der Mensch sollte so völlig frei von sich selber stehen und sein, das heißt, so frei von Selbstheit und Ichheit (*an selbheit vnd icheit*), dass er sich und das Seine so wenig suchte und meinte in allen Dingen, wie wenn er nicht wäre; zudem [sollte er] von sich selber so wenig empfinden und sich selber und das Seine – sich selber und alle Kreaturen – so gering achten, wie wenn er nicht wäre. Was ist denn das, das da ist und von dem man etwas zu halten hat? Ich sage: Einzig das Eine, das man Gott nennt. Siehe, das ist wahrer Gehorsam und Wahrheit, und so verhält es sich in der seligen Ewigkeit. Da wird nichts gesucht noch gemeint oder geliebt als das Eine, so wird auch von nichts etwas gehalten als von dem Einen.

Hierbei mag man beachten, was Ungehorsam sei. Der besteht darin, dass der Mensch von sich selber etwas hält und das Seine sucht in den Dingen und sich selber liebhat und desgleichen.

Zum wahren Gehorsam wurde und ist der Mensch geschaffen, und er ist Gott diesen schuldig. Und der Gehorsam ist in Adam untergegangen und gestorben und ist in Christus auferstanden und lebendig geworden; und in Adam ist der Ungehorsam auferstanden und hat gelebt und ist in Christus gestorben. Ja, die Menschheit Christi war und stand so gar frei von sich selber und allen Kreaturen, wie nie ein Mensch, und war nichts anderes als ein Haus oder eine Wohnung Gottes [...]

16. Kapitel: Was der alte Mensch und auch was der neue Mensch sei

Auch soll man unterscheiden, wenn man von einem alten und von einem neuen Menschen spricht. Siehe, der alte ist Adam und ungehorsam und Selbstheit und Ichheit und dergleichen. Aber der neue Mensch ist Christus und Gehorsam. Wenn man bisweilen von Sterben und Verderben und Ähnlichem spricht, so meint man, dass der alte Mensch zu nichts werden sollte; und wenn und wofern dies in einem wahren, göttlichen Lichte geschieht, so wird der neue Mensch wiedergeboren.

Man sagt auch, der Mensch solle sich selber absterben, das heißt: des Menschen Ichheit und Selbstheit soll sterben. Davon spricht der Heilige Paulus: »Legt ab den alten Menschen mit seinen Werken und ziehet an einen neuen Menschen, der nach Gott geschaffen und gebildet ist« (Eph 4,22.24). Wer in seiner Selbstheit und nach dem alten Menschen lebt, der heißt und ist Adams Kind. Er mag noch so eifrig und wesentlich darin leben, er ist auch des Teufels Kind und Bruder. Wer aber im Gehorsam und im neuen Menschen lebt, der ist Christi Bruder und Gottes Kind. Sieh, wo der alte Mensch stirbt und der neue geboren wird, da geschieht die Wiedergeburt [...]

Auch steht geschrieben: Sünde besteht darin, dass sich die Kreatur vom Schöpfer abkehrt (vgl. Röm 1,18-23). Das ist aber dem Gesagten gleich und dasselbe. Denn wer in Ungehorsam ist, der ist in Sünden, und die Sünde wird niemals gebüßt oder gebessert als mit einer Umkehr in den Gehorsam. Und solange der Mensch im Ungehorsam ist, wird die Sünde niemals gebessert, er tue, was er tue [...]

Oberrheinische Mystik

Wäre es möglich, dass ein Mensch so völlig und lauter frei von sich selber (*gar vnd luterlich an sich selbir*) und allem im wahren Gehorsam wäre, wie Christus als Mensch war –, der Mensch wäre ohne Sünde und auch eins mit Christus, und dasselbe von Gnaden, was Christus von Natur war. Man behauptet aber, das könne nicht sein. Darum sagt man auch, niemand könne ohne Sünde sein. Aber wie dem sei, so sei es. Wahr ist jedoch: Je näher man dem Gehorsam ist, um so weniger Sünde; je ferner man ihm ist um so mehr Sünde. Kurzum, ob der Mensch gut, besser oder am allerbesten sei, böse, böser oder am allerbösesten, sündig oder selig vor Gott, das liegt allemal an diesem Gehorsam und Ungehorsam. Darum steht auch geschrieben: Je mehr Selbstheit und Ichheit, um so mehr Sünde und Bosheit [...]

Sieh, obwohl nun vermutlich kein Mensch so ganz und lauter in diesem Gehorsam steht wie Christus, so ist es einem Menschen doch möglich, so nahe hinzuzukommen, dass er göttlich und vergottet heißt und ist. Und je näher der Mensch dem kommt und göttlich und vergottet wird, um so leider ist ihm aller Ungehorsam, Sünde und Ungerechtigkeit, und um so weher tut es ihm und ist ihm ein großes, bitteres Leiden. Ungehorsam und Sünde sind eines. Es gibt keine Sünde als den Ungehorsam und was aus Ungehorsam geschieht.

Quelle: ›Der Franckforter‹ (›Theologia Deutsch‹), hg. v. W. v. Hinten, München 1982 (MTU 78), 89-93; *Übers.:* ›Der Franckforter‹, Theologia Deutsch. Übers. v. Alois M. Haas, Einsiedeln 1980 (=Christliche Mystiker 7), 62-68. – *Literatur:* A. Zecherle, Die ›Theologia Deutsch‹. Ein spätmittelalterlicher mystischer Traktat, in: B. Hamm / V. Leppin (Hg.), Gottes Nähe unmittelbar erfahren. Mystik im Mittelalter und bei Martin Luther, Tübingen 2007, 1-96; L. Wegener, Der »Frankfurter« / »Theologia Deutsch«. Spielräume und Grenzen des Sagbaren, 2016; A. Zecherle, Die Rezeption der "Theologia Deutsch" bis 1523. Stationen der Wirkungsgeschichte im Spätmittelalter und in der frühen Reformationszeit, Tübingen 2019. – A.M. Haas, Sermo mysticus. Studien zu Theologie und Sprache der deutschen Mystik, Freiburg / Schweiz 1979; K. Ruh, Geschichte der abendländischen Mystik, bislang 4 Bde., München 1990-1999; B. McGinn, Die Mystik im Abendland, bislang Bd. 1-6/2., Freiburg 1994ff.; C. Büchner, Die Transformation des Einheitsdenkens Meister Eckharts bei Heinrich Seuse und Johannes Tauler, Stuttgart 2007; L. Sturlese, Eckhart, Tauler, Suso. Filosofi e mistici nella Germania medievale, Florenz 2010; A. de Libera, Maître Eckart et ses disciples, Paris 2020.

1 Ps.-Dionysius, De mystica theologia 1,1.
2 *Die Predigten Meister Eckharts werden nach der kritischen Ausgabe von Josef Quint gezählt.*
3 *wörtlich: außerhalb des Sinnes.*
4 *Vgl. oben:»Umkreis der Ewigkeit«.*
5 *D.h. Christus.*
6 *Nach der Legenda aurea floh Maria Magdalena im Zusammenhang der Steinigung des Stephanus mit dem Schiff aus dem Heiligen Land und kam nach Südfrankreich, wo sie als Predigerin und dann Einsiedlerin wirkte.*
7 *Seit den Homilien Gregors des Großen wurde die Erzählung Joh 12,1-11, wo Maria Magdalena Jesus im Hause des Lazarus salbt, mit der Erzählung von der Sünderin, die nach Lk 7,36-50 Jesu Füße salbte, in eins gesehen, so dass hier wie auch in Mt 26,6-13; Mk 14,3-9 Maria Magdalena als paradigmatisch reuige Sünderin erscheint.*
8 *Diese Anwendung von Dtn 4,7 ist so bei Augustin nicht nachweisbar, findet sich aber in einem Thomas von Aquin zugeschriebenen Officium zum Fronleichnamstag. Da dort unmittelbar vorher Augustin zitiert wird, hielt Tauler dies selbst wohl auch für ein Augustinzitat.*
9 *So sinngemäß in der 71. Predigt über das Hohelied.*

¹⁰ *Confessiones* l. 7, 10.
¹¹ S.o.

57. Die Bibel im Mittelalter

Hinsichtlich der Kenntnis der Bibel muss man sich vor Pauschalurteilen, wie sie in Humanismus und Reformation entstanden sind, hüten. Die in der Regel im Kampf gegen häretische Bewegungen ausgesprochenen Verbote der Verbreitung der Bibel waren lokal begrenzt – und sprachen in eine Wirklichkeit hinein, in der ohnehin die Mehrheit der Laien nicht in der Lage war, Texte zu lesen, und in der Regel auch nicht vermögend genug, sie auch nur zu erwerben (Text a). Die liturgische Bedeutung der Bibel mit den Lesungen im Gottesdienst und erst recht dem kontinuierlichen Psalmengebt in den Klöstern stand außer Frage, Erzählungen und Bilder, zunehmend auch Predigten dienten der Popularisierung ihrer Grundgedanken. Dabei wurde es für akademische Kreise auch immer wichtiger, sie nach ihrem buchstäblichen Sinn zu verstehen. Der wichtigste Vertreter dieser Interpretationsweise war Nikolaus von Lyra. Er stellte in seinem in den zwanziger Jahren des 14. Jahrhunderts entstandenen umfangreichen Kommentar zu allen biblischen Schriften, der *Postilla litteralis*, den buchstäblichen Sinn (*sensus litteralis*) in den Vordergrund und versuchte so die übermäßige Anwendung des vierfachen Schriftsinns zu mäßigen (Text b). An diese innermittelalterliche Entwicklung konnten später Humanismus und Reformation ebenso anknüpfen wie an die Appelle zur Bibellektüre durch Laien, wie sie in der *Devotio moderna* (s.u. Nr. 65), etwa durch Zerbold von Zutphen († 1398), laut wurden (Text c).

a) Lokales Verbot der Bibel: Innocenz III. an den Bischof von Metz, 12.7.1199

Allerdings hat uns unser verehrungswürdiger Bruder, der Bischof von Metz[1], durch seine Briefe angezeigt, dass in seiner Diözese wie auch in der Stadt Metz selbst eine nicht geringe Menge von Laien und Frauen, bewegt von der Sehnsucht nach den Schriften, sich die Evangelien, die Briefe des Paulus, den Psalter, die Hiob-Auslegung Gregors des Großen (*moralia in Iob*) und viele andere Bücher ins Französische (*in Gallico sermone*) haben übersetzen lassen. Diese Übersetzung richten sie so gern – ach, geschähe es doch auch klug! – darauf aus, dass sich auf geheimen Versammlungen Laien und Frauen anmaßen, solches unter sich kundzutun und einander zu predigen. Sie verschmähen auch Gemeinschaft mit denen, die sich zu dergleichen nicht begeben und sehen die als fremd an, die ihre Ohren und Sinne solchem nicht leihen. Und als einige Pfarrer (*aliqui parochialium sacerdotum*) sie darüber tadeln wollten, widerstanden sie ihnen ins Angesicht (vgl. Gal 2,11) und trauten sich Gründe aus den Schriften anzuführen, dass sie von ihnen in keiner Weise gehindert werden dürften. Einige von ihnen verspotteten auch die Schlichtheit ihrer Priester; und als ihnen durch sie das Wort des Heils vorgetragen wurde, murmelten sie insgeheim, dass sie das in ihren Büchern besser hätten und klüger vortragen könnten. Wenn nun auch die Sehnsucht, die heiligen Schriften zu verstehen und einen ihnen gemäßen Eifer an den Tag zu legen, nicht zu tadeln, sondern viel eher zu empfehlen ist, sind diese Leute doch Rechtens darin zu kritisieren, dass sie für sich solche verborgenen Versammlungen (*occulta conventicula*) veranstalten, sich das Amt zu predigen anmaßen, die Schlichtheit der Priester verspotten und die Gemeinschaft derer verschmähen, die solcherlei nicht anhangen [...] Die verborgenen Geheimnisse des Glaubens dürfen nicht unterschiedslos allen offengelegt werden, weil sie nicht unterschiedslos von allen verstanden werden können, sondern nur denen, die sie mit gläubigem Verstand begreifen können [...] So gewaltig nämlich ist die Tiefe der göttlichen Schrift, dass nicht nur einfache Gemüter und Ungebildete, sondern auch Kluge und Gelehrte das Maß nicht erreichen, um ihren Verstand aufzuspüren. Deswegen sagt die Schrift: »Sie haben einen hinterhältigen Plan gefasst« (Ps 64 [63],7). Daher wurde einst zu Recht im göttlichen Gesetz festgesetzt, dass ein Tier, das den Berg anrührt, gesteinigt werde.[2] Es soll sich nämlich kein einfacher und ungelehrter Mensch anmaßen, sich zur Höhe der Heiligen Schrift zu recken oder sie anderen zu predigen (*ad sublimitatem scripturae sacrae pertingere, vel eam aliis praedicare*).

Quelle: QGPRK 593. – *Literatur:* Philipp Hofmeister, Bibellesen und Bibelverbot, Österreichisches Archiv für Kirchenrecht 17 (1966) 298-355; K. Schreiner, Laienbildung als Herausforderung für Kirche und Gesellschaft. Religiöse Vorbehalte und soziale Widerstände gegen die Verbreitung von Wissen im späten Mittelalter und in der Reformation, ZHF 11 (1984) 257-354.

b) Die *Postilla litteralis* des Nikolaus von Lyra (ca.1270–ca.1349): Betonung des buchstäblichen Schriftsinns im 14. Jahrhundert

1. Aus dem 1. Bibelprolog

Dieses Buch (die Bibel) hat die Eigentümlichkeit, dass jeder Wortlaut mehrere Bedeutungen hat. Der Grund hierfür ist, dass der grundlegende Autor dieses Buches Gott selbst ist; in dessen Macht steht es, nicht nur Worte zu gebrauchen, um etwas zu bezeichnen – das vermögen auch Menschen zu tun und tun es auch –, sondern auch Dinge, die bereits durch Worte bezeichnet sind, um damit andere Dinge zu bezeichnen [...] Die erste Bezeichnung, die durch Worte erfolgt, bietet nun den buchstäblichen oder historischen Sinn (*sensus litteralis seu historicus*). Die zweite Bezeichnung, die durch die Dinge selbst erfolgt, bietet dagegen den mystischen oder geistlichen Sinn (*sensus mysticus seu spiritualis*). Von diesem gibt es grundsätzlich drei Arten: [1] Wenn die durch Worte bezeichneten Dinge auf etwas hinweisen sollen, was man im neuen Gesetz glauben muss, so handelt es sich um den allegorischen Sinn (*sensus allegoricus*); [2] Wenn sie auf etwas hinweisen sollen, was wir zu tun haben, so handelt es sich um den moralischen oder tropologischen Sinn (*sensus moralis vel tropologicus*); [3] Und wenn sie sich auf etwas beziehen, was von der zukünftigen Seligkeit zu hoffen ist, so liegt der anagogische Sinn (*sensus anagogicus*) vor [...] Dies meint der Vers:
Fakten lehrt der Wortsinn, den Glauben die Allegorie;
Handlungen lenkt der Moralsinn; das Ziel die Anagogie.
(*Littera gesta docet, Quid credas allegoria,*
Moralis quid agas, Quo tendas anagogia.)
Für diesen vierfachen Schriftsinn kann man das Wort ›Jerusalem‹ als Beispiel nehmen: [1] Nach dem buchstäblichen Sinn bedeutet es eine Stadt, die einst Hauptstadt des Reiches Juda war [...] [2] Nach dem moralischen Sinn bedeutet es die gläubige Seele [...] [3] Nach dem allegorischen Sinn wiederum bedeutet es die kämpfende Kirche [...] [4] und nach dem anagogischen die triumphierende Kirche.

Quelle: PL 113, 28f.

2. Aus dem 2. Bibelprolog

»Ich sah in der rechten Hand dessen, der auf dem Thron saß, ein Buch, das innen und außen beschrieben war« (Apk 5,1) [...] Damit ist die Heilige Schrift gemeint: Sie wird äußere Schrift genannt, was den buchstäblichen Sinn angeht, und innere, was den mystischen oder geistlichen Sinn angeht. Bei dem letzteren kann man grundsätzlich drei Arten unterscheiden[...], von denen jedoch im Einzelfall jede noch einmal eine Vielfalt von mystischen Auslegungsmöglichkeiten bietet. Alle setzen aber den buchstäblichen Sinn als Grundlage (*fundamentum*) voraus. Wie deshalb ein Gebäude, das sich von seinem Fundament fortneigt, dem Einsturz geweiht ist, so muss man eine mystische Auslegung, die vom buchstäblichen Sinn abweicht, als unpassend und unangemessen oder jedenfalls – wenn sonst nichts dagegen spricht – als weniger passend und angemessen betrachten [...] Des weiteren muss man bedenken, dass der buchstäbliche Sinn [...] jetzt oft verdunkelt ist, und zwar teils durch einen Fehler der Abschreiber, die den Text an vielen Stellen wegen der Ähnlichkeit der Buchstaben falsch abgeschrieben haben, teils durch die Unerfahrenheit einiger Korrektoren, die an verschiedenen Stellen Punkte zur Worttrennung gesetzt haben, wo sie nicht hingehörten [...], so dass sich die Bedeutung des Textes (*sententia litterae*) änderte [...], und teils aufgrund unserer Übersetzung, die oft etwas anderes hat als die hebräischen Bücher [...]
Man muss auch wissen, dass der buchstäbliche Sinn vielfach durch eine Auslegungsweise verdunkelt worden ist, die allgemein von Leuten verbreitet wurden, die zwar viel Gutes gesagt, den buchstäblichen Sinn aber zu wenig beachtet haben: Sie ließen den mystischen Sinn so vielfältig werden, dass der buchstäbliche Sinn [...] teilweise unterdrückt wurde. Außerdem unterteilten sie den Text in so viele kleine Abschnitte und führten für ihre Zwecke so viele Konkordanzen ein, dass sie Verständnis und Erinnerung teilweise durcheinanderbrachten, indem sie die Aufmerksamkeit vom Wortsinn ablenkten. Da ich mit Gottes Hilfe dieses und ähnliches vermeiden will, habe ich die Absicht, beim buchstäblichen Sinn zu bleiben und nur an ganz wenigen Stellen einige sehr kurze mystische Auslegungen einfließen zu lassen.

Quelle: PL 113, 29f. – *Literatur:* H. de Lubac, Exégèse médiévale. Le quatre sens de l'Ecriture, 2 Bde. in 4, Paris 1959–1964; Ph. D. W. Krey / L. Smith (Hg.), Nicholas of Lyra. The senses of scripture, Leiden 2000; L. Schwienhorst-Schönberger, Der vierfache Schriftsinn – ein Einblick und ein Ausblick, in: JBTh 31 (2017) 175-202.

c) Plädoyer für Lektüre der Bibel durch Laien: Zerbold von Zutphen, *De libris teutonicalibus*

Die Heilige Schrift unterrichtet und bildet nicht einen einzigen Stand, sondern belehrt und unterweist jeden in seinem Stand. Gelegentlich schreibt sie allen allgemeine Lebens- und Glaubensregeln vor, an den meisten Orten richtet sie sich zum Unterrichten an einen Stand, an anderen Stellen aber wendet sie sich einem anderen Stand zu. Hier belehrt sie die Anfänger, dort unterrichtet sie die Fortgeschrittenen, da wiederum richtet sie das Leben der Vollkommenen ein, und so sorgt sie für alle und die Einzelnen je nach Beschaffenheit der Sitten [...] Daher ist es offenkundig, dass die Heilige Schrift nicht einzeln einem Stand gegeben ist, sondern allgemein jedem Menschen, in welchem Stand er auch sein mag. Gewiss ist sie von

Gott dafür den Menschen gegeben worden, dass die, die ihr Herz geflohen und verlassen haben (*qui fugitivi et exules fuerant a corde*) und ihre Sünden nicht durch sich selbst innerlich sehen konnten, wenigstens durch die von außen vorgesetzte Heilige Schrift zu erkennen lernen, so wie es der Heilige Augustin reichlich über Ps 57 darlegt.[3]
Wer also, der bei Verstand ist, möchte sagen, dass Laien sündigen, wenn sie die Heilige Schrift für das nutzen, wofür sie ihnen von Gott gegeben und vom Heiligen Geist verfasst worden ist, dass sie nämlich ihre Sünden erkennen und Reue über sie empfinden, damit sie sie besser vermeiden können? Dann hätten sie keinen Anteil am göttlichen Gesetz wie an den anderen allgemeinen Wohltaten Gottes, obwohl doch Gottes Gesetz und die Heilige Schrift unter den göttlichen Wohltaten (*divina benificia*) herausragend und einzigartig ist, wie es in den *Collationes Patrum* heißt.[4] Und diese Wohltat ist allgemein für alle zusammengestellt (*omnibus generaliter collatum*) [...]
Tatsächlich nämlich hat Gott – so wie wir [...] von Gott dem Fleische nach Wohltaten empfangen haben, nämlich Brot, Wein und Öl und dergleichen, ohne die wir, solange wir auf dieser Pilgerfahrt sind, nicht überleben können – auch der Seele ihre Trostmittel gegeben, nämlich Wort, Gebet und Gespräch, in welchen die Seele lebt und Trost empfängt. Die Heilige Schrift selbst nämlich und das Studium und die Lektüre der Schriften ist höchster Trost und Linderung in jeder Lage und Widrigkeit, die den Menschen geduldig erhält [...]
Die Laien sind nach den Lehrern der Theologie und auch nach den Juristen gehalten, das, was allen im göttlichen Gesetz ausdrücklich vorgeschrieben oder ausdrücklich verboten ist, zu wissen. Daher sind sie mindestens gehalten, die zehn Gebote und die sieben Todsünden[5] im allgemeinen zu kennen, die im göttlichen Gesetz ausdrücklich als verboten vorgestellt werden, damit sich im Blick hierauf niemand durch Unkenntnis entschuldigen kann, sondern nach dem Apostel I Kor (8,38) wird selbst unbekannt bleiben, wer – solche Vorschriften nämlich – nicht kennt. Wenn sie gehalten sind, solche zu wissen, sündigen sie ganz und gar nicht, wenn sie Bücher, die über die zehn Gebote und die Todsünden in der Volkssprache herausgebracht worden sind und anderes dergleichen behandeln, lesen und lernen [...]
Wenn also die Apostel und Propheten, inspiriert vom Heiligen Geist, ihre Bücher in den Sprachen verfasst haben, die die, für die sie schrieben, als Volkssprache gebrauchten – denn die Hebräer oder Juden nutzten als Volkssprache das Hebräische, wie man weiß und aus der Schrift offenkundig ist, und die Griechen das Griechische –, scheint es unsinnig, dass jetzt die Schrift selbst allein auf Latein gelesen werden darf und nicht in einer beliebigen Sprache, die vom Lesenden verstanden werden könnte.

Quelle: Was dürfen Laien lesen? Gerhard Zerbolt von Zutphen, De libris teutonicalibus / Een verclaringhe van den duytschen boeken, hg. v. N. Staubach und R. Suntrup, Münster 2019, 97f. 105. 109. – *Literatur:* J. van Rooij, Gerard Zerbolt van Zutphen, Leven en geschriften, Nijmegen u.a. 1936; N. Staubach (Hg.), Kirchenreform von unten. Gerhard Zerbolt von Zutphen und die Brüder vom gemeinsamen Leben, Frankfurt / M. u.a. 2004; B. Smalley, The Study of the Bible in the Middle Ages, Oxford ³1983; H. Graf Reventlow, Epochen der Bibelauslegung. Bd. 2: Von der Spätantike bis zum Ausgang des Mittelalters, München 1994; G. Dahan, Lire la bible au moyen âge. Essais d'herméneutique médiévale, Genf 2009; F. van Liere, An Introduction to the Medieval Bible, New York 2014; O. Wischmeyer (Hg.), Handbuch der Bibelhermeneutiken. Von Origenes bis zur Gegenwart, Berlin / Boston 2016.

1   Bertram, 1180–1212 Bischof von Metz.
2   Vgl. Ex 19,12f.
3   Augustinus, Enarrationes in psalmos 57,1.
4   Sinngemäß in Cassian, Collationes 8,23.
5   Ursprünglich die sieben Hauptlaster: Hochmut, Geiz, Wollust, Zorn, Völlerei, Neid, Faulheit. Die sieben Todsünden waren oft zusammen mit den zehn Geboten in Beichtspiegeln des späten Mittelalters thematisiert.

58. Gregor Palamas (1296–1359)

Obwohl es auch noch nach Johannes von Damaskus (s.o. Nr. 16b) in Byzanz an theologischen Bewegungen und Kontroversen (auch über Methodenfragen) durchaus nicht gefehlt hat,[1] besteht wohl kein Zweifel, dass aus mittel- und spätbyzantinischer Zeit niemand für die ostkirchliche Theologie bis zur Gegenwart eine so herausragende Rolle gespielt hat wie Gregor Palamas: Athosmönch, Verfechter des »Hesychasmus« (von griech. ἡσυχία = [innere] »Ruhe«) und dessen Gebetspraxis (mit dem Ziel einer sinnlich erfahrbaren »Erleuchtung«[2]) und am Ende Erzbischof von Saloniki (Thessalonich). Ebenso sicher ist, dass wenige byzantinische Autoren ihre Leser (bes. die »westlichen«) bis heute derart zu polarisieren vermögen wie er.[3] Wer sich jedoch mit seinem Werk so unbefangen wie möglich beschäftigt, gewinnt – unerachtet aller heftigen Polemik gegen die »weltliche Weisheit« (ἔξω σοφία [resp. παιδεία resp. φιλοσοφία]) – nicht den Eindruck, als melde sich darin ein wütender Obskurantismus zu Wort. Im Gegenteil legt der Autor eine bemerkenswerte Vertrautheit mit den geistigen Strömungen seiner Zeit an den Tag. Es war das eine Zeit, wohlbemerkt, in der in Byzanz, trotz des politischen Niedergangs, Kunst und Wissenschaft, Rhetorik und Philosophie noch einmal zu höchster Blüte gelangten (man spricht aus gutem Grund von »Palaiologen*renaissance*«) und die Antike noch einmal begeistert aufgenommen wurde. Auch zeigt sich bei genauerem Hinsehen, dass die palamistischen Theorien auf soliden griechisch-patristischen Grundlagen beruhen oder doch zumindest von diesen ihren Ausgang nehmen, statt, wie ihnen vorgeworfen wird, auch in Byzanz einen völlig einseitigen Entwurf darzustellen.

a) Die übergeistige Schau Gottes (nach Triade II, 3,48)

Bei den sog. »Triaden« handelt es sich um drei (aus je drei Teilen bestehende) Bücher »zur Verteidigung derer, die heiligmäßig die hesychastische Praxis ausüben«. Entstanden in den Jahren 1338–1341, sind sie zunächst ganz als Verteidigung der hesychastischen Gebetspraxis aufgezogen, ehe sie sich in immer höherem Maße um eine systematische Grundlegung und Absicherung der Lehre von den göttlichen »Energien« bemühen.

Was die übergeistige Schau (ὑπὲρ νοῦν ὅρασις) betrifft, so möchten wir wohl sagen: Hätte unser Geist (νοῦς) nicht die Fähigkeit, sich selbst zu transzendieren (ὑπερβαίνειν ἑαυτόν), so gäbe es allerdings keinen unsere geistigen Energien übersteigenden Schau- und Denkakt (ὅρασις καὶ νόησις). Da er jedoch dieses Vermögen besitzt und nur ihm entsprechend im eigentlichen Sinne (κυρίως) mit Gott geeint wird, sobald dieser es zur Zeit des Gebetes zur Wirksamkeit gelangen läßt (δι' αὐτοῦ κατὰ τὸν καιρὸν τῆς προσευχῆς προϊοῦσαν εἰς ἐνέργειαν), darum gibt es also eine sämtliche geistigen Energien übersteigende Schau, die wir als »übergeistige Schau« bezeichnen; man könnte sie genau so gut als »Nichtschau« und »Nichtwissen im ausgezeichneten (potenzierten) Sinne« (ἀορασίαν καὶ ἀγνωσίαν ὑπεροχικῶς) bezeichnen. Was also ebenso sehr Erkennen wie Nichterkennen ist,

Gregor Palamas

wie soll es Teil der Allerweltserkenntnis (Erkenntnis allgemein) sein? Wie soll es mit deren Arten an einer gemeinsamen Grenze zusammenstoßen (ἀντιδιαιρεθήσεται)?[4] Hat doch kein Weiser je das Wesen (Sein [οὐσία]) in Körper, Unkörperliches und Überwesentliches noch die Sinneswahrnehmung (αἴσθησις) in die fünf Sinne und das Übersinnliche eingeteilt; denn was das Wesen (Sein) übersteigt, wie könnte man es dem Sei(ende)n zurechnen, und der Sinneswahrnehmung, was sie übersteigt? So ist also auch, was die Erkenntnis (γνῶσις) übersteigt, keinesfalls eine Art von Erkenntnis. Dass jedoch der Geist (νοῦς) die Fähigkeit besitzt, sich zu überschreiten und sich dadurch mit dem ihm Überlegenen zu vereinen, sagt auch der große Dionysios[5] mit aller Deutlichkeit; und nicht das allein. Sondern er weist zusätzlich darauf hin, da solches Wissen den Christen hoch vonnöten sei [...] (Folgt das Dionyszitat) Insofern sie (sc. diese Einung) nun die Natur des Geistes übersteigt, lässt sie sämtliche geistigen Betätigungen (Energien) hinter sich, und es gibt – im potenzierten Sinne – keine Erkenntnis mehr (καὶ γνῶσις οὐκ ἔστι καθ' ὑπεροχήν); insofern sie aber eine Verbindung des Geistes mit Gott ist, ist sie dem Vermögen, welches den Geist mit dem Geschaffenen verbindet, nämlich der Erkenntnis, unvergleichlich überlegen.

b) Die Vernunftwesen und ihre Annäherung an Gott (aus den »150 Kapiteln« [zw. 1347 u. 1351])

Die »150 Kapitel über Gegenstände der Physik und Theologie, der Ethik und des asketischen Lebens, gedacht zur Ausscheidung der barlaamitischen Verderbnis« (so der vollständige Titel in Übersetzung) sind nach den »Triaden« wohl das theologisch wichtigste Werk, an welchem sich auch die geistige Kraft des Palamas vielleicht am besten erkennen lässt. Noch vor dem endgültigen Triumph seiner Lehre (des »Palamismus«) nimmt darin der Autor auch ausführlich Stellung zu den naturphilosophisch-naturwissenschaftlichen Problemen, wie sie von führenden Vertretern der »Palaiologenrenaissance« ventiliert zu werden pflegten, ehe er sich im zweiten Teil (Kap. 64-150) der erneuten Widerlegung seiner (geistig bedeutsamsten) Hauptkontrahenten, des Kalabresen Barlaam (geb. um 1290 in Seminara / Kalabrien, gest. 1348 in Avignon) und seines eigenen einstigen Schülers Gregorios Akindynos (ca. 1300-1349) widmet.

(Kap. 78) [...] Wenn jemand also Gott nahekommt, so näherte er sich ihm in jedem Falle kraft dessen Wirksamkeit (Energie). Wie denn? Etwa als einer, der daran (sc. an dieser göttlichen Energie) natürlichen Anteil hat (Ὡς μετέχων [...] φυσικῶς)? Allein, das ist allen Geschöpfen gemeinsam. Also nicht dank seiner natürlichen Eigenschaften, sondern dessen, was ihm aufgrund freier Entscheidung zusätzlich zuteil wird (οὐ τοῖς ἐκ φύσεως προσοῦσιν, ἀλλὰ τοῖς ἐκ προαιρέσεως προσγινομένοις), nähert sich einer Gott oder entfernt sich von ihm. Die freie Entscheidung aber ist ausschließlich Sache der vernunftbegabten Wesen (λογικά). Diese allein unter allen anderen (Geschöpfen) sind entweder fern von Gott oder nahe bei ihm; durch Tugend oder Laster nähern sie sich ihm oder entfernen sich. Diese allein sind auch in der Lage, das Elend (ἀθλιότης) oder die Seligkeit zu erwerben. Wir aber wollen uns beeilen, die Seligkeit zu finden.

(Kap. 91) [...] (Die von Gott das vernunftbestimmte, geistgelenkte Leben [λογικὴν καὶ νοερὰν [...] ζωὴν] empfingen, sollten) durch ihre freiwllige Zuwendung zu ihm (τῇ πρὸς αὐτὸν ἐθελουσίῳ νεύσει) die Einung mit ihm erlangen und so gottgemäß (göttlich) und in ihre Natur übersteigender Weise leben (ζῆν οὕτω θείως καὶ ὑπερφυῶς), indem sie Gottes vergöttlichender Gnade und Wirksamkeit (vgl. II Petr 1,3f.) gewürdigt werden (τῆς αὐτοῦ κατηξιωμένα θεουργοῦ χάριτος καὶ ἐνεργείας). Denn sein Wille ist es, der die Seienden werden lässt, sei es, dass sie aus dem Nichts hervorgebracht (vgl. Hebr 11,3), sei es, dass sie gebessert werden, und zwar auf verschiedene Weise [...]

c) »Bekenntnis des orthodoxen Glaubens, dargelegt von dem heiligen Metropoliten von Thessaloniki, Herrn Gregor Palamas« (1351)

Eine Konstantinopler Synode vom Juli 1351 hat den Palamismus in feierlichster Form als orthodox anerkannt und folgendes Bekenntnis Gregors in ihren »Synodaltomos« aufgenommen:

Ein Gott vor allem, bei allem, in allem und über das All hinaus (ὑπὲρ τὸ πᾶν) wird bei uns in Vater, Sohn und Heiligem Geist verehrt und geglaubt: als Einheit in der Dreiheit und als Dreiheit in der Einheit, unvermischt geeint und ungeteilt unterschieden (Μονὰς ἐν Τριάδι καὶ Τριὰς ἐν Μονάδι ἀσυγχύτως ἑνουμένη, καὶ ἀμερίστως διαιρουμένη[6]) [...] Der Vater anfangslos (ἄναρχος), nicht nur als der Zeit nicht unterworfen (ἄχρονος), sondern auch als in jeder Hinsicht unverursacht (selbstursächlich [ἀναίτιος]), er allein Ursache, Wurzel und Quelle der im Sohn und im Hl. Geist angeschauten Gottheit; er allein die uranfängliche Ursache alles Gewordenen; nicht alleiniger Schöpfer, sondern einzig Vater des *einen* Sohnes und Hervorbringer (προβολεύς) des *einen* Hl. Geistes; immer seiend, immer Vater und immer allein Vater und Hervorbringer seiend; größer als Sohn (vgl. Joh 14,28) und Hl. Geist, doch das allein als Verursacher (ὡς αἴτιος), in allem anderen hingegen derselbe wie sie und gleich geehrt (ὁμότιμος). Dessen Sohn ist (nur) einer (εἷς), anfangslos, sofern er der Zeit nicht unterworfen ist, aber nicht anfangslos als der, der den Vater als Anfang, Wurzel und Quelle hat [...] In der Gestalt (μορφή) Gottes existierend (vgl. Phil 2,6f.), hielt er es nicht als einen Raub fest, Gott gleich zu sein, sondern, als die Zeit erfüllt war, entäußerte er sich selbst, nahm unsere Gestalt an und wurde von der allezeit jungfräulichen Maria, nach dem Wohlgefallen des Vaters und unter dem Beistand des Hl. Geistes, empfangen, wie es dem Gesetz der Natur entsprach, und (so auch) geboren, zugleich Gott und Mensch [...] Er blieb, der er war, wahrer Gott (θεὸς ἀληθινός), unvermischt und unverändert einend die zwei Naturen, Willen und Energien (ἑνώσας ἀσυγχύτως καὶ ἀτρέπτως τὰς δύο φύσεις καὶ θελήσεις καὶ ἐνεργείας[7]), und blieb *ein* Sohn in *einer* Hypostase, selbst nach der Menschwerdung. Er wirkte alles Göttliche als Gott und alles Menschliche als Mensch, der auch den menschlichen Leidenschaften unterworfen war, soweit sie keinen Tadel verdienen (τοῖς ἀνθρωπίνοις ἀδιαβλήτοις ὑποκείμενος πάθεσιν) [...] Als er zum Vater auffuhr, sandte er seinen heiligen Jüngern und Aposteln den Hl. Geist, der vom Vater ausgeht; mit dem Vater und dem Sohn ist dieser gleichermaßen anfangslos als einer, der der Zeit nicht unterworfen ist, nicht anfangslos hingegen als einer, der auch selbst eine Wurzel, Quelle und Ursache hat: den Vater, freilich nicht als (von ihm) Gezeugter, sondern als (aus ihm) Hervorgegangener (οὐχ ὡς γεννητόν, ἀλλ' ὡς ἐκπορευτόν), [...] als der aus dem Vater hervorgegangen ist und auf dem Sohne ruht (ἐν Υἱῷ ἀναπαυόμενον [vgl. Jes 11,2]) [...]; selbst auch Gott aus Gott,[8] kein anderer, soweit er Gott, wohl aber ein anderer, soweit er Paraklet ist, Geist, der (in sich selbst) Selbstand besitzt (Πνεῦμα αὐθυπόστατον), vom Vater ausgehend und vom Sohn gesandt (πεμπόμενον), d.h. offenbart [...] Deshalb wird der Hl. Geist nicht ausschließlich vom Sohn, sondern auch vom Vater durch den Sohn gesandt; und er kommt, indem er selbst sein Offenbarer ist (καὶ παρ' ἑαυτοῦ ἔρχεται φανερούμενον). Denn ein gemeinsames Werk (der trinitarischen Gottheit) ist die Sendung (ἀποστολή), d.h. die Offenbarung des Geistes. Er wird jedoch nicht seinem Wesen (οὐσία) nach offenbart – denn niemand hat je die Natur (φύσις) Gottes geschaut oder ausgesagt (vgl. Joh 1,18; 6,46; I Tim 6,16; I Joh 4,12) –, sondern zufolge seiner Gnade, Kraft und Wirksamkeit (ἐνέργεια), die Vater, Sohn und Geist gemeinsam sind. Einem jeden von ihnen eignet nämlich seine eigene Hypostase (ὑπόστασις) und alles, was sich darauf bezieht. Gemeinsam ist ihnen hingegen nicht allein die überwesentliche Wesenheit (ἡ ὑπερούσιος οὐσία), die ganz und gar unbenennbar und unaussprechlich ist und an der man keinen Anteil gewinnen kann (ἡ παντάπασιν ἀνώνυμος καὶ ἀμέθεκτος), weil sie jede Benennung, Erscheinung (ἔκφανσις) und Teilhabe übersteigt; sondern (gemeinsam sind ihnen) auch Gnade, Kraft, Wirksamkeit (ἐνέργεια), Leuchtkraft (λαμπρότης), Herrschaft und Unvergänglichkeit und überhaupt alles, worin Gott aus Gnaden Gemeinschaft hat mit den heiligen Engeln und Menschen und sich mit ihnen vereint, ohne dass darüber seine Einfaltigkeit (Unzusammengesetztheit [ἁπλότης]) Schaden litte: sei es durch Teilung und Unterscheidung der Hypostasen, sei es durch Teilung und Vielfalt der Kräfte und Energien. Auf diese Weise gibt es für uns einen (einzigen), allmächtigen Gott in einer (einzigen) Gottheit [...]

(Im weiteren bekennt sich Gregor zur traditionellen östlichen Bilder- und Reliquienlehre, leugnet die Existenz eines substantiell Bösen, skizziert die Sakraments-, bes. Eucharistielehre gemäß »aller kirchlicher Überlieferungen« und rezipiert die sieben »heiligen Ökumenischen Synoden« des Ostens, aber auch »alle heiligen Synoden, die durch Gottes Gnade zu verschiedenen Zeiten und Orten zur Festigung der Frömmigkeit und des evangelischen Wandels« einberufen wurden, darunter die aus Anlass des Hesychasmusstreites veranstalteten Konstantinopler Synoden der allerletzten Zeit, soweit sie sich aussprachen) gegen Barlaam den Kalabresen und dessen Gesinnungsgenossen und listenreichen Verteidiger Akindynos; diese haben (ja) die gemeinsame Gnade des Vaters, des Sohnes und des Geistes sowie das Licht der zukünftigen Welt, in welchem auch die Gerechten leuchten werden wie die Sonne (Mt 13,43) – wie auch Christus im voraus ahnen ließ, als er auf dem Berge zu leuchten begann (Mt 17,1f.) – und überhaupt jede Kraft und Energie der dreihypostatischen Gottheit und alles, was sich irgend unterscheidet von der göttlichen *Natur*, als geschaffen erklärt und so in gotteslästerlicher Weise die eine Gottheit in Geschaffenes und Ungeschaffenes aufgespalten; die dagegen frommen Sinnes jenes göttlichste Licht sowie jede göttliche Kraft und Energie als ungeschaffen in Ehren halten, da nichts von dem, was Gott seiner Natur nach zugehört, aussagbar ist (τοὺς εὐσεβῶς ἄκτιστον τὸ θειότατον ἐκεῖνο φῶς, καὶ πᾶσαν δύναμιν καὶ ἐνέργειαν πρεσβεύοντας θείαν, ὡς μηδενὸς ὄντος προσφάτου τῶν τῷ Θεῷ προσόντων φυσικῶς), die beschimp-fen sie als Ditheisten und Polytheisten (διθεΐτας ὀνομάζουσιν καὶ πολυθέους)[9], genau so, wie uns Juden, Sabellianer und Arianer[10] beschimpfen. Wir aber glauben [...] (mit der Heiligen Allgemeinen und Apostolischen Kirche Christi und speziell im Einklang mit den Konstantinopler Synodalbeschlüssen von 1341 und 1351) an die eine dreihypostatische und allmächtige Gottheit, die keinesfalls an ihrer Einheit und Einfaltigkeit (Unzusammengesetztheit) Schaden nimmt um der Kräfte oder der Hypostasen willen (οὐδαμῶς τοῦ ἑνιαίου καὶ τῆς ἁπλότητος ἐκπίπτουσαν διὰ τὰς δυνάμεις ἢ τὰς ὑποστάσεις). Zu dem allen erwarten wir die Totenauferstehung und das Leben der künftigen Welt, welches kein Ende haben wird. Amen.

Quellen: J. Meyendorff, Défense des saints hésychastes (SSL 31), Louvain (1959) ²1973; P.K. Chrestou, Γρηγορίου τοῦ Παλαμᾶ συγγράμματα I, Thessaloniki 1962 (Triaden); P.K.Chrestou, idem, V, Thessaloniki 1992 (150 Kapitel); (PG 151, 763ff. =) I.N. Karmiris, Τὰ δογματικὰ καὶ συμβολικὰ μνημεία τῆς ὀρθοδόξου καθολικῆς ἐκκλησίας, I, Athen 1952 (Glaubensbekenntnis [343-346]). – *Literatur:* D. Wendebourg, Geist oder Energie. Zur Frage der innergöttlichen Verankerung des christlichen Lebens in der byzantinischen Theologie (MMHST 4), München 1980; R. Flogaus, Theosis bei Palamas und Luther. Ein Beitrag zum ökumenischen Gespräch (FSÖTh 78), Göttingen 1997; A.M. Ritter, Gregor Palamas als Leser des Dionysius Ps.-Areopagita (1997; überarb. wieder abgedr.) in: ders., Der Glaube der Christen und seine Bewährung in Denken und Handeln (GA), Mandelbachtal / Cambridge 2003, 202-213; B. Müller-Schauenburg, Religiöse Erfahrung, Spiritualität und theologische Argumentation. Gotteslehre und Gottebenbildlichkeit bei Gregorios Palamas, Stuttgart 2011.

[1]   Vgl. dazu nach wie vor am ehesten G. Podskalsky, *Theologie und Philosophie in Byzanz (ByA 15)*, München 1977.
[2]   Eine wichtige Rolle spielte dabei das (seit Symeon dem »Neuen Theologen« [ca. 949–1022] auf dem Athos gebräuchliche) »Jesusgebet« (»Jesus, du Sohn Gottes, erbarme dich mein«).
[3]   Vgl. dazu bes. A. de Halleux, Palamisme et tradition, Irénikon 48 (1975) 479-493; wieder abgedr. in: ders., *Patrologie et Œcuménisme (BEThL 93)*, Louvain 1990, 816-830.
[4]   Vgl. Aristoteles, Cat. 1 4b 34; Top. 1,4 3a 36, mit Jamblich, Myst. 9,7.
[5]   Sc. Ps.-Areopagita (s.o. Nr. 7); gemeint ist und in der Folge zitiert wird eine kurze Passage aus »Über die göttlichen Namen« 7,1 (PG 3, 865C = PTS 33, 194, 10-12 Suchla).
[6]   Anklang an die christologische Formel von Chalkedon (vgl. KTGQ I, Nr. 95a).
[7]   So das Dogma der Konzilien von Chalkedon (451) und Konstantinopel III (680); vgl. KTGQ I Nr. 95a.; 99c.
[8]   Vgl. den zweiten Artikel des nizänischen Symbols (KThQ I, Nr. 56b).
[9]   Zwei- und Vielgötterverehrer.
[10] Zu den beiden letzteren s. KTGQ I, Nr. 41a. 54 u.ö. Nach Meinung des Palamas verbindet sie mit den Juden ein falsches Verständnis des Monotheismus, welches eine »hohe Christologie« bzw. eine Mehrhypostasenlehre als mit dem biblischen Ein-Gott-Glauben unvereinbar ausschließt.

59. Der italienische Humanismus

Die scholastische Gelehrsamkeit blieb nicht alternativlos, weder geistig noch sozial. Seit dem 14. Jahrhundert entwickelte sich, zunächst in Italien, der Humanismus als eine Bewegung, die sich in neuer Weise an der Antike orientierte. Zwar hatten Aristoteles und andere antike Schriftsteller ihren Platz durchaus auch an der Universität, und nach heutigem Stand kann man sagen, dass sich die humanistischen Anliegen aus der mittelalterlichen Beschäftigung mit den *artes* entwickelten. Mehr und mehr aber traten die Humanisten in ein kritisches Verhältnis zur Scholastik, deren Auswahl in ihren Augen die Breite von Literatur und Philosophie der Antike reduzierte. So entstand der Humanismus in erster Linie als eine Bewegung intensiven Literaturstudiums. Schon Francesco Petrarca machte sich in verschiedenen Bibliotheken auf die Suche nach antiken Handschriften. Durch seine Studien zur Cicero und Augustin, Seneca oder Terenz befruchtete er die Debatten über die richtige Philosophie (Text a). Die interessierten Gelehrten tauschten sich dabei vielfach durch Briefe aus, die schon in ihrer eleganten Form zeigten, dass hier besseres, »antikeres« Latein gepflegt wurde als in der Scholastik. In ihren Bemühungen strebten sie trotz der Bedeutung der paganen Traditionen keine Ablösung des Christentums an, wohl aber eine Verfeinerung und Optimierung, wie sich sehr deutlich in den Überlegungen Marsilio Ficinos (1433–1499) zeigt. Im Florenz der Medici gründete er unter Cosimo I. (1389–1474) 1462 die ›Platonische Akademie‹: Ein Kreis von Gelehrten um Marsilio Ficino sollte den Geist Platos erneuern. Ficino selbst strebte es an, Christentum und platonische Philosophie zu einer *Religio universalis* zu verbinden, weswegen er in seiner Schrift De christiana religione den Nachweis der Übereinstimmung von Christentum und platonischer Philosophie vornahm (Text b). Mit dieser Akademie entstand eine neue Form der Wissensverarbeitung und -vermittlung, die ihre soziale Verankerung nicht mehr im Klerus, sondern im Bürgertum besaß: Nicht Kloster, Universität oder Herrscherhof dienten nun der Bildung, sondern das durch Freundschaft konstituierte Gespräch der Gleichgesinnten. Gleichwohl sollten auch die alten universitären Methoden nicht aufgegeben werden: Giovanni Pico aus Mirandola (1463-1494) wollte in einer Aufsehen erregenden Aktion in Rom 900 Thesen diskutieren lassen, in die er sein Denken gefast hatte. Das Vorhaben scheiterte zwar, weil Häresievorwürfe gegen Pico laut wurden, aber die Rede *De hominis dignitate*, mit der die Disputation eröffnet werden sollte, ist ein bleibendes Zeugnis des optimistischen Bildes vom Menschen, das die Humanisten entwarfen (Text c).

a) Francesco Petrarca (1304-1374)

1. Brief an Boccaccio (1362)

[...] Wir wollen uns nicht durch Ermahnung zur Tugend noch durch das Schreckbild nahen Todes von den Wissenschaften abschrecken lassen. Wenn diese in eine edle Seele aufgenommen sind, erzeugen sie Liebe zur Tugend, und beseitigen entweder die Todesfurcht oder mindern sie. Was wir erwarben, um Weisheit zu erlangen, das soll uns nicht den Verdacht öden Unglaubens zuziehen. Denn die Wissenschaften sind kein Hindernis für den, der sie besitzt, sie sind ihm vielmehr eine Stütze, wenn er von guter Art ist; sie fördern den Lauf des Lebens und halten ihn nicht auf. Wie Speisen einen kranken und schwachen Magen überlasten, einen gesunden und hungrigen dagegen gut ernähren, so geschieht es in den Wissenschaften. Einer lebenskräftigen und gesunden Veranlagung ist vieles heilsam, was einer schwächlichen Krankheit bringt. In beiden Fällen handelt es sich eben um die Fähigkeit, richtig auszuscheiden. Denn wenn dem nicht so wäre, niemals wäre dann jenes so hochgepriesene hartnäckige Streben bis zum letzten Atemzug bei so vielen möglich gewesen [...]
Ich weiß, dass es viele zu außerordentlicher Heiligkeit gebracht haben, ohne gelehrtes Wissen. Niemand ist jedoch ausgeschlossen worden wegen seines gelehrten Wissens, obgleich ich höre, dass man selbst dem Apostel Paulus Wahnsinn vorwirft, den er sich durch Beschäftigung mit den Wissenschaften zugezogen habe[1] – mit wieviel Recht, das weiß die ganze Welt. Ich jedenfalls – wenn ich von mir selbst sprechen darf – fühle so: ein vielleicht ebener, aber gar zu bequemer Pfad führt durch Unwissenheit zur Tugend. Eins ist das Endziel alles Guten, vielfältig aber sind dorthin die Pfade, und groß ist die Mannigfaltigkeit derer, die zu ihm streben. Dieser gelangt langsamer ans Ziel, jener schneller, dieser mehr im Dunkel, jener in hellerem Licht; dieser erwirbt sich einen tieferen Platz, jener einen in größerer Höhe. Die Pilgerfahrt eines jeden von ihnen ist zwar glückselig, aber sicherlich ist diejenige von herrlicherem Ruhme erhellt, die auf strahlenderer, höherer Bahn dorthin führte. Daher es denn kommt, dass ergebene, noch so fromme Bauerneinfalt der frommen Hingabe des Gebildeten nicht vergleichbar ist [...]

Quelle: Francesco Petrarca, Le Senili, hg. v. E. Nota u. U. Dotti, Rom 1993, 58. 62; *Übers.:* Briefe des Francesco Petrarca. Eine Auswahl, übers. von H. Nachod und P. Stern, Berlin 1931, 254-256.

2. Aus der Streitschrift »Von seiner und vieler Leute Unwissenheit«

[...] Kehren wir zu Aristoteles zurück, dessen Glanz schon oft kranke und geschwächte Augen geblendet und viele Menschen in die Grube des Irrtums gestürzt hat. Ich weiß, dass er die Herrschaft eines Einzelnen gefordert hat [...]: »Nicht gut ist die Herrschaft vieler, einer also soll der Herrscher sein!«[2] [...] [Aristoteles] dachte an die Herrschaft Gottes – so weit hat der Glanz des Wahren seinen Geist erleuchtet. Wer aber dieser Herrscher ist, wie bedeutend und mächtig, das hat er, glaube ich, nicht gewusst, und wenn er auch viele unbedeutende Dinge so pedantisch erforscht hat, hat er doch dies eine, so Wichtige nicht erkannt, das viele andere, ohne gebildet zu sein, erfasst haben; kein anderes Licht erleuchtet sie, aber ein Licht, das die Wahrheit auf andere Weise erhellt [...]

Unter allen Schriften aber begeistern mich am meisten jene drei Bücher Ciceros, denen er den Titel »Über die Natur der Götter« gegeben hat. In diesem Werk, in dem jener so geistvolle Autor über die Götter handelt, macht er sich oft über sein Thema, die Götter, lustig, und äußert sich verächtlich über sie, allerdings nicht in vollem Ernst – vielleicht hatte er vor der Strafe Angst, die vor der Ankunft des Heiligen Geistes auch die Apostel fürchteten –, sondern in dem äußerst wirkungsvollen spöttischen Ton, dessen er sich so oft bedient; so wird jedem, der ihn versteht, klar, wie er selbst über das behandelte Thema dachte. Oft beklage ich daher sein Los, wenn ich seine Schriften lese, und bedaure es im Stillen sehr, dass jener Mann den wahren Gott nicht kannte; er war ja nur wenige Jahre vor Christi Geburt gestorben[3] und hatte seine Augen geschlossen, ach! – unmittelbar bevor die Nacht des Irrtums und der Finsternis zu Ende ging und die Wahrheit aufleuchtete, die Morgenröte des wahren Lichts, die Sonne der Gerechtigkeit [...] [Er] hatte schon in seinem Jugendwerk, den Inventionen, geäußert, »dass der wirkliche Philosoph nicht an mehrere Götter glaube«[4]. Ja, fürwahr, den einen Gott kennen, nicht viele Götter, das erst ist wahre und höchste Philosophie – doch nur, wenn dieses Wissen mit Frömmigkeit und gläubiger Verehrung (*pietas et fidelis cultus*) verbunden ist. Auch wird er in eben dem Buch, das er im Alter über Götter, nicht über den einen Gott schrieb, dort, wo er sich besinnt, von den Schwingen seines Geistes in eine solche Höhe getragen, dass man bisweilen den Eindruck gewinnt, es rede nicht ein heidnischer Philosoph, sondern ein Apostel [...]

Sollen wir darum Cicero zu den rechten Christen (*catholicis*) rechnen? Ich wollte, ich könnte es. Ach, wär' es doch möglich! Hätte es ihm doch der, der ihm einen solchen Geist verlieh, auch ermöglicht, ihn selbst zu erkennen, wie er es ihm gestattete, nach ihm zu suchen.

Quelle / Übers.: F. Petrarca, De sui et multorum ignorantia. Über seine und vieler anderer Unwissenheit, übers. von K. Kubusch, hg. v. A. Buck, Hamburg 1993, 56-61. 62f. 74f. – *Literatur:* P. de Nolhac, Pétrarque et l'humanisme. 2 Bde., Paris 1907; A. Buck (Hg.), Petrarca, Darmstadt 1976; C. Trinkaus, The Poet as Philosopher. Petrarch and the Formation of Renaissance Consciousness, New Haven / London 1979; G. Hoffmeister, Petrarca, Stuttgart 1997; K. Stierle, Francesco Petrarca. Ein Intellektueller im Europa des 14. Jahrhunderts, München ³2005; A. Lee, Petrarch and St. Augustine: classical scholarship, christian theology and the origins of the renaissance in Italy, Leiden 2012; I. Candido (Hg.), Petrarch and Boccaccio. The unity of Knowledge in the pre-modern world, Berlin u.a. 2018.

b) Marsilio Ficino: »Über die christliche Religion« (1474)

Die Einheit von außerchristlicher und christlicher Weisheit und Religion
Die ewige Weisheit Gottes hat angeordnet, dass die göttlichen Mysterien, wenigstens in den Anfängen der Religion, von denjenigen behandelt werden sollten, die wahre Liebhaber der wahren Weisheit waren. Daher kam es, dass es bei den Alten dieselben waren, welche nach den Ursachen der Dinge forschten und zugleich die

Opfer für die höchste Ursache der Dinge gewissenhaft verwalteten, und dass bei allen Völkern die Philosophen zugleich Priester waren. Und das nicht zu Unrecht. Denn wenn unser Geist (*animus*), wie unser Platon lehrt, mit zwei Flügeln, das heißt: mit seiner Vernunft und mit seinem Willen, zu dem himmlischen Vater und Vaterland zurückfliegen kann und der Philosoph sich dabei vor allem auf die Vernunft, der Priester aber auf den Willen stützt und die Vernunft (*intellectus*) den Willen erleuchtet, der Wille aber die Vernunft entflammt, so ist man sich darüber einig: diejenigen, welche zuerst Göttliches durch ihre Vernunft (*per intelligentiam*) oder von sich aus fanden oder durch Gottes Wirken anrührten, haben das Göttliche zuerst durch den Willen auf richtige Weise verehrt und die richtige Verehrung und den Grund ihrer Verehrung an die anderen weitergegeben. Die Propheten der Hebräer und der Essäer widmeten sich zugleich der Weisheit und dem Priestertum. Die Philosophen wurden von den Persern, weil sie die heiligen Handlungen leiteten, Magier, das ist: Priester, genannt [...] Wer wüsste nicht, wie sehr sich bei den Römern Numa Pompilius[5], Valerius Soranus[6], Marcus Varro[7] und viele andere um die Weisheit und um die heiligen Handlungen zugleich kümmerten? Wer wüsste schließlich nicht, wie wichtig und wahr die Lehre bei den alten christlichen Bischöfen und Priestern war? O selige Zeiten, die ihr diese göttliche Verbindung zwischen Weisheit und Religion vor allem bei den Hebräern und Christen unversehrt bewahrt habt! O ihr ganz unseligen Zeiten, da schließlich Trennung und bejammernswerte Scheidung zwischen Pallas[8] und Themis[9], das ist: zwischen Weisheit und Ehrbarkeit, eintrat. O wehe! So warf man das Heilige den Hunden zum Fraße vor (vgl. Mt 15,26). Denn die Lehre fiel großenteils den Profanen anheim, so dass sie meistenteils zum Mittel der Ungerechtigkeit und der Ausschweifung wurde und eher Bosheit zu nennen ist als Weisheit. Die kostbarsten Perlen der Religion hingegen wurden oft von Ignoranten in die Hand genommen und wie von Säuen zertreten (vgl. Mt 7,6). Denn oftmals scheint die müßige Bemühung von Toren und Trägen mehr Aberglaube (*superstitio*) als Religion [zu sein]. Und so verstehen weder jene [die ungeeigneten Lehrer] die Wahrheit richtig, die gleichsam göttlichen Ursprungs, allein den Augen der Frommen sichtbar wird, noch verehren diese [die unzureichenden Religionsverwalter], soviel an ihnen ist, Gott richtig, wenn sie ganz ohne Kenntnis der göttlichen und menschlichen Dinge die heiligen Handlungen leiten. Wie lange sollen wir dies harte und elende Los des eisernen Zeitalters noch dulden? O ihr Männer, Bürger des himmlischen Vaterlandes und Bewohner der Erde, ich flehe euch an: lasst uns doch, wenn wir können, endlich die Philosophie, die heilige Gottesgabe (*sacrum Dei munus*), aus den Händen der Gottlosigkeit befreien! Wir können aber, wenn wir nur wollen. lasst uns die heilige Religion nach Kräften aus den Händen der verdammenswerten Unwissenheit erlösen! Ich ermahne und bitte daher alle: die Philosophen, dass sie die Religion tiefer erfassen oder berühren, die Priester aber, dass sie sich mit Sorgfalt den Studien der echten Weisheit widmen. Wie viel ich selbst hierin erreicht habe oder erreichen werde, weiß ich nicht, doch habe ich es versucht und werde nicht damit aufhören, im Vertrauen nicht auf meine geringe Begabung, sondern auf die Hilfe und die Kräfte Gottes.

Quelle: Marsilio Ficino, De religione christiana, aus: Marsili Ficini ... Opera, Basel 1576 (= Turin 1962) (= Monumenta Politica et Philosophica Rariora I, 7), I, 1; *Übers.:* G.A. Benrath, Wegbereiter der Reformation, Bremen 1967, 483-485. – *Literatur:* P. O. Kristeller, Die Philosophie des Marsilio Ficino, Frankfurt / M. 1972; J. Lauster, Die Erlösungslehre Marsilio Ficinos. Theologiegeschichtliche Aspekte des Renaissanceplatonismus, Berlin u.a. 1998 (AKG 69); M.J.B. Allen / V. Rees (Hg.), Marsilio Ficino: His Theology, his Philosophy, his Legacy.

Brill, Leiden 2002; S. Clucas u.a. (Hg.), Laus Platonici philosophi: Marsilio Ficino and His Influence, Leiden 2011; J. Eming / M. Dallapiazza (Hg.), Marsilio Ficino in Deutschland und Italien. Renaissance-Magie zwischen Wissenschaft und Literatur, Wiesbaden 2017.

c) Pico della Mirandola: »Über die Würde des Menschen«

Schon hatte Gottvater, der höchste Baumeister, dieses Haus, die Welt, die wir sehen, als erhabensten Tempel der Gottheit nach den Gesetzen verborgener Weisheit errichtet. Den Raum über den Himmeln hatte er mit Geistern geschmückt, die Sphären des Äthers mit ewigen Seelen belebt, die kotigen und schmutzigen Teile der unteren Welt mit einer Schar Lebewesen aller Art gefüllt. Aber als das Werk vollendet war, wünschte der Meister, es gäbe jemanden, der die Gesetzmäßigkeiten eines so großen Werkes genau erwöge, seine Schönheit liebte und seine Größe bewunderte. Daher dachte er, als schon alle Dinge (wie Moses und Timaios[10] bezeugen) vollendet waren, zuletzt an die Erschaffung des Menschen. Es gab aber unter den Archetypen keinen, nach dem er einen neuen Spross bilden konnte [...] Endlich beschloss der höchste Künstler (*optimus opifex*), dass der, dem er nichts Eigenes geben konnte, Anteil habe an allem, was die Einzelnen jeweils für sich gehabt hatten. Also war er zufrieden mit dem Menschen als einem Geschöpf von unbestimmter Gestalt (*indiscretae opus imaginis*), stellte ihn in die Mitte der Welt und sprach ihn so an: »Wir haben dir keinen festen Wohnsitz gegeben, Adam, kein eigenes Aussehen noch irgendeine besondere Gabe, damit du den Wohnsitz, das Aussehen und die Gaben, die du selbst dir ausersiehst, entsprechend deinem Wunsch und Entschluss habest und besitzest. Die Natur der übrigen Geschöpfe ist fest bestimmt und wird innerhalb von uns vorgeschriebener Gesetze begrenzt. Du sollst dir deine ohne jede Einschränkung und Enge, nach deinem Ermessen, dem ich dich anvertraut habe, selber bestimmen. Ich habe dich in die Mitte der Welt gestellt, damit du dich von dort aus bequemer umsehen kannst, was es auf der Welt gibt.
Weder haben wir dich himmlisch noch irdisch, weder sterblich noch unsterblich geschaffen, damit du wie dein eigener, in Ehre frei entscheidender, schöpferischer Bildhauer dich selbst zu der Gestalt ausformst, die du bevorzugst. Du kannst zum Niedrigeren, Tierischen entarten; da kannst aber auch zum Höheren, zum Göttlichen wiedergeboren werden, wenn deine Seele es beschließt« [...]
Im Menschen sind bei seiner Geburt von Gottvater vielerlei Samen und Keime für jede Lebensform angelegt; welche ein jeder hegt und pflegt, die werden heranwachsen und ihre Früchte in ihm tragen. Sind es pflanzliche, wird er zur Pflanze, sind es sinnliche, zum Tier werden. Sind es Keime der Vernunft, wird er sich zu einem himmlischen Lebewesen entwickeln; sind es geistige, wird er ein Engel sein und Gottes Sohn. Wenn er sich nun, mit keinem Los der Geschöpfe zufrieden, ins Zentrum seiner Einheit zurückgezogen hat, wird er, ein Geist mit Gott geworden (*unus cum Deo spiritus factus*), in der einsamen Dunkelheit des über allem stehenden Vaters alles überragen.

Quelle / Übers.: Giovanni Pico della Mirandola, De hominis dignitate. Über die Würde des Menschen. Lat. – Dt. hg. v. A. Buck, übers. v. N. Baumgarten, Hamburg 1990, 5-7. – *Literatur:* F. Roulier, Jean Pic de La Mirandole, humaniste, philosophe et théologien (1463–1494), Gent 1989; W.A. Euler, ›Pia philosophia‹ et ›docta religio‹. Theologie und Religion bei Marsilio Ficino und Giovanni Pico della Mirandola, München 1998; F. Lelli (Hg.), Giovanni Pico e la Cabbalà, Florenz 2014. – J. Burckhardt, Die Kultur der Renaissance in Italien, zuerst Basel 1860; P. O. Kristeller, Der italienische Humanismus und seine Bedeutung, Basel/Stuttgart 1969; C. Trinkaus, In Our Image and Likeness. Humanity and Divinity in Italian Humanist

Italienischer Humanismus

Thought, 2 Bde., London 1970; P. Burke, Die europäische Renaissance. Zentren und Peripherien, München 1998 (= 2005); A. Edelheit, Ficino, Pico and Savonarola: the evolution of humanist theology 1461/2-1498, Leiden 2008; J. Helmrath, Wege des Humanismus. Studien zu Praxis und Diffusion der Antikeleidenschaft im 15. Jahrhundert, Tübingen 2013; T. Leinkauf, Grundriss Philosophie des Humanismus und der Renaissance (1350-1600). 2 Bde., Hamburg 2017; U. Muhlack, Renaissance und Humanismus, München 2017; B. Roeck, Der Morgen der Welt. Geschichte der Renaissance, München 2017.

1 Vgl. Apg 26, 24.
2 Aristoteles, Metaphysik 12,10 (1076 a 4). Hierbei handelt es sich um ein Zitat aus Homer, Ilias II, 206.
3 Marcus Tullius Cicero starb 43 v. Chr.
4 Cicero, De inventione 1,29,46.
5 König in der Frühzeit Roms, reg. Angeblich 715-672 v. Chr.
6 Quintus Valerius Soranus, Dichter und Volkstribun, 82 v. Chr. unter Sulla hingerichtet.
7 Marcus Terentius Varro (gest. 27 v. Chr.), römischer Gelehrter, der zu zahlreichen unterschiedlichen Themen schrieb.
8 Pallas Athene, griechische Göttin der Weisheit.
9 Griechische Göttin der Ordnung des menschlichen Miteinanders.
10 Platos Dialog.

60. Das große westliche Schisma (1378-1415)

Das ›babylonische Exil‹ des Papsttums in Avignon (1309-1378) brachte die westliche Kirche immer wieder an den Rand des „abendländischen" Schismas. Die Abhängigkeit der Päpste von der französischen Krone und die fortgesetzten Auseinandersetzungen zwischen Papsttum und Kaisertum stellten die universale Autorität des Papstes in Frage. Dass in diesen Streitigkeiten immer wieder das Interdikt, das Verbot gottesdienstlicher Handlungen, ge- und missbraucht wurde, um den Gegner zu disziplinieren, führte zu Verunsicherung der Gläubigen. Ihnen entzog die Kirche auf diese Weise ja die Wege zum Heil. Viele hegten die Hoffnung, eine Rückkehr der Päpste an ihren angestammten Amtssitz in Rom möchte die Lage bessern. 1377 folgte Gregor XI. (1370-1378) diesem Ruf, für den sich mit beeindruckendem Selbstbewusstsein auch die Mystikerin und Seherin Katharina von Siena stark machte (Text a). Nach seinem Tode kam es zum Schisma. Unter dem Druck einer bewaffneten Volksmenge wurde Urban VI. in einem anfechtbaren Verfahren zum Nachfolger gewählt. Weil sie von ihm eine Beschneidung ihrer Mitbestimmungsmöglichkeiten befürchteten, lehnten die französischen Kardinäle ihn ab und wählten statt seiner Clemens VII. zum Papst. Im Krieg der Päpste miteinander siegten die Truppen Urbans VI. So residierte Clemens VII. fortan in Avignon. Europa zerfiel nun in zwei Obödienzgebiete; die Päpste exkommunizierten sich und ihre Anhänger gegenseitig. So war jeder im lateinischen Westen von dem einen oder dem anderen Papst gebannt. Die Auswirkungen dieser Situation auf das Ansehen der Kirche waren verheerend. Mögliche Lösungen schienen entweder die *via cessionis* (Amtsverzicht beider Päpste) oder die *via conventionis* (gütliche Einigung) oder schließlich die *via concilii generalis* (Einberufung und Entscheidung durch ein Konzil) zu sein. 1408 wollten Gregor XII. (Rom) und Benedikt XIII. (Avignon) sich in Savona treffen. Doch bevor es dazu kam, gaben sie ihren Einigungsversuch auf. Da beriefen die Kardinäle von sich aus für 1409 ein Konzil nach Pisa ein (Text b). Hier wurde Alexander III. zum Papst gewählt. Da die beiden bereits vorhandenen Päpste aber nicht zurücktraten, kam es zu dem skurrilen Ergebnis, dass nunmehr statt zweier Päpste sogar drei regierten. Auf die Dauer erwies sich freilich nur ein Konzil in der Lage, das Schisma zu überwinden.

a) Mahnungen Katharinas von Siena an Gregor XI., Juni / Juli 1376

Im Namen Jesu Christi des Gekreuzigten und der süßen Maria.
Heiligster und liebster Vater! Eure unwürdige und armselige Tochter in Christus, dem liebsten Jesus, Katharina empfiehlt sich Euch in seinem heiligen Blut, mit dem Wunsche, Euch als tapferen Mann zu sehen, ohne irgendeine Furcht oder fleischliche Eigenliebe, weder für Euch noch einen Eurer Verwandten dem Fleische nach; denn ich erkenne und sehe im Angesicht Gottes keinerlei andere Sache, die Euer heiliges und gutes Verlangen hemmen und die Ehre Gottes und die Erhöhung und Erneuerung der heiligen Kirche verhindern könnte, als eben dies. Deshalb wünscht meine Seele in unermesslicher Liebe, Gott möge in seiner unendlichen Barmherzigkeit alle Leidenschaft und Lauheit des Herzens (*ogni passione e tiepidezza di cuore*) von Euch nehmen und Euch zu einem anderen Menschen umformen, nämlich durch die Erneuerung des glühenden und heißesten Verlangens: Denn anders könnt Ihr den Willen Gottes und den Wunsch seiner Diener nicht erfüllen.

O weh mir, o weh, mein liebster Vater! Verzeiht meine Anmaßung; das, was ich Euch sagte und durch die erste liebste Wahrheit noch zu sagen gezwungen bin. Deren Wille, Vater, ist folgender, und so bittet sie Euch: Sie verlangt, dass Ihr Gericht haltet über die Fülle der zahllosen Ungerechtigkeiten, die jene begehen, die sich nähren und weiden im Garten der heiligen Kirche; sie sagt, das Tier solle sich nicht nähren von der Speise der Menschen. Da sie Euch die Gewalt (*l'aultorità*) verliehen hat und Ihr sie übernahmt, müsst Ihr Eure Kraft und Macht (*la virtù e potentia vostra*) gebrauchen; wollt Ihr von ihr keinen Gebrauch machen, wäre es besser, auf sie zu verzichten zur größeren Ehre Gottes und zum Heil Eurer Seele. Ferner ist ihr Wille der, und so verlangt sie von Euch: Sie will, dass Ihr Frieden schließt mit der ganzen Toskana, mit der Ihr Streit habt. Holt aus all Euren schlimmen Söhnen, die wider Euch rebellierten, was herauszuholen ist, doch nehmt ohne Krieg; aber als Züchtigung, wie es ein Vater mit dem Sohne halten soll, wenn der ihn beleidigte. Zudem verlangt die liebreiche Güte Gottes, dass Ihr volle Befugnis all denen erteilet, die von Euch die Erlaubnis zum Kreuzzug (*el santo passagio*) verlangen; denn wenn Euch die Unternehmung auch unmöglich erscheint, seiner liebreichen Güte, die ihn befahl und will, dass er statthabe, ist nichts unmöglich. Hütet Euch, ist Euch das Leben lieb, diesbezüglich eine Nachlässigkeit zu begehen: Spottet nicht über die Wirkungen des Heiligen Geistes, der von Euch sie auszuführen verlangt, da Ihr es könnt, wenn Ihr wollt. Gerechtigkeit könnt Ihr üben, Frieden vermögt Ihr herzustellen, wenn Ihr das eitle Gepränge und die Lustbarkeiten der Welt wegnehmt, die Ehre Gottes und was der heiligen Kirche geziemt aber achtet; die Vollmacht zu erteilen, denen, die Euch darum bitten, habt Ihr auch. Da Ihr also nicht arm seid, sondern reich und Ihr die Schlüssel des Himmels in Händen haltet – wem Ihr öffnet, dem ist geöffnet, und wem Ihr zuschließt, dem ist zugeschlossen (vgl. Mt 16,19) –, tut nicht weiterhin so, auf dass Ihr nicht einen scharfen Verweis von Gott erhaltet. Ich, an Eurer Stelle, befürchtete, dass das göttliche Gericht über mich käme. Und darum bitte ich Euch flehentlich im Namen Christi des Gekreuzigten, dem Willen Gottes gehorsam zu sein. Zwar weiß ich, dass Ihr nichts anderes wollt oder wünscht, als seinen Willen zu tun, auf dass nicht jener harte Vorwurf Euch treffe: »Verflucht seist du, weil du die Kraft und die Zeit, die dir gegeben war, nicht nutztest.« Vater, durch die Güte Gottes, und auch Hoffnung schöpfend aus Eurer Heiligkeit, glaube ich, dass Ihr so handeln werdet, dass solches nicht über Euch komme.

Mehr sage ich nicht. Verzeiht mit, verzeiht: Die große Liebe, die ich zu Eurem Heile habe, und der riesige Schmerz, wenn ich das Gegenteil sehe, lässt mich so sprechen. Gern hätte ich es Euch in eigener Person gesagt, um mein Gewissen voll zu entlasten. Wenn es Eurer Heiligkeit gefällt, dass ich komme, werde ich gerne kommen. Handelt so, dass ich nicht bei Christus dem Gekreuzigten Beschwerde gegen Euch einlegen muss, denn auf einen anderen könnte ich mich berufen, da niemand höher ist auf Erden als Ihr. Verbleibet in der heiligen und süßen Liebe Gottes. Demütig bitte ich um euren Segen. Liebster Jesus, Jesus die Liebe (*Gesù dolce, Gesù amore*).

Quelle: Epistolario di Santa Caterina da Siena, hg. v. E. Dupré Theseider, Rom 1940, 294-296 (Nr. 71). *Übers.:* Katharina von Siena, Briefe für eine Erneuerung der Kirche, hg. v. L. Gnädinger, Kevelaer 2011, 174-176 (Nr. 34). – *Literatur:* C. Muessig (Hg.), A Companion to Catherine of Siena, Leiden 2006; U. Falkeid, The Avignon Papacy Contested. An Intellectual History from Dante to Catherine of Siena, Cambridge 2017; G. Riedl, Katharina von Siena. Lebenswelt, Glaubenswelt, Wirkungswelt, Paderborn 2020.

b) Die Absetzung der Päpste Benedikt XIII. und Gregor XII. auf dem Konzil zu Pisa 1409

Die heilige, allgemeine Kirchenversammlung, die die ganze Kirche repräsentiert (*sancta et universalis synodus universalem ecclesiam repraesentans*) und zu deren Aufgaben es bekanntlich gehört, den vorliegenden Fall zu untersuchen und zu entscheiden, ist durch die Gnade des heiligen Geistes in der erhabenen Kirche zu Pisa zusammengetreten und hat sich als Gerichtsversammlung konstituiert [...] Unter Anrufung des Namens Christi verkündet, beschließt, bestimmt und erklärt sie [...] gegen Pedro de Luna – Benedikt XIII. – und Angelo Corario – Gregor XII. –, die sich in verdammenswerter Weise um das Papstamt streiten [...], dass beide überführte Schismatiker waren und sind und dass sie das alte Schisma hartnäckig gefördert, verteidigt, begünstigt, gebilligt und unterstützt haben, ja dass sie sogar überführte Häretiker sind, die vom Glauben weichen. Erwiesenermaßen haben sie die ungeheuerlichen Verbrechen des Meineides und des Bruchs ihrer Gelübde begangen. Sie haben mit ihrer bekannten, offenkundigen und eindeutigen Unverbesserlichkeit, Halsstarrigkeit und Hartnäckigkeit in der allgemeinen heiligen Kirche erwiesenermaßen Ärgernis erregt. Aus all diesen und weiteren Gründen haben sie sich jeder Ehre und Würde, zumal der päpstlichen, entledigt, und wegen der genannten Vergehen, Verbrechen und Ausschweifungen sind sie beide nach göttlichem und kirchlichem Recht automatisch verworfen und aller Rechte verlustig (*a Deo et sacris canonibus ipso facto abiectos privatos*), ja auch aus der Kirche ausgeschlossen, so dass sie weder regieren noch sonst eine leitende Funktion ausüben können. Darüber hinaus entzieht die Kirchenversammlung durch diese schriftliche Entscheidung sowohl Petrus als auch Angelo alle Rechte, verwirft sie und schließt sie aus. Sie verbietet, dass sie sich noch einmal als Päpste ausgeben und bestimmt als weitere Vorsichtsmaßregel, dass die Kirche von Rom ohne Bischof bleibt.

Quelle: Konzil zu Pisa, Sessio XV vom 5. Juni 1409, QGPRK Nr. 766. – *Literatur:* W. Brandmüller, Papst und Konzil im Großen Schisma, Paderborn u.a. 1990; H. Müller (Hg.), Die Konzilien von Pisa (1409), Konstanz (1414–1418) und Basel (1431–1449). Institution und Personen, Ostfildern 2007; J. Rollo-Koster / T.M. Izbicki (Hg.), Companion to the Great Western Schism (1378–1417), Leiden 2009; P. Payan, Entre Rome et Avignon. Une histoire du Grand Schisme, Paris 2009; W. Eßer, Schisma als Deutungskonflikt. Das Konzil von Pisa und die Lösung des Großen Abendländischen Schismas (1378–1409), Wien u.a. 2019.

61. Anfänge und Ausgrenzung von Wyclifismus und Hussitismus

Anfang des 15. Jahrhunderts kam es in Böhmen zu einer brisanten Mischung aus ethnischen und theologischen Auseinandersetzungen. Letztere standen stark unter dem Einfluss des englischen Reformtheologen John Wyclif (ca. 1330-1384). Wyclif war ein hochgelehrter Vertreter der *Via antiqua*; vor diesem philosophischen Hintergrund betrieb er umfangreiche und intensive Bibelauslegung. Die zeitigte ihre Folgen, als er von 1374 an neben seiner Professur die Pfarrei in Lutterworth versah. Zusehends entfaltete Wyclif nun an einem urchristlichen Kirchenideal orientierte Reformvorstellungen (Text a). Diese entwickelte er in Zusammenhang mit seiner Kirchenkritik auf Basis der Heiligen Schrift als ›göttliches Gesetz‹. Dass Gregor XI. 1377 einige Thesen aus Wyclifs Abhandlung *De civili dominio* (»Über die weltliche Herrschaft«, 1376) verurteilte, ließ sich nicht durchsetzen, da er in England von Adeligen geschützt wurde.

In Böhmen wurden seine Schriften durch die Eheschließung Richards II. von England mit Anna von Böhmen im Jahre 1382 bekannt und gerieten in eine vielfältige Konfliktlage, in deren Zentrum zeitweise die Universität stand. Als König Wenzel (1363-1419) im Jahre 1409 deren Abstimmungsmodus zugunsten der tschechischen Nation verschob, kam es zum Auszug der anderen drei Nationen und in der Folge zur Gründung der Universität Leipzig. Zur Symbolgestalt der Böhmen wurde mehr und mehr Jan Hus, der aus Husinec in Südböhmen stammte und ab 1402 Prediger an der Prager Bethlehemskapelle, dem Zentrum der tschechischsprachigen Volkspredigt, wurde. Hier gewann er als Reformprediger eine reiche Anhängerschaft.

Besondere Brisanz gewann die Aufnahme von Wyclifs Kritik an Äußerlichem in den sozialen Streitigkeiten wie auch in den Auseinandersetzungen um das Papstschisma. Erzbischof Zbynek belegte Hus mit einem Predigtverbot (1410), an das dieser sich aber nicht hielt. Seine Kritik richtete sich bald auch gegen den Ablass. Das brachte nun auch König Wenzel, der an den Ablässen finanziell beteiligt war, gegen ihn auf. Als er von der Kurie gebannt wurde, appellierte Hus an ein allgemeines Konzil (1412). 1413 legte er in der Schrift *De ecclesia* seine wesentlichen Gedanken über die Kirchenreform nieder (Text b). Die Auseinandersetzungen zogen aber bald weitere Kreise. Das Konzil von Konstanz 1414-1418 setzte sich zur Aufgabe, seine Lehren, die die Autorität der äußeren Kirche zu untergraben drohten, zu verurteilen. Daher wurden nach gewohntem Verfahren anstößige Sätze Wyclifs aufgeführt und abgeurteilt (Text c). Hus selbst wurde vorgeladen und, obwohl Kaiser Sigismund ihm freies Geleit zugesichert hat, bald inhaftiert. Seine Weigerung, den im Ketzerprozess verlangten Widerruf zu leisten, hatte die absehbare Konsequenz: Am 6. Juli 1415 wurde er öffentlich verbrannt. Kurz vor seinem Tod hatte er noch der These zugestimmt, dass das Abendmahl den Laien nicht nur im Brot, sondern unter beiderlei Gestalt zu reichen sei. Diese Forderung wurde zum zentralen Symbol einer breiten Bewegung in Böhmen, in deren Empörung über Sigismunds Vertrauensbruch sich die lang schwelenden Konflikte entluden. Nach dem Tod König Wenzels 1419 übernahm als sein Nachfolger ausgerechnet Kaiser Sigismund die böhmische Krone. Für die treuen Anhänger des Hus war dies eine Provokation. Die Proteste wurden in unterschiedlicher Intensität vorgetragen. Mit besonderer Entschiedenheit wandte sich gegen ihn eine Gruppe von Bauern und Bürgern außerhalb Prags, die sich regelmäßig auf dem Tabor unter Führung von Jan Zizka traf; daher wurde dieser radikalere Flügel – im Unterschied zu den gemäßigten ›Utraquisten‹ (von *sub utraque forma*, unter beiderlei Gestalt) – ›Taboriten‹ genannt. Sie steigerten den Protest zu sozialreformerischen und -revolutionären Forderungen. Am 1. März 1420 rief Papst Martin V. zum Kreuzzug gegen die böhmischen Ketzer auf. Daraufhin einigten sich beide Richtungen der Hussiten in den Prager Artikeln von 1420 auf einen Minimalkonsens (Text d). Allerdings weist die abgewandelte taboritische Formulierung der Prager Artikel auf Differenzen hin, die bald wieder zu schweren Konflikten führen sollten. Die hussitischen Kriege – zwischen den rivalisierenden Gruppen oder auch gegen die böhmische Krone – führten 1452 zur Zerschlagung der Taboriten, die nun in einer

Union mit den Waldensern aufgingen. Die Utraquisten erlangten 1485 den Kuttenberger Religionsfrieden, der erstmals in der europäischen Geschichte eine Konfession neben der vom Papst geleiteten Kirche akzeptierte.

a) John Wyclif: der Entwurf einer Ekklesiologie und eines Reformprogramms für die Kirche

Aus Wyclifs »Traktat von der Kirche«

Kapitel 1: [...] Obschon in der Schrift in vielfacher Weise von der Kirche geredet wird, so verstehe ich sie bei diesem Vorhaben im tieferen Sinne, nämlich als Gemeinschaft aller Prädestinierten (*pro* [...] *congregacione omnium praedesinatorum*) [...] Dies ist die heilige katholische Kirche, welche die Christen unmittelbar nach dem Glauben an den Heiligen Geist bekennen, und zwar aus drei Gründen: erstens weil sie, nach Augustin, das höchste Geschöpf ist [...], zweitens weil sie durch die Liebe des Heiligen Geistes Christo in der Ehe ständig verbunden ist, und drittens weil, ist die Trinität einmal vorausgesetzt, diese einen Tempel oder ein Haus haben muss, in dem sie wohnt [...]

Daraus folgen einige Schlüsse: Erstens, dass kein Stellvertreter Christi (*vicarius Christi*) es wagen darf, zu behaupten, dass er das Haupt der heiligen katholischen Kirche sei; ja, wenn er nicht eine besondere Offenbarung empfangen hat, so sollte er nicht einmal behaupten, dass er ein Glied dieser Kirche sei [...]

Der zweite Schluss, der aus dem Wesen (*ex quiditate*) der Mutter Kirche folgt, ist, dass es nur eine und nicht viele katholische Kirchen gibt. Das wird so bewiesen: eben dadurch, dass sie die allgemeine oder katholische Kirche (*ecclesia universalis sive catholica*) ist, umfasst sie alle Prädestinierten; eine solche kann es aber nur einmal geben. Also gibt es nur eine einzige allgemeine Kirche; nach den Philosophen nämlich ist das Allgemeine (*universale*) etwas Ganzes und Vollkommenes, dem nichts fehlt. Wie wir daher nach dem ersten Buche der Schrift, die Aristoteles »Über den Himmel« geschrieben hat, alles zunächst auf drei Dinge gründen,[1] so nennen wir nur diejenige die katholische Kirche, welche die folgenden drei Teile in sich enthält: den im Himmel triumphierenden Teil, den an der Stätte der Läuterung (in purgatorio) schlafenden Teil und den auf Erden streitenden Teil ([...] *in celo triumphantem,* [...] *in purgatorio dormientem, et* [...] *in terris militantem*) [...]

Der dritte Schluss ist, dass es außerhalb der heiligen katholischen Kirche »kein Heil und keine Vergebung der Sünden« gibt[2] [...]

Der vierte Schluss eben dieses Entscheides ist, dass es innerhalb der genannten Kirche beide Schwerter und Gewalten gibt, nämlich das körperliche oder zeitliche und das geistliche; und beide müssen dem Haupt der Kirche und seinem Stellvertreter zustehen. Daraus geht hervor, dass der besagte Leib, da er für sich genügend ist, in sich die Fülle der Gewalt (*plenitudinem potestatis*) hat. Da also beide Gewalten der Mutter Kirche notwendig sind, ist der Schluss klar. Und das ist dargestellt im zweiundzwanzigsten Kapitel des Lukasevangeliums (Lk 22,38), wo Christus den Aposteln, als sie sagten: »Siehe, hier sind zwei Schwerter«, nicht sagte, es sei zu viel oder es sei zu wenig, sondern: »es genügt«. Und um kundzutun, dass beide Schwerter dem Petrus zugehörten, sagte Christus in der Folge zu Petrus, als er den Knecht des Hohenpriesters schlug: »Stecke dein Schwert in die Scheide!« (Joh 18,11). Damit wird auf den mystischen Sinn hingewiesen, nämlich, dass »beide Schwerter in der Gewalt der Kirche« sein sollen, das leibliche als ein »für die Kirche«, jedoch durch Laien zu handhabendes, das geistliche aber als ein zur Bestrafung der Sünden durch den Bischof zu handhabendes[3] [...] Der fünfte Schluss ist, »dass jede menschliche Kreatur bei Verlust ihrer ewigen Seligkeit dem Papst untertan sein muss«[4]. Daraus geht hervor, dass niemand gerettet werden kann, wenn er nicht in verdienstlicher Weise Christus untertan ist; eben der nämlich ist der römische Papst, wie er das Haupt der allgemeinen Kirche und jeder Teilkirche ist; in diesem Sinne gilt der Schluss [...]

Daraus folgt [sechstens], dass man, wenn Christus allein das Haupt der ganzen Kirche [...] ist, zugeben muss, dass, wie kein Christ beanspruchen darf, das Haupt der allgemeinen Kirche zu sein, keiner auch ohne Furcht und ohne eine besondere Offenbarung behaupten darf, das Haupt irgendeiner Teilkirche zu sein [...]

Daraus folgt siebtens, dass der Herr Papst, wenn er prädestiniert ist und das Hirtenamt (*pastorale officium*) ausübt, das Haupt eines so großen Teiles der streitenden Kirche ist, als er ihn regiert, wie er, wenn er als Haupt nach dem Gesetz Christi die ganze streitende Kirche regiert, deren nachgeordneter Hauptmann (*particularis capitaneus*) unter dem Oberhaupt, dem Herrn Jesus Christus, ist [...]

Quelle: Johannis Wyclif Tractatus De Ecclesia, hg. von J. Loserth, London 1885 (= 1964) (Wyclif's Latin Works 10), 2-19. *Übers.:* E. Staehelin, Die Verkündigung des Reiches Gottes in der Kirche Jesu Christi, Bd. 3, Basel 1955, 444-446. – *Literatur:* H.B. Workman, John Wyclif. A study of the English Medieval Church, 2 Bde., Oxford 1926; G. Leff, Wyclif and Hus. A doctrinal comparison, London 1968; A. Kenny, Wyclif in his Times, Oxford 1986; K. Ghosh, The Wycliffite Heresy. Authority and the Interpretation of Texts, Cambridge 2002; G.R. Evans, John Wyclif. Myth and reality. Oxford 2005; I.C. Levy (Hg.), A Companion to John Wyclif. Late medieval theologian, Leiden 2006; S.E. Lahey, John Wyclif, New York 2009; E. Solopova (Hg.), The Wycliffite Bible. origin, history and interpretation, Leiden u.a. 2017.

b) Jan Hus (ca. 1371–1415): Kirchenreform in Böhmen

Aus dem »Tractatus de Ecclesia« (1413)

Kapitel 18: [...] Also ist der apostolische Stuhl die Vollmacht zu lehren und zu richten nach dem Gesetz Christi (*auctoritas docendi et iudicandi secundum legem Christi*), das die Apostel gelehrt haben. Auf ihm sollten Männer thronen, die weise sind und den Herrn fürchten, in denen Wahrheit ist und die die Habsucht hassen (Ex 18,21). [...] O, dass doch dieser apostolische Stuhl jetzt solche Männer hätte! Und wo kann man sie sehen? Gewiss in der römischen Kurie, wo sie auf dem Lehrstuhl des heiligen Petrus den Vorsitz haben, d.h. in der Vollmacht der Apostel sitzen, welche die Vollmacht ist, geistliche Dinge zu richten und das Gesetz des Herrn Jesu Christi zu lehren, sofern hier jene Habgier, Ungerechtigkeit und Überheblichkeit ausgeschlossen ist und ein heiliges Leben in Blüte steht [...]

Erwägen soll also jeder gläubige Jünger Christi, auf welche Weise ein Gebot vom Papst ausgeht, ob es ausdrücklich das Gebot eines Apostels oder des Gesetzes Christi ist oder seine Begründung in Christi Gesetz hat. Und wenn er dies erkennt, so soll er ehrfürchtig und demütig diesem Gebot gehorchen. Wenn er aber wirklich erkennt, dass ein päpstliches Gebot dem Gebot oder Rat Christi widerspricht oder der Kirche zum Schaden gereicht, so soll er ihm kühn entgegentreten, damit er nicht durch Zustimmung Teilnehmer an einem Verbrechen wird [...]

Aus diesen Schlüssen lässt sich festhalten, dass das sich Auflehnen gegen einen vom rechten Willen abweichenden Papst heißt, dem Herrn Christus zu gehorchen. Das trifft besonders für die Ämtervergaben zu, die den Eindruck persönlicher Begünstigung machen. Darum rufe ich die Welt zum Zeugen an, dass die päpstliche

Pfründenausteilung in der Kirche weit und breit Mietlinge aussät und von Seiten der Päpste Gelegenheit gibt [...] allzu sehr auf weltliche Würde Wert zu legen und allzu sehr nach einer Heiligkeit zu trachten, die auf Einbildung beruht. Jene Doktoren aber, die weltlichen Lohn vom Papst erwarten oder knechtisch seine Macht fürchten und darum sagen, dass seine Macht unbeschränkt ist, er nicht sündigen kann und keiner Kritik unterworfen ist (*quod sit incomprehensibilis potestatis, inpeccabilis, incorrigibilis*), dass ihm erlaubt ist, alles zu tun, was er will, sind falsche Propheten und falsche Apostel des Antichrist [...]

Kapitel 23: [...]Welcher Mann, sage ich, ist törichter als die Geistlichkeit, die sich auf den Dreck dieser Welt gründet und das Leben und die Lehre zum Gespött macht? Soweit nämlich ist die Geistlichkeit schon verderbt, dass sie diejenigen hasst, die häufig predigen und den Herrn Jesus Christus nennen. Und wenn jemand Christus für sich anführt, reißen sie sofort den Mund auf und sagen mit gehässiger Miene: Bist du Christus? Und entehren und exkommunizieren sie nach Art der Pharisäer die, die Christum bekennen.

Daher haben die Vorgesetzten, weil ich Christus und sein Evangelium gepredigt und den Antichrist entlarvt habe und wollte, dass die Geistlichkeit nach dem Gesetz Christi lebte, zusammen mit Herrn Zbynek[5], dem Prager Erzbischof, zuerst vom Papst Alexander[6] eine Bulle erwirkt, dass in den Kapellen das Wort Gottes dem Volk nicht mehr gepredigt werden soll. Von dieser Bulle habe ich appelliert und habe niemals eine Anhörung erhalten können. Darum habe ich, als ich vorgeladen wurde, aus vernünftigen Gründen nicht Folge geleistet, weswegen die Vorgesetzten nach erzielter Übereinkunft meine Exkommunikation durch Michael de Causis[7] angeordnet haben. Und zuletzt haben sie nun das Interdikt verhängt, mit dem sie das Volk Christi schuldlos ängstigen.

Quelle: Magistri Johannis Hus Tractatus De ecclesia, hg. von S. H. Thomson, Cambridge 1956, 160-169. 231; *Übers.:* Johannes Hus deutsch, hg. v. A. Kohnle und Th. Krzenck, Leipzig 2017, 496f. 500. 505. 566. – *Literatur:* P. de Vooght, L'hérésie de Jean Huss. 2 Bde. Louvain ²1975; F. Seibt (Hg.), Jan Hus - zwischen Zeiten, Völkern, Konfessionen, München 1997; T.A. Fudge, Jan Hus. Religious reform and social revolution in Bohemia, London 2010; M. van Dussen, From England to Bohemia. Heresy and communication in the later Middle Ages, Cambridge 2012; T.A. Fudge, The Trial of Jan Hus. Medieval heresy and criminal procedure, Oxford 2013; P. Soukup, Jan Hus. Prediger – Reformator – Märtyrer, Stuttgart 2013; A. Strübind / T. Weger (Hg.), Jan Hus. 600 Jahre erste Reformation, München 2015.

c) Die Liste der verurteilten Irrtümer John Wyclifs auf dem Konzil von Konstanz (4. Mai 1415)

1. Die materielle Substanz des Brotes (*substantia panis materialis*) und ebenso die materielle Substanz des Weines (*substantia vini materialis*) verbleiben im Altarsakrament.
2. Die Akzidenzien des Brotes bleiben nicht ohne Subjekt (*sine subiecto*)[8] in eben diesem Sakrament.
3. Christus ist in ebendiesem Sakrament nicht identisch und wirklich in eigener leiblicher Gegenwart.
4. Wenn sich ein Bischof oder ein Priester in einer Todsünde befindet, dann weiht er nicht, konsekriert er nicht, vollzieht er nicht (das Sakrament) und tauft er nicht.
5. Es ist nicht im Evangelium begründet, dass Christus die Messe angeordnet habe.
6. Gott muss dem Teufel gehorchen.
7. Wenn ein Mensch gebührend reuig ist, so ist jede äußere Beichte für ihn überflüssig und unnütz.

8. Wenn der Papst ein (von Gott als verloren) Vorhergewusster und Böser und folglich ein Glied des Teufels ist, dann hat er keine Vollmacht über die Gläubigen, die ihm von irgendjemand verliehen wäre, es sei denn vielleicht vom Kaiser.
9. Nach Urban VI.[9] ist keiner als Papst mehr anzuerkennen, sondern man muss nach Art der Griechen unter eigenen Gesetzen leben.
10. Gegen die Heilige Schrift ist es, dass Kirchenmänner Besitztümer haben.
11. Kein geistlicher Vorsteher (*praelatus*) darf jemanden exkommunizieren, wenn er nicht zuvor weiß, dass dieser von Gott exkommuniziert (wurde); und wer so exkommuniziert, wird aufgrund dessen häretisch oder exkommuniziert.
12. Ein geistlicher Vorsteher, der einen Kleriker exkommuniziert, der an den König oder eine Synode des Königreiches appelliert hat, ist eben dadurch ein Verräter des Königs und des Königreiches.
13. Jene, die wegen einer Exkommunikation durch Menschen aufhören, das Wort Gottes zu verkünden oder zu hören, sind exkommuniziert und werden beim Gottesgericht für Verräter Christi gehalten werden.
14. Einem Diakon oder Priester ist es erlaubt, ohne Ermächtigung durch den Apostolischen Stuhl oder [durch] einen katholischen Bischof das Wort Gottes zu verkündigen.
15. Keiner ist ein weltlicher Herr (*dominus civilis*), keiner ist geistlicher Vorsteher, keiner ist Bischof, solange er sich in einer Todsünde befindet.
16. Zeitliche Herren (*domini temporales*) können der Kirche nach ihrem Belieben zeitliche Güter (*bona temporalia*) entziehen, wenn die Besitzer sich gewohnheitsmäßig verfehlen, das heißt, wenn sie sich aus Gewohnheit (*ex habitu*), nicht nur tatsächlich (*actu*) verfehlen.
17. Leute aus dem Volk können nach Belieben Herren, die sich verfehlen, zurechtweisen.
18. Die Zehnten sind reine Almosen, und die Pfarrangehörigen können sie wegen der Sünden ihrer geistlichen Vorsteher nach ihrem Belieben entziehen.
30. Die Exkommunikation durch den Papst oder irgendeinen geistlichen Vorsteher ist nicht zu fürchten, da sie eine Zensur des Antichristen ist.

Quelle / Übers.: DH Nr. 1151–1168. 1180.

d) Die vier Prager Artikel von 1420

1. Die Prager Formulierung der vier Artikel von 1420:

So erfordert der erste Artikel (*das erste stuck*), dass das Wort Gottes, soweit das Königreich Böhmen reicht, frei und ungehindert von den Priestern Jesu Christi gepredigt und verkündigt werde [...]
Der zweite Artikel fordert, dass der Leib unseres Herrn Jesu Christi in Gestalt des Brotes und sein heiliges Blut in Gestalt des Weines allen gläubigen Christen, die das begehren und nicht durch Todsünden davon ausgeschlossen sind, uneingeschränkt und ungehindert gereicht werden sollen nach der Einsetzung unseres Heilands Jesus Christus [...]
Der dritte Artikel fordert, dass der Priesterschaft die weltliche Verfügungsgewalt über die zeitlichen Schätze und Güter, die sie entgegen dem Gebot Christi und zum Schaden der priesterlichen Würde wie der weltlichen Obrigkeit besitzt, genommen und gelöst werde und dass das Priestertum wieder zur apostolischen Ordnung und Lebensführung gebracht werde [...]

Der vierte Artikel verlangt, dass die Amtsträger, die das Gesetz Christi dazu verpflichtet, alle Todsünden, vor allem den Umgang mit Huren, die Sünden und jeden Verstoß gegen das Gesetz Gottes durchweg gründlich und bewusst ausrotten und beseitigen. Denn bei Sankt Paulus heißt es Röm 1(,32): »Die solches tun, sind des Todes schuldig«, aber nicht nur sie, sondern auch alle, die denen, die das tun, die Sünde durchgehen lassen; Sünden, wie sie im Volk gemeinhin in aller Offenheit sichtbar werden: Umgang mit den Dirnen, Schlemmerei, Trachten nach Ehebruch, Trunksucht, Diebstahl, Mord, Meineid, Wucher, Streitsucht, Zwietracht und andere Sünden, wie auch wenn Handwerker nicht dem Nutzen der Christenheit dienen und voller Geldgier sind. Und im Priestertum ist es die Ketzerei der Simonie.[10] Ketzerei der Simonie liegt vor, wenn man Geld nimmt für die Taufe, für die Firmung, für die Beichte, für die heilige Ölung, für das Begräbnis, für Vigilien, für die 30 Totenmessen und für den Dreißigsten, für die Jahrzeiten und für sonstige Messen. Zu den erwähnten Ketzereien gehört auch der Verkauf der Grabstelle. Unter dasselbe Urteil fallen auch die Bischöfe, die um Geld Priester, Kirchen, Altäre, Kapellen, Kelche, Messgewänder, Altartuch, Corporale[11] weihen, und vor allem die den falschen Ablass verkauft haben, die anmaßend Zitation und Bann über die Leute ausgesprochen haben zum Zwecke der Verurteilung oder erfunderer Opferleistungen und die sonst noch betrügerisch die einfältigen Menschen beraubt haben. Darum ist jeder getreue Knecht Jesu Christi verpflichtet, diese Sünden in sich selbst und bei seinem Nächsten zu hassen und zu bekämpfen, damit jeder in der Ordnung seines Amts und seiner Stellung bleibt.

Quelle: R. Kalivoda / A. Kolesnyk (Hg.), Das hussitische Denken im Lichte seiner Quellen, Berlin 1969, 245-248.

2. Die taboritische Formulierung der vier Artikel von 1420:

Wir tun euch kund, dass wir alle üblen Christen hassen entsprechend vier Artikeln (*umb vier artikel*): Erstens soll das Gotteswort an allen Stätten gepredigt werden und also in der ganzen Christenheit, was nicht geschieht.
Der zweite Artikel ist, dass der wahre Leib unseres Herrn und sein heiliges Blut allen rechten Christen, jungen wie alten, gereicht werden soll.
Und der dritte Artikel ist, dass der Verfügungsgewalt der Priester – vom höchsten, dem Papst, bis zu den geringsten und niedrigsten – weder Güter noch Zinsen überlassen werden und dass diese Herrschaft der Geistlichen mit Hilfe der Weltlichen beseitigt werde.
Der vierte Artikel ist, dass alle offenkundigen Sünden abgestellt werden, es seien die des Königs oder die der großen Herren im Lande oder die der Plattenköpfe[12] oder Pfarrer: geistliche oder weltliche.
Hans Zischo[13], Cwal[14], der oberste Hauptmann von Tabor, und Jencko, Hauptmann zu Prachatitz[15].

Quelle: R. Kalivoda / A. Kolesnyk (Hg.), Das hussitische Denken im Lichte seiner Quellen, Berlin 1969, 248f. – *Literatur:* M. Uhlirz, Die Genesis der vier Prager Artikel, Wien 1914; Fr. Machilek, Die hussitische Revolution. Religiöse, politische und regionale Aspekte, Köln u.a. 2012; A. Strübind / T. Weger (Hg.), Jan Hus. 600 Jahre erste Reformation, München 2015; F. Šmahel, Die Basler Kompaktaten mit den Hussiten (1436). Untersuchung und Edition, Wiesbaden 2019; M. Dussens / P. Soukup (Hg.), A Companion to the Hussites, Leiden 2020.

1 Aristoteles, De caelo I,1.
2 Vgl. Cyprian, ep. 73.
3 Vgl. die Bulle Unam Sanctam, s.o. Text Nr. 51.
4 Vgl. die Bulle Unam Sanctam, s.o. Text Nr. 51.
5 Zbyněk Zajíc von Hasenburg, ab 1402 Erzbischof von Prag, † 1411.
6 Alexander V. (1409-1410): auf dem Konzil von Pisa zum Papst gewählt, konnte er das Schisma nicht wie geplant schlichten, sondern bildete nun eine dritte Obödienz neben den beiden zuvor bestehenden (Rom und Avignon).
7 Michael de Causis († ca. 1432), böhmischer Priester und päpstlicher Prokurator in Glaubensfragen.
8 Im wörtlichen Sinne: „etwas Zugrundeliegendes", d.h. die Substanz.
9 Urban VI. (1378-1389) verblieb nach seiner Wahl in Rom, der in Konkurrenz zu ihm gewählte Clemen VII. (1378-1394) ging nach Avignon. Mit ihnen spaltete sich das Kardinalskollegium und das abendländische Schisma begann.
10 Zum Vorwurf der Simonie s. o. Texte 30, 32.
11 Altartuch, auf das die eucharistischen Gaben gestellt werden.
12 Die „Platte" spielt auf die Tonsur der Mönche an.
13 Jan Žižka von Trocnov (ca. 1360-1424), Anführer der Hussiten.
14 Chval Řepický von Machovice (ca. 1385-1454), Hauptmann von Tabor.
15 Vilém Jeník von Mečkov (1390-1443), Hauptmann in Prachatitz / Prachatice, einer Stadt, die in den Hussitenkriegen schwer umkämpft war.

62. Aufstieg und Niedergang des Konziliarismus

Das Konzil von Konstanz hatte nicht allein die Aufgabe der *causa fidei*, der Auseinandersetzung mit den hussitischen Lehren. Hauptsächlich sollte es das Schisma beenden (*causa unionis*) und überdies eine grundlegende Umstrukturierung der Kirche (*causa reformationis*) herbeiführen. Für die Beendigung des Schismas erwies sich Johannes XXIII. (Pisa) als der schwierigste der rivalisierenden Päpste. Er wollte Gregor XII. (Rom) und Benedikt XIII. (Avignon) absetzen lassen und so sich selbst als legitimen Papst durchsetzen. Als das Konzil allerdings auf seiner Abdankung beharrte, floh er aus Konstanz – von den Umständen und auch der sonstigen Atmosphäre des Konzils gibt die Chronik des Konstanzer Bürgers Ulrich von Richenthal († 1437) einen lebendigen Eindruck (Text a). Um so mehr stellte sich die Frage nach der Legitimität des Konzils, die schon seit den Tagen Wilhelms von Ockham breit diskutiert worden war. Die Universität Paris, an der mit Pierre d'Ailly (1350-1420; Text b) und Johannes Gerson (s.u. Nr. 63) führende Theoretiker der Konzilsidee wirkten, hatte reichlich Argumentationsstoff bereitgestellt. Die Konsequenz, die das Konzil zog, zeigt sich in dem am 6. April 1415 verabschiedeten Dekret *Haec sancta*, das das Konzil in der aktuellen Lage zur maßgeblichen Instanz der Kirche erklärte und den Papst Konzilsbeschlüssen unterwarf (Text c). Die breite Zustimmung zu *Haec sancta* speiste sich weniger aus prinzipiell konziliaristischen Überzeugungen, als aus der akuten Notsituation, in der der uneinsichtige Johannes XXIII. vor aller Augen deutlich machte, dass ein nicht an das Konzil gebundener Papst die Kirche ins Unglück führen konnte. Folgerichtig wurde Johannes XXIII. noch im Mai 1415 abgesetzt; Gregor XII. dankte ab, und Benedikt XIII. wurde 1417 abgesetzt. Am 11. November 1417 wählte das Konzil als neuen Papst Martin V. Damit war das Schisma überwunden und die äußere Kircheneinheit wiederhergestellt. Doch auch zwischen dem neuen Papst und dem Konzil gab es erhebliche Spannungen. Nach einigen Verzögerungen von päpstlicher Seite kam es noch 1431 in Basel zu einem neuen Anlauf für ein Konzil, doch traten hier gleich zu Beginn die Differenzen offen zu Tage: Der eben eingesetzte Papst Eugen IV. (1431-1447) wollte, als er von weitreichenden Reformplänen sowie von der Ankunft einer Delegation der Hussiten erfuhr, das Konzil gleich wieder auflösen. Es kam zu einem zähen Ringen, in dessen

Konziliarismus 259

Verlauf es Eugen IV. 1437 gelang, das Konzil gegen dessen Mehrheit nach Ferrara zu verlegen, um den zur Union bereiten Griechen die Anreise zu erleichtern. So spaltete sich das Konzil. Dass das Baseler Rumpfkonzil nun noch einmal den Anspruch erhob, die höchste Autorität in der Christenheit darzustellen, widersprach den neuen Realitäten (Text d). Der Konziliarismus bezog seine Legitimität nun nicht mehr wie in Konstanz aus der Notsituation, sondern wurde als grundsätzlicher Anspruch behauptet. Damit verlor er in den Augen der westlichen Christenheit seine Plausibilität, zumal Eugen IV. auf dem 1439 nach Florenz weiterverlegten päpstlichen Konzils erhebliche Erfolge verbuchen konnte. Das Baseler Konzil hingegen schleppte sich dahin und löste sich schließlich auf. Das Gespenst des Konziliarismus jedoch blieb für die Päpste präsent und sollte auf dem Fünften Laterankonzil (1512–1517) endgültig verscheucht werden (Text e). Bald stellten sich durch die Reformation allerdings ganz neue Herausforderungen.

a) Ein Konzil nördlich der Alpen: die Beschreibung in der Richenthal-Chronik

Am Montag nach Lätare[1] wurde eine große Sitzung (*session*) im Münster abgehalten.[2] Dahin kamen alle geistlichen Fürsten, Kardinäle, Patriarchen, Erzbischöfe, Bischöfe, Äbte, Pröpste und alle Gelehrten (*schůlen*). Da beriet man, wie man es erreichen könne, dass möglichst bald ein einvernehmlich anerkannter Papst gewählt werden könne. Da stand mitten unter ihnen der Erzbischof und Kurfürst Bischof Johannes von Nassau auf, der Erzbischof von Mainz[3], und sprach öffentlich: Und wenn es denn so komme, dass sie einen anderen nehmen wollten als Papst Johannes (XXIII.), so wolle er nicht mehr dabei bleiben und wollte auch keinen Gehorsam mehr leisten. Dagegen sprach der Patriarch von Konstantinopel[4] auf Latein »Quis est iste ipse. Dignus est conburendus« Das ist: »Wer ist der? Man sollte ihn verbrennen.« Als das der Erzbischof von Mainz hörte, rannte er aus der Sitzung. Und so zerstreute sich die Sitzung. Der Erzbischof setzte sich in ein Schiff und fuhr zunächst nach Schaffhausen und dann heim. Seine Diener ritten ihm hinterher.

Am Dienstag (*zinßtag*) danach fand keine Sitzung statt, aber jede Nation traf sich für sich, jede dort, wo es für sie vorgesehen war, und auch das Kardinalskollegium dort, wo sein Platz war. Und der König[5] ging dauernd zu jeder Nation und zum Kardinalskollegium, von einer zur anderen, und gab seinen Rat, weil er gut Latein reden konnte.

Am Mittwoch aber fand eine Sitzung statt genau wie am Montag. Da verständigten sie sich darauf, dass sie untereinander beratschlagen sollten, wie sie möglichst bald zu einer Einigung kommen könnten.

Am Donnerstag fand keine Sitzung statt, abgesehen davon dass die Nationen zusammenkamen und Überlegungen anstellten, und das Kardinalskollegium ebenso.

Am Freitag fand aber eine Sitzung statt, und zwar eine recht große, und sie einigten sich insgesamt darauf, dass sie die Gelehrtesten unter sich auserwählten, damit die ihnen einen Gott gemäßen (*göttlichen*) Weg wiesen, um Einigkeit in der Christenheit herbeizuführen.

Am Samstag tat man nichts, außer abzuwarten, was bei den Überlegungen der Gelehrten herauskäme.

Am Sonntag Judica hielt der Bischof von Salisbury aus England[6] die Messe.

Als unser Heiliger Vater Papst Johannes am Montagmorgen merkte, dass sie auf diese Weise einig geworden waren, wurde er unwillig und hätte das Konzil gerne daran gehindert fortzufahren. Er behauptete, er und die Seinen seien in Konstanz nicht sicher, und er habe auch kein solches sicheres Geleit, wie man es ihm zugesagt habe. Die Seinen könnten und wollten daher angesichts mangelnder Sicherheit nicht zu ihm kommen oder von ihm anderswo hingehen. Ihm gefalle die Stadt nicht, er wolle das Konzil woanders hin verlagern, wo es besser und sicherer stattfinden könne. Davon hörte nun unser Herr, der König. Der ging zu unserem Heiligen Vater, dem Papst, und erklärte, dass er davon gehört habe, dass er fortgehen wolle. Wenn er den Eindruck habe, dass er und die Seinen nicht genug Geleit hätten, so wolle er dafür sorgen, dass er genug Geleit habe, so dass er selbst den Eindruck gewönne, dass für ihn gesorgt sei. Wenn das aber nicht sein solle, so möge er ihm die Ehre geben, dass er ihn höchstpersönlich führen dürfe, wohin er wolle... Doch wurde jede Woche eine Sitzung am Montag, Mittwoch und Freitag abgehalten. An den anderen Tagen, Dienstag, Donnerstag und Samstag, saßen die Nationen an ihrem Ort zusammen und das Kardinalskollegium an dem Seinen. Die Zuhörer saßen immer in der Stephanskirche, hinten in der Kirche, und zwar immer vor der kleinen Mahlzeit (*imbiss*), nach der Prim[7], üblicherweise am Montag, Mittwoch und Freitag. Und die Chorherren von Sankt Stephan[8] mussten wegen des Lärms und Trubels (*von des gebächtz wegen und des umblofens*), der sich bei ihnen erhob, umso früher ihr Stundengebet halten (*singen*).

Auch hat man um die zwölf Beichtstühle im Dom von Konstanz aufgestellt. Darin saßen die päpstlichen Pönitentiare[9] in den Apsiden und vier beim Taufstein und vier beim Petersaltar. Sie hörten beständig Beichte. Und an jedem Beichtstuhl stand, welche Sprache derjenige beherrschte, der in dem Stuhl die Beichte anhörte, damit jede Sprache ihren Beichtvater fand.

Danach, am 20. März 1415, das war der Tag des heiligen Abtes Benedikt, da fuhr Papst Johannes um ein Uhr Nachmittags, heimlich aus der Stadt Konstanz davon und ritt auf einem kleinen Pferdchen und hatte einen grauen Mantel an und eine graue Kappe, die ringsherum umwickelt war, damit man ihn nicht erkennen konnte.

Quelle: Chronik des Konstanzer Konzils 1414–1418 von Ulrich Richental, hg. v. T.M. Buck, Ostfildern ²2011, 45f. – Literatur: W. Brandmüller, Das Konzil von Konstanz. 2 Bde., Paderborn u.a. 1991. 1997; H. Müller (Hg.), Die Konzilien von Pisa (1409), Konstanz (1414–1418) und Basel (1431–1449). Institution und Personen, Ostfildern 2007; K.-H. Braun (Hg.), Das Konstanzer Konzil. Essays. 1414–1418. Weltereignis des Mittelalters, Stuttgart 2013; A. Frenken, Das Konstanzer Konzil, Stuttgart 2015; K.-H. Braun / T.M. Buck (Hg.), Über die ganze Erde erging der Name von Konstanz. Rahmenbedingungen und Rezeption des Konstanzer Konzils, Stuttgart 2017.

b) Reformforderungen: Pierre d'Ailly, *De reformatione* 2

Die zweite Überlegung geht auf das, was beim Haupt des Leibes der Kirche, das heißt beim päpstlichen Stuhl und seiner Römischen Kurie reformiert werden muss.

Zunächst wäre jener verabscheuungswürdige Missbrauch zu beseitigen, auf dem das gegenwärtige Schisma seinen Ursprung genommen hat, und zwar dass eine einzige Nation oder ein einziges Königreich – einmal jenseits, einmal diesseits der Alpen – zum Ärgernis für die übrige Christenheit so lange das Papsttum innegehabt hat, dass es sagen könnte: »Wir besitzen das Heiligtum Gottes als Erbe« (vgl. Ps 83,13). Wie abscheulich das ist, besonders beim Papsttum, zeigt jener, der da sprach: »Nun erfahre ich mit der Wahrheit, dass Gott die Personen nicht ansieht.« (Apg 10,34) Um dem abzuhelfen, wäre festzustellen, dass künftig die Mehrheit der Kardinäle nicht aus einem Reich oder einer Nation genommen werden darf – so wie es manchmal bisher geschehen ist, zum Ärgernis für viele –, sondern dass sie von den verschiedenen Königreichen und Ländern ohne Unterschied nur nach den persönlichen Verdiensten genommen werden. Denn so wie bei Gott, so darf es auch beim Diener Gottes kein Ansehen der Person geben. Es sollte auch genug sein, dass aus einer Provinz jeweils nur ein Kardinal kommt. So würden bei deren Ernennung und Vermehrung die fleischliche Verbundenheit mit dem päpstlichen Promotor beseitigt oder doch wenigstens begrenzt und beschränkt werden. Durch die aus den verschiedenen Ländern Berufenen würde die Verschiedenheit der Sitten wie der Stände der Römischen Kurie kundgemacht, zu Nutzen und heilsamer Verwaltung (*provisionem*) der Einwohner.

Weil es nun ein Grund für das gegenwärtige Schisma war, dass die Kardinäle allzu säumig waren zu erklären und den Gläubigen hinreichend zu verdeutlichen, dass sie die erste Wahl unter Gewalt und Zwang getroffen haben, deswegen sollte zu seiner Beseitigung – damit nicht woanders eine ähnliche Gelegenheit zum Ärgernis entsteht – eine Frist gesetzt werden, innerhalb deren solche Anfechtung wegen Furcht vorgebracht werden kann, und danach dürfte weder diese noch eine andere Anfechtung gegen die Wahl des Papstes von den Kardinälen vorgebracht werden. Es müsste auch vom Konzil erklärt werden, wer in solchem Rechtsstreit über die Furcht zu erkennen hat. Denn Johannes Andreae fragt: »Wer würde über solche Furcht zu erkennen haben, wenn sie gegen eine Papstwahl vorgebracht wird?« Und er antwortet: »Was noch nicht entschieden und geregelt ist, bedarf der Regelung.«[10]

Nötig wäre auch eine Reform und Regelung hinsichtlich der Bedrückung, die die Römische Kirche den anderen nachgeordneten Kirchen und Prälaten zufügt. Besonders in drei Dingen, über die sich der zuvor herangezogene Bruder Humbert[11] beklagt: »Der entscheidende Grund für das Schisma mit den Griechen waren unter anderem die Bedrückungen von Seiten der Römischen Kirche, Geldforderungen, Exkommunikation und Gesetze.«

Hinsichtlich der ersten Bedrückung und gegen die ganze Menge und Höhe der Abgaben wäre auf dreifache Weise vorzugehen:

Erstens: durch Verminderung des pomphaften Standes und der erhöhten Ausgaben. So wäre die Römische Kirche für die Untertanen weniger belastend und sie wäre für sie auch ein Vorbild an Demut und Tugend nach dem Beispiel Christi – dessen Stellvertretung sie wahrnimmt und von dem sie die Ehre des Primats innehat –, der da sagt: »Lernet von mir; denn ich bin sanftmütig und von Herzen demütig!« (Mt 11,29)

Zweitens: durch Verminderung und Einschränkung dieser Abgaben; und zwar sollte für ein mäßiges Auskommen des Papstes und der Kardinäle eine gewisse vernünftige Summe festgelegt und begrenzt werden, die den untergebenen Kirchen auferlegt, auf die Diözesen anteilsmäßig aufgeteilt, bei den Diözesen eingefordert und zu bestimmten Zeiten für die Römische Kurie gesammelt wird; über diesen Betrag hinaus dürfte keine neue Abgabe auferlegt werden ohne Autorität und Zustimmung eines allgemeinen Konzils.

Drittens: durch Verminderung der Zahl der Kardinäle, so dass es keine so große und belastende Zahl wie bisher von ihnen gäbe. Man sollte nicht von der Römischen Kurie sagen können: »Du machtest des Volkes viel, du machtest aber seine Freude nicht groß.« (Jes 9,3 Vg.; vgl. Jes 9,2) Ebenfalls müsste eine Regelung über den künftigen Stand der Kardinäle und übrigen Kirchenmänner getroffen werden, damit sie in Zukunft nicht jene monströse und vielfältig skandalöse Vielzahl von Pfründen innehaben […]

Bei der zweiten oben genannten Beschwernis, also der Vervielfachung der Exkommunikationen und als Folge davon der Irregularität, die die Römische Kirche in ihren Strafgesetzen und besonders in gewissen neuen Dekreten festgelegt hat und die sie oft durch ihre Kollektoren[12] zum Ärgernis vieler verhängt (nach deren Beispiel schlagen auch andere Prälaten leichthin und aus nichtigen Gründen wie bei Schulden oder dergleichen arme Leute grausam mit dem Kirchenbann), muss Vorsorge geschaffen werden, da dies gegen das Recht verstößt.[13] Denn das Schwert der Kirche (also der Kirchenbann [*excommunicacio*]), das in der Urkiche (*primitiva ecclesia*) wegen seiner verehrungswürdigen Seltenheit gefürchtet war, wurde später wegen des entgegengesetzten Missbrauchs verächtlich. Das hat der Doctor Subtilis Johannes Scotus dargelegt.[14] Doch diese Verachtung ist sehr gefährlich geworden, denn der große Kirchenbann, der Anathema (*anathema*) heißt, ist die Verurteilung zum ewigen Tod und darf nur für eine Todsünde verhängt werden und nur gegen die, die anders nicht gebessert werden können.

Hinsichtlich der dritten Beschwernis der Römischen Kirche, dass sie anderen eine lastvolle Menge an Statuten, Kanones[15], Dekretalen[16] (und zumal solche, die bei schweren Strafen und besonders unter Todsünde verpflichten sollen) auferlegt, muss aus demselben Grund mit ähnlichen Statuten oder Synodalkonstitutionen der Prälaten hinsichtlich einer vernünftigen Erleichterung von solchen Lasten Vorsorge getroffen werden, damit sich bei den Prälaten der Kirche nicht das verwirklicht, was über die Pharisäer und Priester der Synagoge von Christus klagend gesagt wurde: »Sie binden schwere und unerträgliche Bürden und legen sie den Menschen um den Hals; aber sie selbst wollen dieselben nicht mit einem Finger berühren« (Mt 23,4).

Quelle: Quellen zur Kirchenreform im Zeitalter der großen Konzilien des 15. Jahrhunderts. Erster Teil, hg. v. J. Miethke u. L. Weinrich, Darmstadt 1995, 348-351. – *Literatur:* F. Oakley, The political thought of Pierre d'Ailly. The voluntarist tradition, New Haven 1964; L. B. Pascoe, Church and reform. Bishops, theologians, and canon lawyers in the thought of Pierre d'Ailly, 1351-1420, Leiden 2005; H. Millet / M. Maillard-Luypaert, Le schisme et la pourpre. le cardinal Pierre d'Ailly, homme de science et de foi, Paris 2015.

c) Notstandskonziliarismus auf dem Konstanzer Konzil (Dekret *Haec sancta*, 6. April 1415)

Diese heilige Synode zu Konstanz (*Haec sancta synodus Constantiensis*), [...] die zum Lobe des allmächtigen Gottes rechtmäßig im Heiligen Geist versammelt ist, [...] erklärt erstens, dass sie, im Heiligen Geist rechtmäßig versammelt, ein allgemeines Konzil abhaltend und die irdische katholische Kirche repräsentierend (*generale concilium faciens et ecclesiam catholicam militantem representans*), ihre Vollmacht unmittelbar von Christus hat. Ihr ist ein jeder, welchen Standes und welcher Würde auch immer, sei es auch die päpstliche, in denjenigen Angelegenheiten zum Gehorsam verpflichtet, die sich auf den Glauben, auf die Ausrottung des besagten Schismas und die Reform der Kirche an Haupt und Gliedern beziehen (*in hiis que pertinent ad fidem et extirpationem dicti scismatis ac reformationem dicte ecclesie in capite et in membris*).

Desgleichen erklärt sie, dass ein jeder, welcher Stellung, welchen Standes und welcher Würde auch immer, sei es auch die päpstliche, der den schon beschlossenen wie auch den noch zu beschließenden Geboten, Satzungen oder Anordnungen oder Vorschriften dieser heiligen Synode und eines jeden anderen rechtmäßig versammelten allgemeinen Konzils in den genannten oder auf sie bezüglichen Fragen trotzig den Gehorsam verweigert, falls er nicht davon Abstand nimmt, einer entsprechenden Buße unterworfen und gehörig bestraft wird, wobei nötigenfalls auch andere Rechtsmittel angewendet werden.

Quelle: M. Decaluwé, A New and Disputable Text-Edition of the Decree 'Haec sancta' of the Council of Constance (1415), Cristianesimo nella storia 27 (2006) 417-445, 443f; vgl. QGPRK Nr. 767. – *Literatur:* W. Brandmüller, Besitzt das Konstanzer Dekret "Haec sancta" dogmatische Verbindlichkeit?, AHC 1 (1969) 96-113; M. Decaluwé, Das Dekret "Haec sancta" und sein gedanklicher Kontext auf dem Konzil von Konstanz und auf dem Konzil von Basel, AHC 41 (2009) 313-340.

d) Prinzipieller Konziliarismus: die Autorität eines allgemeinen Konzils auf dem Konzil von Basel (16. Mai 1439)

Obgleich es aus mehreren vorangehenden Erklärungen des Konzils von Konstanz und dieses Konzils in Basel hinreichend feststeht, dass es sich hier um Wahrheiten des katholischen Glaubens handelt, erklärt und bestimmt diese heilige Synode, um allen Katholiken zu einer größeren Sicherheit und Beständigkeit im einmütigen Bekenntnis eben dieser Wahrheiten zu verhelfen, Folgendes:
Bei der Aussage, dass ein allgemeines Konzil, das die ganze Kirche repräsentiert, über dem Papst und jedem anderen steht, wie es die allgemeinen Konzilien von Konstanz und jetzt von Basel erklärt haben, handelt es sich um eine Wahrheit des katholischen Glaubens.
Bei der Aussage, dass der Papst ein allgemeines Konzil, das die ganze Kirche repräsentiert und ordnungsgemäß einberufen ist, um über den Inhalt des vorigen Satzes oder einen Teil davon zu beschließen, ohne dessen Zustimmung weder durch einen Machtspruch (*autoritative*) auflösen noch auf eine andere Zeit vertagen noch an einen anderen Ort verlegen kann, handelt es sich um eine Wahrheit des katholischen Glaubens.
Wer sich diesen beiden Wahrheiten hartnäckig widersetzt, ist als Häretiker anzusehen.

Quelle: Sessio XXIII vom 16. Mai 1439; QGPRK Nr. 776. – *Literatur:* H. Jedin, Bischöfliches Konzil oder Kirchenparlament? Ein Beitrag zur Ekklesiologie der Konzilien von Konstanz und Basel, Basel-Stuttgart 1963; S. Sudmann, Das Basler Konzil. Synodale Praxis zwischen Routine und Revolution, Frankfurt u.a. 2005; H. Müller (Hg.), Das Ende des konziliaren Zeitalters (1440-1450). Versuch einer Bilanz, Berlin u.a. 2012; G. Christianson u.a. (Hg.), A Companion to the Council of Basel, Leiden 2017.

e) Schlussstrich unter den Konziliarismus: Das V. Lateranum: die Bulle *Pastor aeternus gregem?*

[...] Wir meinen, um des Gewissens und unserer und der Kirche selbst Ehre Willen vom Widerruf der so niederträchtigen Sanktion[17] und des in ihr Enthaltenen nicht zurückgehalten werden oder absehen zu können oder zu dürfen.
Auch jenes darf uns nicht rühren, dass die Sanktion selbst und das in ihr Enthaltene auf dem Baseler Konzil herausgegeben und auf Drängen des Konzils selbst von der Versammlung zu Bourges angenommen und anerkannt wurde, da all das nach der durch Eugen IV. seligen Angedenkens [...] erfolgten Verlegung ebendieses Baseler Konzils sich als vom Baseler Winkelkonzil (*conciliabulo*) [...] verabschiedet herausstellte und deswegen keine Gültigkeit haben konnte, da ferner nicht nur

aufgrund des Zeugnisses der Heiligen Schrift, der Aussagen der heiligen Väter und auch anderer Römischer Bischöfe, Unserer Vorgänger, sowie der Dekrete der heiligen Kanones, sondern auch des eigenen Bekenntnisses ebendieser Konzilien unzweifelhaft feststeht, dass allein der Römische Bischof für diese Dauer seiner Amtszeit kraft der ihm eigenen Autorität über alle Konzilien das volle Recht und die Vollmacht hat, Konzilien einzuberufen, zu verlegen und aufzulösen (*conciliorum indicendorum, transferendorum ac dissolvendorum plenum ius et portestatem*) [...]

Und weil es heilsnotwendig ist, dass alle Christgläubigen dem Römischen Bischof untertan sind, wie uns die Heilige Schrift und das Zeugnis der heiligen Väter unterweist und auch die Konstitution Papst Bonifaz' VIII. seligen Angedenkens, gleichfalls unser Vorgänger, welche mit den Worten „Unam Sanctam" beginnt,[18] erklärt, erneuern und bestätigen wir diese Konstitution um des Seelenheils eben dieser Gläubigen Willen mit der höchsten Autorität des Römischen Bischofs und dieses Heiligen Stuhls und unter Zustimmung des gegenwärtigen heiligen Konzils [...]

Quelle / Übers.: DH 1445, erg. durch Mansi 32,968E-969A. – *Literatur:* O. La Brosse, Lateran V und Trient (1. Teil), Mainz 1978; N.H. Minnich, The Fifth Lateran Council (1512–17). Studies on its membership, diplomacy and proposals for reform, Aldershot 1993; R. Bäumer (Hg.), Die Entwicklung des Konziliarismus. Werden und Nachwirkungen der konziliaren Idee, Darmstadt 1976.

1   *Vierter Sonntag der Fastenzeit. Im Jahr 1415 der 10. März.*
2   *Das Konstanzer Münster war Hauptversammlungsort des Konzils. Das heute „Konzil" benannte Gebäude wurde für die Papstwahl genutzt.*
3   *Johann von Nassau-Wiesbaden-Idstein, 1397–1419 Erzbischof von Mainz.*
4   *Jean de la Rochetaillée († 1437), seit 1412 Titularpatriarch von Konstantinopel.*
5   *König Sigismund (1411–1437).*
6   *Robert Hallum, 1407–1417, Bischof von Salisbury. Er starb auf dem Konzil und wurde im Münster von Konstanz bestattet.*
7   *Erste Gebetshore zum Tagesbeginn.*
8   *Die Stephankuskirche in Konstanz war ein Chorherrenstift.*
9   *Vom Papst autorisierte Beichtväter.*
10 *Johannes Andreae († 1348), Kanonist in Bologna. Der Verweis bezieht sich auf seinen Kommentar zu den Celementinen (1.3.2. §3), einem Anhang zum Decretum Gratiani innerhalb des Corpus iuris canonici.*
11 *Humbert von Romans († 1277), 1254–1263 Ordensgeneral der Dominikaner. D'Ailly zitiert aus seinem* Opus tripartitum *c.11.*
12 *Kirchlicher Beauftragter zur Einsammlung von Abgaben.*
13 *Corpus iuris canonici C. 11 q. 3 c. 42.*
14 *Duns Scotus, Ordinatio IV d. 18-19 q. 2, A 5. Nr. 70-80.*
15 *Kirchliche Rechtsvorschrift.*
16 *Päpstliche Rechtsentscheidung.*
17 *Die Pragmatische Sanktion von Bourges, mit welcher Karl VII. (1429–1461) am 7. Juli 1438 wichtige Beschlüsse des Konzils von Basel für Frankreich umsetzte, um den Einfluss des Papstes auf Stellenbesetzungen zu schwächen und seinen eigenen zu stärken.*
18 *S.o. Nr. 51.*

Gravamina

63. Die Gravamina der deutschen Nation: Frankfurter *Avisamenta* von 1456

Im Schatten des Konziliarismus konnten sich auch Reformbemühungen im Kontext eines entstehenden Nationbewusstseins entwickeln. Die Regierung der Kirche von Rom aus, die, zumal seit den Erneuerungen in der Avignoneser Zeit, mit erheblichen finanziellen Belastungen verbunden war, wurde zunehmend als ein Problem gesehen, das auch politisch zu thematisieren war. Entsprechend wurden immer wieder auf den Reichstagen ›Beschwerden der deutschen Nation‹ thematisiert. Vor allem die geistlichen Fürsten, aber auch weltliche Reichsstände sammelten diese Beschwerden, in denen der Kurie Vergehen im Zusammenhang mit drei Themenkomplexen vorgehalten wurden: Eingriffe in Stellenbesetzungen, finanzielle Ausbeutung und Fragen der Gerichtsbarkeit. Die Reformkonzile von Pisa (1409), Konstanz (1414–1418) und Basel / Ferrara / Florenz (1431–1449) brachten keine Abhilfe. Der Frankfurter Fürstentag gab 1456 die *Avisamenta* in Auftrag. Es handelte sich dabei um vier Schriftstücke, die auf Grundlage der Reformbeschlüsse von Konstanz und Basel ausgearbeitet wurden. Auf diesem Fürstentag, der neben den Kurfürsten die Bischöfe von Salzburg und Bremen sowie die Domkapitel von Mainz, Trier, Köln und Bremen versammelte, wurde erstmals als Sammelbegriff für diese Beschwerden der Begriff der *gravamina* verwendet; seither wurden die »*Gravamina* der deutschen Nation« zum ständig gebrauchten Begriff. Die umfangreichste Auflistung erfolgte auf dem Reichstag zu Worms 1521, und es gab offenkundig Bestrebungen, die Luthersache zum Vehikel der Durchsetzung ihrer Besserung zu machen. Die Hoffnung hierauf lag nahe, hatte doch Luther selbst manche Gravamina in seine Reformvorschläge in seiner Schrift »An den christlichen Adel deutscher Nation von des christlichen Standes Besserung« (1520) aufgenommen. Die theologische Dynamik seines Anliegens führte allerdings, wie schon die Reichsstände in Worms erkennen mussten, weit über das *Gravamina*-Problem hinaus.

Wir sehen mit Besorgnis, wie schwer die deutsche Nation allenthalben bedrückt und bedrängt wurde und noch ständig wird: Noch immer verfügt die Kurie aufs Ärgste über allgemeine und besondere Gnadenerweise (*gracien*)[1] und Reservationen (*reseruata*),[2] erteilt sie, deutet sie, hebt sie auf und richtet sie anderweitig wieder ein. Die rechtmäßigen Wahlen werden so unterlaufen. Prälaturen, Kapitel und Pfründe werden mit Unwürdigen, Ungelehrten und Ausländern besetzt. Viele dieser Stelleninhaber residieren gar nicht am Ort ihres Amtes und kennen die ihnen anvertrauten Schafe und Untertanen nicht, verstehen manchmal nicht einmal deren Sprache; so kümmern sie sich weder um deren Seelenheil noch um Einkommen, Nutznießung, Herrschaft und rechtmäßige Ansprüche der Prälatur, des Kapitels oder der Pfründe, lassen deren Gebäude ganz verfallen und achten nur auf ihr eigenes Auskommen.

Außerdem werden ganz allgemein alle geistlichen wie weltlichen Prozesse aus Deutschland fort und an den päpstlichen Hof gezogen. Dort werden sie dann von einer parteiischen (*geferlich*) Kommission oder auf andre Weise verschleppt, so dass schon mancher wegen seiner Armut gezwungen war, sein Recht auf eigene Faust zu suchen, ohne dass ihm dies zustand, oder ganz auf sein Recht zu verzichten

Auch werden die Ablässe nicht so erteilt, wie es sich gehört. Und auch mit den Annaten[3] hält man es nicht so, wie es sein sollte; so wird die deutsche Nation spürbar bedrückt. Auch sonst lässt man sich mancherlei einfallen, etwa dass die Erhebung des Zehnten, die der päpstliche Gesandte neuerdings für Frankreich angeordnet hat, in den Stiften Köln, Metz, Trier usw. ohne Einwilligung unserer dortigen Erzbischöfe und Bischöfe oder auch anderer unsrer Prälaten erfolgt ist; daraus entsteht gewaltiger Streit unter denen, die die Aufgabe haben, den Gottesdienst zu

pflegen und den Christenmenschen ein Vorbild zu sein. Man bringt das Gold aus Deutschland fort und lässt die Armen mitsamt ihren Unterstützern zugrunde gehen. Derweil geschehen Morde, die Gottesdienste werden nicht mehr besucht, man kümmert sich nicht mehr um das Seelenheil, die geistliche Lebensführung wird unterdrückt, die Frömmigkeit (*andacht*) der Christen wird geschmälert. Geistlichen und weltlichen Lehnsherren werden die Rechtsansprüche auf ihr Lehen, die verteilten Pfründen, genommen, und es geschehen viele Verstöße gegen göttliches und menschliches Recht und das Seelenheil.
Hierdurch wird Deutschland in seinem Innern so aus der Ordnung gebracht, dass die gewaltige Stärke und Macht der Deutschen [...] wie auch Rechtsansprüche und Obergewalt des Reichs so sehr bedrückt werden, dass die Deutschen, die die Würde des Römischen Reiches und daher die Oberhoheit über alle Länder erlangt haben, nun von anderen Ländern mächtig bedrängt, verachtet und geringgeschätzt werden.

Quelle: W. Roßmann, Betrachtungen über das Zeitalter der Reformation. Mit archivalischen Beilagen, Jena 1858, 417f. – *Literatur:* B. Gebhardt, Die Gravamina der deutschen Nation gegen den römischen Hof, 2. Aufl. 1895; H. Scheible, Die Gravamina, Luther und der Wormser Reichstag 1521, in: ders., Melanchthon und die Reformation, Mainz 1996 (VIEG 41), 167-183 (= BPfKG 39 [1972] 167-183); R. Aulinger, Die Gravamina auf den Reichstagen 1521-1530 und ihre Vorgeschichte, in: I. Dingel u.a. (Hg.), Initia Reformationis. Wittenberg und die frühe Reformation, Leipzig 2017 (Leucorea-Studien zur Geschichte der Reformation und der Lutherischen Orthodoxie 33), 83-100.

1 Gedacht ist wohl an Anwartschaften (Expektanzen); hierdurch sicherte die Kurie jemandem ein kirchliches Amt zu, noch ehe es erledigt, d.h. frei für die ordentliche Verleihung war; dadurch wurden zahlreiche Amtsverleihungen an die Kurie gebunden.
2 Die Reservation bedeutete das Recht des Papstes, sich die Besetzung bestimmter Ämter unter Umgehung der ordentlichen Verleiher vorzubehalten. Dies ermöglichte die Konzentration entsprechender Ämterverleihung beim Papst.
3 Annaten sind Abgaben der Hälfte des ersten Jahreseinkommens aus einer Pfründe an den Pfründenverleiher. In Kombination mit den Reservationen stellten sie eine ganz beträchtliche Einkunftsquelle für die Kurie dar.

64. Johannes Gerson (1363-1429): Frömmigkeitstheologie und Kirchenreform

Die Universität Paris war Zentrum der Debatten um die Konzilien und zugleich auch der Bemühungen um eine neue innerliche Reform: Die Gläubigen sollten sich so auf Gott ausrichten, dass sie für die Zukunft vor solchen negativen Erscheinungen, wie sie das Papstschisma begleiteten, bewahrt wären. Einer der bedeutendsten Vertreter dieser Anliegen einer zugleich strukturellen wie innerlichen Kirchenreform war der Pariser Theologe Johannes Gerson. 1363 als Sohn eines Bauern geboren, wurde er 1395 als Professor und Kanzler der Universität Paris Nachfolger seines Lehrers Petrus d'Ailly. Er teilte mit bestimmten Nuancen dessen Bemühen um eine Stärkung der Konzilien in der Situation des Schismas. In allem kirchenpolitischen Engagement spielt bei Gerson aber immer auch die, zum Teil mystisch geprägte seelsorgliche Ausrichtung eine Rolle. Auch die theologische Spekulation sollte nicht zum Selbstzweck werden, sondern der Ausrichtung des Lebens an der Gott gemäßen Lebensführung dienen. So kann man Gerson im besten Sinne als Vertreter der weite Kreise des späten Mittelalters prägenden Tendenz zu einer ›Frömmigkeitstheologie‹ (s.u. Nr. 75) ansehen, der es mehr um die Stärkung des Glaubenslebens als um die Spekulation über richtige theologische Einsichten ging.

a) Wider die Neugier der Studierenden (1402)

Wenn nun einer in der Beschäftigung mit der Theologie (*theologizans*) erwartet, mit menschlichen Vermutungen und scharfsinnigen Schlüssen weiterzukommen, gerät er dann nicht von Anfang an auf Abwege und führt auch diejenigen in die Irre, die ihm folgen? Denn was für eine andere Leiter soll man bereitstellen, um zu einer noch höheren Gotteserkenntnis zu gelangen, wenn die Leiter der Schrift gar keine oder keine ausreichende Hilfe gibt (*deficiente [...] aut non sufficiente scala scripturarum*)?

Vor einiger Zeit kam mir, als ich der Meditation nachging, folgendes Gleichnis: Gesetzt den Fall, ein Blindgeborener erfährt in gewisser Weise Wahrheiten über Farben, die er nicht erkennen, sondern nur glauben kann, wie z.B. dass Weiß den Blick zerstreut und Schwarz sammelt oder dass die Sonne durch ihr Leuchten Tag und Nacht hervorbringt: Wenn sich dieser Blinde nun mit großem Eifer bemüht, durch Überlegungen und Phantasien (*ratiocinando et phantasiando*) aus diesen wenigen Wahrheiten andere Wahrheiten abzuleiten, die ihm nicht mitgeteilt worden sind, so wird doch wohl, denke ich, niemand bestreiten, dass er sich leicht und wiederholt durch widersinnige Schlüsse täuschen würde. Denn weil er hört, dass Weiß den Blick zerstreut, wird er gleich meinen, dass dies der Weise ähnele, auf die er mit dem Tastsinn Zerstreuung und Aufteilung wahrnimmt [...] Wenn wir nun die geistige Kraft auch des erhabensten Theologen in Beziehung zu denjenigen göttlichen Wahrheiten setzen, die uns nicht vom Himmel offenbart sind, so dürfte niemand bezweifeln, dass er im Hinblick darauf blinder ist als ein Blinder im Hinblick auf Farben und genauso ein Stümper wie ein ungelehrter Mensch im Hinblick auf Metaphysik und Mathematik. Wenn deshalb ein solcher Theologe über diese hohen und nicht offenbarten Wahrheiten aus Selbstüberschätzung oder aus Scham, nicht alle Fragen beantworten zu können, ein Urteil fällen wollte, so dürfte er, wie wohl jeder sieht, für sich und andere einen tiefen Abgrund des Irrtums aufreißen. Weit sicherer wäre es, wenn er in vielen Dingen demütig antworten würde: »Das weiß ich nicht. Gott weiß es und die, denen Gott es offenbaren will. Glaubt dem Evangelium: das genügt.«

Ich will freilich nicht, dass diese unsere Rede gegen die Neugier (*curiositatis inculpatio*) die unbekümmerte Trägheit derer bestärkt, die das, was man von Gott erkennen kann und muss, unbeachtet lassen und andere schmähen, wenn sie es nicht unbeachtet lassen. Beides ist falsch: die Wahrheit der Heiligen Schrift nicht bringen zu wollen [...] wie auch mehr wissen zu wollen, als recht ist.

Quelle: Jean Gerson, Contra curiositatem studentium, in: ders., Oeuvres complètes, hg. von P. Glorieux, III L'Oeuvre magistrale, Paris u.a. 1962, 224-249, 233f.

b) Vom Wortsinn der Heiligen Schrift (1413/4)

Unserer ersten Hauptüberlegung sollen nun folgende Leitsätze zugrunde liegen:
1. Der Wortsinn (*sensus litteralis*) der Heiligen Schrift ist immer wahr. Dieser Satz ist offenkundig; denn nach Augustin und Hieronymus kann man nur aus dem

Wortsinn beweiskräftige Argumente (*efficax argumentum*) gewinnen. Das müssen sogar unsere Gegner zugeben, mit denen wir uns hier auseinandersetzen [...]

2. Der Wortsinn der Heiligen Schrift darf nicht an den Gesetzen der Logik oder Dialektik gemessen werden, sondern ist vielmehr nach der Redeweise zu verstehen, die in rhetorisch geformten Reden üblich ist, und nach der allgemeinen Gewohnheit, uneigentlich und bildlich zu sprechen; dabei muss man auch den vorhergehenden und folgenden Kontext der wörtlichen Formulierung beachten. Denn ebenso wie die Ethik und die historische Erkenntnis (*moralis et historialis scientia*) hat auch die Heilige Schrift ihre eigene Logik, und diese nennen wir Rhetorik [...]

3. Der Wortsinn der Schrift muss so beurteilt werden, wie es die Kirche der Eingebung und Leitung durch den Heiligen Geist gemäß festgelegt hat; sie unterliegt nicht beliebig dem freien Willen und der Interpretation von irgendjemandem [...]

4. Der Wortsinn der Schrift bietet vor allem in ethischen Aussagen, sehr oft einen unbestimmten Ausdruck, der, dem allgemeinen Verständnis entsprechend, für etwas Allgemeines steht. Außerdem finden sich in ihm, wie gesagt, auch bildliche Ausdrücke. Wenn man deshalb eine Aussage macht, so schützt einen eine solche unbestimmte Redeweise nicht immer vor Irrtum, jedenfalls nicht, wenn sie in einem bestimmten Einzelfall zutrifft.

5. Die logische Stringenz einer theologischen Aussage (*sensus logicalis verus in assertione theologica*) enthebt den, der sie trifft, nicht der Notwendigkeit, seine Aussage zu widerrufen, wenn sie im theologischen Wortsinn falsch ist oder wenn sie Anstoß erregt, fromme Ohren beleidigt oder sonst übel klingt. Das folgt aus dem zuvor Ausgeführten.

6. Der Wortsinn der Heiligen Schrift wurde zuerst von Christus und den Aposteln offenbart und durch Wunder an den Tag gebracht; danach wurde er durch das Blut der Märtyrer bestätigt. Später haben dann die heiligen Lehrer durch ihre sorgfältigen Überlegungen, die sie gegen die Ketzer anstellten, diesen Wortsinn vielfältig herausgearbeitet und haben aus ihm eindeutigere oder wahrscheinlichere Schlüsse gezogen. Ihnen folgten die Entscheidungen der heiligen Konzilien, so dass das, was die Lehrer erörtert hatten, nun von der Kirche als Dogma fixiert wurde (*quod erat doctrinaliter discussum per doctores fieret per Ecclesiam sententialiter definitum*). Schließlich haben sowohl kirchliche als auch weltliche Richter Strafen gegen diejenigen festgesetzt, die sich in dreister Gedankenlosigkeit den Entscheidungen der Kirche nicht unterwerfen wollen. Das war eine notwendige Maßnahme; denn viele Leute finden sonst kein Ende, wenn sie gegen die Wahrheit argumentieren und disputieren.

7. Wenn und solange zu unserer Zeit der Wortsinn in den Punkten angegriffen wird, die die Kirche bereits eindeutig entschieden und angenommen hat, so muss man gegen die Gegner nicht mit ausgefeilten Argumenten vorgehen, sondern die festgesetzten Strafen anwenden.

8. Wenn sich zeigt, dass der Wortsinn der Heiligen Schrift in Dekreten, Dekretalen und Konzilsbeschlüssen festgelegt und entschieden ist, dann muss man davon ausgehen, dass er die Theologie und die Heilige Schrift nicht weniger betreffe als das Apostolische Glaubensbekenntnis. Man darf ihn deshalb nicht verachten, als sei er nur in menschlicher Festlegung oder bloßer Setzung begründet [...]

9. Der Wortsinn findet zwar in vielen Fragen, besonders denen, die heilsnotwendig sind, zureichenden Ausdruck in den Büchern der Heiligen Schrift oder kann daraus von denen, die in diesen Büchern bewandert sind, mit Evidenz abgeleitet werden. Trotzdem war es gut, diesen Sinn in bestimmte Artikel zusammengefasst an

Gerson

die Öffentlichkeit zu bringen, z.B. im Apostolischen und Athanasianischen Glaubensbekenntnis [...]

10. Die vernunftgemäße Entfaltung (*rationabiliter explicatur*) des Wortsinnes der Heiligen Schrift erfolgt an den Generalstudien und auch in den Diözesen sonst, ja in der ganzen Kirche. Dabei liegt die Entscheidung bei den Bischöfen, die ihrerseits von den theologischen Lehrern der Studienorte beraten werden [...]

12. Wenn jemand behauptet, dass der Wortsinn der Heiligen Schrift nicht wahr sei, und ihn in Wort und Tat angreift, so erhebt sich, zumal wenn er selbst den geistlichen Vorstehern und Inquisitoren untergeben ist, die einen solchen Sinn als der Heiligen Schrift gemäß erklärt haben, häufig der starke Verdacht, dass er ein Ketzer ist; denn er ist durch seinen Irrtum in der Vernunft und durch seine Unverbesserlichkeit und Halsstarrigkeit im Empfinden (*affectu*) völlig verdorben. Der Grund dafür liegt einmal darin, dass er seinem eigenen Sinn gegenüber dem Urteil der Klügeren und Weiseren den Vorzug gibt und selbst die Grenzen überschreitet, die ihm seine Väter gesetzt haben. Daneben liegt der Grund in der Tatsache, dass das, was die Richter und ein im Glauben versammeltes Konzil festgesetzt oder erklärt haben, jetzt von denen, die widersprechen, ausdrücklich geglaubt werden muss.

Quelle: Jean Gerson, De sensu litterali Sacrae Scripturae, in: ders., Oeuvres complètes, hg. von P. Glorieux, III L'Oeuvre magistrale, Paris u.a. 1962, 333-340, 334-337. – *Literatur:* C. Burger, Aedificatio, Fructus, Utilitas. Johannes Gerson als Professor der Theologie und Kanzler der Universität Paris, Tübingen 1986 (BHTh 70); M.S. Burrows, Jean Gerson and »De Consolatione Theologiae« (1418). The Consolation of a Biblical and Reforming Theology for a Disordered Age, Tübingen 1991 (BHTh 78); S. Grosse, Heilsungewissheit und Scrupulositas im späten Mittelalter. Studien zu Johannes Gerson und Gattungen der Frömmigkeitstheologie seiner Zeit, Tübingen 1994 (BHTh 85); J.J. Ryan, The Apostolic Conciliarism of Jean Gerson, Atlanta 1998; B.P. McGuire, Jean Gerson and the Last Medieval Reformation, University Park, PA. 2005; ders. (Hg.), A Companion to Jean Gerson, Leiden 2006.

65. Die Devotio moderna

Nicht nur in Paris entfalteten sich solche innerlichen Formen der Erneuerung. Im ausgehenden 14. Jahrhundert formierte sich vor allem am Niederrhein eine Reformbewegung, deren Anliegen es war, bei Klerikern wie bei Laien eine verinnerlichte Gesinnung aus dem Geist des Evangeliums zu erwecken. Diese *Devotio moderna* (»zeitgemäße Frömmigkeit«) führte zu einer verbreiteten Ernsthaftigkeit christlichen Lebens, die sich nicht allein im klösterlichen Leben äußerte, sondern auch mit der Alltagsarbeit von Laien verbunden sein konnte. Sozialer Träger der Bewegung waren in der Regel die ›Brüder‹ und ›Schwestern vom gemeinsamen Leben‹, eine nicht durch ewige Gelübde konstituierte Form des Gemeinschaftslebens, die sich um Christus-Nachfolge in Gestalt verinnerlichter Frömmigkeit bemühte. Ihre erste Gemeinschaft wurde in Deventer, in dem Elternhaus Gert Grootes (1340–1384), gebildet, der als die eigentliche Gründergestalt der *Devotio moderna* gilt. Von dessen Leben und Sprüchen berichtet unter anderem Thomas von Kempen (1379/80–1471) (Text a), auf den – sei es als Autor oder als Redaktor – auch der verbreitetste Text der *Devotio moderna* zurückgeht: *De imitatione Christi* (Text c). Darin sammelte er zahlreiche Anweisungen zum geistlichen Leben, aber auch Sinnsprüche praktischer Lebensweisheit. Das Werk gliedert sich in vier (in der Abfolge variierende) Teile: 1. die Lösung von den Eitelkeiten der Welt und Leben in Demut und Barmherzigkeit; 2. Wendung vom Äußeren zum Innern und Annahme des Kreuzes im Leiden; 3. Hören des göttlichen Wortes und Erlangen der Gnade; 4. das Altarsakrament als Höhepunkt der mystischen Einung des Menschen mit Gott. Die ebenso schlichte wie tiefe Frömmigkeit der *Devotio moderna* wirkte in der Reformation, aber auch der katholischen Reform nach. So ist bekannt, dass die Schrift *De spiritualibus ascensionibus* Zerbolds von Zutphen († 1398) (Text b) von Ignatius von Loyola ebenso gelesen wurde wie von Martin Luther.

a) Thomas von Kempen, Dialogus noviciorum l. 2: Denkwürdige Aussprüche des Magisters Gerhardus (Groote)

(1) Um kein Ding der Welt sollte der Mensch sich beunruhigen. (2) Wer da tut, was er weiß, der erwirbt viel Wissen, und wer nicht tut, was er weiß, große Blindheit. (3) Groß ist es, in solchen Dingen zu gehorchen, die dem Menschen schwer und zuwider sind, dies jedoch ist der wahre Gehorsam (*vera obediencia*). (4) Vor allem und in allem bemühe dich, demütig zu sein im Herzen und auch nach außen vor den Brüdern. (5) Die Wissenschaft aller Wissenschaften ist zu wissen, dass man nichts weiß. (6) Je mehr der Mensch erkennt, dass er weit von der Vollkommenheit entfernt ist, desto mehr hat er sich ihr genähert. (7) Sich selbst zu gefallen ist der Anfang der Eitelkeit. (8) Am besten erkennt man einen Menschen dann, wenn er gelobt wird. (9) Sei immer darauf bedacht, an einem anderen etwas Gutes wahrzunehmen und Gutes von ihm zu denken. (10) Sooft wir mit ungezügeltem Drang etwas anderes begehren als Gott, machen wir uns des Ehebruchs schuldig. Deshalb spricht der Prophet: »Gott anzugehören ist mein Gut« (Ps 73,28). (11) Mannhaft sollen wir sein im Gebet und nicht leicht davon ablassen oder auch denken, dass Gott uns nicht erhören wolle, sondern nie verzagen, auch wenn wir zurückgewiesen werden. (12) Die Kleinmütigen wollen gleich einem Kinde den milden Vater bitten, wie auch im Evangelium geschrieben steht: »Wenn einer von euch den Vater um Brot bittet, wird er ihm etwa einen Stein geben?« (Lk 11,11 Vg.; vgl. Mt 7,9). (13) In allen Dingen der Welt liegt Versuchung (*temptacio*), wenn auch der Mensch sie nicht wahrnimmt. (14) Nicht versucht zu werden ist die größte Versuchung. Solange der Mensch etwas an sich findet, das abgetrennt werden muss, solange steht es gut um ihn. (15) Wenn dir etwas Böses eingeflüstert wird, so denke, du wollest deine Gefährten dazu befragen, und beschämt wird der Teufel ablassen. (16) Immer sollst du mehr auf die ewige Glorie hoffen, als vor der Hölle dich fürchten. (17) Ein jeder hüte sich davor, anderen durch seine Sitten Anstoß zu erregen, und bemühe sich darum, sein Verhalten zu bessern und sich stets ehrbar zu betragen, dass die anderen dadurch erbaut werden (*ut alii magis edificerentur*). (18) Die Gedanken, mit denen ein Mensch sich zur Ruhe begibt, stellen sich auch beim Erwachen ein. Nützlich ist es dann, zu beten oder einige Psalmen zu sprechen. (19) eine geringe Beschämung, die hier erlitten wird, tilgt die ewige Beschämung vor Gott und allen Heiligen. (20) Ihm allein suche zu gefallen, ihn allein sollst du fürchten, der dich und all das Deinige kennt. Gesetzt, du gefielest allen und missfielest Gott, was würde dies nützen? Wende also dein Herz von allem Irdischen ab, und zwar mit großer Kraft, so dass du dich vollkommen beherrschst, und erhebe dein Herz immer zu Gott, wie der Prophet spricht: »Meine Augen sind immer zum Herrn erhoben.« (Ps 25,15) Dank sei Gott.

Quelle / Übers.: Thomas von Kempen: Dialogus noviciorum / Novizengespräche, hg. v. Nikolaus Staubach und Stefan Sudmann, Münster: Aschendorff 2020, 162-165. – *Literatur:* Th. P.

Devotio moderna

van Zijl, Gerard Groote. Ascetic and Reformer (1340-1384), Wahington 1963; G. Epiney-Burgard, Gerard Grote1340–1384) et les débuts de la dévotion moderne, Wiesbaden 1970; A.G. Weiler, Art. Grote, Gerhard, in: Theologische Realenzyklopädie 14, Berlin / New York 1985, 274-277.

b) Zerbold von Zutphen, De spritualibus ascensionibus

Kapitel 25: Wie der Mensch aufgrund der Erinnerung an die Wohltaten Gottes zur Frömmigkeit (*ad devocionem*) entflammt und zur Reue (*ad compunctionem*) entzündet wird.

Damit du aber größeres Vertrauen (*fiduciam*) hast zu hoffen und die künftige Herrlichkeit zu erlangen, musst du dir immer einmal wieder die Zeichen der Liebe, die dir der Herr gewährt, eifrig ins Gedächtnis rufen und seine Wohltaten (*beneficia*) sorgfältiger bedenken, um dich durch ein solches Bedenken wie durch bestimmte Reize zur Gegenliebe entzünden zu lassen.

Bedenke also zuerst, was für ein großes Zeichen der Liebe deines Gottes es ist, dass er dich, der du ihn so oft geschmäht, ihm so oft denn Rücken zugekehrt hast, so oft dich von ihm entfernt hast, so oft übelst gesündigt hast, immer aufs Neue angenommen hat, wenn du bereit warst umzukehren. Als es Dir Leid tat, hat er dir deine Sünden nachgesehen, als du dich bessertest und korrigiertest, hat er dir geholfen.

Zähle die natürlichen Wohltaten auf, die er dir übertragen hat, wenn du kannst! Er hat dich geschaffen und dir das Sein aus dem Nichts (*ex nichilo*) gegeben, und zwar ein schönes und ansehnliches, voller Sinne und Leben, ausgestattet mit den fünf Sinnen. Er gab dir im Vorzug vor allen übrigen niederen Kreaturen die Vernunft, durch die du gegenüber den übrigen beseelten Geschöpfen hervorragst und deinen Gott erkennen und die Wahrheit selbst verstehen kannst. Und dieser deiner Vernunft hat er das Licht seines Antlitzes eingegossen und die große Helligkeit des natürlichen Lichts gegeben [...] Er hat nämlich deine Seele mit solcher Würde und solchem Adel ausgestattet, dass sie nichts erfüllen oder auch nur hineingeraten kann, als die heilige und allerherrlichste Trinität, der eine Gott, nach dessen Bild und Gleichnis er dich geschaffen hat. Was braucht es mehr? Er hat dir die Sonne gegeben, dass sie dir am Tag leuchte, den Mond, damit er dir Licht erscheinen lasse bei Nacht. Und jedes niedere Geschöpf hat er zu deinem Gehorsam gemacht und zu deinem Dienst geordnet.

Darauf bedenke die Gnadengaben (*de donis gracie*), die er dir übertragen hat. Er gab dir nämlich Reue und Schmerz über die Sünden und hat dich von der Ungerechtigkeit zurückgerufen und dir Gerechtigkeit eingegossen; das steht allein in Gottes Macht, und er hat es doch vielen verweigert. Er hat dir den Willen gegeben und eingehaucht, damit du dich bessern wollen kannst. Zeit und Ort hat er geordnet, wo und wann du dich bessern könntest, und das alles hat er vielen, die besser sind als du, nicht gegeben. Bedenke die über alles Maß hinausgehenden Gaben, die er dir zugeeignet hat, nämlich, dass er dir seinen allersüßesten Sohn gab, zuerst in der Inkarnation, denn für dich ist er geboren, für dich ist er gekreuzigt worden, darauf im Altarsakrament in Speise und Trank. Er hat dir den Heiligen Geist als Zeichen der Annahme, als Vorrecht der Liebe, als Verlobungsring gegeben.

Damit du dich aber noch weiter zur Liebe, Frömmigkeit und Reue aus Ehrfurcht erhebst, bedenke, wie viel jener große Herr um deines Heiles Willen vollbracht hat. Tatsächlich nämlich hat er mit den Vätern gesprochen, ist in Abbildern erschienen, sprach durch die Propheten, hat aus Ägypten hinausgeführt, hat in das Land der Verheißung hineingeführt und unendliche Wunder und Wunderbares getan. Warum nämlich hat er das alles gemacht, wenn nicht aus Sehnen und Liebe zu dir, damit du das Himmelreich und die ewige Seligkeit verdienen könnest, damit er deine Vernunft in der Erkenntnis des Himmlischen erleuchte und deine Neigung von Niederem reinige. All dies muss deine Hoffnung und Neigung emporheben, auf dass du deinen Gott liebst.

Damit dich aber diese und ähnliche Betrachtungen (*meditaciones*) der Wohltaten Gottes weiter bewegen, musst du dich an diese Weise halten und eine solche Neigung im Betrachten bilden, dass du sorgfältig die Größe und Macht deines Wohltäters erforschst, der dir dies alles zugeeignet hat. Denn er ist der Mächtigste, wie du an der Erschaffung der Dinge sehen kannst, er ist der Weiseste, wie in ihrer Lenkung und Zuordnung voller Vorausschau aufscheint. Daher musst du, auch wenn er dir nur etwas ganz Kleines zuteilt, dies als groß ansehen.

Zum zweiten musst du darauf aufmerken und bedenken, mit welcher Sorgfalt und welchem Sehnen er dir diese Wohltaten überträgt. Von Ewigkeit her hat er angeordnet, dir dies zu geben, von Ewigkeit hat er es vorab eingeteilt, von Ewigkeit hat er deiner ohne Aufhören tätig gedacht und vorher von Ewigkeit angeordnet, dir Gutes zu tun. So war er immer und ist um dich besorgt [...]

Drittens musst du alle göttlichen Wohltaten, die ja ganz allgemein dem menschlichen Geschlecht übertragen sind, dir so aneignen und auf dich beziehen, als wenn sie dir allein übertragen wären, so dass du denkst: »Siehe, um meinetwillen (*propter me*) hat er die ganze Welt geschaffen und alles in ihr, um meinetwillen ist er gekreuzigt worden.« und so auch im Blick auf anderes. Und das soll dich nicht nur zu Liebe, Nächstenliebe und Dankbarkeit entzünden und dir nicht nur vorhalten, dass du weiter so großen Wohltaten verpflichtet bist. Sondern du musst auch auf dich selbst achten und dich verwundern, dass er einem so Geringen, so Lauen und für solche Wohltaten so Undankbaren mit so großer Neigung und Liebe gibt.

Quelle: Gérard Zerbolt de Zutphen, La montée du cœur / De spiritualibus ascensionibus, hg. v. Francis Joseph Legrand, Turnhoult 2006, 186-192. – *Literatur:* J. van Rooij, Gerard Zerbolt van Zutphen, Leven en geschriften, Nijmegen u.a. 1936; G.H. Gerrits, Inter timorem et spem. A Study of the Theological Thought of Gerard Zerbolt of Zutphen (1367-1398), Leiden 1986; V. Leppin, Rückkehr und Neubeginn. Die Reformatio virium animae bei Zerbold von Zutphen, in: K. Hedwig / D. Ried (Hg.), Sed ipsa novitas crescat. Themen der Eschatologie, Transformation und Innovation. FS Manfred Gerwing, Münster 2019, 201-215.

c) Thomas von Kempen, »Die Nachfolge Christi«

1. Folge Christus nach und lerne verschmähen, was vergänglich ist.

(1. Buch 1. Kap.)

»Wer mir nachfolgt, der wandelt nicht in der Finsternis, spricht der Herr« (Joh 8, 12). Dies sind Worte aus dem Munde Christi, die uns mahnen, seinem Leben und Verhalten treu nachzuleben, wenn wir von aller Blindheit des Herzens geheilt und von dem wahren Lichte erleuchtet werden wollen. Wir sollen also unsere höchste Aufgabe darin sehen, das Leben Jesu Christi zu erforschen.

Die Lehre Christi übertrifft alles, was die Heiligen gelehrt haben, und wer den Geist Christi hätte, der müsste ein verborgenes Himmelsbrot darin finden. Da geschieht es aber, dass viele das Evangelium oft hören und dabei fast ohne Hunger und Durst nach diesem Brote des Lebens bleiben, weil ihnen die Hauptsache, der Geist Christi, fehlt. Wer die Lehre Christi in ihrer Fülle kennen lernen und schmecken will, der muss mit allem Ernste danach streben, dass sein ganzes Leben ein zweites Leben Jesu werde (*ut totam vitam suam illi studeat conformare*).

Was nützt es dir, über die Dreieinigkeit hochgelehrt streiten zu können, wenn du die Demut nicht hast, ohne die du der Dreieinigkeit missfällst? Wahrhaftig, hochgelehrte und tiefsinnige Worte machen den Menschen nicht heilig und nicht gerecht: ein Leben voll Tugend dagegen macht uns Gott genehm. Es ist mir ungleich lieber, ein lebendiges Gefühl der Reue und Buße im Herzen zu haben, als eine schulgerechte Erklärung geben zu können, was Reue und Buße sei. Hättest du die ganze Bibel und die Aussprüche aller Philosophen im Gedächtnis, hättest aber dabei die Liebe Gottes und seine Gnade nicht im Herzen: wozu hülfe dir all jenes, ohne dieses Einzige? »O Eitelkeit der Eitelkeiten! – alles ist Eitelkeit« (Koh 1,2), außer Gott lieben und ihm allein dienen. Darin besteht die höchste Weisheit, dass durch Verachtung der Welt um das himmlische Reich gerungen wird.

Also ist es Eitelkeit, vergängliche Reichtümer zu sammeln und darauf seine Hoffnungen zu bauen. Also ist es Eitelkeit, nach hohen Ehrenstellen zu trachten und sich gerne obenan zu setzen. Also ist es Eitelkeit, sich den Lüsten des Fleisches zu überlassen und nach Freuden zu jagen, die uns einst schwere Strafen zuziehen werden. Also ist es Eitelkeit, nur immer wünschen, dass man lange lebt, und sich wenig darum bekümmern, dass man fromm lebt. Also ist es Eitelkeit, das Auge stets heften auf das gegenwärtige und nie hinausblicken auf das kommende Leben. Also ist es Eitelkeit, sein Herz an das hängen, was so schnell und unaufhaltsam vorübergeht, und nicht dorthin eilen, wo ewige Freude wohnt.

Gedenke doch immer wieder jenes Wortes: »Das Auge kann sich nicht satt sehen, nicht satt hören das Ohr« (Koh 1,8). Reiß also dein Herz von den sichtbaren Gütern los und erhebe es zu den unsichtbaren! Denn, die ihrer Sinnlichkeit blind folgen, beflecken ihr Gewissen und verlieren die Gnade Gottes.

2. Vom inneren Leben des Menschen.

(2. Buch 1. Kap.)

»Das Reich Gottes ist in euch, spricht der Herr« (Luk. 17,21).[1] Wende dich zu dem Herrn, und wende dich von ganzem Herzen zu ihm; verlass diese elende Welt, und deine Seele wird Ruhe finden. Lerne das Äußerliche verschmähen; lerne hochschätzen, was dich in dir selbst zurechtsetzen kann, und du wirst das Reich Gottes in dein Herz kommen sehen. Denn das Reich Gottes ist »Friede und Freude im heiligen Geiste« (Röm 14,17), und dieses Reich ist kein Reich für die Gottlosen. Gewiss kommt Christus zu dir und lässt dich seine Tröstungen genießen, wenn du ihm im Innern eine würdige Wohnstätte wirst zubereitet haben. »All seine Schönheit und Herrlichkeit kommt aus dem Inneren« (Ps 44,14), und dort hat er sein Wohlgefallen [...]

Auf einen Menschen, er sei dir noch so lieb oder nützlich, musst du kein großes Vertrauen setzen, denn er ist ein Mensch, gebrechlich und sterblich. Auch sollst du dir's nicht so tief zu Herzen gehen lassen, wenn dir zuweilen ein Mensch widerspricht und zuwider handelt. Die heute für dich stehen, können morgen wider dich auftreten, und umgekehrt. Die Menschen ändern sich ja wie der Wind. Baue du deine ganze Zuversicht auf Gott. Er sei deine Furcht, er sei deine Liebe. Er wird für dich antworten, er wird alles wohl machen, wie es für dich am besten sein wird.

Hier hast du doch keine bleibende Stätte, und wo immer du sein magst, bist du ein Fremdling, ein Pilger und wirst nirgends Ruhe finden, als in der innigsten Vereinigung mit Christus (*nisi Christo intime fueris unitus*). Was siehst du hier viel umher? Es ist hier kein Land der Ruhe für dich. In himmlischen Dingen sollst du deine Ruhestätte haben und alle irdischen Dinge nur wie im Vorbeigehen ansehen. Denn sie vergehen alle, und du mit ihnen. Sieh zu, dass du nicht am Vergänglichen haftest, sonst wirst du daran hangen bleiben und darin zugrunde gehen. Dein Gedanke sei bei dem Allerhöchsten, und dein Gebet höre nicht auf, bei Christus anzuklopfen. Kannst du deinen Geist nicht erheben zu himmlischen, hohen Betrachtungen, so ruhe im Leiden Christi und wohne gern in seinen heiligen Wunden. Denn sobald du im lauteren Triebe der Andacht zu den kostbaren Wundmalen Jesu deine Zuflucht nimmst (*Si enim ad vulnera et speciosa stigmata Iesu devote cofugis*), wirst du darin wider alle Leiden, die dich mutlos machen könnten, neue Stärke finden, und mit neuer Kraft die verachtenden Blicke der Menschen nicht mehr so hart empfinden und ihre beißenden Worte leicht ertragen.

Quelle: De imitatione Christi. Libri quatuor, hg. v. T. Lupo, Vatikan 1982, 3-6. 89-92; *Übers.*: Thomas von Kempen, Das Buch von der Nachfolge Christi, übers. v. J. M. Sailer, bearb. v. W. Kröber, Stuttgart 1980, 9f. 56f. – *Literatur:* Thomas a Kempis et la dévotion moderne. Catalogue d'exposition, Brüssel 1971; Thomas von Kempen. Beiträge zum 500. Todesjahr. 1471–1971, Kempen 1971; E. Iserloh, Thomas von Kempen und die Devotio moderna, (1976), in: E. Iserloh, Kirche – Ereignis und Institution, Bd. 1, Münster 1985, 137-150; M. v. Habsburg, Catholic and protestant translations of the Imitatio Christi, 1425–1650. From late medieval classic to early modern bestseller, Farnham 2011; G. Kranz, Thomas von Kempen: Der stille Reformer von Niederrhein, Kevelaer 2012; A. Hyma, The Christian Renaissance. A History of the "Devotio Moderna", Hamden, CT [2]1965; S. Krauß, Die „Devotio moderna" in Deventer. Anatomie eines Zentrums der Reformbewegung. Berlin 2007; E. Andersen u.a. (Hg.), A Companion to Mysticism and Devotion in Northern Germany in the Late Middle Ages, Leiden 2014; M.-A. Vannier (Hg.), Mystique Rhenane et Devotio moderna, Paris 2017.

[1] *Der Vers heißt im Griechischen:* ἡ βασιλεία τοῦ θεοῦ ἐντὸς ὑμῶν ἐστιν. *Das gibt die revidierte Lutherübersetzung philologisch zutreffend wieder:* »Das Reich Gottes ist mitten und euch.« *Thomas von Kempen folgte im Einvernehmen mit der am lateinischen Text orientierten Tradition der Vulgata -Fassung:* regnum Dei intra vos est.

66. Die Union von Florenz (1439) und ihre Folgen

Dass dem päpstlichen Konzil von Ferrara-Florenz und einer stattlichen Delegation aus Byzanz unter Führung des Kaisers (Johannes VIII. Palaiologos) und des Konstantinopler Patriarchen (Joseph) endlich die Überwindung der Kirchenspaltung zwischen Ost und West zu gelingen schien, um die man sich zuletzt – nach dem Scheitern der von Kaiser Michael VIII. Palaiologos (1259–1282) erzwungenen und mit brutaler Gewalt durchgesetzten Union von Lyon (1274) – immer wieder vergeblich bemüht hatte, hängt vor allem mit einer unterschiedlichen Interessenlage zusammen. Neu war, dass nicht nur die die im Kampf gegen den vordringenden Islam nachgerade mit dem Rücken zur Wand kämpfenden Byzantiner die Union und damit die politische Unterstützung des Westens brauchten. Auch der Papst brauchte die Union mit den Griechen. Die »Synode war der Preis, den das Papsttum für die Überwindung des Konziliarismus zahlte: der Preis für die Überwindung des westlichen Konziliarismus, bezahlt an den östlichen« (H.G. Beck).[1] Dennoch ist schwerlich mehr als ein Scheinkompromiss dabei herausgekommen, falls man sich an den Text des am 6. Juli 1439

Union von Florenz (1439)

feierlich promulgierten Unionsdekretes hält, eher »eine Art Nebeneinanderstellung« als eine »wirkliche Vermittlung«,[2] also ein Kompromiss, der dem kirchlichen Osten – trotz seiner bedrängten Lage – kaum zu vermitteln war.

a) Aus dem Unionsdekret »Die Himmel freuen sich« (Laetentur caeli)

(§ 3: Über den Ausgang des Hl. Geistes [De processione Spiritus Sancti]) Im Namen also der Hl. Trinität [...] bestimmen wir [...] , dass der Hl. Geist von Ewigkeit her aus Vater und Sohn ist, sein Wesen (*essentiam*) und sein selbständiges Sein (*als* Hypostase oder Person [*esse subsistens*]) zugleich aus Vater und Sohn (empfangen) hat und von Ewigkeit her aus beiden als aus *einem* Prinzip und einer einzigen Hauchung hervorgeht (*ex utroque aeternaliter tamquam ab uno principio et unica spiratione procedit*); dabei erklären wir, dass die Aussage der hl. Lehrer und Väter, der Hl. Geist gehe aus dem Vater durch den Sohn (*ex Patre per Filium*) hervor, auf ein solches Verständnis abzielt (*tendit*), dass dadurch bedeutet wird, auch der Sohn sei gemäß dem Sprachgebrauch der Griechen Ursache (*causa*), gemäß dem der Lateiner Prinzip seines (des Geistes) Selbstandes (*subsistentia* [= griech. ὑπόστασις]), genau so wie der Vater. Und weil der Vater selbst alles, was des Vaters ist, seinem eingeborenen Sohn gab, als er ihn zeugte, außer dem Vatersein (*praeter esse Patrem*), darum hat der Sohn selbst eben dies, dass der Hl. Geist aus dem Sohne hervorgeht, vom Vater von Ewigkeit her empfangen, von dem er auch von Ewigkeit her gezeugt ist. Darüber hinaus bestimmen wir, dass jene Erläuterung in Gestalt der Worte Filioque rechtmäßig und vernünftigerweise (*licite ac rationabiliter*) dem Symbol hinzugefügt wurde, um der Verdeutlichung der Wahrheit willen und aufgrund einer damals bestehenden dringenden Notlage (*inaminente tunc necessitate*).

(§ 4) Ebenso (bestimmen wir), dass der Leib Christi wahrhaft bewirkt wird (oder zustandekommt [*veraciter confici*]), gleichgültig, ob man ungesäuertes oder gesäuertes Weizenbrot (dabei verwendet), und [...] ein jeder (Priester) der Gewohnheit seiner Kirche (folgen) soll, sei es der westlichen oder der östlichen.

(§ 5-7: Über das Los der Verstorbenen [De sorte defunctorum].
[5] Für ohne vollendete Buße Verstorbene stehen reinigende Strafen zu Gebote, zu deren Milderung die Lebenden entsprechend den kirchlichen Satzungen durch Fürbitten in Gestalt von Messopfern, Gebeten und Almosen und anderen Frömmigkeitswerken beitragen können. [6] Wer sündlos oder von Sünden gereinigt stirbt, kommt sofort in den Himmel, zur mehr oder weniger vollkommenen Schau Gottes, je nach den erworbenen Verdiensten. [7] Wer dagegen in aktueller Todsünde oder allein in der Ursünde [*peccatum originale*] verscheidet, kommt sofort in die Hölle, wo er allerdings – entsprechend seinen »Verdiensten« – ungleiche Strafen erleiden wird).

(§ 8. 9: Die Rangordnung der Patriarchensitze; der römische Primat) (8) Ebenso bestimmen wir, dass der heilige Apostolische Stuhl und der römische Bischof den Primat über den gesamten Erdkreis innehat und der römische Bischof selbst Nachfolger des seligen Apostelfürsten Petrus und wahrhafter Stellvertreter Christi sei, Haupt der ganzen Kirche und Vater und Lehrer aller Christen (*sanctam Apostolicam Sedem, et Romanum Pontificem, in universum orbem tenere primatum, et ipsum Pontificem Romanum successorem esse beati Petri principis Apostolorum et verum Christi vicarium, totiusque Ecclesiae caput et omnium Christianorum patrem ac doctorem existere*); und ihm ist von unserem Herrn Jesus Christus im seligen Petrus die volle Gewalt (*plenam potestatem*) übertragen worden, die gesamte Kirche zu weiden, zu regieren und zu leiten, wie es auch in den Akten der ökumenischen

Konzilien und in den heiligen Kanones festgehalten wird. (9) Wir erneuern darüber hinaus die in den Kanones überlieferte Rangordnung der übrigen ehrwürdigen Patriarchen, dass nämlich der Patriarch von Konstantinopel der zweite ist nach dem heiligsten römischen Bischof, der dritte aber der von Alexandrien, der vierte der von Antiochien und der fünfte der von Jerusalem, natürlich unter Wahrung aller ihrer Privilegien und Rechte.

b) Die Ablösung der Russischen Kirche vom Konstantinopeler Patriarchat (1439/48)

Der »Moskauer Codex vom Ende des 15. Jahrhunderts« berichtet über die Rückkehr des Metropoliten Isidor von Kiev und ganz Russland, der als päpstlicher Legat mit der Durchführung der Florentiner Union beauftragt worden war, diese bislang jedoch nur im polnischen Gebiet hatte verkünden können, an seinen Hauptsitz Moskau; das geschieht »zwar nicht unter dem richtigen Datum, aber doch in dem sonst« für diese Quelle »typischen Stil, so dass man annehmen darf«, es handele sich hierbei »um die fortlaufenden chronologischen Notizen [...], die dem Codex zugrunde liegen« (P. Nitsche):

Im Jahre 48 (1439/1440) [...] *(Über den Metropoliten Isidor, wie er aus Rom nach Moskau kam)* In diesem Frühjahr kam aus Rom der Metropolit Isidor; er ließ ein lateinisches Kreuz[3] vor sich hertragen und sprach: »Wir haben auf diesem Konzil die östlichen Kirchen mit den westlichen vereinigt.« Und so wollte er die Rechtgläubigkeit mit dem Lateinertum vereinigen. Gott der Herr aber erlaubte diesem einen Wolf nicht, die zahllose Menge der Schafherde der rechtgläubigen Christenheit ins Verderben zu stürzen, und seine Tollheit wurde aufgedeckt. Am dritten Fastensonntag nämlich kam er nach Moskau, und an demselben Tag hielt er die Liturgie und sprach: »Gedenke, Herr,[4] zuerst des römischen Papstes.« Der Großfürst[5] aber hörte das, und es waren damals alle russischen Bischöfe und die übrige Menge der rechtgläubigen Christen dort in Moskau und viele, die die Heilige Schrift kannten. Und allen schien dies gottlos, denn früher war der Name des römischen Papstes in unserem Land niemals genannt worden, seit er getauft wurde; jetzt aber wurde seiner in der heiligen Liturgie gedacht. Und so entlarvten und verhörten sie Isidor darüber, ergriffen ihn am Mittwoch der vierten Fastenwoche und setzten ihn im Čudov-Kloster gefangen; und dort saß er den ganzen Sommer über.

(Über den Metropoliten Isidor, wie er aus Moskau floh) Im Jahre 49 am 15. September floh der Metropolit Isidor aus Moskau nach Tver und von dort nach Litauen und auf die Krim zu seinem gottlosen Papst, dem Teufel, in seinen eigenen Untergang geführt.

»Nun war man in Moskau in einer prekären Lage. Der geweihte Metropolit war abgesetzt, einen neuen wollte man in Konstantinopel nicht einsetzen lassen, weil ja der Patriarch und der Kaiser derselben Häresie schuldig waren wie Isidor. Andererseits wollte man aber auch nicht formell mit Konstantinopel brechen. So wurde erwogen, den Patriarchen offiziell um die Genehmigung zu bitten, den Metropoliten selbst wählen zu dürfen. Ob diese Bitte auch tatsächlich geäußert wurde, ist nicht sicher; als die Wahl endlich stattfand, geschah dies jedenfalls ohne Genehmigung aus Konstantinopel, obwohl sich der Chronist bemühte, diesen Sachverhalt zu verschleiern« (P. Nitsche):

(Über die Einsetzung des Bischofs Iona von Rjazaň in die russische Metropolie) Im Jahre 57 (1448/49). Am 15. Dezember wurde (Iona, der Bischof von Rjazaň) durch die russischen Bischöfe Efrem von Rostov, Varlaam vom Kolomna und Pitirim von Perm in die Metropolie der ganzen Rus eingesetzt, der Erzbischof Evfimij von Novgorod aber und der Bischof von Tver hatten Briefe gesandt, dass sie mit ihnen darin übereinstimmten, den Bischof von Rjazaň in die Metropolie einzusetzen.

Vorher aber war er, als er wegen der Verbesserung (der Angelegenheiten) der Metropolie in Zargrad[6] war, vom allerheiligsten Patriarchen und von seinem ganzen geheiligten Synod als Nachfolger Isidors in der Metropolie gesegnet worden [...]

Quellen: DH 1300–1308; COGD II/2, 1212–1218 *(Laetentur caeli);* P. Nitsche (Hg.), Der Aufstieg Moskaus, Bd. II, Graz / Wien / Köln 1967, 58-60. – *Literatur:* K. Wessel in: Ritter, Lehrentwicklungen, 399–410 (mit weit. Lit.); Wirth, Grundzüge der byzantinischen Geschichte, Darmstadt ²1989, 137-162, bes. 156ff.; S. Kolditz, Johannes VIII. Palaiologos und das Konzil von Ferrara-Florenz (1438/39), 2 Halbbde. (MGMA 60), Stuttgart 2013. 2014.

[1] *Byzanz und der Westen im Zeitalter des Konziliarismus,* in: *Die Welt zur Zeit des Konstanzer Konzils (VKAMAG 9), Konstanz-Stuttgart 1965, 147; ähnlich B. Schultze, Das letzte ökumenische Einigungskonzil theologisch gesehen, OrChrP 25 (1959) 288-309.*

[2] *So mit Recht K. Schatz, Der päpstliche Primat, Würzburg 1990, 144, im Blick auf die ungeklärte Beziehung von westlichem Primats- und östlichem Pentarchiegedanken.*

[3] Crux immissa, *auch cr.* capitata *genannt, bei der der horizontale den vertikalen Balken am oberen Ende überschneidet, während beim griechischen Kreuz der Querbalken durch die Mitte des senkrechten Balkens geht.*

[4] *So beginnen die das eucharistische Hochgebet unterbrechenden Fürbitten sowohl der römischen Messe wie orientalischer Liturgien; im Osten war es üblich, an dieser Stelle auch Namen aus den »Diptychen« (= in der Liturgie benutzten »zwei [Schreib-]Tafeln« mit Namen von Hierarchen, mit denen man in Kirchen- und Sakramentsgemeinschaft steht) zu verlesen.*

[5] *Vasilij II. Vasil'evič (1415-1462).*

[6] *»Kaiserstadt« = Konstantinopel (jetzt Istanbul).*

67. Sakramentenfrömmigkeit im späten Mittelalter

In der spätmittelalterlichen Frömmigkeit standen das stete Bemühen um eine innerlich aneignende Frömmigkeitshaltung, wie sie etwa von der *Devotio moderna* gepflegt wurde (s.o. Nr. 65) und eine ganz quantifizierende äußerliche Frömmigkeit (s.u. Nr. 68) nebeneinander – sie konnten in Konflikt zueinander treten, sich aber auch in ein und derselben Person finden. Eine Art Scharnier zwischen beiden bildete die Sakramentenfrömmigkeit, die sich in beide Richtungen entfalten konnte. Die sieben Sakramente, deren Zahl 1439 endgültig festgelegt wurde (Text a), begleiteten die Christen und Christinnen in ihrem Lebenslauf. Besondere Bedeutung kamen dabei der Eucharistie und der Beichte zu, weil es sich hier um diejenigen Sakramente handelte, die einem Menschen nicht nur einmal im Leben zuteilwurden, sondern deren Vollzug sich stetig wiederholte. Für die Eucharistie war im 13. Jahrhundert sogar ein eigenes Fest, das Fronleichnamsfest eingeführt worden (Text b). Für den innerlichen Nachvollzug war es dem Gläubigen wichtig zu verstehen, was sich in der Messfeier vollzog; auf dieses Bedürfnis eines verstehenden Glaubens reagierte die erste deutschsprachige Erklärung der Messe aus dem ausgehenden 15. Jahrhundert, die sich an das städtische lesende Publikum richtete (Text c). Der Vermittlung von subjektivem Bußbedürfnis und objektiver Normvermittlung dienten Beichtanleitungen wie die hier abgedruckte aus einem Augsburger Beichtbüchlein von 1504 (Text d).

a) Festlegung der Lehre und der Zahl der Sakramente auf dem Konzil von Ferrara-Florenz (Bulle *Exsultate Deo*, 22. November 1439)

Es gibt sieben Sakramente des Neuen Bundes (*Novae Legis*): Taufe, Firmung, Eucharistie, Buße, Letzte Ölung, Weihe (*ordo*) und Ehe, die sich sehr von den Sakramenten des Alten Bundes (*Antiquae Legis*) unterscheiden. Diese nämlich bewirkten die Gnade nicht, sondern zeigten nur an (*figurabant*), dass sie durch das Leiden Christi gegeben werden sollte; diese unsrigen aber enthalten sie. Von diesen sind die fünf ersten zur geistlichen Vollkommenheit jedes Menschen in sich selbst und die beiden letzten zur Leitung und Mehrung der ganzen Kirche eingerichtet worden. Durch die Taufe nämlich werden wir geistlich wiedergeboren; durch die Firmung (*per confirmationem*) wachsen wir in der Gnade und werden im Glauben gestärkt; wiedergeboren aber und gestärkt, werden wir von der göttlichen Speise der Eucharistie genährt. Wenn wir uns aber durch die Sünde eine Krankheit der Seele zugezogen haben, dann werden wir durch die Buße (*per paenitentiam*) geistlich geheilt: geistlich auch und leiblich, insofern es der Seele nützt, durch die Letzte Ölung; durch die Weihe aber wird die Kirche gelenkt und geistlich gemehrt, durch die Ehe wächst sie leiblich.

Alle diese Sakramente werden durch dreierlei vollzogen, nämlich durch die Dinge als Materie, die Worte als Form und die Person des Spenders (*minister*), der das Sakrament erteilt in der Absicht zu tun, was die Kirche tut; wenn irgendetwas von diesem fehlt, kommt das Sakrament nicht zustande.

Unter diesen Sakramenten gibt es drei, die Taufe, die Formung und die Weihe, die der Seele eine unzerstörbare Prägung (*characterem*) einprägen, das heißt, ein geistliches Zeichen, das sie von den übrigen unterscheidet. Daher können sie bei derselben Person nicht wiederholt werden. Die übrigen vier aber prägen keine Prägung ein und lasen eine Wiederholung zu.

Den ersten Platz unter allen Sakramenten hat die heilige *Taufe* inne, die das Tor zum geistlichen Leben ist: Durch sie werden wir nämlich zu Gliedern Christi und dem Leib der Kirche zugehörig [...] Die Materie dieses Sakramentes ist wahres und natürliches Wasser, gleichgültig, ob es kalt ist oder warm. Die Form aber ist: »Ich taufe dich im Namen des Vaters und des Sohnes und des Heiligen Geistes« [...] Die Hauptursache (*principalis causa*), aus der die Taufe ihre Kraft hat, ist die heilige Dreifaltigkeit, die werkzeugliche Ursache (*instrumentalis [causa]*) ist der Spender, der das Sakrament äußerlich übermittelt [...] Der Spender dieses Sakramentes ist der Priester, dem es von Amts wegen zukommt zu taufen. Im Notfall aber kann nicht nur ein Priester oder Diakon, sondern auch ein Laie oder eine Frau, ja sogar ein Heide und Häretiker taufen, sofern er nur die Form der Kirche wahrt und die Absicht hat zu tun, was die Kirche tut. Die Wirkung dieses Sakramentes ist die Vergebung aller ursprünglichen und tathaften Schuld (*effectus est remissio omnis culpae originalis et actualis*) sowie jeder Strafe, die für diese Schuld selbst geschuldet wird [...]

Das zweite Sakrament ist die *Firmung*; ihre Materie ist das Chrisam[1], zubereitet aus Öl, das den Glanz des Gewissens versinnbildlicht, und durch den vom Bischof geweihtem Balsam, der den Duft eines guten Rufes versinnbildlicht. Die Form aber ist: »Ich bezeichne dich mit dem Zeichen des Kreuzes und stärke dich mit dem Chrisam des Heiles im Namen des Vaters und des Sohnes und des Heiligen Geistes«. Der ordentliche Spender ist der Bischof [...] Die Wirkung dieses Sakramentes aber ist, dass in ihm der Heilige Geist zur Stärkung gegeben wird, so wie er den

Aposteln am Pfingsttag gegeben wurde, damit nämlich der Christ mutig den Namen Christi bekenne [...]

Das dritte ist das Sakrament der *Eucharistie*, deren Materie das Weizenbrot und der Wein vom Weinstock ist, dem vor der Konsekration ein klein wenig Wasser beigemischt werden muss [...] Die Form dieses Sakramentes sind die Worte des Erlösers, mit denen er dieses Sakrament vollzog; der Priester nämlich vollzieht dieses Sakrament, indem er in der Person Christi (*in persona Christi*) spricht. Denn kraft der Worte selbst wird die Substanz des Brotes in den Leib Christi und die Substanz des Weines in das Blut verwandelt (*convertuntur*), jedoch so, dass Christus in der Gestalt (*sub specie*) des Brotes ganz enthalten ist und ganz in der Gestalt des Weines. Auch in jedem beliebigen Teil der konsekrierten Hostie und des konsekrierten Weines ist nach der Teilung Christus ganz. Die Wirkung dieses Sakramentes, die es in der Seele dessen vollbringt, der es würdig empfängt, ist die Einigung des Menschen mit Christus (*adunatio hominis ad Christum*) [...]

Das vierte Sakrament ist die *Buße*, deren Materie gleichsam die Akte des Büßenden sind, bei denen drei Teile unterschieden werden. Von diesen ist der erste die Reue des Herzens (*cordis contritio*), dazu gehört, dass man über die begangene Sünde Schmerz empfindet mit dem Vorsatz, fortan nicht zu sündigen. Der zweite ist das Bekenntnis des Mundes (*oris confessio*); dazu gehört, dass der Sünder alle Sünden, deren er sich erinnert, seinem Priester vollständig beichtet. Der dritte ist die Genugtuung für die Sünden nach dem Ermessen des Priesters (*satisfactio pro peccatis secundum arbitrium sacerdotis*); sie geschieht freilich vor allem durch Beten, Fasten und Almosen. Die Form dieses Sakramentes sind die Worte der Lossprechung (*verba absolutionis*), die der Priester vorträgt, wenn er sagt: »Ich spreche dich los« usw. Der Spender dieses Sakramentes ist der Priester, der entweder von Amts wegen oder aufgrund des Auftrages seines Vorgesetzten die Vollmacht hat, loszusprechen. Die Wirkung dieses Sakramentes ist die Lossprechung von den Sünden.

Das fünfte Sakrament ist die *Letzte Ölung*, deren Materie durch den Bischof gesegnetes Olivenöl ist. Dieses Sakrament darf nur einem Kranken gespendet werden, dessen Tod befürchtet wird; er ist an den folgenden Stellen zu salben: an den Augen wegen des Sehens, an den Ohren wegen des Hörens, an der Nase wegen des Riechens, am Mund wegen des Schmeckens bzw. des Sprechens, an den Händen wegen des Tastens, an den Füßen wegen des Gehens, an den Nieren wegen der Lust, die sich dort regt. Die Form dieses Sakramentes ist folgende: »Durch diese heilige Salbung und seine gütigste Barmherzigkeit vergebe die der Herr alles, was du durch das Gesicht gefehlt hast« und ähnlich bei den anderen Gliedern. Der Spender dieses Sakramentes ist der Priester. Die Wirkung aber ist die Heilung des Geistes (*mentis sanatio*) und, insoweit es der Seele nützt, auch des Leibes [...]

Das sechste ist das Sakrament der *Weihe*, deren Materie das ist, durch dessen Übergabe die Weihe gespendet wird: So wird das Priestertum übertragen durch die Darreichung des Kelches mit Wein und der Patene[2] mit Brot: das Diakonat durch das Geben des Evangelienbuches, das Subdiakonat durch das Übergeben des leeren Kelches mit der daraufgelegten leeren Patene [...] Die Form der Priesterweihe ist folgende: »Empfange die Vollmacht, das Opfer (*sacrificium*) für Lebende und Tote in der Kirche darzubringen, im Namen des Vaters und des Sohnes und des Heiligen Geistes«. Und so bei den Formen der anderen Weihen, wie es im Pontificale Romanum[3] ausführlich festgehalten wird. Der ordentliche Spender dieses Sakramentes ist der Bischof. Die Wirkung ist die Vermehrung der Gnade, damit man ein geeigneter Diener Christi sei.

Das siebte ist das Sakrament der *Ehe*, die nach dem Wort des Apostels ein Zeichen der Verbindung Christi und der Kirche ist: »Dieses Geheimnis (*sacramentum*) ist groß; ich rede aber im Hinblick auf Christus und im Hinblick auf die Kirche« (Eph 5,3). Die Wirkursache der Ehe ist normalerweise das durch gegenwartsbezogene Worte (*verba de praesenti*)[4] ausgedrückte gegenseitige Einverständnis. Es wird aber ein dreifaches Gut der Ehe angeführt. Das erste ist, Nachkommenschaft zu empfangen und zur Verehrung Gottes zu erziehen. Das zweite ist die Treue, die der eine Gatte dem anderen wahren muss. Das dritte ist die Unauflöslichkeit (*indivisibilitas*) der Ehe, deswegen, weil sie die unlösliche Verbindung Christi und der Kirche versinnbildlicht. Obwohl man aber aufgrund von Unzucht eine Trennung des Bettes[5] vornehmen darf, ist es dennoch nicht erlaubt, eine andere Ehe zu schließen, da das Band einer rechtmäßig geschlossenen Ehe immerwährend ist.

Quelle: Bulla unionis Armeniorum *Exsultate Deo* vom 22. November 1439; DH 1310-1327.

b) Die Einsetzung des Fronleichnamsfestes durch Urban IV. 1264 (Bulle *Transiturus*)

Als unser Herr und Heiland Jesus Christus im Begriff war, von dieser Welt zum Vater hinüberzuschreiten, als die Zeit seines Leidens anstand, setzte er nach dem Mahl zum Gedächtnis seines Todes das höchste und wunderbare Sakrament seines Leibes und Blutes ein [...]
1. Wiewohl also dieses Gedächtnissakrament (*memoriale Sacramentum*) immer wieder in täglichen Messfeiern begangen wird, halten wir es doch für angemessen und würdig, dass es einmal im Jahr durch ein besonders feierliches und festliches Gedächtnis begangen wird, um so besonders den Unglauben und Irrsinn der Häretiker zuschanden zu machen [...]
2. Wir haben es daher als würdig und angemessen angesehen, zur Stärkung und Erhebung des katholischen Glaubens festzulegen, dass über sein tägliches Gedächtnis hinaus, das die Kirche pflegt, jährlich in besonderer Feierlichkeit und Ausrichtung (*solemnior et specialior*) eine Gedächtnisfeier begangen werde. Dazu haben wir einen besonderen Tag festgelegt und benannt, nämlich den Donnerstag nach der Pfingstoktav,[6] damit deswegen an diesem Donnerstag Scharen von Gläubigen voll frommer Ehrfurcht und Eifer zu den Kirchen eilen und Kleriker und Laien voller Freude das Lob im Gesang erklingen lassen.

Quelle: QGPRK Nr. 738.

c) Eine deutschsprachige Erklärung der Messe

Jeder Mensch, der dazu imstande ist, sollte sich täglich vor der Arbeit und Mühe dazu einfinden, andächtig (*mit andacht*) eine Messe zu hören, von Anfang bis Ende, bis der Priester den Segen erteilt. Und er soll dabei zunächst in allgemeiner Form seine Sünden beklagen und bereuen und mit dem Priester zusammen auf den Knien das Confiteor, die offene Schuld (*offne beycht*), sprechen und vom Priester die Absolution erhalten. Dabei soll er sich von allen weltlichen Dingen lösen und sich mit allen Sinnen darauf richten, dass er in andächtigem Gebet Gott wegen all seiner Fehler, mit denen er an Leib und Seele behaftet ist, anrufe und ihn bitte, sie ihm zu nehmen (*im die zu wenden*), zum Lobe Gottes und zum Heil seiner Seele.
Im Folgenden wird der Text der ganzen Messe mit all ihren Teilen von Anfang bis Ende in lateinischer Sprache in großer Schrift wiedergegeben und danach jeweils

in deutscher Übersetzung mit Bedeutungserklärungen. Das soll nicht dazu dienen, dass die Laien daraus oder damit lernten, die Messe zu halten, sondern dazu, dass wir lernen, der Messe aufmerksam zu folgen; so wird sie Gott zu Lob und Ehre und uns zum Trost gereichen [...]

[Über die Kommunion als Seelenspeise und den rechten Empfang:] Pass auf! Der Apostel spricht: »*Probet autem seipsum homo et sic de pane illo edat et calice bibat*« und so weiter das heißt: »Der Mensch prüfe aber sich selbst, und so esse er von diesem Brot und trinke aus diesem Kelch« (I Kor 11,28), also vor der Einnahme (*nyessung*) des heiligen Sakraments. Daher muss der Priester, wenn er das heilige Sakrament einnehmen will, drei Dinge gründlich bedenken: Als erstes muss er bedenken, was er einnehmen beziehungsweise empfangen wird, nämlich den wahren Leib Christi Jesu und sein hochwürdiges Blut. Zweitens muss er bedenken, warum er das empfangen wird, nämlich zu Nutzen, Hilfe und Trost der heiligen Christenheit in der dreifachen Gestalt der Kirche: uns hier in der streitenden Kirche zur Hilfe, den Seelen im Fegefeuer zum Trost und denen, die das ewige Leben schon erlangt haben zu Lob und Nutzen. Er nimmt es aber auch für seine eigene Person ein.

Drittens muss er bedenken, wie er die heiligen Sakramente einnehmen wird, ob würdig oder unwürdig. Denn der Apostel sagt: »Wer das heilige Sakrament unwürdig isst oder trinkt, der isst und trinkt sich selber zum Gericht« (I Kor 11,29). Man bezeichnet das Sakrament aus mehreren Gründen als Speise. Der erste ist: So wie Speise und Trank den Leib beziehungsweise den Menschen stärken, ihm Kraft geben und ihn am Leben erhalten, so wirken Leib und Blut Christi an der Seele. Nimmt einer es würdig ein, so gewährt es ihm neue Gnade beziehungsweise vermehrt die, die ihm vorher schon gegeben war, und stärkt ihn in allen guten Werken. Die Gnade Gottes nämlich ist das Leben der Seele. Der zweite Grund ist: So wie Speise und Trank die Lebenswärme im Leib leiten und erhalten, so geschieht es der Seele durch das Sakrament. Empfängt einer es würdig, so stärkt sie seine Seele, gibt ihr Kraft und leitet sie; sie erhält sie und erwärmt sie in der Liebe, so dass sie sich ganz auf Gott ausrichtet (*das sie Got anhangen wirt*). Der dritte Grund: Wie die Speise dafür sorgt, dass der menschliche Leib bis zu seiner Vollendung wächst und gedeiht, so geschieht es auch durch das Sakrament. Wenn es einer würdig einnimmt, wachsen hierdurch seine Tugenden, und das Sakrament führt ihn durch die Tugend zum Stand der Vollkommenheit. Der vierte Grund ist: Wie Speise und Trank den leiblichen Hunger stillen und zur Sättigung führen, geschieht es auch durch das heilige Sakrament. Wenn es einer würdig einnimmt, führt es ihn zur ewigen Seligkeit; dort wird der Mensch keinen Hunger und keinen Durst mehr leiden.

Daher soll sich jeder Mensch auf die hochwürdige heilige Speise so zurüsten, dass er das heilige Sakrament andächtig und würdig und frei von einer Todsünde, um die er weiß, empfängt. Er soll nüchtern zum Sakrament kommen und alt genug sein, um die Speise der Seele und des Leibes zu unterscheiden. Einmal im Jahr, in der Osterzeit, soll er das tun. Danach soll der Mensch vor dem lebendigen Gott, nämlich vor dem Altar, auf die Knie fallen und das heilige Sakrament aus den Händen des Priesters empfangen zum Gedächtnis des Leidens und Sterbens unseres lieben Herrn Christi Jesu.

Quelle: Die älteste deutsche Gesamtauslegung der Messe. Hg. v. F.R. Reichert, Münster / W. 1967 (CCath 29), 48. 190-192.

d) Anleitungen zur Beichte

Wenn du nun beichten willst, so gehe zu deinem Priester, der die Befugnis hat, dich freizusprechen (*enbinden*). Bitte ihn, er möge dir um Gottes willen die Beichte abnehmen, bezeichne dich mit dem Kreuzeszeichen, knie vor dem Priester nieder und sprich in aller Demut: »Ich armer Sünder bekenne vor dem allmächtigen Gott und Maria, der Mutter Gottes, und allen Heiligen, dass ich unwürdiger Sünder in meinem Leben oft und schwer gesündigt habe in Gedanken, Worten und Werken, durch Tun und Unterlassen. Insbesondere bekenne ich mich schuldig, dass ich gegen die Gebote Gottes und der heiligen christlichen Kirche gesündigt habe, vor allem gegen das Erste Gebot: Ich habe Gott nicht über alles geliebt und hatte nicht den rechten Glauben, wie er sich in guten Werken auszeichnet (*geziert mit guten wercken*). Insbesondere habe ich an Zauberei, Wahrsagen, Segenssprüche, Unholde und schwarze Magie geglaubt.«

Quelle: F.X. Haimerl, Mittelalterliche Frömmigkeit im Spiegel der Gebetbuchliteratur Süddeutschlands, München 1952, 135, Anm. 833. – *Literatur:* P. Wilpert, Lex et sacramentum im Mittelalter, Berlin u.a. 1969; Ch. Caspers, De eucharistische vroomheid en het feest van Sacramentsdag in de Nederlanden tijdens de Late middeleeuwen, Löwen 1992; A. Firey, A new history of Penance, Leiden 2008; U. Zahnd, Wirksame Zeichen? Sakramentenlehre und Semiotik in der Scholastik des ausgehenden Mittelalters, Tübingen 2014; P. Browe, Die Eucharistie im Mittelalter. Liturgiehistorische Forschungen in kulturwissenschaftlicher Absicht, Berlin u.a. [7]2019.

[1] *Salböl.*
[2] *Flache Schale, auf der in der Regel die große Zelebrationshostie liegt.*
[3] *Buch mit den liturgischen Anleitungen für bischöfliche Gottesdienste in Rom und nach dem Muster Roms.*
[4] *Gemeint ist: im Unterschied zu zukunftsbezogenen Worten, die eine Verlobung begründen.*
[5] *Gemeint ist die sog. Trennung von Tisch und Bett, d.h. der Verzicht auf Sexualität bei fortdauerndem Zusammenleben im Alltag.*
[6] *Die mittelalterliche Liturgie sah jeweils im Anschluss an ein Hochfest eine Oktav, einen Achttageszyklus (in welchem das Hochfest selbst den ersten Tag markierte) vor. Die Pfingstoktav endete also am ersten Sonntag nach Pfingsten.*

68. Formierung des Ablasses

Eine Folge mittelalterlichen Sakramentendenkens war auch die markanteste – und durch die Wirkung auf die Reformation bekannteste – Ausdrucksform veräußerlichter Frömmigkeit: der Ablass. Seine Idee entspringt der Trias des Bußsakraments aus Reue, Beichte und Wiedergutmachung (*contritio, confessio, satisfactio*): Wer rechte Reue empfunden und an den Tag gelegt und dem Priester gebeichtet hat, empfing die Absolution. Seine Schuld (*culpa*) war damit im Angesicht Gottes vergeben. Nicht aufgehoben war aber die Strafe (*poena*), die die Schuld nach sich zog und die der Wiedergutmachung dienen sollte. Sie konnte einerseits als kanonische Strafe durch den Priester auferlegt werden, andererseits aber gab es die von Gott auferlegten Strafen. Nach erfolgter Freisprechung von der Schuld war dabei nicht mehr mit der ewigen Strafe in der Hölle zu rechnen, zeitliche Strafen aber blieben. Wo diese nicht mehr im Leben abgeleistet werden konnten, diente das Fegefeuer, der jenseitige Reinigungsort (*purgatorium*), hierzu. Diese Lehre brachte zwar die Verheißung, am Ende des Leidens in den Himmel zu gelangen, schärfte aber eben dieses Leiden auch ein. Sinn des Ablasses war es, diese Leidenszeit zu verkürzen. Das folgte anfänglich der Idee der Ersetzbarkeit von Strafen – so konnte etwa eine üblicherweise mit viel Ablass ausgestattete Wallfahrt (Text d) durch andere Bußleistungen zu Hause ersetzt werden. Zu den bemerkenswertesten Entwicklungen des späten Mittelalters gehörte die Konzentration dieser Praxis auf Rom und den Papst. Dazu trugen die immer häufiger ausgerufenen Jubiläumsablässe bei, die für Pilgerfahrten in die Heilige Stadt zu bestimmten runden Jahren vergeben wurden. 1300 handelte es sich hier noch um eine weitgehend spontane Bewegung von Pilgern, die sich Bonifaz VIII. allerdings rasch nachholend zu eigen machte (Text a). Der Avignoneser Papst Clemens VI. (1342-1352) hingegen legte schon frühzeitig das Jahr 1350 als Jubeljahr fest und führte hier die schon länger diskutierte Lehre vom Gnadenschatz, dem *thesaurus ecclesiae* in die kirchliche Begründung ein (Text b). Sixtus IV. öffnete in der Bulle *Salvator noster* (Text c) dann sogar ein Türchen für die Hoffnung, man könne nicht nur für sich selbst Ablass vor dem Eintritt in das Fegefeuer besorgen, sondern auch in das Fegefeuer hineinwirken. Dass zunehmend als Ersatzleistungen für tätige Buße auch Geldzahlungen genommen wurden, brachte einen schwunghaften Handel mit dem Ablass hervor, der diesen zu einem gewichtigen Wirtschaftsfaktor im ausgehenden Mittelalter machte.

a) Der Jubiläumsablass vom 22. Februar 1300

Wie uns die Alten zuverlässig überliefert haben, erhalten diejenigen, welche in Rom die ehrwürdige Kirche des Apostelfürsten besuchen, reiche Vergebung und Ablass für die Sünden (*magnae remissiones et indulgentiae peccatorum*). Deshalb sehen wir, die wir unserem Amt gemäß eifrig und gern für das Heil aller sorgen, diese Vergebung und den gesamten Ablass als gültig und (Gott) gefällig an. Wir bestätigen, bekräftigen und erneuern ihn kraft unserer apostolischen Autorität und sichern ihn durch dieses befürwortende Schreiben. Damit aber die allerseligsten Apostel Petrus und Paulus desto mehr geehrt und deren Kirchen in Rom von den Gläubigen mit größerer Andacht besucht werden, [...] bestimmen wir im Vertrauen auf die Barmherzigkeit des allmächtigen Gottes sowie die Verdienste und die Autorität der Apostel nach dem Rat unserer Brüder und in apostolischer Machtvollkommenheit (*Apostolicae plenitudine potestatis*) Folgendes:
In diesem eben begonnenen 1300. Jahr seit der Geburt unseres Herrn Jesus Christus und in jedem weiteren hundertsten Jahr sollen alle – das werden wir ihnen zubilligen und billigen wir ihnen zu –, die diese Kirchen ehrfürchtig besuchen und dabei wahrhaftige Buße tun und ihre Sünden bekennen oder dies später tun, nicht nur die volle und reichere, sondern die vollste Vergebung ihrer Sünden (*plenissimam imnium suorum* [...] *veniam peccatorum*) erhalten. Zugleich bestimmen wir, dass diejenigen, die an diesem von uns gewährten Ablass teilhaben wollen, wenn sie Römer sind, an dreißig Tagen, wenn sie Pilger oder Auswärtige sind, wenigstens an fünfzehn Tagen ohne oder mit Unterbrechung mindestens einmal täglich diese Kirchen besuchen sollen. Jeder wird um so mehr Verdienste erwerben und um so wirksameren Ablass erlangen, je häufiger und andächtiger er die Kirchen aufsucht [...]

Quelle: QGPRK Nr. 744. – *Literatur:* R.-H. Bautier, Le Jubilé de 1300 et l'alliance franco-pontificale au temps de Philippe le Bel et de Boniface VIII, MÂ 86 (1980) 189-216; J. Miethke, 1300. Das Jubeljahr Papst Bonifaz' VIII. Päpstlicher Anspruch auf Weltgeltung, in: Lothar Gall (Hg.), Das Jahrtausend im Spiegel der Jahrhundertwenden, Berlin 1999, 137-175.

b) Clemens VI., Unigenitus filius

Der einziggeborene Sohn Gottes [...], »uns von Gott zur Weisheit, Gerechtigkeit, Heiligung und Erlösung geworden« (I Kor 1,30), [...] erlöste uns nicht mit vergänglichen Dingen, mit Gold oder Silbers, sondern mir seinem eigenen, des unversehrten und unbefleckten Lammes kostbarem Blut (vgl. I Petr 1,18f); er hat bekanntlich, auf dem Altar des Kreuzes unschuldig geopfert, nicht nur einen Tropfen Blut – der gleichwohl wegen der Einung mit dem Wort für die Erlösung des ganzen Menschengeschlechts genügt hätte –, sondern in reichem Maße gleichsam einen Strom vergossen, so dass man »von der Fußsohle bis zum Scheitel des Hauptes nichts Heiles« (Jes 1,6) an ihm fand.

Einen solch großen Schatz hat er also deshalb für die streitende Kirche (*militanti Ecclesiae*) erworben, damit nicht das Erbarmen eines solchen großen Blutvergießens unnütz, vergeblich und überflüssig würde; als guter Vater wollte er seinen Kindern Schätze ansammeln, damit so »die Menschen einen unerschöpflichen Schatz (*infinitus thesaurus*) besäßen und die, die ihn gebrauchten, Anteil an der Freundschaft Gottes erhielten (Weish 7,14).

Diesen Schatz nun [...] hat er zur heilsamen Austeilung an die Gläubigen durch den seligen Petrus, den Schlüsselträger des Himmels, und dessen Nachfolger, seine Stellvertreter auf Erden (*eiusque successores, suos in terris vicarios*), hinterlassen und zur barmherzigen Zuwendung für alle, die wahrhaft Reue empfinden und gebeichtet haben, aus gerechten und vernünftigen Gründen, bald für einen vollständigen, bald für einen teilweisen Nachlass der für die Sünden geschuldeten zeitlichen Strafe, sowohl allgemein als auch im besonderen (je nachdem sie es mit Gott als dienlich erkennen).

Zum Übermaß dieses Schatzes leisten nun bekanntlich die Verdienste der seligen Gottesgebärerin (*Dei Genetricis*) und aller Erwählten vom ersten Gerechten bis zum letzten einen Beitrag; um sein Aufbrauchen bzw. seine Verminderung ist nicht im geringsten zu fürchten, sowohl wegen der unbegrenzten Verdienste Christi [...] (*infinita Christi* [...] *merita*), als auch deswegen, weil das Übermaß der Verdienste selbst umso mehr anwächst, je mehr Menschen aufgrund seiner Zuwendung zur Gerechtigkeit gezogen werden.

Quelle / Übers.: DH 1025-1027.

c) Sixtus IV., Bulle *Salvator noster*, 3. August 1476.

Und um für das Heil der Seelen vor allem in der Zeit Sorge zu tragen, in der sie mehr denn je der Fürbitten anderer bedürfen und in der sie weniger denn je sich selbst helfen können, wollen wir kraft apostolischer Autorität mit dem Schatz der Kirche den am Reinigungsort weilenden Seelen zu Hilfe eilen, die, durch die Liebe mit Christus geeint, von diesem Lichte geschieden sind und die zu ihren Lebzeiten verdienten, dass ihnen ein derartiger Ablass zugute komme, und gewähren und verleihen zugleich – soweit wir es mit Gott können – aus dem Verlangen väterlicher Zuneigung und im Vertrauen auf die göttliche Barmherzigkeit und auf die Fülle der Macht: Wenn Eltern, Freunde oder andere Christgläubige, von Frömmigkeit bewegt, unmittelbar für die Seelen, die am Reinigungsort zur Sühnung der Strafen, die ihnen nach der göttlichen Gerechtigkeit zustehen, dem Feuer ausgesetzt sind, während des erwähnten Zeitraums von zehn Jahren für die Wiederherstellung der Kirche zu Saintes[1] einen bestimmten Geldbetrag oder einen Wert entsprechend der ergangenen Anordnung des Dekans und des Kapitels der erwähnten Kirche oder unseres Sammlers beim Besuch der Kirche geben oder durch Boten, die von denselben zu bestimmen sind, für den erwähnten Zeitraum von zehn Jahren senden, so setzen wir fest, dass dieser vollkommene Ablass auf die Weise der Fürsprache (*ad modum suffragii*[2]) unmittelbar für die Seelen des Reinigungsortes (*purgatorii*), für die sie [...] den erwähnten Geldbetrag oder Wert entrichtet haben, für den Nachlass der Strafen Gültigkeit hat und ihnen zugute kommt.

Quelle/ Übers.: DH 1398.

d) Johann von Paltz (ca. 1445–1511): Wesen und Wirken des Ablasses (*Coelifodina* [Die himmlische Fundgrube], 1500/1)

Das Wesen des Ablasses (Indulgentiae, quid sint?)
»Der Ablass ist die Vergebung der Sünden, soweit es das betrifft, was nach dem Sakrament der Buße von den Sünden noch überbleibt.«[3] Für seine Definition muss man nach Auffassung dieses Lehrers vier Dinge bei der Sünde beachten: »1. Die jeweilige Tatsünde (*actualis culpa*) [...] 2. Die habituelle Befleckung, die nach der sündhaften Tat verbleibt und zum Bösen hinzieht [...] 3. Die strafwürdige Schuld (*reatus ad poenam*), die auch nach der bösen Handlung bleibt, [...] und 4. Die Beleidigung, durch die Gott auf den Plan gerufen wird [...]
Zur Sache: Der Ablass ist keine Vergebung der Sünden, soweit es sich um eine Tatsünde handelt; denn wenn diese vorüber ist, so besteht sie überhaupt nicht mehr. Es kann aber auch nicht um die habituelle Befleckung gehen; denn während der Ablass durch einen einzigen Akt erworben wird, lässt sich – wie die Erfahrung lehrt – die habituelle Befleckung nicht durch einen einzigen Akt auslöschen, da ja die Bereitschaft zum Bösen bleibt. Ebenso wenig betrifft der Ablass die Beleidigung Gottes; denn diese ist bereits vorher im Akt der Reue oder im Sakrament der Beichte vergeben worden [...]Folglich ist der Ablass nur Vergebung der Sünden, soweit es um die zeitliche Strafe geht [...]
Man muss jedoch beachten, dass es zwei Arten von Sündenstrafen und zwei Arten von strafwürdiger Schuld gibt. Die eine führt zu einer ewigen Strafe (*poenam aeternam*). Dieser ist ein Sünder vor der Buße verfallen, und diese kann der Ablass nicht aufheben; denn wer einer ewigen Strafe verfallen ist, kann keinen Ablass empfangen, da er sich im Stande der Todsünde befindet (*in mortali peccato*). Die andere führt zu einer zeitlichen Strafe (*poenam temporalem*). Diese wird im Sakrament der Beichte oder auch erst im Fegefeuer auferlegt, wobei ein Sünder auch nach der Beichte mindestens einer von diesen Strafen verfallen bleibt. In eine solche Strafe wird die ewige Strafe aufgrund der Reue umgewandelt; und hierauf bezieht sich der Ablass, so dass jetzt von dieser Strafe die Rede ist und nicht von der ewigen [...]«
Durch die Kraft des Ablasses im engeren Sinne wird niemand von Strafe *und* Schuld (*poena et culpa*) freigesprochen, sondern nur von der Strafe. Durch das Sakrament aber geschieht die Lossprechung von der Schuld, sonst wäre das Bußsakrament sinnlos [...]
Hier ließe sich freilich einwenden, dass nach allgemeiner Auffassung jemand durch einen Jubiläumsablass von Strafe *und* Schuld freigesprochen wird. Dazu ist folgendes zu sagen: Das ist richtig, denn ein Jubiläumsablass ist mehr als ein einfacher Ablass; denn er schließt neben dessen Kraft, eine Strafe zu erlassen, auch

die Ermächtigung zu Beichte und Absolution ein, d.h. das Sakrament der Buße und zugleich auch den Ablass im engeren Sinn.

Um dies besser zu verstehen, muss man deshalb beachten, dass das Wort ›Ablass‹ zwei Bedeutungen hat. Einmal wird es im engeren Sinne ausschließlich für den Erlass der Strafe gebraucht und erstreckt sich nicht auf die Vergebung der Schuld. Auf der anderen Seite bedeutet es im weiteren Sinne den Jubiläumsablass oder einen Brief, der diesen enthält. In diesem Fall erstreckt es sich auf den Erlass von Schuld und Strafe; denn wenn der Papst einen Jubiläumsablass ausgibt, so gibt er gewöhnlich keinen bloßen Ablass heraus, sondern zugleich auch die Ermächtigung zu Beichte und Absolution von allen Sünden, auch was die Schuld anbetrifft. So wird die Schuld erlassen durch das Sakrament der Buße, das hierdurch in den Jubiläumsablass hineingenommen wird, und die Strafe durch den Ablass selbst, der dort gewährt wird [...]

Der Ursprung des Ablasses
»Die Kirche besitzt im Wesentlichen vier Schätze, aus denen nach allgemeiner Auffassung der Ablass hervorgeht: 1. Das überreichliche Verdienst (*superabundantia meriti*) des Leidens Christi, das wegen seiner Göttlichkeit unendlich ist und zur Erlösung unbegrenzt vieler Menschen ausreichen würde [...] 2. Das überreichliche Leiden der allerheiligsten Gottesmutter Maria, die, ohne selbst eine lässliche oder gar eine Todsünde begangen zu haben, viele Schmerzen ertragen hat, vor allem als Christus die Passion erlitt [...] 3. Der von den allerheiligsten Märtyrern erworbene Schatz, deren vergossenes Blut und Leiden, wie man sagt, mehr Verdienste erworben hat, als für sie selbst zum Heil nötig gewesen wäre [...] 4. Der von den allerheiligsten Bekennern erworbene Schatz, deren Verdienste so erhaben waren, dass auch weit geringere zu ihrem eigenen Heil ausgereicht hätten. [...]« [...]
Aufgrund dieses (vierfachen) Schatzes, der nichts anderes ist als Buße, die ein anderer für einen leistet, vergibt die Kirche aus der Fülle ihrer Macht (*ex plenitudine potestatis*) im Einklang mit der Gerechtigkeit Gottes die Strafe durch den Ablass.

Quelle: Johann von Paltz, Werke. Bd. 1: Coelifodina, hg. v. C. Burger u. F. Stasch, Berlin / New York 1983 (Spätmittelalter und Reformation 2), 320-322. 334f. – *Literatur:* B. Hamm, Frömmigkeitstheologie am Anfang des 16. Jahrhunderts. Studien zu Johannes von Paltz und seinem Umkreis, Tübingen 1982 (BHTh 65); C. Burger, Volksfrömmigkeit in Deutschland um 1500 im Spiegel der Schriften des Johannes von Paltz OESA, in: P. Dinzelbacher u. D.R. Bauer (Hg.), Volksreligion. Aspekte der Volksfrömmigkeit im hohen und späten Mittelalter, Paderborn 1989, 307-327.

e) Die Ablassverheißungen Jerusalems nach dem Bericht Pfalzgraf Ottheinrichs

Alle heiligen Stätten, zum Teil schon genannt, und die anderen, die ich im Heiligen Land gesehen habe, werden zur Genüge mit Gnade und Ablass in einer abkopierten Tafel hier beigelegt und nach der Karte des von Gott den Kindern Israel verheißenen, gelobten Landes bezeichnet:
»Was folgt, sind die Wallfahrten des ganzen Heiligen Landes, die von den heutigen neuen Pilgern besucht werden, und es ist zu wissen, dass an den Stätten, wo ein †
steht, vollkommene Verzeihung von Pein und von Schuld ist, und an anderen Stätten, wo kein Kreuz steht, da ist Ablass und Gnade von sieben Jahren und sieben

Ablass

Quadragenen,⁴ und diese Ablässe und Gnaden wurden auf Bitten des großen Kaisers Konstantin und seiner Mutter, der heiligen Frau Helena,⁵ von dem heiligen Papst Silvester gegeben [...]
Die Wallfahrten oder heiligen Stätten der Heiligen Stadt Jerusalem und zum ersten in der Kirche des Heiligen Grabs: In der Heiligen Stadt Jerusalem ist die Kirche des Heiligen Grabs, darin liegt der allerwürdigste Berg Kalvarie, auf dem unser Heilsbringer gekreuzigt wurde †. Die Stätte, da Christus in die Hände seiner süßesten Mutter gelegt wurde und gesalbt und in Leinen gewickelt⁶ †. Das allerheiligste Grab, in dem Christus begraben wurde, der uns herrlich auferstanden ist. Wo Christus Maria Magdalena erschien in der Gestalt eines Gärtners. Die Stätte, wo Maria Magdalena zu Christus sagte: ›Hast du ihn weggetan, und ich will ihn holen.‹ (Joh 14,15) Die Kapelle der Jungfrau Maria, in der der Herr Jesus zum ersten Mal seiner allersüßesten Mutter erschien. Da ist ein Fenster, ein Stück der Säule, an die Christus gebunden und in Pilatus' Haus grausam gegeißelt worden ist. Ein anderes Fenster, wo lange Zeit ein großer Teil des Heiligen Kreuzes gestanden hat. Der Kerker Christi, in den er vor der Kreuzigung geworfen wurde. Wo die Kleider Christi verteilt wurden. Die Stätte, wo von Sankt Helena das Heilige Kreuz, die Krone, die Nägel und der eiserne Speer, mit dem die Seite Christi geöffnet wurde, gefunden wurden. Die Kapelle und Betstätte der heiligen Helena, der Mutter Konstantins. Ein anderer Teil einer anderen Säule, an der der Herr Jesus verspottet, sein Angesicht befleckt und er mit Dornen gekrönt wurde. Die Stätte, da Adams Haupt gefunden wurde. Die Mitte der Welt, wie von einigen Leuten gesagt wird.«

Quelle / Übers.: F. Reichert, Die Reise des Pfalzgrafen Ottheinrich zum Heiligen Land 1521, Regensburg 2005, 178-181. – *Literatur:* W. Schneider, Peregrinatio Hierosolymitana. Studien zum spätmittelalterlichen Jerusalembrauchtum und zu den aus der Heiliglandfahrt hervorgegangenen nordwesteuropäischen Jerusalembruderschaften, Diss. Münster 1982; B. Moeller, Die letzten Ablasskampagnen. Der Widerspruch Luthers gegen den Ablass in seinem geschichtlichen Zusammenhang, in: ders., Die Reformation und das Mittelalter. Kirchenhistorische Aufsätze, hg. v. J. Schilling, Göttingen 1991, 53-73; N. Paulus, Geschichte des Ablasses im Mittelalter. Vom Ursprunge bis zur Mitte des 14. Jahrhunderts. 2 Bde. Darmstadt ²2000; ders., Geschichte des Ablasses am Ausgang des Mittelalters. Darmstadt ²2000; Chr. Laudage, Das Geschäft mit der Sünde. Ablass und Ablasswesen im Mittelalter, Freiburg 2016; B. Hamm, Ablass und Reformation. Erstaunliche Kohärenzen, Tübingen 2016; A. Rehberg (Hg.), Die mittelalterlichen Ablasskampagnen. Luthers Thesen von 1517 im Kontext, Berlin 2017.

¹ *Formal handelte es sich bei dem in* Salvator noster *erteilten Ablass um einen ad-instar-Ablass, d.h. um einen solchen, der Möglichkeiten des römischen Jubiläumsablasses auf diejenigen übertrug, die für den Bau der Kathedrale von Saintes spendeten.*
² *Diese Formulierung war so unklar, dass Sixtus IV. im folgenden Jahr die Bulle* Romani Pontificis provida *herausbrachte, um sie genauer zu definieren.*
³ *Die Zitate stammen aus dem Traktat des Franciscus de Mayronis (gest. nach 1328) über die Ablässe.*
⁴ *Buße von vierzig Tagen.*
⁵ *Die Kaiserinmutter Helena († ca. 330) galt als exemplarische Jerusalempilgerin: In hohem Alter soll sie sich dorthin aufgemacht und dort auch Reste des Kreuzes gefunden haben.*
⁶ *Der sogenannte „Salbungsstein" in der Grabeskirche.*

69. Texte zur Mariologie

Seit alters stand im Zentrum der Heiligenverehrung Maria, die Mutter Jesu. Mariendarstellungen, -wallfahrten (Text e) und -bruderschaften bildeten einen wichtigen Bestandteil des religiösen Lebens. Mit Maria konnte man sich als Mensch identifizieren und doch zugleich in ihr, der Himmelskönigin, eine besondere Nähe zu Gott erhoffen. In Liedern zeigt sich, wie man von ihr barmherzige Fürbitte angesichts der Strafen Gottes erhoffte (Text a). In dem im 13. Jahrhundert entstandenen pseudoanselmischen Dialog *Interrogatio Anselmi* hingegen (Text b) wurde das Leiden Mariens in einer Weise thematisch, die die Spannung zwischen Marias menschlichem Elend als Mutter und ihrer jetzigen Herrlichkeit thematisierte. Die Literatur gab zugleich die Möglichkeit, Dinge über die letzten Stunden Jesu zu berichten, von denen selbst die Evangelien nicht wussten. Diese Frömmigkeit bedurfte auch der dogmatischen Absicherung. Insbesondere wurde immer wieder die Frage der unbefleckten Empfängnis (›*immaculata conceptio*‹) diskutiert (Text d). Dieser Gedanke bedeutete die Ausdehnung der besonderen Heiligkeit auf das ganzes Leben Marias: Die Mutter Gottes sollte nicht nur Jesus Christus jungfräulich geboren haben, sondern ihrerseits ohne Erbsünde empfangen worden sein. Während Thomas von Aquin die Lehre einer besonderen Heiligung Mariens im Mutterschoß vertrat und entsprechend die Annahme einer unbefleckten Empfängnis bestritt, konnte Duns Scotus im Rahmen seiner Theologie ein Durchbrechen der Normalität durch Gott viel eher annehmen und entsprechend auch ohne Bedenken die Lehre von der unbefleckten Empfängnis Marias vertreten. Im Zuge der Verschärfung der Auseinandersetzungen machten die Franziskaner die unbefleckte Empfängnis geradezu zur Ordensdoktrin, während sich die Dominikaner demgegenüber als Hüter der diese Lehre bestreitenden Tradition verstanden. Sixtus IV. versuchte – wie schon zuvor das in Basel verbliebene Rumpfkonzil (Text c) – die Streitigkeiten 1483 mit seiner Konstitution über diese Frage zum Abschluss zu bringen (Text d). Endgültig wurde die Lehre zum katholischen Dogma aber erst 1854 durch Pius IX.

a) Ein spätmittelalterliches Loblied auf Maria

Dich Frau vom Himmel ruf ich an
in diesen großen Nöten mein.
Gen Gott ich mich verschuldet han,
bitt, dass ich werd ein Diener dein
gen deinem Kind!
Maria, lind
sein Zorn gen mir!
Mein Zuflucht ist allein zu dir.
Hilf bald, ich fürcht, der Tod kumm schier.

Maria mein Beschirmerin,
du Mutter Gotts und Jungfrau zart,
betrübt so sind mir all mein Sinn,
so ich gedenk an Todes Fahrt
und stirb aus Angst,
auch dass mir langst
hätt zugebührt
zu bedenken, was mein Seel anrührt,
noch hat mich freier Will verführt.

Darum halt für, du reine Magd,
Ablass der Sünden mir erwirb!
Dieweil dein Suhn dir nicht versagt,

Mariologie

> und ich nit weiß auch, wenn ich stirb,
> so trag ich doch
> der Reu ein Joch
> und beger auch Gnad,
> recht Buß und Fürsatz auf mich lad,
> hilf, dass der Leib der Seel nit schad!

Quelle: Deutsche Mariendichtung aus neun Jahrhunderten, hg. u. erläutert v. E. Haufe, Frankfurt / M. 1989, 160f.

b) Die *Interrogatio Anselmi*

Der Heilige Anselm hat lange Zeit die glorreiche Jungfrau unter Fasten, Tränen und Beten angefleht, dass sie ihm eröffne, wie ihr Sohn gelitten hat. Schließlich erschien ihm die selige Jungfrau und sprach: So Schweres und so viel hat mein geliebter Sohn gelitten, dass niemand davon reden kann, ohne reichlich Tränen zu vergießen. Da ich nun aber verherrlicht bin, kann ich nicht weinen. Daher werde ich dir das Leiden meines Sohnes der Reihe nach darlegen [...]
Kapitel 9: Von der Begegnung Christi und der Mutter.
Als aber mein erstgeborener Sohn (*filius meus principalis*) mit zwei Verbrechern vor die Tore der Stadt geführt wurde, schwer bedrängt von dem Volk, das herbeiströmte und ihn verspottete, wollte ich hinterherlaufen und schauen, aber ich konnte das wegen der riesigen Volksmenge nicht, die zusammengekommen war, um meinen Sohn zu schmähen. Aber schließlich überlegte ich zusammen mit Maria Magdalena, dass wir einen Umweg durch eine angrenzende Gasse bei einer Quelle nehmen könnten, bis wir ihm entgegenkämen. Und als wir in die Nähe der Quelle kamen, fanden wir uns gegenüber meinem entstellten Sohn vor, der von allem Schmerz niedergedrückt war (*meum filium deformatum, pressum omni dolore*). Gütig neigte er sich zu mir, als spräche er: »Dank sage ich dir, meine auserwählte Mutter, für die vielfältigen Wohltaten, die du für mich aufgebracht hast, und für die große Mühsal, mit der du in höchster Armut und unter Demütigung den Tempel meines Leibes groß gezogen hast, und dass du nun nicht verschmäht noch Scheu gehabt hast, mir, der ich nun unter Schimpf und Schande der Vernichtung preisgegeben bin, zu folgen, obwohl wir in aller Augen der Verachtung ausgesetzt sind.«
Kapitel 10: Von der Kreuzigung und der Aufrichtung des Kreuzes.
»Und nachdem sie zum Kalvarienberg gekommen waren, kreuzigten sie ihn dort und die Räuber mit ihm, einen zur Rechten und einen zur Linken.« (Mk 15,27). ANSELM: Wie haben sie ihn behandelt? MARIA: Hör, Anselm, was ich nun zu berichten habe, ist schrecklich beklagenswert, doch keiner von den Evangelisten schreibt davon. Als sie zu dem furchtbar schändlichen Kalvarienberg gekommen waren, wo man Hunde und anderes Aas verenden ließ, entkleideten sie Jesus, meinen einzigen Sohn, vollständig, und ich verlor alle Kraft. Dennoch konnte ich noch meinen Kopfschleier nehmen und um seine Lenden wickeln. Danach legten sie das Kreuz auf den Boden und spannten ihn darauf. Und sie schlugen zuerst einen Nagel ein, der war so dick, dass da kein Blut ausfließen konnte, so vollständig war die Wunde von dem Nagel gefüllt. Danach nahmen sie Stricke und zogen den anderen Arm meines Sohnes Jesus lang und trieben den zweiten Nagel hinein. Dann zogen sie die Füße mit Stricken lang und schlugen einen ganz spitzen Nagel hinein. So angespannt war er, dass alle seine Knochen und Glieder zu sehen waren, so dass jenes Psalmwort erfüllt wurde: »Alle meine Knochen habe ich gezählt.« (Ps 22,18)

Und damit wurde die Prophezeiung von David selbst, das heißt Christus selbst, erfüllt, der im Psalm sagt: »Höre, Tochter, und sieh!« (Ps 45,11), als wollte mein Sohn sagen: »Höre, meine über alles geliebte Mutter, den Klang der Hämmer, und sieh, wie sie meine Hände und meine Füße schlagen! Und niemand leidet mit mir (*nemo mihi compatitur*) außer dir, meiner auserwählten Mutter. Höre, Tochter, und leide mit mir!« Als ich dies hörte und sah, durchbohrte das Schwert Simeons (*gladius Simeonis*) mein Herz und meine Seele (vgl. Lk 2,35). Danach richteten sie ihn unter großer Anstrengung auf, und er hing in einer solchen Höhe, dass ich auf keine Weise seine Füße berühren konnte. Und als er aufgerichtet war, da sind wegen seines Körpergewichts alle Wunden aufgerissen und öffneten sich, und dann erst floss Blut in großer Menge von seinen Händen und Füßen. Ich aber hatte eine Art Leinengewand angelegt, wie es die Frauen in der Gegend zu tragen pflegen. Es bedeckte das Haupt und den ganzen Leib. Und dieses Gewand war ganz und gar von Blut besprengt.

Quelle: PL 159, 271. 282f.

c) Dekret des Baseler Konzils über die Sündlosigkeit Marias (17.9.1439)

Wir definieren, dass jene Lehre, die besagt, die glorreiche Jungfrau und Gottesgebärerin (*Dei genitricem*) Maria sei durch das Zuvorkommen und Wirken der einzigartigen Gnade des göttlichen Willens niemals der Ursünde unterworfen, sondern stets von der ursprünglichen und aktuellen Schuld unberührt, heilig und unbefleckt (*immunem* [...] *sanctamque et immaculatam*) gewesen, von allen Katholiken als fromm und mit dem kirchlichen Brauch, dem katholischen Glauben, der rechten Vernunft und der heiligen Schrift übereinstimmend gutzuheißen ist [...] und dass es fortan keinem erlaubt ist, entgegengesetzt zu predigen oder zu lehren.

Quelle: Konzil zu Basel Sessio XXXVI vom 17. September 1439; Einl. Zu DH 1400.

d) Die Konstitution Sixtus' IV. (1471–1484) *Grave nimis* – über die unbefleckte Empfängnis Marias (4.9.1483)

Obwohl die heilige Römische Kirche ja öffentlich und feierlich das Fest von der Empfängnis der unversehrten und immerwährenden Jungfrau Maria begeht und dafür ein besonderes und eigenes Offizium[1] verordnet hat, haben – wie Wir hörten – manche Prediger verschiedener Orden sich bisher nicht geschämt, in ihren Predigten ans Volk öffentlich in verschiedenen Städten und Landstrichen zu behaupten, und säumen nicht, täglich zu predigen, all jene sündigten tödlich bzw. seien Häretiker, die daran festhalten oder erklären, dass eben diese glorreiche und unbefleckte Gottesgebärerin ohne den Makel der Ursünde empfangen worden sei, und sie sündigten schwer, wenn sie das Offizium eben dieser Unbefleckten Empfängnis feiern und die Predigten jener hören, die behaupten, sie sei ohne einen derartigen Makel empfangen worden [...]
In der Absicht, solchen leichtfertigen Vorwitzigkeiten [...] entgegenzutreten, verwerfen und verurteilen Wir also – aus eigenem Antrieb (*motu proprio*), nicht auf Veranlassung irgendeines Gesuchs, das in dieser Sache an uns herangetragen wurde, sondern nur aufgrund Unserer Erwägung und sicheren Gewissheit – solche Behauptungen ebendieser Prediger und beliebiger anderer [...] kraft Apostolischer

Mariologie

Autorität aufgrund des vorliegenden Schreibens als falsch, irrig und von der Wahrheit völlig abweichend.

Quelle: DH 1425f. – *Literatur:* U. Horst, Die Diskussion um die Immaculata Conceptio im Dominikanerorden, Paderborn u.a. 1987 (VGI 34).

e) Ein wundertätiges Marienbild: Das Wunderbuch unserer lieben Frau im thüringischen Elende

Zu Beginn dieses Buches soll jeder vernunftbegabte Mensch erfahren, dass das, was im Folgenden niedergeschrieben ist, alles geschehen ist, als man das Jahr 1414 nach Gottes Geburt schrieb. Vor allem erfahrt zunächst die Geschichte und den Ursprung der Grundlagen hier zum Elend, wie es sich begeben hat, dass das jetzt »Zu Unserer Lieben Frau zum Elende« heißt. Namentlich sollt ihr wissen, dass ich, Dietrich Pfersch,[2] zu der Zeit, als ich noch ein junger Knabe war, bei meinen Freunden in Niedergebra gewesen bin. Ich hatte die Freunde meines Vaters zur Kirchweih (*kermeße*) eingeladen und wollte wieder heim nach Roldesleben, und die Freunde hatten mich gut mit Speis und Trank versorgt. Da kam ich an die Stelle, wo unsere Liebe Frau jetzt steht. Das war eine schöne Wiese mit Kräutern und Thymian, und es roch dort sehr angenehm. Da legte ich mich hin und ruhte ein wenig, und im Schlaf erschien mir die schönste Jungfrau, die hatte, wie mir schien, das schönste Kindlein auf ihrem Arm. Und als ich aufwachte, sah ich niemanden. Es war ein wenig später, als ich wieder einschlief, und es zog sich etwas hin, bis ich war wie zuvor. Beim dritten Mal erschien mir ein solches Saiten-, Harfen-, Fidel-, Rotten-,[3] und Zimbelspiel, dass man sich leicht vorstellen kann, in welche innerliche Gemütslage (*ynnikeid*) ich dadurch kam. Ich gewann da den Eindruck, dass die liebe Maria einen Dienst von mir haben wollte. So ging ich auf den Frauenberg zu Ellrich und bat sie, dass sie mir mitteile, wodurch ich sie ehren könne. Da wurde mir eingegeben, dass ich einen hölzernen Bildstock mit einem Bild unserer Lieben Frau an der Stelle erreichten solle und möge, wo ich zum ersten Mal eingeschlafen war. Da die Stelle, an der dieser Bildstock mit dem Bild unserer Lieben Frau in der Kapelle steht, vorher keinen Namen hatte, entstand in diesem Moment der Entschluss, der Stelle einen Namen zu geben. Daher heißt sie „Zu Unserer Lieben Frau im Elende". Das habe ich zu Lob und Ehre mit Wissen meiner lieben gnädigen gottseligen Herren von Hohenstein getan. Das ist wirklich so, das könnt ihr mir gern glauben. Vor allem sollen und können im Folgenden alle frommen Leute etliche Zeichen lesen und vernehmen, die dort geschehen sind [...]
Ferner zu Pustleben.
Ferner ist ein Zeichen zu Pustleben geschehen an einer Frau, die im Begriff war zu brauen. Diese Frau hatte ein kleines Kind, das noch ziemlich jung war. Das Kind war ihr aus Ungeschick an das Feuer unter den Kessel geraten, so dass es anfing sich zu verbrennen und es zu schreien begann. Das hörte die Mutter und lief mit großem Schrecken herbei und will das Kind retten und stürzt oben auf den Kessel, wo er am heißesten siedet, und verbrannte sich und das Kind, so dass man das Kind an die drei Stunden für tot hielt und am Leben des Kindes verzweifelte. Da erinnerte sich diese Frau (*Des wart dusse frouwe andechtig*) an das neu aufgestellte Bild Unserer Lieben Frau im Elende und rief die Mutter Gottes an, dass sie sich ihrer und ihres Kindes erbarmte. Wenn es sein Leben nicht verlöre, wolle sie sie dort demütig mit einer Opfergabe von drei Pfund Wachs aufsuchen. Sogleich, als sie Gott und Unserer Lieben Frau das Gelübde abgelegt hatte, wurden beide erhört, die Mutter und das Kind.

Quelle: Das Wunderbuch Unserer Lieben Frau im thüringischen Elende (1419-1517), hg. u. komm. v. G. Signori, Köln u.a. 2006, 41f. – *Literatur:* R. Bäumer / L. Scheffczyk (Hg.), Marienlexikon. 6 Bde., St. Ottilien, 1988-1994; W. Beinert / H. Petri (Hg.), Handbuch der Marienkunde. 2 Bde., Regensburg ²1997; K. Schreiner, Maria. Leben, Legenden, Symbole, München 2003; ders., Maria. Jungfrau, Mutter, Herrscherin, Köln 2006; H. Haag, Maria. Kunst, Brauchtum und Religion in Bild und Text, Freiburg 1997; S. Keim, Marienlob im Spätmittelalter. Studien zur Interferenz von poetologischer und theologisch-mariologischer Metaphorik, Stuttgart 2020.

1 *Messgottesdienst.*
2 *Dietrich Pfersch wurde später Vikar an der Wallfahrtskapelle zum Elende.*
3 *Die Rotta war ein mittelalterliches Saiteninstrument in unterschiedlichen Ausgestaltungen.*

70. Umgang mit dem Todesgeschick im späten Mittelalter

Der Gedanke an den Tod war im Mittelalter vielfach von der Erwartung jenseitigen Lohns und jenseitiger Strafen bestimmt. Besonders wichtig wurde dabei der Zwischenort zwischen Himmel und Hölle, das Fegefeuer (Texte a), das den Vorteil hatte, dass niemand von dort in die ewige Pein der Hölle geschickt würde. Nach der im Fegefeuer erfolgten Reinigung durften die Seelen das Paradies betreten. In einer Zeit geringer medizinischer Versorgung war auch der frühe Tod, zumal die Kindersterblichkeit, ständig präsent. Doch steigerte sich dies, als in den vierziger Jahren des vierzehnten Jahrhunderts der ›Schwarze Tod‹, die Pest, durch Europa jagte und einen Großteil der Bevölkerung dahinraffte. Die Plötzlichkeit und Allgemeinheit des Todes, der die Menschen keine Mittel entgegensetzen zu können schienen, machte den individuellen Tod zu einem im Kollektiven verschwindenden Schicksal. Diese Erfahrung führte zu einer Intensivierung einer Bußhaltung angesichts des offenkundig zürnenden Gottes im Wiederaufleben der 1260 erstmals in Italien gepflegten massenhaften Selbstgeißelung als radikaler Form öffentlicher Buße (Text b). Längerfristig blieb der Tod eines der bestimmenden Themen in der Frömmigkeit des späten Mittelalters, zumal auch die Pest präsent blieb. Die mit ihr verbundene Schreckenserfahrung des plötzlichen Todes vertiefte die seelsorgliche Notwendigkeit von Predigten und Literatur, die das Sterben vorbereiteten. Ihr klassischer Ausdruck waren die *artes moriendi* (Sterbekunst), deren Wurzel freilich schon hochmittelalterlich ist. Der unten stehende (Text c) stammt von dem berühmten Straßburger Prediger Geiler von Kaysersberg (1445-1510), der an die Frömmigkeitstheologie Johannes Gersons (s.o. Nr. 64) anknüpfte.

a) Die Topographie des Jenseits nach Innocenz IV. (1243-1254) in seinem Schreiben an den Legaten des Apostolischen Stuhls bei den Griechen, 6. März 1254

[Das Los der Verstorbenen]. Weil schließlich die Wahrheit im Evangelium versichert: Wer wider den Heiligen Geist eine Lästerung ausspricht, dem wird weder in dieser Welt noch in der künftigen vergeben werden (vgl. Mt 12,31f) – wodurch zu verstehen gegeben wird, dass manche Sünden in der gegenwärtigen, manche aber in der künftigen Welt vergeben werden –, und der Apostel sagt: »Wie beschaffen das Werk eines jeden ist, wird das Feuer erproben«, und: »Wessen Werk gebrannt hat, der wird Schaden erleiden; er selbst aber wird gerettet sein; so jedoch wie durch Feuer hindurch« (I Kor 3, 13.15), und die Griechen selbst angeblich wahrhaft und ohne Zweifel glauben und bekennen, dass die Seelen jener, die, nachdem

Tod im späten Mittelalter 293

sie die Buße aufgenommen, sie aber nicht vollendet haben, oder die ohne Todsünde (*sine mortali peccato*), jedoch mit verzeihlichen und geringfügigen Sünden dahinscheiden, nach dem Tod gereinigt werden, und man ihnen durch die Fürbitten der Kirche helfen kann: deshalb und weil sie sagen, der Ort dieser Reinigung sei ihnen von ihren Lehrern nicht mit einem bestimmten und eigenen Namen bezeichnet worden, wollen Wir, die Wir diesen Ort ja gemäß der Überlieferungen und Autoritäten der heiligen Väter ›Reinigungsort‹ (*Purgatorium*) nennen, dass er künftig bei ihnen selbst mit diesem Namen bezeichnet werde. In jenem vorübergehenden Feuer werden nämlich zwar Sünden, jedoch keine verbrecherischen bzw. zum Tode führenden, die zuvor nicht durch Buße vergeben wurden, sondern kleine und geringfügige gereinigt, die nach dem Tode auch dann belasten, wenn sie im Leben vergeben wurden.

Wer aber ohne Buße in einer Todsünde dahinscheidet, der wird ohne Zweifel auf immer von den Gluten der ewigen Hölle gepeinigt.

Die Seelen der kleinen Kinder nach dem Bad der Taufe aber, und auch der in Liebe dahinscheidenden Erwachsenen, die weder durch eine Sünde noch zum Zwecke einer Genugtuung für sie gehalten werden, fliegen sogleich in die ewige Heimat hinüber.

Quelle / Übers.: DH 838f. – *Literatur:* J. LeGoff, Die Geburt des Fegefeuers, München [2]1991; P. Jezler (Hg.), Himmel, Hölle, Fegefeuer. Das Jenseits im Mittelalter, Zürich [2]1994; P. Dinzelbacher, Die letzten Dinge. Himmel, Hölle, Fegefeuer im Mittelalter, Freiburg u.a. 1999; S. Wegmann, Auf dem Weg zum Himmel. Das Fegefeuer in der deutschen Kunst des Mittelalters, Köln u.a. 2003; C.A. Tuczay (Hg.), Jenseits. Eine mittelalterliche und mediävistische Imagination. Interdisziplinäre Ansätze zur Analyse des Unerklärlichen, Frankfurt u.a. 2016.

b) Beschreibung eines Geißlerzuges

Da man zählte 1349 Jahre und 14 Nächte nach Sonnwende, da kamen wohl zweihundert Geißler gen Straßburg [...] Sie hatten die kostbarsten Fahnen von Samet tüchern, rauh und glatt, und von Baldecken[1] die besten. Die trug man voran, wo sie in die Städte und Dörfer gingen, und man läutete ihnen alle Glocken entgegen [...] Zwei oder vier sangen einen Leich[2] vor, die andern sangen nach. Wenn sie in die Kirchen kamen, knieten sie nieder und sangen:
 Jesus wird gelabet mit Gallen,
 Drum solln wir kreuzweis niederfallen.
Bei diesem Worte fielen sie alle kreuzweis auf die Erde, dass es klapperte. Als sie eine Weile so gelegen, hob ihr Vorsänger an und sang:
 Nun hebet auf eure Händ,
 Dass Gott das große Sterben wend'.
Dann standen sie auf und wiederholten das zweimal. Man lud sie dann zum Essen ein. Das Geißeln geschah auf einem Feld vor der Stadt. Wenn die Geißler büßen[3] wollten, zogen sie sich nackt aus bis auf die Hose und taten Kittel oder weiße Tücher um sich, die reichten von dem Gürtel bis auf die Füße. Sie [...] legten sich nieder in einen weiten Ring [...] so fing ihr Meister an, wo er wollte, und schritt über einen und schlug ihn mit der Geißel auf den Leib und sprach:
 Steh auf durch des reinen Leidens Ehre,
 Und hüt' dich vor der Sünden mehre.
Wer gegeißelt worden war, gesellte sich zum Meister, bis die Reihe um war. Hernach gingen sie je zu zweit um den Ring und geißelten sich mit Geißeln von Riemen, die hatten vorne Knoten, in denen Nägel staken, und sie schlugen sich über

ihren Rücken, dass mancher sehr blutete. Dann knieten sie alle nieder, streckten ihre Arme kreuzweise aus und sangen:
> Jesus, der ward gelabet mit Gallen,
> Drum solln wir kreuzweis niederfallen.

Nun fielen sie alle kreuzweise nieder auf die Erde und lagen eine Weile da, bis die Sänger abermals anhuben zu singen:
> Nun hebet auf eure Händ',
> Dass Gott dies große Sterben wend'.
> Nun hebet auf eure Arm',
> Dass Gott sich über uns erbarm'.
> Jesus, durch deine Namen drei,
> Du mach' uns, Herr, von Sünden frei!
> Jesus, um deiner Wunden rot,
> Behüt uns vor dem schnellen Tod.

Eine Geißelfahrt (die jeweils viel Volk anzog) währte länger denn ein Vierteljahr, so dass alle Wochen manche Schar mit Geißlern kam. Danach machten sich auch Frauen auf und fuhren auch über Land und geißelten sich. Darnach unternahmen auch junge Knaben und Kinder die Geißelfahrt. Und wie es zu Straßburg ergangen ist, so war es am Rhein in allen Städten, dasselbe war in Schwaben, in Franken, im Westreich und in vielen Gegenden deutschen Landes.

Quelle: Fritsche Closeners Straßburger Chronik, hg. von A. Schott, 1842. Neuhochdeutsche Fassung in: Th. Humpert, Klösterliches Leben und volkstümliche Frömmigkeit im Mittelalter, Stuttgart o.J., 37ff. – *Literatur:* K. Lechner, Die große Geißelfahrt des Jahres 1349, HJ 5 (1884) 437-462; F. Graus, Pest – Geißler – Judenmorde, Göttingen 1987; M. Koskull, Radikale und gemäßigte Geißler. »Modes of religiosity« im Spätmittelalter, Marburg 2011; I. Würth, Geißler in Thüringen. Die Entstehung einer spätmittelalterlichen Häresie, Berlin 2012; A.H. Chen, Flagellant confraternities and Italian art, 1260-1610. Ritual and experience, Amsterdam 2018.

c) Sterbetraktat Geilers von Kaysersberg (1482)

Wie man sich angesichts eines sterbenden Menschen verhalten soll:
[...] Vier Dinge soll man bei einem sterbenden Menschen beachten: Mahnen, Fragen, Beten, Bewahren.
Die erste Mahnung, willig zu sterben, sprich folgendermaßen:
»Lieber Freund, bedenke, dass wir alle unter der mächtigen Hand Gottes und seinem Willen stehen: Wir alle, wir mögen nun Kaiser, König, Herr oder Fürst heißen, reich oder arm sein, müssen dem Tod seinen Tribut zollen (*bezalen den zinß des todes*). Als Pilger sind wir in diese Welt gekommen und haben hier keine dauerhafte Bleibe oder Wohnung (vgl. Hebr 13,14), sondern schreiten nur durch sie hindurch; indem wir hier auf gute Weise leben und uns Verdienste erwerben (*verdienstlich leben*), können wir als Diener Gottes der grausamen Qual der Hölle entgehen und ewige Seligkeit erlangen.«
Die zweite Mahnung zu Dankbarkeit:
»Sei in Dankbarkeit aufmerksam auf alles Gute, was Gott dir hat zuteil werden lassen. Er hat dir auch in dieser letzten Stunde vergönnt, ihn selbst zu erkennen, und ließ dich nicht ahnungslos sterben. Hierfür und für seine unzähligen anderen Wohltaten danke ihm von Herzen. Halte dich an seine nie versiegende Barmherzigkeit und bitte in Demut, dass er dir die Strafe für die Sünden, die du begangen hast, erlasse (*bitt demutiglichen abloß der sunden so du begangen hast*).«

Tod im späten Mittelalter

Die dritte Mahnung zu Geduld:
»Bedenke, dass du in deinem Leben viele Sünden begangen hast und darum Strafe verdient hast (*dorumb du stroffwurdig bist*). Ertrage darum geduldig den Schmerz von Krankheit und Tod. Bitte Gott, dass die Bitterkeit dieses Schmerzes dir zum Erlass deiner Sündenstrafen und als Sühne (*gnugtun*) diene und dass er dir in seiner Barmherzigkeit die furchtbare Qual des Fegefeuers in diesen deinen jetzigen Schmerz umwandle. Denn hier auf Erden gestraft zu werden, ist doch eher zu ertragen als dort. Trägst du unbeschwerten Herzens und willig Leid und Strafe (*pen*), die du sonst notgedrungen tragen müsstest, so erlässt Gott dir Strafe und Schuld, und du wirst gewiss in das Paradies eingehen. Bist du aber nicht bereit, sie zu ertragen, fällst du der ewigen Verdammnis anheim.«
Die vierte Mahnung, die Sorgen fahren zu lassen:
»Bedenke, lieber Freund, in dieser letzten Stunde vor allem dein Seelenheil – es könnte geschehen, dass du hierzu nie wieder Gelegenheit hast. Stell alle Sorgen um das zeitliche Gut, das du zurücklassen musst, hintan. Sie können dir nicht helfen und dich nicht vor der Hölle bewahren. Befiehl dich in allem Vertrauen Gott. Und lass den, der allmächtig, gut und weise ist, dich und die Deinen leiten. Lenke all deine Gedanken auf ihn. Die um dich sind und die du hinterlässt, bitte nur, dass sie für dich Fürbitte bei Gott leisten.«
Sechs Dinge soll man den sterbenden Menschen fragen:
Die erste Frage vom Glauben: »Lieber oder Liebe, willst du sterben und leben in festem christlichen Glauben an Gott und unsern Herrn Jesus Christus als wahrer, treuer und gehorsamer Sohn der heiligen Mutter der Christenheit?« Darauf soll er antworten: »Ja, ich will.«
Die zweite von der Reue: »Begehrst du von Gott, dass er dir die Strafe für die Sünden erlasse, die du durch Tun oder Unterlassen begangen hast und dadurch, dass du seine liebe Hoheit und Güte nicht im gebührlichen Maße geehrt hast?« Er antworte: »Das begehre ich.«
Die dritte vom guten Vorsatz: »Hast du mit ganzem Willen den unverfälschten Vorsatz, dich zu bessern, wenn Gott dein Leben erhalten sollte?« Er antworte: »Den habe ich.« »Bitte Gott auch darum, dass er dir die Gnade gebe, diesen Vorsatz umzusetzen und nicht wieder zu fallen, auch wahre Reue zu empfinden!«
Die vierte von der Beichte: »Bist du dir keiner Todsünde bewusst, die du noch nicht gebeichtet hast? Wünschst du dir nicht auch, dass Gott dir dein Inneres erleuchte, dass du dich deiner vergessenen Sünden erinnerst, und wolltest sie, wenn sie dir bekannt wären, gerne beichten?«
Die fünfte von der Vergebung: »Vergibst du von Herzen allen, die dir Leid zugefügt haben, um Gottes, unseres Herren Jesu Christi, willen, auf dessen Gnade auch du hoffst? Und wünschst du selbst ebenso auch, dass dir alle vergeben, die du mit Worten oder Werken geschädigt hast?«
Die sechste von der Wiedererstattung: »Wünschst du, dass all dein unrechtmäßiger Besitz gemäß seinem Wert im vollen Maße deiner Schuld wiedererstattet wird, selbst wenn du auf all deinen Besitz verzichten müsstest, wenn du anders nicht Genüge tun könntest? Und erhoffst du Nachlass deiner Strafen vor Gott und den Menschen?«
Auf alle diese Fragen soll er antworten: »Das will ich.«

Quelle: Johannes Geiler von Kaysersberg, Sämtliche Werke, hg. v. G. Bauer. Bd. I/1, Berlin u.a. 1989, 5-9. – *Literatur:* F. Falk, Die deutschen Sterbebüchlein. Von der ältesten Zeit des Buchdruckes bis zum Jahre 1520, Bachem 1890 (= Heidelberg 1969); A. Hoch, Geiler von Kaysersbergs Ars moriendi aus dem Jahr 1497, Straßburg u.a. 1901; M.C. O'Connor, The Art of Dying Well. The development of the ars moriendi, New York 1966; E.J.D. Douglass, Justification in Late Medieval Praeching. A Study of John Geiler of Kaisersberg, Leiden 1966; R. Chartier, Les arts de mourir, 1450-1600, Annales 31 (1976) 51-75; F. Rapp, Art. Geiler von Kaysersberg, in: TRE 12, Berlin / New York 1984, 159-162; P. Neher, Ars moriendi – Eine historisch-pastoraltheologische Analyse, St. Ottilien 1989; U. Israel, Johannes Geiler von Kaysersberg (1445-1510). Der Straßburger Münsterprediger als Rechtsreformer, Berlin 1997; A. Reinis, Reforming the Art of Dying. The ars moriendi in the German Reformation (1519-1528), Aldershot 2007; P. Ariès, Geschichte des Todes. Aus dem Französischen v. H.-H. Henschen u. U. Pfau, München 1980; N. Ohler, Sterben und Tod im Mittelalter, München 1990; A. Borst u.a. (Hg.), Tod im Mittelalter, Konstanz ²1994 (Konstanzer Bibliothek 20); K. Bergdolt, Der Schwarze Tod. Die Große Pest und das Ende des Mittelalters, München 1994; A.M. Haas, Todesbilder im Mittelalter: Fakten und Hinweise in der deutschen Literatur, Darmstadt 2015; Th. Kühltreiber u.a., Leben mit dem Tod. Der Umgang mit Sterblichkeit in Mittelalter und Neuzeit, Wien 2020.

¹ *Ein kostbarer, aus Seide und Goldfäden gewobener Stoff aus Baldac (Bagdad); hierher rührt auch der Begriff Baldachin.*
² *Mittelalterliche Liedform, deren Strukturprinzip nicht Strophen sind, sondern die kürzeren Versikel.*
³ *D.h.: sich geißeln.*

71. Abwehr anderer Religionen: Antijudaismus und Türkenangst

Die mittelalterliche Gesellschaft verstand sich als *Corpus christianum*, als Leib Christi, für dessen Glieder die Taufe und damit der christliche Glaube selbstverständliche Voraussetzung war. Andere Religionen traten, von theoretischen Reflexionen und der Erinnerung an die Antike abgesehen, nur selten in den Gesichtskreis. Die Vertreibung der Juden in die Diaspora hatte auch zu Niederlassungen in Europa geführt. Diesen Juden wurde ein begrenztes, immer wieder durch Gewaltausbrüche in Frage gestelltes Bleiberecht gewährt (Text a). Doch war damit nicht eine dauernde Toleranz intendiert. Judenpredigten, wie sie auf dem Konzil von Basel beschlossen (Text b) und von dem Dominikaner Peter Nigri († 1481/84) vielfach praktiziert wurden (Text d), sollten der Bekehrung der Andersgläubigen dienen. Das ist auch Ausdruck dessen, dass der Hass in der Vormoderne als Antijudaismus der Religion des Judentums galt, die als durch das Christentum überholt angesehen wurde. Stereotypen von Abstammung, wie sie im 19. Jahrhundert den modernen Antisemitismus hervorbrachten, begegnen in den Polemiken nur gelegentlich. Das minderte die Grausamkeit nicht – mit dem Vorwurf, sich in der Gestalt der Hostie neu gegen den dort real präsenten Leib Christi vergangen zu haben, wurde immer wieder Gewalt gegen Juden legitimiert (Text e). Der Islam wurde demgegenüber vornehmlich als Bedrohung von außen wahrgenommen: Das bahnte sich schon im hohen Mittelalter an, als vor allem in Spanien und auf Sizilien Kontakte erfolgten. Es verstärkte sich nach der Eroberung Konstantinopels durch Mehmed II. (1444-1446 | 1451-1481). Immer mehr wurden die vom osmanischen Herrschergeschlecht regierten Türken als Bedrohung Europas gesehen. Im Dienst einer Auseinandersetzung mit ihnen stellte sich auch der Gelehrte Nikolaus von Kues (s.u. Nr. 73), der 1460/61 in seiner *Cribratio Al-Corani* den Versuch unternahm, nachzuweisen, dass der Koran selbst die Wahrheit des Christentums erweise (Text c).

a) IV. Lateranum const. 68: Bestimmungen über die Abgrenzung der Christen gegenüber Juden und Sarazenen

In einigen Provinzen unterscheidet (bereits) die Kleidung Juden und Sarazenen von den Christen, aber in anderen gibt es eine solche Verwirrung, dass sie (Juden und Sarazenen) nicht durch unterschiedliche Kleidung erkennbar sind. Daher kommt es zuweilen vor, dass Christen versehentlich mit jüdischen oder sarazenischen Frauen und (umgekehrt) Juden und Sarazenen mit christlichen Frauen Verkehr haben (*commisceantur*). Damit also niemand für die Exzesse eines derart verdammenswerten Verkehrs einen Irrtum oder sonst eine Ausrede geltend machen kann, ordnen wir an, dass sie [Juden und Sarazenen] beiderlei Geschlechts in jeder christlichen Provinz stets in der Öffentlichkeit durch unterschiedliche Kleidung von anderen Völkern unterschieden werden müssen, zumal ihnen dies durch Mose vorgeschrieben ist (vgl. Lev 19).

Quelle: Mansi 22, 1055. – *Literatur:* V. Pfaff, Die soziale Stellung des Judentums in den Auseinandersetzungen zwischen Kaiser und Kirche vom 3. zum 4. Laterankonzil (1179–1215), in: VSWF 52, 1965, 168-206; W.J. Fishel, Innocent III and the Distinctive Clothing of Jews and Muslims, StMC 3, 1970, 92-116; G. Cippolone (Hg.), Riflessi di politica papale verso i saraceni al tempo di Innocenzo III: evoluzione di colori e significati: 'croce disarmata', Vatikan 2013.

b) Dekret des Baseler Konzils über die Judenbelehrung

Den Spuren unseres Heilandes Jesus Christus folgend (vgl. I Petr 2,21), trägt diese heilige Synode ihr Herz besonders in der Liebe, auf dass alle die Wahrheit des Evangeliums erkennen und in dieser Erkenntnis getreulich verharren. Damit sich also die Juden und anderen Ungläubigen zum wahren Glauben bekehren und in diesem Bekenntnis standhaft verbleiben, entscheidet die Synode, mit folgenden heilsamen Einrichtungen Vorsorge zu treffen; insbesondere bestimmt sie: Alle Diözesanbischöfe sollen einige in der Heiligen Schrift gut Bewanderte beauftragen, mehrmals jährlich an den Orten, wo sich Juden und andere Ungläubige aufhalten, die Wahrheit des katholischen Glaubens in der Weise zu predigen und zu erläutern, dass die Ungläubigen, wenn sie zuhören, ihren Irrtum erkennen können. Bei der Strafe, dass ihnen durch die Gläubigen der Handel untersagt wird, und auch bei anderen geeigneten Strafen sollen sie die Ungläubigen beiderlei Geschlechts, sobald sie in die Jahre des Vernunftgebrauchs gelangt sind, zum Besuch dieser Predigt zwingen. Die Diözesanbischöfe und die Prediger sollen sich ihnen gegenüber so gütig und liebevoll zeigen, dass sie sie nicht nur mit der Darlegung der Wahrheit, sondern auch mit anderen Taten der Menschlichkeit für Christus gewinnen [...]

Damit aber diese Predigt um so mehr Frucht bringt, je größere Sprachkenntnisse die Prediger haben, befehlen wir, es solle in jeder Weise die vom Konzil von Vienne erlassene Konstitution befolgt werden über die beiden Lehrbeauftragten in den dort genannten Studien für hebräische, arabische, griechische und aramäische (*Caldeam*) Sprache[1] [...]

Außerdem erneuern wir die heiligen Kanones und befehlen sowohl den Diözesanbischöfen wie auch den weltlichen Machthabern, mit allen Mitteln zu verhindern, dass Juden oder Ungläubige christliche Männer oder Frauen als Knechte, Mägde, Diener oder Ammen ihrer Kinder haben und dass Christen etwa mit ihnen zusammen auf ihren Festen, Hochzeiten, Gelagen oder Bädern mit ihnen im Gespräch zu viel Gemeinsamkeit haben oder sie als Ärzte, als Heiratsvermittler oder als öffentlich eingesetzte Makler bei Verträgen nehmen; sie sollen sie nicht als Leiter öffentlicher Ämter einsetzen, nicht für akademische Grade irgendwelcher Art zulassen und ihnen kein Grundstücke oder sonstigen kirchlichen Einkünfte zuweisen. Es soll ihnen untersagt sein, kirchliche Bücher, Kelche, Kreuze und anderen Kirchenschmuck bei der Strafe des Verlusts der Sache zu kaufen oder bei der Strafe des Verlusts des Pfandbetrages als Pfand zu nehmen. Unter schweren Strafen sollen sie auch gezwungen sein, eine Kleidung zu tragen, durch die sie eindeutig von den Christen zu unterscheiden sind. Damit allzu vertrauter Umgang mit ihnen vermieden wird, sollen sie gezwungen werden, an bestimmten Stellen der Städte oder Marktorte getrennt von dem Wohngebiet der Christen zu wohnen und möglichst weit weg von den Kirchen. Auch dürfen sie sich nicht herausnehmen, an Sonntagen und anderen Hochfesten ihre Geschäfte offenzuhalten oder in der Öffentlichkeit zu arbeiten.

Quelle / Übers.: Quellen zur Kirchenreform im Zeitalter der großen Konzilien des 15. Jahrhunderts. 2. Teil, ausgew. u. übers. v. J. Miethke u. L. Weinrich, Darmstadt [2]2015, 336-339.

c) Nikolaus von Kues, *Cribratio al-Korani* I,12

12. Die Anerkennung Christi und der Erweis seiner Göttlichkeit aus dem Koran
Darüber, dass Jesus Christus der Sohn der Jungfrau Maria ist, steht im Koran Folgendes geschrieben: »O Maria, glänzender, reiner und lieblicher als alle Frauen und Männer, vom Schöpfer des Alls wird dir die Freude des höchsten Gesandten mit dem Wort Gottes zuteil, dessen Name Jesus Christus ist, der das Antlitz aller Völker in dieser und der zukünftigen Welt ist, weise und gut. Jene erwiderte: ›O Gott, wie soll ich einen Sohn bekommen, da ich mit keinem Mann verkehrt habe?‹ Die Engel antworteten: ›Für Gott ist nichts unmöglich, der alles nach seinem Willen ausführt. Er selbst wird deinen Sohn, der mit göttlicher Macht kommen wird, das Gesetzbuch, die Kundigkeit in jeglicher Lehre, das Testament und das Evangelium lehren. Blinde und Stumme wird er heilen, Besessene und Aussätzige gesund machen, Tote in der Kraft des Schöpfers auferwecken; dies alles wird von denen, die an Gott glauben, als Wunder angesehen werden. Das Alte Testament wird er bestätigen und, um zu offenbaren, dass er mit göttlicher Macht gekommen sei, wird er sagen: Fürchtet Gott und folgt mir nach! Denn Gott ist mein und euer Herr; die ihn anbeten, sind rechtgeleitet. ‹«[2]
An anderer Stelle heißt es wiederum: »Jesus, der Sohn der Maria, war der Gesandte Gottes und Geist von ihm und das vom Himmel zu Maria herabgesandte Wort.«[3]
Da sieht man, dass Jesus der Messias, d.h. der Christus und das vom Himmel zu Maria herabgesandte Wort ist; daher ist er, weil er das vom Himmel herabgesandte Wort Gottes ist, d.h. das vom Gott des Himmels herabgesandte Wort, also von derselben Natur wie Gott, der es gesandt hat. Man kann nämlich nicht sagen, dass das göttliche Wort, weil es Gottes Wort ist, etwas anderes ist als Gott, der schlechthin einfach ist. Gott nämlich und sein Wort sind nicht zwei Götter, sondern ein und derselbe schlechthin einfache Gott (*idem deus simplicissimus*). Damit ist also klar, dass Gott als der Sendende und sein Wort als das Gesandte von derselben göttlichen Natur sind. Weil aber Gott als der Sendende nicht sich selbst sendet und auch keinen zweiten Gott sendet, kann der Sendende nicht der Gesandte sein, Gott als der Sendende kann aber auch kein anderer Gott sein als der, der gesandt wird.

Andere Religionen 299

Quelle / Übers.: Nicolai de Cusa Cribratio Alkorani. Sichtung des Korans. Erstes Buch. Lat.-Dt., hg. u. übers. v. L. Hagemann u. R. Glei, Hamburg 1989, 70-73. – *Literatur:* L. Hagemann, Nikolaus von Kues im Gespräch mit dem Islam, Altenberge 1983; T.M. Schneider, Dialog der Religionen oder Selbstvergewisserung?: Nikolaus' von Kues »Sichtung des Korans (Cribratio Alkorani)« von 1460/61 und ihr historischer Ort, MEKGR 57 (2008) 125-142; W. Euler, Cusanus und der Islam, Trier 2010; D. F. Duclow (Hg.), Nicholas of Cusa and Islam: polemic and dialogue in the late Middle Ages, Leiden / Boston 2014; St. Runciman, Die Eroberung von Konstantinopel 1453, München [4]1990; L. Murr-Nehmé, 1453, Mahomet II impose le schisme orthodoxe, Paris 2003; M. Philippides / W. K. Hanak (Hg.), The siege and the fall of Constantinople in 1453. Historiography, topography, and military studies, Farnham 2011; R. Crowley, Konstantinopel 1453. Die letzte Schlacht, Stuttgart 2012; L. Pilat / O. Cristea (Hg.), The Ottoman threat and crusading on the Eastern border of Christendom during the 15th century, Leiden 2018.

d) Peter Nigri, Stella Meschiah (1477)

Dass es in dem göttlichen Wesen mehr als eine Person gibt, beweise ich auf vielfältige Weise. Als erstes aus dem ersten Buch der Heiligen Schrift, das *Bereschit* heißt. An seinem Anfang steht Folgendes geschrieben: »*Bereschit bara elohim ethasschamaim ve ethharez Vehaarez haitah tohu vabohu vehoschech hal pene tehom veruah elohim merahefet hal pene hamaim. Va iomer elohim iehi er vaihi or va iar elohim ethaor ki tof va iafdel Elohim benn haor vbenn hahoschech* etc.« | »In dem Anfang schuf die Götter die Himmel und das Erdreich, und die Erde war leer und wüst, und Finsternis auf dem Antlitz und der Tiefe der Wasser. Und der Geist der Götter schwebte auf dem Antlitz der Wasser und die Götter sprach: Es werde das Licht, und es ist das Licht geworden, und die Götter sah das Licht, dass es gut war, und die Götter schied zwischen dem Licht und zwischen der Finsternis«[4].
Mit diesem Text wollen wir beweisen, dass es im göttlichen Wesen mehr als eine einzige Person gibt. Denn warum sollte Mose, der Diener Gottes, der doch das einfache Volk (*das grobe volck*) darin unterweisen sollte, an den allmächtigen Gott, den Schöpfer des Himmels und der Erde zu glauben, gesagt haben: »In dem Anfang schuf *elohim*«, das heißt: »die Götter«, und hat nicht gesagt: »In dem Anfang hat *el* geschaffen«, das heißt »Gott«, oder »*adonai*«, »*schaddai*«, »*helyon*« oder »*Jah*«. Diese Namen bedeuten das göttliche Wesen in Einzahl und nicht in Mehrzahl oder Vervielfältigung. Das kann nur sein, weil er eine Vielzahl in der Gottheit erkannt hat. Diese Vielzahl kann sich nicht auf das göttliche Wesen beziehen, daher führt dies dazu, eine Vielzahl der göttlichen Personen einzusehen. Dabei muss man darauf achten, dass Mose sagt: »In dem Anfang schuf« und nicht: »schufen die Götter«. Damit verweist er auf eine einheitliche Wirkung der göttlichen Personen, die aus dem einzigen göttlichen Wesen entspringt. Denn wie der heilige Lehrer Augustin sagt: Die göttlichen Personen sind ungeteilt in den äußeren Werken, die sie außerhalb des göttlichen Wesens in den Geschöpfen wirken, weil alle derartigen Werke aus dem göttlichen Wesen entspringen, das eines ist und ungeteilt in den drei Personen der göttlichen Majestät.[5] Und darum steht in demselben Buch *Bereschit*, das wir das Buch der Schöpfung nennen, im ersten Kapitel geschrieben: »*Va iomer elohim nahaseh adam bezalmenu kidmutenü ve irdu bidgat hajam vfhof baschamaim vbabbehemah vfchol haarez*« | »Und es sprach die Götter: Machen wir den Menschen in unserer Gestalt und nach unserem Bildnis (*glichnusz*)! Und er soll herrschen über die Fische des Meeres und über die Vögel der Himmel und über das Vieh und über die ganze Erde.« Aus diesem Vers wird zugleich die Einzigkeit Gottes und die Vielzahl der Personen deutlich. Denn wenn Gott nur eine Person wäre, spräche er nicht: »Machen wir«, sondern: »Ich will den Menschen

machen«. Hätten die drei Personen aber nicht ein einziges Wesen, so spräche Gott nicht: »Machen wir den Menschen in unserer Gestalt«, sondern er spräche: »in unseren Gestalten und nach unseren Bildnissen«. Darauf erwidern die Juden und sagen, Gott rede von ihm selbst, aber zu dem Haus seines Rats oder zu den Engeln. Denn, wie sie sagen: Gott habe mit den Engeln und mit dem Haus seines Rates den Himmel und die Erde erschaffen.

Da erwidere ich wiederum und sage nach der Lehre aller Philosophen (*lere aller naturlicher maister*), dass niemand etwas schaffen, das heißt: aus nichts machen kann, als Gott allein. Und kein Geschöpf kann mit Gott an der Schöpfung mitwirken. Denn er ist für sich genug und der Ursprung allen Seins. Dass die Juden außerdem behaupten, dass Gott ein Haus seines Rates habe, als bedürfe er einer Beratung, das ist Ketzerei. Denn daraus würde folgen, dass Gott nicht alles wüsste, zudem dass er nicht sich selbst genug wäre und dass er nicht vollkommen wäre.

Quelle: Peter Nigri, Stella Meschiah, Esslingen: Konrad Feyner 1477, [12r-13v].

e) Bericht vom Sternberger »Hostienfrevel«

Am Tag Severi und Severini[6] des Jahres 1492 nach Christi Geburt haben die erbärmlichen Juden eine besondere Handlung (*vervolgung*) gegen die heilige Christenheit öffentlich eingestanden, die sie aufgrund ihrer übermäßigen Schlechtigkeit begangen haben; dem allmächtigen Gott haben sie damit Hohn und Spott entgegengebracht und der heiligen christlichen Kirche Verachtung. In aller Deutlichkeit haben sie eine gewaltige, schwerwiegende und schreckliche Verfehlung und Untat zugegeben, die sie an dem teuren, heiligen und wahren Leib (*fronleichnam*) unseres Herrn Jesus Christus begangen haben, wie im Folgenden berichtet wird.

Auch Eleasars Frau hat zugegeben, dass ihr Mann mit Hilfe und auf Anraten der anderen Juden vier geweihte Hostien gekauft und heimgebracht hat. Zwei davon hat er an einem Freitagmorgen vor Jacobi[7] um acht Uhr früh genommen [...] Und sechs von ihnen haben mit Nadeln hineingestochen, so dass Blut daraus floss [...]

Überdies hat Eleasars Frau zugegeben, dass auf die anderen zwei Hostien – das hat auch Jakob der Jude zugegeben – abends bei Kerzenschein im Vorraum vor Eleasars Haus mit Messern eingestochen wurde, so dass sie verletzt wurden; auch davon hat sie gewusst [...]

Ferner hat auch ein Jude, Jakob mit Namen, zugegeben, dass Eleasar aus Sternberg bei Penzlin mit einem Mönch, der dort als Kaplan wirkte, einen Vertrag geschlossen hat. Danach sollte ihm der Mönch das heilige Sakrament überlassen und nach Sternberg bringen. Er verkaufte es dem Eleasar mit Wissen der Juden Jakob und Michol, und sie versprachen ihm dafür einen Gulden. Als nun der Mönch das heilige Sakrament nach Sternberg bringen sollte, kam der Jude Jakob zu Pferde dorthin. Der Mönch kam tatsächlich und brachte zwei Teilchen, die Eleasar, Jakob und Michol erhielten. Das geschah zwischen Ostern und Pfingsten [...]

Ferner hat Jakob noch zugegeben, dass Eleasar und Michol das heilige Sakrament, das der Mönch aus Sternberg gebracht hatte, an sich genommen haben. Und jeder der drei Juden stach mit seinem Messer auf das heilige Sakrament ein. Es lag auf Eleasars Tisch, auf dem sich ein Handtuch befand. Als das heilige Sakrament aber zu bluten begann, erschraken sie alle und rafften das Handtuch zusammen. Mit dem Sakrament darin gaben sie es in die Hände von Eleasars Frau. Daraufhin kehrte Jakob wieder nach Schwerin zu unserem gnädigen Herrn Herzog Magnus von Mecklenburg zurück. Und als er vorbeikam, berichtete er die Tat der Juden in

Andere Religionen

Parchim, Malchin, Teterow, Schwerin, Penzlin, Brandenburg, Friedland und Kobel. Und die verfluchten Juden freuten sich allesamt darüber, dass dem wahren Leib Christi dergleichen geschehen war, und sie waren der Meinung, sie hätten rechten Erfolg gehabt [...]
Aufgrund dieses Bekenntnisses der verfluchten, unseligen, verstockten und blinden Juden wurden fünfundzwanzig Juden und zwei Jüdinnen verbrannt. Nur der junge Aaron wurde dem Feuer wieder entrissen, weil er zugab, dass noch zwei Hostien in ihrer Synagoge in Brandenburg begraben wären und er sie finden könnte. Zweihundertundsechsundvierzig Juden aber, jung und alt, wurden wieder freigelassen, weil sie von dieser Verfehlung und Untat nicht gewusst hatten. Gleichwohl mussten sie um ihres Geschlechts willen eine so offenkundige Missetat sühnen. Daher sind sie mit Billigung des Herzogs Magnus von Mecklenburg und seiner Hoheit Bruder aus dem Lande vertrieben worden und mussten all ihre Habe zurücklassen. Das geschah am Mittwoch vor Simon und Juda.[8]

Quelle: Von der mishandlung des heiligen Sacraments von den juden zu Sterenberg, o.O. o.J.
– *Literatur:* F. Backhaus, Die Hostienschändungsprozesse von Sternberg (1492) und Berlin (1510) und die Ausweisung der Juden aus Mecklenburg und der Mark Brandenburg, JBLG 39 (1988) 7-26; V. Honemann, Die Sternberger Hostienschändung und ihre Quellen, in: H. Boockmann (Hg.), Kirche und Gesellschaft im Heiligen Römischen Reich des 15. und 16. Jahrhunderts, Göttingen 1994, 75-102; M. Rubin, Gentile tales: the narrative assault on late medieval Jews, New Haven 1999; C. Mittlmeier, Publizistik im Dienste antijüdischer Polemik: spätmittelalterliche und frühneuzeitliche Flugschriften und Flugblätter zu Hostienschändungen, Frankfurt / M. u.a. 2000; J.-L. Schefer, L'hostie profanée. Histoire d'une fiction théologique, Paris 2007; M.B. Merback, Pilgrimage & pogrom. Violence, memory, and visual culture at the host-miracle shrines of Germany and Austria, Chicago 2012; J. Poliakov, Geschichte des Antisemitismus. 8 Bde. Worms u.a. 1977–1989; J. Heil, »Antijudaismus« und »Antisemitismus«. Begriffe als Bedeutungsträger, Jahrbuch für Antisemitismusforschung 6 (1997) 92-114; M.R. Cohen, Unter Kreuz und Halbmond. Die Juden im Mittelalter, München ^{2}2011; M. Toch, Die Juden im mittelalterlichen Reich, München ^{3}2013; L. Lieb u.a. (Hg.), Abrahams Erbe. Konkurrenz, Konflikt und Koexistenz der Religionen im europäischen Mittelalter, Berlin / Boston 2015; U.A. Wien (Hg.), Judentum und Antisemitismus in Europa, Tübingen 2017.

---

1   *Das Konzil von Vienne (1311/12) hatte für die Studienhäuser der Römischen Kurie sowie in Paris, Oxford, Bologna und Salamanca tatsächlich Unterricht in Hebräisch, Arabisch und Aramäisch vorgeschrieben (Clem V,1,1). Von Griechisch war dort nicht die Rede.*
2   *Vgl. Koran, Sure 3, 42. 45-50.*
3   *Vgl. Koran, Sure 4,171.*
4   *Im Original erscheint der deutsche Text als Interlinearübersetzung zur Umschrift des hebräischen Textes.*
5   *Vgl. Augustin, De trinitate I,6,12f u.ö.*
6   *Angesichts der Datumsangabe am Ende des Textes ist hier wohl nicht an den gelegentlich für den 2. Dezember belegten Severus- und Severinstag zu denken, sondern an den Severustag am 22. Oktober, der einen Tag vor dem Severinstag lag und im Jahr 1492 auf einen Mittwoch fiel.*
7   *25. Juli.*
8   *28. Oktober.*

72. Anfänge des Hexenwahns

Gerne wird das Mittelalter mit Hexenverfolgungen assoziiert, obwohl diese in großem Maßstab ein Produkt der Frühen Neuzeit und der sich konfessionalisierenden Gesellschaften sind. Doch die Idee eines von widergöttlichen, teuflischen Mächten ausgehenden Schadenszaubers wurde tatsächlich schon in der Vormoderne entwickelt. Zunehmend wurden mit diesem Vorwurf Frauen belangt und ausgegrenzt. Einer der Versuche, zauberisches Handeln genauer zu fassen, ist das »Buch aller verbotenen Kunst, Unglaubens und der Zauberei« des Johann Hartlieb († 1468), des Leibarztes von Herzog Albrecht von Bayern (Text a). Geradezu lehrbuchhaft hat in scholastischem Stil der Dominikaner Heinrich Kramer († ca. 1505) – eventuell in Zusammenarbeit mit seinem Ordensbruder Jakob Sprenger († 1495) – im „Hexenhammer" die Lehren, einschließlich ihrer misogynen Züge, zusammengefasst (Text b). Kramer fügte dem Werk auch die sogenannte »Hexenbulle« bei, die auf sein Betreiben von Innocenz VIII. (1484–1492) erlassene Bulle *Summis desiderantes affectibus*. Sie rechtfertigte das Vorgehen der Inquisition gegen die sogenannten Hexen und formte so einen Vorstellungskomplex mit, der in den folgenden Jahrhunderten konfessionsübergreifend die Verfolgung und Ermordung von Unschuldigen legitimierte.

a) Aus Johann Hartliebs »Buch aller verbotenen Kunst« (1456)

Die schwarze Kunst ist die höchste der verbotenen Künste. Diese Kunst ist die allerschlimmste, denn sie hat Umgang mit Teufelsdienst und -opfer. Wer sich in dieser Kunst betätigen will, muss den Teufeln mancherlei Opfer darbringen. Er muss den Teufeln auch Treue geloben und mit ihnen ein Bündnis schließen. Dann leisten ihm die Teufel willigen Dienst und führen den Willen ihres Herrn innerhalb der Grenzen aus, die ihnen Gott gesteckt hat (*als ferr in das von got verhengt wird*) [...] Zu diesen Künsten gehört auch Hagel- und Regenmachen. Denn wer sich damit beschäftigen will, der muss sich nicht nur dem Teufel übergeben, sondern er muss auch Gott, der Taufe und aller christlichen Gnade entsagen. Diese Kunst üben nur die alten Frauen aus, die kein Vertrauen mehr in Gott haben. Hochgelobter Fürst, hört und beachtet eine Geschichte, die mir selbst im Jahre 1446 nach Christi Geburt widerfahren und geschehen ist. Damals wurden in Heidelberg einige Frauen wegen Zauberei verbrannt; ihre Anführerin (*lermaistrin*) aber entging der Verbrennung. Im folgenden Jahr kam ich als Bote von München zu dem durchlauchten wohlgebornen Pfalzgrafen Herzog Ludwig, dem Gott gnädig sein möge. Wenn nämlich irgendein Fürst aufgrund seiner Treue erlöst werden wird, so ist Ludwig gewisslich bei Gott. Eben zu dieser Zeit war zu hören, dass die Anführerin der Hexen gefangen sei. Ich bat den gnädigen Fürsten, dass ich sie besuchen dürfe, und er willigte ein. Er befahl, dass mir die Frau samt dem Ketzermeister in einem Städtchen mit Namen Götscham vorgeführt werde, und zwar im Hause seines Hofmeisters, Peter von Talheim.

Ich erlangte beim Fürsten die Einwilligung, dass er die Frau, wenn sie in der Lage wäre, mir beizubringen, wie man Schauer und Hagel mache, leben lassen wollte; sie müsse sich lediglich in die Verbannung begeben. Ich ging also in den Raum, in dem sich nur die Frau und der Ketzermeister befanden, und bat sie, mich zu unterrichten. Daraufhin sagte die Frau, sie könne mir diese Sache nur unter der Bedingung beibringen, dass ich bereit wäre, wirklich alles zu tun, was sie mir beibringe. Daraufhin fragte ich, was das denn sei. Ich wolle alles tun, womit ich nicht Gottes Zorn auf mich zöge und mich nicht am christlichen Glauben versündigte. Sie war mit einem Fuß in ein Eisen gespannt und sagte zu mir: »Lieber Sohn, als erstes musst du Gott verleugnen und darfst keinen Trost noch Hilfe von ihm er-

Hexenwahn

warten. Als nächstes musst du der Taufe und allen Sakramenten, die du als Salbung und Zeichen empfangen hast, entsagen. Als nächstes musst du allen Heiligen Gottes entsagen, vor allem aber seiner Mutter Maria. Schließlich musst du dich mit Leib und Seele den drei Teufeln übergeben, deren Namen ich dir nennen will. Die werden dir eine gewisse Lebensspanne zugestehen und werden dir, solange diese Zeit währt, zu Willen sein.«
Ich erwiderte: »Und was muss ich noch tun?« Die Frau sagte: »Mehr nicht. Wenn du diese Sache können willst, geh an einen geheimen Ort, rufe die Geister und opfere ihnen das ›N.‹[1]. Dann kommen sie und machen dir binnen einer Stunde Hagel, wo immer du willst.«
Daraufhin sagte ich der Frau, dass ich von alledem nichts tun wolle, denn ich hätte vorher gesagt, für den Fall, dass ich solche Künste von ihr lernen könnte, mit denen ich nicht Gottes Zorn auf mich rufe und mich nicht am christlichen Glauben vergehe, wollte ich ihr die Freiheit erwirken. Sie erklärte, anders könne sie es nun einmal nicht. Dann wurde sie wieder Hans von Talheim überantwortet. Der ließ sie verbrennen.

Quelle: Quellen und Untersuchungen zur Geschichte des Hexenwahns und der Hexenverfolgung im Mittelalter, hg. v. J. Hansen, Bonn 1901, 130-133.

b) Heinrich Institoris' »Hexenhammer«

Bezüglich der ersten Frage, warum sich in dem so schwachen Geschlecht der Frauen mehr Hexen (*maior multitudo maleficarum*) finden als unter den Männern. Und es bringt nichts, Argumente für das Gegenteil herzuleiten, da, abgesehen von den glaubwürdigen Aussagen vor Gericht, die Erfahrung selbst dieses glaubhaft macht. Wir wollen, ohne das Geschlecht zu verachten, in dem Gott stets Großes schuf, um Starkes zuschanden zu machen (vgl. I Kor 1,27), davon sprechen, dass über dieses von Verschiedenen verschiedene Gründe angeführt werden, die dennoch in der Hauptsache durchweg übereinstimmen. Daher ist auch zur Unterweisung der Frauen diese Materie sehr wohl zu predigen, und sie begehren es auch zu hören, wie die Erfahrung oft gelehrt hat, wenn es nur angemessen vorgebracht wird.
Manche Gelehrten geben als Grund an, dass es von Natur aus dreierlei Dinge gibt, die weder im Guten noch im Schlechten die Mitte einzuhalten wissen: die Zunge, der Kirchenmann und die Frau. Aber wo sie die Grenzen ihrer Befindlichkeit überschreiten, dort erlangen sie eine Art Gipfel und höchsten Grad im Guten oder auch im Schlechten. Im Guten, wenn sie von einem guten Geist regiert werden, sind sie daher auch die Besten. In der Bosheit aber, wenn sie vom bösen Geist regiert werden, kommt daher auch das Schlechteste heraus [...]
Die Bosheit aber der Frauen wird erörtert in Sir 25[,21-25]: »Es ist kein schlimmeres Haupt als das Haupt der Schlange. Und es ist kein Zorn schlimmer als der Zorn der Frau. Mit dem Löwen und dem Drachen zu verweilen wird einem lieber sein als mit einer liederlichen Frau zu wohnen.« Und unter anderem heißt es am Schluss: »Klein ist jede Bosheit gegen die Bosheit der Frau.« [...] Von den guten Frauen aber geht so großes Lob, dass man liest, sie hätten Männer beglückt und Völker, Länder und Städte gerettet. Das ist bekannt von Judith, Debora und Esther [...]
All dieses geht auch aus dem Neuen Testament zu den Frauen hervor, wie zu den Jungfrauen und anderen heiligen Frauen, die gottlose Völker und Reiche vom Götzendienst zur christlichen Religion geführt haben [...] Was immer man daher an

Tadelnswertem liest, kann man von der Begehrlichkeit des Fleisches her verstehen, so dass unter Frau immer die Fleischeslust verstanden wird, nach jenem Wort: »Ich fand die Frau bitterer als den Tod« (Koh 7,26), und eine gute Frau hat die Begierde des Fleisches besiegt.

Es gibt auch andere, die Gründe angeben, weshalb mehr Frauen als Männer für abergläubisch befunden werden. Und sie sagen, dass es drei Gründe gebe: Der erste, weil sie leichtgläubig sind; und weil der Dämon hauptsächlich den Glauben zu verderben sucht, tritt er auch eher an diese heran [...] Der zweite Grund ist, weil sie von Natur aus wegen der Unstetheit der körperlichen Verfassung zur Aufnahme von Eingebungen durch das Eindringen von Separatsubstanzen leichter zu beeinflussen sind. Infolge dieser Verfassung sind viele, wenn sie sie gut gebrauchten, gut; wenn schlecht, um so schlechter. Der dritte Grund ist der, weil sie eine schlüpfrige Zunge haben, und sie das, was sie durch schlechte Kunst wissen, ihren Genossinnen kaum verheimlichen können und sich heimlich, da sie schwach sind, leicht durch Schadenszauber zu rächen suchen [...]

Es gibt auch Dritte, die andere Gründe anführen, welche die Prediger mit Vorsicht anführen und besprechen sollen: Wenn auch die Schrift im Alten Testament von den Frauen meist Schlechtes berichtet, und zwar wegen der ersten sündigenden Frau, nämlich Eva und ihrer Nachahmerinnen, so sagt doch Hieronymus nachher wegen der Veränderung des Namens im Neuen Testament, nämlich Eva in Ave:[2] »Alles, was der Fluch Evas Böses gebracht hat, hat der Segen Marias hinweg genommen.«[3] Daher ist über diese sehr viel und immer Lobenswertes zu predigen. Aber weil noch in den jetzigen Zeiten diese Ruchlosigkeit der Hexen mehr bei den Frauen als bei den Männern gefunden wird, wie die Erfahrung selbst lehrt, können wir bei genauerer Prüfung über das Vorhergehende hinaus sagen, dass, da sie in allen Kräften, der Seele wie des Körpers, mangelhaft sind, es kein Wunder ist, wenn sie gegen die, mit denen sie wetteifern, mehr Schadenszauber geschehen lassen. Was nämlich den Verstand betrifft oder das Verstehen des Geistigen, scheinen sie von einer anderen Art zu sein als die Männer, worauf die Autorität und der Verstand mit den verschiedenen Beispielen der Heiligen Schrift hindeuten. Terentius sagt: »Die Frauen sind leichtfertig im Urteil, fast wie die Knaben.«[4] Und Lactantius, 3 Institutiones[5] sagt, niemals habe eine Frau die Philosophie verstanden außer Themis[6]. Und in Prov 11(,22), gleichsam die Frau beschreibend, heißt es: »Eine schöne und zuchtlose Frau ist nichts anderes als der goldene Ring in der Nase einer Sau.« Der Grund ist ein natürlicher: Weil sie sündhafter auftritt als der Mann, wie es aus den vielen fleischlichen Unflätereien ersichtlich ist. Diese Mängel werden auch gekennzeichnet bei der Schaffung der ersten Frau, da sie aus einer krummen Rippe geformt wurde, d.h. aus einer Brustrippe, die gekrümmt und gleichsam dem Mann entgegen geneigt ist. Von diesem Mangel rührt auch, dass die Frau immer täuscht, da sie ein unvollkommenes Lebewesen (*animal imperfectum*) ist [...], was alles auch die Etymologie des Namens demonstriert: Es heißt nämlich *femina* [Frau] von *fe*[7] und *minus*, weil sie immer geringeren Glauben hat und wahrt, und zwar von Natur aus bezüglich des Glaubens, mag auch infolge der Gnade und der Natur der Glaube in der seligsten Jungfrau niemals gewankt haben, da er doch in allen Männern zur Zeit des Leidens Christi gewankt hat. Schlecht also ist die Frau von Natur aus (*Mala ergo mulier ex natura*), da sie schneller am Glauben zweifelt, auch schneller den Glauben ableugnet. Das ist die Grundlage für die Hexen.

Quelle: Henricus Institoris and Jacobus Sprenger, Malleus maleficarum, hg. u. übers. v. Chr. S. Mackay. Bd. 1, Cambridge 2011, 282. 284-287 – *Übers.:* Heinrich Kramer (Institoris), Der Hexenhammer. Malleus maleficarum, hg. u. eingel. v. G. Jerouschek u. W. Behringer, München 2000, 224f. 227-231. – *Literatur:* W.G. Soldan / H. Heppe, Geschichte der Hexenprozesse, neu bearb. v. M. Bauer. 2 Bde. München 1912 (= Darmstadt 1972); G. Schormann, Art. Hexen, in: TRE 15, Berlin / New York 1986, 297-304; A. Blauert, Frühe Hexenverfolgungen. Ketzer-, Zauberei- und Hexenprozesse des 15. Jahrhunderts, Hamburg 1989; W. Behringer, Hexen. Glaube, Verfolgung, Vermarktung, München ⁷2020.

1 *›N.‹ steht für »nego«, »ich verneine«, und galt als Zeichen des Antichristen.*
2 *Das »Ave gratia plena« des Engels als Gruß an Maria.*
3 *Ps.-Hieronymus, Ep. ad Paulam et Eustochium De assumptione Mariae (PL 30,131D).*
4 *Terenz (gest. 159 od. 158 v. Chr.), Hekyra 3,1.*
5 *Laktanz († ca. 320),* Divinae Institutiones III,25.
6 *Themis, Göttin der Philosophie aus dem Göttergeschlecht der Titanen, Tochter des Uranos und der Gaia.*
7 *Kurzform von* fides, *Glaube.*

73. Nikolaus von Kues (1401-1464)

Ganz unterschiedliche Stränge spätmittelalterlichen Denkens verbinden sich in Nikolaus, der als Sohn eines Schiffers in Kues an der Mosel geboren wurde. Er sog Ausbildung im Umfeld der *Devotio moderna* auf, wurde durch Mystik geprägt, studierte die *artes* im Geist der Spätscholastik und nahm an den Debatten des Humanismus Teil. Diese verschiedenen Prägungen mündeten 1440 in sein Hauptwerk *De docta ignorantia* (Text a), mit dem er das Phänomen der Unbegreifbarkeit Gottes philosophisch umschrieb. Das Bemühen um tiefe Durchdringung der Geheimnisse Gottes bildete die andere Seite eines Lebens, in dem er zu höchsten kirchenpolitischen Würden aufstieg. Anfänglich als Abgesandter des Erzbischofs von Trier auf dem Konzil zu Basel einer der bedeutendsten Vertreter der konziliaren Reformpartei, ging er 1436 zur Partei Papst Eugens IV. über. Aus seinen Bemühungen um die orthodoxe Kirche und einer dem gewidmeten Reise nach Konstantinopel ist nicht allein die *Cribratio al-Corani* (s.o. Nr. 71) hervorgegangen, sondern auch die Schrift *De pace fidei,* die seinen bedächtigen philosophischen Ansatz deutlicher erkennen lässt (Text b). In seiner Kirche stieg er 1446 zum Kardinal, 1452 zum Bischof von Brixen auf und galt zeitweise sogar als ernsthafter Kandidat für das Papstamt. Am 11. August 1464 ist er in Todi/Umbrien gestorben.

a) *De docta ignorantia* I c. 4

Kapitel 4: Nichtergreifendes Erkennen des absolut Größten, mit welchem das Kleinste zusammenfällt.

Da das schlechthin und absolut Größte, dem gegenüber es kein Größeres geben kann,[1] zu groß ist, als dass es von uns begriffen werden könnte – ist es doch die unendliche Wahrheit –, so erreichen wir es nur in der Weise des Nichtergreifens (*non aliter quam incomprehensibiliter attingimus*). Da es nämlich nicht zu den Dingen gehört, die ein Mehr oder Weniger zulassen, steht es über allem, was durch uns begriffen werden kann. Alles nämlich, was die Sinne, der Verstand oder die Vernunft erfassen, hat in sich und im Vergleich zu anderem Unterschiede von der Art, dass es keine genaue Gleichheit unter diesen Gegenständen gibt. Die größte Gleichheit, die gegenüber keinem eine andere und verschiedene ist, übersteigt alles Begreifen. Infolgedessen ist das absolut Größte ganz und gar aktuell, da es all das ist, was es sein kann. Wie es nicht größer sein kann, so kann es aus demselben

Grunde nicht kleiner sein, ist es doch alles, das es sein kann. Das Kleinste aber ist das, dem gegenüber ein Kleineres nicht möglich ist. Da nun das Größte von der oben geschilderten Art ist, so ist einsichtig, dass das Kleinste mit dem Größten zusammenfällt.

Dieser Sachverhalt wird noch deutlicher, wenn man das Größte und das Kleinste zur Quantität kontrahiert. Die größte Quantität ist ja doch die in ihrer Größe nicht übertreffbare Quantität, die kleinste Quantität die in ihrer Kleinheit nicht übertreffbare. Nun löse von der Quantität das Merkmal des Größten und des Kleinsten ab, indem du im Geiste die Eigenschaft des Großen und des Kleinen abhebst, dann siehst du deutlich, dass das Größte und das Kleinste zusammenfallen. Das Größte ist ja ebenso ein Superlativ, wie das Kleinste ein Superlativ ist. Die absolute Quantität ist folglich nicht in stärkerem Grad die größte Quantität als sie die kleinste ist, da in ihr das Kleinste koinzidierend das Größte ist.

Gegensätzliche Bestimmungen kommen darum nur den Gegenständen zu, die ein Mehr oder Weniger zulassen, und zwar zeigen sie sich hier in verschiedener Weise. Dem absolut Größten kommen sie in keiner Weise zu, da es über allen Gegensätzen steht (*quoniam super omnem oppositionem est*). Weil also nun das absolut Größte in absoluter Aktualität alles ist, was sein kann, und zwar derart frei von irgendeiner Art des Gegensatzes, dass im Größten das Kleinste koinzidiert, darum ist das absolut Größte gleicherweise erhaben über alle bejahende und verneinende Aussage. All das, was als sein Sein begriffen wird, ist es ebenso sehr, wie es dieses nicht ist, und all das, was als Nichtsein an ihm begriffen wird, ist es ebenso sehr nicht, wie es dieses ist. Vielmehr ist es dieses in der Weise, dass es alles ist, und es ist in der Weise alles, dass es keines ist. Es ist so sehr in höchstem Maße dieses, dass es in geringstem Maße eben dieses ist. So macht es keinen Unterschied, ob man sagt: ›Gott, der die absolute Größe selbst ist, ist Licht‹, oder ob man sagt: ›Gott ist so in höchstem Maße Licht, dass er in geringstem Maße Licht ist‹, sonst wäre die absolute Größe nicht aktuell alles der Möglichkeit nach Seiende, wäre diese Größe nicht unendlich, Grenze von allem und durch keines von allen Dingen eingrenzbar, wie wir es im Folgenden mit eben dieses Gottes Hilfe darstellen wollen. Doch dieser Sachverhalt übersteigt all unser Denken, das auf dem Wege des Verstandes das Widersprechende nicht in seinem Ursprung zu verbinden vermag.

Quelle / Übers.: Nikolaus von Kues, Philosophisch-theologische Werke, hg. v. Ernst Hoffmann u.a. Bd. 1, Hamburg 2002, 16-19.

b) Über die Einheit der Religion in der Vielfalt der Riten

Das fleischgewordene *Wort* fragte: Wenn ihr aufgrund dessen, dass ihr Liebhaber der Weisheit seid, eine absolute Weisheit bekennt, glaubt ihr da, dass es Menschen mit gesundem Denken gibt, die die Weisheit nicht lieben? *Araber:* Ich glaube ganz gewiss, dass alle Menschen von Natur aus nach Weisheit streben (*omnes homines natura appetere sapientiam*), denn sie ist das Leben des Geistes, und dieses Leben kann durch keine andere Speise als die Wahrheit und das Wort des Lebens oder das geistige Brot, das die Weisheit ist, erhalten werden. So wie alles Bestehende alles das erstrebt, ohne welches es nicht zu bestehen vermag, so verlangt das geistige Leben nach der Weisheit. *W:* Alle Menschen bekennen darum mit euch, dass es die eine, absolute Weisheit gibt, die sie voraussetzen. Diese ist der eine Gott. *A:* So ist es. Und kein denkender Mensch kann etwas anderes vertreten. *W:* Es gibt also nur eine einzige Religion und Gottesverehrung für all jene, die lebendigen

Geistes sind. Diese wird in der ganzen Mannigfaltigkeit von Übungen und Gebräuchen vorausgesetzt.

Quelle: De pace fidei. Der Friede im Glauben, aus: Nikolaus von Kues, Philosophisch-theologische Schriften. Studien- und Jubiläumsausgabe Lateinisch-Deutsch. Hg. u. eingeführt v. Leo Gabriel. Übers. v. D. u. W. Dupré. Bd. 3, Wien 1967, 705-797, hier: 722-725. – *Literatur:* R. Haubst (Hg.), Der Friede unter den Religionen nach Nikolaus von Kues. Akten des Symposions in Trier vom 13. bis 15. Oktober 1982, Mainz 1982; J. Hollmann, The religious concordance: Nicholas of Cusa and Christian-Muslim dialogue, Leiden / Boston 2017; E. Meuthen, Nikolaus von Kues 1401-1464. Skizze einer Biographie, Münster [7]1992; T.M. Ibicki (Hg.), Nicholas of Cusa and His Age. Intellect and spirituality, Leiden 2002; H. Gestrich / K. Kremer (Hg.), 600 Jahre Nikolaus von Kues. 1401–2001, Trier 2003; K. Flasch, Nikolaus von Kues, Geschichte einer Entwicklung. Vorlesungen zur Einführung in seine Philosophie, Frankfurt / M. [3]2008; I. Mandrella (Hg.), Nikolaus von Kues, Berlin 2014; K. Flasch, Nikolaus von Kues in seiner Zeit. Ein Essay, Ditzingen 2018; L. Ohler, Der sich wandelnde Gottesbegriff bei Nikolaus von Kues. Eine werkgenetische Untersuchung, Freiburg u.a. 2019; H. Schwaetzer / A.M. Vannier (Hg.), Nikolaus von Kues: Die Großregion als Denk- und Lebensraum, Münster 2019; S.J. Burton u.a. (Hg.), Nicholas of Cusa and the making of the early modern world, Leiden u.a. 2019.

[1] Vgl. Anselm von Canterbury, *Proslogion* (s.o. Nr. 33 b).

74. Mahnung und Kritik an der Christenheit

Das späte Mittelalter war eine Zeit intensiver Frömmigkeit, in ihren verinnerlichenden wie veräußerlichenden Formen. Es war auch eine Zeit der Stärkung der Papstmacht gegenüber den Konzilien. Aber es war nicht durchweg eine Zeit der Zufriedenheit mit der gegebenen Kirche. In Florenz, das unter den Medici einen Aufschwung als Zentrum der Renaissancekultur erlebte, wetterte der Dominikaner Girolamo Savonarola (1452–1498) gegen die Verweltlichung der Zeit und drohte mit Gottes nahem Gericht (Text a). Er fand so viel Anklang, dass er für wenige Jahre sogar eine heilige Republik in der Stadt errichten konnte. Unter Humanisten kam die Kritik eleganter daher – aber, wie das Narrenschiff des Baseler Rechtsprofessors und späteren Straßburger städtischen Juristen Sebastian Brant († 1521) zeigt, durchaus auch mit einiger Schärfe (Text b). Die Unzufriedenheit über den Klerus war hoch – gerade auch weil die frommen Bürger in der Lage waren, sich selbst Gedanken über ihren Glauben zu machen.

a) Apokalyptik im Renaissance-Florenz: Savonarolas Bußpredigt vom 1. November 1494

O Florenz, sitz nieder an den Strömen deiner Sünden (vgl. Ps 137,1)! Schaff einen Strom von Tränen, um sie abzuwaschen; denke an dein himmlisches Vaterland, woher deine Seele gekommen ist; such durch die Reue in jenes Vaterland zurückzukehren, wie es jene Israeliten getan haben! Man kann nicht singen, man muss weinen im fremden Land, d.h. in dir selbst, dass du dich entfremdet und entfernt hast von Gott durch deine Sünden [...] So schau auf jene Bedrängnisse, die sichtlich bereitstehen, und suche nach der Ursache [...] und somit wirst du erkennen, dass Gott diese Bedrängnisse schickt und dass Gott der Anführer dieser Heere ist[1] und dass Er sie leitet: und darum sollst du Buße tun für deine Sünden, wenn du klug bist und willst, dass Gott dir helfe in diesen Ängsten. Und weil ich dir so lange vorhergesagt habe, dass die Bedrängnisse kämen und dass Gott sie schicken werde,

um seine Kirche von so vielem Bösem zu reinigen, darum dürftest du um so mehr glauben, jetzt, da du die Verwirklichung siehst [...]
Deine Ruchlosigkeit ist es daher, o Italien, o Rom, o Florenz, und deine Gottlosigkeit, deine Hurerei, dein Wucher, deine Grausamkeiten, deine Verbrechen rufen diese Drangsale herbei. Das ist die Ursache! Und wenn du die Ursache dieses Übels gefunden hast, suche die Arznei! Entferne die Sünde, die der Grund dieses Übels ist, und du wirst geheilt sein; denn, wenn die Ursache entfernt ist, wird auch die Wirkung entfernt. Schaff die Sünden weg und die Drangsale werden dir nicht schaden; und glaub mir: Wenn du dies nicht tust, wird dir nichts anderes helfen. Du täuschst dich, Italien und Florenz, wenn du nicht glaubst, was ich dir sage. Nichts andres kann dir nützen außer der Buße; tu soviel du willst, alles wird vergeblich sein ohne sie: Du wirst es sehen.

O ihr Reichen, o ihr Armen, tut Buße; und, ihr Reichen, gebt den Armen Almosen. Mache deine Sünden durch Almosen wieder gut! O ihr, die ihr Gott fürchtet, tut recht und habt keine Angst vor den Drangsalen, denn Gott wird euch darin Trost genug geben. Die Buße ist das einzige Heilmittel; und wenn ihr nur wahre Buße tut, so werdet ihr einen großen Teil der Drangsale wegräumen. Tut Buße und lasst ab von den Sünden, die die Ursache der Bedrängnisse sind.

Andrerseits ist auch deine Undankbarkeit Ursache deiner Bedrängnis; Undankbarkeit löscht die Quelle göttlicher Milde aus. O undankbares Florenz, Gott hat gesprochen und du hast ihn nicht hören wollen. Wenn die Türken das gehört hätten, was du gehört hast, hätten sie begonnen, Buße für ihre Sünden zu tun. Ich hab so viel öffentlich geredet und so laut geschrien, dass ich nicht weiß, was ich noch sagen soll [...] O Florenz, Gott hat zu dir gesprochen in vielen Weisen, und wenn Gott nicht mich erleuchtet hätte, würdest du nicht erleuchtet werden; durch viele Predigten und ganz besonders – mehr als ein andrer Ort – bist du erleuchtet worden.

Quelle: Savonarola, Prediche e scritti, hg. v. M. Ferrara. Bd. 1, Florenz 1952, 119-122; *Übers:* Savonarola, Predigten und Schriften, hg. v. M. Ferrara, übers. v. A. Leinz-von Dessauer, Salzburg 1957, 117-119 – *Literatur:* P. Antonetti, Savonarola: Ketzer oder Prophet?; eine Biographie, Zürich 1992; S. Fletcher (Hg.), The World of Savonarola. Italian élites and perceptions of crisis, Aldershot 2000; L. Martines, Fire in the City. Savonarola and the struggle for the soul of Renaissance Florence, Oxford 2006; A. Edelheit, Ficino, Pico and Savonarola. The evolution of humanist theology 1461/2-1498, Leiden 2008; D. Weinstein, Savonarola. The rise and fall of a Renaissance prophet, New Haven 2011.

b) Spott in humanistischen Kreisen: Sebastian Brant, das Narrenschiff

> Vorrede – eine Welt voller Toren
> Alle Lande sind jetzt voll heiliger Schrift
> und was der Seelen Heil betrifft:
> Voll Bibeln, heiliger Väter Lehr'
> und andrer solcher Bücher mehr;
> so viel, dass man sich wundern mag,
> weil niemand bessert sich danach.
> Ja, Schrift und Lehre sind veracht't,
> es lebt die Welt in finstrer Nacht
> und tut in Sünden blind verharren;
> alle Gassen und Straßen sind voll Narren,
> die treiben Torheit an jedem Ort

und wollen doch nicht haben dieses Wort.
Drum hab' ich gedacht zu dieser Frist,
Wie ich den Narren Schiff' ausrüst':
Galeere, Füst'[2], Krack[3], Naue[4], Bark,
Kiel, Weidling[5], Hornach[6], Rennschiff stark,
auch Schlitten, Karre, Schiebkarr', Wagen:
Es könnt' ein Schiff nicht alle tragen,
die jetzt sind in der Narren Zahl;
ein Teil sucht Fuhrwerk überall,
der stiebt umher gleichwie die Immen[7],
versucht es, zu dem Schiff zu schwimmen:
Ein jeder will der Erste sein.
Viel Narren und Toren kommen drein,
deren Bildnis ich hier hab' gemacht.
Wär' jemand, der die Schiff veracht',
oder einer, der sie nicht könnt' lesen,
der sieht im Bilde[8] wohl sein Wesen
und schaut in diesem, wer er ist,
wem gleich er sei, was ihm gebrist[9].
Den Narrenspiegel ich dies nenne,
in dem ein jeder Narr sich kenne;
wer selbst er sei, wird dem vertraut,
der in den Narrenspiegel schaut.
Wer sich recht spiegelt, der lernt wohl,
dass er nicht weis' sich achten soll,
nicht von sich halten, was nicht ist,
denn niemand lebt, dem nichts gebrist
oder der sagen darf fürwahr,
dass er sei weis' und nicht ein Narr.

73. Vom Geistlichwerden – die Bischöfe sind schuld daran

Noch anders wird jetzt gelehrt,
das auch ins Narrenschiff gehört,
des jedermann bedient sich gern:
Jeder Bauer will einen geistlichen Herrn,
der sich mit Müßiggang ernähr',
ohn Arbeit leb' und sei ein Herr.
Nicht, dass er dies aus Andacht wähle
oder aus Achtung fürs Heil der Seele,
er möchte nur einen Herrn,
der die Geschwister kann ernährn.
Er lässt ihn wenig sehn ins Buch,
man spricht: »Er weiß dazu genug!
Braucht nicht auf größre Kunst zu sinnen,
kann er nur eine Pfründ'[10] gewinnen!«
Man schätzt die Priesterschaft gering,
als ob sie sei ein leichtes Ding.
Drum gibt es jetzt viel junge Pfaffen,
die so viel können wie die Affen,
und Seelsorg' sieht man treiben die,

denen man vertraute kaum ein Vieh;
sie wissen soviel vom Kirchenregieren,
als Müllers Esel kann quintieren[11].
Die Bischöfe sind schuld daran,
die sollten nehmen zum Ordensmann,
oder für die Seelsorg' auslesen
nur einen Mann von tücht'gem Wesen,
damit er sei ein weiser Hirt,
der die Schafe nicht mit sich verführt.
Aber jetzt wähnen die jungen Laffen,
wenn sie nur auch wären Pfaffen,
so hätt' jeder, was er wollt'.

Quelle: Sebastian Brant, Das Narrenschiff. Studienausgabe, hg. v. J. Knape, Stuttgart 2005, 107f. 355-357; *Übers.:* Sebastian Brant, Das Narrenschiff, Wiesbaden 2013, 5f. 151f. – *Literatur:* T. Wilhelmi (Hg.), Sebastian Brant: Forschungsbeiträge zu seinem Leben, zum »Narrenschiff« und zum übrigen Werk, Basel 2002; H.-G. Roloff (Hg.), Sebastian Brant (1457-1521), Berlin 2008; K. Bergdoldt / J. Knape (Hg.), Sebastian Brant und die Kommunikationskultur um 1500, Wiesbaden 2010.

1 Savonarola spielt auf die Bedrohung der Mediciherrschaft durch die anrückenden Heere von Karl VIII. (1483-1498) an, den er spätestens seit 1492 als den neuen Kyrus seiner Zeit deutete (vgl. Jes 44,28; 45,1): den äußeren Feind, der doch letztlich von Gott geschickt war.
2 Rennschiff.
3 Lastschiff.
4 Kleines Schiff.
5 Nachen.
6 Nachen mit einem vorderen Schnabel in Gestalt eines Horns.
7 Bienen.
8 Anspielung auf die Holzschnitte im Druck.
9 gebricht.
10 Pfründe: in der Regel ein Landstück, das zum wirtschaftlichen Unterhalt des Inhabers einer geistlichen Stelle dienen sollte, oft aber genug abwarf, um wirtschaftlichen Gewinn zu erbringen.
11 Auf der Laute (Quinterne) spielen.

75. Frömmigkeitstheologie im späten 15. Jahrhundert

Die Spannungen zwischen intellektuell hochstehender Scholastik, Kirchenkritik, äußerer und innerer Frömmigkeit waren hoch – und immer wieder gab es Bemühungen, auseinanderdriftende Kräfte zusammenzubinden. Eines der wichtigsten Phänomene ist in diesem Zusammenhang die schon oben erwähnte »Frömmigkeitstheologie« (Berndt Hamm). Unter diesem Begriff lassen sich verschiedene Bemühungen zusammenzufassen, das geistliche Leben der Menschen theologisch zu deuten und damit zugleich der Theologie eine Ausrichtung auf die Praxis zu geben. Hierzu gehören auch etwa die Personen, die früher – wie Johann Pupper aus Goch († 1475) am Niederrhein (Text a) – wegen ihres starken Augustinismus als »Vorreformatoren« eingeordnet waren. Diese Einordnung als Vorläufer verkürzt seine Bedeutung, die eben darin lag, geprägt durch die *Devotio moderna* (s.o. Nr. 65), in all den Spannungen des späten Mittelalters einen theologisch verantwortbaren Weg der Nähe zu Gott zu finden. Auch herausragende Vertreter der Scholastik fühlten sich animiert, ihre theologische

Frömmigkeitstheologie

Bildung in den Dienst der Frömmigkeit zu stellen: der 1484 nach Tübingen berufene Gabriel Biel verfasste hier einen umfassenden Kommentar zu den Sentenzen, in welchem er im wesentlichen die Gedanken Wilhelms von Ockham aufnahm und so geradezu eine Ockham-Renaissance in die Wege leitete, die die Wahrnehmung spätmittelalterlicher Theologie durch Martin Luther wesentlich prägen sollte. Aber er hat sich in der 1488 vollendeten *Canonis Missae Expositio* auch bemüht, das liturgische Geschehen des Messgottesdienstes auszulegen (Text b) – freilich nur für solche hochgebildeten Leser, die in der Lage und bereit waren, sich durch umfangreiche lateinische Ausführungen durchzuarbeiten. Noch näher an die Wittenberger Reformation kommt man mit Johannes von Paltz († 1511): Bis 1505 gehörte er eben dem Erfurter Augustinerkloster an, in das in demselben Jahr nach dem Blitzschlag von Stotternheim Martin Luther eintrat. Paltz hat fest auf die Heilsvermittlung durch Priester und auch durch Ablässe vertraut, gibt aber zugleich in seiner vielfach gelesenen *Coelifodina* auch einen Einblick in spätmittelalterliche Meditationspraxis (Text c).

a) Johann Pupper von Goch (1415–1475): Verdienst allein durch Gottes freie Annahme

Gott verlangt für das Heil derjenigen, die gerettet werden sollen, einige Werke der Tugend. Diese verdienen den ewigen Lohn zwar nicht im Sinne eines Würdigkeitsverdienstes (*ex condigno*): aber sie gefallen dem göttlichen Willen wegen Gottes freier Annahme (*acceptatione*) des Menschen, der gerettet werden soll. Das lässt sich durch folgendes Gleichnis verdeutlichen: Wenn ein Reicher zu einem Armen sagen würde: »Reinige für diesmal den Fußboden meines Hauses, so mache ich dich zum Erben aller meiner Güter«, so ist dieses eine Werk sicher kein hinreichender Grund für so große Güter. Und doch gibt jener Reiche sie wegen seiner freien Annahme des Werkes und des Armen; aufgrund deren gefällt es ihm, so zu handeln. So verhält es sich auch mit allen unseren guten [Werken] vor Gott. Deshalb haben wir keine Verdienste, die sich auf die Beschaffenheit unserer guten Werke stützen, sondern aufgrund der Tatsache, dass sie von Gott angenommen werden und dass es ihm in seiner Güte gefällt, so zu handeln. Dies wird bestätigt durch das Wort: »Ich preise dich, Vater usw., denn so hat es dir gefallen usw.« (Mt 11,25f.; Lk 10,21).

Jedes Verdienst besteht einfach und für sich in der Annahme durch Gott (*Omne meritum consistit simpliciter et absolute in acceptatione divina*): nur an ihr kann man es messen, niemals jedoch an einer Handlung des Menschen, mag sie auch noch so tugendhaft sein. Der erste Satz lässt sich so beweisen: Steht es einfach und für sich im Belieben von jemandem, ob er etwas gibt, so muss es auch von dessen willentlicher Annahme einfach und für sich abhängen, wieviel er gibt. Aber alles, was zusammenhängt mit Erschaffung, Erlösung und Verherrlichung des Menschen, steht einfach und für sich im Belieben des göttlichen Willens; also beruht alles, was [in dieser Hinsicht] geschieht oder geschehen kann, auf seiner freien Annahme. Der Untersatz ist klar; denn alles, was er wollte, hat Gott im Himmel und auf Erden getan, das heißt, alles, was im Himmel und auf Erden je gemacht worden ist, ist aus Gottes Willen hervorgegangen.

Quelle: J. Pupper van Goch, Fragmenta aliquot, De merito, sequuntur conclusiones notabiles, hg. von Dr. F. Pijper, 's-Gravenhage 1910 (BRN 6); abgedruckt in: G.A. Benrath (Hg.), Reformtheologen des 15. Jahrhunderts, Gütersloh 1968 (TKTG 7), 32. – *Literatur:* R.R. Post, Johann Pupper von Goch, NAKG 47 (1965/66) 71-97; C.A. van Calveen, Johann Pupper van Goch en de Broeders des Gemeinen Levens, AGKKN 20 (1978) 103-113.

b) Gabriel Biel, Die sakramentale Wirkung der Eucharistie (*Canonis Missae Expositio* [1488] Lect. 47T)

Es heißt, dass Christus eine Frau heilte, als sie eine Franse seines Gewandes berührte (Mt 9,18-22). Ließ er in diese Franse etwa eine Kraft strömen, durch die er die Heilung der Frau bewirkte? Nein; er selbst schenkte die Gesundheit direkt, als die Frau im Glauben die Franse berührte. So ist es auch hier Gott, der die Substanzen des Brotes in den Leib Christi verwandelt (*convertit*), wenn der Priester die Worte ausgesprochen hat, die Gott zu diesem Zweck bestimmt hat. Dabei gibt er den Worten keine zusätzliche Kraft, die die Verwandlung des Brotes mit bewirkt. Vielmehr ist er selbst die Gesamtursache, die jene Wandlung vollständig bewirkt, wenn der Priester die Worte ordnungsgemäß ausgesprochen hat [...]
Der selige Petrus heilte Kranke durch seinen Schatten, wie in der Apostelgeschichte (Apg 5,12-16) berichtet wird. Wer wollte behaupten, dass die Kraft, gesund zu machen, im Schatten gelegen hätte, der doch selbst nicht irgendetwas ist, sondern nur Abwesenheit von Licht, und der deshalb gar nichts getan haben kann? Denn Handeln setzt Sein voraus, und was keine natürliche Realität besitzt (*quod nihil est in natura*), das kann auch nicht handeln. Vielmehr wollte Gott die Wahrheit des von Petrus gepredigten Glaubens erweisen und hat deshalb den Schwachen und Kranken selbst die Gesundheit wiedergeschenkt, als Petrus vorüberging [...]
So liegt auch hier in den Konsekrationsworten keine übernatürliche Kraft, durch die sie an der sakramentalen Wirkung, d.h. an der Transsubstantiation des Brotes in den Leib Christi, aktiven Anteil hätten; sondern Christus ist bei seinem Zeichen aufgrund des Bundes (*ex pacto*), den er mit der Kirche als seiner Braut geschlossen hat, und bewirkt so die Wandlung. Deshalb wird es auch nicht nur ein gewisses Zeichen genannt, sondern sogar ein wirksames (*efficax*), denn Christus ist unfehlbar bei ihm und führt seine Wirkung herbei.

Quelle: Gabriel Biel, Canonis Missae Expositio. Bd. 2, hg. v. H.A. Oberman und W. J. Courtenay, Wiesbaden 1965, 226.

c) Johannes von Paltz, Die rechte Meditation (*Coelifodina*)

Da Christus am Kreuz hängend das Buch des Lebens ist, weil er, der für uns am Kreuz das Leben der Gnade und Herrlichkeit erlangt hat, der uns auch das Leben der Natur in der Schöpfung geschenkt hat, selbst dem Wesen nach das Leben ist, wollen wir lernen, ein solches Buch gemeinsam mit den einfachen Gemütern äußerlich zu lesen. Bücher haben aber üblicherweise außen auf jeder Seite fünf Schließen. So hat unser Buch auf jeder Seite fünf Schließen. Die erste Seite hat fünf Wunden, die zweite Seite hat fünf Schläge. [Bücher] pflegen auch außer den Schließen auf jeder Seite verschiedene Bilder zu haben, die in den Deckel beziehungsweise das Leder eingepresst sind. Sie zeigen an, wie die ganze Passion äußerlich meditiert werden soll, wie im Folgenden deutlich werden wird. Über die Weise, die fünf Wunden zu lesen und zu meditieren.
Christus, wie er als Buch des Lebens am Kreuze hängt, wird auf der Oberfläche allen, selbst noch den Gröbsten, öffentlich dargeboten mit fünf Schließen, das heißt fünf Wunden, damit sie, wenn sie nicht mehr können, wenigstens darin lesen. Überall in den Kirchen, in den Häusern und an den Enden der Straße bietet sich dieses Buch des Lebens wenigstens zum äußerlichen Lesen an, damit sich niemand mit Unkenntnis oder gar Unwissenheit entschuldigen kann, als ob er

keine Buchstaben kenne, weil diese fünf Schließen als Buchstaben auch jeder Laienchrist leicht lesen kann.
Damit wir also leichter diese fünf Wunden bedenken können, ist zu vermerken, dass Hände in der Schrift Werke bedeuten: Die rechte bedeutet die guten Werke, die linke die schlechten. Die Füße aber bedeuten Neigungen und Sehnsüchte. Der rechte Fuß bedeutet gute Neigungen und gute Sehnsüchte, der linke Fuß bedeutet schlechte Neigungen und schlechte Sehnsüchte.
So kann also ein frommer Mensch sprechen:
> Herr Jesus Christus, ich danke dir um der Verletzung der rechten Hand willen, die du wegen mir hast durchbohren lassen. Ich bringe dir alle meine guten Werke, wenn es auch wenige sind, in jene Hand dar und ein Vaterunser und ein Ave Maria in Liebe zu jener Wunde, die du für mich empfangen hast, inständig bittend, dass du mir zubilligst, gute Taten zu tun.
> Herr Jesus Christus, ich danke dir um der Verletzung der linken Hand willen, die du wegen mir hast durchbohren lassen. Ich bringe dir alle meine Fehler, die ach so viele sind, in jene Hand dar und ein Vaterunser und ein Ave Maria in Liebe zu jener Wunde, inständig bittend, dass du mir alle meine schlechten Taten verzeihst.
> Herr Jesus Christus, ich danke dir um der Verletzung des rechten Fußes willen, den du wegen mir hast durchbohren lassen. Ich bringe dir alle meine guten Neigungen und guten Sehnsüchte in jenen Fuß dar und ein Vaterunser und ein Ave Maria in Liebe zu jener Wunde, inständig bittend, dass du guten Neigungen und gute Sehnsüchte zugestehst.
> Herr Jesus Christus, ich danke dir um der Verletzung des linken Fußes willen, den du wegen mir hast durchbohren lassen. Ich bringe dir alle meine schlechten Neigungen und schlechten Sehnsüchte in jenen Fuß dar und ein Vaterunser und ein Ave Maria in Liebe zu jener Wunde, inständig bittend, dass du mir die schlechten Neigungen und schlechten Sehnsüchte verzeihst.
> Herr Jesus Christus, ich danke dir wegen der Verwundung deiner Seite, selbst wenn du nicht gelitten hast, sondern deine liebste Mutter, obgleich du aus der größten Liebe jene Wunde an Herz und Seite annehmen wolltest und du auf diese Weise die Sakramente hast herausfließen lassen. Ich bitte dich wegen der Liebe jener Wunde, dass du mein Herz, weil es hart geworden ist, aufbrichst und weichmachst, und dass du mein Herz, weil es durch Sünden und Fehler verwundet ist, heilst und in deiner Liebe entflammst. Damit du dies leichter machst, mögest du ein Vaterunser und ein Ave Maria in jener Liebe empfangen.

Denn wenn es irgendeinen bis dahin unerfahrenen Menschen gibt, dass er auf diese Weise ganz und gar nicht lernen kann, kann er gleichwohl folgendes sagen:
> Herr Jesus Christus, ich bringe dir in deine rechte durchbohrte Hand all meine guten Werke und ein Vaterunser und ein Ave Maria dar.
> Und in die linke Hand all meine schlechten Werke und ein Vaterunser und ein Ave Maria.
> Und in den rechten Fuß alle meine guten Neigungen und Sehnsüchte und ein Vaterunser und ein Ave Maria.
> Und in den linken Fuß alle meine schlechten Neigungen und Sehnsüchte und ein Vaterunser und ein Ave Maria.
> Und in die rechte geöffnete Seite bringe ich dir die Widerspenstigkeit und Härte des Herzens und ein Vaterunser und ein Ave Maria dar.

Oder wenn auch dies nicht geschehen kann, kann er sagen:

Herr Jesus Christus, ich bringe dir ein Vaterunser in die rechte Hand dar.
Und ich bringe dir ein Vaterunser in die linke Hand dar.
Und ich bringe dir ein Vaterunser in den rechten Fuß dar.
Und ich bringe dir ein Vaterunser in den linken Fuß dar.
Und ich bringe dir im Sinne der Prediger ein Vaterunser in deine Seite dar.
Hinführungen, um in die Wunden Christi durch Meditation einzutreten.
Es gibt drei Hinführungen, die uns einführen sollen, eifrig die Wunden Christi zu meditieren, nämlich des Bräutigams oder Christi Einladung, der Glaube der heiligen Lehrer und das Entrinnen vor den Feinde.
Die erste Hinführung, die uns zur eifrigen Meditation der Wunden Christi führt, ist des Bräutigams, nämlich Christi Einladung. Der Bräutigam lädt nämlich die Braut ein dies zu tun. Hohelied 2[,14]: »Meine Taube in den Felslöchern..«. Interlinearkommentar: »Felsen«, das heißt Christus. »...und der Höhle der Gartenmauer«, Interlinearkommentar:[1] Das heißt die Seitenwunde Christi. Randkommentar: »In den Löchern«, das heißt in den Wunden Christi, sitzt und nistet die Kirche, weil sie in das Leiden des Herrn ihre Hoffnung und ihr Heil setzt. Und dadurch vertraut sie, sich vor dem Hinterhalt des Habichts, das ist der Teufels, zu schützen, und darin zeugt sie andere. Dies interpretiert die Glossa (der Kommentar) nach dem allegorischen Sinn. Aber die Taube bedeutet im zweiten, tropologischen Sinn jede gläubige Seele, von der alles vorher Gesagte verstanden wird, gleichwie von der Kirche.
Das Zweite, was zur eifrigen Meditation der Wunden Christi anleitet, ist der Glaube der heiligen Lehrer. Daher spricht Augustin in Predigt 22 an die Eremiten, an die Leprosen, folgendermaßen: »Nichts nämlich ist so heilbringend für uns wie täglich zu bedenken, wie viel für uns der Gott und Mensch ertragen hat.« Und kurz davor: »Erhebt eure Häupter und erblickt mit dem Herzen die Wunden unseres Heilands, wie er am Kreuz hängt, die Strafen des Sterbenden, den Lohn des Erlösenden, die Wunden des Auferstehenden. O was vermöchten wir anderes zu erblicken als das Haupt, geneigt zu rufen und zu verschonen, das Herz, zum Lieben geöffnet, die Arme ausgebreitet zu umarmen, den ganzen Körper dargeboten zu erlösen? Bedenkt, ihr, die ihr Schmerz empfindet, wie viel das ist! Wägt das ab auf der Waage eures Herzens, wie ganz für euch im Herzen Gestalt gewinnt, der für euch ganz an das Kreuz gehängt wurde«. Soweit er[2]. Und der honigtriefende Lehrer Bernhard sagt in Nachahmung Augustins in der 43. Predigt über das Hohelied: Nichts »ist so wirksam zur Heilung von Wunden« der sündigen Seele »wie die eifrige Meditation der Wunden Christi«[3].
Das Dritte, was zur eifrigen Meditation der Wunden Christi hinführt, ist das Entrinnen vor den Feinden, die das Fleisch, die Welt und der Teufel sind. Auf dass er ihnen entrinne, hat unser hochheiliger Vater Augustinus in dem Buch von der Kontemplation unseres Herrn Jesu Christi Folgendes gelehrt und gemacht[4]: »Jedes Mal, wenn mich ein schändlicher Gedanke schlägt«, sagt er, »laufe ich zurück zu den Wunden Christi. Jedes Mal, wenn das Fleisch mich bedrängt, stehe ich wieder auf durch die Erinnerung an die Wunden meines Herrn. Jedes Mal, wenn der Teufel mir Hinterhalte stellt, flüchte ich zu den Innereien meines Herrn, und er weicht zurück von mir. Wenn die Glut der Lust meine Glieder bewegt, wird sie ausgelöscht durch die Erinnerung an den Sohn Gottes. In allen meinen Missgeschicken finde ich kein so wirksames Heilmittel wie die Wunden Christi. In ihnen schlafe ich sicher und ruhe unverzagt«. Weil »es von mir aus daran fehlt, mache ich Gebrauch von den Eingeweiden meines Herrn, da ja Barmherzigkeit herbeiströmt, auch fehlt es nicht an Öffnungen, durch die sie herbeiströmen kann". Und er fügt hinzu: »Die Wunden Jesu Christi sind voller Barmherzigkeit, sind voller Milde, voller Süße und

Frömmigkeitstheologie

Liebe. Durch diese Risse ist es mir erlaubt zu kosten, wie süß der Herr mein Gott ist«. Dies sagt jener.

Quelle: Johannes von Paltz, Werke. Bd. 1: Coelifodina, hg. v. Chr. Burger / Fr. Stasch, Berlin / New York 1983, 109-111; *Übers.:* Studierende des Hauptseminars »Visualität des Religiösen« (zus. m. K. Krause) SoSe 2020, Tübingen (I. Allmann, K. Baier, M.-A. Bittner, A. Boborzi, D. Felger, P. Franke, J.C. Frey, K. Gosson, A. Heindel, C. Horn, A. Valesca Lehmann, J. M. Müller, L.-Ch. Necke-Schmidt, M. Oetelshofen, L. Ramchen, M. Willmann, D.T. Wörner). – *Literatur:* B. Hamm, Frömmigkeitstheologie am Anfang des 16. Jahrhunderts: Studien zu Johannes von Paltz und seinem Umkreis, Tübingen 1982; ders., Was ist Frömmigkeitstheologie? Überlegungen zum 14. bis 16. Jahrhundert, in: H.-J. Nieden / M. Nieden (Hg.), Praxis pietatis. Beiträge zu Theologie und Frömmigkeit in der frühen Neuzeit. Stuttgart u.a. 1999, 9-45.

[1] In dem üblichen *Bibelkommentar, der* Glossa ordinaria, *gab es einerseits Erläuterungen zwischen den Zeilen (Interlinearkommentar), andererseits am Rand (Rand- oder Marginalkommentar).*

[2] Ps.-Augustin, Sermo 32: Ad leprosos, (PL 40,1293).

[3] Bernhard con Clairvaux, Sermo in Canticum Canticorum 62,7 (Bernhard, Werke. Lat./Dt. 6, 332).

[4] Ps.-Augustin, Manuale 21f (PL 40,960f).

Bibelstellenregister

Gen
1,16	147
1,26	211
1,26f.	118
1,27	127
1,28	204
3,1-7	151
19,26	134
20	96
24,63	142
26,5	19
28,12	9
32,23-30	142
37,2	201
41	96

Ex
14,26-29	198
16,3	205
18,21	254
19,12f.	240
19,16.19	16
19,20	16
20,18	16
20,21	16
24,9-11	16
24,18	142
25,40	14
33,13.18	128

Lev
19	297
25,10	133

Num
15,20f.	53
16,32	166
18,20	214

Dtn
4,7	235
33,1	39

Jos
14,6	39

Ri
19,19	204

1 Sam
1,11	19
17,39	204
24.26	96

2 Sam
8	89

1 Chr
23,14	39

2 Chr
26,1ff.	150
30,16	39

Esra
3,2	39

Tob
1,3 Vulg.	172
5,13	39

Hi
12,21	134

Ps
2,11	26
8,6	178
14,1	109
15,1	9
18,9	112
18 (17),12	16
22,18	289
25,15	270
44,4 Vulg.	84
44,8	114
44,14	273
45,11	290
50,14 Vulg.	119
57	239
58,12	133f.
58,15	134
64 (63),7	237
72,18	201
73,28	270
79 (78),10	134
80 (79),14	98
82,6	96
83,13	260
85 (84),7	186
85,11	179
90 (89)	39
99,4	85
104,25	149
106 (107),40	134
115 (113),2 (10)	134
118,32	201
118,60 Vulg.	20
118,71	120
131,1.2	9
137,1	307
148,13	51

Koh
1,2	273
1,8	273
7,26	304

Hld
1,1	118
1,4	119
1,7	128
3,1	128

Jes
1,6	284
5,8	201
7,9 LXX	109
7,9	112
9,3 Vulg.	261
11,2	35, 133, 242
29,18	88
32,4	88
35,5	88
38,5	85
42,25	19
43,21	20
44,28	310
45,1	310
49,8	117
59,13	19
61,2	133
64,4	184
65,1	12

Jer
1,10	199
9,1.2	142
9,3	201
15,17	142

Ez
13,10	134
18,20	11
18,21-24	159
33,14-16	159

Dan
3	96
3,51	19
7,11.13	19

Joel
2,12f.	19
2,17	134

Sach
4,6	138

Weish
3,8	115
7,14	284

Sir
3,22	184
3,25	185
19,1	22
24,11	228
25,21-25	303
28,27f.	19
45,14	96

Mt
1,17	152
3,13-17	142
4,1-11	142
5,3	157, 160
5,7	187
5,9	129
6,26-29.	159
6,34	158f.
7,6	247
7,7	116
7,7f.	88
7,9	270
7,12	145
7,13f.	9, 142
7,15	179
9,18-22	312
9,22	231
9,36	38
9,37	159
10,7-14	167
10,8	89
10,10	167
10,28	39
11,5	88
11,11	142
11,25f.	311
11,29	261
11,29f.	57
11,30	9
12,27	106
12,31f.	292
13,43	243
14,3-12	142
14,23	142
14,28-31	149
15,22	231
15,26	247
15,26f.	231
16,17	228

16,18	73, 76, 103, 208	12,4	39
16,18f.	74, 149	12,24	118
16,19	35, 200, 251	12,32	166
17,1f.	243	12,35	9
17,4	9	12,49	34
19,16-26	152	14,11	120
19,16-30	167	15,11-32	64
19,21f.	23	15,24	66
20,25-27	214	16,8-11	117
21,9	117	16,9	80
21,21f.	88	16,19-31	117
22,43.45	106	17,10	143
23,2-3	160	18,13	119, 233
23,4	262	18,14	9
23,12	225	19,6	13
25,31ff.	80, 82	21,19	120
26,26	107	22,25f.	129
26,26-28	47	22,38	94, 199, 253
26,29ff.	63	23,28	89
26,39-44	142	23,43	13
26,52	129, 199	24,39	47
27,5	66	24,45	19
28,19	114	**Joh**	
Mk		1,1	47, 88, 112, 121, 155
6,34	38		
9,35	225	1,14	48, 121
12,17	129	1,16	151
14,3-9	235	1,18	14, 243
15,27	289	1,36	107
Lk		1,40f.	76
1,13-17	142	1,42	149
1,17	20	3,5	194
1,48	19	3,8	66
2,10	172	3,27	12
2,14	29	4,10	20
2,21	62	4,12	14, 243
2,35	290	4,23f.	84
2,41ff.	116	5,14	119
7,22	88	5,17	29
7,36-50	235	6,30	135
7,47	26	6,51	69
7,48	119	6,52.56f.59	69
10,7	167	6,55f.	232
10,21	311	6,56	233
10,34	165	6,46	243
10,38-42	224, 227ff.	6,63	187
11,8	26	8,11	119
11,9	88	8,12	272
11,10	119	8,43	19
11,11	270	8,51	160

10,1-6	179	5,1	186
10,6	199	5,5.8	118
10,34	96	5,12	12
11,3.11	66	6,16	11
11,33.35.38	66	8,21.22ff.	72
12,1-11	235	8,29f.	72
12,24	29	10,4	182
12,35	228	10,9f.	112
13,1-5	61	10,15	163
14,6	229	10,20	12
14,15	287	12,3	159
14,28	242	13,1	83, 199
15,13	118	13,1.4	96
17,4	208	13,2	200
18,11	253	13,10	182
18,36f.	129	13,14	172
19,11-4.23-24.34	138	14,17	273
19,19f.	89	16,16	61
19,23	179	**1 Kor**	
21,7	149, 199	1,19	190
21,15-17	149, 179	1,20	133
21,17	149	1,24	106
Apg		1,27	303
2,37	19	1,30	284
2,41	4	2,10	182
3,6	158	2,15	200, 207, 214
4,32	146	3,11	149
4,35	10	3,13.15	292
5,1-11	35	4,4	207
5,5	107	4,7	12, 119
5,12-16	312	4,12	10
8,18f.	94	5,5	95
9,31	36	5,6-8	53
10,3	13	6,1-11	74
10,34	260	6,17	120
13,26	3	7,25	12
13,47	19	8,38	239
15,9	112	9,9	167
17,34	13	9,14	167
18,3	10	9,18	89
20,22	20	9,27	26
20,33	158	10,4	212
26,24	249	10,5	134
Röm		11,27.29	107
1,18-23	234	11,28	281
1,25	48, 111	11,29	281
1,32	257	12,27	34
3,18	36	13,13	183, 214
3,19-26	117	15,10	12, 219
4,5	187	15,47	151

16,3	51	**Kol**	
16,20	61	1,15	48
16,22	99	1,16	15
2 Kor		1,18	212
1,7	9	1,19	116
3,17	151, 221	1,23	172
4,16	106	2,9	116
5,13	121	3,2	142
6,2	117	3,5	143
7,1	36	3,16	41
9,7	120	**1 Thess**	
11,7	89	5,15	39
11,28	75	5,17	8
12,1-4	195	5,26	61
12,2	228	**2 Thess**	
12,3f.	228	3,2	185
12,4	26	3,10	159
12,9	120	**1 Tim**	
13,12	61	1,5	182
Gal		1,13	12
2,11	236	2,4	11, 72
3,19	14	6,16	14, 243
3,27	172	**2 Tim**	
Eph		1,7	35
1,1	72	3,5	163
1,21	15	3,16	184
2,8	12	**1 Petr**	
2,19	40	1,18f.	284
2,20	96, 107, 149	2,13	83
4,5	199	2,21	297
4,14	212	3,15	111
4,22.24	234	5,5	120
5,3	280	5,14	61
5,16	228	**2 Petr**	
5,19	41	1,3f.	241
5,21	36	1,4	48
5,32	151	2,19	11
6,17	94f.	**1 Joh**	
Phil		1,1	47
1,6.29	12	4,12	14, 243
1,21	133	**Hebr**	
1,23	121	4,12f.	94
2,6f.	242	5,12	189
2,13	12	10,19f.	160
3,1	151	10,35	133
3,10	9	11,3	242
4,4	39	11,6	186
4,6	80	11,16	142
4,7	181	13,4	157
		13,14	294

Jak
1,17 12, 160, 181
1,25 209
2,26 156f.
Offb
1,9-3,22 154
2,6 94
5,1 205, 238
6,7 149
10,1f. 202
17 203
21,2 182
21,12.21 97

Personenregister

Aaron 301
Abiram 166
Abraham 150f., 185
Acerbus v. Florenz 14
Adalgis 56
Adam 11f., 110f., 150f., 211, 218f., 234, 248, 287
Adhémar v. Monteil 131
Admantius Martyrius 8
Aegidius Romanus 199, 205f.
Agilulf 28
Aidan v. Iona 20
Aistulf 40f.
Al-Kamil 177
Alberich 142
Albertus Magnus 181, 183, 188
Albrecht v. Bayern 302
Aleben = Reuben (?) 43f.
Alexander I. 73
Alexander II. 130
Alexander III. 145
Alexander V. 255, 258
Alexander v. Hales 190
Alexios Angelos 137
Alexios Doukas 137
Alkuin 54
Ambrosius 24, 87, 125, 128, 187

Anaclet I. 73f.
Anastasios I. 1, 17, 49
Andreae, Johannes 261, 264
Andreas v. Ungarn 172
Angelo Corario 251
Anna v. Böhmen 252
Anselm v. Alexandria 161
Anselm v. Canterbury 108ff.„ 116, 123, 127f., 191, 289
Ansgar (Anskar) 91
Antonius 142
Arcadius 196, 198
Areios 46f.
Aristoteles 4, 116, 183f., 188, 190, 195, 214, 244, 246, 253
Arnold v. Brescia 152
Asas 150
Asclepius v. Gaza 74
Astrolabius 113
Athanasius 74
Athenagoras I. 99
August v. Frankreich 136
Augustin 2, 11, 13, 23ff., 28f., 66, 71f., 106, 108ff., 121, 123-127, 161, 185, 195f., 205, 232f., 235, 239, 244, 267 301, 314
Augustus 24
Aurelian 79
Averroes / Ibn Rushd 188
Balduin I. 139
Balduin v. Trier 215
Bandinelli, Roland 145
Barlaam v. Kalabrien 241, 243
Basileios I. 76f.
Basileios II. 91
Beda Venerabilis 28, 30, 176
Beleth, Johannes 174ff.
Benedikt III. 214
Benedikt VIII. 99
Benedikt XIII. 249, 251, 258f.
Benedikt v. Aniane 60-62, 79

Benedikt v. Nursia 8, 25, 81, 140, 142, 150f.
Berengar 105-108, 124, 127
Bernard Cathala 153
Bernard Raymond 153
Bernhard v. Clairvaux 113, 118, 123, 132-135, 141f., 142, 232f., 315
Bernhard Guidonis / Gui 200, 202
Bernhard Prim 158
Berno 79-82
Bertram v. Metz 236, 240
Biel, Gabriel 311f.
Birgit 21
Boccaccio 245
Boethius 4f.
Bonaventura 181, 195
Bonifatius 34-40
Bonifaz VIII. 17, 24, 191, 198f., 205, 264, 283
Boso 111
Bradwardine, Thomas 195, 197
Brant, Sebastian 307f.
Brigida-Birgit 24
Brude (Bridius) 21
Brun(o) I. v. Köln 85, 141
Bucer, Martin 128
Burghard 36
Caesarius v. Arles 11
Calixt II. 103, 142
Calpornius 19
Cassian, Johannes 11
Cassiodor 6f.
Chlodwig 2f.
Chlothilde 3
Chrysostomus 187
Chval Řepický v. Machovice (Cwal) 258
Cicero, Marcus Tullius 4, 244, 246, 249
Clemens I. 73
Clemens III. 135
Clemens V. 199
Clemens VI. 283f.
Clemens VII. 249
Cogitosus 21, 24
Columba d.Ä. 20f.
Columban d.J. 22, 24
Conláed (Conled) 21, 24
Cornelius (Apg.) 13
Cornelius 175
Cosimo I. 244
Curtius Valerianus 8
Cyprian 96
Dacian 175
Dadanus 36
Damasus v. Rom 87
Dante Alighieri 66, 207
Dathan 166
David 26, 85, 89, 128, 204, 290
Decius 175f.
Decius d.J. 175
De Marcy, H. 157
Debora 303
Diego 166
Diokletian 175f.
Dionysius Pseudo-Areopagita 13, 235, 241
Dioskoros 46
Dominikus 166f.
Drakon 79
Duchrow, U. 96
Durandus v. Huesca 158f.
Dvornik, F. 88
Edda 36
Edmund v. Ostanglien 93
Efrem v. Rostov 276
Einhard 57
Eleasar 300
Eleasars Frau 300
Elia 142, 150
Elias v. Cortona 168, 171
Elisa 142, 150
Elisabeth v. Thüringen 172ff.
Elsbet 222
Epiphanius 45
Eriugena, Johannes Scotus 71
Esther 303
Ethelbert 28f.

Register

Etherius	28, 42	Gottfried v. Viterbo	176
Eugen III.	134, 153	Gottschalk	62f., 71
Eugen IV.	258f., 263, 305	Gratian	145f., 214
Eupaterius	27	Gregor I. d. Große	8, 24-31, 73, 125, 128, 140, 188f., 235f.
Euseb(ius) v. Caesarea	45, 175f.	Gregor II.	34f.
Eustachius III.	132, 139	Gregor VII.	102, 107, 130, 163
Eutropius	175f.	Gregor VIII.	135
		Gregor IX.	168, 176, 188
Eutyches	8, 46f.	Gregor XI.	176, 249f., 252
Eva	304		
Evfimij v. Novgorod	276	Gregor XII.	249, 251, 258
Fabianus	175		
Faustus v. Riez	11	Gregor v. Nyssa	17
Felix II.	74	Gregor Palamas	240ff.
Ficinos, Marsilio	244, 246	Gregor v. Rimini	195
		Gregor v. Tours	2
Focas	8	Gregoria	26
Franciscus de Mayronis	287	Gregorios Akindynos	241, 243
Franz von Assisi	167-172, 174, 181ff., 201f.		
		Groote, Gert	269
Freyja	92	Guigo	141
Friedrich I. Barbarossa	68, 123, 135ff., 147, 153	Guiraud Mercier	154
		Hadrian I.	41f., 51
Friedrich II.	135, 147, 176ff.	Hadrian IV.	68
		Hakonssohn, Erich	93
Fulgentius v. Ruspe	11	Hallum, Robert	264
Fulko v. Marseille	167	Hans v. Talheim	303
Fulrad	37, 40	Haraldssohn, Svend	93
Gailo	56	Harding, Stephan	142f.
Gallienus	175	Hartlieb, Johann	302
		Heinrich v. Mainz	215
Gallus	175	Heinrich I.	83, 108
Geiler v. Kaysersberg, Johannes	292, 294f.	Heinrich II.	83
		Heinrich III.	94, 99f., 102ff.
Gelasius I.	1, 17, 149	Heinrich IV.	
		Heinrich V.	103
Georgios	48	Heinrich VI.	147f., 150
Gerhard v. Borge S. Donnino	150	Heinrich VII.	176
Germanos	46, 48	Heinrich VIII.	24, 127
Gerold v. Jerusalem	176	Heinrich v. Gent	195
Gerson, Johannes	258, 266, 292	Helena	129, 287f.
Gizur d. Weiße	92	Heloïsa	113
Gottfried V.	132, 139	Hieronymus	24, 144, 267, 304

Hilarion v. Gaza	142, 144	Jesaja	85
Hildebrand	102	Joachim v. Fiore	150, 152, 205
Hinkmar v. Reims	72f.	Johann Pupper v. Goch	310f.
Hiob	236	Johanna	206, 213
Hiskia	85		
Honorius, Kaiser	196, 198	Johannes VIII. Palaiologos	274
Honorius II.	141	Johannes XXII.	200, 203, 205, 230
Honorius III.	166, 168	Johannes XXIII.	258ff.
		Johannes Anglicus	213
Hugo	79	Johannes Chrysostomus	123
Hugo v. Fosses	141	Johannes v. Damaskus	45, 48, 53, 123, 140, 240
Hugo v. St. Victor	121ff.		
Humbert v. Romans	261, 264	Johannes v. Nassau	259, 264
Humbert v. Silva Candida	94, 97-100, 105	Johannes d. Täufer	142, 150
Hus, Jan	252, 254	Joseph II.	274
		Judas	66
Ianuarius	26	Judith	303
Ignatios I.	75	Juliana v. Norwich	217, 222
Ignatius v. Loyola	270		
Ingelberga	80	Julius I.	74
Innocenz I.	196, 198	Justin II.	20
		Justinian I.	2, 17f., 20, 24, 52
Innocenz II.	152		
Innocenz III.	147f., 156, 158, 162f., 166, 200, 236	Karl I. d. Große	8, 40f., 51, 54-60, 62, 66, 83, 99, 127, 148
Innocenz IV.	176, 292	Karl II.	68, 70
		Karl III.	82f.
Innocenz VIII.	302	Karl IV.	214
Iona v. Rjazaň	276	Karl VII.	265
Irene	49	Karl VIII.	310
Isaak	142, 185	Karlmann	36, 41
		Katharina von Siena	249f.
Isidor v. Kiev	276f.	Klak, Harald	91
Isidor Mercator	73	Klara von Assisi	168, 171f.
Isidor v. Sevilla	27, 71, 73, 176		
		Knut d. Große	94
Jakob	142, 182, 185	Kocel	89f.
		Köhler, H	139
Jakob d. Jude	300	Konrad II.	85
Jakob v. Voragine	174	Konrad III.	85, 104
Jakobus	158, 209	Konrad v. Franken	83
		Konrad v. Frankreich	132
Jean de la Rochetaillée	264	Konstantin I.	66f., 213
Jean de Lugio	154		
Jeremia	142, 199	Konstantin V.	35, 39, 46, 49f., 52f.

Register 325

Konstantin-Kyrill 88
Konstantinos Laskaris 137
Konstanze 147, 150
Kramer (Institoris), Heinrich 302f.
Laktanz (Lactantius) 305
Lanfranc 105f., 108, 124, 126
Laozi (Laotse) 43f.
Laurentius 174f.
Lazarus 64f.,, 117, 235
Leander 27
Leppin, V. 128
Leo 183
Leo I. 101, 104
Leo III. 35, 39, 46
Leo IV. 213f.
Leo IX. 94, 96f., 100, 104, 130
Leo v. Achrida 98
Leon III., Kaiser 52, 99
Leon IV., Kaiser 49
Leon V., Kaiser 45, 50
Leon VI., Kaiser 76
Leon (Lev) v. Ochrid 97
Lethold 132
Lucian v. Adriopel 74f.
Lucius III. 158
Ludwig IV, von der Pfalz 302
Ludwig IV. d. Bayer 205f., 214
Ludwig VII. 132
Ludwig v. Brandenburg 215
Ludwig d. Fromme 60, 67, 79, 91
Ludwig d. Kind 83
Ludwig v. Thüringen 172
Luther, Martin 128, 224, 265, 270, 311
Lykurg 79
Maelchon 21
Magnus v. Mecklenburg 300f.
Majolus (Cluny II) 79f.
Map, Walter 157
Marcellin 74
Marcus Varro 247, 249
Marguerite Porete 217, 224
Maria 32ff., 69f., 80, 95, 131, 217f., 242, 250, 282, 286-291, 298, 303f., 313
Maria Magdalena 224, 227ff, 231, 235, 28
Markus d. Lombarde 153
Marquard, O. 129
Marsilius v. Padua 206, 211, 214
Martha v. Bethanien 224, 227ff.
Martin 21
Martin V. 252, 258
Martin v. Troppau 206, 213
Maurikios (Mauritius) 28
Maurus, Hrabanus 62, 64. 71
Mechthild von Magdeburg 217, 219
Mehmed II. 296
Meister Eckhart 217, 224f., 230, 235
Menippos von Gadara 5
Method 88
Michael I. Kerullarios 97f.
Michael III. 75, 88
Michael VIII. Palaiologos 274
Michael de Causis 255, 258
Michol 300
Mohammed 31, 33
Mose 14, 16, 134, 142, 208, 210, 248, 297, 299
Nestorius 47
Niger, Radulf 136
Nigri, Peter 296, 299
Niketas Choniates 137
Nikolaus 138
Nikolaus I. 75
Nikolaus II. 100, 105
Nikolaus III. 200

Nikolaus v. Lyra 236, 237
Nikolaus v. Kues 296, 298f., 305
Nikophoros 52
Ninian 20f., 138
Niquinta (Niketas) 153f., 161f.
Noah 199
Norbert v. Xanten 140f., 247
Numa Pompilius
Oddo 82
Odo 80, 82f.
Olaf d. Schwedische 93
Olga 90f.
Olivi, Petrus Johannis 200, 202
Oswald 20
Ottheinrich v. d. Pfalz 286f.
Otto I. 83
Otto II. 83
Otto III. 83
Otto IV. 147f.,176
Paltz, Johann v. 285f., 311, 312
Papirianus 8
Patrick 18f., 23
Paul VI. 99
Paulinus 198
Paulus 12, 26, 67, 79f., 159, 194, 228, 234, 236, 245, 257, 283
Paulus v. Konstantinopel 74
Paulus v. Samosata 79
Paulus v. Theben 142, 144
Pedro (Petrus) de Luna 251
Pelagius 11, 194-198
Peter v. Amiens 134, 137
Peter v. Talheim 302
Petrarca, Francesco 244f.
Petrus 26ff., 34ff., 41f., 58, 63, 67f., 74ff., 79f., 98, 102f., 130, 149, 199f., 209, 228, 253f., 275, 283f., 312
Petrus Damiani 94, 96, 100

Petrus Lombardus 123-127, 183, 195
Petrus Venerabilis 141
Pfersch, Dietrich 291f.
Philipp II. 136, 138
Philipp IV. d. Schöne 199
Philipp v. Schwaben 147f.
Philippus 175
Photios 45, 75f.
Pico aus Mirandola, Giovanni 245, 248
Pierre Abaelard 113-118, 123, 127f., 153
Pierre (Petrus) d'Ailly 258, 260f., 266
Pilatus 89, 287
Pippin 37f., 40ff., 60, 68
Pitirim v. Perm 276
Pius I. 74
Pius IX. 288
Plato 5, 17, 113, 146
Potitus 19
Quint, Josef 235
Radbertus (Paschasius) 68f., 71, 73, 105
Radulf 139f.
Raimond de Casalis 154
Rastislav 88f.
Ratramnus 68ff., 105
Reginfred 36
Remigius 3
Richard II. 252
Richard Löwenherz 136, 150
Riley-Smith, J. 129
Rimbert 91
Robert 142
Robert d'Épernon 153
Roscellin c. Compiègne 111, 113
Rudolf 215
Rudolf v. Sachen 215
Saeki, P.Y. 44f.
Saladin 135f.
Salomo 85
Savonarola, Girolamo 307f.

Register

Scotus, Johannes Duns	191, 262, 264, 288		Tryggvissohn, Saemund Olaf	93
Seneca	245		Ubertin v. Casale	205
Seuse, Heinrich	224, 231f.		Ulrich v. Richenthal	258
Severos	46f.		Urban II.	111, 129, 131, 142
Sicard Cellerier	153f.		Urban IV.	280
Sigismund	252, 264		Urban VI.	249, 256, 258
Silvester I.	4, 66ff., 213f., 287		Usia	150f.
Simeon	290		Valdes	156f, 160
Sixtus I.	74		Valerianus	175
Sixtus II.	174f.		Valerius Soranus	247, 249
Sixtus IV.	283, 284, 287f., 290		Valla, Lorenzo	206, 213f.
Skeggissohn, Hjalti	92		Varlaam v. Kolomna	276
Solon	79		Vasilij II. Vasil'evič	277
Spesindeo	27		Victoruius	19
Sprenger, Jakob	302		Vilém Jeník v. Mečkov (Jencko)	258
Stagel, Elsbeth	231		Vincentius	175
Stephan II.	40f., 59, 68		Vincenz v. Beauvais	176
Stephanos d.J.	49f.		Vincenz v. Lerinum	11
Stethatos, Niketas	99		Volodimer (Vladimir / Waldemar)	89f.
Stutz, U.	82		Volusianus	175
Syagrius	4		Walter v. d. Vogelweide	135
Sylvester	287		Walram v. Köln	215
Tatian	63		Wenzel	252
Tauler, Johannes	224, 232		Werendraut v. Düren	222
Tempier, Étienne	190		Widukind	56f.
Terenz (Terentius)	244, 305		Wienfried	34
Thangbrand	92		Wilhelm I.	80, 82
Thedald	102		Wilhelm II. Rufus	108
Theodemar	62		Wilhelm d. Eroberer	130
Theoderich	2		Wilhelm v. Ockham	191f., 194f., 201, 205, 209, 214, 258, 311
Theodulf v. Orléans	51		Wilhelm (Guillaume) v. Champeaux	113, 121
Thomas v. Aquin	123, 127, 181, 183f., 188, 190, 235, 288		Willibald	36
Thomas v. Kempen	269f., 272, 274		Winta	36
Thorgeier	92		Worad	56
Thorgilsson, Ari	91		Wyclif, John	252ff.,
Thormod	92		Xuanling, Fang	43
Thorsteinssohn, Hall	92		Zacharias	150f.
Timaios	5, 248			
Tryggyason, Olaf	91			

Zbyněk Zajíc v. Hasenburg 255, 258
Zerbold v. Zutphen 236, 238, 270f.
Žižka v. Trocnoy, Jan (Zischo, Hans) 252, 258

Begriffsregister
Griechische Begriffe

ἁγιασμός	47
ἅγιος	46
ἄθεος	47
αἴσθησις	241
αἴτιος	242
ἀληθινός	50, 242
ἀλλόπιστος	138
ἀνάθεμα	50
ἀναίτιος	242
ἄναρχος	242
ἁπλότης	243
ἀποστολή	243
ἄχρονος	242
βασιλεία	77, 78
βούλησις	77
γνῶσις	241
διακόσμησις	14, 15
διθεΐτης	243
δικαιοσύνη	77
δόγμα	98
δύναμις	243
εἰδωλολατρεία	47
εἰκών	47, 50, 137
εἰκονικός	50
εἰκονίζω	49
ἔκφανσις	243
ἐνέργεια	240„ 242, 243
εὐαγγελικός	50
εὐεργετέω	77
εὐεργέτης	77
εὕρημα, θεῖον	77
εὐσεβής	243
θεαρχία	13
θεαρχικός	14
θεῖος	50, 241, 243
θειόω	47
θέλησις	242
θεολογέω	76
θεολογία	14, 15
θεονομικός	14
θεὸς λόγος	50
θεοσοφία	15
θεότης	47
θεοτόκος	49, 50
θεωτικός	15
ἱεροτελεστής	47
καιρός	240
καταξιόω	241
κενήριον	138
κήρυγμα	50
κορυφαῖος	76
κτίζω	48
κτίσις	48
λατρεία	50
λογικά	241
λόγος, ὀρθός	98
Μονάς	242
νόησις	240
νόμος	77
νοῦς	14, 15, 241
οἰκονομία	78, 98
οἰκουμενικός	46
ὁμόδοξος	138
ὁμόθεος	48
ὁμοίωμα	48
ὅρασις	240
οὐσία	47, 241, 243
ὅσιος	14, 50
οὐράνιος	15
πάθη	242
πέμπω	242
πνεῦμα	16, 242
πολύθεος	243
προβολεύς	242
πρόνοια	14
προσευχή	240
προσκυνέω	48, 137
προσκύνησις	49, 50
πρωτότυπον	48, 50
σεβίζω	47
σέβω	49
σεπτός	137
σημεῖον	137

Register

σοφία	14	anima	10, 80, 103, 120, 121, 130, 92, 230
σταυρός	137		
σύμβολον	49	animus	143, 247
συμφωνία	78		
σύνοδος	46	antistes	3, 143
τελεταρχία	15	apex	68
τιμή	49, 242	apostolicus	12, 58, 136, 157, 283
Τριάς	242		
τύπος	47	apostolus	58, 82, 130, 149, 202, 275
Υἱός	242		
ὑπερβαίνω	240	arbitrium (liberum)	71
ὑπεροχή	241	assumptio Mariae 131	
ὑπερφυής	241	auctoritas	1, 105, 116, 145, 147, 148, 199, 212, 254
ὑπόκειμαι	242		
ὑπόστασις	242, 243	avaritia	143
		baptisma	157
φανερούμενος	243	baptisterium	3
φιλόχριστος	138	baptizatus	39
φύραμα	47	basilica	22, 51
φύσις	50, 242	beatus	41, 58, 119, 131, 149, 185, 221, 275
χάρις	47, 241		
χρηματίζω	48	beatificus	107
χριστομάχος	138	beatitudo	192, 221

Lateinische Begriffe

		benedictio	22
abbas	21, 60, 81	benedico	155
		beneficium	71, 117, 136, 239
abbatia	143		
acceptatio	311	benignitas	114
adoro	51, 52, 58, 155	benignus	114, 148
		benevolus	148
adoratio	52		
adunatio	179	bonum	9, 30, 114, 125, 256
adventus	122		
aequitas	9, 134, 136	bonus	120, 121, 155, 160, 195
aeternaliter	275	caelum	253
aeternus	211, 285	calix	281
		canones	37, 59
affectus	11, 12, 34, 118, 146, 269	canonicus	37, 116, 146
		cantus	144
altar	62, 107, 108	capellanus	42
		caput	74, 120, 149, 275
altar Dei	95		
altitudo	109	caritas	71, 117, 143, 144, 186, 193
amor	114, 117		
		carnalis	203
anathema	12, 52, 98, 103, 262	caro	70, 107, 108, 125, 150

castellum	132	corporalis	107, 143
catholicus	80, 157, 246, 253, 262	corpus	105, 106, 107
cellula	38	corpus christi	107, 108, 126
christianus	36, 122, 155, 156, 179, 275	creo	69
clementia	18, 177	credo	108, 109, 117, 155, 157
clerus/clericus	41, 61, 75, 133	credulitas	12
coena Domini	37, 61	crisma	37
coelestis	106	crux	3, 29, 109, 132, 133, 135, 139
coenobium	22, 143	culpa	26, 136, 278, 285
cogito	109	culpabilis	196
colo	51	cultor Dei	84
communio	69	cultura	52
commuto	107	cultus	30, 114, 246
compunctio	271	cura	143
conceptio	126	damnatio	159
concilium	73, 212, 262, 264	debitor	148
condignus	311	debitum	132
confessio	20, 22, 55, 58, 156, 279	decretum	21, 37
confugio	105, 106, 274	deificus	52
confirmo	37	deus homo	111, 149
confirmatio	38, 125, 157, 278	devotio	271
confiteor	108	devotus	3, 133, 274
consacerdos	37	dextera Patris	106, 108
conscientia	118	diabolo	51, 203
consecratio	69, 105, 107, 108	dialectica	106, 112
consonantia	18	dialecticus	112
consummatio	120	dignatio	119
consummo	125	dignitas	1, 67, 147
contemplatio	142, 182	dilectio	71
contemplor	182	dioecesis	164
contritio	156, 279	discipuli	21, 155
conversatio	9	discordia	144
conversio	125, 186, 187	discretio	114
converto	106, 108, 230, 279, 312	dispensatio	80
convivium	22	divinitas	1
cor	9, 64, 65, 106, 108, 134, 156, 239, 279	divinitus	9, 106, 184

Register

divinus 114, 115, 122, 146, 177, 178, 180, 185, 197, 208, 239, 311
doctrina 59, 185
dogma 12
donatio 41
domicilium orationis 80
dominor 204
Dominus 8, 29, 61, 64, 65, 101, 105, 108, 110, 133, 158, 256
dominicus 106, 133
donum (caeleste) 29
ecclesia 37, 59, 95, 101, 131, 147, 149, 153, 159, 160, 177, 179, 203, 251, 253, 254, 262, 268, 275, 284
ecclesia primitiva 262
  ecclesia mater/filia 143
  ecclesia Romana 75, 102, 203
ecclesiasticus 36, 58, 144
effugo 133
electus 71, 117, 216
episcopus 35
essentialiter 125
eucharistia 125
evangelicus 202, 209, 211
Evangelium 145
excommunicatio 262
excommunicatus 148
exemplum 117
experientia 118
famulus 28
fanum 30
factus 108
felicitas 211
felix 133
fides 9, 12, 19, 29, 35, 39, 69, 70, 95, 111, 122, 160, 186, 262
fidelis 19, 22, 80, 84, 105, 160, 211, 212, 246
fidelitas 103
fiducia 18, 271
filius 3, 117, 275, 289
finis mundi 150
flatus sanctus 65
fons 27
fons sacer 59
fortitudo 133
frater 22, 170
fraternitas 29, 131, 169
fructificatio 150
fructifico 121
gaudium 119
genetrix Dei 284, 290
gens 30
gloria 30, 67, 84, 120
glorificare 51
glorior 120
gratia 9, 12, 27, 29, 34, 35, 72, 96, 114, 117, 120, 125, 143, 155, 196, 211, 271
gratus 197
haeresis 98
haereticus 112, 156, 164, 167
homilia 59, 155
honestas 18
honor 106
honoro 67, 94
humilio 121, 120
humilis 112
humilitas 9, 12, 120
humiliatio 22, 120
idolum 2, 20, 51, 54
illumino 182
imago 29, 51, 52, 109, 182, 248
imago Dei 106, 211
immaculatus 157, 290
impius 72, 186
impositio manus 36, 148
incantatio 37

incarnatio Verbi	107, 111	iustus	71, 120, 146, 157
incomprehensibilis	106	litania	29
incorrigibilis	255	laicus	59, 62
increabilis	230	lavacrum	3
increatus	230	lectio	142
incredulitas	19	lectio divina	10
indiculum sacramenti	35	levita	82
individuus	114	lex	145, 146, 208, 209, , 211
indubito	112		
indulgentia	136, 283, 285	lex antiqua	278
		lex nova	278
ineffabilis	106	libenter	120
infestatio	131	liber pastoralis	59
infidelis	84	liberatio	131
infidus	70	libertas	95, 117
infusio	12	ligo	131
iniquus	102	locus sacrae sedis	34
innoxius	120	luminarium	147
innocentia	211	magisterium	9
impeccabilis	221, 255	magnificus	148
		maiestas	114, 180
insignium	101	maleficus	303
inspiro	184	malitia	133
instinctus	28	malum	143
instituo	117	mandatum	55, 136
intellectus	109, 247	manus valida	139
		mater	121, 149, 179
intelligentia	69, 121, 247	matrimonium	120, 157
intelligo	109		
interior	107, 201	mediator	121, 142
internus	25, 119	meditatio	142, 272
interpres	116		
investitura	103	memoro	155
invocatio	12	mens	25, 121, 186, 279
Iudaeus	133		
iudico	116, 141	mensa dominica	105, 106
ius (naturale)	145, 146, 179	merces	37, 38
		mereo	120
iustifico	121	meritum	13, 19, 62, 70, 72, 96, 110, 120, 136, 197, 284, 311
iustificatus	117		
iustificatio	186, 196		
		miles	132
iustitia	72, 103, 121, 136, 148, 211	militia	156
		ministerium	126
		ministerium regni Dei	34

Register

mirabilis	106, 132, 131	ordo	151, 155, 157, 169, 278
miraculum	21, 30	oro	142
misericordia	134, 155	osculum	85, 118
missus	36	pactum	312
modicus	122	paenitentia	22, 136, 278
monachus	10, 61, 143	paeniteo	22, 119
monasterium	61, 80	pagania	37
monasticus	80	paganus	59, 132
moralis	195, 237, 268	pagina (caelestis)	188/189
morbus	3, 101	pagina sacra	112
mori	20	panis	106, 107, 108, 126, 163, 255, 281
mors	22, 65, 117	papa	41, 76, 101
mortalis	285, 293	parochia	37, 236
mos	145	pascha	21, 62
motus	186	pastor	64, 149
munus Dei	247	pastoralis	254
mysterium	1, 52, 69, 70, 108	passio	107, 133, 171
mysticus	125, 182, 199, 237	pater	182, 275
natura	109, 117	patibulum	132
negotium	131	patiens	120
neophytus	98	patientia	58
nutus, divinus	139	patres antiqui	117
novitius	61	pauper	80, 160
oblatio	62	paupertas	202
oblatus	61, 64	pax	41, 143
oboedientia	8, 9, 12, 61, 270	peccamen	156
oboediens	19	peccator	19, 157
octava Paschae	62	peccatum	131, 199, 279, 283, 285, 293
officium	58, 61, 68, 96	peccatum originale	157
Omnipotens	133	pecco	64
opus	122, 160	pectus	65
oratio	108, 142	pendeo	108
oratorium	21, 36, 41	penitentia	55
ordinatio Dei	200	perditio	72
ordinatus	155	perdonum	155
		peregrinatio	28, 136
		perfectio	113, 114, 202, 221
		perfectus	113
		perficio	182
		perfidia	55
		persequor	133

perspicax	116	puer	19
philosophus	116, 198	purgatorium	253, 285, 293
pietas	26, 30, 38, 95, 119, 143, 246	purgo	182
		psalmus	58
pius	30, 65, 71	psalmodia	142
		quadragesima	37, 54, 61, 151
plebeius	61	rapior	121
plebs	85, 102	ratio	9, 105, 106, 111, 112, 155, 185
poena	211, 285	reatus	285
pontifex	1, 22, 28, 42, 67, 68, 75, 82, 101, 143, 147, 207, 275	recipio	155
		reconciliatus	117
populus	22, 36, 37, 38, 55, 59, 95, 122	rectitudo	30, 143
		reddo	132
posteri	116	redemptor	65, 108, 135
potentia	106, 114, 130, 190, 193, 206	reficio	125
potestas	1, 35, 67, 68, 72, 82, 95, 147, 148, 200, 209, 253, 255, 275, 283, 285	reformatio	182, 262
		reformo	109
		regnum Dei	133
praeceptum	8, 9, 155, 158	regula fidei	167
praeceptio	115	religio	29, 36, 80, 95, 107, 114, 167, 179
praedestino	72	religiosus	82, 101
praedestinatio	71, 72, 159	remedium	103, 115
praedestinatus	72, 197, 253	remissio	131, 156, 199, 278, 283
praedicatio	114	reparator	123
praedico	121, 159, 237	reprobus	71
praelatus	82, 206, 256	restauratio	122
		restituo	136
praescientia	72	retributio	72
praesumptio	113	reus	120
praesumo	119	revelatio	185
presbyter	21, 58	reverentia	155, 215
principatus	21, 68	sacer	105, 108, 185, 216, 247, 251
principium	181		
profanatio	36	sacerdos	1, 3, 27, 36, 94, 105, 157, 236, 279
profunditas	122		
proles	65	sacerdotium	18, 94, 96, 208, 211
promissiones Dei	135		
propitius	55	sacramentum	1, 13, 35, 70, 95, 96, 105, 107, 108, 122, 125, 280
providentia	178, 208		
proximus	71		
puella	22		

Register

sacrificium 158, 279
sacrilegium 74
sacrilegus 148
sacrosanctus 149, 179
saecularis 61
saeculum 151
Salvator 29
salvo 72, 157
salvatio 133, 159
saluber 116
salus 35, 52, 108, 199, 200
sanatio 279
sanctitas 72, 85
sanctus 9, 73, 95, 121, 135, 156, 157, 251, 262, 290
sanguis (Christi) 105, 107, 108, 117, 126
sapiens mundi 190
sapientia 112, 114, 182, 206
satisfactio 58, 136, 156, 279
scara 56
scisma 262
scola regularis 22
scriptum 115
scriptura 7, 102, 121, 122, 146, 204, 267
scriptura sacra 237
sedes apostolica 73, 101, 148, 275
secretum 141
seniores 132
sententia 101, 118, 238
Septuagesima 61, 151
sepulcrum mortis 64
serenus 119
servitium 9, 52, 133, 155
servitus 52, 122
servitus, apostolicus 148
servus 65
servus servorum Dei 103
signum 108, 133, 192
simplex 114, 298
singularis 114, 117
solutio 131
species 70, 106, 112, 125, 163, 192, 279
spiratio 275
spiritualis 69, 107, 118, 120, 121, 125, 199, 237
spiritus 25, 65, 119, 133, 139, 248
spiritus sanctus 275
sponsus 119
stigma 136, 274
striga 54
suavitas 119, 142
substantia 106, 108, 114, 125, 126, 255
successor 284
suffero 132
suffragium 285
summatio saeculi 151
summum bonum 113
superbia 111
supererogatio 136
superstitio 27, 247
supplico 18
supplicium 71
suscipio 117
suspensio 182
synaxis 22
synodus 21, 56, 73, 75, 251, 262
temptatio 270
Testamentum 115, 126, 208
   Testamentum Vetus 116
   Testamentum Novum 116, 160
testimonium 115
testor 102
theodoctus 189
theologicus 268
theologus 189
theophantus 189

thesaurus	284
timor	114
transeo	182
transformo	230
transitus	20, 119
transsubstantiatio	188
Trinitas	3, 52, 114
trucido	133
unctio	157, 183
unio mystica	120
valeo	133
veneratio	51
venia	22, 283
veraciter	114
verbum	21, 29, 34, 106, 107, 108, 111, 117, 121, 126, 145
verecundia	119
veritas	69, 70, 105, 108, 116, 149, 190
verus	105, 106, 108, 109, 211, 275
vicarius	284
vinum	106, 108, 126, 163, 255
vir Dei	39
Virgo	108
virtus	3, 29, 69, 70, 106, 108, 119, 130, 207, 216
visio	182
vita aeterna	72
vitium	109, 125
vitiosus	196
vivificatricus	108
voluntas	7, 8, 27, 62, 119, 120, 146, 204

Sachregister

Aachen	58, 60, 87
(Synode [816/17])	6, 79
(Synode [818/19])	62
Abendmahl(sstreit)	53, 69-71, 105, 113, 122, 257
Abgaben	143, 167, 198, 261f, 264f
Abgeschiedenheit	141f, 150
Ablass(wesen)	131, 133, 136, 252, 257, 265, 283-287
Abtwahl	62
Adam(– Christus)	110f, 150f, 211, 218, 234, 248, 287, 300
„Akakianisches Schisma"	1
Akkon	129
Albigenser(kreuzzug)	153, 156, 164, 166
Alemannen	2-4
Allegorie	28, 237
Almosen	62, 132, 158, 166, 168, 170, 173, 275, 308
Althing	91f
Amt(- Person)	96
Anathema	12, 52, 72, 96, 98f, 103, 262
Angel(sachse)n	21, 23, 28-30, 31
Annaten	266f
Antichrist	139, 151, 203, 256f, 306
Antijudaismus	296-298, 303f
Apophatische Theologie	13
Apophthegmata Patrum	144
Apostelkreuze	96
Apostolicum (Symbol)	157
Appellation	73, 75, 205
Appropriationen	124
Aristotelismus	189f
Armut („evangelische", freiwillige)	100, 138, 141-143, 150-152, 156, 159, 161, 164-168, 170f, 198-203, 218, 220, 305f
Armutsstreit (praktisch-theoretisch)	200-205
Askese	152
Asyl	54
Athanasianum (Symbol)	157
Augustiner(chorherren)	24, 100, 121, 140, 260, 265
Augustiner(eremiten)	166, 195
Augustinusregel	140f

Register

Auslegung 13, 25, 78, 79, 87f, 112, 116-118, 121f, 127, 149f, 174,189, 202f, 236-238, 240, 252, 282
Aussatz(Aussätzig) 3f, 67, 167, 169, 298
Avignon 191, 199, 201, 209, 224, 230, 241, 249-252, 258, 265, 283
Avisamenta (Frankfurter) 265
Azyma 97

Bann 52, 97f, 176, 249f, 252, 257, 262
Basel(-Ferrara-Florenz) 259, 261-263-265
Beginen 202f, 205,217, 221f
Begriffsrealismus 110
Beicht(buß)e, Ohrenbeichte, Beichtpflicht 18, 22, 36, 55, 59, 95, 134, 164-166, 231, 257f, 263, 279f, 283f, 287, 297
Bekenner 37, 40, 218, 287
Benediktiner 6, 60f, 91, 95, 100, 151, 194
Benediktsregel 8-10, 60, 80f, 98, 143f
Beschauung 182
Bilderstreit 45-52
Bilderverehrung 52f
Birka 91
Bischofseid(-weihe) 35, 95, 154
Böhmen 252, 257
Bogumilen 161
Brautmystik 218f
Britannien (Briten) 18-21, 23, 28f
Buchmalerei 18
Bulgaren 46, 50, 75f, 89-91
Bußbücher 24
Buße 22f, 24, 36f, 64, 109, 121, 137f, 141, 142, 158, 160, 162, 164, 166, 170, 174, 265, 275, 277, 279, 282, 285, 287f, 289, 294f, 307f

Byzanz 28, 46, 53, 66f, 75-77, 88f, 91, 97, 131, 138, 162, 242, 246, 276

Canonicus 96
Canterbury 29, 108, 113,195, 307
Carta caritatis prior 142f
Chalkedon (Synode [451]) 1, 79, 244
China 43f, 45
Chorbischof 38
Chrisam 3, 278
Christl, Königtum 30
Christusmystik 118
Citeaux 156
Clermont 131
Cluniazenser 73
Cluny 60, 79f, 83, 100, 130, 140f, 142
Codex Iuris Canonici 145
Communio sub una (specie) 279
Constitutum Constantini 4, 66
Corbie 68, 70, 71, 73, 91, 105
Corpus Iuris Canonici 146

Decretum Gratiani 1, 145f, 205, 214
Dekretalen 1, 73, 75, 205, 268
Dekretalisten 145
Demut 9f, 11, 68, 118, 120, 128, 153, 168f, 186, 222, 225, 232, 261, 273, 282, 295
Derry 21
Deutschland 34, 64, 100, 139, 153, 172f, 266
Deventer 269
Devotio moderna 236, 270, 277, 305, 310
Diakon 19, 37, 39, 54, 59, 82, 100, 104, 121, 175, 211, 256, 279f
Dialektik(er) 105f, 108, 112, 123, 268
Diatessaron 63
Diptychen 277
Dispens(e) 115
Dispolis (Lydda, Synode) 198
Ditheisten 243

Dogma 12, 44, 50, 52, 71, 98, 124, 145, 154, 244, 263, 268, 288
Dominikanerinnen(mystik) 217, 222
Dominikaner(orden) 153, 174, 183, 200, 217, 224, 265, 288, 296, 302, 307
Doppelklöster 24
Dreifaltigkeit 34f, 52, 113f, 157, 177, 217f, 279
Dualismus 103, 162
Dunkel (göttliches) 15f, 183

Edessa 132
Eheschließung(en) 157, 165, 253
Eigenkirche 82
Eigentum 10, 62, 82, 147, 158, 169f, 180, 202
Eigenwillen 8, 11
Ekklesiologie 158, 254
Energien (göttliche) 241-244
Engel 8, 12-14, 32, 37f, 49, 93, 97, 123, 177, 201, 218, 227, 242, 247, 298, 300, 305
England 28, 90, 107, 109, 129, 135, 191, 252, 259
Erbsünde 11, 123, 288
Eremiten 8, 133, 139f, 165, 195, 314
Erleuchtung 13f, 92, 181, 239
Erlösung 29, 63, 109, 116f, 133f, 181, 283, 285, 311
Erwählung 29f, 71f,
Eucharistie(lehre) 51f, 68, 96, 124, 162f, 187, 190, 220, 243, 277f, 311
Evangelium (als Norm) 168f,
Exkommunikation 95, 96, 101, 112, 163, 175f, 211, 254f, 260f,

Fasten 37, 54, 61f, 100, 131, 140, 151, 167, 219, 263, 275f, 278, 288
Fegefeuer 281, 282f, 285, 291, 294
Feuertod (als Strafe für Häresie) 153, 179f

Filiationsprinzip 142f
Filioque 97f,
Fingerring (bischöfl,) 95
Firmung 37, 124, 155, 257, 277f,
Florentiner Union 274-276
Florenz 147, 244-249, 259, 265, 307f,
Florenz (Synode, 1439) 274f,
Franken(reich) 2-4, 37-40, 51f, 53-55, 59, 82, 100, 132, 177, 293
Frankfurt (Synode v, 794) 51
Frankfurter Fürstentag (1456) 265
Franziskaner(orden) 150, 167-173, 181-183, 190f, 200-205, 288
Franziskanerspiritualen 203f,
Frauenmystik 217-224
Freiheit Gottes 191
Freude (als Bekehrungsmotiv) 89f
Friesland 34, 36-38, 91
Fritzlar 40
Frömmigkeitstheologie 266-269, 293, 310f
Fronleichnam 232, 277, 280, 301-64
Fulda 62-64
Furcht(- Liebe) 8, 26, 30, 35, 114, 117, 150f, 186f, 273

Gebet 3, 5f, 9, 21, 44, 50, 57, 58-61, 80, 82f, 87, 90, 107, 109f, 141f, 144, 153f, 159, 161, 170, 172, 182, 195, 217, 232, 238-240, 244, 270, 273, 275, 277, 280
Gehorsam 2, 7f, 9, 11, 18, 58f, 60f, 73, 101f, 116, 155, 163, 167-170, 188, 200, 208, 220, 228, 233f, 250, 258, 262, 269, 271, 294
Geismar 34f
Geißler 293
Gelassenheit 58
Gelübde 3, 63, 80, 135, 155, 201, 251, 269, 291
Generalminister 168-170, 181, 195
Generalstudium 183

Register

Genugtuung 136, 140, 156, 186, 278, 293
Gerechtigkeit 6, 71f, 77, 83f, 114, 117, 120, 134-136, 147f, 154f, 178f, 183f, 186f, 210f, 225f, 234, 245f, 249, 253, 269f, 284
Germanenmission 34, 54
Germanisierung 63
Geschichtstheologie 150
Gesetz (Christi, ev, ‚göttl,) 88f, 206-210, 252-257
Glaubensartikel 184-186
Glaube – Verstehen 4f, 108-110
Glossa Ordinaria 205, 315
Gnade(ngaben,-schatz) 3, 9, 11-13, 21f, 29f, 34f, 41, 47-49, 54f, 65f, 70f, 95-97, 113f, 116f, 119, 124f, 130f, 143, 150f, 154f, 157-159, 168-173, 181-183, 186-188, 193-198, 211, 217f, 221f, 234, 240-243, 265, 270-272, 278, 283, 285f, 290, 294, 311
Goldene Bulle 216
Gorze 82
Gottebenbildlichkeit 106, 182, 243
Gottesmutter (Gottgebärerin) 49, 80, 286
Gottesbeweis(e) 108f
Gottesfriedensbewegung 83
Gottesfurcht 9, 18, 77, 84
Gottessohnschaft 33
Graf 37, 55f, 64, 95, 132, 148, 215, 302
Gravamina 265
Gregorianer 73
Griechen 52, 89f, 123, 124, 148 240, 256, 259, 261, 274f, 292
Guardian 170
Häresie 98, 105, 125, 140, 159, 163, 166f, 176, 230f, 245, 276
Hagia Sophia 97
Halleluja 61
Haller Protest 148
Handarbeit 6, 9, 158, 170
Heiligenbilder 51, 137
Heiliger Krieg 129

Heiligkeit 26, 35, 72, 84, 95, 174, 201, 206, 245, 250f, 255, 287
Heilsuniversalismus 11, 159
Heliand 63
Herrscherpflichten 30
Herzensreue 156
Hesychasmus 240, 243
Hexe(nwahn) 54, 302-305
Hierarchie 13-15, 17, 91
Hiereia (Synode v,) 39, 46, 48-50, 53
Hirsau 100
Hirtenamt 35, 254
Hirtenstab 95
Hostienfrevel 300
Humanismus 13, 67, 235f, 244, 305
Humiliaten 153, 158
Hussiten 252, 258, 259
Hussitismus 158, 252
Hymnus 5, 64

Ikonostase 24
Illumination 181f,
Indiktion 39, 82
Individuum 111
Inkulturation 63
Inquisition 153, 163, 202, 217, 230, 302
Interdikt 212, 249, 255
Investitur(streit) 84, 99f, 103, 108, 132, 145, 147, 214
Iona 20
Iren (Skoten) 18-24
Irland 19f,
Islam VII, 31, 89, 91, 129, 140, 274, 296
Island 91-93
Ismaeliten (Muslime) 140

Jerusalem 48, 76f, 96, 129, 131f, 139, 176, 178, 180f
Jubiläumsablass 283, 285f, 287
Jubilus 218, 222

Juden(tum,-schutz,-pogrom) VII, 26f, 32f, 89, 111, 132f, 140, 202f, 239, 243f, 296f, 300f
Jungfräulichkeit 171

Kaiser(krönung,-tum als Lehen) 57f, 59f, 68, 101f, 148, 153
Kaisertum – Papsttum 147f,
Kanoniker 58, 60, 95, 121, 140f, 165
Kanonistik 145
Kardinal 94, 96, 98, 100f, 104f, 214, 258-261, 305
Karolinger 41, 79, 83
Kartäuser 140f,
Katharer 152f, 161f, 166
Kent 28
Ketzer 78, 176, 179, 252, 268f
Keuschheit 21, 59, 168, 218
Kildare 21, 23
Kinderkreuzzug 138f
Kindertaufe 157
Kirche (Lehre v, d,) 157-160, 162-164, 251-257
Kirchenjahr 174, 224
Kirchenreform 34f, 36f, 58f, 94f, 152-165, 252, 254-258, 266-269
Kirchenschatz 286
Kirchenslawisch 91
Kirchenstaat 41f, 87, 176, 183
Kirchweihe 95
Kleriker 57-59, 83, 96, 154f, 157, 162, 168, 170, 206, 217, 255
Königswahl 147f
Königsweihe 83, 95, 97
Königtum (christl,) 84f
Konsekration 104, 106f, 126, 157, 279, 312
Konstantinische Schenkung 4, 66-68
Konstantinopel 27, 45f, 52f, 67, 75-77, 79, 97f, 99, 130, 137, 149, 161, 244, 276f, 305
Konstantinopel (Synode [381]) 68
(Synode [1054]) 97-99
(Synoden [1341, 1351]) 242
Konstanz (Konzil) 252, 255f, 258-260, 262f, 264, 277

Konsubstantiationslehre 124
Kontemplation 142, 220f, 314
Konzeptualismus 113, 191
Konziliarismus 258-264, 274
Koran 31-33, 296, 298f, 301
Kreuz (lat, /griech,) 27, 29, 50, 85, 108, 133, 135, 169, 182, 229, 277, 286, 289, 312, 314
Kreuzeszeichen 22, 133
Kreuz(-fahrer,-ritter) 133, 135, 137
Kreuzzug 129-140, 147, 153, 156, 163, 172, 176, 250, 252
Kreuzzugs(-bewegung, -privilegien) 83, 85, 129-140, 156
Krönung 31, 57f, 59f, 85, 97, 148, 153, 205
Kurfürsten 214-216, 265
Kustoden 169f, 172

Laie VII, 7, 37f, 53, 59, 61f, 73, 85, 100, 103, 141, 157f, 163, 168, 177, 206, 215, 235f, 238f, 252f, 269, 278, 280f, 313
Laudes 58, 141, 168, 172
Legisten 145
Lehen 68, 82, 177
Lehramt 34
Lehre (apostolische) 160
Les Estinnes (Synode) 38
Letzte Ölung 279f
Libri Carolini 51f,

Register

Liebe (Auswahl) 9, 13, 26, 29, 37, 66, 80, 117, 130, 143, 182f, 186f, 193, 217-223, 228, 232, 251, 271f, 313
Magier 247
Mähren 88f, 90f
Mailand 100, 102
Manichäer 153, 161, 198
Marburg 172
Maria 32-34, 69f, 80, 94, 131, 181, 217f, 224, 227, 229, 235, 242, 250, 282, 286-292, 298, 303f, 305, 313
Mariologie 288-292
Martha 224, 227, 229
Märtyrer 39, 45, 49, 58, 76, 93, 138, 174f, 218, 268, 286
Martyrium 39, 49, 57, 174
Materie – Form 278f
Meditation 267, 312, 314
Menschenopfer 55
Messe (Messgottesdienst, -feier,-kanon, -opfer) 58, 62, 83, 85, 141, 255, 277-281, 311
Methode 25, 113, 115, 240, 245
Metropolit 73, 83, 85, 95, 96, 101, 103, 242, 276
Mileve (Synode) 196, 198
Minderbrüder 173
Mission(stheologie) 18, 20f, 23, 27, 29, 30, 34, 38, 40, 42f, 54, 63, 75, 83, 88, 90, 91, 150, 163, 166f
Mitra 67
Monastisch-scholastische Theologie 122
Monotheismus 31, 244
Monte Cassino 8, 183
Moskau 276
Muslime-Juden-Christen 30f, 32
Mutter Gottes 218, 282, 288, 291
Mutter(- Tochter)kloster 141, 143f
Mystagoge 14f
Mysterium 69f, 163

Mystik 118, 181, 217, 219, 224, 249, 305

Natur 4, 9, 12, 47-50, 70, 108, 111f, 117, 124, 127, 136, 146, 178, 187, 189, 192f, 198, 207f, 211, 218f, 221, 228, 230, 232f, 234, 241f, 246, 248, 298, 304, 306, 312
Naturrecht 145f, 210
Nestorianer 42f, 44f,
Nichtwissen 15, 240, 305f
Nikolaitismus 94, 181
Nizäa (Synode [325]) 76
 (Synode [787]) 46, 49-53
Normannen 97, 108, 130
Norwegen 91-93
Novatianer 160
Novize 61

Oblate 61, 64
Obrigkeit 199, 256
Offenbarung 14f, 26, 31, 184-186, 190, 202, 223, 242, 253
Offertorium 62
Ohrenbeichte 156
Opfer 27, 37, 53, 55, 62, 93, 98, 107, 157f, 163, 171, 247, 257, 275, 279, 284, 291, 301
Orange 11, 72
Ostern 10, 56, 62, 139, 164
Ottonen 83, 85

Palamismus 242, 244
Paläologenrenaissance 240
Pallium 67, 83
Pannonien 89f,
Papst (Auswahl) 40, 75, 100f
Papst(-tum,-amt) 274-276
Papsttum – Kaisertum 249f
Paris 113
Passau 90
Pataria (Patareni) 100, 152, 158, 161, 179, 161

Patriarch(at) 1, 45, 52, 75-79, 97-99, 149, 176, 259, 264, 274-277
Paulikianer 161
Pelagianismus (Semi-) 11, 195
Pentarchie 77, 276
Person (– Amt) 4, 47-50, 96, 127
Pest 46, 52, 292
Petersfahne 130
Petrusnachfolge 73-76
Pflichtbeichte(-kommunion) 164f,
Pfründe 36, 255, 265f, 268, 309
Philosophie 123, 127, 183-185, 189, 197f, 204, 241, 244f, 305
‚Photianisches Schisma' 75, 8f
Pilgerfahrt (ins Hl, Land) 100, 129, 139, 245, 283
Pippinsche Schenkung 40f,
Pisa (Synode) 249, 251, 258, 265
Polytheisten 243f
Prädestination(slehre, -streit) 11, 71f, 159, 195
Prädikat (Gottesprädikation) 16f, 127, 193
Prag(er Artikel) 252, 256f
Predigerorden 166
Predigt (Auswahl) 20f, 26, 28f, 38, 57, 59, 63, 66, 89, 117, 132, 139, 154, 156f, 159, 162, 164, 166, 168f, 181, 223f, 227, 229, 236, 252, 255-257, 292, 297, 307f
Presbyter 19-21, 34, 36-38, 96, 104, 157f
Primas 34, 64, 96, 108
Primat (auch Willensp,) 67, 73, 75-77, 77, 149, 203, 261, 275, 277
Privatbeichte 18
Proprietäten 124
Prostration 24
Providenz 14
Psalmodie 22, 61
Pseudoisidorische Dekretalen 73, 75

Quadragesimae 151
Quierzy 41f, 71f

Räte – Gebote 158, 162, 173
Ravenna 40f, 59, 94
Realismus (– Nominalismus)110, 113
Realpräsenz 125f,
Rechtfertigung 118, 186f, 195-197
Rechtschreibung 7
Reform 34, 34, 56, 58, 60, 78, 81f, 93, 99, 103, 139-142, 252-255, 258-263, 265-274, 307
Regalien 103f, 176
Regel 7f, 11, 22-25, 28, 35, 38, 58f, 72, 80, 94, 120, 139-143, 150, 164, 166-168, 200f, 267
Reichskrone 84-87
Relationen (göttliche) 112
Religion 56f, 68, 91, 140, 160, 174, 179, 246-248, 297-301
Reliquien 39, 66, 85, 87, 137, 174, 243
Renaissance 13, 58, 145, 152, 240f, 307
Reservationen 265f
Reue 63-66, 77, 117, 138, 154f, 199, 236, 269, 277f, 280, 282f, 293, 307f
Rhense 1338 215
Rhetorik 2, 7, 126, 240, 268
Rittertum (christliches) 133
Rom (Synode von 1079) 157
Russen (Russland) 88-91, 276

Sabellianer 243
Sachsen (Angelsachsen) 28, 30, 34, 40, 54-57, 63-66, 71, 83, 215
Sakrament(sfrömmigkeit, -slehre) 94-96, 124-128, 157f, 277-282
Salbung 83f, 95, 148, 157, 172, 182, 205, 279, 287, 303
Salzburg 90, 148, 265

Register

Sarazenen 131, 169, 178, 297
Satisfaktion(slehre,-theorie) 116, 128
Schamanismus 93
Schau Gottes 240
Schicksal 63f, 71, 87, 134, 160, 162, 179, 292
Schisma (S, – Häresie) 1, 75, 88, 97, 249, 251f, 258, 260-262, 266
Schlüsselgewalt 102, 163
Scholastik 108, 113, 123, 127f, 181, 184, 188, 244, 305, 310f
Schönheit (Gottes,-dienst) 15, 89f, 248, 273
Schöpfung – Wiederherstellung 122f
Schrift (Hl, -auslegung, -sinn) 25f, 109f, 123f, 127, 236f, 267-269
Schule 6f, 9, 54, 64, 69, 71, 105, 108, 113, 118, 121f, 127f, 197, 229
Schweden 91, 93
Seelsorge(r) 18, 26, 143, 157, 224
Selbstverdemütigung 22f, 24, 119
'Semipelagianismus' 11
Septuagesima(e) 61, 152
Septuaginta 53
Silvester(legende) 3f, 67f, 213
Simonie 94, 100, 103, 153, 181, 257
Sizilien 129f, 147, 176-178, 296
Skandinavienmission 91-93
Slawenmission 75, 88f
Spiritualen(– Konventualen) 150, 200, 203, 205
Spital 172f
St, Denis 40, 41, 71
Staatsverbrechen 180
Stellvertretende Buße 286
Stellvertretung (Petri, der Apostel, Christi, Gottes) 84f, 87, 102, 162, 261
Stiftung (fromme) 79f, 172
Stigmatisierung 168, 171, 181, 183

Stratordienst 68
Stundengebet 141, 144, 172
Subjekt(ivität) 116, 127, 193, 255, 279
Substanz VII, 47, 69, 106-108, 113, 124-127, 128, 187f, 194, 257, 260, 271, 304
Sünde(r;Auswahl) 11f, 22, 23f, 26, 46, 49, 59, 63f, 66, 72, 74, 110f, 118-120, 125, 130, 132f, 137, 144, 154-157, 163f, 168, 178, 181, 185f, 195, 209, 211, 218-221, 231, 233-235, 238f, 253, 256f, 262, 271, 275, 278-286, 288, 290, 292-295, 307f, 313f
Sünden(bekenntnis, -strafen,-vergebung,-losig -keit [Mariens]) 22f, 24, 13144, 154, 285, 290
Synkretismus 44
Synode (Auswahl) 36, 51, 64, 73f, 75, 103, 258, 265

Taboriten 257f,
Taufe (Auswahl) 2f, 4, 12f, 55, 59, 67, 91, 94, 126, 155f, 157, 163, 165, 213, 278, 293, 296, 303
Testament (des Franziskus) 168f
Teufel (Auswahl) 54f, 84, 88, 98, 110, 117, 158, 180, 203, 234, 302f, 314
Theologia Deutsch 224, 234
Theologie (als Wissen schaft [Auswahl] 13, 17, 48, 69, 71, 85, 94, 106, 109, 113, 124, 151, 182, 184-186, 189, 191, 199, 205, 217f, 225, 231, 241f, 267, 269, 288, 290f, 292f, 305f
Theutonia 139
Tod (Auswahl) 9, 21, 66, 137, 161, 165, 180, 212f, 288, 292-296
Tod Christi 117
Todsünde 209, 221, 239, 255-257, 262, 275, 281, 285f, 293, 295
Tonsur 61
Tränen(gabe) 3, 41, 65, 119, 142, 171, 289, 307

Transsubstantiation(slehre) 162f, 312
Triade 17, 242
Trinität 47, 78, 102, 111, 113, 123, 126, 155, 162, 178, 253, 271, 275
Tropen 126, 128
Tugend 43, 70, 85, 126, 129, 219, 227, 231, 243, 245, 247, 263, 275, 283

Unbefleckte Empfängnis 288, 290
Universalien(streit) 110, 113, 127, 191-193
Universität 113, 127, 188f, 191, 195, 244, 252, 258, 266
Unwissenheit 7, 19, 165, 245, 247, 312
Unzucht 32, 37, 74, 100, 280
Utraquisten 252f

Valence (Synode) 72
Venedig 137
Verden 56f, 63
Verdienst (das) 69, 72, 91, 121, 136, 194, 196, 286, 311
Vergebung 22, 64, 66, 134, 152, 154, 197, 251, 276, 281, 283f, 295
Vergeltung 36f, 62, 70
Vergöttlichung (Vergottung) 13, 15
Vernunft(wesen; V, -Glaube, V, -Wille) 9, 14, 76, 96, 104, 106, 108-110, 112f, 125, 182f, 187-190, 195f, 217-219, 225-227, 239, 244-246, 266, 269f, 288, 295, 303
Versöhnung(slehre) 110, 117
Vienne (Synode) 200, 215, 219, 295, 301
Vollkommenheit 11, 14, 110, 112-114, 149f, 171, 188, 200, 204f, 219, 268, 276, 279
Vorbild 25f, 42, 44, 48, 59, 100, 117, 141, 174, 181f, 224, 227, 266
Vorherbestimmung 11, 71-73, 124, 159
Vulgata 66, 140, 274

Waldenser 152f, 156-159, 161f, 163, 165, 253
Wallfahrt 129, 136, 172, 283, 286f, 292
Wandlung(slehre) 124-126, 312
Weih(e,-ung [Auswahl]) 8, 15f, 24, 28, 36, 47, 51, 54, 69f, 80, 83f, 89, 94f, 101, 103-105, 107, 130, 137, 147-149, 154, 158, 163, 169, 171, 210, 254, 257, 278f,
Weisheit (Gottesw,) 14-16, 29, 77, 86, 106, 112, 114, 116, 123, 128, 151, 160, 166, 182, 188, 190, 198, 219, 223, 245-248, 249, 269, 273, 284, 308
Welt (Auswahl) 248f
Weltpriester 61
Weltuntergang 100
Wenden 88
Werke (gute; Wirken) 21, 30, 38, 82, 119, 122, 136, 157f, 160, 195, 220, 224f, 227, 229, 275, 281f, 295, 311, 3138
Whithorn 21
Wille (Eigenw, ; Auswahl) 8-11, 27, 62, 72, 77, 116, 119, 121, 124, 155, 157, 169, 173, 191f, 196, 198, 204, 220, 229, 242, 246f
Wirtschaftsideal 152
Wissenschaft 77, 113, 127, 145, 184-186, 204, 270
Wormser Konkordat 103f
Wortsinn 237f, 267-269
Wucher 257, 308

Zauberei 37, 282, 302
Zehnt (Kirchenz,) 55, 57
Zins 134, 257
Zisterzienser 118, 132, 140, 142-144, 150, 157
Zwei-Gewalten(-Lichter, -Schwerter)-Lehre 1, 2, 94, 147, 199, 253
Zwei-Naturen(-Energien, -Willen)-Lehre 242

Register der übersetzten Quellen

Aegidius Romanus
De ecclesiastica
potestate 206-207
Anonymer Chronist
Bericht über die Eroberung
Jerusalems 131-132
Anon, Mariendichtung
Spätmittelalterliches Loblied auf
Maria 288-289
Anselm v. Canterbury
Epistola de incarnatione
Verbi 1 111-112
Monologion 108-110
Proslogion 110-111
Augsburger Beichtbüchlein
Anleitungen zur
Beichte 282
Basel, Konzil
Dekret über die Sündlosigkeit
Marias 290-291
Die Autorität eines allgemeinen
Konzils 263
Über die Judenbelehrung 297-298
Beda Venerabilis
Kirchengeschichte I 23-25 28-29
Kirchengeschichte III 4 20-21
Benedikt v. Aniane
Regula sancti Benedicti Abbatis Anianensis 60-62
Benedikt v. Nursia
Benediktsregel 8-11
Berengar
Letztes Glaubensbekenntnis 107-108
Rescriptum contra
Lanfrancum 106-107
Bernard Gui
Practica inquisitionis haereticae
pravitatis 202-203
Bernhard v. Clairvaux
Brief 363 133-134
Hoheliedpredigten: 118-121
De consideratione 134-135
Biel, Gabriel
Canonis missae expositio 312

Boethius
Consolatio Philo-
Sophiae 1,1-6 5-6
Bonaventura
Pilgerbuch der Seele zu
Gott (1274) 181-183
Bonifatius
Epistola 16 35
Epistola 93 37-38
Bonifaz VIII.
Unam Sanctam 198-200
Der Jubiläumsablass 283
Bradwardine, Thomas
De causa Dei contra Pelagium l. 1 c.
35 197-198
Brant, Sebastian
Das Narrenschiff 308-310
Caesarius v. Arles
Conclusio 12-13
Callixt II.
Pactum Calixtinum 103-104
Cassiodor
Institutiones I. 30,1-2 6-7
Clemens VI.
Unigenitus filius 284
Clermont-Ferrand, Synode
Verkündigung des Kreuzzugablasses 131
Cluny, Gründungsurkunde 80-82
Cogitosus
Vita s. Brigidae 21-22
Columba der Jüngere
Klosterregel 22-23
Concilia aevi Karolini 52
Concilium Germanicum 36-37
Constitutum Constantini 66-68
Damiani, Petrus
Liber gratissimus 96
Sermo 69 94-95
Dante Alighieri
Monarchia 207-209
**Decretales Pseudo-
isidorianae** 73-74
**Deutschsprachige Erklärung der
Messe** 280-281
Dionysius Pseudo-Areopagita
De coelesti hierarchia 13-15
De mystica theologia 1.5 15-17
Duns Scotus, Johannes
Ordinatio IV d. 49 p. 1 q. 4 191-192

Durandus v. Huesca
Liber Antiheresis 158-160
Einhard
Vita Karoli Magni 55-56. 58
Elias v. Cortona
Vita S. Francisci 171
Ferrara-Florenz, Konzil
Exsultate Deo 278-280
Laetentur caeli 275-276
Moskauer Codex 276-277
Ficino, Marsilio
Über die christliche
Religion 246-247
Fränkische Reichs-
annalen 56-57
Franz v. Assisi
Franziskanerregel 168-169
Testament 169-170
Friedrich II.
Liber Augustalis 178-180
Privilegium in favorem principum
ecclesiasticorum 177
Waffenstillstand von Jaffa 177-178
Fünftes Lateranum
Bulle Pastor aeternus
gregem 263-264
Geiler v. Kaysersberg, Johannes
Ars moriendi 294-296
Gelasius I.
Ep. 12 1-2
Gerson, Johannes
Vom Wortsinn der Heiligen
Schrift 267-269
Wider die Neugier der
Studierenden 267
Gottschalk
Confessio prolixior 71
O mi custos 64-66
Gratian
Decretum Gratiani 145-146
Gravamina der deutschen
Nation 265-266
Gregor I.
Reg. XI, 36 29-30
Reg. XI, 37 30
Gregor II.
Ep. 12 34-35
Gregor VII.
Dictatus Papae 101-102
Exkommunikations- und Abset-
zungsdekret 102-103
Rundschreiben zur Planung
eines Kreuzzuges 130
Gregor IX.
Ab Aegyptiis argentea 188-189
Gregor der Große
Moralia in Job 25
Liber regulae
Pastoralis 25-26
Reg. VII, 22 26
Reg. IX, 195 26-27
Gregor v. Rimini
Sentenzenkommentar l. 2
d. 26-28 q.1 195-196
Gregor v. Tours
Historiarum libri decem 2-4
Guigues Ier
Coutumes de Chartreuse 141-142
Hadrian
Bestätigung durch Karl d.Gr. 41-42
Hartlieb, Johann
Buch aller verbotenen
Kunst 302-303
Heinrich IV.
Absetzungsschreiben an
Gregor VII. 102
Heinrich V.
Pactum Heinricianum 103
Heliand 63-64
Hiereia, Synode
Glaubensdefinition 46-47
Hugo v. St.Victor
De sacramentis christianae
fidei 122-123
Humbert v. Silva Candida
Bannbulle gegen Michael
Kerullarios 98
Hus, Jan
Tractatus de Ecclesia 254-255
Innocenz III.
Apostolicae Sedis primatus 149
Aufruf zum Albigenserkreuzzug 156
Bestätigung der klösterlichen
Gemeinschaft in Toulouse 167
Bestätigung der Missionspredigt
Gegen die Katharer 166
Lokales Verbot der Bibel 236-237
Sicut universitatis 147
Venerabilem 147-148

Register

Innocenz IV.
Schreiben an die Legaten des Apostolischen Stuhls bei den Griechen 292-293
Jakob v. Voragine
Legenda aurea 174-175
Jean de Lugio
Liber de duobus principiis 154-155
Joachim v. Fiore
Liber de concordia Novi ac Veteris Testamenti 150-152
Johann Pupper v. Goch
De merito 311
Johannes XXII.
Cum inter nonnullus 203-204
In agro dominico 230-231
Johannes v. Damaskus
Contra imaginum calumniatores orationes tres I,4 (= III,6) 48-49
Juliana v. Norwich
Revelations of Divine Love 222-223
Justinian I.
Novelle 6 (535) 17-18
Karl IV.
Die Goldene Bulle 216
Karl d. Große
Kapitulare v. Paderborn 54-55
Capitula de examinandis ecclesiasticis 58-59
Katharerkonzil v. St-Félix-Lauragais 153-154
Katharina v. Siena
Epistolario 250-251
Kloster Kirchberg
Aufzeichnungen über das mystische Leben der Nonnen von Kirchberg bei Sulz 222
Kölner Chronik
Chronica regia Coloniensis Cont. II. ad annum 1213 138-139
Konrad v. Marburg
Bericht über Elisabeth v. Thüringen 172-173
Konstantin-Kyrill
Vita Constantini 88-89
Konstanz, Konzil
Haec sancta 262-263
Verurteilung der Irrtümer John Wyclifs 255-256
Koran 31-34
Kramer (Institoris), Heinrich
Hexenhammer 303-305
Kurverein zu Rhense 215
Lanfranc
De corpore et sanguine Domini adv. Berengarium 105-106
(Viertes) Laterankonzil 163-165, 174, 297
Laurentiuschronik 89-90
Liber Pontificalis
Vita Hadriani 41-42
Vita Stephanii 41
Libri Carolini 51-52
Lombardus, Petrus
Sententiae IV dd. 8-13 124-126
Mainzer Ordo 83-85
Marsilius v. Padua
Defensor pacis 211-212
Martin v. Troppau
Chronicon Ponticium et Imperatorum 213
Mechthild v. Magdeburg
Das fließende Licht der Gottheit I, 22 217-219
Meister Eckhart
Werk der Thesen 226-227
Reden der Unterweisung 224-226
Predigt 86 227-230
Niger, Radulf
De re militari et triplici via peregrinationis Ierosolimitanae 136-137
Nigri, Peter
Stella Meschiah 299-300
Niketas Choniates
Nicetae Choniatae Historia 137-138
Nikolaus I.
Epistulae 75-76
Nikolaus II.
Papstwahldekret 100-101
Nikolaus v. Kues
Cribratio al-Korani I,12 298-299
De docta ignorantia I c. 4 305-306
De pace fidei 306-307
Nikolaus v. Lyra
Postilla litteralis 237
Nizäa, Siebtes ökumenisches Konzil
Horos 49-50

Orange, Synode
Beschlüsse 11-13
Ottheinrich v. d. Pfalz
Bericht über die Pilgereise 286-287
Palamas, Gregor
Bekenntnis des orthodoxen
Glaubens 242-244
Triade II,3,48 240-241
150 Kapitel 241-242
Paltz, Johannes v.
Coelifodina 285-286, 312-315
Patriarchalsynode von Konstantinopel
Synodaledikt 98-99
Patrick
Bekenntnis 19-20
Petrarca, Francesco
Brief an Boccaccio 245
„Von seiner und vieler Leute Unwissenheit" 245-246
Photios
Wider diejenigen, die Rom für den ersten (Bischofs)Sitz halten 76
Über das Gesetz und die Gerechtigkeit 77
Über das Kaisertum 77-78
Über den Patriarchen 78
Picco della Mirandola
Über die Würde des Menschen 248-249
Pierre Abaelard
Ethica 116-118
Sic et non 115-116
Theologia christiana 113-114
Pierre d'Ailly
De reformatione 2 260-262
Pisa, Konzil
Absetzung der Päpste Benedikt XIII. u. Gregor XII. 251
Porète, Marguerite
Der Spiegel der einfachen Seelen 219-221
Prager Artikel (1420) 256-257
Pseudo-Anselm
Interrogatio Anselmi 289-290
Quierzy, Synode
Beschluss 71-72
Radbertus
Über Leib und Blut des Herrn 69-70
Ratramnus
Über Leib und Blut des Herrn 70
Reichsannalen 58
Richental, Ulrich
Chronik des Konstanzer Konzils 259-260
Rom, Synode
Glaubensbekenntnis 105
Sacrum commercium Sancti Francisci cum domina Paupertate 201-202
Savonarola, Girolamo
Bußpredigt 307-308
Seuse, Heinrich
Vita c. 34 231-232
Sixtus IV.
Salvator noster 284-285
Grave nimis 290-291
St. Gallener Lied 135-136
Stele von Xi'anfu 42-44
Stephan Tempier
Verurteilung des Aristotelismus 189-190
Sternberger Hostienfrevel 300-301
Straßburger Chronik 293-294
Tauler, Johannes
Predigt zum Fronleichnamstag 232-233
Theologia Deutsch 234-235
Thomas v. Aquin
Summa theologiae 184-188
Thomas v. Celano
Vita Clarae 171-172
Thomas v. Kempen
Dialogus noviciorum l. 2 270-271
Die Nachfolge Christi 272-273
Thorgilsson, Ari
Isländerbuch 92-93
Urban II.
Kreuzzugsaufruf 131
Urban IV.
Transiturus 280
Valdes
Glaubensbekenntnis 156-158
Valence, Synode
Beschluss 72
Valla, Lorenzo
De falso credita et ementita

Constantini donation 213-214
Vienne, Konzil
Ad nostrum qui 221-222
Wilhelm von Ockham
Breviloquium II, 1; 3 209-210
Opus Nonaginta dierum,
c. 2 204-205
Quodlibeta VI, 1 193-195
Summa Logicae I, 14f. 192-193
Willibald
Vita Bonifacii, 35-36, 38-39
**Wunderbuch unserer lieben Frau
im thüringischen Elende** 291-292
Wyclif, John
Traktat von der Kirche 253-254
Zerbold v. Zutphen
De libris teutonicalibus 238-239
De spiritualibus
ascensionibus 271-272